어휘사와 어원연구

송민(宋敏)

1937년, 전라북도 익산시 출생. 성장, 滿洲國 牧丹江省 寧安縣 鹿道村.
학력, 1963년 서울대학교 문리과대학 국어국문학과 졸업. 1985년 동대학원 문학박사.
전문은 국어와 일본어의 음운사 및 어휘사.
경력, 성심여자대학(현 가톨릭대학교) 교수. 東京大學 文學部 外國人硏究員. 東京言語硏究所 硏究員. 국민대학교 문과대학 교수. 한국일본학회 회장. 국어심의회 위원(언어순화분과 위원장). 국민대학교 문과대학 학장. 국립국어연구원 원장. 국어학회 회장. 國際日本文化硏究센터 客員敎授. 국민대학교 대학원장. 延邊大學校 朝鮮-韓國學學院 講義派遣敎授.
현재, 국민대학교 명예교수. 사단법인 한국어문회 이사. 재단법인 일석학술재단 이사.
저서, 『日本語의 構造』, 『前期近代國語 音韻論 硏究』, 『韓國語と日本語のあいだ』, 『근대국어 연구』 외에 한・일양국어의 계통 및 관계사 분야와 국어음운사, 국어어휘사 분야의 공저와 논문 다수.
수상, 동숭학술연구상. 홍조근정훈장. 일석국어학상. 옥관문화훈장.

어휘사와 어원연구

초판 인쇄	2023년 4월 17일
초판 발행	2023년 5월 8일

지은이	송 민
펴낸이	박찬익
편집	이기남
책임편집	권효진
펴낸곳	㈜박이정
주소	경기도 하남시 조정대로 45 미사센텀비즈 F827호
전화	031-792-1195
팩스	02-928-4683
홈페이지	www.pjbook.com
이메일	pijbook@naver.com
등록	2014년 8월 22일 제2020-000029호
ISBN	979-11-5848-879-6 (93710)
책값	30,000원

어휘사와 어원연구

송 민 지음

논고집을 상재(上梓)하면서

일찍이 19세기 후반, 서양에서 비롯된 역사·비교언어학은 인구어의 계통연구로 이어지면서 그 연구성과는 한 동안 학계를 풍성하게 장식하였다. 그 여파가 동양으로 확산된 것은 일본에서였다. 남들보다 한 발 앞서 서양에 눈을 뜨게 된 일본학자들은 자국어의 계통에 관심을 보이기 시작했는데, 여기서 비롯된 것이 국어와 일본어의 비교연구였다. 이에 저자는 공부를 시작하면서부터 계통론에 적지 않은 관심을 가지게 되었다.

저자가 대학의 문으로 들어선 1950년대 전후의 국어학계는 사적(史的) 연구의 전성시대였다. 이숭녕(李崇寧) 선생님을 처음 만나 그러한 학계의 흐름을 배우는 동안 우연히도 국어와 일본어의 비교연구를 접하게 되었다. 그 과정에서 특히 비교연구의 기본원리인 음운대응(音韻對應) 규칙은 매력덩어리가 아닐 수 없었다. 자연히 사적음운론(史的音韻論)에 관심을 쏟게 되었다. 그러나 실질적 연구는 험난한 길이었다. 일본 현지에 직접 가서야 그 점을 뼈저리게 깨달았다. 언어 간의 역사적 비교연구를 순조롭게 수행하기 위해서는 고대언어 자료와 방언자료, 거기에 동계언어와 같은 실효성이 분명한 자료에 의존해야 한다. 그러나 국어는 고대자료와 동계언어를 주변에 거느리지 못하고 있는 언어여서 이를 일본어와 비교하는 작업은 무수한 난관을 넘어야 하는 과정이었다.

저자는 세 차례에 걸친 1년씩의 일본 현지연구를 통하여 한 가지 사실을 새로 발견하였다. 근대일본어 시대에 태어난 한자어 중에는 서양문화에 대한 번역형 신조어가 엄청나게 많다는 점이었다. 그런데 바로 그렇게 태어난 신생한자어의 어형이나 의미가 구한말에서 식민지시대에 걸쳐 그때그때의 국어에 적지 않은 영향을 끼쳤다는 사실도 알게 되었다. 그러다 보니 이번에는 그러한 신생한자어에 나도 모르게 흥미를 느끼게 되면서 국어어휘사의 연구과제로도 충분한 가치가 있으리라고 여기게 되었다.

국어와 일본어의 경우, 막연하고도 불확실하나마 계통적 관계를 보이는 것 같기도 하지만, 다른 한편으로는 선사시대를 비롯하여 고대에서 현대에 이르기까지 눈에 보이지 않는 상호 간의 접촉과 간섭을 거듭했던 것으로 추정된다. 그러한 사실을 역사적으로 밝혀보고 싶어진 저자는 오랫동안 국어와 일본어 사이를 넘나들며 그나름의 노력을 기울여 온 바 있다. 이 논고집에는 그러한 노력의 일단이 그런대로 반영되어 있다고 믿는다.

공부라고 하긴 했지만 스스로 생각할 때 그 성과는 그리 신통하지 못하여 세상에 내놓을 만한 것이 못된다고 여겨왔다. 그래서 그동안에는 뒤를 돌아볼 여유도 없이 그때그때 발표하기에만 급급했을 뿐 자신의 연구성과를 논고집으로 정리할 생각도 해본 적이 없다. 사실, 옛 선현들은 살아있는 동안 문집을 스스로 엮은 사람이 거의 없다고 해도 과언이 아니다. 당연한 일이다. 누구나가 자신의 머리에서 나온 고핵(考覈)의 조각들을 문집에 모아 천하에 내보이기는 멋쩍기도 하거니와 무엇보다도 두려울 수밖에 없었을 것이다. 그럼에도 불구하고 저자는 결국 염치를 무릅쓰고 여기에 만용을 부리게 되었다. 평생에 걸쳐 한 눈 팔지 않고 국어의 주변을 맴돌며 공부한 결과를 뒤늦게나마 정리해 보기로 한 것이다.

그 발단은 같은 대학에서 함께 봉직한 김주필(金周弼) 교수에게서 비롯되었다. 정년을 맞아 학교를 떠난 후 김 교수가 말을 꺼냈다. 후진들이 저자의 논고를 읽어보고 싶어도 여기저기에 흩어져 있어 일일이 찾아내자면 번거로움이 이만저만이 아닐 것이니 그들의 편의를 위해서라도 연구성과를 저서로 한데 묶어놓아야 한다는 의견이었다. 말이 좋아서 남의 연구성과를 찾아 읽는다고 하지만 그 말을 믿기에는 세상이 너무 급변하고 있다. 학술상의 이론과 연구자의 취향이 하루가 다르게 새롭게 바뀌고 있는데 구태여 지난 시절의 연구성과를 찾을 연구자가 있을 것 같지 않기 때문이었다.

거기다가 지난 시절의 모든 연구성과는 원고지에 손으로 쓰여진 후 활판인쇄를 거쳐 세상에 나왔다. 그러나 지금은 전산기에 입력되는 절차를 통해야 세상에 나올 수 있다. 과거의 연구성과는 입력절차 없이 저서가 되어 나올 수 없는 것이다. 이 절차부터가 손쉬운 일이 아니어서 출판은 엄두를 내기도 어려웠다. 그러나 김주필 교수는 까다롭고 번거로운 입력작업을 마무리할 수 있도록 온갖 번거로운 수고를 마다하지 않았다. 자신의 연구실과 인연이 닿는 대학원생들의 협력을 얻어 입력작업을 마치도록 힘써 준 것이다. 그게 바로 2013년이었다.

입력파일을 넘겨받고 보니 출판을 위한 교정을 시작하지 않을 수 없었다. 그러나 해결해야 할 문제가 한 둘이 아니었다. 우선 당초의 연구성과 중에는 발표시기가 반세기를 넘어선 것도 있었다. 오랜 기간에 걸쳐 있다 보니 논고 하나하나의 체제(體裁)나 형식 등도 그때그때 제 각각이어서 통일되어 있지 않았다. 무엇보다도 문제는 한자혼용이었는데 요즈음은 한글전용이 대세인지라 이에 대한 해결책이 그리 쉽지 않았다. 왜냐하면 저자의 논고에 나타나는 인용문의 원문에 한자가 섞여 있거나 연구과제 자체가 한자어일 경우, 그 한자를 그대로 살려 쓸 수밖에 없기 때문이다. 또한, 본문의 한자만은 한글표기로 바꾸고 싶었으나 입력자에 따라 생각이 다른 바람에 통일을 기하지 못하고 논고에 따라 여전히 들쑥날쑥한 모습을 드러내고 있다. 서양어나 한문으로 쓰여진 원문을 인용할 경우, 과거에는 외국어를 번역 없이 그대로 제시하고 넘어갔으나 오늘날의 관점으로는 문제가 될 수도 있다. 주석 또는 참고문헌의 제시방식도 일정한 기준을 따르지 못한 채 남아있어 아쉽게 느껴진다.

각 논고의 체재(體裁)는 그렇다 치더라도 또 하나의 커다란 문제는 발표당시의 본문에 나타나는 비문(非文)이나 오탈자(誤脫字), 저자의 무지에서 비롯된 오류(誤謬), 잘못된 판단이나 해석이 아닐 수 없다. 비문이나 오탈자는 발견되는 족족 적절한 수정을 가하는 선에서 해결이 되었으나, 저자가 저지른 오류는 어떻게 대처해야 할지 판단이 쉽지 않았다. 발표당시의 모습을 그대로 남겨두는 것이 연구자의 양심적 도리라는 말을 들은 적이 있긴 하지만, 무조건 그렇게 밀어붙이기도 어렵기 때문이었다. 이에 그때그때 저자의 판단에 따라 잘못된 점에 대해서는 어느 정도 손을 대기도 했지만, 비록 잘못일지라도 저자가 책임을 진다는 뜻에서 당초대로 남겨둔 경우도 없지 않다. 요컨대 발표당시의 원문에 수정이 가해져 당초와는 달라진 경우도 있지만 잘못인 줄 알면서도 그대로 놓아둔 경우도 있다는 뜻이다. 대체로 발표시기가 오래된 논고일수록 수정이 많이 이루어졌다고 보면 좋을 것이다. 학술용어, 국제음성부호(IPA)와 같은 전사기호, 그밖의 부가기호, 심지어 띄어쓰기에 이르기까지 논고마다 다른 점도 문제가 아닐 수 없다. 가령 저자는 논고에 따라 '한국어'와 '국어'라는 용어를 번갈아 쓴 바 있다. '일본어'라는 용어와의 대비를 위해서는 '한국어'가 적절하다고 생각되었으나 관용이라는 측면에서 본다면 '국어'가 자연스러웠기 때문이다. 이와 같은 혼용이 이 논고집에 그대로 남아있다는 점도 아쉬움이라면 아쉬움일 것이다.

또 하나의 커다란 문제점이라면 이른바 자기표절이라고 할 수 있다. 적어도 과거에는 특별히 문제가 되지 않았는데 비교적 근래에 불거진 이 기준에서 자유로울 수 있는 연구자는 아마도 별로 없으리라 생각된다. 왜냐하면 공부란 스스로의 온축(蘊蓄)을 발판으로 삼아 그 위에 새로운 연구내용을 쌓아 올리는 과정이다. 새로운 결론을 이끌어내자면 어쩔 수 없이 자신이 과거에 얻은 연구성과를 이용해야 할 때가 많아진다. 이를 무조건 표절이라고 한다면 이 세상 어느 누구도 연구 때마다 완전무결하고도 독창적인 성과를 내놓기는 불가능할 것이다. 연구성과를 모아놓은 이 논고집에도 어쩔 수 없는 중복이 여기저기에서 드러난다. 연구자로서는 결코 떳떳한 일이 아니겠지만 이미 저질러진 지난 시절의 과오라 더 이상 어쩔 수 없음을 고백하면서 하해와 같은 관용(寬容)을 구할 수 밖에 없다.

여기까지 작업이 진행되는 동안 주변의 많은 도움을 받은 바 있다. 우선 입력작업에 힘을 보태준 당시의 대학원생들로는 국민대학교 박사과정의 김성기, 박순란, 윤희선, 이민아, 홍성시 재학생, 그리고 석사과정의 박수빈, 이재님 재학생 등이 있다. 저자의 논고에는 한사에 나타나는 각종 벽자(僻字)와 서양제어, 까다롭고도 특수한 전사기호와 부가기호에 이르기까지 전산기의 글자판만으로는 찾아볼 수 없는 기호가 많아 입력에 어려움이 많았을 것이다. 특히 박순란 재학생의 경우 입력작업을 총괄하는 역할까지 맡아 남다른 노고가 컸을 뿐 아니라, 박사학위를 받은 후에도 2016-2017년에 걸쳐 저자의 개인연구실을 출입하면서까지 파일원고의 교정작업을 계속 돕는 노력을 아끼지 않았다. 나아가 그녀는 그 후에도 국제음성부호(IPA)와 같은 까다로운 입력작업을 도맡아 일감을 집에까지 들고 가는 성의를 마다하지 않았다. 그 고마움을 기억하면서 여기에 기록으로 남겨두고 싶다.

일부의 자료 입력작업과 교정작업에는 저자의 아내 윤수영과 딸내미 송나리도 그때그때 동원되어 적지 않은 힘을 보탰다. 식구들까지 이모저모로 고생을 시켰다는 점에서 미안한 마음을 금하기 어렵다. 그럼에도 불구하고 이 논고집에 어떤 과오나 결함이 남아있다면 이는 모두가 저자의 무지와 불성실에서 비롯된 책임이 아닐 수 없다.

끝으로 이번 논고집 출판에 즈음하여 박이정의 박찬익 사장님과 한국외대 일본연구소의 손경호 박사, 그리고 권효진 편집장을 위시한 편집부의 관계자 한 분 한 분에게도 각자의 노고와 열정을 되새기면서 감사의 인사를 전하지 않을 수 없다.

2023년 3월 1일, 저자 적음

논고집 2. "어휘사와 어원연구" 대하여

여기에는 제1부 '어휘사 논고'와 제2부 '학술강연 초록'에 제3부 '어문생활에 대한 단상'과 같은 저자의 지적 탐구 성과물이 모아져 있다. 제1부에서 저자는 주로 갑오경장을 전후한 시기, 곧 개화기를 중심으로 한 어휘사의 추이에 관심을 기울인 바 있다. 그 관심은 개화기의 국어에 급격하고도 광범위하게 확산된 신생한자어의 성격과 윤곽에 집중되었으며, 그 배경에는 일본어와의 접촉과 간섭이 있었다는 사실이 여실히 드러났다. 그 결과는 갑오경장기의 어휘, 20세기 초기의 신어, 한자와 국어어휘의 근대화와 같은 결과로 정리, 종합되어 있으며, 개화기에 엄청난 세력을 과시한 파생접사 '-的'을 비롯한 수많은 한자접사의 출현배경이나 그 형태론적 실상과 기능에 대해서도 새로운 안목으로 접근해야 할 필요성을 깨닫게 되었다.

무릇 한 언어의 어휘 하나하나의 내면에는 그 민족이 겪어온 역사와 문화가 잠재하고 있다. 따라서 전문어 관련 어휘사 해명에는 그 의미나 구조적 관점도 중요하지만 문화사적 관점도 필수적이다. 특히 우리나라처럼 격변에 격변을 거듭한 개화기의 신생한자어일 경우, 그 해명과정에는 어쩔 수 없이 그 나름의 문화사적 관점이 절실히 요구된다. 이에 저자는 개화기의 신생한자어 출현에 따른 배경과 과정을 역사적으로, 문화사적으로 파악하면서 여기에 '어휘문화사'라는 이름을 붙여 보았다. 그 이름으로서는 '문화어휘사' 쪽이 더 적합할지도 모르겠으나 어휘사에 문화사적 관점을 활용한다는 측면에서는 큰 차이가 없을 것이다.

예컨대, 개화기의 신생어인 '病院'이나 '新聞', 또는 '大統領'과 같은 단어들이 국어에 수용, 정착되는 과정에는 복잡다단한 문화사적 배경이 깔려 있을 수밖에 없다. 그 과정에서 자연스럽게 요구되는 문화사적 관점이 어휘문화사나 문화어휘사로 불릴 수 있으리라는 뜻이다. 이로써 자칫하면 인간의 문화와는 동떨어져 무미건조해지기 쉬운 어휘사가 인간의 일반문화사 속에 조화되어 함께 묶일 수도 있을 것이다.

저자의 연구는 국어사 전반에 폭넓게 걸쳐있기 때문에 어원연구에도 관심은 많았으나 실질적인 성과를 낸 적은 거의 없는데, 이 논고집에는 유일하게 '디새[瓦]'라는 단어의 어원해명이 올라 있다. 저자의 다른 연구성과와 마찬가지로 이 어원탐색에도 정통적, 어학적 해명 이외에 문화사적인 관점이 반영되어 있다. 그런데 특히 '새'라는 야생의 내과식물은 제주노의 경우, 지금도 이엉용 소재로 활용되고 있어 그 끈질긴 역사적 전통유지가 놀라울 뿐이다.

제2부의 '학술강연 초록'과 제3부의 '어문생활에 대한 단상'의 경우, 학술적 논고라고 보기는 어려울지도 모르겠지만 저자의 연구성과 자체임을 부인할 수는 없을 것이다. 실상, 학술강연의 초록은 독창적이라기보다 자신이 축적해온 연구성과나 자료를 간편하게 재활용한 경우가 대부분이다. 그 때문에 기존논고의 재탕에 불과할지라도 그 지적 요체는 타인의 업적 도용과는 다르다고 믿는다.

나아가 전문적 연구를 통하여 축적된 모든 지적 성과는 현실 사회 속에서 실질적으로 활용될 때에만 그 본연의 가치가 살아 움직인다고 할 것이다. 이에 저자는 학술강연의 초록과 같은 존재는 물론, 신문이나 잡지에 실렸던 가벼운 도막지식일지라도 세상에 좀더 알려지는 것이 바람직하다고 믿기 때문에 이 논고집에 포함시켜 두기로 하였다.

사실 학술강연 초록이 자신의 기존논고에 대한 요약이거나 일부자료의 재활용일지라도 앞뒤에 베풀어진 서술이나 해석까지 똑같은 경우는 드물다. 처음에는 미처 깨닫지 못했거나 부족했던 점이 학술발표와 같은 기회를 통하여 더 적절한 해석으로 고쳐지거나 보완되기도 하고, 논리가 한층 정연해지기도 하기 때문이다. 뿐만 아니라 논문의 학술지상 발표만으로는 그 내용이 일반인에게까지 쉽게 알려지기 어렵지만 강연이나 일반 언론지상의 경우라면, 한꺼번에 많은 사람의 안목을 새로 열어준다는 점에서 그 의미가 크다고 할 수도 있다.

이에 저자는 특히 제3부의 '어문생활에 대한 단상'에 남다른 애착을 느끼고 있다. 그 첫 번째인 '바른말 고운말을 찾아서'는 꼬박 1년 동안 매주 한 차례씩 우리의 언어문화 가운데 의문점이나 문제점에 대하여 해결책을 찾아본 결과로서, 거기에는 바람직하지 못한 우리의 어문생활 환경개선을 위한 전문가로서의 안목이 정리되어 있다. 그 두 번째인 '따뜻하고 정겨운 어문생활' 또한 전문적 어문연구 관련지에 한 달에 한 번씩 1년 동안 집필한 소론의 종합판으로서 여기에는 일반 언어생활의 문제점 개선을 위한 지식인으로서의 고뇌가 반영되어 있다.

이러한 의미에서 저자는 학술강연 초록에도, 어문생활 단상처럼 보잘 것 없어 보이는 단편적 소론에도 자부심을 버리고 싶지 않다. 남이야 웃을지 모르겠으나 스스로의 마음 속에 거짓이나 헛된 욕망이 없었으니 거기에 어떤 문제점이 있을 리 없다고 믿기 때문이다.

끝으로 이번 논고집의 교정에는 딸내미인 송나리가 여러 모로 애를 많이 써주었다. 국어학 전공으로 석사학위까지 올라간 피붙이인지라 크게 의지가 되었다.

2023년 3월 15일 저자 적음

제1부 어휘사 논고

漢字와 國語語彙의 近代化

20세기 초기의 신어

파생접사로서의 한자형태소, 그 실상의 사적 배경

漢字語에 대한 어휘사적 조명

제2부 학술강연 초록

開化期 東北亞 三國의 漢字語 交流

單語의 意味와 語源

개화기 국어에 나타나는 신생어와 관용구

제3부 어문생활에 대한 단상

바른말 고운말을 찾아서

따뜻하고 정겨운 어문생활

우리말에 대한 단상

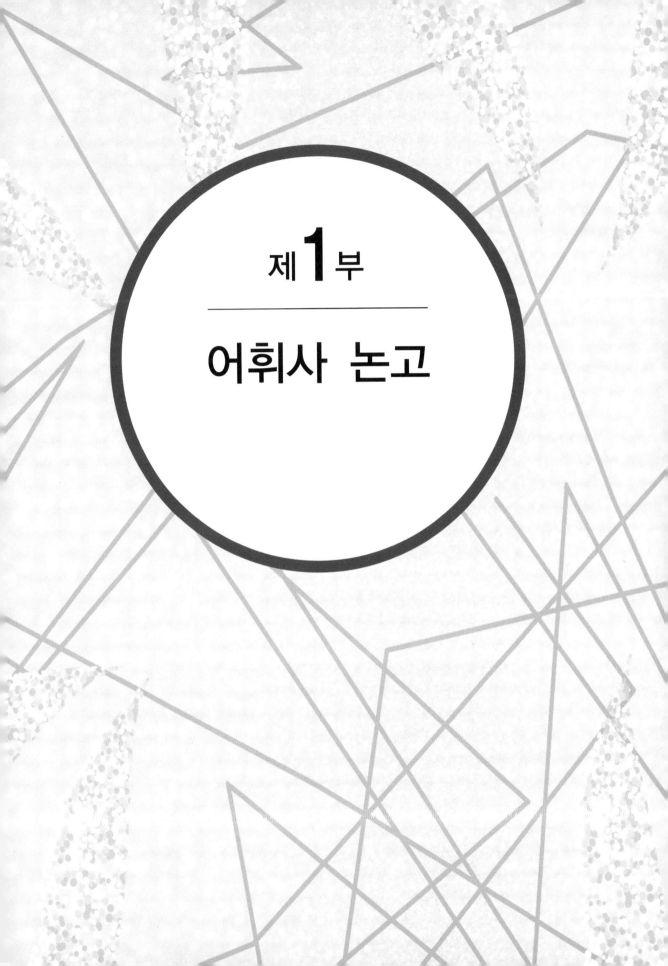

제**1**부

어휘사 논고

파생어형성 의존형태소 '-的'의 始原

1. 서 언

현대국어에서 주로 한자어 뒤에 배분되어 '국가적, 민족적'과 같은 일종의 파생어를 형성해 주는 의존형태소 '-적'은 그 기능이나 의미에서 적어도 중국의 전통적 고문(古文), 즉 문어문과는 직접적인 관련이 없다. 의존형태소로서의 '-적'은 중국의 문어문에 쓰이지 않았기 때문에 그것이 국어에 일찍이 차용되었을 가능성은 자동적으로 배제되는 것이다. 이 '-적'은 중국의 근대구어문에 흔히 나타나는 이른바 개사(介詞)로서의 '-적'과도 직접적으로는 관련지워지지 않는다. 『노걸대』(老乞大)나 『박통사』(朴通事)와 같은 중국의 근대구어문 자료에는 개사로서의 '-적'이 빈번하게 나타나지만, 그에 대한 諺解文에 이 '-적'을 국어의 형태소로 받아들인 적은 한 번도 없기 때문이다. 결국 한자어 파생 의존형태소로서의 '-적'은 중세국어나 근대국어의 어느 시기에도 중국어로부터 차용된 바가 없는 것이다.

국어에 이 '-적'이 나타나기 시작한 것은 개화기의 국한문 혼용체 문장부터이다. 청말(清末)의 중국어나 明治初期의 일본어로 일단 번역된 서양 문화 지식이 국어로 재번역되어 간접적으로 국내에 소개되는 시기와 의존형태소 '-적'이 그 모습을 드러내는 시기가 기이하게도 합치하는 것이다. 그렇다면 파생어형성 의존형태소로서의 '-적'은 결국 개화기 이후의 국어에 자생한 독자적 요소이거나 청말의 중국 白話文 내지 초기의 현대 일본어로부터 차용된 외래적 요소일 수밖에 없게 된다. 그런데 '-적'의 기능이나 의미가 국어에서 자생했을 가능성은 우선 어렵지 않게 부정된다. '-적'이 오늘날과 같은 기능이나 의미를 갖게 된 것은 19세기 말엽의 일본어에서 비롯된 것인데, 국어는 일본어와의 접촉과정에서 이를 번역차용한 것으로 믿어지기 때문이다. 이에 본고는 의존형태소로서의 '-적'이 언제 어떻게 국어에 차용 정착되었는지를 사적(史的)으로 더듬어 보려는 것이다.

2. 개화기 국어의 '-적'

의존형태소로서의 '-적'은 20세기에 들어서서야 국한문 혼용체 문장에 그 모습을 드러내기 시작한다. 개화기의 교과서를 중심으로 하여 그 사정을 연차적으로 더듬어 보면 다음과 같다.

(1) 신해영(申海永, 1906), 『倫理學教科書』 권1, 2(普成中學校)[1]
    가. 人은模倣的動物이라(1:24), 元來少年은模倣嘆美的精神이素富흐者ㅣ니라 (1:97), 男은進取的性質이오女는保守的性質이라(2:64), 大凡人類는社交的 動物이니(2:92), 根本的智識을具有흠은(2:113)
    나. 眞個尊尚흠이可흐者는道德的과밋智力的勇敢이니(1:57)
(2) 휘문의숙(徽文義塾, 1906), 『高等小學讀本』 권1(徽文舘)[2]
    가. 依賴的習慣과懶怠的性質은(1:70)
    나. 해당용례 미견(未見)
(3) 휘문의숙(1906), 『中等修身教科書』 권1, 2, 3, 4(徽文舘)[3]
    가. 此는人의感情을解흐야不快의思想을懷케흐는非禮의行實이오(1:21), 投機的 精神으로(2:13), 自主的精神을培養흐야(2:21), 身體의生理的活動에伴흐야 (2:41), 判斷은實行的知識과相似흐者ㅣ나(3:14), 人人間에 自然存在흔強盛 的感情이라흐니(3:39), 恒常義俠的精神을養흐야(3:46), 哲人이有言호디人 은社會的動物이라흐니(4:9), 一個人이皆, 孤獨的生活을營흘時代에는 (4:16), 其範圍內에서團體的生活을作케흐야(4:22), 國家的槪念의發達을催 促흠으로(4:35), 武力的戰爭이 不無흐되(4:43)
    나. 一邊은理論의深思的으로……一邊은實際的活動的으로(3:10), 假令彼我의比 較的으로自己의優勝을表示흐야(3:34)
(4) 휘문의숙(1907), 『高等小學修身書』(徽文舘)[4]
    가. 人의天然的權利라(29), 競爭은社會의自然的狀態로(58), 國民的道德을確立 흠에(86)
    나. 해당용례 미견
(5) 주시경(周時經, 1907), 『必尙自國文言』(『皇城新聞』 2442-47호)[5]

---

1) 텍스트는 아시아문화사(1977), 『韓國開化期教科書叢書 10, 修身・倫理 Ⅱ』에 수록된 영인본을 이용한다.
2) 텍스트는 아시아문화사(1977), 『韓國開化期教科書叢書 5, 國語 Ⅴ』에 수록된 영인본을 이용한다.
3) 텍스트는 아시아문화사(1977), 『韓國開化期教科書叢書 9, 修身・倫理 Ⅰ』에 수록된 영인본을 이용한다. 다만 이 영인본은 1908년의 재판본이어서 초판본과의 異同을 알 수 없으나, 여기서는 일단 수정 없이 재판된 것으로 보고 초판의 연차인 1906년의 자료로 처리해 둔다.
4) 텍스트는 아시아문화사(1977), 『韓國開化期教科書叢書 9, 修身・倫理Ⅰ』에 수록된 영인본을 이용한다.

가. 해당용례 미견

나. 是以로天然的의各殊ᄒ 句域과人種을쌀아言語와文字도天然的으로不同ᄒ더
라(57)

개화기의 모든 자료를 검색해 보아야 확실한 결론을 기대할 수 있겠지만, 의존형태소로서
의 '-적'이 교과서에 나타나기 시작한 것은 우선 1906년경부터임을 알 수 있다.[6] 이 때의
'-적'은 크게 나누어 볼 때 두 가지 기능을 담당하고 있는데, 이들을 편의상 '가'와 '나'로 구분
해 둔다.

'가'는 '模倣的 智識'과 같은 구성에 나타나는 '-적'으로서, 후행하는 명사를 직접 수식하는
경우이고, '나'는 '道德的과, 天然的의' 또는 '理論的으로'와 같은 구성에 나타나는 '-적'으로서,
곡용접미사와 결합된 형태로 후행하는 명사를 수식하거나 동사를 한정하는 경우이다. 국어
에 나타나는 한자어는 그 문법적 기능에 있어서 명사성을 지닌다. 이 점에 있어서는 개화기
의 '-적'도 예외가 아니다. '나'에서와 같이 곡용접미사를 동반할 수 있다는 점이 '-적'의 명사
성을 잘 나타내고 있다.

그런데 초기의 '-적'은 오늘날과 몇 가지 점에서 차이를 보인다. 첫째, '道德的과밋智力的
勇敢'(1-나)에서처럼 '-적'에 병렬접미사 '-과'가 연결될 수 있다는 점이다. 오늘날 그 자리에는
'-과'가 나타나는 일이 없다. 둘째, '天然的의各殊ᄒ 句域'(5-나)에서처럼 수식어 자리에 놓이는
'-적'에는 또다시 소유접미사 '-의'가 연결될 수 있다는 점이다. 그러나 수식어를 구성하는
'-적'은 오늘날 명사와 직접 결합되는 것이 보통이다.[7] 초기의 '-적'도 실제로는 '-의'의 도움
없이 수식어가 되는 것이 일반적이었다. 셋째, '天然的의各殊ᄒ 句域'(5-나)에서처럼 수식어
'천연적의'와 피수식어 '구역' 사이에 형용사가 삽입될 수 있다는 점이다. 오늘날 그러한 隔離
性은 허용되지 않는다. 넷째, '彼我의 比較的으로 自己의 優勝을 表示ᄒ야'(3-나)에 나타나는
'비교적으로'는 오늘날과는 다른 독특한 용법을 보인다. 이 때의 '-적'은 오늘날에는 오히려
없어야 할 존재이다. 다섯째, '不快的思想, 强盛的感情, 孤獨的生活' 등이 보여주는 바와 같

---

5) 텍스트는 아시아문화사(1977), 『周時經全集 上』에 수록된 영인본을 이용한다.

6) 이 경우 교과서라는 자료는 특별한 의미를 지닌다. 교과서의 언어란 일반적으로 신문이나 잡지보다 時流性에
무디다. 이러한 교과서에 '-적'이 출현했다면 그 기반은 그보다 이전에 벌써 마련되어 있었을 것이다. 그러므로
'-적'의 실제적 출현은 1906년 이전으로 거슬러 올라갈 소지를 충분히 가질 수 있다.

7) 다만, 후행하는 명사가 형식명사일 때에는 '實際的인 것, 理論的일 뿐'처럼 繫辭의 도움을 받고 나서야 수식
어가 될 수 있다. 이 때의 계사가 그 세력을 확장하여 '이론적인 배경'처럼 쓰이는 수도 있지만, 이 경우에는
'이론적 배경'처럼 계사가 생략될 수도 있다. '-적'에 연결되어 수식어를 구성할 때의 계사는 이처럼 형식명사
앞에서는 必須的이지만 자립명사 앞에서는 隨意的이다.

이 초기의 '-적'은 배분이 꽤 자유스러웠다는 점이다. 오늘날 '불쾌, 강성, 고독'을 '-적'과 결합시켜 사용한다면 매우 어색할 것이다.

국어에 나타나기 시작한 의존형태소로서의 '-적'은 해가 거듭될수록 그 기반이 굳어진다. 1908년에는 다음과 같은 용례가 교과서에 나타난다.

> (6) 신해영(1908), 『倫理學教科書』 권3, 4(普成舘)[8]
>   가. 先天的病弱의身體가(3:15), 吾人의社交的慾望은(3:4), 吾人의社交的感情에 (3:6), 社交的動物이라(4:50), 純一흔利他的精神은(3:9), 消極的制裁에 (3:14), 國民의消極的本務로써(4:58), 積極的道德에(3:14), 道德的制裁의不 及흔바를(3:25), 宗教의信仰은(3:99), 絶對的服從의本務가(4:32), 完全흔 國家的知識과(4:34), 國家的道德에(4:104), 國家的道德은(4:106), 國家的 教育이(4: 106), 國家的教育의(4:107), 國民의道德을(4:103), 個人的道德은 (4:104), 個人的道德에(4:105), 倫理學의根本的問題니(4:96)
>   나. 個個生活은先天的의現狀이라(3:4), 消極的으로(3:20), 積極的으로(3:20), 絶 對的으로(4:32), 消極的이되ᄂ니(4:57), 理想的完美흔域에達ᄒ얏다謂ᄒ지니 라(3:19)

이들 용례는 이미 오늘날과 큰 차이 없이 쓰이고 있음을 보여준다. '가'가 보여주는 바와 같이 '-적'과 결합되어 수식어 자리에 놓이는 한자어가 전반적으로 새로워졌다. 이들 한자어 의 대부분은 일본어에서 만들어진 번역어로서, 개화기 이후의 국어에 서둘러 차용된 서양적 개념어들이다. 한자어가 이처럼 급격히 개신되어 가는 여파를 타고 '-적' 또한 그 기반이 쉽 사리 확장될 수 있었다. 이러한 경향은 『소년』(少年)과 같은 잡지를 통해서도 확인된다. 『소 년』 제1년 제1권(1908)[9]의 표지에 '本誌는此責任을充當할만한 活動的進取的發明的大國民을 養成하기위하야……', 목차 다음 면의 제2권 豫定目次에 '우리帝國의世界的地位를論하 고……'와 같이 '-적'이 쓰이고 있으며, 본문 중에도 '精神的策勵者(23), 陸上的遺傳性(32), 山 海經的荒怪흔傳說(32), 系統的으로(65), 우리進取的膨脹的少年半島의無限한發展과(67)'에서처 럼 '-적'이 나타난다.[10]

『소년』에 실린 글은 대부분 최남선(崔南善)이 집필한 것으로 알려져 있다. 따라서 『소년』의

본문 가운데 출현하는 '-적'은 최남선이 사용한 것으로 볼 수 있다. 개화기의 지식인 가운데에는 일찍부터 이렇게 '-적'을 사용한 사람들이 많은데, 최남선도 그 중의 한 사람으로 꼽힐 수 있다. 최남선의 손으로 이루어진 '삼일독립선언문'(三一獨立宣言文, 1919)[11]에는 '人類的良心, 民族的尊榮, 民族的良心, 民族的獨立, 民族的要求, 民族的精華, 國家的廉義, 羞恥的財産, 一時的感情, 功名的犧牲, 姑息的威壓, 差別的不平, 友好的新局面, 人道的精神, 自由的精神'과 같은 실례가 나타나기도 한다.

　　개화기의 지식인 가운데 '-적'을 사용한 사람이 많으리라는 근거로서 1910년대의 대표적 지식인인 한용운(韓龍雲)과 이광수(李光洙)의 글을 잠시 훑어보면 그들 또한 많긴 적긴 '-적'을 사용하고 있다. 가령, 한용운의 「朝鮮佛敎維新論」(1913)[12]은 거의 완전한 한문(漢文)에 현토(懸吐)한 정도의 문장임에도 불구하고 '宗敎的性質, 哲學的性質(論佛敎性質), 以道德的言之면, 以公例的觀之면[13](論布敎), 無進步的思想, 無冒險的思想, 無救世的思想, 無競爭的思想(論寺院位置)'과 같은 '-적'의 용례를 보이고 있다. 이광수 또한 '-적'을 사용한 사람 중에 낀다. 그의 손으로 만들어졌다는 「東京留學生獨立宣言文」(1919)[14]에 '形式的外交關係, 實質的支配, 軍閥的野心, 非道德的政策'과 같은 예가 나타난다.

3. 신문학 발생기의 '-적'

　　3.1.운동을 전후로 하여 신문, 잡지, 문학동인지 등이 잇달아 출현하게 됨에 따라 그동안 논설적 문장에만 주로 쓰여온 '-적'은 소설, 수필, 희곡과 같은 문학작품에까지 그 세력을 확산시켜 나가게 된다. 여기서는 신문학 발생기의 대표적 문학동인지인 『창조』(創造), 『폐허』(廢墟), 『백조』(白潮)의 창간호를 대상으로 하여 당시의 '-적'이 어떻게 쓰였는지를 더듬어 보려고 한다. 『창조』 창간호(1919)[15]에는 우선 다음과 같은 예가 보인다.

---

11) 텍스트는 『新東亞』 1964년 1월호 부록 『近代韓國名論說集』 참조.
12) 텍스트는 『新東亞』 1964년 1월호 부록 『近代韓國名論說集』 참조. 편집자의 해설에 따르면 이 글은 1910년에 탈고된 것이라고 한다.
13) '以道德的, 以公例的'은 '도덕적으로, 공례적으로'를 한문으로 옮겨 놓은 것이다. '以公例的觀之면'의 조금 뒤에 '以單純道德으로 觀之면'이라는 문구가 나오는 것으로 보아 한용운은 '以'를 '-으로'에 대응시켰음을 알 수 있다.
14) 텍스트는 『新東亞』 1964년 1월호 부록 『近代韓國名論說集』 참조.

(7) 김환(金煥)[16], 「神秘의幕」(소설)[17]

天然的美의價値(20), 美的價値(26, 27), 美的趣味(29, 33), 美的形式(32), 情的人物(29), 學的形式(32), 通俗的談話(33), 抽象的으로(25), 具體的으로(25), 美的으로(30), 美的이니(31, 33), 裸體的이안이오(32), 具體的高尚한娛樂(33), 命令을絶對的服從하여야(23)[18], 絶對的服從할理致(23), 絶對的不許를하시니(27), 絶對的反對하는(31)

(8) 전영택(田榮澤), 「惠善의死」(소설)

理想的男子(47), 本能的으로(50), 衝動的으로(50)

(9) 김동인(金東仁), 「약한者의 슬픔」(소설)

藝術的活人畵(72), 本能的으로(57, 68, 74), 必死的勇氣를내이고(60), 比較的乘客이업섯다(69)

(10) 최승만(崔承萬), 「黃昏」(희곡)

一時的이요(11), 永久的이되겟슴니다(11), 客觀的이요(11), 主觀的이겟슴니다(11), 客觀的이고主觀的이고(11)

『창조』 창간호에는 주요한, 최승만, 김환, 전영택, 김동인의 작품이 실려 있는데, 그 중 주요한의 시 「불노리」에만 '-적'이 나타나지 않는다. 그러나 「불노리」에 나타나지 않은 것은 그것이 시였기 때문이지 주요한이 '-적'을 쓸 줄 몰랐던 것은 아니다. 권말에 주요한은 '벌쏫'이란 필명으로 「일본근대시초」(日本近代詩抄)(1)라는 번역시를 싣고 있는데 그 또한 시 사이사이의 해설문 가운데 '軍歌的雄莊한漢文調의詩(78), 藝術的價値(78)'처럼 '-적'을 쓰고 있다. 곧 『창조』 창간호의 집필자 모두가 '-적'을 사용한 셈이 된다.

『폐허』 창간호(1920)[19]도 이 점에 있어서 비슷한 성격을 드러내 준다.

(11) 민태원(閔泰瑗), 「어느少年」(소설)

姑息的手段(99), 病的의習性(109)

(12) 나혜석(羅蕙錫), 「洋靴와詩歌」(수필)

普遍的作品(33), 根('根'의 오식―필자)本的誤謬(34), 間投的으로(35), 貴族的이

---

15) 텍스트는 文陽社(1970), 『創造』 영인본 참조.
16) 동인지에는 작자명이 필명으로 나타나는 경우가 많다. 본고에서는 편의상 이를 본명이나 잘 알려진 이름으로 바꾸어 표시한다. 이에 대해서는 전적으로 柳炳奭(1974)의 도움을 받았다.
17) 장르에 따라 '-적'이 어떻게 나타나는지를 알아보기 위하여 작품 하나하나에 장르를 표시해 둔다. 다만, 원문에 장르 표시가 되어 있는 것은 문제가 없으나, 표시가 없어 애매한 것은 필자가 임의로 적어 넣었으므로 엄밀한 분류가 될 수 없는 경우도 있을 수 있다.
18) 『創造』 창간호의 면수 표시 중 21과 23은 서로 뒤바뀌어 있다. 즉 21이 23에, 23이 21에 각기 해당된다. 그러나 여기서는 원문에 표시된 면수를 그대로 따른다.
19) 텍스트는 한국서지동호인회(1979), 『廢墟』 영인본 참조.

엿소(31), 病的됨이(35)

(13) 남궁벽(南宮璧), 「自然」(수필)

哲理的으로(71), 原始的인구석(68)

(14) 이병도(李丙燾), 「朝鮮의古藝術과吾人의文化的使命」(논설)

政治的軍事的編制(4), 宗敎의信仰(4), 地理的關係(6), 代表的傑作(7), 藝術的趣味(8), 道德的思想(9), 哲學的思想(9), 獨創的發明(10), 文化的使命(10), 文化的生活(10), 文化的事業(11), 文化的集圓('團'의 오식—필자)(11), 守舊의儒敎思想(10), 非科學的敎育(10), 世界的價値(10), 世界的學者와世界的天才(11), 並行的으로(4), 系統的으로組織的으로(5), 無意識的으로(7), 比較의僅少함을(9), 比較的오래된(10), 文藝復興的의伊太利人(10), 世界的이란形容詞(10)

(15) 오상순(吳相淳), 「時代苦와그犧牲」(논설)

宇宙的大生命(53), 宇宙的意味(53), 流動的創造(53), 因襲的奴隷의生活(54), 悲劇的犧牲(57), 衝動的感情(58), 常識的判斷(59), 俗的成功熱(59), 時代的苦惱(60), 狂熱的努力(62), 內的世界(63), 熱情的信仰(63), 消極的으로(55), 積極的으로(57), 意識的으로(57), 無意識的으로(57), 强迫的으로(57), 直覺的으로(58), 反動的으로(58), 俗的으로(61), 感傷的으로(62), 貪慾的으('으' 뒤에 '로'가 빠진 듯함)(63), 奔放的으로(63), 比較的쉽게(56), 必然的인苦惱(59), 情熱的인 며들은(60), 內的, 外的, 心的, 物的의모든不足(52), 우리의一切內的外的의, 頹敗하고 腐敗하고……惡毒한 모든……生活의 樣式(54)

(16) 황석우(黃錫禹), 「日本詩壇의 二大傾向」(一)(평론)

象徵的要素(77), 專門的旗幟(77), 斷片的紹介(79), 知的象徵主義와 情緖的象徵主義(80), 知的作爲(80), 知的象徵主義的大抒事詩(82), 審美的享樂(82), 審美的低値(82), 藝術的表現(82), 本質的表現(82), 本質的藝術(85), 諷諭的結構(82), 哲學的性格(83), 詩人的性格(83), 普遍的意味(83), 神秘的抽象劇(83), 心的狀態(83), 論理的論議(84), 具體的科學的事實(84), 興體的材料와想像的處置(85), 想像的藝術(85), 主觀的要素(85), 比較的새롭고(79), 學術的, 比較的完全한硏究를가진이(79), 高踏的, 貴族的, 古典的인敬虔한强한魂의所有者(78), 科學的인말(81), 普遍的인어느것(83), 主觀的일다(85), 除外的이아니고(84), 斷片的임으로(79), 本質的되는(82), 相關的됨을(84), 그 本質的, 精神的되는말(85), 超東洋的의 高級藝術(79)

(17) 김억(金億), 「스웽쓰의苦惱」(논설)

絶對的完美(112), 享樂的傾向(113), 非道德的民心(113), 近代道學的批評家(113), 世紀末的思想(113), 消極的絶望(113), 近代的詩人(114), 近代的藝術(121), 非論理的書籍(114), 偏見의懷疑(114), 隱士的沈靜(115), 非人道的人物(115), 仙人的로만리('티'의 오식-필자)스트(116), 自暴的反語(116), 詩人的詩人(116), 神秘的解答(117), 神秘的結婚(120), 根本的生命(117), 音樂的章句(117), 音樂的方面(118), 音樂的表情(120), 音樂的調和(120), 病的現象(118), 靈的言

語(119), 有形的律格(119), 暴風雨的特色(120), 自然的媒介者(121), 쩬틀맨的
무엇(114), 空想的, 또는情緒的悲哀(116), 權威的이었다(112), 無形的되게하였다
(120)

이병도, 오상순, 황석우, 김억의 논설이나 평론에는 특히 많은 '-적'이 나타나는데 이것은
당시의 논설이나 평론에 '-적'이 제한 없이 쓰일 수 있을 만큼 그 세력이 확산되었다는 실증
이 된다. 『폐허』 창간호에 발표된 글 가운데 '-적'이 나타나지 않는 것으로는 염상섭(廉想涉)의
卷頭辭[20], 김찬영(金瓚永)의 수필[21], 이혁로(李赫魯)의 수필, 김원주(金元周)[22]의 시(詩)뿐이다.
그러나 이들이 모두 '-적'을 쓸 줄 몰랐다고는 생각되지 않는다. 실제로 염상섭과 김원주는
『폐허』 제2호(1921)에 각기 발표한 수상(隨想)에서 많은 '-적'을 쓰고 있다.

시기적으로는 『창조』나 『폐허』보다 좀 뒤지지만 『백조』(白潮) 창간호(1922)[23]에 실린 거의
모든 작품에도 적이 나타난다.

    (18) 노자영(盧子泳), 「漂泊」(소설)
        無意識的으로(5), 浪漫的일다(4)
        노자영, 「鐵瓮城에서」(紀行)
        美的意識과 詩的心理(102), 無意識的으로(102)
    (19) 나도향(羅稻香), 「젊은이의시절」(소설)
        感情的으로하면(41)
    (20) 박종화(朴鍾和), 「永遠의 僧房夢」(感想)
        靈的生活(59), 美的寂滅(61)
        박종화, 「여시아의民謠」(紹介)
        文壇的潮流(135), 卽興的으로됨이(135)
    (21) 이광수(李光洙), 「樂府」(시)
        劇的일것이외다(67)[24]

---

20) 본문에 이런 말이 붙어있지는 않으나 간행사에 해당되는 글이므로 '권두사'라고 불러둔다.
21) 서간문 형식으로 쓰여진 글이다.
22) '步星'이라는 필명을 쓴 사람인데 柳炳奭(1974)으로도 '步星'이 누구의 필명인지 확인되지 않는다. 다만 『폐
    허』 창간호의 편집후기 「想餘」에 등록된 동인 중 창간호에 글을 발표하지 않은 사람은 金永煥과 金元周뿐
    인데, 두 사람 중 詩를 쓸만한 인물은 김원주이므로 여기서는 잠정적으로 '步星'을 김원주의 필명으로 추정해
    둔다. 김원주의 잘 알려진 필명은 '一葉'이다.
23) 텍스트는 한국서지동호인회(1969), 『白潮』 영인본 참조.
24) 詩 본문이 아니라 해설문 가운데 쓰인 용례이다. 이광수가 '-적'을 쓴 사람 중의 하나라는 사실은 「東京留學
    生獨立宣言文」(1919)의 검토에서 이미 밝혀진 바 있다.

이밖에도 『백조』 창간호에는 홍사용(洪思容), 박영희(朴英熙), 이상화(李相和)의 시(詩)와 오천석(吳天錫)의 번역동화, 현진건(玄鎭健)의 번역소설이 실려 있으나 여기에는 '-적'이 나타나지 않는다. 그러나 이들이 모두 '-적'을 쓸 줄 몰랐던 것은 아니다. 『백조』 제2호(1922)에서 그 사실을 확인할 수 있다. 현진건은 소설 「유린」(蹂躪)에서 '機械的으로(50), 動物的本能(50), 얼마나詩的이랴! 美的이랴!(51), 音樂的이엇다(51)', 박영희는 상화(想華)25) 「感想의廢墟」에서 '社交的웃음(75)', 홍사용은 편집후기에 해당하는 「六號雜記」에서 '變的性格(151), 民族的리슴(152)'과 같이 '-적'을 쓰고 있는 것이다.

신문학 발생기의 문인들 작품에 이처럼 '-적'이 널리 쓰였다는 사실은 '-적'의 생산력이 당시에 얼마나 왕성했던가를 알려주는 증거가 될 수 있다. 물론, 이 시기의 '-적'에도 오늘날과 다른 점이 남아는 있다. 가령, 수식어 자리에 쓰이는 '-적'과 피수식어 사이에 隔離性이 허용되어 '具體的高尙한娛樂(7), 古典的인敬虔度한强한魂의所有者(16), 內的, 外的, 心的, 物的의모든不足(15)'과 같은 용례가 보이는가 하면, 수식어로 쓰이는 '-적'에 소유접미사 '-의'가 연결된 '文藝復興的의 伊太利人(14), 超東洋的의 高級藝術(16)'과 같은 실례도 나타난다. 이와 같은 용법은 (1)~(6)에 제시된 바 있는 초기적 특징의 잔재로서 오늘날에는 아주 없어졌거나, 쓰이더라도 문법적으로 어색한 것들이다.

이러한 몇 가지 차이점을 제외한다면 이 시기의 '-적'은 전반적으로 오늘날과 가까워졌다. 가령 '-적'을 병렬시킬 때 병렬접미사 '-과'를 결합시키는 대신 '高踏的, 貴族的, 古典的인(16), 內的, 外的, 心的, 物的의(15)'처럼 휴지부(休止符)를 쓰게 되었으며, '-으로'와 결합되어 '系統的으로, 組織的으로'처럼 부사화하는 경우와 계사(繫辭) 또는 '-되다'와 결합되어 '-的이다, -的이 아니다, -的이 되다(-的되다)'처럼 述語化하는 경우가 많아졌다. 특히 '-적' 앞에 나타나는 한자어가 거의 대부분 오늘날에도 통용되는 것들이며, 단음절한자어 형태소에 '-적'이 연결된 '美的(7, 18, 20), 情的(7), 學的(7), 病的(11, 12, 17), 俗的(15), 內的(15), 外的(15), 心的(15, 16), 物的(15), 知的(16), 靈的(17, 20), 詩的(18), 劇的(20)' 등이 새로 등장하였다. 이와 같은 사실을 감안할 때 의존형태소로서의 '-적'은 신문학 발생기의 국어에 이미 정착되어 있었다고 할 수 있다.

---

25) 목차에 적혀있는 그대로인데 수필을 뜻한다. 『백조』 목차에는 '수필'이란 말이 쓰인 바 없다.

4. 일본어 '-적'의 시원

개화기의 국어에 처음으로 그 모습을 드러내기 시작한 의존형태소 '-적'의 직접적인 시원은 일본어였던 것으로 생각된다. '-적'이라는 의존형태소가 배양된 온상이 바로 일본어였기 때문이다. 일본어의 '-적'에 대해서는 마침 히로타(廣田榮太郎 1969:281-303)에 「「的」이란 말의 발생'과 같은 조사보고가 있는데 여기에는 1880년대까지의 문헌에 출현하는 '-적'의 용례가 세심하게 수집되어 있다.

일본어에 현대적 용법으로 '-적'이 나타나기 시작하는 시기는 1870년대부터인데 초기에는 주로 번역된 학술서에 많이 쓰였다. 그 일단을 여기에 재정리해 보면 다음과 같은 내용이 된다.

(22) 가. 天然的法律, 生理的試驗法, 化學的分析, 化學的作用, 協同的設備……
　　 나. 觀察的卜[to]實行的ノ[tono]區別,　器械的卜[to]化學的ノ[tono]兩能, 解剖的及ヒ[oyobi]生理的ノ[no]性質……
　　 다. 健康的ノ[no]感情, 器械的ノ[no]觀測, 機械的ノ[no]不潔物, 化學的ノ[no] 成分……
　　 라. 官能的ニ[ni], 可及的捷手ニ[ni], 器械的混合ニシテ[nisite]……

이들은 거의 대부분이 번역서에 출현하는 용례들이다. 이 사실은 일본어의 '-적'이 번역을 통한 서양문화 수용과정에서 새롭게 다듬어진 존재임을 암시한다. 이러한 추측을 실제로 뒷받침하는 회고담 하나가 오츠키(大槻文彦)의 『復軒雜纂』(1902)에 전한다고 하는데, 이것이 히로타(1969:284-286)에 인용되어 있으므로 그 일부를 여기에 다시 옮겨보기로 한다.

　　명치유신 초에 무엇이나 서양서양이라 하여 번역이 유행한 때가 있었다. 여러 번(藩)에서 큰 돈을 내어 양학서생(洋學書生)에게 무슨 원서든지 번역시켰다. 그 무렵 내가 알고 있는 사람들로서 곧잘 번역을 하고 있던 사람은 야나가와(柳河春三), 가쓰라가와(桂川甫周), 구로자와(黑澤孫四郞), 미쓰쿠리(箕作奎五), 구마자와(熊澤善庵) 기타 모모(某某) 등이었는데, 나도 거기에 끼어있었다. 그런데 이상한 일은 이 친구들이 대개 중국의 소설 『수호전』(水滸傳), 『금병매』(金瓶梅) 등을 즐겨 읽고 있었다. 어느 날 모여 앉아 잡담이 시작되었다. 그 때 한 사람이 불쑥 이런 말을 꺼냈다. System을 조직(組織)이라고 번역하는 것은 좋으나 Systematic이 번역하기 어렵거든. tic이란 뒷끝은 소설의 적(的)이란 글자와 소리가 비슷하지. 아무튼 조직적이라고 번역하면 어떨까? 모두가, 그건 묘한데.

해보세 하면서 곧 조직적이란 말로 청서(淸書)시켜 번저(藩邸)에 보내어 돈을 받아오게 했겠다. 자네, 실행했나? 응. 그건 너무하지 않았을까? 뭘, 눈치 채지는 못할 텐데, 하고 농담을 했는데, 그런데 이 적(的) 자(字)로 가끔 어려운 데를 벗어날 수 있었으므로 마침내 농담이 진담이 되는 것처럼, 나중에는 아무런 생각도 없이 써먹게 되어 사람들도 알아볼 만하게 되었지만, 그 뿌리를 씻어보면 tic과 적(的)이 소리가 비슷하기 때문이라는 것으로 재치를 부려 써보았을 뿐 실로 포복(抱腹)할 만한 일이다. 이것이 적(的)이란 글자의 당초 원인(原因)이다.

이 증언에 의하면 영어의 형용사 접미사 -tic에 대한 번역수단으로 써본 것이 '-적'이었는데, 그러한 착상에 이르게 된 동기는 '-적'과 -tic의 일본식 발음이 비슷하다는 데 있었다. 영어의 형용사를 '-적'으로 번역한 실례가 히로타(1969:301-302)에도 '亞細亞的比馬克(アジアチクビスマルク[Asiatic Bismarck]), テクニカル[tekunikaru=technical](科學的)ノ[no]言葉, mechanical aid(機制的ノ[no]助力)'처럼 조사되어 있음을 볼 때 오츠키의 증언이 틀린 것으로 보이지 않는다. 다만 '-적'의 발생과 정착 배경이 그렇게 단순한 것이었으리라고는 생각되지 않을 뿐이다. 오츠키의 회고담에도 나타나는 바와 같이 洋學書生들이 의존형태소로 이용한 '-적'의 배경에는 중국 口語文의 영향이 있었으리라고 생각되기 때문이다.

근대일본어 말기부터 현대일본어 초기에 걸쳐 현대적 용법과는 다른 '-적'이 실제로 문헌에서 발견되는데 이들은 중국 구어문의 영향으로 보인다(廣田榮太郎 1969:286). 이것은 당시의 일본어에 중국 구어문으로부터 나온 '-적'의 간섭이 있었다는 증거가 된다. 그만큼 당시 일본의 지식인들은 중국 구어문의 '-적'과 접촉하고 있었다. 여기다 중국에서 먼저 간행된 영학(英學) 관계 서적이 일본에 전해졌다. 이들 영학 관계 서적은 일본의 번역어 형성에 상당한 영향을 끼쳤던 사실로 유명하다. 특히 Lobsheid, W.(1866-1869)의 *English and Chinese Dictionary, with Punti and Mandarin Pronunciation*(Hong Kong)에 나타나는 번역어는 나카무라(中村正直, 1872)의 『자유지리』(自由之理, J. S. Mill의 *On Liberty*), 니시(西周, 1877)의 『이학』(理學, J. S. Mill의 *Utilitarianism*), 사토(佐藤喜峰, 1879)의 『천로역정』(天路歷程, J. Bunyan의 *Pilgrim's Progress*)과 같은 번역서에 커다란 영향을 끼쳤을 뿐 아니라(森岡健二 1969:116-150), 일본에서 간행된 영일(英日) 사전류의 번역어 성립에 결정적 역할을 담당하였다(森岡健二 1969:55-114).[26) 바로 이 Lobsheid

---

26) 森岡健二(1969)의 면밀한 검토에 따르면 다음과 같은 辭典에 Lobsheid(1866-1869)의 영향이 현저하게 나타난다. 吉田賢輔 등(1872), 『英和字典』(知新館藏版), 柴田昌吉·了安峰(1873), 『附音插圖英和字彙』(日就社), 律田仙·柳澤信大·大井鎌吉(1879), 『英華和譯字典』(山內輄出版), 羅布存德著·井上哲次郎 增訂(1883-1884), 『增訂英和字典』(藤本藏版).

(1866-1869)에 영어의 형용사를 'Accumulative 積理的, 累積的/Actual 實在的,……當眞的
/Sacrastic, Sacrastical 刺的, 譏諷的/Symphathetic, Symphathetical 憐的, 憐恤的, 同情的,
同黨的, 同受的'과 같이 '-적'으로 풀이한 실례가 있다(廣田榮太郎 1969:288-289). 형용사의 번역
어에 쓰인 이러한 '-적'은 당연히 일본의 지식인들에게 많건 적건 간에 영향을 주었을 것이
다. 이노우에(井上哲次郎 등 1881)의 『철학자휘』(哲學字彙, 東京大學)가 'Dianoitic 辨證的(24),
Noetic 直覺的(59), Syncategorematic 副用的(89), Knowable 可知的(48), Objective 客觀的
(60), Subjective 主觀的(87), Passive 受動的(64), Rational 合理的, 辨理的(76)'처럼 형용사의
번역어로 '-적'을 이용한 사실이나,[27] Hepburn, J. C.(1866)의 *A Japanese-English and
English-Japanese Dictionary*(Third Edition, Tokyo)와 오츠키(大槻文言, 1899-1991)의 『언해』(言海, 私
版)에 '-적'이 표제어로 등록되어 있다는 사실이 這間의 사정을 알려준다. 그리하여 1880년대
에는 현대적 기능으로 다듬어진 '-적'이 소설과 같은 문학작품에도 나타나게 되면서,[28] '-적'
은 일본어에 정착하기에 이른 것이다(廣田榮太郎 1969:299-300, 松村明 1977:202).

결국 일본어의 '-적'은 洋學書生의 독자적인 힘만으로 창안되었다기보다 멀리는 중국의 근
대 구어문에 나타나는 '-적', 가까이는 Lobsheid(1866-1869)와 같은 사전에 쓰인 영어의 형용
사 번역용 '-적'에 직접 또는 간접으로 그 始原이 연결된다고 생각할 수 있다.

5. 국어 '-적'의 시원

우리는 서언에서 국어의 '-적'이 개화기 이후의 일본어에서 비롯된 번역차용이리라는 전제
를 이미 내세웠지만, 그에 대한 직접근거를 당장 여기에 제시할 수는 없다. 여기서는 간접근
거 몇가지로 서언의 전제에 대한 해답을 대신하려고 한다.

갑오경장(1894) 이후 한동안에 걸쳐 한국에 전해진 서양문화의 지식은 거의 대부분이 일본
을 거친 것이었다. 그만큼 당시의 지식인들은 일본어와의 긴밀한 접촉을 가지고 있었다. 신
소설에는 일본어적 요소가 허다하게 나타나며(李在銑 1975:138-140, 291-292), 일본의 수사론(修辭

---

27) 이책의 재판인 井上哲次郎・有賀長雄(1884), 『改增訂補哲學字彙』(東洋舘)의 번역어 중에는 Lobsheid
(1866-1869)와 일치하는 것이 많은데 전자는 후자를 차용한 것으로 생각되고 있다(森岡健二 1969:89).
28) 松村明(1977:202)에는 1889년 당시의 인쇄업자에게 '的'이란 활자가 얼마나 많이 필요했는지를 알려주는
이야기가 인용되어 있다.

論)이 일찍이 한국에 수용되기도 하였다(李在銑 1969).

개화기의 교과서에는 일본어에서 이루어진 번역용 漢字造語가 허다하게 수용되었는데, 이 때에 '-적'도 함께 수용되었으리라는 추측은 지극히 자연스러운 것이다. 실제로 개화기 내지 신문학 발생기의 지식인들이 일본어를 통하여 서양문화를 호흡한 증거도 남아있는데, 그 가운데에도 '-적'이 출현하는 것이다.

최남선은 『소년』 제2년 제6권(1909)의 「現時代大導師톨쓰토이先生의敎示」라는 글 가운데 "……여기는 다만 先生의 學說中에서 勞動力作에 關한 句節만 鈔譯하야 이 絕對한 思想을 諸子에게 알리노니……(그러나 이것이 先生의 自作이 아니라 日本人 中里彌之助가 述한 바를 節譯함이니……)(10)"라고 밝히고 있다. 그런데 바로 그 번역문 중에 '四肢的의 勞力'(11)이 보인다. 이 '-적'은 일본어 원문에도 있었을 것으로 추측되는 것이다. 한편 최남선이 『소년』 제3년 제3권 (1910)에 실은 「쌔이론의海賊歌」 말미에도 "(木村鷹太郎日譯을 冊譯한 것)(8)"이란 첨기(添記)가 보인다. 최남선이 서양지식을 얻는 데에 일본어 서적을 동원한 일이 있었음을 알려주는 실증이 된다.

홍명희(洪命熹)는 『소년』 제3년 제3권(1910)에 「書籍에對하여古人의讚美한말」을 싣고 있다. 서양인의 가르침을 번역으로 소개한 것인데 그 말미에 이렇게 덧붙이고 있다. "두어말삼여러분게 말삼하여두올것이 잇으니 첫째는 本人이 西洋書冊을 飜譯한 것이 아니라 日本坪內博士의著書(文學その折折)에서 重譯하온것이라난 말삼이외다. 이다음에도 혹시 西洋것은 本人이 本誌에내거든 여러분은 서슴지말고 重譯으로 認定하여주시기를 바라나이다(65)". 이 말은 쓰보우치(坪內逍遙)의 『文學その折折』(1896)을 홍명희가 이용했다는 증거가 되는데 번역문 가운데 나타나는 '道德的으로 智力的으로(63)'는 쓰보우치의 작품 원문에도 있었을 것으로 추측된다. 쓰보우치의 작품에는 '-적'이 많이 나타나기 때문이다(廣田榮太郎 1969:301).

변영로(卞榮魯)는 『폐허』 제2호(1921)에 발표한 「메―털넝크와예잇스의神秘思想」 가운데 "나의 不足한 筆舌로난 到底히 充分한 解說을 할 수가 없다. 그럼으로 이에 나난 나보다 웅변인 예잇스氏의 賞讚할만한 論文 「肉體의 秋」에서 쒸움쒸움 멧節만 抄譯하려 한다(33)"고 한 후 번역문으로 다음을 잇고 있다. 그 말미에 "(불행히 원문을 求치 못하야 日譯에서 重譯한 것이라 辭句上 曖昧不明한 곳이 만흠을 讀者쎄 多謝하나이다)"라고 덧붙였는데 그 번역문에 상당수의 '-적'이 나타날 뿐 아니라 문체도 일본풍을 그대로 유지하고 있다.

이로써 개화기 이후의 지식인들이 일본어 서적을 통하여 서양문화를 흡수한 경우가 있있

다는 사실이 밝혀진 셈이다. 이 때 일본어에 나타나는 '-적'이 함께 차용되었으리라고 추측하더라도 무리가 되지는 않을 것이다. 더구나 초기의 '-적'은 '-과, -의'와 같은 곡용접미사를 동반하고 나타나는 수도 있었는데 이 역시 일본어의 '-的ト[to], -的ノ[no](22-나, 22-다)'와 흡사하다. 국어의 '-적'이 일본어의 '-的'을 번역 차용했기에 그러한 공통점이 생겨났으리라고 해석된다.

결국 국어에 쓰이고 있는 의존형태소 '-적'의 시원은 직접적으로는 일본어에 이어진다. 의존형태소의 차용은 일반적으로 흔하지 않지만 '-적'만은 한자형태소였기 때문에 별다른 저항감 없이 국어에 차용되어 정착을 보게 된 것이다.[29]

참고문헌

廣田榮太郎(1969), 『近代譯語考』, 東京:東京堂出版.
森岡健二(1969), 『近代語の成立, 明治期語彙編』, 東京:明治書院.
宋　敏(1979), 言語의 接觸과 干涉類型에 대하여―現代韓國語와 日本語의 경우―, 聖心女大 『論文集』 10.
松村明(1977), 『近代の國語』, 東京:櫻楓社.
柳炳奭(1974), 韓國文士의 異名索引, 江原大 『研究論文集』 8.
李在銑(1969), 開化期의 修辭論, 西江大 人文科學研究所 『韓國近代文學研究』 所收.
_____(1975), 『韓國開化期小說研究』, 一潮閣.

出處 고려대 국어국문학연구회(1985. 1.), 『于雲朴炳采博士 還曆紀念論叢』: 285-301.

---

29) 본고는 한국일본학회 연구발표회(1984. 2. 16.)에서 「'-的'의 收容과 定着」이란 제목으로 발표한 내용을 정리한 것이다.

'디새'[瓦]의 어원

1. '디새'의 文獻史

중세 국어의 '디새'[瓦]란 단어는 共時的으로 그 語形이나 의미가 다 같이 투명하기 때문에, 거기에 새삼 문제가 될 만한 점은 없으리라 여겨진다. 문헌을 통하여 우선 그 용례를 얼마간 모아보면 다음과 같다.

(1) a. 甓이며 디새며 홀ᄀ로 塔ᄋᆞᆯ 이르ᅀᆞᆸ거나(釋譜 十三, 51a)
  b. 當下氷消瓦解: 고대 어름 노ᄀᆞ며 디새 믓듯ᄒᆞ샷다 ᄒᆞ니(金三 二, 1b)
   卽同氷消瓦解: 곧 어름 노ᄀᆞ며 디새 글희야듐 ᄀᆞᆮᄒᆞ야(金三 三, 56a)
  c. 陶甄ᄋᆫ 陶者ㅣ 흙니겨 디새 ᄆᆡᆼᄀᆞᆯ시니(初刊 杜詩 二十, 11a)
   甍: 디새 닐 와(初刊 訓蒙 下, 8a)
   碧瓦朱甍照城郭: 프른 디새와 블근 집 기슬기 城郭애 비취엿도다(初刊 杜詩 十四, 1a)
   碧瓦初寒外: 프른 디새ᄂᆞᆫ 첫치위 밧기오(初刊 杜詩 六, 26b)
  d. 取一瓦礫: ᄒᆞᆫ 디샛직벽을 가져(楞嚴 五, 72a)
   瓦礫宛然: 디샛직벼기 번득거늘(楞嚴 五, 72b)
   蒼鼠竄古瓦: 프른 쥐 녯 디샛서리예 숨ᄂᆞ다(初刊 杜詩 六, 1a)
  e. 瓦: 디새 와(初刊 訓蒙 中, 9b)
   坏: ᄂᆞᆯ디새 비(初刊 訓蒙 中, 9b)

여기에 나타나는 '디새'의 聲調는 (1a)를 제외하고는 어느 경우나 '平平'型으로 되어 있다. 그러나 (1a)만은 '平上'型으로 나타나는데, 그 이유는 繫詞의 바로 앞음절인 '새'에 '平＋去 → 上'이란 규칙이 적용된 결과로 풀이된다. 그렇다면 '디새'는 주격으로 쓰일 때에도 '平上' 型으로 나타나야 하는데, 실제로는 (1b)의 '디새'가 둘 다 '平平'型으로 되어 있어 한 가지 의문점을 남기고 있는 셈이다.[1]

근대 국어에 이르게 되면 '디새'의 語形은 몇 가지 단계의 변화를 겪으면서 크게 달라진다. 그 윤곽을 정리해본다면 대략 다음과 같은 세 가지 유형이 될 것이다.

(2) a. 瓦頭: 지새(同文類解 上, 36a)
　　　瓦: 지새(漢淸文鑑 十二, 10b)
　 b. wodzuroi tsiyaruru tsini: 어즈러이 지야(를 치니)(影印『全一道人』, 115)
　　　瓦窰: 지아가마(物譜, 第宅)
　　　瓦松塔: 지와직이(漢淸文鑑 十三, 16a)
　 c. 石瓦: 돌과 기야와(增修無寃錄諺解 三, 17a)
　　　瓦: 기야 와(字類註釋 上, 93b)
　　　玉瓦: 기와(物名攷 五, 石)
　　　瓦窊: 기와가마(事類博解 上, 17b)

　이러한 문헌상의 용례들은 중세 국어의 '디새'가 통시적으로는 최소한 3단계의 변화 과정을 통하여 현대 국어에 이르렀음을 보여준다. (2a)의 '지새'는 그 첫 번째 단계로서 音韻變化에 속한다. 이는 '디새〉지새,' 곧 語頭子音 ㄷ에 구개음화가 반영된 결과였다.

　그러나 두 번째 단계인 (2b)의 '지야~지아'나 '지와'는 산발적·개별적 형태 변화에 속한다. 특히 '지새〉지야'는 문자 그대로의 산발적인 변화로밖에 달리 그 이유를 찾기가 어렵다. 그런데 '지야~지아'의 관계는 동일한 語形에 대한 發話認識의 차이가 표기에 투영된 결과일 뿐이지만, '지야~지와'의 관계는 공시태인지 통시태인지부터가 확실하지 않다. 다시 말하자면 '지야'와 '지와'가 각기 '지새〉지야'와 '지새〉지와'처럼 서로 다른 방향의 변화 결과라면 그들은 공시태가 될 수도 있지만, '지새〉지야〉지와'처럼 동일한 방향의 변화 결과라면 그들은 통시태가 될 수도 있다. 여기서는 이를 통시적 관계, 곧 '지야〉지와'로 해석하고자 한다.2)

　'지새〉지야'와 '지새〉지와'로 본다면 두 가지 과정 모두를 산발적 변화로 돌려야 하지만, '지새〉지야〉지와'로 본다면 적어도 나중 단계인 '지야〉지와'만은 유추로 설명될 수 있기 때문

---

1) 여기에는 아무래도 어떤 착오가 개입되어 있을 가능성이 있다. 실제로 '디새'가 주격 기능을 담당할 때, 제2음절의 '새'가 上聲으로 나타나는 실례도 있기 때문이다.
　江樓翼瓦齊: ㄱ름 樓에 폇눈 디새 ㄱ죽ㅎ도다 (初刊 杜詩 十七, 17b)
　이때의 '디새'는 주격이므로 그 제2音節이 上聲으로 실현되었다 함은 당연한 일이라고 할 수 있다.
2) '지야>지와'가 비록 통시적 변화라 할지라도, 두 가지 語形은 방언적 분화상태가 되어 오랫동안 공존했던 것으로 보인다. 이때의 분화는 非知識人과 知識人의 차이에 말미암은 것일 수도 있다. 이로써 19세기에 '기야'와 '기와'가 공존하는 이유를 이해할 수도 있다. 이들은 각기 '지야>기야'와 '지와>기와'라는 변화 결과에 해당되지만, 중앙 방언을 기준으로 삼는다면 '지야'와 '지와'는 통시적 관계로 해석된다.

이다. 제2음절인 '야'가 '와'로 바뀐 것은 그 의미가 불투명해지면서 '瓦'라는 漢字形態素에 이끌려 混成(hybrid)을 낳은 결과로 해석된다. 따라서 이 과정은 語源意識의 간섭에 따른 의미론적 유추에 해당된다.

세 번째 단계인 (2c)의 '기야'나 '기와'는 제1음절에 유추가 일어난 결과로 해석된다. '지야〉기야'나 '지와〉기와'처럼 제1음절인 '지'가 '기'로 바뀐 것은 이른바 不正回歸(false regression) 또는 過剩修正(hyper correction)의 결과였다고 생각된다(宋敏1986: 56-57, 76). 여기에는 적어도 두 가지 원인이 있다. 첫째는 '지야'나 '지와'의 출현으로 제1음절인 '지'의 의미가 더욱 불투명해졌기 때문이며, 둘째는 주로 남부 방언에 나타나기 시작한 ㄱ구개음화, 곧 '길〉질, 기름〉지름, 기둥〉지둥' 따위의 語形이 중앙 방언에 알려지면서, 그에 대한 심리적 거부감이 '질드리-[馴]〉길드리-, 짗[羽]〉깃, 질삼〉길삼, 짐치〉김치, 짐장〉김장'과 같은 역행적 변화를 불러일으켰기 때문이다. 결국 '지야〉기야'나 '지와〉기와'처럼 제1음절인 '지'가 '기'로 바뀐 것은 의미의 불투명성과 방언형에 대한 거부감이 동시에 작용했기 때문일 것이다. 그러나 그 비중은 방언형의 발음에 대한 거부감이 좀더 컸으리라고 여겨진다. 몇 개의 어휘에 동일한 변화가 나타났기 때문이다. 따라서 이 과정은 發話意識의 간섭에 따른 음운론적 유추에 해당된다.

중세 국어의 '디새'는 이처럼 제1단계인 음운 변화로 '지새'가 되었고, 제2단계인 산발적 변화로 '지야'가 되었다가, 다시 의미론적 유추로 '지와'가 되었으나, 또다시 제3단계인 음운론적 유추로 '기와'가 되어 현대 국어에 이르렀다.

2. '디새'의 先史

이제부터는 '디새'의 語源 분석을 시도해보기로 한다. 중세 국어의 '디새'는 語源的으로 '디＋새'와 같은 두 개의 형태소 결합이었다고 생각된다. 이때의 '디'는 '딜엇(〈딜졋, 딜병, 딜흙'에 나타나는 '딜'[陶器]이며,3) '새'는 '새집'[茅堂]이나 '새니다'[苫]에 나타나는 '새'[茅, 茆]라고 할 수 있다. '디새'의 先史는 결국 단일어가 아니라, '딜＋새'라는 합성어에서 비롯된 것이

---

3) '딜'과의 합성어로는 그 밖에도 '딜가마, 딜그릇, 딜동히, 딜드레, 딜바리, 딜소라, 딜시르, 딜항' 따위가 있다.

다.[4]

'딜+새〉디새'에 나타나는 유음 ㄹ의 탈락은 어렵지 않게 설명될 수 있다. 국어에는 형태소 결합시에 舌端子音 앞에 配分되는 ㄹ의 탈락 규칙이 있었기 때문이다. 이 규칙의 적용 범위는 현대 국어보다 중세 국어에서 좀더 컸는데, 합성법의 '활+살 → 화살'이나 屈折法의 '알+노라 → 아노라' 따위는 이 ㄹ탈락 규칙이 적용된 결과인 것이다.

앞에서 밝힌 바 있지만 중세 국어의 '디새'는 聲調上 '平平'型이었다. 제1음절의 平聲은 그 語根인 '딜'과 일치되기 때문에 아무런 문제가 되지 않는다. 그러나 제2음절의 語根인 '새'는 上聲이었다. 따라서 '디새'의 제2음절인 '새'와 그 語根인 '새'는 聲調에서 차이가 난다. 그러나 이러한 聲調上의 불일치는 통시적·산발적 변화에 의한 것으로 해석된다.

중세 국어의 공시적 문법으로는 합성명사의 後行形態素에 본래의 上聲이 유지된다. 그러므로 '목숨, 거즛말, 블솝, 빗솝, 되겨집(孀婦), 말왐, 시냏' 따위의 後行形態素인 '숨, 말, 솝, 겨집, 왐(〈밤〈밤〉), 냏'에는 그 본래의 聲調인 上聲이 그대로 유지되어 나타난다. 그런데도 '디새'의 '새'가 上聲에서 平聲으로 변했다고 보는 것은 '디'와 '새'의 결속도가 그만큼 긴밀했다고 판단되기 때문이다. 그것은 이 합성어의 역사가 의외로 오래된 것임을 나타내기도 한다. 실제로 중세 국어에는 그러한 조건하에서 일어난 것으로 보이는 上聲의 平聲化가 드물게나마 나타난다.

(3) a. 溪風滿薄帷: 시내힛 ᄇᆞᄅᆞᆷ 열운 帳애 ᄀᆞ득ᄒᆞ얫도다(初刊 杜詩 六, 33b)
      b. 微馨借渚蘋: 져기 곳다온 믌ᄀᆞᆺ 말와ᄆᆞᆯ 비노라(初刊 杜詩 六, 29a)

앞에서 지적된 바 있지만 중세 국어의 합성어인 '시냏, 말왐'은 제2음절에 원칙적으로 上聲을 유지하고 있었다. 그러나 (3a)의 '시냏'나 (3b)의 '말왐'은 제2음절이 平聲으로 되어 있다. 이것은 上聲이었던 제2음절에 통시적 平聲化가 반영된 결과로 해석된다. '시냏'나 '말왐'에 이러한 변화가 수의적으로 나타날 수 있었던 것은 '시'와 '냏', '말'과 '왐'의 결속도가 '목숨, 거즛말, 블솝, 빗솝, 되겨집'의 그것보다는 훨씬 강했기 때문일 것이다. '실[谷 또는 絲]+냏(川)'나 '말(?)+밤[栗]'과 같은 합성어에 음운변화가 반영되어 '시냏, 말왐'이 되면서, 각 形態素의 語源意識이 희박해진 것도 제2음절의 平聲化를 부추긴 원인의 일부가 될 것이다.

---

4) 『朝鮮館譯語』에는 '瓦房: 吉賽直'이 있어 '瓦'가 '吉賽'였음을 알려주고 있으나, 이를 '디새'로 읽기에는 무리가 따른다. '吉賽'의 '吉'에는 어떤 착오가 있었으리라고 짐작될 뿐이다.

이러한 조건들은 '디새'에도 그대로 적용된다. 그 때문에 '디새'는 점차 '딜＋새'라는 語源 意識을 잃게 되면서, 제2음절의 본래 聲調였던 上聲이 平聲化의 길을 걷게 된 것으로 해석된 다. 다만 '디새'의 제2음절에 나타난 平聲化는 '시냏'나 '말왐'의 제2음절에 수의적으로 반영 된 平聲化보다 그 역사가 훨씬 오래되었을 것이다. '디새'의 聲調가 繫詞나 主格 앞에서 上聲 化하는 경우를 제외한다면 한결같이 '平平'型으로 나타나는 사실이 그 증거가 된다. 하여튼 '디새'의 '새'가 경험한 平聲化는 중세 국어의 합성어에 나타나는 규칙이 아니므로 공시적인 것이라기보다 통시적인 것이며, 일반적인 것이라기보다 산발적인 것이라고 볼 수밖에 없다.

이제 '디새'의 語源을 '딜＋새'로 보더라도 달리 장애물은 없는 셈이다. 아직도 남아 있는 문제점이라면 '딜'이나 '새'의 語源的 의미를 좀더 구체적으로 밝히는 일이다.

3. '새'의 語源的 의미

중세 국어 이래의 '딜'이나 그 구개음화형인 '질'은 단독으로 쓰인 바도 있으나, 그 대부분 은 여러 가지 합성어의 先行形態素 위치에 주로 나타났다. 그러나 그 의미만은 항상 투명하 여, '그릇을 굽는 데 쓰일 수 있는 특수한 흙' 또는 '그러한 흙으로 빚어낸 그릇'을 가리켰다. 漢字로는 '陶'나 '缶' 곧 '질그릇'에 해당하는 名詞形態素였다. 따라서 그 語源的 의미에 더 이상 집착할 필요는 없을 것이다. 그러나 '새'의 語源的 의미에는 좀더 검토해야 할 문제점이 여전히 남아 있다.

중세 국어 이래의 '새'는 후대에 이르러 단독으로 쓰인 경우도 없지 않으나, 그 용례의 대부분은 합성어의 後行形態素로 나타난다.

(4) a. 茅菴依舊白雲裏: 새니욘 菴子ㅣ 녜를 브터 白雲ㅅ소비로다(南明 上, 72b)
　　　苫: 새닐 셤(初刊 訓蒙 下, 8a)
　　b. 數朶靑山對茅屋: 두어 쁠 퍼런 뫼히 새시늘 對ᄒᆞ얏노다(南明 上, 1a)
　　　白屋難久留: 새지븨 오래 머므러슈미 어려울ᄉᆡ니라(初刊 杜詩 六, 45a)
　　　營葺但草屋: 지수닌 오직 새지비니라(初刊 杜詩 六, 52b)
　　　萬里橋西一草堂: 萬里橋ㅅ西ㅅ 녀긔 ᄒᆞᆫ 새재비로소니(初刊 杜詩 七, 2b)
　　　來仕兼茅屋: 오나 가나 나 새시비 兼ᄒᆞ얏노소니(初刊 杜詩 七, 16b)

熟知茅齊絶低小: 새지비 ᄀ장 ᄂᆺ갑고 져고믈 니기 아라(初刊 杜詩 十, 7b)
病枕依茅棟: 病엣 벼개ᄅᆯ 새지븨 브툐니(初刊 杜詩 十五, 16b)
及乎歸茅宇: 새지븨 도라오매 미천(初刊 杜詩 十六, 69b)
茆堂石笋西: 새지븐 石笋ㅅ西ㅅ 녀기로다(初刊 杜詩 二十五, 21b)
草閣柴扉: 새집과 살ᄭᅡ기 門이(初刊 杜詩 二十五, 23a)

　　결국 중세 국어의 '새'는 '새니다'나 '새집'과 같은 합성어의 先行形態素 자리에만 남아 있는 셈인데, 어느 경우나 '草, 茅, 茆' 등에 대응되는 것으로 보아, 그 뜻은 '풀'[草]이나 '띠'[茅]를 동시에 지칭했던 것으로 보인다. 이러한 의미에서 중세 국어의 '새'는 '풀'이나 '뛰'와는 同義語 관계에 있었음을 알 수 있다. 실제로 '茅棟'이나 '草閣'이 다 함께 '새집'으로 번역된 경우도 있지만, 다음과 같은 용례는 그들이 각기 '뛰 니윤 집'이나 '플 니윤 집'으로도 번역될 수 있었음을 알려준다.

　　(5)　a. 茅棟: 뛰니윤 지브로(初刊 杜詩 六, 47b)
　　　　 b. 草閣: 플니윤 지븨(初刊 杜詩 六, 18b)

　　그러나 중세 국어의 '새'는 일반 명사의 '풀'이라기보다, 특정 범위의 의미만을 나타내는 '풀' 곧 이엉[蓋草]으로 엮어 지붕을 덮는 데 쓸 수 있는 '풀' 종류를 나타냈을 것으로 풀이된다. (4a)나 (4b)에 제시된 바 있는 합성어 내부의 '새'는 모두가 그러한 한정적 의미를 나타내고 있기 때문이다.
　　'새'의 語源的 의미는 이렇게 특정한 '풀'이나 '풀' 종류를 지칭하다가, 점차 그 의미가 확장되었을 것으로 해석된다. 근대 국어 이래의 용례나 뜻풀이를 잠시 찾아보면 다음과 같다.

　　(6)　a. 새를 지고 블을 ᄡᅳ기 ᄀᆞᆺ흔이라(三譯總解 三, 23b)
　　　　　새, SAI. Esp. d'herbe longue qui sert à faire du feu et à couvir les maisons(1880, 『韓佛字典』)
　　　　　새 s. A variety of coarse reed-grass. Mud plastering for the roof(1897, 『韓英字典』)
　　　 b. 새[名][植] '억새'の略(朝鮮總督府, 1920, 『朝鮮語辭典』)
　　　　　새 ①띠·억새들의 총칭 ②'억새'의 준말 ③'이엉'의 사투리 ④ '땔나무'의 사투리 (文世榮, 1938, 『朝鮮語辭典』)
　　　　　새[이] ①띠, 억새 따위를 통틀어 일컬음 ②《식》"억새"의 준말 ③=이엉(한글학회, 1950, 『큰사전』3)

c. 새 띠·억새 같은 것의 총칭(金履浹, 1981, 『平北方言辭典』)
  sɛ(茅) 띠 (全域) → ttwi
  sɛ-wat 지붕을 일 띠(茅)가 나서 자라는 밭(全域)(玄平孝, 1964, 『濟州道方言
  研究』 제1집 資料篇)

　이상으로 '새'의 다양한 의미는 일단 정리된 셈이다. 그러나 이 '새'는 현대 국어에서 사실상 폐어화하였다. '샛바리 짚바리 나무란다'라는 속담을 이해하기 어려운 것도 그때문이다. 그럼에도 불구하고 植物學名에는 '새'가 아직도 널리 활용되고 있다. 1년초인 '참새귀리, 방울새풀(방울피), 나도바랭이새, 좀물뚝새,' 1~2년초인 '뚝새풀, 새포아풀,' 다년초인 '실새풀, 나래새, 오리새, 쌀새, 쥐꼬리새, 쥐꼬리새풀, 참새피, 억새(참억새), 물억새, 기름새, 큰기름새, 솔새, 개솔새' 등에 포함되어 있는 '새'가 바로 그것이다.[5] 이때의 '새'는 모두가 被子植物門, 單子葉植物綱의 벼科에 속한다.

　그러나 이 벼과 식물들이 모두 지붕이엉용 草材로 쓰이기는 어려웠을 것이다. 이엉으로 쓰이려면 주거지에서 가까운 山野에 密生하는 多年草로서 그 길이는 1m 내외여야 하며, 줄기는 곧고 가늘고 질기되 부드러워야 하며, 잎은 좁고 길되 이삭 방향으로 자연스럽게 모아져야 하며, 이삭은 한데 모아지되 그 열매가 아주 작아야 하기 때문이다. 말하자면 벼짚에 가까워야 한다는 뜻이다.

　이러한 조건을 잘 갖추고 있는 韓國自生의 벼과 식물로는 대략 다음과 같은 것들이 꼽힐 수 있다.

(7)　a. 새 *Arundinella hirta*(Thunb.) C. Tanaka
　　　실새풀 *Calamagrostis arundinacea*(L.) Roth
　　　나래새 *Stipa sibirica*(L.) Lambert
　　　쌀새 *Melica onoei* Franchet
　　　기름새 *Spodiopogon cotulifer*(Thunb.) Hack.
　　　큰기름새 *Spodiopogon sibiricus* Trinius
　　　억새(참억새) *Miscanthus sinensis* Andersson
　　　물억새 *Miscanthus sacchariflorus*(Maxim.) Benth.
　b. 띠 *Imperata cylindrica*(L.) Beauv.

---

5) 본고의 식물학명은 다음과 같은 서적을 참고하였다.
　高庚武·金潤植(1988), 『原色韓國植物圖鑑』(아카데미서적); 陸昌洙(1989), 『原色韓國藥用植物圖鑑』(아카데미서적).

진들피 *Glycerica ischyroneura* Steud.
왕미꾸리광이 *Glyceria leptolepi* Ohwi
줄 *Zizania latifolia* Turcz.
달뿌리풀 *Phragmites japonica* Steud.
갈대 *Phragmites communis* Trinius

　결국 이엉용 草材로서는 지역 조건에 따라 이들 중 어느 것이라도 쓰일 수 있었을 것이며, 개별적인 명칭이 분명하지 않을 때에는 그 어느 것이라도 '새'라는 凡稱으로 통용되었을 것이다. 그리하여 (7a)처럼 그 명칭 안에 '새'가 포함 되어 있건, (7b)처럼 '새'가 포함되어 있지 않건 간에, 이엉용 草材로 쓰일 수 있는 풀이라면 그 모두가 '새'일 수 있었으리라고 생각된다. 중세 국어의 '새'가 '뛰'나 '플'을 동시에 나타내게 된 것도 그때문이었다고 해석된다.

　이러한 '새'가 아직도 이엉용 草材로 쓰이는 곳이 있다면, 그것은 濟州道일 것이다. 필자는 지난 겨울(1991. 12. 28.) 南濟州郡 表善面 城邑里의 민속촌에서 그 사실을 확인할 수 있었다. 民家의 지붕에 덮힌 이엉은 벼짚이 아니었으므로, 마을의 청년회 총무 康昌旭(26)씨에게 그 草材의 이름을 물었더니 '억새풀'이라는 대답이 돌아왔다. 그러나 필자가 보기에 그것은 '억새'가 아니었다. 어디서 이 풀을 가져오느냐고 다시 한번 물었더니 동리 밖으로 조금만 나가면 '새밭'이 천지라는 대답이었다. '새밭'의 '새'는 짧게 발음되는 음절이었다. 이로써 그가 말하는 '억새풀'은 다름아닌 '새'임을 알 수 있었다. 이미 (6c)에서 본 바 있거니와 『濟州道方言研究 第一輯 資料篇(玄平孝)』에는 se-wat만이 보이기에, '새밭'이 실제로 쓰이고 있는지를 제주도 출신인 韓中瑄(韓國外國語大 日語科 박사과정 재학생)군에게 확인한 결과 '새밭'과 '새왓'이 함께 쓰인다는 대답이었다.

　그러나 제주도의 '새밭'이라는 단어에 포함되어 있는 '새'의 대상은 식물학상의 '새'와는 다르다. 또한 그것은 '억새'도 아니고 '띠'도 아니다. 식물학상의 '새'나 '억새'나 '띠'에는 모두 이삭이 있는데, 제주도의 '새밭'에서 자라는 '새'에는 이삭이 전혀 없는 것이다. 길이가 130cm 가량 되는 이 풀을 제주도에서는 11월경에 베어 말렸다가 1~2월경에 지붕용 草材로 쓴다고 한다.[6] 제주도의 '새밭'에서 채취되는 '새'야말로 지붕용 草材로는 최적의 것이 아닌가 생각될 정도이다.

---

6) 실제로 제주도의 겨울은 '억새'와 '새'의 계절이다. 크고 작은 '억새밭'과 '새밭'이 도처에 퍼져 있지만, 그 중에서도 남제주군 城山面 日出峰의 분화구는 '억새'와 '새'가 어우러져 일대장관을 이루고 있는 곳이다. 12월의 '억새'는 그 잎이 창백한 은백색을 띠게 되어, 부드럽고 연한 적갈색을 살짝 띠고 있는 '새'와는 멀리서도 금방 구별이 간다. 이러한 제주도의 '새밭'이 바람결에 물결처럼 넘실거리며 춤추는 풍경은 비할 데 없이 아름답다.

이렇게 볼 때, 지붕용 草材로 쓰일 수 있는 벼과 식물의 凡稱인 '새'가 질그릇을 뜻하는 '딜'과 결합하여 '디새'라는 합성어를 낳았다는 사실이 그런대로 쉽게 이해될 수 있을 것이다. 결국 '디새'의 語源的 의미는 "질그릇처럼 만들어진 지붕이엉용 資材"가 되며, '새'의 語源的 의미는 "지붕 이엉으로 쓰일 수 있는 벼과 식물이나 草材"가 된다.

4. '새'의 單語家族

지금까지 살펴본 바에 따르면, '새'는 결국 국어의 합성법에 널리 활용된 바 있는 名詞形態素라고 할 수 있다. 이에 따라 '새'는 광범위한 단어 가족을 형성하고 있다. 문헌에서 발견되는 '새삼[菟蘇], 속새, 어욱새, ᄂᆞᄆᆞ새(〈ᄂᆞ믈새' 또한 '새'의 단어 가족인 셈이다.

'새'의 단어 가족은 또 다른 어휘체계 내에서도 발견된다. '기와'의 下位名稱에 '새'가 많이 나타나기 때문이다. 그 윤곽을 간략히 정리해보면 다음과 같다.

    (8) a. 막새: 처마 끝에 사용되는 기와. 암막새와 수막새 두 가지가 있으며 漢字로는
            '莫斯' 또는 '防草'라고 표기됨.
         b. 적새: 지붕마루를 덮어 쌓는 데 쓰이는 암키와. 漢字로는 '積瓦'라고 표기됨.
         c. 너새: 적새의 맨위에 얹는 암키와.
         d. 망새: 지붕마루가 끝나는 자리에 세우는 암막새 漢字로는 '望瓦'라고 표기됨.

우선 (8a)의 '막새'는 일찍이 『譯語類解』(上, 17a)에서도 발견되는 만큼 그 유래가 매우 오래되었음을 알 수 있다. '막새'의 先行形態素인 '막'은 '막차'의 '막'과 같은 形態素로서 그 뜻은 '마지막'이나 '끝'을 나타낸다. (8b)의 '적새'는 語源的으로 '積+새'라고 할 수 있으며, (8c)의 '너새'는 '널(板)+새'에서 나온 것이다. 현대국어에는 '너와집'이라는 합성어가 있는데, 이때의 '너와'는 바로 '너새'에서 나온 것임을 알 수 있다. '너새〉너와'의 변화 과정은 '디새〉기와'의 변화 과정과 그 궤도가 동일한 것이다. 끝으로 (8d)의 '망새'는 '望+새'에서 나온 것이다. 따라서 '적새'와 '망새'만은 漢字形態素에 '새'가 결합된 혼성어인 셈이다.

이로써 '디새'에 나타나는 '새'는 植物學名에 널리 쓰이고 있는 '새'와 그 語源을 함께 하고 있으며, '기와'의 下位名稱에 자주 쓰이는 '새'와도 그 어원이 같음을 알 수 있다. 그러나 國語

의 합성어에 널리 쓰여 대단한 단어 가족을 형성하고 있음에도 불구하고, 自立形態素로서의 '새'는 현대 국어에서 거의 폐어화하고 있다. 그것은 住居 문화의 변화에 따라 '새' 자체의 활용도가 급속하게 떨어졌기 때문이라고 여겨진다.[7]

참고문헌

宋　敏(1986), 『前期近代國語 音韻論 研究』, 탑출판사.
_____(1990), '디새'[瓦]의 語源, 『국어교육월보』 36, 우리말의 語源 15(7월 1일자).

出處 서울대 대학원 국어연구회[편](1993. 2.), 『安秉禧先生回甲紀念論叢 國語史 資料와 國語學의 研究』: 768-779, 문학과 지성사.

---

7) 본고는 宋敏(1990)으로 간략히 발표된 바 있는 동일한 제목의 小論 내용에 수정과 보완을 더한 것이다. 그러나 그 논지 자체에는 아무런 차이가 없다.

갑오경장기의 어휘

1. 머리말

갑오경장(甲午更張)이 몰고 온 문물 제도의 일대 변혁은 필연적으로 국어의 어휘체계에도 적지 않은 개신(改新)을 불러 일으켰다. 그런데 이 시기의 어휘 개신은 주로 통상의 개방화에 따른 신식 외래 문물의 수용 과정에서 이루어졌다고 할 수 있다. 갑오개혁이란 한마디로 말해서 외국에 대한 문호개방의 결과였기 때문에 물밀듯이 쏟아져 들어오는 신식문물과 그에 따른 신조어(新造語)의 유입이나 출현은 당연하고도 자연스러운 산물이 아닐 수 없었다. 이러한 뜻에서 필자는 개화기 전후를 배경으로 하여 생겨나게 된 신식 외래 문물 관계 신조어를 특별히 신문명 어휘(新文明語彙)라고 부르고 있다. 사실 갑오경장기의 어휘체계를 논하자면 가장 먼저 떠오르는 대상이 바로 신문명 어휘에 속하는 일련의 어휘군(語彙群)이 아닐까 한다. 그것은 당시의 어휘 개신을 주도한 대세의 일부 요인이 바로 신문명 어휘에 있었기 때문이다.

개화 초기 곧 1880년대 초엽까지만 하더라도 조선의 지식인들은 거의 전적으로 중국에서 유입되는 각 분야의 서적을 통하여 새로운 선진 지식이나 신식 문물과 접촉할 수 있었다. 그 과정에서 서양 문물의 개념이 담겨 있는 신조어 또는 번역어(飜譯語)가 그때그때의 국어에 한자어(漢字語)로서 자연스럽게 수용되었다. 국어 쪽에서 볼 때 중국어는 오랫동안 신문명 어휘의 공급처였던 셈이다. 17세기 초반의 '千里鏡, 自鳴鐘'이나 19세기 중엽의 '火輪船, 火輪車'와 같은 어휘가 그렇게 해서 국어에 유입된 대표적 사례였다고 할 수 있다.

그러나 고종 13년(1876) 조일수호통상조약(朝日修好通商條約)의 체결로 일본에 대하여 문호를 개방하면서부터는 사정이 조금씩 달라지기 시작하였다. 일본과의 직접적인 인적, 물적 교류가 이루어짐에 따라 이번에는 일본에서 만들어진 신조어 또는 번역어가 신문명 어휘로서 국어에 유입되기 시작한 것이다. 가령 1876년 일본에 파견된 수신사(修信使) 金綺秀는 일본에

체류하는 동안 다양한 서구식 문물을 접하면서 신문명 어휘에 대해서도 깊은 관심을 기울이게 된다. 실제로 그의 여행기록인『日東記游』나『修信使日記』에는 그러한 관심이 구체적으로 드러나 있다.

일본과의 교류는 하루가 다르게 늘어났다. 고종 17년(1880)에는 金弘集이 수신사로 일본에 다녀왔으며, 그 이듬해인 고종 18년(1881)에는 이른바 신사유람단(紳士遊覽團)이 일본에 파견되었다. 고종 19년(1882)에는 임오군란(壬午軍亂)이 일어나는 바람에 그 뒷수습을 위하여 수신사 朴泳孝가 일본에 보내졌다. 고종 21년(1884)에는 갑신정변(甲申政變)이 일어났고 그 뒷처리를 위하여 특명전권대신 徐相雨가 일본으로 건너갔다. 이처럼 일본과의 교류가 날로 깊어짐에 따라 1890년대에 이르면 신문명 어휘의 공급처 또한 중국에서 일본으로 바뀌게 되었다.

결국 갑오경장기의 어휘개신을 주도한 대세의 일부는 분명히 신문명 어휘라 할 수 있지만, 그 발원지는 중국어일 경우도 있고 일본어일 경우도 있으며, 때로는 국내에서 자체적으로 만들어진 경우도 있다. 이들은 한결같이 한자어로 이루어져 있었기 때문에 언제든지 국어에 어렵지 않게 수용될 수 있었다. 따라서 그 어형(語形)만으로는 발원지가 중국어인지 일본어인지 알기 어려울 때도 많다. 더구나 이들 신문명 어휘 중에는 일찍이 중국에서 만들어져 일본어에 수용되었다가 또다시 개화기의 국어에까지 유입된 경우도 적지 않았으리라고 추측된다.

이에 따라 본고에서는 갑오경장기 전후의 문헌에서 발견되는 신문명 어휘를 중점적으로 정리하되, 그 중에서도 일본어를 통하여 국어에 유입되었으리라고 추정되는 신조어 또는 번역어에 초점을 맞추어 그 실상을 잠시 살펴보기로 한다.

2. 신문명 어휘에 대한 연구 동향

여기서 말하는 신문명 어휘는 외형상 한자어라는 특징을 보이지만 그 하나하나의 성립과정이나 배경은 그렇게 단순한 것이 아니다. 더구나 개화기 이후 국어에 유입된 신문명 어휘의 거의 대부분은 근세일본어에 새로 등장하는 신조어로서 그중의 상당수는 서양제어(西洋諸語)에 대한 번역어였다고 할 수 있다.

다만 일본에서 만들어진 번역어도 실상은 두 종류로 구분된다. 그 하나는 중국 고전에 이미 쓰인 바 있는 어형에 새로운 의미가 부여되면서 현대적 의미로 전용된 것이고, 다른 하나는 처음부터 완전히 새로 만들어진 것이다. 가령 고전적 어형에 서구문화적 개념이 가미된 '文明, 自由, 文學, 自然'과 같은 한자어는 전자에 속하지만, 완전한 번역어로서 처음부터 새로 만들어진 '日曜日, 大統領, 哲學, 美術'과 같은 한자어는 후자에 속하는 유형이다. 신문명 어휘 중에는 서양제어로부터의 직접번역이 아닌 각국의 자체적 신조어도 많다. 가령 문물제도의 변혁에 따른 필요성 때문에 일본에서 만들어진 '勅任, 奏任, 判任' 또는 '摠裁, 總務, 庶務'나 중국에서 만들어진 '摠辦, 協辦'과 같은 한자어는 자체적 신조어에 속할 것이다.

이와 같은 신문명 어휘의 성립과정이나 배경에 대한 연구는 비교적 근래에 들어와 일본학계에서 부분적으로 이루어지고 있다. 그 방법으로서는 우선 특정 외국어에 대한 대역사전(對譯辭典)이나 번역서에 나타나는 신조어 또는 번역어를 찾아 검토해 나가는 일이다. 곧 어떤 외국어 어휘가 어떻게 번역되었는지를 조사하는 일이다. 이 방법을 통하여 적지 않은 성과를 거둔 업적으로는 먼저 森岡健二(1969)를 꼽을 수 있다. 그는 여기서 일본 명치 시대(明治時代, 1868-1912) 초기의 영일(英日) 사전류와 번역서에 나타나는 번역어를 일일이 정리해 보이고 있다.

佐藤喜代治(1971)도 부분적으로는 똑같은 방법을 이용한 업적이다. 그 후에도 이 방법은 進藤咲子(1981), 杉本つとむ(1983a) 등에 이용되었다. 한편 佐藤亨(1983, 1986)처럼 중국에서 이루어진 번역서 검토를 통하여, 명치 시대의 신조어 가운데에는 중국에서 유입된 번역어가 상당히 많았음을 밝히고 있는 경우도 있다.

그런데 이와 같은 종합어휘사적 방법은 어느 특정 시기의 번역어에 대한 성립과정이나 배경을 전체적으로 파악할 수 있게는 해 주지만, 어휘 하나하나의 어지(語誌)에 대한 개별적 검토까지를 만족시켜 주지는 못한다. 이러한 부정적 측면을 극복하자면 개별 어휘사적 방법이 동원될 필요가 있다. 廣田榮太郎(1969)는 그러한 개별 어휘의 어지적 검토를 통하여 커다란 성과를 거둔 업적이었다. 그는 여기서 '그녀(彼女), 戀愛, 蜜月, 新婚旅行, 키스(接吻), 汽車, 汽船, 가방(鞄), 悲劇, 喜劇, 活動寫眞, 映畫, 世紀, 常識, 良識, 성냥(燐寸), 페이지(頁), 달러(弗), 클럽(俱樂部), 세비로(背廣, 양복), 冒險, 探險, 的(파생어 형성 형태소)'과 같은 일본 어휘의 성립 과정을 정밀하게 밝혀 놓았다 이와 같은 개별어휘사적 방법은 齋藤毅(1977)로 이어지면서 문헌검색이 더욱 깊어지고 있다. 여기에는 '東洋과 西洋, 合衆國과 合州國, 共和政治, 社會, 個人, 會社, 保險, 銀行, 哲學, 主義, 演說'과 같은 신문명 어휘의 성립과정과 배경에 대한 검토기 폭넓게 전개되어 있다.

鈴木修次(1981a, 1981b)도 똑같은 성격을 보여 주는 연구 성과가 아닐 수 없다. 우선 鈴木(1981a)에는 '文化와 文明, 經濟와 社會, 政治와 文學, 哲學과 理學, 心理와 物理'라는 어휘의 성립과정과 배경이 상세하게 밝혀져 있으며, 鈴木(1981b)에는 '三權分立, 權利와 義務, 科學과 眞理, 論理學, 命題, 演繹, 歸納, 宗敎와 自由, 進化論'이라는 어휘의 성립과정과 배경이 검토되어 있을 뿐 아니라, 이들 어휘가 康有爲, 梁啓超, 嚴復, 章炳麟 등에 의하여 어떻게 중국어에 수용되었는지도 아울러 밝혀져 있다. 이밖에도 柳父章(1982)에는 '社會, 個人, 近代, 美, 戀愛, 存在, 自然, 權利, 自由, 그(彼), 그녀(彼女)'와 같은 어휘의 성립과정 내면에 숨겨진 허실이 이모저모로 분석되고 있다.

사실 이와 같은 개별어휘사적 방법은 번역어 하나하나에 대한 정착 과정을 알기 쉽게 밝혀 주기는 하지만, 일부 특정 어휘에 대한 개별적 검토에 그칠 수밖에 없는 단점도 함께 지니고 있다. 이러한 개별어휘사적 방법의 한계점이나 앞에서 본 종합어휘사적 한계점을 동시에 해소시켜 줄 수 있는 방법으로 나타난 것이 사전식 내지 해설식 어휘집이라고 할 수 있다. 朝倉治彦[외 3인](1970), 槌田滿文(1979, 1983), 杉本つとむ(1983b), 米川明彦(1983-4), 樺島忠夫[외 2인](1984) 등이 그러한 방법에 의한 성과로 꼽힐 수 있다. 주로 현대 일본어와 관계되는 어휘집으로는 奧山益郎(1974), 文化廳(1978), 見坊豪紀(1979, 1983) 등을 들 수 있으나, 여기에 수집되어 있는 어휘가 모두 신조어나 번역어와 같은 신문명 어휘는 아닐 뿐 아니라, 그 내용 또한 양적으로나 질적으로 만족할 만한 것이 못 되었다.

이러한 아쉬움을 어느 정도 해소시켜 준 어휘집이 惣鄕正明[외 1인](1986)이라고 할 수 있다. 이 어휘집에는 명치시대 직전부터 직후에 걸치는 시기에 간행된 바 있는 각종 사전 360여종에 등장하는 번역어, 신조어, 외래어 등이 수집되어 있는데, 그 표제어 수만 하더라도 1,341항목에 달한다. 각 항목 끝부분에는 어형(語形)이나 의미에 대한 검토가 곁들여져 있어 표제어의 성립과정에 대한 이해를 돕고 있다.

이밖에도 최근까지 다음과 같은 어휘집 또는 어휘 해설서가 세상에 나와 있다. 곧 榊原昭二(1986), 金若靜(1987, 1990), 惣鄕正明(1988), 米川明彦(1989), 稻垣吉彦(1989), 大泉志都 외 2인(1993), 塩田丸男(1994), 俵元昭(1994) 등이 그것인데, 이들 또한 직접 또는 간접적으로 신문명 어휘에 대한 이해를 도와준다.

일본에서의 연구동향은 대략 이상과 같으나 국내에서의 연구성과는 아직도 미미한 단계에 머물러 있다. 실제로 徐在克(1970), 宋敏(1979, 1985, 1988, 1989, 1992), 李漢燮(1985, 1987) 등과 같은 일련의 성과가 없지는 않으나, 신문명 어휘가 현대국어의 어휘체계 내에서 차지하고 있는 비중을 생각할 때, 개별어휘사적으로나 종합어휘사적으로나 앞으로는 좀 더 활발한 연구가 있어야 할 것으로 기대된다.

3. 개화기의 신문명 어휘

신문명 어휘라고 여겨지는 신조어 중 일본에서 태어난 것으로 추정되는 일련의 한자어가 문헌에 나타나는 시기는 이미 앞에서 지적한 대로 1870년대 중엽까지 거슬러 올라간다. 1880년대에 접어들면서부터는 신문명 어휘가 더욱 더 확산되고 있었음을 알려 주는 자료까지 연이어 나타난다. 1890년대에 이르면 일본을 발원지로 하고 있는 신문명 어휘가 중국을 발원지로 하고 있는 신문명 어휘를 거의 몰아낼 만큼 그 세력이 커진 가운데 갑오경장(1894)을 맞게 된다. 이에 따라 경장관제(更張官制)라고 일컬어지는 새로운 관직 명칭만 하더라도 그 상당 부분은 일본식을 그대로 옮겨 놓은 것이었다. 결국 갑오경장기에 이르러서는 신문명 어휘가 국가기관의 세부 조직 명칭으로까지 확산되었음을 알려 주고 있다.

이제부터 여기서는 갑오경장 이전과 이후의 일부 문헌을 대상으로 하여 신문명 어휘가 어떻게 수용 확산되었는지를 부분적으로나마 더듬어 보기로 한다.

1) 갑오경장 이전

개화기의 국어에 유입된 신문명 어휘의 일부 실상에 대해서는 일찍이 恒屋盛服의 『朝鮮開化史』(東京: 東亞同文會, 1900:320-1)에 다음과 같은 구체적 지적이 나타난다.

명치27년 청나라에 대하여 선전(宣戰)의 조칙(詔勅)을 발(發)한 이래, 조선의 독립부식(獨立扶植), 문명개도(文明開導)는 일본 내지(內地)의 여론이 되었다. 이 사업을 복석으로 하여 도항(渡航)하는 자 적지 않았고, 또한 정치상의 세력으로 인하여 일본의 문화가 갑자기 반도에 들어가 정치, 학술 등의 숙어(熟語)에 일본의 역자(譯字)를 그대로 습용(襲用)하기에 이르렀다. 곧 主義, 目的, 自由, 權利, 義務, 進步. 新聞, 株式, 會社, 協曾, 銀行, 用達, 憲法, 演說, 社會, 植物, 動物, 化學, 連動, 開化, 輸出, 輸入, 豫算,

決算 등이 그것이다(원문은 일본어, 필자 번역).

청일전쟁(明治27년, 1894) 이래 일본의 문화가 갑자기 반도에 들어오면서 정치, 학술 등의 용어에 일본의 '역자'(譯字)가 그대로 쓰이고 있다는 증언인 셈이다. 이 때의 '역자'란 말은 대략 일본에서 태어난 신조어 내지 번역어 정도를 뜻하고 있어, 본고에서 이르는 신문명 어휘에 해당한다고 보아도 무방할 것이다. 위에 보인 인용문의 바로 앞면(p.319)에는 '역자'라는 말 대신 '일본적 명칭'이라는 표현도 나타나기 때문이다. 요컨대 신문명 어휘는 일찍부터 개화기 전후의 국어에 수용되기 시작하여 점차 빠른 속도로 그 세력이 확산되었음을 알 수 있다.

몇몇 문헌을 통하여 그 구체적인 사례를 찾아보면 다음과 같다.

가. 金綺秀의 『日東記游』(1876)

여기에는 수신사 金綺秀가 일본에서 직접 보고 들은 신식 문물과 거기에 대한 관찰식 해설이 여기저기에 전하고 있는데, 그 가운데에는 일본에서 만들어진 신문명 어휘도 나타난다. '蒸氣船, 汽車, 新聞紙, 人力車, 寫眞, 電線, 電信'과 같은 한자어가 우선 그러한 사례의 일부라고 할 수 있다. 먼저 '蒸氣船'을 찾아본다.

> 바다 옆으로 도랑을 파서 바닷물을 끌어들였는데, 넓이는 큰 배 십수 척을 용납할 만하고, 길이는 천여 보쯤이었다. 이곳은 水戰을 연습하는 장소였다. 그 가운데 한 척의 火輪이 있는데, 저들의 이른바 蒸氣船이었다(卷2 玩常).

金綺秀는 『日東記游』에서 '火輪船, 火輪之船, 火輪, 輪船'과 같은 어휘를 쓰고 있는데, 이들 '火輪船'계 어형은 물론 근대중국어에서 비롯된 것이다. 청나라 魏源의 『海國圖志』(순100권 중 前60권은 1842, 後40권은 1852) 권2에는 '火輪船'이 이미 나타나며(王力 1958:523), 근대중국어에는 그밖에도 '火輪舟, 火船, 輪船, 火烟船, 水氣船'과 같은 어형이 쓰였기(廣田榮太郎 1969:92-93) 때문이다. 근세일본어에도 '火輪船, 火船'이 쓰이지 않은 바 아니나, 그 주류는 역시 일본에서 신조된 '蒸氣船, 汽船'계 어휘였다. 막부(幕府)시대 말기의 일본 문헌에는 '蒸氣船(蒸汽船, 蒸滊船), 川(河)蒸氣船, 蒸氣舟, 蒸氣, 川(河)蒸氣, 小蒸舟, 汽船(滊船, 小滊船)'과 같은 어형이 널리 사용되고 있으며, 명치시대 초기에는 이들이 어느 정도 정제되어 '蒸氣船(蒸汽船),

蒸船, 蒸氣, 汽船(濔船, 氣船)'으로 나타나기에 이른 것이다(廣田榮太郎 1969:93-97).

결국 金綺秀는 '蒸氣船'이란 어형을 일본에서 처음 들었을 것이다. '저들의 이른바 蒸氣船이었다'(彼所謂蒸氣船也)라는 표현에 그 실상이 드러나 있다. 1881년에는 신사유람단의 일원이었던 李鑣永이 '濔船'이라는 어형을 전하고 있으며 (『日槎集略』問答錄 訪外務省卿井上馨問答), 다시 1882년에는 수신사 朴泳孝가 '汽船'이라는 어형을 알리고 있다(『使和記略』壬午 8月 10日). 이로써 일본에서 쓰인 바 있는 어형이 그때그때의 국어에 유입된 사실을 확인할 수 있다.

'汽車'란 신문명 어휘도 金綺秀가 일본에서 듣고 온 어형이다.

> 배가 橫濱港에 닿으면 상륙하여 汽車를 타고 東京으로 가게 되며(卷3 規條 舘倭書 第8條).
> 귀하께서는 그동안 시간을 헛되이 보내지 마시고 汽車로 잠깐 동안 大阪府에 가셔서 우리의 造幣局을 구경하시기 바랍니다(卷4 文事 往復文移 明治9년 6월 17일 外務卿 寺島宗則).

여기에 보이는 '汽車'는 물론 일본측 문서에 쓰인 어형이었다. 자연히 金綺秀는 그러한 문서를 통하여 일본식 신문명 어휘를 알게 되었을 것이며, '汽車'라는 어휘도 그 중의 한 가지 실례에 속할 것이다. '汽車'라는 어형 이전에는 '火輪車'가 쓰였는데, 이 말은 19세기 중엽 근대중국어에서 비롯된 것이다. 『海國圖志』권83에 그 용례가 나타난다(王力 1958:524). 근대중국어에는 그밖에도 '火車'라는 어형이 쓰이기도 하였다(廣田榮太郎 1969:75). 이에 대하여 막부시대 말기의 일본 문헌에는 '蒸汽車, 蒸氣車, 蒸車'가 주로 쓰이다가 그 어형이 점차 '濔車, 汽車'로 바뀌어 왔다고(廣田榮太郎 1969:76-90) 한다. 그러므로 金綺秀가 일본에서 듣게 된 '汽車'는 바로 일본식 신문명 어휘였다고 할 수 있다.

'新聞紙'라는 어휘도 金綺秀가 일본에서 처음으로 경험한 말이었을 것이다.

> 이른바 新聞紙는 매일 글자를 모아 찍는 것인데, 이것이 없는 곳은 없었다. 公私聞見과 길거리의 이야기가 입에서 침도 마르기 전에 나는 듯 사방으로 전해졌는데, 이 일을 하는 사람은 사업으로 삼았고, 여기에 당하는 사람은 영예나 치욕으로 여겼다. 또한 글자가 반드시 깨알처럼 작아서 정교함이 비할 데가 없었다(卷3 俗尙).

일본에서 일간신문이 간행되기 시작한 것은 1870년 12월 8일이었다. 『橫濱每日新聞』이 바로 그것이었다. 그런데 '新聞'에 대한 일반 호칭은 한동안 '新聞紙'였다. 영어의 news paper를 충실히 옮긴 결과였다고 할 수 있다. 1875년 6월에 공포된 '新聞紙條例'에서처럼 '新聞'은 공식적으로도 '新聞紙'였던 셈이다(槌田滿文 1983:32). 金綺秀가 일본에서 경험하게 된 어형은 바로 당시의 일본식 신문명 어휘로서 널리 통용되던 '新聞紙'였음을 알 수 있다. 그 얼마 후인 1881년 李鑄永은 일본인의 서한을 통하여 '新聞'이라는 어형을 접하게 된다(『日槎集略』散錄 田中武雄書). '新聞'이라는 어형 자체는 이미 중국 송나라 시대의 관보였던 『朝報』에서 쓰인 바 있다고 하지만(槌田滿文 1983:30), '新聞紙'나 '新聞'이라는 어휘의 의미는 일본에서 새로 다듬어진 신문명 어휘로서 국어에 유입된 사례라고 할 수 있다.

이번에는 '人力車'를 살펴보기로 한다. 사람을 태운 채 사람이 직접 끄는 이 이륜차는 1869년 和泉要助, 高山幸助, 鈴木德之郎 등 세 사람의 힘으로 만들어졌는데, 그 이듬해인 1870년에는 관청의 허가를 얻어 제조가 시작되었다(槌田滿文 1979:130-1, 樺島忠夫[외] 1984:167-8). 1874-5년경에는 거의 완전한 차체가 갖추어졌고, 바퀴 또한 나무에서 철, 철에서 다시 고무로 개량되었다. 홍콩, 상해를 위시한 동남아 방면으로 수출되기 시작하면서 '人力車'는 일본의 상징처럼 유명해졌다. 바로 그 무렵 金綺秀는 일본에서 '人力車'를 실제로 타보게 된다.

> (延遼)館 앞에는 한없이 많은 人力車가 있었다. 이 수레는 두 바퀴인데, 바퀴 사이에 자리를 만들어 한 사람을 앉히는데 혹 두 사람이 앉게 되면 어깨가 서로 맞닿는다. 가리개는 뒤가 높고 양 옆이 낮다. 앞에는 가리개가 없다. 가리개에는 주름진 포장이 있어, 비가 오거나 볕이 날 때 펴서 덮으면 곧 지붕이 있는 수레가 된다. 수레바퀴는 두 나무로 버티어진 채 앞으로 뻗었는데, 格子에 멍에를 만들었다. 이 격자 안에는 한 사람이 가슴으로 받쳐 밀고 달리니 빠르기가 나는 듯하였다(卷1 留館).

이로써 '人力車'란 일본식 신문명 어휘가 일찍이 金綺秀의 기록을 통하여 국내에 알려졌음을 확인할 수 있다.

명치시대 초기에는 일본에서도 사진술이 신기한 존재로 여겨졌다. 그 때문에 처음 한 동안 사진이 '寫眞繪'라고 불렸으나 점차 '寫眞'으로 정착되기에 이르렀다고(槌田滿文 1983:32) 한다. 金綺秀는 어느 날 기념 촬영을 하도록 권유 받지만 재삼 거절하여도 말을 듣지 않고 사진기를 설치하므로 이를 관찰할 수 있었다.

> 어느 날 안내원이 와서 내 眞像을 찍자고 요청하기에(要寫余眞像) 재삼 거절하여도 내 말을 듣지 않았다. 문득 보니 멀리 네모난 거울 한 개를 설치하고 이를 나무로 받쳤는데, 마치 우리나라의 뜰에 있는 닭의 홰 같았다(卷1 留館).

金綺秀는 여기에 '寫余眞像'이라고만 쓰고 있으나, 그는 분명히 '寫眞'이라는 단어를 경험하고 있다. 외무경 寺島宗則이 예조판서 金尙鉉에게 보낸 회답서한(명치 9년 6월 17일자)의 예단물목(禮單物目)에 '寫眞帖 二冊'(卷4 文事 回書契)이란 항목이 나타나기 때문이다. 金綺秀는 일본 측에서 보내 온 문서를 통하여 '寫眞'이라는 새로운 단어를 처음으로 듣게 된 셈이다.

공부성(工部省)을 방문한 金綺秀는 전신 시설을 돌아보았는데. 그 때의 경험을 다음과 같이 적고 있다.

> 이른바 電線이란 것은 자세히 살펴보아도 또한 형용할 수가 없다……(중략)……공부성에서 이를 살펴보니 電信의 線 끝이 집안에 들어가 있는데, 마치 우리나라의 舌鈴줄이 집안에 들어가 있는 것과 같았다(卷2 玩常).

일본에서 전신사업이 시작된 것은 1869년이었다. 처음에는 영어의 telegraph를 그대로 음사한 '데레가라후'(テレガラフ)가 함께 '電信機'와 같은 명칭으로 통용되었으나, 점차 '電信機' 또는 '電信'이라는 어형으로 정착되기에 이르렀다(槌田滿文 1983:21-23, 惣鄕正明[외] 1986: 394-5). 金綺秀는 그러한 상황하에서 '電線, 電信'과 같은 신문명 어휘를 일본에서 직접 듣게 되었을 것이다.

이밖에도 『日東記游』에는 새로운 한자어가 꽤 많이 나타난다. 그 가운데에는 물론 일본식 신문명 어휘도 있지만, 전통적 어휘에 의미 개신이 가해진 것도 있다. 金綺秀가 일본에서 새로 경험했을 것으로 여겨지는 어휘의 일부를 그 출현 순서에 따라 잠시 정리해 보기로 한다.

卷1: 辦理大臣(事會), 博物院 海軍省(이상 陰晴), 地方官 外務省 會社 鐵路關 陸軍省 敎場 兵學寮 工部省 工學寮 師範學校 元老院(이상 歇宿), 機關 機輪 甲板 艦長 子午盤(이상 乘船), 浮木標 燈明臺 造幣局 鐵路 造船局 船長(이상 停泊), 雙馬車(留館)

卷2: 鐵道 文部省 議事堂 議官 議長 議事 會議(이상 玩常), 法制長官 中將 開拓長官 書記生 軍醫 司法卿 宮內大輔 內務小輔 法制官 大審院判事 大佐 秘書官 書記官(이상 結識), 事務之官 文學寮 自立 外交(이상 問答)

卷3: 公館 十字之牌(이상 官室), 救育之院 萬國公法 專權大臣 專權公使(이상 政法), 監督員 斷髮 自由 巡警 醫療 醫官 健康 警察官(이상 規條), 學問(學術), 片錦譜 石炭油(이상 物産)

卷4: 領事館 公事館 公使 獨立(이상 文事 往復文移)

이상과 같은 어휘는 당시의 국어로 볼 때 매우 생소한 한자어였으리라고 생각된다. 이들의 최초 발원지가 모두 일본이라고 하기는 어렵겠지만, 적어도 金綺秀는 이들 어휘를 일단 일본에서 경험했다고 할 수 있다.

또한 金綺秀는 신조어라고 밖에 볼 수 없는 한자어도 꽤 남기고 있다. '驛樓(驛 건물 또는 대합실, 卷2 玩常), 氷汁(얼음 가루로 만든 빙수, 卷2 燕飮), 時鍾(괘종시계), 時針(회중시계, 이상 卷3 俗尙), 西人筆(만년필), 坐鏡 懸鏡(이상 卷3 物産), 井字板扉(하수구 맨홀 덮개, 卷4 還朝)'와 같은 한자어가 그것이다. 이들 중 '時鍾, 時針'의 발원지는 중국으로 짐작되지만, 그 나머지는 근원이 명확하지 않다. 어느 것이나 서양식 문물을 나타내고 있는 어휘여서 새로 만들어진 어형임을 짐작할 수 있을 뿐이다.

나. 李鑢永의『日槎集略』(1881)

金綺秀보다 5년 뒤에 일본에 건너간 李鑢永은 당시 일본의 고위관리, 지식인, 외교관 등을 폭넓게 만난 바 있다. 이에 따라 그 또한 신문명 어휘를 새롭게 경험하고 돌아왔다. 그 중에서도 두드러진 사례로는 '開化, 日曜日, 土曜日, 大統領, 圖書館' 등을 들 수 있다.

명치유신(1868)이 이루어지면서 일본은 본격적으로 개방을 맞게 되었다. 이러한 새시대를 대변하는 말로서 '文明開化'라는 번역어가 생겨났고(鈴木修次 1981a:38-53), 이 말은 일대 유행을 불러일으켜, 당시 일본에 풍미했다고 한다(槌田滿文 1983:26). 때마침 일본에 발을 들여놓은 李鑢永도 '開化'란 말을 자주 들었으나 그 뜻을 잘 몰랐던 것 같다. 왜냐하면 그는 橫濱港 大淸理事署의 통역관이었던 일본인 林又六에게 그 뜻을 묻고 있기 때문이다.

> 내가 이르기를 "귀국땅에 들어와서부터 처음으로 開化라는 두 글자를 들었습니다. 開化가 무슨 뜻입니까?" 하니 그(林又六)가 말했다. "開化란 서양 사람들의 말이며, 또한 일본 서생들의 말이기도 합니다. 예의를 깨뜨리고, 옛 풍속을 무너뜨려서 오늘의 洋風에 따르려고 꾀하는 것입니다. 예의를 지키고 옛 풍속을 귀하게 여기는 사람을 時俗에 통하지 못한다 해서 배척하니, 이것이 바로 서양 사람이 이웃 나라를 파멸로 몰아넣는 음모인데도, 조정의 대관들은 한 사람도 깨달아 아는 자가 없습니다"(問答錄 橫濱港大淸理事署譯員日人林又六來訪問答).

이렇게 전해진 '開化'라는 일본식 신문명 어휘는 곧바로 국내에도 확산되어, 이른바 開化期를 이 땅에서 맞이하게 되었다고 할 수 있다.

일본에 '日曜日'이라는 개념이 알려진 것은 저들의 蘭學時代부터였다. 네덜란드어 zon-dag(일요일)가 일본인에게도 일찍부터 알려져 '손다쿠'(ソンタく) 또는 '돈타쿠'(ドンタく)라는 음사형으로 쓰였기 때문이다. 그러나 '日曜日'이란 어휘가 정착된 것은 명치시대 초기의 일이며(杉本つとむ 1983a:131), 그 어형도 영어의 sunday에 대한 번역어였다고 한다. 그리하여 관립학교가 일요일 휴일제를 채택한 것은 1874년 3월이었고, 태정관포달(太政官布達)로 일요일 휴(休), 토요일 반휴(半休)가 된 것은 1876년 4월이었다(槌田滿文 1983:20). 따라서 '日曜日, 土曜日'이란 어휘는 이 무렵부터 일반에 널리 사용되었으리라고 생각된다. 바로 그러한 시기에 李鑣永은 일본에서 이들 어휘를 직접 들었을 것이다.

> 이날은 곧 일본인이 이르는 日曜日이어서 공무를 보지 않음이 관례라 하므로 세관에 가지 않았다(日記 辛巳 6월초 1일)
> 그(何如璋)가 말했다 "……다음날 각하께서 왕림하시되 일본 사람들이 말하는 日曜土曜 양일의 오후 3點鍾 이후에는 비교적 조용해서 마음껏 이야기할 수 있습니다"(問答録 與五衛將訪大淸欽差大臣日本公使何如璋問答).

李鑣永과 何如璋은 다같이 '日曜日'이라는 어휘에 익숙하지 못했던 듯하다. 두 사람이 모두 '日曜日'이나 '土曜日'을 지칭하면서 "이른바 일본 사람이 이르기를"(日人所謂……)이라는 표현을 썼다는 사실로 그 사정을 짐작할 수 있다. 하여튼 李鑣永은 일찍이 '日曜日, 土曜日'과 같은 일본식 신문명 어형을 국내에 알린 셈이다.

'大統領'이라는 단어도 李鑣永이 일본에서 듣고 온 말이다. 이 말은 영어의 president에 대한 번역어로서 일본에서는 막부시대 말기부터 사용되었다(惣鄕正明 1986:349, 佐藤亨 1986:309-11). 李鑣永은 이 말을 신문기사에서 전해들은 듯하다.

> 新聞紙에 米國 大統領이 총에 맞아 해를 입었다고 나와 있었다 한다(日記 辛巳 6월 초10일).

李鑣永은 '大統領'이라는 단어 아래에 '곧 國王의 호칭이다'(卽國王之稱)라는 세주를 베풀고 있다. 이것은 그가 '大統領'이라는 말의 개념을 정확히는 이해하지 못했다는 증거가 될 것이다. 그 때문에 이 단어는 국어에 쉽사리 수용되지 못하였다. 그 대신 president에 대한 음사형으로 '伯理璽天德'과 같은 중국식 음사 어휘가 한동안 문헌에 나타난다. 그러다가 고종29년(1892)부터는 '大統領'이라는 단어가 『增補文獻備考』에 정식으로 쓰이기 시작한다(宋敏

1989:73-4). 李鑛永이 일본에서 이 단어를 듣고 온 지 11년만에야 국어에 이 단어가 비로소 정착했음을 보여주는 사실일 것이다.

'圖書館'이라는 단어도 李鑛永에게는 아주 생소했던 모양이다. 그는 그 뜻을 다음과 같이 묻고 있다.

> 내가 이르기를 "공자의 사당 문 밖에 圖書館이라는 간판이 있는데, 이것은 무슨 뜻입니까?"하였다. 그(林又六)가 말했다. "오늘날 공자의 사당은 비록 폐지했지만 한문서적은 실로 없앨 수가 없습니다. 뜻있는 자가 관청에 말해서 남겨둘 계획을 마련하고 圖書寮를 설치하여 책들을 보관하고 있습니다(問答錄 橫濱港大淸理事署譯員日人林又六來訪問答).

이 밖에도 『日槎集略』에는 李鑛永이 일본에서 알게 된 신식문물 관계 어휘가 허다하게 나타난다. 국어 어휘사 측면에서 중요하다고 생각되는 이들 한자어의 일부를 출현 순서에 따라 예시해 보기로 한다.

> 聞見錄: 蒸氣機關 中學 小學 公立 私立 懲役 歲入 證券 印紙 營業 豫算表 公債
> 日記 4月: 陸軍工兵中尉(3일), 警部(8일), 稅務 畫學 醫學 化學 理學 長明燈 議長 副議長 祝辭 海軍中將(이상 12일), 社長 燈臺(이상 14일), 待合所 乘車 下車 電氣線 停車所 造紙局 紡績所(이상 17일), 監獄署 裁判所 未決 已決 博物會 療病院 郵便局(이상 18일), 造幣局 步兵(이상 19일), 砲兵工廠(20일), 博覽會 會社(이상 21일), 女學校 物理 盲啞院(이상 22일), 地稅 酒稅 商社(이상 26일), 太平洋(27일), 公園 商會(이상 28일)
> 日記 5月: 支店(8일), 育種場(12일), 電信中央局 工作機械 乾葡萄(이상 13일), 軍樂隊(14일), 觀兵式(19일), 商業(23일), 文書課 收稅課 鑑定課(이상 24일), 檢査課 監視課(이상 25일), 目錄課 統計課 飜譯課(이상 26일), 會計(27일), 輸入(28일)
> 日記 6月: 輸出(2일), 六穴銃(5일), 國立銀行局(19일)
> 日記 7月: 寫眞(3일), 內務省 司法省(이상 4일)
> 問答錄: 官用品 原價 巡査(이상 往神戶海關), 貿易 元價 時價 定價 貨物(이상 訪外務省), 法律顧問(訪關稅局長), 黨論 自主自權 國會(이상 訪外務省卿), 近代(이상 訪駿河台), 西洋(訪大淸欽差大臣), 泰西(訪外務省), 稅目 西曆 從價稅 定額稅 免狀 納稅證書 免稅(이상 與關稅局長), 合衆國(與副關長), 工業(以書問答), 言論(橫濱港大淸理事署), 外交 自主之權 商業(이상 訪大淸理事), 財政 委員(이상 橫濱港海關文書課員), 商法(往關稅局),

通關(訪朝鮮公使), 電報 入口稅 出口稅 農業(이상 訪大清欽次大臣), 經濟 東洋(이상 訪中村正直), 追徵(往稅戶與稅關長), 倉庫課 庶務課 年報册(이상 往神戶海關與書記官), 警察所(往兵庫縣廳)

散錄: 輜重兵 士官學校 硝子製造所 議事堂 病院 講習所 養育院 小學校 銀行(이상 各官衙所管), 文藝 國旗 寒帶之境 六法 <憲法 民法 刑法 治罪法 訴訟法 商法> 文明 政黨 思想 輿論 民權 自由 在野之紳士(이상 中田武雄書)

대략 이상과 같은 한자어들은 거의 대부분이 직접 또는 간접으로 그 후의 국어 어휘체계에 수용된 바 있다. 그만큼 李鑛永이 경험한 신식문물 관계 어휘는 국어어휘사 측면에서도 주목되는 존재들이다.

李鑛永이 전해 온 어휘 중에는 서양어의 음사형인 '襦袢(포르투갈어 gibào에서, 聞見錄), 簿記(영어 book keeping에서, 日記 5월27일), 瓦斯局(영어 gas에서, 日記 6월13일)'과 같은 어형이 포함되어 있는가 하면, 그 일부 또는 전부가 고유 일본어로 이루어진 '頭取(日記 4월21일), 見習(日記 6월17일), 買上品(問答錄 往橫濱港海館), 取締(問答錄 訪中村正直), 心得書(問答錄 往神戶海關與書記官)'와 같은 어형도 나타난다. 『日槎集略』에는 그 밖에도 그 발원지가 분명하지 않은 한자어가 전한다. '麥末餠(빵, 聞見錄), 影帖(사진첩, 日記 4월8일), 煤氣(가스, 日記 6월13일), 鑿山通路(터널. 日記 4월17일)'와 같은 한자어가 그것인데, 마지막 실례는 중국어 표현에서 나온 것으로 추측된다.

다. 朴泳孝의 『使和記略』(1882)과 朴載陽의 『東槎漫錄』(1884-5)

여기에도 신문명 어휘가 나타나는 것은 사실이지만, 그 수량은 그리 많지 않다. 될 수 있는 대로 이들 문헌에 처음 등장하는 한자어를 잠시 모아 보기로 한다.

『使和記略』: 西洋料理(8월 9일), 出場所 停車場(이상 9월 2일), 參事院議長 內閣顧問 警視總監 依賴書(이상 9월 9일), 西曆(9월 14일), 大學校(9월 17일), 競馬場 夜會(이상 9월 20일), 動物園(9월 22일), 練兵場(9월 23일), 印刷局(9월 30일), 洋樂(10월 3일), 總務局長(11월 3일), 陽曆(11월 9일), 卷煙草(11월 17일)

『東槎漫錄』: 銀行借款(1884년 12월 26일), 雙馬車(12월 28일), 郵遞局(12월 30일), 洋服(1885년 1월 6일), 休憩所(1월 15일), 贊美聲<洋樂名>(1월 19일), 懸迷鏡(1월 21일), 地震學(2월 1일), 絡身微衍 卒業狀 印紙(이상 東槎記俗)

새로운 어형이 적은 것은 이들 문헌의 절대분량이 크지 않은 데다가, 여기에 나타나는 신식문물 관계 한자어라도 그 대부분은 이미 金綺秀와 李鑄永이 먼저 경험하고 돌아왔기 때문이다. 결국 일본어에 그 뿌리를 두고 있는 신문명 어휘의 상당수는 일찍이 1880년대 초엽에 이미 국어에 알려졌음을 확인할 수 있게 된 셈이다.

2) 갑오경장 이후

갑오경장을 계기로 하여 더욱 많은 신식 한자어가 빠른 속도로 국어에 확산되었으리라는 사실은 누구나 쉽게 추리할 수 있는 일이다. 그러한 사례 조사로서 李漢燮(1985, 1987)에는 『西遊見聞』(1895)에 나타나는 일본식 신문명 어휘가 잘 정리되어 있다. 여기서는 또 다른 측면에서 당시에 이루어진 신문명 어휘의 수용 사례를 더듬어 보기로 한다.

가. 更張官制(1894)의 官職名

조선왕조는 고종31년 내외관제를 대폭으로 개혁한 바 있는데, 이것이 이른바 경장관제라는 것이다. 그런데 이 경장관제의 골격은 대체로 당시의 일본식을 모방한 것이어서 각급 관직명에는 신식 어휘가 크게 반영되어 있다. 특히 전통적 관제에 없었던 신설관직명칭 하나하나에는 당시의 일본식 명칭이 적지 않게 수용된 것으로 여겨진다.

우선 경장관제에는 '勅奏判任之別' 곧 '勅任官, 奏任官, 判任官'이라는 일본식 3분법이 채택되었다. 이에 정1품에서 종2품까지는 칙임관. 3품에서 6품까지는 주임관, 7품에서 9품까지는 판임관으로 구분되었다. 그런데 『增補文獻備考』卷238에는 마침 고종 31년(1894)부터 광무8년(1904)까지 10년 동안 이루어진 관직 명칭의 변화가 알기 쉽게 정리되어 있다. 이를 대상으로 하여 당시의 관직명칭에 반영된 일본어식 한자어를 살펴보기로 한다.

우선 의정부(議政府)나 원수부(元帥府)의 관명을 살펴보면 그 대부분이 개신 어휘로 채워져 있다. 그러한 실례를 가나다순으로 정리해 보면 다음과 같다.

> 警衛院, 警務廳, 高等裁判所, 工兵隊, 公使館, 管稅司, 礦務學校, 軍樂隊, 宮內府, 貴族司, 騎兵隊, 法官養成所, 法律起草委員會, 病院, 士官養成所, 師範學校, 商工學校, 小學校, 侍從武官府, 領事館, 外國語學校, 郵遞司, 元帥府, 陸軍監獄署, 陸軍法

院, 醫學校, 臨時博覽會事務所, 電報司, 中學校, 徵稅署, 參謀部, 鐵道院, 摠領事館, 輜重兵隊, 親衛隊, 通信司, 砲兵隊, 憲兵司令部, 會計院

여기에 나타나는 '監獄署, 博覽會, 法院, 司令部, 事務所, 養成所, 委員會, 裁判所, 參謀部'나 '工兵, 騎兵, 陸軍, 輜重兵, 砲兵, 憲兵' 등은 그 어형과 의미가 신식이어서 전통적 한자어와는 전혀 다르다. 이들 대부분은 당시의 일본식 한자어가 고스란히 수용되었던 것으로 풀이된다.

이러한 신식 어휘는 직명에도 허다하게 나타난다. 특히 의정부와 원수부는 그 직명의 대부분이 신식 한자어로 채워져 있다. 그러한 직명의 윤곽을 가나다순으로 정리해 보면 다음과 같다.

看守長, 監督, 監理, 鑑事, 建築局長, 檢查(官, 課長), 檢事(試補), 檢定課長, 檢察官, 經理局長, 警務(官, 使), 警察使, 工兵課長, 工業課長, 公使(館), 官報局長, 礦山局長, 教官, 教頭, 交步局長, 教員, 國債局長, 軍務局長, 軍法局長, 軍事課長, 軍需局長, 軍樂(長, 手), 旗官, 記錄(司, 局, 課長), 騎兵課長, 技師, 技手, 内大臣, 内事課長, 農務局長, 大隊長, 代理公使, 大臣, 武官(長), 文書課長, 民事局長, 飜譯(官, 課長), 步兵課長, 副官, 副教官, 副教員, 副領事, 副元帥, 副議長, 副長, 副摠裁, 副判事, 分隊長, 秘書(官, 課長), 山林局長, 山砲中隊長, 商工局長, 書記(官, 生), 庶務課長, 小隊長, 獸官, 首班判事, 水産局長, 視察官, 審查官, 野砲中隊長, 聯隊長, 領事, 豫備判事, 外務課長, 外事課長, 衛生局長, 委員, 醫官, 議官, 醫務局長, 議長, 議定官, 理事, 印刷局長, 銀行局長, 財務官, 裁判長, 電話課長, 廷吏, 製藥師, 製章局長, 助教, 調查課長, 主計局長, 主事, 主稅局長, 中隊長, 地理局長, 地質局長, 織造課長, 鎭防局長, 參理官, 參謀(長, 官), 參事官, 參書官, 鐵道(局, 課長), 摠監, 摠領事, 摠理大臣, 摠務(官, 局, 課長), 摠長, 摠裁, 摠辦, 出納課長, 親衛局長, 通商局長, 通商事務官, 通譯官, 特命全權公使, 辦理公使, 判事(試補), 版籍局長, 編史局長, 編輯局長, 砲工局長, 砲兵課長, 海軍局長, 餉官, 協辦, 刑事局長, 會計課長, 會議員, 會辦

물론 이들 모두를 무조건 일본식 한자어라고 속단할 수는 없다. 그중에는 '摠辦'이나 '協辦'처럼 중국어 기원이 거의 확실한 한자어도 포함되어 있기 때문이다. 하지만 그 밖의 대부분의 경우는 적어도 국어의 전통적 한자어에 속하지 않는다. 그 때문에 이들 한자어의 거의 대부분을 일단 일본어 기원이라고 보더라도 크게 어긋나지는 않을 것이다. 더구나 어휘에 따른 관직명의 위계구분(位階區分)이나, 일부 관직명에 나타나는 주어법은 분명히 일본식이라고 판단된다. 가령 '摠理大臣~大臣, 摠裁~副摠裁, 議長~副議長~議官, 局長~課長, 技師~技手,

聯隊長~大隊長~中隊長~小隊長~分隊長, 司令官~副官, 校長~敎官'과 같은 어휘대립은 틀림 없는 일본식이며, '-長'이나 '副-'에 의한 파생어 생산 방식도 분명한 일본식이라고 할 수 있다. 실제로 '-長'에 의한 파생 관직명 '司長, 院長, 所長, 校長, 隊長, 館長, 局長, 課長'의 형태소 결합 방식은 어김없는 일본식이며, '副'에 의한 파생 관직명 '副敎官, 副議長, 副總裁, 副判事'의 형태소 결합 방식 또한 갈데없는 일본식이다. 이처럼 경장관제의 관직명 내면구조 에는 일본식 한자어와 그 조어법이 확실하게 침투해 있는 것이다.

그 밖에도 경장관제에는 '外國旅行券, 勳位勳等, 年金, 勳章, 紀章, 褒章, 軍人, 軍屬, 司法, 行政, 恩赦, 復權, 判決, 不服, 上訴, 民刑事訴訟'과 같은 신식 한자어가 나타나는데, 이들도 대부분은 일본식 신문명 어휘에서 유래했음에 틀림이 없다고 생각된다.

나. 李鳳雲·境益太郎의『單語連語日話朝雋』(1895, 京城: 漢城新報社)

이 책은 일종의 일본어 학습서로서 그 구성은 단어와 문장을 뽑아 국어와 일본어로 대역 해 놓은 것이다. 다만 일본어 부분에는 일본어 문자가 쓰이지 않고 국어로 음사되어 있다. 이 자료에서 신문명 어휘라고 생각되는 사례의 일부를 출현 순서대로 뽑아 보면 다음과 같다.

> 空氣공긔, 電氣전긔, 郵便局편지젼ᄒᄂᆞᆫ집, 銀行所은힝소, 電報局젼보국, 理髮머리
> 싹다, 寫眞샤진, 大學校대학교, 小學校소학교, 內閣會議ᄂᆡ각회의, 權利권리, 鐵筆텰필,
> 鉛筆연필, 印刷인찰, 切手편지부치ᄂᆞᆫ표지, 牛乳쇠졋, 煎油魚젼유어, 針機바나질긔계,
> 病院병보ᄂᆞᆫ집, 牛痘우두, 醫士의원, 南沸남비, 時械시계

일반적으로 학습서에 나타나는 어휘 수에는 한정이 있기 마련이다. 따라서 위에 보인 실 례는 당시에 이미 널리 통용되고 있던 신문명 어휘의 그야말로 일부에 지나지 않을 것으로 생각된다. 다만 이들 어휘만으로도 몇 가지 주목되는 사실이 밝혀진다. 우선 '郵便局, 理髮, 切手, 針機, 病院' 등은 한자어로서는 통용되지 못했음을 알려 준다. 후일 '郵便局, 理髮, 病 院'만은 한자어 형태로 국어에 수용되지만, '切手, 針機'는 다른 방식으로 수용되는 바람에 그 자체로는 국어에 정착될 수 없었다. '印刷'에 대한 발음 '인찰'이나 '時計'에 대한 한자표기 '時械' 또한 현대국어와는 다른 것인데, 이들은 신문명 어휘가 국어에 정착되기까지 거쳐 왔 을 우여곡절을 암시해 준다. 다만 위에 보인 어휘의 대부분은 실상 그보다 앞선 문헌에 나타

나는 사례들이어서 이렇다 할 새로운 존재는 아니다.

그러나 위의 책과 같은 해에 이루어진 『國漢會語』(1895)에는 상당한 분량의 신문명 어휘가 수집되어 있다. '保險, 時計, 自縫針, 自主獨立, 自行車, 官報, 內閣, 大統領, 三枝鎗, 總督' 등은 그러한 사례의 두드러진 증거라고 할 수 있다. 다만 이 책은 필사본일 뿐 아니라, 본문에는 추기(追記) 형식이 많이 나타나기 때문에 이 자료에 나타나는 어휘가 한결같이 1895년 당시의 것이라는 보장이 없다. 후대에 추가로 기록된 것이 포함되어 있을지도 모르기 때문이다. 따라서 여기에는 『國漢會語』에 나타나는 신문명 어휘를 거론하지 않기로 하겠다.

다. Gale, J.S.의 『韓英字典』 *A Korean-English Dictionary* (1897), Yokohama, Shanghai, Hongkong and Singapore: Kelly & Walsh, Limited.

학습서에는 아무래도 현실적으로 통용되는 어휘의 극히 일부밖에 반영되지 않는다. 따라서 좀 더 포괄적인 어휘체계를 파악하려면 사전을 조사하는 방법이 좋을 수밖에 없다. 그러한 뜻에서 Gale의 『韓英字典』은 적절한 자료가 되어 준다. 우선 이 사전에서 신문명 어휘라고 생각되는 사례를 뽑아 가나다순으로 정리해 보기로 한다.

각의閣議, 기화開化, 경찰관警察官, 경찰셔警察署, 교회敎會, 금셩金星, 금요일金曜日, 긔구氣球, 긔션滊船, 긔챠滊車, 닉각內閣, 닉과內科, 닉무부內務部, 대명亽代名詞, 대셔양大西洋, 대통령大統領, 대학교大學校, 딕수代數, 뎐긔電氣, 뎐보電報, 뎡거장停車場, 독립국獨立國, 동물動物, 동물학動物學, 동양東洋, 디리학地理學, 디즁히地中海, 레비일禮拜日, 론셜論說, 륙군陸軍, 륙혈포六穴砲, 만리경萬里鏡, 목셩木星, 목요일木曜日, 문법文法, 민쥬지국民主之國, 박물원博物院, 반공일半空日, 법관法官, 법률학法律學, 병원病院, 보험증셔保險證書, 산소酸素, 샤진寫眞, 샹업학교商業學校, 셔력西曆, 셔반구西半球, 셔양西洋, 셩학聲學, 셩학星學, 쇼학교小學校, 슈셩水星, 슈요일水曜日, 순사巡査, 시계時計, 식물植物, 신문新聞, 안식일安息日, 연필鉛筆, 열딕熱帶, 온딕溫帶, 우편국郵便局, 월보月報, 월요일月曜日, 은항銀行, 의亽醫師, 인력거人力車, 인지印紙, 일년감一年柑, 장명등長明燈, 즈동亽自動辭, 즈립지국自立之國, 즈봉침自縫針, 즈유지권自由之權, 즈쥬지국自主之國, 즈힝거自行車, 직판소裁判所, 젼유어煎油魚, 접속亽接續辭, 정치政治, 정치학政治學, 쥬일主日, 즁립국中立國, 즁학교中學校, 총리대신總理大臣, 타동亽他動辭, 탄소炭素, 태평양太平洋, 텬문학天文學, 텬왕셩天王星, 토셩土星, 토요일土曜日, 하의원下議院, 한딕寒帶, 합즁국合衆國, 히군海軍, 히왕셩海王星, 힝셩行星, 현미경顯微鏡, 협판協辦, 형용亽形容詞, 화기국花旗國, 화셩火星, 화요일火曜日, 화학化學. 회샤會社, 흑인黑人

이상과 같은 어휘들은 우선 당시의 새로운 문물을 잘 대변하고 있다. 그 내용은 정치, 경제, 사회, 교육, 학술, 종교, 제도, 천문, 지리, 신식문물에 걸쳐 있으며, 어휘체계로는 학문 명칭, 품사 명칭, 요일 명칭, 유성(遊星) 명칭 등이 정착단계에 들어섰음을 보이고 있다. 이들 중에는 중국식 한자어가 어느 정도 포함되어 있으나, 그 주류는 아무래도 일본식 번역어가 아닐까 한다. 이처럼 『韓英字典』은 당시의 국어에 수용된 바 있는 일본식 한자어를 종합적으로 보여 주고 있다.

4. 맺는 말

갑오경장기 전후의 어휘개신을 주도한 세력은 다름 아닌 한자어였는데, 이들은 주로 일본에서 유입된 신문명 어휘였다. 이들이 국어에 알려지기 시작한 시기는 생각보다 빨라 1880년대 초엽에는 이미 상당한 분량의 신문명 어휘가 국어에 알려져 있었다고 할 수 있다. 당시 일본에 다녀온 바 있는 지식인들의 기록에서 그 구체적인 사례를 많이 찾아 볼 수 있다.

갑오경장을 거치면서 일본식 신문명 어휘는 더욱 빠르게 국어 속으로 확산되기에 이르렀다. 경장관제(更張官制)의 관직명이나 당시의 교과서 및 사전류에서 그러한 증거를 쉽게 찾아 볼 수 있다.

이처럼 신문명 어휘는 개화기 이래의 국어 어휘체계에 커다란 영향을 끼쳤으며, 그 결과는 현대국어에도 거의 그대로 남아 있다고 할 수 있다.

참고문헌

金若靜(1987), 『同じ漢字でも』, 東京: 學生社.
_____(1990), 『續·同じ漢字でも』, 東京: 學生社.
徐在克(1970), 開化期의 外來語와 新用語, 『東西文化』 4, 啓明大學校.
宋 敏(1979), 言語의 接觸과 干涉類型에 대하여—現代國語와 日本語의 경우—, 『論文集』 10, 聖心女大.

_____(1985), 派生語形成 依存形態素 '-的'의 始原, 『于雲林炳采博士還曆紀念論叢』, 同刊行委員會.

_____(1988), 日本修信使의 新文明語彙 接觸, 『語文學論叢』 7, 國民大 語文學研究所.

_____(1989), 開化期 新文明語彙의 成立過程, 『語文學論叢』 8, 國民大 語文學研究所.

_____(1992), 開化期의 語彙改新에 대하여, 『語文學論叢』 11, 國民大 語文學研究所.

王　力(1958), 『漢語史稿(修正本)』, 北京: 科學出版社.

李漢燮(1985), 『西遊見聞』의 漢字語について─日本から入った語を中心に, 『國語學』 141, 東京: 國語學會.

_____(1987), 『西遊見聞』에서 받아들여진 日本의 漢字語에 대하여, 『日本學』 6, 東國大 日本學研究所.

朝倉治彦・安藤菊二・樋口秀雄・丸山信(1970), 『事物起源辭典 衣食住編』, 東京: 東京堂出版.

稻垣吉彦(1989), 『流行語の昭和史』, 東京: 讀賣新聞社.

大泉志郎・大塚榮壽・永澤道雄(1993), 『忘れてはならない死語事典』, 東京: 朝日ソノラマ.

奧山益郎(1974), 『現代流行語辭典』, 東京: 東京堂出版.

樺島忠夫・飛田良文・米川明彦(1984), 『明治大正新語俗語辭典』, 東京: 東京堂出版.

見坊豪紀(1979), 『ことばのくずかご』, 東京: 筑摩書房.

_____(1983), 『〈'60年代〉ことばのくずかご』, 東京: 筑摩書房.

齋藤毅(1977), 『明治のことば』, 東京: 講談社.

榊原昭二(1986), 『昭和語 60年世相史(朝日文庫 433)』, 東京: 朝日新聞社.

佐藤喜代治(1971), 『國語語彙の歷史的研究』, 東京: 明治書院.

_____編(1981-3), 『講座日本語の語彙』(1-12), 東京: 明治書院.

佐藤亨(1983), 『近世語彙の研究』, 東京: 櫻楓社.

_____(1986), 『幕末・明治初期語彙の研究』, 東京: 櫻楓社.

鹽田丸男(1994), 『死語讀本』, 東京: 白水社.

白石大二(1965), 『國語慣用語句辭典』, 東京: 東京堂出版.

進藤咲子(1981), 『明治時代語の研究』, 東京: 明治書院.

杉本つとむ(1982), 『ことばの文化史』, 東京: 櫻楓社.

_____(1983a), 『日本翻譯語史の研究』, 東京: 八坂書院.

_____(1983b), 『語源の文化史』, 東京: 開拓社.

鈴木修次(1981b), 『文明のことば』, 廣島: 文化評論社.

_____(1981b), 『日本漢語と中國』(中公新書 626), 東京: 中央公論社.

惣鄕正明・飛田良文(1986), 『明治のことば辭典』, 東京: 東京堂出版.

_____(1988), 『日本語開化物語』, 東京: 朝日新聞社.

俵元昭(1994), 『半死半生語集』, 東京: 學生社.

槌田滿文(1979), 『明治大正風俗語典』(角川選書 107), 東京: 角川書店.

_____(1983), 『明治大正の新語・流行語』(角川選書 63), 東京: 角川書店.

飛田良文・呂玉新(1986), 中國語と對應する日本語を診斷する, 『日本語學』 V:6, 東京: 明治書院.

廣田榮太郎(1969), 『近代譯語考』, 東京: 東京堂出版.

文化廳(1978), 『中國語と對應する漢語』(日本語教育研究資料).

宮地裕(1982), 『慣用句の意味と用法』, 東京: 明治書院.

森岡健二(1969), 『近代語の成立 明治期語彙編』, 東京: 明治書院.

_____(1978), 『明治期の漢語』(文化廳, 『ことば』, シリーズ 8 '和語漢語' 所收).

柳父章(1982), 『飜譯語成立事情』(岩波新書 黃版 189), 東京: 岩波書店.

橫井忠夫(1973), 『外來語と外國語』, 東京: 現代ヅャーナリズム出版會.

米川明彦(1983-4), 近代語彙考證 ①~⑫, 『日本語學』 Ⅱ: 4-12, Ⅲ: 1-3, 東京: 明治書院.

_____(1989), 『新語と流行語』, 東京: 南雲堂.

出處 국립국어연구원(1994. 12.), 갑오경장 100주년 기념 특집 『새국어생활』 4-4: 54-73.

語彙文化史 試論

1. 신생한자어의 성립 배경

현대국어에서 활용되고 있는 수많은 한자어는 역사적인 관점에서 대략 두 종류로 구분되는데, 그 하나는 전통적 한자어이고, 다른 하나는 개화기 이후에 갑자기 늘어난 신생한자어이다. 전통적 한자어란 역사적 한자어로서 기본적으로는 중국의 역대문헌을 통하여 국어에 수용된 중국어 기원의 단어를 말한다. 그러나 전통적 한자어가 모두 중국문헌에서 나온 것만은 아니다. 그 중에는 국내에서 자체적으로 생성된 단어도 많다. 개화기 이전까지는 이들 전통적 한자어만으로도 거의 모든 분야의 지식과 정보를 충분히 표현할 수 있었다.

그러나 개화기를 전후한 국가의 문호 개방과 더불어 각 분야에 걸쳐 밀려오는 새로운 외래문물이나 제도 등을 전통적 한자어만으로 표현하기는 불가능해졌다. 필연적으로 새로운 단어가 필요하게 되었다. 이러한 흐름을 타고 생겨난 표현수단이 곧 신생어인데, 이들은 대부분이 한자어였기 때문에 신생한자어라고 부를 수 있다. 이들 신생한자어에는 반드시 서구문물의 개념이 응축되어 있어 전통적 한자어와는 성격이 다르다. 이를 일본학자들은 신한어(新漢語) 또는 신문명어(新文明語), 중국학자들은 신사(新詞)라고 하여 전통적 한자어와 구별하기도 한다.

신생한자어의 성립 배경은 매우 복잡하다. 우선 19세기 80년대 초반, 곧 개화초기 이전까지의 모든 신생한자어는 실물과 함께, 또는 서적을 통하여 국내에 유입되었는데, 그 출발지는 언제나 중국이었다. 그 일례로서 '즈명종(自鳴鐘), 쳔리경(千里鏡)'과 같은 단어는 실물과 함께 17세기 전반기에, '화륜션(火輪船), 화륜거(火輪車), 한셔표(寒暑表)'와 같은 단어는 진보적 서적을 통하여 19세기 중엽에 국내에 알려졌다.

잘 알려진 사실이지만 '즈명종'과 '쳔리경'은 1631(인조 9)년 정두원(鄭斗源)이 진주사(陳奏使)로 명나라에 들어갔다가 포르투갈인 선교사 로드리게스(João Rodrigues Tçuzzu, 중국명 陸若漢)를 만나 선물로 얻어왔다는 기록이 전한다. 이에 따라 '즈명종, 천리경'과 같은 신생어도 정두원을 따라 실물과 함께 국내에 전해졌다.

'화륜션'과 '화륜거'는 미국인 선교사 브릿지맨(Elijah Coleman Bridgman, 중국명 裨治文)의 『미리가국지략』(美利哥國志略, 1838)에 처음으로 나타난다지만(馬西尼 1997), 이 책이 우리나라에 전해졌다는 증거는 아직 없다. 그런데 이들 신생어는 위원(魏源)의 『해국도지』(海國圖志, 초간 50권 1844, 증보판 60권 1847, 재증보판 100권 1852, 재재증보판 125권 1895)에도 나타난다. 결국 '화륜션'과 '화륜거'라는 신생어는 『해국도지』와 같은 중국서적을 통하여 국내에 알려졌으리라고 추정된다. 『해국도지』 초간본은 분명히 국내에 유입되었기 때문이다(李光麟 1974). 실제로 이 책은 『한불즈뎐』(1880)의 표제항목으로도 그 이름이 나타난다(다만 그 표기는 『海國圖誌』임).

한편, '한셔표(寒暑表)'는 미국인 선교사 마틴(William Alexander Parsons Martin, 중국명 丁韙良)의 『격물입문』(格物入門, 1868)에 처음 나타나는데(馬西尼 1997), 이 신생어 또한 서적을 통하여 국내에 전해진 듯하다. 하여튼 위에 나온 다섯 개의 단어는 모두 『한불즈뎐』(1880)에도 수록되어 있으며, 이들의 기원은 분명히 중국어에 연결된다.

이처럼 개화 초기까지 국내에 전해진 신생어의 원천은 중국이었다. 그러나 조일수호조규(朝日修好條規, 이른바 병자수호조약 또는 강화도조약, 1876)에서 비롯된 대외 개방정책이 확대되고, 일본과의 접촉이 잦아지면서 사정은 크게 달라졌다. 수신사(修信使)를 비롯한 당시의 지식인들은 물론, 일반 상인과 기술자에 이르기까지 일본출입이 잦아졌다. 그들은 개화(開化)가 상당히 진행된 일본의 문물제도를 통하여 간접적으로나마 서양문물을 경험하고 돌아왔다. 자연히 그들이 일본에서 알게 된 신생한자어도 사람을 따라 국내에 유입되었다.

개화초기인 19세기 80년대 초반까지 일본을 통하여 국내에 전해진 신생한자어만 하더라도 그 수량과 범위는 상당한 수준에 달한다. 이들은 중국에서 먼저 전해진 신생어를 몰아내고 그 자리를 차지하기도 하였다. 위에 보인 중국어 기원의 신생어로 그 사실을 확인할 수 있다. '즈명종'은 그런 대로 '자명종'이란 발음으로 지금까지 남아 있으나, '천리경'은 '망원경'으로, '화륜션'은 '기선'으로, '화륜거'는 '기차'로, '한셔표'는 '한란계'로 각기 대치된 것이다. 그렇다고 이들 대치형이 예외 없이 일본에서 생성된 신생한자어는 아니다.

가령, '천리경'의 대치형인 '망원경'은 게일의 『한영즈뎐』(1897)에 나타나지 않으나('천리경'만 나타남), 『독닙신문』(1897년 중)에는 그 용례가 보이므로(朴英燮 1994), 19세기 말경에는 이 신생어가 이미 국내에서 통용되었음을 알 수 있다. 그런데 19세기에 중국에서 생성된 신생어

가운데 '망원경'이란 어형은 발견되지 않는다(馬西尼 1997). 따라서 국어에 수용된 '망원경'이란 신생어는 일본어에서 들어온 것으로 보인다. 그 증거로서 19세기 80년대에 일본에서 간행된 영일(英日) 사전류에 '망원경'이 나타난다는 사실을 들 수 있다.

일본에서 간행된 각종 사전류에서 '망원경'의 확실한 출전 제시를 찾아보기는 어려우나, 이번에 문헌을 직접 뒤져 본 결과, 척진팔(尺振八)의 『명치영화자전』(明治英和字典, An English and Japanese Dictionary, 1884, 동경:六合館), 붕교일랑(棚橋一郎)의 『영화쌍해자전』(英和雙解字典, An English and Japanese Dictionary, 1885, 동경:丸善商社), 도전풍(島田豊)의 『부음삽도화역영자휘』(附音挿圖和譯英字彙, An English and Japanese Lexicon, 1887, 동경:大倉書店) 등에는 영어 telescope에 대한 풀이가 '망원경'으로 되어있음을 알았다. 적어도 19세기 말엽에는 이 단어가 일본어에 분명히 실재했다는 뜻이 된다.

이 신생어는 한동안 일본에서 먼저 창안되었다고 여겨졌다. 그 근거로서 일본의 난학자(蘭學者) 사마강한(司馬江漢)이 펴낸 『화란천설』(和蘭天說, 1796)에 '망원경'이란 단어가 나타난다는 사실이 지적된 바 있다. 그러나 지금으로서는 이 신생어를 사마강한이 직접 창안했다기보다 중국에서 받아들였다고 보아야 한다는 견해가 유력하다. 청나라의 유예(游藝, 자는 子六)가 펴낸 『천경혹문』(天經或問, 1675)에 '망원지경(望遠之鏡)'이란 어형이 나타나는데다가, 『화란천설』의 범례에 나타나는 "이 책의 전설(全說)은 서유(西儒) 및 자륙(子六) 등의 소설(所說) 가운데 선(善)을 택하고, 비(非)를 버리며……"와 같은 해명이 그러한 추정을 뒷받침하고 있다. 사마강한은 서유, 곧 서양 선교사들과 자륙(子六), 곧 유예의 저술을 참조하면서, 그 좋은 것(善)을 택하고 좋지 않은 것(非)을 버렸다고 밝히고 있으므로, 그가 『화란천설』에서 써먹은 '망원경'이란 어형은 유예의 『천경혹문』에 나타나는 '망원지경'을 명사형으로 줄여 쓴 결과일 가능성이 충분하다. 더구나 '망원경'이란 어형은 그 이전부터 이미 일본에 알려져 있었다. 스위스인 선교사 테렌즈(Jean Terrenz, 중국명 鄧玉函)가 구수(口授)했다는 『원서기기도설록최』(遠西奇器圖說錄最, 1628)의 범례에 『망원경설』(望遠鏡說)이란 책이름이 제시되어 있는데, 테렌즈의 책 또한 분명히 일본에 전해졌으므로, '망원경'이란 어형 또한 일찍부터 일본에 있었다는 증거가 된다는 것이다(佐藤亨 1983). 사마강한이 『화란천설』에서 사용한 '망원경'이란 신생어가 유예이 '망원지경'에서 직접 왔건, 그 이전부터 알려져 있던 '망원경'에서 왔건, 그 원천은 중국어였음이 분명한 것이다.

결국, '망원경'이란 신생어는 개화기에 일본어를 통하여 국어에 들어왔겠지만, 그 근원은 중국어로 되돌아가는 셈이다. 이러한 성립배경을 지닌 단어로서 오늘날 한·중·일 3개 국어에서 함께 통용되는 사례는 얼마든지 있다. 이에 따라 어떤 단어가 일본어인지 중국어인지 새삼스럽게 시비를 걸 필요는 없다. 한가지 예를 들자면 '望遠鏡'이란 단어의 표기는 3개국이 같지만(단, 중국의 간체자 표기로는 '望远镜'이 되기도 함), 그 발음은 국어로 '망원경', 일본어로 [bōenkyō], 중국어로 [wangyuanjing](편의상 성조표기는 생략했음)이어서, 말로는 서로 통하지 않기 때문에 각자 다른 단어나 마찬가지다. 이를 두고 '望遠鏡'이 어느 나라 말이냐를 가린다는 것은 부질없는 짓이다. 다만 어휘사적으로 그 생성과 전파과정을 살펴볼 가치는 충분히 있다.

국어에 정착된 신생어의 성립배경이나 수용과정은 생각보다 훨씬 복잡하다. 어찌 되었건 개화기 이후 국어에 수용된 신생한자어는 거의 일본에서 온 것이다. 그 특징으로서 이들은 기본적으로 2음절어이며, 어휘론적으로는 번역차용어로서 일종의 전문어에 속한다. 또한 문자차용이기 때문에 그 발음은 자국어식으로 바뀐다. 문제는 그 조어(造語) 자체가 모두 일본에서 새로 이루어진 것은 아니라는 사실이다. 새로운 조어를 통하여 생성된 단어보다는 중국의 역대 문헌에 나타나는 전통적 한자어를 빌어온 경우가 훨씬 많다. 그러나 그 의미는 전통적 한자어와 상당히 다르다. 번역차용 과정에서 의미의 개신이 일어난 것이다.

신생한자어 중에는 중국에서 활동하던 서양선교사나 그들의 영향을 받은 진보적 중국인들이 일본보다 먼저 창안해낸 것도 적지 않다. 특히 마테오 리치(Mathaeus Ricci, 이탈리아인 선교사, 중국명 利瑪竇)는 17세기 초엽에 벌써 많은 지리학 용어를 창안해 썼으며(荒川淸秀 1997), 알레니(Julius Aleni, 이탈리아인 선교사, 중국명 艾儒略), 버비스트(Ferdinand Verbiest, 벨기에인 선교사, 중국명 南懷仁) 등은 마테오 리치의 용어를 계승 발전시켰다. 이들이 창안한 신생어의 상당수는 일본에 전해졌다가 개화기 이후 국어에도 수용되기에 이르렀는데 본바닥인 중국에서는 오히려 잊혀진 경우가 많다.

그러다가 19세기에 들어와서는 서양선교사들이나 중국의 몇몇 선각자들이 다시 많은 양의 새로운 번역어를 창안하여 썼다. 그러한 인물 중, 서양인으로서는 모리슨(Robert Morrison, 영국인 선교사, 중국명 馬禮遜), 웨이(Richard Quarterman Way, 미국인 선교사, 중국명 褘理哲), 이미 앞에 나온 마틴(丁韙良), 그리고 홉슨(Benjamin Hobson, 영국인 선교사, 중국명 合信) 등이 있으며, 중국인으로서는 임칙서(林則徐), 위원(魏源), 서계여(徐繼畬) 등이 있다. 이들이 창안한 신생어의 대부분은 그 때 그 때 서적으로 직접 일본에 전해졌을 뿐 아니라, 그 저작물들은 일본에서 즉시

복각이나 번역으로 출판된 경우도 허다하다. 이를 통하여 중국에서 만들어진 신생어가 상당수 일본에 전해진 것도 당연한 일이다.

그러나 정작 중국에서는 오히려 이들 신생어가 그다지 보급되지 않았다. 그 원인은 대부분의 지식인이나 정치가들이 서양문물을 그다지 탐탁하게 여기지 않았기 때문에 서양지식이 담긴 서적이 별로 읽히지 않은 데 있었다. 그러나 청일전쟁(1894)이 끝나면서 사정은 급격히 달라졌다. 많은 유학생이 일본으로 건너갔다가 현지에서 익힌 신생어를 중국으로 옮겨갔다. 여기에는 황준헌(黃遵憲), 양계초(梁啓超)와 같은 인물들의 힘이 크게 작용하였다. 그러나 그들이 옮겨간 신생한자어 중에는 오히려 17세기 혹은 19세기 중엽 중국에서 창안된 후, 일단 일본어에 수용되었다가 19세기 말엽 일본에서 또다시 중국어로 돌아온 사례가 많다. 일본어에서 차용되었다고 생각한 이들 신생어가 실은 중국에서 이미 먼저 만들어진 신생어였다는 사실이 계속 밝혀지고 있는 것이다. 이들을 되돌아온 단어라 하여 중국에서는 회귀차사(回歸借詞)라고 부른다.

신생한자어에 대한 어휘사적 연구는 아직 초보 단계에 머물러 있다. 거기다가 밝혀진 사실보다 밝혀지지 않은 사실이 아직은 훨씬 많다. 그러나 이들 신생한자어의 성립배경에 대한 추적 작업은 국어 속에 살아 움직이는 한자어를 좀더 깊이 이해할 수 있는 길이 될 것이며, 동시에 문화접촉이 어휘의 생성이나 의미개신에 어떻게 관여하는지를 파악할 수 있는 수단이 되기도 할 것이다.

참고문헌

馬西尼(원저)·黃河淸 역(1997),『現代漢語詞滙的形成』― 十九世紀漢語外來詞硏究, 上海: 漢語大詞典出版社. [원서명] Masini, F.(1993), *The Formation of Modern Chinese Lexicon and its Evolution toward a National Language*: *The Period from 1840 to 1898*, *Journal of Chinese Linguistics*, Monograph Series No. 6, Berkeley: University of California.

朴英燮(1994),『開化期 國語 語彙資料集 1』(獨立新聞편), 서광학술자료시.

李光麟(1974),『韓國開化史 硏究』(개정판), 일조각.

佐藤亨(1983),『近世語彙の硏究』, 東京: 櫻楓社.

荒川淸秀(1997),『近代日中學術用語の形成と傳播』―地理學用語を中心に―, 東京: 白帝社.

出處 국립국어연구원(1999. 6.),『새국어생활』9-2·여름: 155-160.

2. 한자어 '汽船, 汽車'의 연원

일본군함 雲揚號의 계략적인 강화도 침범으로 朝日修好條規(1876. 2. 2, 양력 2. 26.)가 체결되면서, 국가의 문호를 개방하지 않을 수 없게 된 조선조정은 應敎 金綺秀의 품계를 예조참의로 높여 修信使에 임명, 일본으로 파견한다. 그는 明治維新(1868) 이후 급격히 서양화의 물결을 타고 있는 일본의 새로운 문물을 현지에서 경험한다. 조선왕조의 선비로서 일본의 신식 문물을 직접 보고들은 사람은 아마도 그가 처음일 것이다. 그의 견문록인『日東記游』에 따르면, 그는 4월 29일(양력 5. 22.) 부산포에서 일본 '火輪船' 黃龍丸에 올라, 이튿날인 5월 1일에는 赤間關(지금의 下關), 그후 4일에는 다시 神戸港에서 잠시 내렸다가 5월 7일(양력 5. 29.) 아침 橫濱港에 도착한다. '鐵路關'에서 잠시 쉬었다가 이번에는 '火輪車'를 타고 동경의 新橋驛(지금의 화물차 전용역인 汐留)에 이른다. 거기서부터 숙소인 延遼館까지는 '人力車'를 타고 간다. 동경에서 20일 동안 머물면서 공식적인 임무를 마친 그는 귀국 때에도 신교역에서 '화륜거'를 타고 횡빈역으로 갔으며, '철로관'에서 점심을 끝낸 후 '화륜선'에 올라타고, 전에 갔던 길을 되돌아 부산포에서 내린다. 여기에 보이는 '화륜선'과 '화륜거'는 각기 지금의 '기선'과 '기차'에 해당하는 말이다.

이 여정을 보면 우리나라 사람으로서 공식적으로 가장 먼저 '화륜선'과 '화륜거'를 타본 사람은 김기수와 그의 수행원 몇몇 사람이었던 것으로 생각된다. 여하튼 김기수는 자신의 견문록에 '화륜선'과 '화륜거'라는 말을 쓰고 있는데, 이 두 단어는 일찍이 중국에서 나온 번역어이다. '화륜거'에 대한 중국어 발음은 [huolunche], 곧 마지막 음절이 [che](車)여서 국어로는 '화륜차'가 될 수도 있다. 실제로『한영ᄌ뎐』(1897)에는 '화륜거'와 '화륜챠'라는 표제어가 둘 다 나타난다. 그러나『한불ᄌ뎐』(1880)이나 언해본『易言』(1883?) 등에는 '화륜거'로만 나타나기 때문에, 여기서도 그 예를 따라 '화륜거'로 읽어둔다.

영어 wheel steamship에서 나온 '화륜선', steam train에서 나온 '화륜거'는 각기 '火輪'에 '船'과 '車'가 결합된 말이지만, 그렇다고 하여 '화륜'이라는 번역어가 먼저 생겼느냐 하면 그렇지는 않은 듯하다. 영어 steam (machine 또는 engine)에 해당하는 '화륜'은 '火機, 火輪機, 火輪機器, 火輪器具' 등과 같은 여러 가지 이형태(異形態)로도 나타나지만(馬西尼 1997), 문헌상으로는 이들이 오히려 '화륜선'이나 '화륜거'보다 나중에 나타난다. 이중 '화륜기'는 영어 steam engine에 해당하는 말인데, 이 어형 대신 '汽機'가 쓰인 경우도 있다.

‘화륜선’과 ‘화륜거’가 중국의 洋學 관계 문헌에 나타나는 시기는 19세기 중엽이다. 馬西尼(1997)의 부록2 ‘十九世紀文獻中的新詞詞表’에 의하면 이들 번역어는 브릿지맨(裨治文, 전출)의 저서『美利哥國志略』(1838)에 처음 쓰인 후, 魏源의『海國圖志』초판(1844)에도 보일 뿐 아니라, 그 이후의 다른 문헌에도 빈번하게 나타나므로, 19세기 중엽에는 이 두 가지 신생어가 중국어에 자주 쓰였음을 알 수 있다. 물론 ‘화륜선’ 대신 ‘暗火輪船, 火船, 火輪舟, 火煙舟, 火烟船, 火氣船, 水氣船’과 같은 어형이 쓰이기도 하였으며, ‘화륜거’ 대신 ‘火車’가 쓰인 적도 있다. 실제로 鄭觀應의『易言』(1871, 중간본 1880)에는 ‘화차’가 쓰이고 있다. 그런데 이 ‘화륜선, 화륜거’ 두 단어는『해국도지』와 같은 양학 관계 서적을 통하여 국내에 전해졌을 것이다. 이 말들은『한불ᄌ뎐』이나 언해본『易言』에도 나타나므로, 개화 초기에는 국어에서도 통용되었던 것으로 생각된다.

한편, ‘화륜선’과 ‘화륜거’라는 번역어는 중국 문헌을 통하여 곧바로 일본에도 전해졌다. 자연히 처음 한동안은 일본에서도 이 어형이 그대로 널리 쓰였다. 그러다가 점차 새로운 번역어 ‘蒸氣船, 汽船’과 ‘蒸氣車, 汽車’라는 말로 옮아가는데, 이에 대해서는 廣田榮太郎(1969:71-98, 「汽車」「汽船」의 語史)에 세세한 조사가 나타나므로, 여기서는 이를 참고로 하되 문제가 되는 점에 대해서는 사견을 덧붙여 가며 ‘기선, 기차’라는 신생어의 연원을 살펴보기로 한다.

먼저 ‘화륜선’의 경우, 德川幕府 말기의 일본문헌에는 ‘火輪船, 河火輪船, 火船’ 이외에도 ‘川/河蒸氣船(川과 河의 일본어 훈독은 같음), 蒸氣舟, 蒸氣, 川/河蒸氣, 小蒸舟, 汽船’ 등 여러 가지 어형이 나타나는데, 그 중에서도 압도적으로 많이 쓰인 어형은 ‘蒸氣船’이다. 明治時代(1868-)에 들어서면 여기에 다시 ‘蒸船’(다만 읽을 때에는 ‘蒸氣船’이었음)과 같은 새로운 어형이 나타나기도 하나, 여전히 ‘蒸氣船’ 또는 ‘汽船’이 주류를 이루며, 중국식 번역어인 ‘화륜선, 화선’은 어쩌다 나타날 뿐이다.

하여튼 김기수는 일본에 머무르는 동안 이 ‘증기선’이란 말을 듣게 된다. 그가 이 말을 들은 것은 해군성을 방문, 水戰操演을 구경하는 자리에서였다.『일동기유』(권2 玩賞)에 “그 중 배 한 척이 화륜인데, 저들의 이른 바 증기선이다(中一船火輪 卽彼所謂蒸氣船也)”라는 기록으로 그 사실을 알 수 있다. 김기수 자신은 견문록에서 ‘火輪船, 火輪之船, 火輪, 輪船, 汽艦’과 같은 말만을 썼기 때문에, “저들의 이른 바 증기선”이라는 표현으로, 이 말이 일본에서 들은 말임을 나타내고 있다. 그가 이 말을 그 자리에서 처음 들었는가, 그 이전에 이미 들어서 알고 있었는지에 대해서는 정확히 알 길이 없으나, 해군성을 방문하고 이어서 수전 연습을 구경한 날이 5월 17일(양력6. 8.)이니까, 적어도 그 날 아니면 그 이전에 벌써 이 말을 들었을 것이다. '蒸氣船'이란 말은 여기에 딱 한번 나타날 뿐이지만, 김기수가 일본에서 들어본 일본 어형 '蒸氣船'은 훗날 '汽船'과 함께 국어에 다시 들어와 '화륜선'의 대치어가 된다는 점에서 어휘사적으로 의미 있는 경험이었다고 여겨진다.

김기수의 『일동기유』에 '汽船'은 나타나지 않으나, '騎船, 汽艦'은 한번씩 나타난다. 양쪽이 모두 일본어형 '汽船'을 듣고 자기 나름으로 이해한 표기일 것이다. 그러나 1881년 신사유람 단의 일원으로 일본을 보고 돌아온 李鑣永의 견문록 『日槎集略』(人卷 問答錄 訪外務省卿井上馨問答)에는 '기선'이 나타난다. 다만 그 표기는 '滊船'으로 되어 있는데, 당시 일본에서는 한자표 기로 그렇게도 썼기 때문에 이헌영의 착오는 아니다. 오늘날과 같은 표기의 '汽船'은 1882년 수신사로 일본을 돌아본 朴泳孝의 일기체 견문록 『使和記略』(1882.8.10.)에 드디어 나타난다. 그는 처음부터 이 어형을 줄곧 쓰고 있어, 이 말이 당시의 국어에 정착된 것처럼 보이기도 하나, 그렇게 단정하기는 어렵다. 왜냐하면 그보다 2년 후인 1884년부터 85년에 걸쳐 종사 관으로 일본 땅을 밟고 돌아온 朴戴陽은 자신의 일기체 견문록 『東槎漫錄』에서 '화륜선'이라 는 어형을 고집스럽게 쓰고 있기 때문이다. 어쩌면 박영효와 같은 진보적인 인물과 박대양 과 같은 보수적인 인물의 차이일지도 모르나, 당시에는 중국식인 '화륜선'이 우세한 가운데 일본식인 '기선'도 차츰 알려지기 시작했을 것이다. 한편, 『한불ᄌᆞ뎐』에는 '긔션(氣船)'이란 말이 표제어로 나타나기도 하나, 그 뜻은 오늘날의 '風船, 氣球'를 나타내는 말이어서, 이 글의 대상인 '汽船'과는 다른 말이다. 『한영ᄌᆞ뎐』(1897)에 이르면 '화륜거'와 함께 '긔션'(滊船) 이 표제어로 나타나지만, '기선'의 한자 표기는 당시의 일본식이다. 일본어의 영향이 엿보이 는 실례의 하나라고 할 수 있다.

이번에는 '화륜거'를 살펴보기로 한다. 막부 말기의 일본 문헌에는 '火輪車, 陸蒸氣'가 어쩌 다 나타나는 가운데 '蒸氣車(또는 蒸滊車)'가 훨씬 많이 쓰이다가, 명치 초기부터는 점차 '汽車 (또는 滊車)' 쪽으로 기울어진다고 한다. 김기수가 일본을 돌아볼 때에도 당연히 '기차'라는 어형이 일반적이었을 텐데, 그의 『일동기유』에는 이 어형이 나타나지 않는다. 다만, 그에게 전해진 일본측 공문서에는 '汽車'가 두 번 나타난다. 한번은 東萊府에서 배를 타기 전 부산 주재 일본 공관장 대리가 보내온 5월 14일(양력)자 일정 안내문이고, 다른 하나는 귀국을 앞 두고 일본 외무경이 보내온 6월 17일(양력)자 공문이다. 일본어 원문과 漢譯文이 나란히 실려 있는데, 원문에 보이는 '기차'는 한역문에도 그대로 '기차'로 나타난다. 따라서 김기수는 이 '기차'라는 말을 분명히 보았을 것이다. 그러나 그는 자신의 글에서 '기차'라는 말에 아무런 관심도 나타내지 않았다.

그후, 이헌영의 『일사집략』에는 '화륜거'밖에 보이지 않는 듯하나, 박영효의 『사화기략』과 박대양의 『동사만록』에는 연이어 汽車가 나타난다. 이 말이 점차 귀에 익숙해졌음을 알려 준다. 『한영ᄌ뎐』에는 '화륜거, 화륜챠' 말고도 '긔챠(滊車)'란 말이 실려 있으나, 그 한자 표기 는 당시의 일본식을 따르고 있다. 앞에서 본 '긔선'의 표기와 함께 『한영ᄌ뎐』에 일본어의 영향이 있었음을 알려주는 사례가 된다. 한편, 『독닙신문』의 경우, '화륜션'(1896년 중)과 '긔 션'(1898년 중), '화륜챠'(1896년 중)와 '화륜거'(1897년 중)는 보이는데(朴永燮 1994), '기차'는 나타나 지 않는 듯하다. 그러나 『한영ᄌ뎐』에는 '긔선'과 함께 '긔챠'가 올라 있으므로, 이 두 단어는 당시의 국어에서도 통용되었으리라고 여겨진다.

요컨대, 개화기 이전에 중국에서 들어온 신생어 '화륜선, 화륜거'는 개화기 이후 일본에서 새로 들어온 '기선, 기차'로 대치되었는데, 이들이 그대로 현대 국어에까지 이어졌다. 개화 초기에는 한동안 '화륜선'이 '윤선', '화륜거'가 그냥 '화륜'으로 쓰이기도 하였으나, 조선 수신 사의 일본 방문을 계기로 '증기선' 또는 '기선'과 '기차'라는 신생 한자어가 국내에 알려지기 시작한 것이다.

일본의 경우, 시기상으로는 '蒸氣船, 蒸氣車'가 먼저 나타나다가, 점차 '汽船, 汽車'로 굳어 지는 경향을 보인다. 이를 보면 '증기선, 증기차'가 줄어져 각기 '기선, 기차'가 된 듯하나, 사실은 그렇지 않다. '증기선, 증기차'의 한자 표기는 원칙적으로 '蒸氣船, 蒸氣車(어쩌다 예외적 으로 蒸汽車 또는 蒸滊車)'이고, '기선, 기차'는 '汽船(또는 滊船), 汽車(또는 滊車)'로 나타난다. 만약 '蒸氣船, 蒸氣車'의 어두 음절이 줄어졌다면, 그 결과는 '氣船, 氣車'가 되어야 하는데, 그러한 실례는 예외적으로 한두 번 나타날 뿐이다. 자연히 '汽船, 汽車'를 각기 '蒸氣船, 蒸氣車'의 단순한 축약형이라고 볼 수는 없게 된다.

廣田榮太郞(1969)에 인용된 용례를 잘 살펴보면, '蒸, 蒸氣(蒸滊), 滊(氣), 汽'에 해당하는 부 분에 [zyouki]라는 讀音이 달려있는 경우가 보인다. 위의 어떤 한자 표기라도 당시에는 '蒸 氣'로 읽을 수 있었다는 뜻이 된다. 실제로 '汽船'을 '증기선'으로 읽은 용례는 보이지 않으나, '汽車'를 '증기차'로 읽은 실례는 분명히 나타난다. 또한, 홉슨의 저술 『博物新編』(1854)에 대 한 일본의 번역판(大森秀三, 『博物新編譯解』 4권 5책, 1868~70) 권2의 '蒸汽論'에는 '汽'가 자주 쓰이는데, 여기에는 언제나 [zyouki] 곧 '蒸氣'라는 독음이 달려있다. 이 책에는 또한 '汽車'라는 어형도 처음으로 한번 나타나는데(권2, 6r), 여기에도 '증기차'라는 독음이 달려 있다. 일본어 '汽車'라는 어형은 여기서 연유했으리라고 추정된다. 일본어에 '汽車'가 나타나는 시기는 중국에서 『박물신편』이 간행된 이후인데, 이 책은 곧바로 일본에 전해졌을 뿐 아니라, 앞서 본대로 번역본도 나온 바 있기 때문이다.

이렇게 볼 때, 일본어 '蒸氣車'나 『박물신편』에서 받아들인 '汽車'는 모두 처음에는 '증기차'로 읽히다가 그 어형이 '汽車'로 통일되면서 발음도 '기차'로 굳어졌으리라고 해석된다. 결국 '증기차'가 줄어들어 '기차'가 된 것이 아니라, '蒸氣車'의 '蒸氣'가 同音異表記語 관계에 있는 '汽'로 대치되면서 '汽車'가 된 것이다. '증기선'과 '기선'의 관계도 같은 과정을 거친 것으로 설명될 수 있을 것이다.

그런데, 현대 중국어에서 '汽車'는 우리의 '자동차'를 뜻한다. 그 대신 '기차'의 뜻으로는 '火車'가 쓰인다. '화륜차'가 줄어든 말처럼 보이기도 하나, 문헌상으로는 일찍부터 '화차'라는 말도 나타나므로 꼭 그렇다고 단정하기는 어렵다. 같은 한자 문화권 안에서도 지금은 동일한 한자어형의 뜻이 서로 다른 경우가 있음을 나타내는 사례가 된다. 결국, 우리말의 '기선'과 '기차'는 어형과 의미 면에서 일본어와 같다. 일본어를 수용한 것이다. 그러나 그 발음은 국어식이 되었으므로 문자에 의한 일종의 번역 차용이다.

일본이 기선을 처음 갖게 된 것은 1855년(安政2), 네덜란드가 長崎海軍傳習所에 연습함 觀光丸을 기증하면서부터였다. 그 후 한동안 수입에 의존하다가 명치 초기에는 자국에서도 기선을 생산하기에 이른다. 우리나라도 1883년, 독일인 묄렌도르프(Möllendorf, P. G. von)의 건의에 따라 근대적 기선을 도입한다. 한편, 일본에 처음 철도가 개통된 것은 1872년(明治5), 횡빈-신교 간 26km였고, 우리나라는 1899년(光武3), 노량진-제물포 간 33.2km였다. 따라서 조선 수신사들은 우리나라에 없는 신문명의 이기를 일본에서 직접 경험하면서, 그 명칭까지 듣고 돌아왔다. 결국, 그 연원이야 어디에 있건, 일본어로 굳어진 '증기선, 기선, 기차'와 같은 신생 한자어는 실물이 생기기 전에 한발 앞서 국어에 들어왔다. 차용어의 경우, 실물이 전해지기 전에 단어가 먼저 알려지기도 하는 것이다. 또한, 그 '기선'과 '기차'는 국어에 먼저 들어와 있던 '화륜선'과 '화륜거'를 몰아내고 그 자리를 대신하기에 이르렀다.

*전번 호에 이미 제시한 문헌은 생략함

廣田榮太郎(1969). 『近代譯語考』. 東京: 東京堂出版.

宋　敏(1988). 日本修信使의 新文明語彙 接觸. 國民大 語文學硏究所 『語文學論叢』 7.

_____(1989). 開化期 新文明語彙의 成立過程. 『語文學論叢』 8.

朝倉治彦·稻村徹元(1995). 『明治世相編年辭典』(新裝版). 東京: 東京堂出版.

湯本豪一(1996). 『圖說明治事物起源事典』. 東京: 栢書房.

出處 국립국어연구원(1999. 9.), 『새국어생활』 9-3·가을: 85-90.

3. ‘器械’에서 ‘機械’가 되기까지

현대 국어에서 상당히 널리 쓰이고 있는 ‘기계’라는 말의 한자 표기는 거의 대부분이 ‘機械’에 해당한다. 이 말은 ‘기계-공, 기계-과, 기계-식, 기계-실, 기계-적, 기계-화’와 같은 파생어로 나타나기도 하며, ‘기계-공업, 기계-문명, 기계-체조, 기계-세탁, 기계-제품’과 같은 복합어로 쓰이기도 한다. 그러나 ‘기계’에는 ‘器械’라는 한자 표기도 있다. 그 때문에 ‘器械’와 ‘機械’와는 동음이의어 관계를 가진다.

한글학회의 『우리말 큰사전』(1992)에는 ‘器械’가 ‘연장, 연모, 그릇, 기구 따위를 두루 일컫는 말’이라고 풀이되어 있는 반면, ‘機械’는 ‘여러 기구들로 짜여져 어떤 힘을 받아 움직이거나 일을 하는 장치’라고 풀이되어 있다. 이 중에서 ‘器械’에 해당하는 말은 현대 국어에서 거의 쓰이지 않을 정도로 세력이 축소되었으나, 어휘사적으로는 오히려 새로운 개념어 ‘機械’가 나타나기 이전까지 보편적으로 쓰여 온 전통적 한자어라고 할 수 있다. 실제로 『한불ᄌᆞ뎐』(1880)이나 『한영ᄌᆞ뎐』(1897)에는 ‘器械’만 보일 뿐 ‘機械’란 표기는 나타나지 않는다. 결국 ‘機械’란 표기는 개화기 이후에 나타나기 시작하며, 영어의 machine 또는 machinery에 대한 번역어이기 때문에 신생한자어인 셈이다.

‘器械’란 『周禮』 ‘天官’에 나오는 말로 ‘器’는 ‘악기(樂器) 따위처럼 어떤 의식에 사용되는 물건’인 데 대하여, ‘械’는 ‘병기(兵器)’였다고 한다(佐藤喜代治 1979). 더욱 이러한 의미를 가졌던

'器械'는 점차 '연장이나 연모 일반'이란 뜻으로 확대되어 쓰여 온 것이다. 이렇게 볼 때 '器械'가 전근대적인 연장 일반을 가리킨다면, 현대어의 '機械'는 번역어로서 근대화 이후에 서양 문명을 통하여 새로 알려진 고도의 과학적 장치를 뜻한다.

물론 '機械'라는 말의 연원도 사실은 중국 고전으로 멀리 거슬러 올라간다. 다만 그 의미는 현대어와 달랐다. '機'란 본래 '활을 쏘다'나 '활을 쏘는 도구' 또는 '베를 짜는 도구'였다고 한다. 여기서 '機械'는 의미가 확대되어 '어떤 장치'를 뜻하게 되었고, 거기서 다시 '機關, 器機'와 같은 유의어도 생겼다는 것이다. 佐藤喜代治(1979)는 『莊子』 '天地'에 나오는 '機械'의 용례를 다음과 같이 소개하고 있다.

공자의 제자 자공(子貢)이 길을 가다가 한 남자가 밭을 만들려고 구멍을 파고 우물에 들어가 물통으로 물을 퍼서 밭에 쏟는 것을 보고 말하기를 "물을 긷는 機械가 있다. 그걸로 물을 푼다면 힘은 적게 들고 효과는 많을 것"이라고 가르쳐 주었다. 그 남자가 "그게 어떤 것인가"고 묻기에 자공이 "그것은 두레박이라는 것"이라고 말했다. 그러나 그 남자는 자공의 말을 따르지 않고 다음과 같이 말했다.

吾聞之吾師, 有機械者, 必有機事, 有機事者 必有機心, 機心存於胸中 則純白不備, 純白不備 則神生不定, 神生不定者 道之所不載, 吾非不知 羞而不爲也.
내가 우리 선생에게 들으니 機械가 있으면 반드시 기계를 조작하는 일(機事)이 있고, 機事가 있으면 반드시 기계를 조작하는 마음 씀씀이(機心)가 있어야 한다고 한다. 機心이 마음 속에 있으면 곧 마음이 純白을 갖추지 못하고(순수한 마음을 잃게 되고), 純白을 갖추지 못하면 곧 神生이 안정을 잃게 된다(신경을 쓰기 때문에 정신이 안정을 잃게 된다). 神生이 안정을 잃는다는 일은 道에 실려 있지 않으니(正道에 어긋나니), 내가 모르지는 않으나 부끄러워 (機械를) 쓰지 않을 뿐이다.

결국 이 때의 '機械'란 '물통'이나 '항아리'보다 한발 앞선 도구라는 뜻이므로 한어(漢語) 사전류에는 '器之巧者' 곧 '정교한 그릇'으로 풀이되어 있다. 그밖에도 '機械'는 '교사(巧詐)' 또는 '질곡(桎梏), 속박(束縛)'과 같은 뜻으로 쓰인 적도 있다고 한다(Lydia H. Liu 1995). 따라서 '機械'는 당초 '정교하게 만들어진 장치나 도구'를 뜻했으나, 거기서 다시 '교묘하게 남을 속인다'거나 '질곡, 속박'과 같은 의미로 전용되기에 이르렀다고 할 수 있다.

'機械'란 말이 현대어와 다른 의미로 쓰인 사례는 일본어에도 나타난다. 그러한 용례로서 佐藤喜代治(1979)는 1831(天保2)년에 쓰여진 서한문 한 구절을 제시하고 있다.

右, 左六と申もの, 詐僞反覆之人にて, 如何之心計機械有之.
　　오른 쪽의 左六이란 자는 양심을 속이고 거짓을 꾸미는 사람이어서 어떠한 마음의 계
책에도 교사함을 가지고 있다.

곧 여기에 보이는 '機械'는 '마음의 교사(巧詐)함'을 뜻하는 말이었다는 지적이다. 그러다가 근대에 들어서면 '機械'가 현대어와 같은 뜻으로 쓰이기 시작한다면서 『西國立志編』(1870), 『萬法精理』(1874)의 용례를 들고 있다. 그러나 처음 한동안은 '機械'와 거의 같은 뜻으로 전통적인 '器械'도 많이 쓰여, 바로 앞에 보인 『西國立志編』에는 '機械'보다 '器械'의 용례가 훨씬 많으며, 『萬法精理』에도 '器械'라는 용례가 나타난다고 한다.

이와 비슷한 사례는 일본에서 간행된 영일(英日) 사전류의 번역어에도 나타난다.

machine　　　器械. 機. 機器(尺振八 1884)
　　　　　　　機器[kikai]. 機關. 飛脚車[hikyakusya](棚橋一郎 1885)
　　　　　　　機械(諸機械ノ總稱)(島田豊 1888)
machinery　　機. 器械ノ總稱○器械ノ運用部. 動機(尺振八 1884)
　　　　　　　器械. 器械ノ總名(棚橋一郎 1885)
　　　　　　　諸機械; 機械(島田豊 1888)

이밖에도 島田豊(1888)에는 machinal '機械ノ(의)', machinist '機械製造師, 機械家'와 같은 번역어가 더 나타난다. 이를 통하여 machine이나 machinery에 대한 번역어가 尺振八(1884)과 棚橋一郎(1885)에는 '器械, 機, 機器, 器機, 機關'등의 표기로 나타나는 반면, 島田豊(1888)에는 '機械'라는 표기로 나타남을 알 수 있다. 요컨대 일본어에서는 '서양식 기계'를 나타내는 말의 표기가 '器械'에서 점차 '機械'로 변해왔다고 볼 수 있다.

서양에 대한 지식이 확산됨에 따라 근대 중국어에서도 '器'나 '機'의 의미는 차츰 달리 전용되기 시작하였다. 가령 정관응(鄭觀應)의 『이언』(『易言』 1871, 중간본 1880)에는 '器機'라는 말에 대하여 '器者 驗風雨長篷桅之類 機者 汽機也(器는 풍우를 증험하여 배의 포장이나 돛대 따위를 조장하는 것이고 機는 증기기계다)'라는 주석(上卷「論船政」 30a)이 베풀어져 있어, 그 의미가 현대어에 가까워졌음을 보이고 있다. 물론 현대 중국어에는 '機械'라는 말도 있다. 서양 분뇨식 기계를 뜻하는 말이다.

결과적으로 '機械'라는 말은 오늘날 한·중·일(韓·中·日) 삼국에서 공통적으로 쓰이고 있으며, 그 의미도 같다. 그런데 당초 중국 고전에서 나온 이 '機械'란 말을 '서양식 기계' 곧 machine이

나 machinery의 번역어로 전용하여 쓰기 시작한 것은 일본이다. 거기다가 현대 중국어에 쓰이고 있는 '機械'의 의미는 일본어 '機械'[kikai]에서 차용된 결과로 알려져 있다(劉正埮[외] 1984).

그렇다면 현대 국어에 정착된 '機械'는 언제 어디서부터 어떻게 쓰이기 시작했는지 관심거리가 아닐 수 없다. 앞에서 본대로 『한불ᄌ뎐』(1880)에는 '機械'라는 표기가 나타나지 않는다. 이와 같은 맥락에서 본다면 언해본 『이언』(1883?)에 자주 나타나는 '긔계'도 '器械'에 해당하는 표기였을 것이다. 실제로 이 '긔계'는 한문본 원문에 '器械'라는 표기로 나타난다(宋敏 1999). 한편 『독닙신문』(1896-99)에는 '긔계, 긔계소, 긔계창, 긔계학교, 긔계학' 등이 쓰였다면서 朴英燮(1994, 전출)은 이 때의 '긔계'에 '機械'라는 한자표기를 달고 있다. 그러나 이 때까지도 '긔계'에 대한 한자 표기는 '器械'였을 것이다. 『한영ᄌ뎐』(1897)에 '긔계 器械'밖에 보이지 않는다는 사실도 하나의 방증이 되기 때문이다.

이렇게 볼 때 '機械'라는 표기는 19세기 말엽까지도 국어에 거의 쓰이지 않았음을 알 수 있다. 그러나 개화초기에 일본을 돌아본 조선수신사나 신사유람단(1881년) 일행은 서양식 기계화 문명을 여기저기서 직접 구경하게 된다. 무엇보다도 먼저 그들은 화륜선(증기선)이라는 거대한 '기계'에 올라 험한 바다를 건넜고, 화륜거(기차)라는 신기한 '기계'에 몸을 싣고 육지의 먼 길을 달렸다. 일본에 머무르는 동안 그들은 전신(電信)과 사진(寫眞) 기술을 처음으로 경험하였다. 조폐국(造幣局), 조선소(造船所), 조지소(造紙所), 방적소(紡績所), 와사국(瓦斯局), 등대국(燈臺局) 등을 돌아보며 조선조 말엽의 선비들이 구경한 서양 문명도 곧 기계화였던 것이다. 육군과 해군의 제식 훈련과 전투 연습에서도 기계화된 장비를 보았다. 이렇게 하여 그들은 '기계(機械)'라는 새로운 번역어를 일본에서 듣게 되었을 것이다.

그러한 사실은 한문으로 작성된 문장이기는 하나 그들의 견문기로 확인이 가능하다. 다만 김기수의 『일동기유』(『日東記游』, 1876년 견문기)에는 '器械'가 여기저기에 쓰이고 있으나 '機械'란 표기는 보이지 않는다. 여기에 나타나는 '器械'는 현대어라면 그 의미상 '機械'에 해당하는 말이다. 당시까지는 일본어에서도 '機械'보다 '器械'란 표기가 더 많이 쓰였기 때문에 김기수도 그들을 따라 '器械'란 표기를 그대로 쓰게 되었을 것이다.

이에 대하여 신사유람단의 일원이었던 이헌영의 『일사집략』(『日槎集略』, 1881년 견문기)에는 '機械'라는 표기가 나타난다.

　　機械則以火輪灌水.
　　機械는 곧 火輪(모터)으로 물을 댄다(4월 17일, 양력 5월 14일)

電信及鐵道礦山 許多工作機械 次第覽之...
전신과 철도, 광산의 많은 공작 機械를 차례로 구경하였다(5월 13일, 양력 6월 9일)

앞쪽은 오사카(大阪)에서 造紙所를 방문했을 때의 기록이고, 뒤쪽은 동경에서 공부성(工部省) 전신 중앙국을 찾았을 때의 기록이다. 박영효의 『사화기략』(『使和記略』, 1883년 견문기)에도 '機械'라는 표기가 보인다.

往陸軍士官學校及砲兵機械廠賞翫.
육군 사관 학교와 砲兵 機械廠을 구경하였다(10월 9일, 양력 11월 29일)

이 때의 '機械'는 일반명사가 아니라 고유명사 안에 포함된 것이긴 하지만, 이상과 같은 사례는 19세기 80년대 초반에 이미 '機械'라는 표기가 국내에 알려졌다는 사실을 보여 준다. 이 때의 '機械'라는 표기는 어느 것이나 일본에서 듣고 알게 된 것일 수밖에 없다.

여기까지의 논의를 요약한다면 당초 중국 고전에서 나온 '器械'와 '機械'는 서로 의미가 다른 말이었으나, 일본이 서양 문명을 수용하면서 machine이나 machinery에 대한 번역어로 처음에는 '器械'라는 표기를 쓰다가 점차 '機械'라는 표기를 택하기에 이르렀다고 할 수 있다. 이러한 과정을 통하여 일본어에 정착된 '機械'는 그 후 국어와 중국어에도 수용되었다. 당초 중국 고전에서 나온 '機械'는 일본어에서 이루어진 의미의 전용을 통하여 새로운 개념을 나타내는 단어가 되었고, 그것이 그대로 현대 국어에까지 이어진 것이다.

참고문헌

*전번 호까지 이미 제시한 문헌은 생략함
島田豊(1888), 『附音插圖和譯英字彙』, 東京: 大倉書店.
Lydia H. Liu(1995), *Translingual Practice: Literature, National Culture, and Translated Modernity—China*, 1900-1937, Standford University Press, Standford, California.
棚橋一郎(1885), 『英和雙解字典』, 東京: 丸善商社.
宋　敏(1999), 開化初期의 新生漢字語 受容, 國民大 語文學研究所 『語文學論叢』 18.
劉正埮・高名凱・麥永乾・史有爲(1984), 『漢語外來詞詞典』, 上海辭書出版社.
佐藤喜代治(1979), 『日本の漢語』—その源流と變遷—, 東京: 角川書店.
尺振八(1884), 『明治英和字典』, 東京: 六合館.

出處 국립국어연구원(1999. 12.), 『새국어생활』 9-4・겨울: 131-136.

4. '經濟'의 의미 개신

오늘날의 국가 경영이나 개인 생활에서 하루라도 빼놓고는 살 수 없는 핵심 단어를 하나 든다면 그것은 아마도 '경제(經濟)'라는 한자어일 것이다. 그만큼 '경제'라는 전문 용어는 우리의 주변에서 매일처럼 중요하게 쓰이는 단어가 아닐 수 없다. 그러나 이 단어가 국어에서 현재와 같은 의미로 쓰이기 시작한 시기는 개화기 이후라고 할 수 있다.

우선 '경제'라는 한자어가 사전에 나타나는 시기는 20세기 이후의 일이다. 『한불ㅈ뎐』(1880)이나 『한영ㅈ뎐』(1897)에는 나타나지 않던 '경제'가 조선총독부의 『조선어사전』(『朝鮮語辭典』, 1920)에 비로소 나타나는 것이다. 다만 그 뜻은 '國を治め民を濟ふこと(나라를 다스리고 백성을 구하는 일)'로 풀이되어 있어, 현대 국어와는 달리 넓은 의미의 '정치(政治) 일반'을 나타내고 있다. '경제'의 고전적, 전통적인 의미가 바로 그러했던 것이다.

지금은 전하지 않으나 정도전, 조준 등은 1397년(태조 6)에 『경제육전(經濟六典)』이라는 법전을 편찬하였다. 1388년(고려 우왕 14)년부터 1396년(조선 태조 5)까지의 법령과 조례를 모아 육전(六典)의 형식으로 만든 우리나라 최초의 법전이었으며, 그 후 『경국대전(經國大典)』의 바탕이 된 책이다. 이와는 따로 정도전은 1395년(태조 4)에 『경제문감(經濟文鑑)』이란 책을 짓기도 하였다. 나라를 경영하는 제도에 대하여 기술한 책으로 『삼봉집(三峯集)』에도 수록되어 있다. 이처럼 과거에는 '경제'라는 단어가 오늘날과는 달리 '정치 일반'을 나타내는 말로 쓰였다.

그러나 한글학회의 『큰사전』(1947-1957)에 이르면 '경제'가 드디어 새로운 의미를 나타내는 전문 용어가 되었음을 보여준다.

> 경제(經濟) ①《경》넓은 뜻으로는 사람이 그 욕망을 채우기 위하여 재물(財物)을 얻어 이용하는 일체의 활동. 좁은 뜻으로는 상품생산(商品生産)이 지배적인 사회에 있어서 인간이 그들의 물질적 생산을 유지하기 위하여 서로 사이에 결연(結連)되는 여러 가지 생산 관계 ②비용의 절약(節約) ③"경세제민(經世濟民)"의 준말

이로써 '경제'라는 한자어는 의미의 개신을 거쳐 현대 국어에 이르렀음을 알 수 있는데, 거기에는 최소한 세 가지의 뜻이 있음을 보여준다. 그 첫째는 전문 용어로서의 '경제 활동'이며, 그 둘째는 '절약', 그 셋째는 '경세제민'의 준말이다. 이를 총독부의 『조선어사전』과 비교

하면 그 동안 의미의 개신이 일어났음을 알 수 있다. 곧 '경세제민'이라는 고전적, 전통적 의미가 부수적, 역사적 의미로 물러나고, '경제 활동'이라는 전문적 의미가 오히려 기본 의미로 올라선 것이다.

'경제'가 이러한 현대적 의미로 실제 문장에 나타나기 시작한 시기는 20세기 들어서면서부터였다. 개화기의 교과서에서 그러한 용례를 찾을 수 있다. 휘문의숙(徽文義塾) 편집부(編輯部)에서 편찬한 『중등수신교과서(中等修身敎科書)』(1908)의 용례를 들어본다.

> 故로 今日社會에 在ᄒ야ᄂ 一, 職業에 從事ᄒᄂ 者가 皆, 間接으로 社會의 全體에
> 關係되야 暗暗中에 協同의 生活을 計홈은 社會經濟上에 自然ᄒ 事이니라(권2, 協力)
> 現今은 各國이 皆 經濟上 利益을 供圖ᄒ야 國産을 發達ᄒ며 國富를 增加홈으로 爲
> 主ᄒᄂ 故로 廣히 世界列强과 商業을 交通ᄒ야 權利를 保有ᄒ기에 注意ᄒᄂ니(권4,
> 通商)

이 때의 '社會經濟上'이나 '經濟上' 속에 포함되어 나타나는 '경제'의 의미는 분명히 『큰사전』①과 같은 새로운 의미로 해석된다. 다시 말해서 그 의미가 현대 국어와 같아진 것이다. 이와 같은 새로운 의미는 이종극(李鍾極)의 『선화양인(鮮和兩引) 모던조선외래어사전(朝鮮外來語辭典)』(한성도서주식회사, 1937)을 통해서도 읽을 수 있다.

> 에코노미(economy) (1) 儉約, 節約, 經濟 (2) (國家·社會의) 經濟, 理財, 財政/에코노
> 믹(economic) 經濟學의, 經濟的, 財貨上의/에코노믹스(economics) 經濟學, 財政學/
> 에코노미스트(economist) 經濟學者, 經濟家

이처럼 국어에서는 '경제'라는 단어가 20세기에 들어와서부터 새로운 의미로 쓰이기 시작하였다. 그러나 이러한 현대적 의미의 '경제'는 일본어에서 먼저 찾을 수 있다. 19세기 말엽에 간행된 사전류의 economy에 대한 풀이 속에 '경제(經濟)'라는 단어가 쓰이기 시작한 것이다.

> Economy, n. *kenyaku*(c); political —, *keizai-gaku*(c)(Satow 1876)/Economy, n. *ken-yaku*(c); *sekken*(c); political —, *keizai-gaku*(c)(Satow 1879) *(c)는 Chinese origin을 나타냄(—필자)
> Keizai ケイザイ 經濟 n. Fiscal, or financial matters: — *gaku*, political econo-my/Economy, n. Kenyaku, kanryaku, shimatsu, sekken. Polotical —, keizai-gaku, risai-gaku(Hepburn 1886)

Economy 節儉. 法度. 形器造構. 經濟(棚橋一郎 1886)

Economy 家政, 家政ヲ齊フ道, 經濟, 理財; 法度, 法則, 功用; 節儉, 節用(島田豊 1888)

여기서 알 수 있는 바와 같이 economy에 대한 번역어 속에는 '경제(經濟)'가 포함되어 있으며, 특히 Satow(1876, 1879)와 Hepburn(1886)에는 political economy에 대한 번역어로서 '경제학(經濟學, keizai-gaku)'이 나타난다. 요컨대 일본어에서는 '경제'라는 단어가 1860년대 후반에서 70년대 초반에 걸쳐 이미 새로운 의미로 굳어져 있었다(進藤咲子 1981:68-71, 佐藤喜代治 1983 Ⅱ:1-4, 佐藤亨 1986:322 이하, 惣郷正明 외 1986:129-132 등 참조).

그런데 '경제'라는 어형의 기원은 멀리 중국의 고전으로 거슬러 올라간다.

經濟 jīngjì ①在歷史上一定時期的社會生産關係的總和. ②國民經濟的泛稱. 〔源〕日 經濟 keizai《古代漢語『宋史·王安石傳』'朱熹嘗論安石, 以文章節行高一世, 而尤以道德經濟爲己任.'意譯英語 economy, economics》(劉正埮 외 1984: 163)
*원문은 簡體字 표기임(―필자)

economy keizai 經濟 jingji 一.《晉書: 殷浩傳》:「足下沈識淹長, 思綜通練, 起而明之, 足以經濟」又見唐李白《贈別舍人弟臺卿之江南》詩:「令弟經濟士, 謫居我何傷」, 謂經世濟民. 二. 清孔尙任《桃花扇: 修札》:「寫的激切婉轉, 有情有理, 叫他不好不依, 又不敢不依, 足見世兄經濟」, 指治國的才幹(Liu 1995: 315)

결국 중국의 고전에서 '경세제민(經世濟民)'이나 '치국(治國)의 재간(才幹)'이란 뜻으로 쓰여 온 '경제'가 일본어에서는 서양어 political economy, economy, economics에 대한 번역어로 전용되면서 의미의 개신을 일으켰고, 그것이 다시 중국어에 차용되었다는 것이다. 실제로 '경제'가 현대적 의미로 중국어에 쓰이기 시작한 시기는 19세기 90년대 후반인데, 거기에는 양계초(梁啓超)나 강유위(康有爲)의 역할이 컸다. 1896년 양계초는 '경제(經濟)'를 일본어와 같은 의미로 쓰고 있으며, 1898년 강유위는 북경에서 '경제학회(經濟學會)'를 창립하였기 때문이다(馬西尼 1997:222-223).

이 때의 '경제'를 馬西尼(1997:222)는 '일본어에서 나온 원어한자차사(來自日語的原語漢字借詞)'로 보고 있으며, Liu(1995:302)는 '돌아온 문자차용(文字借用, return graphic loan)'으로 정의하고 있다. 곧 현대중국어의 '경제'는 의미와 더불어 어형까지도 모두 일본어에서 차용된 결과로 보고 있는 것이다. 그러나 이러한 견해에는 문제가 있다. 좀더 정확하게 표현하자면 '경제'는 본래 중국의 전통적 어형이기 때문에, 그 어형까지를 차용의 결과라고 보기는 어려우며, 차용이 있었다면 의미에 국한된 것으로 해석되어야 한다.

이와 똑같은 과정을 겪은 것이 국어에 나타나는 '경제'의 의미라고 할 수 있다. 앞에서 본대로 이 말은 20세기에 들어와서야 국어에 나타나지만, 조선의 한 지식인은 이 말을 일찍이 일본에서 들은 일도 있다. 1881년 신사유람단의 일원으로 일본에 건너간 이헌영은 동경에서 당시 일본 제일의 선각자요 계몽학자인 동시에 영학자(英學者)였던 중촌정직(中村正直, 1832-1891)을 만나 여러 가지 대화를 나누는 가운데, '경제대도(經濟大道)'라는 말을 들은 것이다. 여기에 대하여 이헌영은 '경제'라는 말이 "문장 가운데 나온다"고 응대하고 있다(『日槎集略』問答録, 訪中村正直於東京私第問答).

중촌정직은 '경제'라는 말을 적어도 중국의 전통적, 고전적 의미로는 쓰지 않았을 것이다. 무엇보다도 중촌은 이미 1866년부터 1868년에 걸쳐 1년 정도 영국에 유학했을 뿐 아니라, 귀국 후에는 『西國立志編』(1871, Samuel Smile의 Self Help), 『自由之理』(1872, John Stuart Mill의 On Liberty)와 같은 번역서를 내기도 한 지식인이었다. 거기다가 그가 이헌영과 대화를 나누었던 1881년 경에는 앞에서 본대로 신문명어로서의 '경제'라는 단어가 일본어에 이미 정착되어 있었기 때문에 당시의 선각자적 지식인이었던 중촌 또한 이 말의 새로운 의미를 알고 있었을 것이다.

이헌영 또한 '경제'라는 말을 이미 알고 있었다. '경제'가 "문장 가운데 나온다"는 그의 대답으로 그 사실을 알 수 있다. 다만 그가 '경제'의 새로운 의미를 이해하고 있었다고는 생각되지 않는다. 이헌영은 중촌이 말하는 '경제'를 '경세제민' 쯤으로 알아들었을 것이다.

결국 『큰사전』 ①에 나타나는 '경제'의 새로운 의미는 그 후의 개화 과정에서 일본어의 영향을 받아 의미의 개신을 입은 결과로 해석된다. 이로써 현대 국어에 나타나는 '경제'라는 단어의 어형만은 전통적 한자어에 속하나, 그 의미는 일본어에서 차용된 결과로 해석된다.

참고문헌

*전번 호까지 이미 제시한 문헌은 생략함.
[약호] Satow(1876)=E. M. Satow and Ishibashi Masataka(1876), *An English-Japanese Dictionary of the Spoken Language*, London: Trübner & Co., Ludgate Hill, Yokohama: Lane, Crowford, & Co.

[약호] Satow(1879)=E. M. Satow and Ishibashi Masataka(1879), *An English-Japanese Dictionary*, Second Edition, London: Trübner & Co., Ludgate Hill, Yokohama: Lane, Crowford & Co., Kelly & Co., Kobe: F. Walsh & Co., Nagasaki: China & Japan Trading Co., Shanghai: Kelly and Walsh.

[약호] Hepburn(1886)=米國 平文 著(1886), 『改正增補 和英英和 語林集成』, 東京:丸善商社藏版, *A Japanese-English and English-Japanese Dictionary* by J. C. Hepburn, Third Edition, Tōkyō: J. P. Maruya & Co., Limited, Yokohama: Kelly & Walsh, Limited, New York: Steiger & Co., London: Trübner & Co.

佐藤亨(1986), 『幕末·明治初期語彙の研究』, 櫻楓社.

佐藤喜代治 편(1983), 『講座 日本語の語彙, 語誌 Ⅰ, Ⅱ, Ⅲ』, 明治書院.

進藤咲子(1981), 『明治時代語の研究 ― 語彙と文章』, 明治書院.

惣郷正明·飛田良文(1986), 「明治のことば辭典」, 東京堂出版.

出處 국립국어연구원(2000. 3.), 『새국어생활』 10-1·봄: 171-176.

5. '時計'의 차용

조선 시대에는 시간을 측정하는 기기로 '자격루(自擊漏)'라는 이름의 장치가 있었다. 일종의 물시계로서 『조선왕조실록』에 의하면 1434(세종 16)년 이천(李蕆), 장영실(蔣英實) 등이 왕명을 받아 만든 것이라고 한다. 그 후 1631(인조 9)년에는 진주사(陳奏使)로 명나라에 들어갔던 정두원(鄭斗源)이 포르투갈 출신의 선교사 로드리게스(중국명 陸若漢, 전출)를 만나 '천리경(千里鏡)'과 함께 '자명종(自鳴鐘)'을 선물로 얻어왔다. 서양문물의 하나인 기계식 '시계'가 '자명종'이란 명칭과 함께 실물 그대로 국내에 처음 전해진 것이다. 이 때의 '자명종'은 '괘종 시계'였을 것으로 여겨진다.

그러나 '계시기(計時器, 영어로는 time-piece)'로서의 '시계'라는 단어가 국어에 나타나기 시작하는 시기는 19세기 말엽부터인 듯하다. 우선 '시계'라는 어형이 국어에 정착하기까지 한 동안은 중국에서 유래한 '자명종'과 더불어 신생어 '시종(時鐘), 시침(時針), 시표(時標, 時鏢, 時表), 시패(時牌)'와 같은 어형(語形)이 여기저기에 쓰이고 있는 가운데 19세기 말엽부터는 '시계'라는 단어가 그 모습을 드러내기 시작한다.

개화초기인 1876년 4월 동경에 도착한 수신사 김기수(金綺秀)는 숙소인 연료관(延遼館)의

한 실내에서 '시계'를 직접 대하게 된다. 그는 이를 '시종(時鍾)'이라고 적고 있다(『日東記游』 권1 留館). 이 때의 '시종'은 '북쪽 벽에 걸려있다(北壁懸時鍾)'고 했으니, 오늘날의 '괘종 시계'임을 알 수 있다. 그는 또 '집에는 시종(時鍾)을 두고, 사람은 시침(時針)을 찬다(家置時鍾 人佩時針)'(『日東記游』 권3 俗尙)는 기록도 남기고 있다. 이로써 '시침'은 오늘날의 '회중 시계' 아니면 '손목 시계'를 뜻하는 단어였음이 드러난다.

이렇게 볼 때 '시종'은 '자명종'에 대한 대치어로서 신생어인 셈인데, 그 연원은 『해국도지』(海國圖志, 초간 50권 1844, 증보판 60권 1847, 재증보판 100권 1852)와 같은 중국 문헌으로 거슬러 올라 갈 것이다. 실제로 『해국도지』에는 '定時鍾 一日十二時 分爲晝夜二周(西洋器藝雜術)'에서처럼 '시종'의 용례가 나타난다. 이 때의 '시종'에 대해서는 『한영ㅈ뎐』(1897)에 'A clock; a timepiece. See ㅈ명종'으로 풀이되어 있어, 그 기본적인 뜻이 '괘종 시계'였음을 알 수 있다. 'ㅈ명종을 보라(See ㅈ명종)'는 첨기(添記)가 그 사실을 말해준다.

결국 김기수의 '시종'과 '시침'은 현대 국어로 정착된 '시계'의 하위어(下位語)에 해당하는데, 그 상위어(上位語)로는 '시표'라는 어형이 있었다. 『한불ㅈ뎐』(1880)에 표제어로 나타나는 '시표 時標'가 그것이라고 할 수 있다. 이 때의 '시표'는 'Marque de l'heure, du temps; horloge; montre'와 같은 뜻풀이로 볼 때, '시진(時辰)의 표(表, 標)'라는 뜻과 함께 '괘종시계(horloge)'와 '회중시계(montre)'를 동시에 뜻하는 단어였기 때문에 넓은 의미의 '시계'에 해당한다.

'시표'는 언해본 『이언』(1883?)에도 나타난다. '이제 즁국의 힝ㅎㄴ 쟤 화륜션과 양창 대포 외에 ㅈ명종과 시표와 ㅈ명악 ㄳ튼 완호지물은 다 유해무익ㅎㄴ 거시로듸(권지이 론긔긔)'가 그 것인데, 이 부분에 해당하는 원문 '今行於中國者 輪船槍礮之外 如鐘表音盒 玩好等物 皆有損無益者(上卷 論機器)'로 보아, '鐘表'를 'ㅈ명종과 시표'로 옮긴 것이다.

훨씬 나중이긴 하지만 『한영ㅈ뎐』(1897)에도 '시표'란 표제어가 나타난다. 다만 그 표기가 『한불ㅈ뎐』과는 달리 '時鏢'로 되어 있으나, 이는 일본식 표기를 따른 것으로 보인다. 일본에서 간행된 한 영어 사전을 들춰보면 watch의 대역어(對譯語) 가운데 '時鏢'라는 독특한 표기가 나타나기 때문이다(尺振八, 1884, 전출. 그 용례는 본고 말미 참조). 『한영ㅈ뎐』에 일본어의 영향이 나타난다는 사실은 이전에 이미 지적해 둔 바 있다.

'시표'에 대한 『한영ㅈ뎐』의 뜻풀이는 'A watch; a timepiece. See 시계'로 되어있다. watch는 '회즁시계'나 '손목시계'와 같은 '휴대용 시계'를 뜻하지만, timepiece는 '게시기(揭時

器'를 뜻하는 말이기 때문에, '시표'는 하위개념의 의미(watch)와 상위개념의 의미(timepiece)를 함께 나타내는 단어였음을 알 수 있다. '시계를 보라(See 시계)'는 첨기로 보아, 이 때의 '시표'는 '시계'와 동의어 관계에 있었음을 알려준다.

'시표'는 중국의 '시진표(時辰表)'에서 나온 축약 어형일 것이다. 실제로 『해국도지』에는 廣州府에 들어오는 물화(物貨) 가운데 '자명종(自鳴鍾)'과 더불어 '시진표(時辰表)'가 예시되어 있다 (英吉利國 廣述 上). 다만 '시표'의 '표'는 한자표기 상 '標, 鏢, 表'처럼 문헌에 따라 유동성을 보이는데, 20세기에 들어와서이긴 하지만 '시표'가 '時表/懷中時表/警醒時表'처럼 '時表'라는 표기로 나타나기도 한다(張志淵 1909).

이밖에도 『한영ㅈ뎐』에는 '시패 時牌'라는 어형이 나타난다. 'A watch; a timepiece. *See* 시계'라는 뜻풀이로 볼 때, 그 기본적 의미는 '휴대용 시계(회중 시계, 손목 시계)'였으나, 일반적 '시계'라는 의미로도 통용되었음을 알 수 있다. '시계를 보라(See 시계)'는 첨기가 그 사실을 뒷받침해 준다.

지금까지 살펴본 대로 한동안 유동성을 보이던 이들 어형은 19세기 90년대부터 '시계'라는 어형으로 굳어지기에 이른다. 우선 필사본 단어집 『國漢會語』(1895)에는 '시종 時鍾 自鳴鍾/시침 時針/시포(* '표'의 잘못?) 時標와 나란히 '시계 時計'가 나타난다. 또한, 같은 해에 출간된 한일 대역 단어집 李鳳雲(1895)에도 '時械 시계 도계이'처럼 '시계'가 나타나는데, 그 표기가 '時械'여서 특이하다. 그러나 이 때의 '時械'는 일본어 '時計'를 옮겨 적는 과정에서 생긴 착오로 보인다. '도계이'는 '時計'의 일본어 발음이기 때문이다.

더욱 흥미로운 사실은 학부 편집국이 처음으로 펴낸 근대적 교과서 『國民小學讀本』(1895)에 '時計'라는 한자어형이 채택되었다는 점이다.

> 世上에 時計나기 前에ᄂ 甁에 모래를 담고 或 그릇세 물을 담아 그 밋희 小孔으로 물과 모릭가 싸져나리는 分數를 보고 時刻을 알더니……然ᄒ나 理學大家[갈리레오]라 ᄒᄂ 스름이 搖錘를 發明혼 以來로 스름마다 輕便혼 時計를 가지게 되얏스니……(第十課 時計)/일즉 그 度支大臣 하밀돈이 約束혼 時間을 五分을 더듸게 와셔 제 時計 더댄 緣由를 告ᄒ니 [華盛頓]이 그 말을 듯고 일으되 다시 精良혼 時計를 求홈이 올흐니 不然則 싀로 大臣을 求ᄒ겟다 ᄒ더라(위의 책 第二十五課 時間恪守)

마찬가지로 학부 편집국이 그 이듬해에 펴낸 『新訂尋常小學』(1896)에도 '時計'라는 한자어형이 나타난다. '一時間을. 六十으로分혼거슬. 一分이라일으며그一分을。또六十으로分혼

거슬。一秒라ᄒᆞ읍ᄂᆞ이다。 이런時間은。다。時計로혬홀거시니(卷一 第六課 時)'. 더구나 이 책 권이(卷二)의 제22과는 '時計ᄅᆞᆯ보ᄂᆞᆫ법이라 一', 제23과는 '時計ᄅᆞᆯ보ᄂᆞᆫ法이라 二'로 이루어져 있다. 서양문물의 하나인 기계식 '시계'가 점차 일상화하면서, 그 어형 또한 '時計'라는 한자 표기로 이미 굳어졌음을 알려주는 사례가 아닐 수 없다.

이처럼 국어에 정착한 '시계'는 『한영ᄌᆞ뎐』(1897)에도 '시계 時計, A clock; a watch; a timepiece. *See* 시표'처럼 표제어로 나타나기에 이른다. 이로써 'ᄌᆞ명종, 시종, 시침, 시표, 시패'와 같은 한자어는 '시계'라는 새로운 어형으로 대치된 셈인데, 20세기에 들어서면서 그 세력은 더욱 확산되었을 것이다. 다음과 같은 '시계'의 용례가 그 사실을 전해준다. '근릐ᄉ 람들이, 의복을, 찬란히입고, 조흔시계와, 단츄등을, 몸에지니고…(編輯局 1902, 『셔례수지』 의복, 입ᄂᆞᆫ법)'/'時計ヲ 質ニ入レテ 酒ヲ飮ム奴ガ アルカ 時計를 典當잡혀서 술을 먹ᄂᆞᆫ단말이냐(鄭 雲復 1907, 『獨習日語正則』, 京城: 廣學書舖)'.

이러한 과정을 통하여 국어의 한 단어로 편입된 신생어 '시계'는 일본어에서 차용된 것이 다. 앞에서 본 李鳳雲(1895)이나 바로 위에 예시된 鄭雲復(1907)은 일본어 학습서인데, 여기에 '시계'가 나타난다는 사실은 이 신생어가 일본어 '時計[tokei]'의 문자 표기에서 유래한 결과임 을 암시하고 있다.

佐藤喜代治[편](1983, 전출)의 '語誌 Ⅲ'에 포함되어 있는 'とけい(時計・土圭)' 항목(齋藤倫明 집 필)이나 田島優(1898)의 제2장 제1, 2절(pp.90-123)에 의하면 일본어의 경우 '시계'를 의미하는 단어 표기가 다양하게 나타나다가, 후대로 오면서 점차 '時計'라는 표기로 정착되기에 이르 렀는데, 그 발음 [tokei]는 본래 해시계를 뜻했던 고대 중국어 '土圭'의 일본식 발음 [tokei]에 서 유래한 것이라고 한다. 일본어에는 16세기 이래 '土圭'는 물론 '自鳴鐘, 斗鷄, 斗景, 斗計, 度計, 辰器, 時斗, 時辰儀, 時辰表(때로는 時辰錶 또는 時辰標), 時辰器, 時辰盤, 時辰鐘, 時針器, 時器, 辰器, 漏刻'과 같은 표기가 '時計'와 함께 나타나는데, 이들 가운데에는 일본에서 자생 한 어형도 없지 않으나, '自鳴鐘, 時辰鐘, 時辰表'처럼 중국어에서 차용된 어형도 있다. 그럼 에도 불구하고 그 발음은 거의 대부분 [tokei]였다. 요컨대 이러한 이형태(異形態)가 결국 '時 計'로 통일된 것이다.

일본에서 간행된 19세기 중엽 이후의 영어 사전류에도 그러한 모습이 반영되어 있다.

Clock, 時辰鐘/clock-maker, 鐘表師傅/Watch, 時辰表/Watch-maker, 表匠(柳澤 信大 1869)

Watch たもととけい/Clock かけ時計(どけい)(木村宗助, 1871)

Clock, *tokei*; *kake-dokei*/Clockmaker, *tokeiya*/Watch, …(timepiece) *tamoto-tokei*; *kaichiu-dokei*; *tokei*…/Watch-maker, *tokei-ya*(Satow 1876)/Clock, *tokei*(c.); *kake-dokei*/Watch, …(time-piece) *tamoto-tokei*; *kaichiu-dokei*; *tokei*…/Watch-maker, *tokei-ya*; *tokei-shi*(Satow 1879, 전출)

Clock, 時辰鐘。掛時計(カケドケイ)/Clock-work, 鐘機。時計仕掛(トケイジカケ)/Watch, …○懷中時計。時鏢/Watch-maker, 時計師(尺振八 1884, 전출)

Clock, 時計(トケイ)。槌。自鳴鐘(リンウチドケイ)/Watch, 守夜。時辰表(トケイ)…/Watchmaker, 鐘表匠(ドケイシ)(棚橋一郎 1885, 전출)

Tokei トケイ 時辰表 A watch, clock: *tamoto-tokei*, a watch; *hasira* 一, a clock/*tokei-shi* トケイシ A watch or clock-maker(Hepburn 1886, 전출)

Clock, 時辰儀, 掛時計/Clockmaker, 時計師/Watch, …袖時計…(島田豊 1888, 전출)

맨앞의 柳澤信大(1869)는 중국 문헌의 번각본이기 때문에 여기에 나타나는 '時辰鐘, 鐘表, 時辰表' 등은 중국어라고 할 수 있다. 때로는 '鐘機, 時鏢'와 같은 독특한 어형이 보이기도 하나, 19세기 말엽 이후에는 '時計'가 더욱 일반화하였다. 개화기가 무르익으면서 국어는 이 어형을 문자로 차용한 것이다.

참고문헌

*전번 호까지 이미 제시한 문헌은 생략함.

[약호] 柳澤信大(1869)=英 斯維爾斯維廉士(Samuel Wells Williams. 미국인 선교사, 중국학자) 著, 淸 衛三畏(저자의 中國名) 鑑定, 日本 柳澤信大 校正訓點, 『英華字彙』, *An English and Chinese Vocabulary*, 東京: 松莊舘翻刻藏板.

[약호] 木村宗助(1871)=木村宗助·小川金助 刊, 樵雲逸史 序, 『英字訓蒙圖解』, 西京(神田外語大學 創立記念 復刻板, 1987).

[약호] 李鳳雲(1895)=李鳳雲·境益太郎, 『單語連語 日話朝儁』, 京城: 漢城新報社.

[약호] 張志淵(1909)=『萬國事物紀源歷史』, 京城: 皇城新聞社.

田島優(1998), 『近代漢字表記語の硏究』, 東京: 和泉書院.

出處 국립국어연구원『(2000. 6.), 새국어생활』10-2·여름: 135-140.

6. '生存競爭'의 주변

구한말 통감부(統監府) 시절에 간행된 일본어 회화 독본 가운데 하나인 정운복(鄭雲復)의 『독습 일어정칙』(獨習 日語正則, 皇城 廣學書舖 발행, 隆熙 원년, 1907)에는 다음과 같은 대역(對譯) 문장이 나타난다.

今ハ 生存競爭ノ時代デスカラ 何ノ事業デモ 一ツ見事ニ遣ツテ見マセウ
지금은 生存競爭ᄒᆞᄂᆞᆫ時代이오니 무슨 事業이든지 한번보암즉이ᄒᆞ여보옵시다(第五
章 人倫及人事, 60-61)

국어 쪽의 '생존경쟁'은 일본어 문장에 나타나는 한자어를 그대로 옮겨놓은 결과여서, 이 복합어가 일본어에서 유래했음을 암시해 준다. '생존경쟁'은 본래 '자연도태(自然淘汰), 적자생존(適者生存)'과 같은 학술 전문어로서 생물학적, 사회 과학적 진화론(進化論, evolution theory)에서 나온 말이다. 각기 struggle for existence, natural selection, survival of the fittest에 대한 번역어인데, 이들은 한 동안 학술 전분어로 활용되다가 점차 일반적 의미로도 전용되기에 이른 것이다.

조선총독부의 『조선어사전』(1920)에는 '생존경쟁'이란 복합어가 나타나지 않는다. 결국 '생존경쟁'을 비롯한 '적자생존, 자연도태'와 같은 진화론 관계 신생 한자어는 총독부 사전 이후 오랜만에 간행된 문세영(文世榮)의 『조선어사전』(朝鮮語 辭典, 1938)에 비로소 채록되기에 이르렀다.

그 후 한글학회의 우리말 『큰사전』(1947-57)에 이르면 '생존경쟁'은 다음과 같은 풀이로 나타난다.

《사회》모든 생물이 자기의 생명을 보전하기 위하여 남보다 먼저 생활 수단을 획득(獲得)하려는 노력. 이 결과로 생물 상호간에 경쟁이 생기어 적자(適者)는 생존(生存)하고 부적자(不適者)는 도태(淘汰)를 당함.

결국 '생존경쟁'이라는 새로운 복합어는 1930년대 말 문세영의 『조선어사전』에 처음으로 채록되었으나, 실제로는 그보다 훨씬 이전인 통감부 시대부터 국어에 수용된 신생 한자어로서 그 유래는 일본어에 있었던 것으로 해석된다.

다윈(Charles Robert Darwin, 1809-1882)의 진화론이 일본에 소개되면서 진화론 관련의 전문어가 번역어로 정착되기까지의 과정은 鈴木修次(1981, 168-214) 'V 「진화론」의 일본 유입과 중국(「進化論」の日本への流入と中國)'에 상세히 논의되어 있다. 여기서는 전적으로 이를 의지하되, 芝田稔(1969, 1972, 1974)도 아울러 참고하면서 '생존경쟁'을 비롯한 진화론 관계 복합어의 출현과 정착 과정을 더듬어 보기로 한다.

일본에 다윈의 진화론을 처음으로 소개한 사람은 1878년 동경대학 이학부 생물학과 동물학 교수로 취임한 미국인 모스(Edward Sylvester Morse, 1838-1925)였다고 한다. 그는 매주 일요일마다 「동물 진화론」을 영어로 강술했는데, 당시 대학 예비문의 생도였던 石川千代松과 平沼淑郎은 노트를 번역하여 『動物進化論』(1883)이란 책을 펴냈다. 이것이 일본 최초의 생물 진화론에 관한 저술이라고 한다.

당시 동경대학 생물학과 식물학 교수 矢田部良吉가 쓴 이 책의 서언(緒言)에는 이미 '생존경쟁, 적자생존'이란 전문어가 나타난다. 뿐만 아니라 이 책의 목차 제1회에는 '人爲淘汰, 自然淘汰ノ證說'이란 제목이 나타난다. '인위도태'에는 アルチフシアルセレクション, '자연도태'에는 ナチユラルセレクション이란 독법(讀法)이 달려 있어, 이들이 각기 artificial selection, natural selection에 해당하는 번역어였음을 알려 준다. 이로써 19세기 80년대 초엽에는 일본어에서 이미 '인위도태, 자연도태'라는 진화론의 핵심 용어가 '생존경쟁, 적자생존'과 함께 신생 번역어로서 활용되고 있었음을 알 수 있다.

이보다 앞서, 모스가 동경대학 교수로 취임한 해인 1878년 11월에는 矢田部良吉이 회장이었던 동경대학 생물학회 제1회 예회가 열렸는데, 여기에는 모스, 石川千代松도 참가하고 있었다. 이 때부터의 학회 활동을 통하여 생물 진화론의 열기가 급속하게 높아졌으리라고 짐작되지만, 진화론에 대한 일본 사회 일반의 관심은 다윈의 『종(種)의 기원』(Origin of Species, 1859)에서 논의된 생물 진화에 국한되었다기보다 인간 사회 일반에 적용되는 사회 과학적 다위니즘에 있었다. 거기에는 다음과 같은 배경이 있었다.

모스를 동경대학 생물학과 동물학 교수로 추천한 사람은 당시 동경대학 문학부 교수였던 철학자 外山正一(1848-1900)이었다고 한다. 그는 사회학자 스펜서(Herbert Spencer, 1820- 1903)의 주장을 통하여 진화론을 이미 알고 있었으며, 미국의 동물학자인 모스의 이름도 알고 있었으리라는 것이다. 스펜서는 다윈이 『종의 기원』(1859)을 공표하기 이전인 1852년부터 생물학적 진화에 관한 주장을 발표해 왔을 뿐 아니라, 진화의 일면을 나타내는 survival of the fittest(그 의미는 最適者 생존, 후에 적자생존이라는 번역어로 굳어졌음)와 같은 말을 쓰기 시작한 사회학자였다. 이러한 의미에서 진화론에 최초로 관심을 가졌던 일본인은 外山正一이었다고 할 수도 있다.

거기다가 인간 사회의 진화론 논쟁에 불을 당긴 것은 1881년 10월에 창간된 월간 학술 계몽지『동양학예잡지』(東洋學藝雜誌)였다. 먼저 그 제1호와 제2호(11월)의 2회에 걸쳐서는 모스를 교수로 받아들인 동경대학 초대 총리 加藤弘之(1836-1916)가 '인위도태에 의하여 인재를 얻는 기술을 논한다(人爲淘汰ニヨリテ人才ヲ得ルノ術ヲ論ズ)'는 논문을 집필하였고, 제3호(1882년 1월)부터 제6호(같은 해 3월)까지의 3회에 걸쳐서는 사설(社說)이란 형식으로 '자연도태법 및 이를 인류에 적용한다면 어떨까를 논한다(自然淘汰及之ヲ人類ニ及ボシテハ如何ヲ論ズ)'는 논문을 게재하였다.

이처럼 당시의 진화론을 사회학적 방향으로 이끈 사람은 加藤弘之였다. 그런데 그는 또다시 다위니즘에 토대를 둔『인권신설』(人權新說, 1882)이란 저술을 세상에 내놓았는데, 이는 모스의『동물진화론』이 출판되기 1년 전이었으나, 여기에는 '생존경쟁, 자연도태(自然淘汰), 인위도태(人爲淘汰)'와 같은 진화론 관계 용어가 모두 나타난다. 이들은 거의 加藤弘之 자신의 창안으로 여겨진다고 한다.

이러한 가운데 생물학에서 출발한 진화론의 핵심 용어는 점차 사회과학, 철학 등에도 원용되었다. 井上哲次郎 등이 펴낸『철학자휘』(哲學字彙, 초판 1881)에는 실제로 다음과 같은 진화론 관계 용어가 포함되어 있다.

> Selection 選擇, 陶汰(生), Artificial selection 人爲陶汰, Natural selection 自然陶汰
> (초판 83-84)
> * 다만 이 때의 '陶汰'는 오늘날 표기로는 '淘汰'임(一필자)
> Struggle 競爭, Struggle for existence 生存競爭(초판 87)
> Survival of the fittest 適種生存(生)(초판 88)

'도태'와 '적종생존'의 끝에 붙어있는 '생(生)'은 생물학 용어임을 나타낸다. 하여튼 진화론에서 유래한 이들 번역어는 이처럼『철학자휘』와 같은 사전을 통해서도 확인할 수 있다. 다만 이 책의 초판에는 survival of the fittest가 '적종생존'으로 나타나는 반면, 앞에 예시한『동물진화론』(1883)의 서언에서 矢田部良吉은 '적자생존'이란 용어를 쓰고 있다. 그러나 '적종생존'이라는 번역어는『개정증보 철학자휘』(1884)에까지 그대로 유지되다가『영독불화(英獨佛和) 철학자휘』(1912)에 이르러 '적자생존'으로 수정되었다.

이러한 과정을 통하여 일본어에 정착된 진화론의 핵심 용어는 그 후의 어느 시기에 국어에도 거의 그대로 차용되었는데, 정운복의 『독습 일어정칙』(1907)에 나타나는 '생존경쟁'도 그 중 하나였다고 할 수 있다. 이 말이 일본어라는 사실은 일본어 문장에 나타날 뿐 아니라, 이 책에는 또한 '우승열패(優勝劣敗)'라는 용례도 나타나기 때문이다.

現今ノ 世ノ中ハ 優勝劣敗デス
只今世上은 優勝劣敗올시다(第五章 人倫及人事, 48)

이 때의 '우승열패' 역시 survival of the fittest에 대한 또 하나의 번역어로서 일본어에서 유래한 말이다. 앞에서 예시한 『철학자휘』 초판(1881)에는 survival of the fittest에 대한 번역어로서 '적종생존' 밖에 나타나지 않으나, 개정 증보판(1884)에는 '적종생존' 뒤에 '우승열패'가 추가로 나타나는 것이다. 이 '우승열패'라는 용어는 加藤弘之의 『인권신설』(1882)에도 나타나는데, 앞에 보인 『독습 일어정칙』의 일본어와 국어 문장에 동시에 나타나는 '우승열패'는 이렇게 태어난 신생 복합어이며, 진화론과 밀접한 관계를 가진 말로서, 鈴木修次(1981)는 이를 加藤弘之의 조어(造語)라고 추정하고 있다. 이렇게 태어난 '우승열패'는 그 후의 『영독불화 철학자휘』(1912)에도 그대로 나타난다.

이처럼 진화론의 survival of the fittest에서 유래한 '적자생존'이나 '우승열패'라는 복합어는 일본어에서 비롯된 신생 한자어임이 분명하다. 정운복의 『독습 일어정칙』(1907)에 이 두 가지 번역어가 함께 나타난다는 사실 또한 이들이 일본어에서 유래했음을 말해 준다. 그 후 '우승열패'는 문세영의 『조선어사전』에도 채록되었으나 그 표기는 '우승렬패'로 되어 있다.

'생존경쟁, 우승열패'란 복합어가 일본어에서 나왔다는 사실은 19세기 말엽 중국에서 최초로 이루어진 진화론 관계 번역어를 통해서도 역으로 확인된다. 중국에 진화론을 본격적으로 소개한 사람은 일찍이 영국에 유학한 바 있는 엄복(嚴復, 1854-1921)이었다. 처음에는 다위니즘의 대표자로서 스펜서의 저술을 번역하려 했으나, 그 수가 많은데다가 범위 또한 넓어 쉽게 번역할 수 없었기 때문에, 그는 스펜서의 저서 대신 헉슬리(Thomas Henry Huxley, 1825-1895)의 『진화와 윤리』(*Evolution and Ethics*, 1893)를 택했을 것이라고 한다. 이렇게 하여 번역된 헉슬리의 저술이 곧 『천연론』(天演論, 1898)이다. 이 때의 '천연론'은 일본어의 '진화론'에 해당하는 말이다. 엄복은 『천연론』을 간행한 이후에도 계속하여 스미스(Adam Smith), 스펜서, 밀(John Stuart Mill) 등의 경제학, 사회학, 법학, 논리학 관계 저술을 많이 번역해 낸 인물이다.

요컨대 엄복은 evolution을 '천연(天演)'으로, struggle for existence를 '물경(物競)'으로, (natural) selection을 '천택(天擇)'으로, artificial selection을 '인택(人擇)'으로 번역하였다. 이들은 각기 일본어 '진화, 생존경쟁, 자연도태, 인위도태'에 해당하는 말이다. 이렇게 볼 때 정운복의 『독습 일어정칙』(1907)에 나타나는 '생존경쟁'이나 '우승열패'를 비롯하여, 문세영의 『조선어사전』(1938)에 비로소 나타나는 '자연도태, 적자생존'에 이르기까지의 복합어들은 엄복의 번역어와는 전혀 관계가 없으며, 19세기 80년대 초엽 일본어에서 생성된 복합어로서 신생 번역어라고 볼 수밖에 없다.

요컨대 현대 국어에 쓰이고 있는 '생존경쟁, 자연도태, 적자생존(또는 '우승열패')과 같은 복합어는 어느 것이나 20세기 초엽을 전후하여 일본어에서 차용된 진화론 관계 용어라고 할 수 있다.

참고문헌

*전번 호까지 이미 제시한 문헌은 생략함.
鈴木修次(1981), 『日本漢語と中國』, 中公新書 626, 동경: 中央公論社.
芝田稔(1969), 日中同文譯語交流の史的硏究(1), 『東西學術硏究所紀要』 2, 關西大學 東西學術硏究所.
_____(1972), 日中同文譯語交流の史的硏究(2)─嚴復の譯語について─, 『東西學術硏究所紀要』 5.
_____(1974), 日中同文譯語交流の史的硏究(3)─嚴復の譯語について─, 『東西學術硏究所紀要』 7.

出處 국립국어연구원(2000. 9.), 『새국어생활』 10-3·가을: 121-126.

7. '大統領'의 출현

이른 바 신사유람단(紳士遊覽團)의 일원으로서, 1881년 4월 9일(양력 5월 6일) 일본선 인녕환(安寧丸)을 타고 부산의 초량(草梁)을 출발한 이헌영(李𨯶永)은 약 4개월 동안 일본에 머물면서 세관관련 업무를 조사한 후, 7월 28일(양력 8월 22일) 신호(神戶)에서 떠나는 천세환(千歲丸)을 타고 요 7월 3일(양력 8월 26일) 조량으로 다시 늘이왔다. 그의 일본어행 보고서타고 힐 수 있는 『일사집략』(日槎集略)에는 다음과 같은 기록이 남아있다.

新聞紙見米國大統領[卽國王之稱] 被銃見害云(日記 辛巳 6월 초10일 庚子)

그는 당시 횡빈(橫濱)에 머물면서 세관업무를 조사하고 있었다. 그날 오후에도 세관에 나가 부관장과 문답을 주고 받았는데, 신문에서 미국 대통령이 총격을 받아 해를 입었다는 기사를 본 것이다(宋敏 1988). 그가 신문을 직접 본 것인지 누구에게 이야기를 들은 것인지는 확인할 수 없으나, 여기에 나타나는 '미국 대통령'은 가필드(James A. Garfield)를 지칭한다. 그가 총격을 당한 것은 1881년 7월 2일이었으나, 이 소식이 일본의 신문지상에 보도된 것은 7월 5일이었던 모양이다. 이헌영의 일기에 적힌 6월 5일은 양력으로 7월 5일에 해당하기 때문이다.

단정할 수는 없지만 이헌영은 '대통령'이라는 단어를 거기서 처음 들었을 것이다. 그 때문에 그는 누구에겐가 그 뜻을 물었을 것이며, 상대방은 이헌영이 알아듣기 쉽도록 '국왕'을 뜻하는 말이라고 대답했을 것이다. '대통령' 바로 밑에 달려있는 세주(細註) '卽國王之稱'은 그 사실을 말해준다. 그는 결국 '대통령'을 '국왕'이라고 이해했을 것이다. 그러나 '대통령'과 '국왕'은 '최고위 통치자'라는 공통성을 가진 말이지만 그 개념은 전혀 다르다. 민주정치 하에서 선출되는 지도자만 '대통령'인 것이다.

이헌영이 일본에서 알게 된 '대통령'이라는 단어가 국어에 곧바로 수용되었다고는 볼 수 없다. 이 단어가 국내에서 공식적으로 쓰이기 시작한 것은 그보다 훨씬 나중이기 때문이다. 그 근거로서 다음과 같은 사실을 들 수 있다(宋敏 1989). 1883년(고종 20)에 체결된 바 있는 한미조약(韓美條約) 제일관(第一款)은 "大朝鮮國君主 大美國伯理璽天德 並其商民……(『增補文獻備考』 권181 〔補〕 交聘考十二)"과 같이 시작된다. 이때의 '伯理璽天德[bó-lǐ-xǐ-tiān-dé]'는 물론 president에 대한 중국식 음사형(音寫形)이다. 이 음사형은 그후에도 한동안 그대로 쓰이고 있다. "(高宗)二十五年(1888)……英國公司……呈遞國書 言及本國大伯理璽天德 將本國議政上下兩院僉擧 大伯理璽天德接攝大位之事(『增補文獻備考』 권181 〔補〕 交聘考十一 泰西各國交聘), (高宗)二十八年(1891) 以整理儀軌八卷高麗史二十二卷 送法國大伯理璽天德(위와 같은 곳)"등으로 그 사실을 확인할 수 있다. 이들 용례로 볼 때 '伯理璽天德'은 한동안 '대통령'과 '국왕'을 함께 지칭한 듯하다.

그러나 1892년부터는 '伯理璽天德' 대신 '대통령'이 쓰이기 시작한다. "(高宗)二十九年(1892) 駐箚美國公司報稱 該國大統領因南黨再薦 定爲新大統領, (高宗)三十一年(1894) 十月 法國大統

領崩 新統領立 有該國國書 答書慰賀, (光武)三年(1899) 法國大統領崩 新統領立 以電慰賀, (光武)四年(1900) 九月 致親書勳章于美國大統領德國皇帝俄國皇帝法國大統領奧國皇帝(이상 모두『增補文獻備考』권181〔補〕交聘考十一 泰西各國交聘)" 등이 그렇다.

이렇게 볼 때 1892년부터는 '대통령'이라는 단어가 공식적으로 쓰이게 되었으며, 1900년경에는 '대통령'이라는 개념이 '황제'와는 구별되는 단어임을 인식하기에 이르렀다고 할 수 있다. 이렇게 국내에서 쓰이게 된 '대통령'은 일본에서 태어난 번역어였다.

'대통령'이라는 신생어가 일본에서 언제부터 쓰이기 시작했는지 정확하게는 알 수 없으나, 1860년 초부터는 그 실례가 문헌에 나타난다. 齋藤毅(1977)의 제4장(129-174) '왕 없이 지배되는 나라(王なくして支配さるる國)'에는 서양제국의 공화정치가 일본에 알려진 역사적 과정이 상세히 논의되고 있는데, 그 가운데 인용된 자료를 통하여 '대통령'이라는 단어의 실례를 찾을 수 있다. 미국의 정치제도가 소개된 부분에서 몇가지 용례를 옮겨보면 다음과 같다.

> 전국 대통령의 권한은 현명하게도 대를 물려 아들에게 전하지 않으며...(全國の大統領の權柄、賢に讓て子に傳へず..., 橫井小楠『國是三論』, 1860)
> 항상 대통령은 나오지 않고, 부통령이 대개는 일을 결정한 후, 대통령은 듣기만 할 뿐이라고 한다(常に大統領は出ず、副統領にて多分は事を決したるを、大統領は聞のみといふ, 村垣範正『航海日記』, 1860)
> 그 때문에 만민 가운데 유덕하고, 재주와 지식이 만민에서 뛰어나며, 인망이 가장 많은 자 한 사람을 밀어, 연한을 두고 대통령(서양이름으로 프레시던트)을 삼고, 이로써 목민의 책임을 맡기며......(故に萬民の中にて有德にして才識萬人に勝れ、人望尤も多き者一人を推し、年期を以て大統領(洋名プレシデント)となし、以て牧民の責に任じ......(加藤弘之『隣草』, 1862)
> '콩그레스'는 미국최상의 정부로서, 대통령은 행정권을 지배하고, 부통령은 입법의 장이 되며......(「コングレス」は、米國最上ノ政府にて、大統領は行政ノ權ヲ總へ、副統領ハ立法ノ長トナリ......, 久米邦武『特命全權大使 米歐回覽實記』第十一卷 華盛頓府ノ記, 1876 識語, 1878 刊行)

이와같은 실례를 통하여 일본어에서는 1860년대부터 '대통령'이란 단어가 통용되었음을 알 수 있다. 특히 세 번째 인용문은 '대통령'이 영어의 president에 해당히는 단어임을 알려준다. 이러한 사실은 일본에서 간행된 당시의 외국어 사전을 통해서도 찾아 볼 수 있다.

> Satow(1876), president, n. *tôriô*(c); (of a republic) *dai-tôriô*(c); (of an assembly) *gichô*(c).

尺辰八(1884), Presidence, Presidency, （名）管轄。管理○首長ノ職。大統領ノ職○大統領ノ任期○大統領ノ管治/President, （名）首長。長官○共和國ノ頭領。大統領。The *president* of a college. 校長。Minister *president* of state. 內閣總理大臣。/Presidential, （形）首長ノ。頭ノ。上席ノ○頭領ノ。長官ノ。大統領ノ。/Presidentship, （名）首長ノ職。大統領ノ位○大統領ノ任期。

棚橋一郎(1885), Presidency, 上席。管轄。監督。大統領ノ職。大統領之在職年限。大統領ノ管轄/President, 會長。議長。首事。管總。總統。尚書。大統領/Presidential, 首事ノ。管轄ノ。大統領ノ。

Hepburn(1886, 3판), president, n. Tōryō, daitōryō, gichō, shachō, kwaichō, kwaitō.

島田豊(1888), Presidence; Presidency, *n.* 管理スルコ, 管轄首長ノ職, 大統領ノ職; 大統領ノ任期, 大統領ノ管理./President, *n.* 首長, 監督, 長官, 議長, 總長, 校長, 社長, 會長; 大統領./Presidential(-shal), *a.* 上席スル, 首座ノ, 管轄スル; 首長ノ, 會長ノ, 議長ノ, 大統領ノ./President-ship, *n.* 首長ノ職, 會長ノ職, 大統領ノ位, 大統領ノ任期.

이처럼 일본어에 정착된 '대통령'이라는 번역어는 일본에서 독자적으로 만들어진 것으로 판단된다. 馬西尼(1997:274)에 의하면 중국에서는 president에 대한 번역어로 '총통' 또는 '총통령'이 쓰였다고 한다. 실제로, 서계여(徐繼畬)의 『영환지략』(瀛環之略, 自序 1848年, 刊行 1866年)이나 지강(志剛)의 『초사태서기』(初使泰西記, 1872)에는 '총통령(總統領)'으로 나타나며, 왕도(王韜)의 『扶桑遊記』(1879)에는 '총통(總統), 대총통(大總統)'으로 나타날 뿐이라고 한다.

한편, 이보다 앞선 위원(魏源)의 『해국도지』(海國圖志, 저술 1842, 초판 50권본 1844, 증보판 60권본 1847, 재차증보판 100권본 1852)에는 '수령(首領), 통령(統領), 勃列西領'과 같은 용례도 나타난다. 인용은 100권본을 활자화한 성사총서본(醒獅丛书本), 이거란(李巨澜) 평주(评注) 『해국도지(海国图志)』(郑州 中州古籍出版社, 1999)를 이용한다.

국가의 제도. 수령의 자리는 4년을 기한으로 한다. 워싱턴은 2차에 걸쳐 8년을 자리에 있었다(国制 首领之位以四年为限 华盛顿在位二次 始末八年/일국의 우두머리를 세워 이르기를 통령이라고 하는데, 그 권한은 국왕과 같다(立一国之首曰统领 其权如国王/(弥利坚即美里哥国总记)

정사: 국왕이 없기 때문에 드디어 프레시덴트(勃列西領) 한 사람을 두어 전국의 군사와 형벌, 세금 부과, 관리 임면을 모두 지배한다......정해진 예로 프레시덴트는 4년을 한번의 임기로 삼으며 기한이 차면 다시 바꾼다. 만약 모든 지배가 적당하다고 인정되고, 나라가 통틀어 기꺼이 복종한다면, 또한 한번의 임기에 다시 머문다. 결코 종신토록 세습하는

일은 없다(政事: 因无国王 遂设勃列西领一 人 综理全国兵刑 赋税 官吏黜陟……定例 勃列西领以四年为一任 期满更代 如综理允协 通国悦服 亦有再留一任者 总无世袭 终身之事, 弥利坚国即育奈士迭国总记)

여기에는 '수령(首領), 통령(統領)'이라는 용례도 나타나는데, 특이한 예로서 '勃列西領 [bó-liè-xī-lǐng]'이 포함되어 있다. 그러나 이는 번역어가 아니라 president에 대한 음사형으로 보인다. 다만 순수한 음사형이 아니라 president의 앞 부분인 presi-까지만을 '勃列西 [bó-liè-xī]'로 음사한 후, 여기에 한자형태소 '령(領)'을 덧붙인 것이 아닌가 여겨진다. 이와같은 집미사를 통하어 이 단어에서 '수령, 통령, 총령'과 같은 의미가 연상되게 하기 위함이었을 것이다.

이상과 같은 역사적 근거로 알 수 있는 점은 '대통령'이라는 단어가 중국측 문헌에는 나타나지 않으며, 일본측 문헌에만 나타난다는 사실이다. 자연히 '대통령'이라는 번역어는 일본에서 나왔다고 볼 수밖에 없다. 다만, 일본에서 성립된 '대통령'이 중국어의 영향을 전혀 받지 않았다고 단정하기는 어렵다. '대통령'이라는 어형도 결국은 '통령(統領)'이라는 한자어를 기반으로 하여 만들어진 것인데, 그 기원은 중국어에 있었기 때문이다.

결국 국어에 수용된 '대통령'이라는 번역어는 일본어에서 나온 신생어의 하나가 된다. 이헌영은 1881년 일본에서 분명히 '대통령'이라는 단어를 듣게 되었으나, 이 단어가 국어에 정착된 시기는 그보다 훨씬 나중인 1892년경으로 보인다. 『증보문헌비고』와 같은 문헌이 그 사실을 알려준다. 이 신생어가 쉽게 국어에 정착할 수 있었던 배경에는 '통령(統領)'과 같은 한자어가 국어에서도 통용될 수 있는 단어였기 때문일 것이다. 실제로 조선총독부의 『朝鮮語辭典』(1920)에는 '統領(통령)'이 '다스리는 일(統ぶること)'로 나타난다.

그 후 '대통령'이라는 단어는 문세영(文世榮)의 『조선어사전』(1938)에 드디어 표제어로 등록되기에 이르렀고, 국어 단어의 하나로 자리를 굳히게 되었다.

대통령(大統領) 图 공화국의 원수(元首)。/공화-정치(共和政治) 图 백성속에서 대통령을 선거하여 일정한 연한(年限) 동안에 그 사람에게 그 나라의 정치를 맡기는 정치。

문세영의 『조선어사전』에는 '대총통, 총통'이라는 단어도 표제어로 올라있다.

대총통(大總統) 图 중화민국의 원수(元首)。/총통(總統) 图㊀「총람」(總攬)과 같음。㊁ 중화민국의 원수(元首)。

그러나 이들 두 단어는 '중화민국의 원수'라는 뜻으로만 풀이되어 있다. 따라서 국어에 정착된 신생어 '대통령'은 민주국가에서 국민이 선출한 지도자만을 뜻하기에 이르렀으며, 그 뜻은 그대로 현대국어에서도 활용되고 있다.

참고문헌

*전번 호까지 이미 제시한 문헌은 생략함.
斎藤毅(1977), 『明治のことば―東から西への架け橋―』, 講談社.

出處 국립국어연구원(2000. 12.), 『새국어생활』 10-4·겨울: 107-113.

8. '自由'의 의미 확대

현대 국어 '자유(自由)'의 내면에는 크게 두 가지 의미가 있다. 그 하나는 고래의 전통적인 의미로서 '남에게 구속을 받거나 조건을 따지지 않는 자기 본위의 행동'이고, 다른 하나는 개화기에 새로 추가된 서구식 개념의 의미로서 '민주적, 법률적 권리로서의 자율적 행위'라고 할 수 있다.

'자유'는 중국의 고전에서 본래 '가치성이 없는 행동'을 뜻하던 말이었다. 그러한 실례로서 鈴木修次(1981:138-140)는 후한말 건안(建安, 196-219) 연간에 태어난 장편 민가(民歌) '초중경 처(焦仲卿妻)'의 첫머리 부분, 佐藤亨는 佐藤喜代治[편](1983, 語誌 Ⅱ:212, '自由')에서 『맹자(孟子)』, 『후한서(後漢書)』 등에 쓰인 '자유'를 인용하고 있다. 후대로 내려오면서 '자유'는 오히려 '느긋한 마음의 상태'처럼 '가치 있는 행위'로 의미가 전환되기도 하였다. 鈴木修次(1981:140-144)는 두보(杜甫, 712-770)의 시(詩), 북송대(北宋代)의 선(禪) 교과서인 『벽암록(碧巖錄)』[1] 등에 그러한

---

1) 북송 초기의 선승(禪僧) 설두 중현(雪竇重顯, 980-1052)이 『전등록(傳燈錄)』, 『운문광록(雲門廣錄)』, 『조주록(趙州錄)』과 같은 선록(禪錄) 중에서 고칙(古則) 또는 공안(公案)이라고 불리는 고인(古人)의 문답(問答) 백칙(百則)을 뽑아 '본칙(本則)'을 삼고, 그 하나 하나에 '송(頌)'을 달아 『설두송고(雪竇頌古)』를 편찬하였는데, 이 책의 각칙(各則)에 북송 만기의 선승 환오 극근(圜悟 克勤, 1063-1135)이 다시 '수시(垂示), 착어(著語), 평창(評唱)'을 덧붙여 완성한 선(禪) 교과서가 바로 『벽암록(碧巖錄)』이다. 入矢義高(외) 역주

의미로 해석되는 '자유'를 예시하고 있다. 말하자면 '자유'는 '가치성이 없는 행동'과 '가치성을 가진 행동'을 다 함께 나타내는 말이었다.

개화기를 거치는 동안 '자유'에는 다시 위와 같은 전통적 의미와는 전혀 다른 새로운 개념의 의미가 추가되었다. 영어의 freedom이나 liberty와 같은 서구식 개념의 '자유'를 수용하기 위하여 고래의 한자어 '자유'를 전용한 결과였다. 이처럼 오늘날의 '자유'는 과거의 전통적 의미에 새로운 의미가 추가되면서, 의미의 확대를 겪은 결과로 해석된다.

동양 3국 가운데 서구식 개념을 소화하는 과정에서 전통적 한자어인 '자유'를 freedom 또는 liberty의 번역어로 전용하기 시작한 것은 일본이었다. 여기에 대해서는 수많은 논의가 있으나, 鈴木修次(1981:124-167) Ⅳ '「宗敎」와 「自由」', 進藤咲子(1981:32-63) 제2장 '「自由」 小考', 佐藤喜代治 편(1983, 語誌 Ⅱ:212-217) '自由(佐藤亨 집필)' 등에 그 윤곽이 거의 정리되어 있으며, 명치시대(1868-1912)에 간행된 각종 사전의 신생어와 번역어를 수집해 놓은 惣鄕正明·飛田良文(1986)도 참고자료가 된다. 여기서는 이들과 그 밖의 자료를 통하여 일본어의 '자유'에 새로운 의미가 추가되기까지의 과정을 간략히 정리하는 한편, 개화기의 자료를 통하여 국어에 나타나는 '자유'의 의미를 살펴보기로 한다.

일본의 경우, 서구식 '자유'의 개념을 막연하게나마 깨닫게 된 계기는 서양어의 대역 사전을 편찬하는 과정에서 비롯된다. 실제로 각종 서양어 사전에 '자유'라는 대역어가 나타나는 시기는 18세기 말엽으로 거슬러 올라간다. 그 증거로서 進藤咲子(1981:55)는 18세기 말엽부터 19세기 말엽에 이르는 동안 네델란드어 Vrijheid, 영어 liberty와 freedom, 프랑스어 liberté 등에 '자유'라는 대역어가 나타나는 사전을 연차순으로 예시한 바 있다. 그밖에 Satow(1876, 2판 1879), 尺辰八(1884), 棚橋一郎(1885), Hepburn(1886, 3판), 島田豊(1888) 등에도 freedom이나 liberty의 대역어 가운데에는 한결같이 '자유'가 포함되어 있다.

그러나 일본인들이 '자유'의 내면적 개념과 가치를 더욱 확실하게 이해하게 된 것은 서양을 직접 보고 돌아온 선각자들이 계몽서나 번역서를 통하여 서구식 '자유'의 개념과 가치를 거론하기 시작한 1860년대 후반부터였다. 후쿠자와 유키치(福澤諭吉, 1835-1901)의 『서양사정』(西洋事情) 초편(1866)에는 '자주임의, 자유'라는 말에 대하여 "영어로는 '프리덤' 또는 '리버티'라고 하나 아직 적당한 번역어가 없다(英語ニ之ヲ'フリードム'又ハ'リベルチ'ト云フ未タ的當ナ譯字アラス)"는 해설이 보이며, 『서양사정』(1870) 제2편(1870) '예언(例言)'에도 "리버티란 자유라는 뜻

(上 1992, 중 1994, 하 1996), 『碧巖錄』(上)(전3책, 岩波文庫) 권두의 '解說' 및 '解題' 참조.

으로(リベルチトハ自由ト云フ義ニテ)"와 같은 설명이 나타난다. 후쿠자와의『서양사정』은 간행과 동시에 널리 읽힌 책이므로, 이를 통하여 일반인도 '자유'라는 개념을 점차 이해하게 되었을 것이다. 여기에 이어 '자유'의 개념을 더욱 확산시킨 것은 나카무라 마사나오(中村正直, 1832-1891)의 번역서『자유지리』(自由之理, 1871, 원서는 Mill, J. S.의 *On Liberty*)였다. 이렇게 하여 명치시대 초기인 1870년 초부터는 언론이나 학술 서적을 통하여 서구식 개념의 '자유'에 대한 논의가 활발하게 일어났다.

鈴木修次(1981:150-158)에 의하면 명치시대의 '자유론'은 먼저 '출판의 자유'에 대한 논의에서 시작되어 점차 '종교의 자유'로 옮아갔다고 한다. 거기에는 그럴만한 원인이 있었다. 1871년 11월 미국에 파견된 특명전권대사 이와쿠라 도모미(岩倉具視, 1825-1883) 사절단 일행은 조약개정의 교섭을 시작했으나 기독교를 금지하는 일본정부의 방침이 커다란 장해로 떠올랐다. 이듬해인 1872년 12월, 유럽을 시찰하며 종교 사정을 알아보던 서본원사(西本願寺)의 승려 시마지 모쿠라이(島地黙雷, 1838-1911)는 정부에 보낸 건백서에서 신교(信敎)의 자유와 정교(政敎) 분리를 제창하였다. 그제서야 일본 정부는 1873년 기독교를 묵인하기에 이르렀고, 1875년에는 드디어 신앙의 자유를 인정하게 되었다.

이러한 과정 속에서 일본어에 정착한 새로운 의미의 '자유'는 '自由貿易, 自由思想, 自由意思, 自由主義, 自由平等, 自由廢業, 自由行動'과 같은 복합어, '自由港'과 같은 파생어 형성에 널리 활용되었다.

중국의 경우, 미국인 선교사 브릿지맨(중국명 裨治文, 전출)은『연방사략(聯邦史略)』(上海, 1857)에서 freedom 또는 liberty의 대역어로 '자주(自主), 자립(自立)'이라는 말을 썼다. 중국에서 간행된 후 일본에서 훈독이 베풀어진 형식으로 번각된 Williams/柳澤信大(1869)에도 free에는 '自主ノ, 自行, 釋放スル', liberty에는 '自主, 不能任意'와 같은 풀이가 보일 뿐, '자유'는 나타나지 않는다.

Masini/黃河淸(1993/1997:272)에는 1868년 워싱톤에서 체결된 '중미조약' 부록에 '자유'가 처음 쓰였다고 하나, 그것이 일본어의 영향인지 아닌지는 판단하기 어렵다. 그러나 황준헌(黃遵憲, 1848-1905)의 저서『일본잡사시』(日本雜事詩, 1879)에 나타나는 '자유'는 일본어에서 나온 것임이 분명하다. 초대 주일 공사단의 참찬(參贊)으로 1877년부터 1882년까지 5년 동안 일본에 머물렀던(張偉雄 1999) 그는『일본잡사시』외에도『일본국지』(日本國志, 1890)와 같은 저서를 통하여 적지 않은 일본식 신생 한자어를 그대로 중국어에 받아들였기 때문이다.

이렇게 시작된 서구식 개념의 '자유'는 양계초(梁啓超, 1873-1929)의 『변법통의』(變法通議, 1896), 강유위(康有爲, 1858-1927)의 『일본변정고』(日本變政考, 1898), 엄복(嚴復, 1853-1921)의 번역서 『천연론』(天演論, 1898, 원서는 Huxley, T. H.의 *Evolution of Ethics*)과 같은 선각자들의 저술을 통하여 중국어에 차용되었다. 많은 영문 학술서를 번역하면서도 일본식 번역어를 거의 따르지 않았던 엄복도 '자유'만은 일본어형을 그대로 빌려썼다(鈴木修次 1981:164). 이에 劉正埮(외)[편](1984:410)에서는 '자유'를 '일본어에서 돌아온 차사(日語的回歸借詞)', Lydia H. Liu(1995:317)에서는 '일본에서 돌아와 중국에 확산된 말(became widespread in China via round-trip diffusion from Japan)'이라고 보았다.

국어의 경우, 새로운 개념의 '자유'가 나타나는 것은 1890년대로 들어서면서부터인 듯하다. 유길준(兪吉濬)의 『서유견문』(西遊見聞, 1895)에는 '自由'가 수십 차례 쓰이고 있는데(이한섭 (외)편 2000), 그것이 단독 또는 곡용형과 같은 명사로 되어 있어 새로운 개념을 뜻하는 단어였음을 보여준다. 이때의 '자유'는 일본어를 직접 옮겨온 것이다(李漢燮 1985). 그러나 이렇게 시작된 '자유'가 곧바로 국어에 정착한 것은 아닌 듯하다. 그후에도 한동안 '자유'가 단독 명사로 쓰인 경우는 별로 보이지 않기 때문이다. 『독립신문』(1896-1899)에 나타나는 'ᄌᆞ유권'이란 파생어나(朴英燮 1994), 『한영ᄌᆞ뎐』(1897)에 나타나는 'ᄌᆞ유(自由)ᄒᆞ다'와 같은 동사형, 'ᄌᆞ유당(自由黨), ᄌᆞ유지권(自由之權)'과 같은 파생어가 그러한 사실을 전해준다. 그런데 『한영ᄌᆞ뎐』에서는 'ᄌᆞ유당'에 '*See* 민권당, 하의당'처럼 동의어를 표시하고 있어, 'ᄌᆞ유당'에 포함된 'ᄌᆞ유'의 의미만은 새로운 것이었음을 간접적으로 알려주나, 당시에 그것이 단독 명사로 쓰이기에는 아직 이르지 않았나 생각된다. 『한영ᄌᆞ뎐』에 'ᄌᆞ유ᄒᆞ다'라는 동사형만 올라있을 뿐, 'ᄌᆞ유'라는 명사형이 올라있지 않은 이유가 바로 거기에 있는 듯하다.

이러한 상황은 20세기에 들어서서도 한동안 지속되었던 것으로 보인다. 가령, 통감부(統監府) 시대(1905-1910)에 서울에서 간행된 『獨習日語正則』(鄭雲復, 1907)의 국어 대역문에는 '自由港'이란 파생어가 한번 나타날 뿐, 명사로서의 용례는 보이지 않는다. 일본어 문장에는 '自由'가 가끔 서술어나 부사의 구성 요소로 이용되고 있으나, 이 경우에도 국어 대역문에서는 '自由'가 '任意'로, '不自由'가 '不便'으로 옮겨져 있다. 예를 들어 '自由デス/임의럽소(97상단), 自由ニ/任意로(33하단_34상단), 自由ニ ナリマセン/任意롭지 안소(221상단), 不自由デス/不便ᄒᆞ오(221하단)'와 같은 용례가 그렇다. 이 때의 '自由'는 현대 국어 같으면 그대로 쓰일 수 있는 것들이다. 이로써 'ᄌᆞ유'라는 신생한자어는 통감부(統監府) 시대까지도 단독 명사로 쓰이기는

부자연스러운 단어였음을 알 수 있다. 다만, 일본어 '自由港'이 국어에도 그대로 쓰인 것은 파생어여서 쉽게 차용된 결과일 것이다.

결국, 새로운 의미의 '자유'가 국어에 정착한 시기는 생각보다 늦은 듯하다. 조선총독부의 『조선어사전』(1920)에는 '自由(ᄌ유)'가 '사람의 구속을 받지 않는 것(人の拘束を受けざること)'처럼 올라있다. 의미 기술이 간략하기는 하나, 그것이 명사형이라는 점은 새로운 의미로 쓰일 수 있는 신생한자어였음을 뜻할 것이다. 그것은 전통적 의미로만 쓰이던 '자유'에 새로운 의미가 추가되어 의미의 확대가 이루어졌다는 뜻이기도 하다.

문세영의 『조선어사전』(1937)에는 '자유(自由)'가 '㉠자기가 임의대로 행동할 것을 정하는 것 ㉡남의 구속을 받지 아니하는 것 ㉢제 마음대로 하는 것 ㉣몸에 아무것도 걸리는 것이 없는 것 ㉤法법률의 범위 안에서 마음대로 하는 행동'과 같은 풀이로 올라 있을 뿐 아니라, 특히 ㉤에는 '법률'이라는 전문어 표시도 붙어있다. 그밖에도 '자유'와 결합된 복합어, 파생어가 표제어로 많이 올라있어 '자유'가 국어 단어의 자리를 확고하게 잡았음을 보여준다.

요컨대, 국어나 중국어는 모두 '자유'의 새로운 의미를 일본어에서 차용한 것으로 해석된다.

참고문헌

*전번 호까지 이미 제시한 문헌은 생략함.
李漢燮(1985),『西遊見聞』の漢字語について―日本から入った語を中心に―,『國語學』(일본) 141.
이한섭(외) 편(2000),『西遊見聞 [語彙索引]』, 도서출판 박이정.
張偉雄(1999),『文人外交官の明治日本 ―中國初代駐日公使團の異文化體驗―』, 동경:柏書房.

出處 국립국어연구원(2001. 3.),『새국어생활』11-1·봄: 117-122.

9. ‘寫眞’과 ‘活動寫眞, 映畵’

다게르의 사진 장치가 1839년 프랑스 학사원에서 발표되자, 정부는 그 특허권을 사들였다. 그 때부터 사진술은 상품화의 길을 걸어, 1850년대에는 일반화하기에 이르렀다(柏木博 1999:209).

사진술이 일본에 전해진 것은 1862년이었다. 이 해에 요코하마(橫濱)와 동경(東京)에는 사진관이 등장하여 막부(幕府) 말엽부터 명치(明治) 초기에 걸친 격동의 일본 사회를 사진으로 담았고, 지금 남아있는 당시 인물들의 모습은 우에노(上野)에서 촬영되었다고 한다(湯本豪一 1996:162). 최초의 사진관이 나가사키(長崎)에서 시작되었다는 견해도 있으나(槌田滿文 1983:33), 그 연대에는 차이가 없다.

신기한 존재로 여겨진 사진술을 처음에는 ‘寫眞の繪(lsyasin-no ye]=사진 그림)’로 불렀으나, 점차 ‘사진’으로 축약되기에 이르렀다. ‘사진’이라는 한자어는 문자 그대로 ‘진(眞)을 사(寫)한다’는 뜻이었으나, 막부 말기부터는 photograph의 대역어로서, ‘사진 장치로 찍은 화상(畵像)’을 뜻하게 되었기(惣鄉正明·飛田良文 1986:212-213) 때문에, ‘사진’은 1860년대에 일본어에서 새로 태어난 말이다.

우리나라 사람 가운데 사진 기기로 사진을 처음 찍어본 사람은 1876년 수신사로 일본에 갔던 김기수(金綺秀)였으리라고 생각된다. 동경에 머무르는 동안 그는 숙소인 연료관(延遼館)에서 관반관(館伴官)의 일방적 요청에 따라 마지못해 사진을 찍었다.

> “하루는 관반관이 와서 내 진상을 찍겠다고 요청하기에 재삼 거절했으나 말을 듣지 않았다(一日館伴官來見 要寫我眞像 再三却之 不余聽也)”(『日東記游』卷一 留舘).

김기수는 ‘사진’을 ‘(내) 진상을 그린다(寫我眞像)’로 이해한 듯하다. 1870년대라면 이미 일본어에 ‘사진’이라는 신생한자어가 명사형으로 자리를 굳힌 시기이므로 김기수는 현지에서 ‘사진’이라는 단어의 개념을 알게 되었겠지만, 이를 명사형으로 쓰지는 않았다. 당시의 국어에는 새로운 개념으로서의 명사형 ‘사진’이 없었기 때문이었을 것이다. 그러나 김기수는 일본에서 ‘사진’이라는 단어와 그 개념을 분명히 들었을 것이다. 그 한가지 사례로서, 외무경(外務卿) 데라시마 무네노리(寺島宗則)가 예조판서 김상현(金尙鉉)에게 보낸 예단(禮單)을 들 수 있다(『日東記游』卷四 文事 回書契). 거기에는 ‘사진첩 이책(寫眞帖 二冊)’이라는 물목(物目)이 보이기 때문이다.

그후부터 일본에 파견된 조선관리들은 빠짐없이 기념사진을 찍었다는 기록을 남기고 있다. 1881년 신사유람단에 참여한 이헌영(李鑛永)은 엄령(嚴令=嚴世永), 심령(沈令=沈相學), 오위장(五衛將=金鏞元)과 함께 사진국에 가서 사진을 찍었으며(『日槎集略』卷地 7월 3일), 1882년의 수신사 박영효(朴泳孝)는 세 번이나 사진국에 가서 사진을 찍었다. 처음은 고베(神戸)에서 부사(=金晩植)와 함께(『使和記略』 8월 21일), 그 다음은 오사카(大阪)에서 부사 김교리(=金晩植), 서종사관(=徐光範)과 함께(『使和記略』 8월 27일), 마지막은 동경에서 사진을 찍었다(『使和記略』 9월 15일).

이헌영이나 박영효의 기록에는 '사진'이라는 단어가 명사형으로 쓰이고 있어, 1880년대 초에는 국내에도 '사진'이라는 신생한자어가 알려져 있었음을 보여준다.

사진 기기를 처음으로 국내에 들여온 사람은 지석영(池錫永)의 형이며 서화가(書畵家)로도 이름이 알려진 지운영(池運永, 훗날 運英 또는 雲英으로 개명, 1852-1935)이었다. 그는 통리군국사무아문(統理軍國事務衙門)의 주사(主事) 직함으로 일본에 건너가 사진술을 익힌 후, 필요한 기자재를 국내에 들여와 마동(麻洞)에 사진관을 차렸다. 그 시기는 1885년 3월(양력 4월) 이후로 추정된다. 1884년 11월 갑신정변(1884년 10월 17일, 양력 12월 4일)의 뒷처리를 위하여 정사 서상우(徐相雨)가 일본으로 급파되었는데, 그와 동행했던 종사관 박대양(朴戴陽)의 기록에서 그 근거를 찾을 수 있다.

> "지주사 운영이 찾아왔다. 운영은 작년 가을 사진 기기를 사러 들어왔다가 병이 들어 돌아가지 못하고 있는데, 약값과 식비를 갚을 길이 없어 바야흐로 곤경에 처해 있었다. 추당장(秋堂丈=徐相雨) 이 표(標=手票)를 주어 빚을 갚게 하고 함께 돌아갈 것을 허락하였다(池主事運永來見 運永前年秋以寫眞器機購貿事入來 在病未歸 藥債食費無路淸償 方在困境 秋堂丈給標償債 許與同歸)"(『東槎漫錄』 1885년 음력 2월 초10일, 양력 3월 26일).

당시, 서상우 일행은 귀국하는 배를 타기 위하여 고베(神戸)에 머물고 있었다. 이 기록을 통하여 지운영이 일본에 파견된 것은 1884년 가을이었으며, 병이 드는 바람에 약값과 식비가 밀려 귀국하지 못하고 있었는데, 서상우의 주선으로 빚을 갚고 같은 배로 귀국할 수 있었다는 사실을 알 수 있다. 일행이 서울에 돌아온 것은 2월 19일(양력 4월 4일), 그 이튿날에는 예궐 숙배(詣闕肅拜)가 행해졌다. 결국, 지운영이 사진관을 개설한 시기는 빨라야 1885년 3월(양력 4월) 이후로 볼 수밖에 없다. 이러한 과정을 통하여 '사진'이라는 새로운 개념의 신생한자어는 국어에도 뿌리를 내리게 되었을 것이다.

청일전쟁(1894-5) 이후 일본인들은 국내에 들어와 여러 곳에 사진관을 차렸다고 한다. 그러한 역사적 사실은 『한영ᄌᆞ뎐』(1897)에도 반영되어 있다. 여기에는 다음과 같은 표제어가 나타난다.

> 샤진(寫眞). A photograph; a portrait; a drawing, (박다), *See* 화본.
> 샤진(寫眞)ᄒ다. To draw; to paint; to photograph; to take a portrait, *See* 화본내다.

명사형 '샤진'이나 동사형 '샤진ᄒ다'는 다같이 전통적인 의미와 새로운 의미를 동시에 나타내고 있음을 알 수 있다. '그림, 초상화(를 그리다)'는 전통적인 의미, '샤진(을 박다)'는 새로운 의미에 속한다. 이는 '사진'이라는 전통적인 한자어의 의미에 새로운 개념의 의미가 추가된 결과로 해석된다. 새로운 의미의 추가는 당연히 일본어를 차용한 결과일 것이다.

1900년대에 들어서면 '사진'이라는 단어는 국어에 완전히 자리를 굳혔을 것이다. 정운복(鄭雲復)의 『독습일어정칙』(獨習日語正則, 1907)으로 그 사실을 확인할 수 있다.

> 何時カ 暇ノ時分ニハ 寫眞取リニ往キマセウ/언제던지 한가ᄒᆞᆫ 셕에ᄂᆞᆫ 寫眞박히러 가옵시다(66하단). 寫眞屋ニ往ッテ 寫眞ヲ 一枚ッ丶取ラウデハ ゴザイマセンカ/寫眞집에 가셔 寫眞을 ᄒ쟝씩박지안으랴오(188하단).

『한영ᄌᆞ뎐』에 '샤진ᄒ다'로 나타났던 동사형이 이때에는 '사진(을) 박히다, 사진을 박다'로 쓰였다는 점도 주목된다. 따라서 현대국어의 '사진(을) 찍다'는 그후에 새로 생긴 표현일 것이다.

사진술의 출현에 이어 19세기 말엽에는 이른바 '움직이는 사진'으로서의 '활동사진'이 등장하였다. 일찍이 에디슨은 1889년 만화경식(萬華鏡式) kinetoscope(영사기)를 발명한 바 있으나, 본격적인 '활동사진'의 출발은 뤼미에르 형제가 1895년 cinématographe(촬영기와 영사기)를 완성하여 공개하면서부터였다. 그 이듬해에는 에디슨이 또다시 vitascope(영사기)라는 장치를 발명하였고, 이어서 독일의 스클라다노브스키와 영국의 폴은 각기 독자적으로 bioscope(영사기)라는 장치를 발명하였다.

이러한 초기적 장치로서 에디슨의 kinetoscope가 일본에 들어온 것은 1896년 11월이었으며, 당시 고베(神戸)의 한 신문에는 처음으로 '활동사진'이라는 말이 쓰였다고 한다. 이 신생한 자어의 출현에 대해서는 히로타 에이타로(廣田榮太郎 1969:141-149 「活動寫眞」から「映畵」へ)에 상세한 고증이 보이는데, 당시에ᄂᆞᆫ '활동사진' 이외에도 '사진활동 기계, 사진 활동기, 사진 활동목경(目鏡=眼鏡)'과 같은 명칭이 보인다고 한다.

또한, 1897년 2월에는 cinematograph가 오사카(大阪)에서 공개되면서 '자동사진'이란 말이 쓰였고, 같은 해 3월 동경 흥행 때에는 '자동환화(幻畵)'라는 말이 쓰이기도 하였다. 한편, 같은 해 2월에는 에디슨의 vitascope도 오사카에 들어왔는데, 이 때의 신문에는 '축동사영회(蓄動射映會)'라는 기사가 실렸는데, 거기에 '활동사진'이라는 단어가 쓰였다고 한다. 같은 해 3월에는 또 다른 vitascope가 동경에서 공개되었는데, 그 신문 광고에는 '전기작용 활동 대사진'으로 나타난다고 한다.

결국, '활동사진'이라는 합성어는 kinetoscope, cinematograph, vitascope와 같은 장치를 수용하는 과정에서 태어난 번역어로서, 1897년경에는 이미 일본어에 정착된 신생한자어였다. 실제로 명치시대(1868-1912)의 각종 사전에는 cinematograph, kinematograph, vitascope, bioscope, biograph, animated photograph, living picture, moving picture, movie 등의 대역어(對譯語)로 '활동사진'이 쓰이고 있다(惣鄕正明·飛田良文 1986:72-73).

'활동사진'이 국내에 전해진 것은 1900년대에 들어와서의 일이다. 1903년 6월에는 한성전기 주식 회사(漢城電氣會社)에서 '활동사진'을 상영하였으며, 1904년에는 영미연초회사(英美煙草會社)에서 '활동사진'을 공개했다는 기록이 있기 때문이다. 그후 1907년에는 한미전기회사(韓美電氣會社)가 동대문 차고에 '활동사진 관람소'를 설치했다고 하는데, 정운복(鄭雲復)의 『독습일어정칙』(獨習日語正則, 초판은 이 1907년 9월 20일 발행)에 '활동사진'이라는 단어가 나타난다.

東大門內ニ 活動寫眞ガ アルサウデスガ 一度 見物ニ 往カウヂヤ アリマセンカ/東大門內에 活動寫眞이 잇다ᄒ니 한번 구경가지 안으랴오(189하단).

이 사실로 볼 때 '활동사진'이라는 신생한자어는 통감부 시대(1905-1910)에 이미 국어에 정착된 단어였음을 알 수 있다. 이 단어가 일본어에서 차용된 결과임은 의심할 여지가 거의 없을 것이다.

한편, 일본어에서는 '활동사진'이라는 명칭이 다시 '영화(映畵)'로 바뀌었는데, 그 시기는 1920년대에 들어와서의 일이다(廣田榮太郎 1969:155-156). 이에 따라 국어에서도 '활동사진'과 함께 '영화'라는 단어가 널리 쓰이게 되었다. 이러한 실상은 1930년대까지도 지속되었다. 이종극(李鍾極)의 『선화양인(鮮和兩引) 모던 조선어외래어사전』(漢城圖書株式會社, 1937)에서 그러한 사정을 엿볼 수 있다.

키네마[kinema] 活動寫眞, 映畵, 씨네마. 活動寫眞館./키네마·칼(컬)러[kinemacolour] 天然色活動寫眞, 原色映畵./키네마토그랲[kinematograph] 活動寫眞機, 映寫機, 活動寫眞.

키네마트(츠)르기[Kinematurgie(獨)] 映畵學, 映畵論./키네마·팬[kinema fan] 映畵愛好者, 映畵狂.

키네마·푸로덕슌[kinema production] 映畵製作(所)./키네토폰[kinetophone] 發聲活動寫眞(機).

키노[kino(露)] 映畵, 키네마.

또한, '영화'와 '활동사진'이라는 단어는 문세영의 『조선어사전』(1937)에도 표제어로 올라 있다.

영화(映畵) (名) 활동사진의 그림.
활동사진(活動寫眞) (名) 눈의 환각(幻覺)을 이용하여 계속적으로 잇대어 나오는 사물의 활동 상태를 영사하는 환등의 한 가지. 키네마.

결국, 영상 매체의 명칭인 '사진, 활동사진, 영화'는 어느 것이나 개화기의 일본어에서 순차적으로 창안된 신생한자어일 뿐 아니라, 이들은 각기 국어에도 그때그때 사용되었다고 볼 수 있다.

참고문헌

*전번 호까지 이미 제시한 문헌은 생략함.
宋　敏(2000), 『明治初期における朝鮮修信使の日本見聞』(國際日本文化研究センター 第121回フォーラム, 1999. 9. 7.).
柏木博(1999), 『日用品の文化誌』(岩波新書 新赤版 619), 岩波書店.
槌田滿文(1983), 『明治大正の新語·流行語』, 角川書店.

出處 국립국어연구원(2001. 8.), 『새국어생활』 11-2·여름: 101-107.

10. ‘合衆國’과 ‘共和國’

신사유람단의 일원이었던 이헌영(李鑑永)은 1881년 5월 23일(양력 6월 19일)부터 6월 19일(양력 7월 13일)까지 요코하마(橫濱) 세관을 거의 매일처럼 찾아가 관련 업무를 세세히 조사하였다. 그 보고서에 해당하는 『일사집략(日槎集略)』에는 다음과 같은 문답이 나타난다.

> (我=이헌영)통상하는 나라가 열일곱인 줄 알았는데, 『조약유찬』에는 열 일곱 나라 외에, 또 孛漏生(프로이센), 印度, 合衆國이 있습니다. 이들은 과연 어느 나라의 속국입니까. (彼=副關長 葦原清風) 孛漏生은 독일이 지배하는 바이고, 인도는 영국에 속해 있으며, 合衆國은 米利堅(메리켄)이 지배하는 바입니다. (我曰)亞墨利加(아메리카)는 곧 네 가지 큰 땅의 하나로 통칭됩니다. 『조약』 안에 나오는 亞墨利加는 실로 나라 이름을 가리키는 것도 아니어서 이것이 의아스럽습니다. (彼曰)그 또한 米利堅의 혼칭입니다
> 我曰 通商各國知爲十七 而見條約類纂 則十七國外 又有孛漏生也印度也合衆國也 此果某國之屬國也 彼曰孛漏生卽獨逸之所統 印度卽英國之所屬 合衆國卽米利堅之所統 我曰亞墨利加是四大部之一 而通稱者也 條約中有曰亞墨利加者實非國名之指一 而是疑訝者也 彼曰 此亦米利堅之混稱耳(問答錄 與副關長葦原清風問答).

이 대화에는 ‘합중국(合衆國), 米利堅, 亞墨利加’라는 지칭이 동시에 나타나는데, 이헌영은 ‘합중국’이 어느 나라의 속국이냐고 묻고 있다. 그에게는 ‘합중국’의 개념이 명확히 파악되지 않았던 것이다. 이 때의 ‘합중국’은 우선 고유 명사로서 ‘米利堅(메리칸), 亞墨利加(아메리카)’와 함께 The United States of America, 곧 ‘아메리카 합중국’을 뜻하지만, 다른 한편으로는 보통 명사로서 united states, 곧 ‘연방’이나 ‘연방국’을 나타내기도 한다. 그러나 대개의 경우 ‘합중국’은 ‘아메리카 합중국’ 곧 ‘미국’을 나타내는 일이 많다. 하여튼 위의 기록은 개화 초기 조선조 지식인의 한 사람이 일본에서 ‘합중국’이라는 명칭의 개념을 직접 듣게 된 경위를 전해주고 있다.

‘합중국’이라는 신생한자어의 성립 과정에 대해서는 齋藤毅(1977:73-128, 제3장 ‘合衆國と合州國’)에 상세한 고증이 보인다. 그에 따르면 The United States of America라는 국호(國號)가 공식적으로 처음 쓰인 것은 1776년 7월 4일의 ‘독립선언(Declaration of Independence)’에서였는데, 이 명칭은 그후 1787년에 제정된 헌법 전문(前文)에도 그대로 사용되었다고 한다. 그런데 The United States (of America)에 대한 번역어로서의 ‘합중국’은 중국에서 먼저 만들어졌는데, 그 이유는 19세기 초엽에 시작된 중국과 미국의 직접적인 접촉이 일본과 미국의 접촉보다

빨랐기 때문일 것이라고 한다. 사실, The United States (of America)에 대한 청대(淸代)의 번역어로서는 우선 '聯邦, 聯邦國, 美理格洲聯邦國, 美國聯邦, 大美聯邦, 公議同聯之邦, 合省國, 美理哥合省國, 合國, 合數國, 合邦, 美國之合邦, 合成之國, 列國一統, 系維邦國, 衆盟之邦, 兼攝邦國, 北米利加兼攝列邦, 總攝部落, 總理部落'과 같은 갖가지 어형과 함께 '합중국'이라는 어형도 일찍부터 쓰인 바 있다.

그 확실한 사례의 하나로서는 1844년(道光 24) 5월 18일(양력 7월 3일) 아모이(廈門) 교외의 망하촌(望廈村)에서 체결된 망하 조약에 The United States of America가 '亞美理駕洲大合衆國' 또는 '大合衆國'으로 번역되어 있다고 한다. 그후부터의 각종 서양소개서에는 '연방국'이나 '미국'이라는 뜻으로 '합중국'이 자주 쓰이고 있는데, 특히 '미국'이라는 뜻으로는 America의 음사형(音寫形)인 '彌利堅, 米利堅, 美利哥, 亞墨利加, 亞墨理駕'나 United States의 음사형인 '奈育士迭'이 쓰이기도 하였고, 번역형으로서는 바로 위에 예시한 여러 가지 어형과 함께 '합중국' 또는 '合衆部, 合衆邦, 合衆民主國, 花旗(國)' 등도 나타난다. 맨 마지막에 보이는 '花旗' 또는 '花旗國'은 선박에 성조기를 꽂고 다녔기 때문에 광동인(廣東人)들이 그렇게 부른 데서 생긴 명칭이라고 한다. 이처럼 중국에서는 일찍부터 다양한 음사형과 번역형이 쓰였음을 알 수 있다.

한편, 미국에 대한 정보가 일본에 전해진 것은 중국판 지리서에 앞서 네델란드어로 쓰인 지리서, 곧 난학서(蘭學書)를 통해서였으리라고 한다. 이러한 의미에서 19세기 초엽 이후 일본인들의 미국 관련 지식은 중국과는 거의 관계없이 독자적으로 얻어진 것이었다.

일본의 지식인들은 먼저 세계 각국의 국체(國體)에 관심을 보였다. 가령, 와타나베 가잔(渡辺崋山)의 『외국사정서』(外國事情書, 1839)에는 미국이 repyufurēki(レピュフレーキ) 또는 fur-uwēnigute sutāden(フルヱーニグテ スターデン)으로 소개되고 있는데, 전자는 네델란드어 re-publijk, republiek(영어로는 republic), 후자는 ver(ee)nigte staten(영어로는 United States)에 해당한다. 실상, 일본인들은 동양에 없었던 통치 양식인 republijk을 이해하고 소화하는 데 많은 시간과 노력을 아끼지 않았다.

그리하여 일본에서는 1850년대까지 republijk에 대한 번역어로 '왕없이 지배되는 나라(王ナクシテ支配サルヽ國), 共治國, 共和政治, 共和國, 合衆議政의 나라(合衆議政の國), 合衆國, 서로 돕는 나라(相互に助け合ふ國), 會合을 갖는 나라(寄合持ノ國), 衆議로 한 사람을 선출하여 國政을 맡도록 하는 나라(衆議シテ其一人ヲ選出シ國政ヲ司ランスル國), 會治政, 會治國, 民人八治'와 같은

표현이 쓰였다. 여기서 특히 주목되는 것은 미츠쿠리 쇼고(箕作省吾)의 『곤여도지』(坤輿圖識, 1845)에 나타나는 '공화정치, 공화국'과 스기타 겐탄(杉田玄端)의 『지학정종』(地學正宗, 1848)에 나타나는 '합중국'이다. 양자가 모두 republijk을 뜻하고 있기 때문이다. 다시 말해서 일본에 서는 미국식 정치 제도가 '공치국, 공화국, 공화정치'로 표현되기도 하고 '합중의정의 나라, 합중국'으로 표현되기도 하였다. 따라서 이 때의 '공화국'과 '합중국'은 똑같은 의미로 쓰였다 고 볼 수 있다.

중국 고전에 나타나는 '공화(共和)'는 본래 '군주가 없는 상태에서 공동 협의로 이루어지는 정치'를 뜻하는 말로서, 『사기(史記)·주본기(周本紀)』에는 "소공과 주공 두 재상이 정사를 행했 는데 이를 공화라 한다(김公周公二相行政 號曰共和)"처럼 쓰인 바 있다. 이 어형을 republijk에 대한 번역어로 전용한 것은 일본의 지식인들이었다. 결국, '공화국'은 일본에서 쓰이기 시작 한 신생한자어인 셈이다.

앞에서 본대로 '합중국'은 The United States (of America)에 대한 중국식 번역 어형이다. 그 출현 시기 또한 중국이 앞서기 때문에 일본 문헌에 쓰인 '합중국'은 중국에서 전해진 것으 로 간주되고 있다. 아마도 1850년을 전후하여 일본 외교의 그늘에서 노력한 당통사(唐通事=중 국어 통역)나 난통사(蘭通事=네델란드어 통역)들은 중국에서 통용되는 '합중국'을 알고 있었기 때문 에, 그들의 입을 통하여 이 명칭이 일본에 전해졌으리라는 것이다(齋藤毅(1977:117). 실제로 1854년에 체결된 일미화친 조약(日米和親條約)에는 '亞墨利加合衆國' 또는 '合衆國'이라는 명칭 이 공식적으로 쓰인 바 있다.

요컨대, 일본에서는 한동안 '합중국'이 '공화국'과 '미국'을 동시에 나타내기도 하였으나, 1880년대 이후 '합중국'은 주로 America나 The United States에 대한 번역어, '공화국'은 re-public에 대한 번역어로 구분되기에 이르렀다. 이와 같은 사실은 Satow(1876, 개정판 1879), 尺振八(1884), 棚橋一郎(1885), Hepburn(1886, 3판), 島田豊(1888)와 같은 사전류를 통해서 확인 할 수 있으며, 惣鄉正明·飛田良文(1986)에 수집된 명치 시대의 어휘 자료도 그와 같은 사실을 뒷받침해 준다.

개화 초기의 신생한자어나 그 개념은 그때 그때 국내에도 전해졌다. 가령, 이헌영의 『일사 집략』(1881)에는 그가 일본에 머무르는 동안 나카다 다케오(中田武雄)라는 인물한테서 받은 것 으로 보이는 시론(時論) 한편이 옮겨적혀 있는데, 거기에는 국체(國體)의 종류가 나타난다. 그 다섯 번째가 '합중정치(合衆政治)'로 되어 있다.

국체의 조직을 대별하면 다섯 가지가 있는데, 하나는 군주전제, 둘은 군주전치, 셋은 귀족전치, 넷은 군민공치, 다섯은 합중정치입니다. 그중 지공 지명한 것은 합중정치이며, 그 다음은 군민공치입니다. 이 두 가지 중에서 하나를 택하지 못하면 곧 그 나라를 문명하다고 할 수 없고, 그 백성을 족히 유식하다고 할 수 없습니다. 그 밖의 세 가지 정치는 미개한 인민이나 복종하고, 어리석은 야만이나 달게 여기는 것이니...

　　國體之爲組織也大別萬國爲五種 一曰君主專制 二曰君主專治 三曰貴族專治 四曰君民共治 五曰合衆政治 而其至公至明者爲合衆政治 次爲君民共治 就此二者 而非擇其一則其國不可稱文明 其民不足稱有識 其他三政者 未開人民服之 渾沌野蠻甘之 (散錄 中田武雄書).

유길준(俞吉濬)도 『서유견문(西遊見聞)』(1895)에 정부의 종류를 제시하고 있다. 그 다섯 번째는 '國人의 共和ᄒᆞᄂᆞᆫ 政體' 또는 '합중정체(合衆政體)'로 되어있다.

　　第一 君主의擅斷ᄒᆞᄂᆞᆫ政體. 其國中에法律政令의一切大權이皆其君主一人의手中에在홈을云홈이니.... 第二 君主의命令ᄒᆞᄂᆞᆫ政體(又曰壓制政體). 其國中의法律과政令을君主一人의獨斷홈을由호ᄃᆡ臣下의公論을從ᄒᆞᄂᆞᆫ者를云홈이니.... 第三 貴族의主張ᄒᆞᄂᆞᆫ政體. 國中에一定ᄒᆞ君主가無ᄒᆞ고其政事와法令이貴族의合議ᄒᆞᄂᆞᆫ權勢에在ᄒᆞ者를謂홈이니.... 第四 君民의共治ᄒᆞᄂᆞᆫ政體(又曰立憲政體). 其國中에法律及政事의一切大權을君主一人의獨斷홈이無ᄒᆞ고議政諸大臣이必先酌定ᄒᆞ야君主의命令으로施行ᄒᆞᄂᆞᆫ者를指홈이니.... 第五 國人의共和ᄒᆞᄂᆞᆫ政體(又曰合衆政體). 世傳ᄒᆞᄂᆞᆫ君主의代에大統領이其國의最上位를居ᄒᆞ며最大權을執ᄒᆞ야其政令과法律이며凡百事爲가皆君民의共治ᄒᆞᄂᆞᆫ政體와同ᄒᆞ者니...(第5편 政府의 種類).

『서유견문』에는 또한 '合衆國' 또는 '亞美利加洲合衆國'이나 그 곡용형이 수십 번 나타난다. 이렇게 쓰인 '합중정치'나 '합중정체' 그리고 '합중국'은 모두 일본을 통하여 국내에 전해진 것이다. 한편, 게일의 『한영ᄌᆞ뎐』(1897)에는 '합중국, 화긔국(花旗國), 미국(美國)'이 다같이 표제어로 올라 있는데, 그 뜻은 모두 같은 것으로 풀이되어 있다.

　　합즁국 合衆國. The United States. *See* 미국/화긔국 花旗國. The land of the flowering flag the United State. *See* 미국/미국 美國. America—the United States. *See* 합즁국.

『한영ᄌᆞ뎐』에서 '미국'이 '美國'으로 표기된 점은 중국식의 영향으로 생각된다. 일본에서는 '미국'이 보통 '米國'으로 표기되는 경우가 많았기 때문이다. '화긔국'도 중국식 어형의 영향일 가능성이 크다. 그렇다면 이 경우의 '합중국' 또한 중국식 어형의 영향일 듯하나 단정하기는 어렵다. 이전 논의에서 지적해 둔 것처럼 『한영ㅈ뎐』에는 일본식 어형의 영향이 상당수 포함되어 있기 때문이다.

한편, 『서유견문』에서는 '공화정치'(제20편 厚蘭布土프랑포어트)라는 용례를 찾을 수 있으며, 『독립신문』에는 '공화국'이라는 용례도 나타난다(朴英燮 1994:131).

결국, 개화기 국어에 이용된 신생한자어 '합중국'과 '공화국'은 어느 쪽이나 일본을 통하여 국내에 전해진 것이다. 다만, '합중국'은 The United States (of America)에 대한 번역어로서 중국에서 먼저 만들어진 후 일본에 전해졌고, '공화국'은 네델란드어 republijk에 대한 번역어로서 일본에서 만들어졌다. 한동안 일본에서는 이들 두 어형이 다같이 영어 republic의 개념으로 쓰이기도 하였으나, 점차 대상이 서로 다른 번역어로 굳어지면서, 문세영의 『조선어사전』(1938)에는 다음과 같은 뜻으로 오르기에 이르렀다.

합중국(合衆國) 여러 나라가 연합하여 공동의 정부를 조직하고 완전한 외교권(外交權)을 가진 국가.
공화-국(共和國) 공화정치를 행하는 나라/공화-정치(共和政治) 백성 속에서 대통령을 선거하여 일정한 연한(年限) 동안에 그 사람에게 그 나라의 정치를 맡기는 정치.

出處 국립국어연구원(2001. 9.), 『새국어생활』 11-3·가을: 95-101.

11. '熱帶, 溫帶, 寒帶'의 출현

개화 초기 신사유람단의 일원으로 일본을 돌아본 이헌영(李𨯶永)은 당시의 한 지식인으로 보이는 인물 나카다 타케오(中田武雄)한테서 글 한 편을 받는다. 『일사집략』(日槎集略, 1881)에 채록된 그 글 가운데에는 다음과 같은 내용이 포함되어 있다.

어린아이들이 서로 장난치며 말하기를 러시아 땅과 영국 영토의 넓고 좁기가 어떠하며, 미국 그림과 프랑스 글의 교묘함과 치졸함이 어떠하고, 어떤 땅은 북위 몇 도에 있으며, 어떤 부는 한대지경에 가깝다고 합니다[兒童相戲言曰 魯地與英領 廣狹如何 米畵與佛書 巧拙如何 某地在北緯幾度 某府近寒帶之境(卷之人 散錄 中田武雄書)].

이 때의 '한대지경(寒帶之境)'이란 '한대지방', 곧 '한대(寒帶)'와 같은 말로서 '열대(熱帶)'나 '온대(溫帶)'와는 대립을 이루는 지리학 용어의 하나에 속한다. 그러나, 이헌영은 '한대지경(寒帶之境)'을 단순히 '추운 지대에 걸쳐있는 땅' 정도로 이해했을 뿐, 지리학의 전문 용어로는 파악하지 못했을 것이다. 이 말을 쓴 일본인 나카다 또한 그 의미를 제대로 인식하고 썼는지는 알 길이 없으나, 당시에는 이들 지리학 용어가 일본어에 정착되어 있었다. 다음과 같은 사전으로 그 사실을 확인할 수 있다.

Satow/Ishibashi(초판 1876, 개정판 1879): Tropic, n. —s (the zone), *nettai*(c).
nettai='熱帶'
尺振八(1884):　Tropic,　（名）　回歸線[天。地]○(複)熱帶[地]二地線[天。地],
Tropic, Tropical, （形）二地線ノ。熱帶ノ。熱帶地方ノ, Temperate zone. 溫帶[地],
Frigid zone. 寒帶(極ト極圈トノ間ニアル地)。
棚橋一郎(1885): Tropic, s. 熱帶。二至規, Tropical, a. 譬喩ノ。熱帶間ニ在ル。
熱帶ノ

다만, '열대, 온대, 한대'는 영일(英日) 대역(對譯) 사전류에만 나타날 뿐, 일영(日英) 대역사전에는 잘 나타나지 않는 듯하다. 가령, Hepburn의 『화영어림집성(和英語林集成, 초판 1867, 개정증보판 1872)의 경우, 그 3판(1886)에도 이들 어휘가 등록되어 있지 않은 것이다. 다른 문헌에 의하면 이들 단어는 당시의 일본어에 분명히 확립되어 있었는데도, Hepburn(1886)과 같은 사전에 올라있지 않은 원인은 이들이 지리학 용어여서 일상의 일본어에서는 별로 쓰이는 일이 없었기 때문일 것이다.

한편, 비슷한 시기의 국어에는 '열대, 온대, 한대'가 정착되지 않았던 것으로 보인다. 실제로 『한불ᄌ뎐』(1880)에는 그러한 단어가 나타나지 않는다. 그러다가 1890년대에 들어서면 이들 단어가 국어에 한꺼번에 나타난다. 유길준(俞吉濬)의 『서유견문』(西遊見聞, 1895)에는 이들 세 단어가 모두 한자어로 나타나며(이한섭[외] 2000), 그 후의 『한영ᄌ뎐』(1897)에도 다음과 같은 표제어로 나타나는 것이다.

열ᄃᆡ　*s.* 熱帶 The Equator.
온ᄃᆡ　*s.* 溫帶 The tropics; the temperate zones.
한ᄃᆡ　*s.* 寒帶 The polar circles: the polar zones.

지금 같으면 영어의 equator는 '적도(赤道)', tropics는 '열대'에 대응되는 말이지만, 게일

(Gale, J. S.)은 '열딕'를 equator, '온딕'를 tropics로 풀이하고 있다. 어찌되었건, 게일은 '열딕, 온딕, 한딕'를 국어 단어로 인정했음을 알 수 있다. 그 전에는 이들 단어가 국어에 존재하지 않았을 것이므로 이들은 신생 한자어에 속한다. 요컨대, 『서유견문』이나 『한영즈뎐』은 '열딕, 온딕, 한딕'라는 단어가 국어에 정착된 시기를 알려주고 있는 셈이다.

그렇다면 이들 지리학 용어의 계보가 궁금해진다. 이들 용어의 성립 과정이나 일본어에 정착된 과정에 대해서는 아라카와 키요히데(荒川淸秀 1997)에 상세한 고증이 나타난다. 그 내용을 토대로 하여 필자 또한 국어에 정착된 이들 단어에 대하여 약간의 논의를 펼친 적이 있으나(宋敏 1998:27-29), 미흡함이 있었으므로 여기에 약간의 새로운 근거를 보태어 재론하기로 한다.

우선, 이들 세 가지 용어 중 '열대(熱帶)'라는 어형만은 그 동안 마에노 료타쿠(前野良澤, 1720-1803)의 『관려비언』(管蠡秘言, 1777)에 최초로 나타난다고 알려져 있었다. 다시 말하면 '열대(熱帶)'는 일본어 기원의 신생 한자어로 여겨졌다. 그러나 이 책에는 나머지 두 용어가 각기 '정대(正帶), 냉대(冷帶)'로 되어 있다. 문제는 이들 '열대, 정대, 냉대'라는 어형이 어디서 유래했을까 하는 점이다. 이러한 의문은 결국 중국문헌을 통하여 해결된다.

아라카와(1997)에 의하면 '열대, 정대, 냉대'라는 지리학 용어를 한꺼번에 보여주는 문헌은 남회인(南懷仁, F. Verbiest, 1623-1688)의 『곤여도설』(坤輿圖說, 1674)이라고 한다. 이로써 마에노 료타쿠는 일단 남회인의 용어를 그대로 계승하여 썼다고 볼 수 있다(荒川淸秀 1997:33 이하). 그러나 남회인과 마에노가 함께 사용한 용어 중 '열대(熱帶)'를 제외한 나머지 둘, 곧 '정대(正帶)'와 '냉대(冷帶)'는 오늘날 일본이나 국어의 '온대(溫帶), 한대(寒帶)'와는 그 어형이 사뭇 다르다. 여기에는 복잡한 역사적 과정이 개입되어 있었음을 짐작할 수 있다. 여기서는 아라카와(1997:33-60)의 상세한 추론을 토대로 하여 게일의 『한영즈뎐』(1897)에 나타나는 '열딕, 온딕, 한딕'의 배경을 살피기로 한다.

우선, 남회인의 『곤여도설』에 '열대(熱帶), 냉대(冷帶)'가 나타나는 것은 사실이지만, 그 어형은 명사형이 아니었다. '열대'와 '냉대'가 나타나는 원문은 각기 "차지심열대근일륜고야(此地甚熱帶近日輪故也)"와 "차이처지거심냉대원일륜고야(此二處地居甚冷帶遠日輪故也)"로 되어있다. 이때의 '열대'와 '냉대'를 명사형으로 해석하려면 원문을 각기 "此地甚熱帶, 近日輪故也"와 "此二處地居甚冷帶, 遠日輪故也"처럼 떼어서 읽어야 하는데, 이러한 해독은 문법적으로 용인되지 않는다. 여기에 나타나는 '심(甚)'은 한정부사여서 형용사나 동사 앞에만 쓰일 수 있을 뿐, 명사 앞에는 쓰일 수 없기 때문이다. 결국, 위의 원문에 대해서는 "此地甚熱, 帶近日輪故也"

와 "此二處地居甚冷, 帶遠日輪故也"처럼 '熱'과 '帶', '冷'과 '帶'를 각기 띄어서 읽어야 옳다. 다시 말해서 원문의 '熱'과 '帶', '冷'과 '帶'는 통사 구조상 각기 별개의 구에 속하기 때문에 '熱帶, 冷帶'처럼 묶어서 명사형으로 볼 수 없다는 뜻이다.

그런데 이보다 더 오래 된 중국문헌에는 '열대, 온대, 냉대'가 다 같이 명사형으로 쓰인 사례가 있다. 애유략(艾儒略, G. Aleni, 1582-1649)의 『직방외기』(職方外紀, 1623)가 그것이다. 이 책에 나타나는 '열대, 온대, 냉대'는 분명한 명사형이지만, 이번에는 '온대(溫帶)'라는 어형이 문제다. 남회인의 『곤여도설』이나 마에노의 『관려비언』에 쓰인 '정대(正帶)'와는 그 어형이 다르기 때문이다. 결국, 『곤여도설』이나 『관려비언』은 『직방외기』가 아닌 다른 계통의 용어를 이어 받았다고 볼 수밖에 없다. 그것이 곧 이마두(利瑪竇, M. Ricci, 1552-1610)의 『곤여만국전도(坤輿萬國全圖)』(1602)였으리라고 생각된다. 다만, 이 책에 '열대, 정대, 냉대'가 나타나기는 하지만, 문제는 '열대'와 '냉대'가 명사형이 아니라, 『곤여도설』과 똑같은 구성을 보인다는 점이다. 그러나 이마두의 그 후 저술 『건곤체의(乾坤體義, ?1605)에는 '열대(熱帶), 정대(正帶), 한대(寒帶)'가 명사형으로 쓰이기도 하였다고 한다(荒川淸秀 1997:44). 이상의 내용을 알기 쉽게 재정리하면 다음과 같다.

중국문헌	利瑪竇, 『坤輿萬國全圖』(1602)	-熱, 帶-	-正帶-	-冷, 帶-
	利瑪竇, 『乾坤體義』(1605)	-熱帶-	-正帶-	-寒帶-
	艾儒略, 『職方外紀』(1623)	-熱帶-	-溫帶-	-冷帶-
	南懷仁, 『坤輿圖說』(1674)	-熱, 帶-	-正帶-	-冷, 帶-
일본문헌	前野良澤, 『管蠡秘言』(1777)	-熱帶-	-正帶-	-冷帶-

이로써 이들 상호간의 역사적 계보는 비교적 선명하게 드러난다. 결국, 艾儒略(1623)은 리마두(1602)의 통사적 기술을 명사형으로 정비하여 균형이 잡힌 용어로 만들었을 뿐 아니라, '정대(正帶)'라는 용어를 '열대(熱帶), 냉대(冷帶)'와 대비가 되도록 '온대(溫帶)'로 조정하였다. 그러나 남회인(1674)은 잘 정비된 애유략(1623)의 용어 대신 정비가 덜된 이마두(1602)의 표현을 그대로 이어 받았다고 볼 수 있다. 남회인(1674)이 이마두(?1605)를 이어 받았다고 보기 어려운 이유는 다른 책의 '냉대' 자리에 이마두(?1605)는 '한대'를 쓰고 있기 때문이다. 마지막으로 마에노(1777)는 애유략(1623)이 아닌 이마두(1602)나 남회인(1674) 계통의 자료를 이어 받으면서 그 표현만은 명사형으로 정비했다는 결론이 된다.

문제는 이들 중국 문헌이 금서(禁書) 시기의 일본에 어떻게 유입되어 지식인들에게 영향을 끼쳤을까 하는 점이지만, 여기에 대해서는 의심할 여지가 없는 증거들이 있다고 한다(荒川淸秀, 1997:38). 그런데도 문제는 남아 있다. '열대(熱帶)'나 '온대(溫帶)'는 그렇다고 치더라도, 당초의 '냉대(冷帶)'는 어떻게 '한대(寒帶)'로 대치되었는가 하는 점이다. 그러나 18세기 말엽부터 나타나기 시작한 '한대'는 19세기를 통하여 일본어 단어로 확실히 굳어졌다고 한다(荒川淸秀, 1997:50-51). 그렇다고 하더라도, 이 어형 또한 이마두의 『건곤체의』(?1605)에 이미 명사형으로 쓰인 바 있으므로, 그 기원은 17세기 초의 중국 문헌으로 거슬러 올라가는 셈이다.

그런데, '열대, 온대, 한대'가 그 후의 중국어에 직접 계승되었던 것은 아니다. 중국어에서는 20세기 초엽까지 '한대(寒帶)'와 '한도(寒道)'는 물론, '열대(熱帶)'와 '열도(熱道)', '온대(溫帶)'와 '온도(溫道)', 곧 '-대(帶)'계와 '-도(道)'계가 공존하면서 꾸준한 경합을 계속한 바 있다(荒川淸秀 1997:49-60)는 사실 때문이다.

참고로, 유정담(劉正埮[외] 1984)에서는 중국어의 '[rèdài](熱帶)'와 '[hàndài](寒帶)'를 일본어에서 기원한 어형으로 보고 있으나, '온대(溫帶)'에 대해서는 언급이 없다. 이에 대하여, 황하청 (黃河淸 역, 1997=Masini, F., 1993)에서는 '[redai](熱帶)'를 "1602년 리마두가 창조한 신어(利瑪竇所創造新詞)"로, '[wendai](溫帶)'를 "1623년 애유략이 이 신어를 창조하였다(艾儒略創造了這個新詞)"고 풀이하고 있으나, '한대'에 대한 언급은 없다. 어느 쪽에도 세 가지 단어가 함께 등록되어 있지는 않을 뿐 아니라, 그 기원에 대한 견해도 서로 다르다. 이러한 차이는 중국어의 경우 이들 어휘가 17세기에 이루어진 외국인 선교사의 저술에서 직접 계승되었는가 그렇지 않은 가라는 견해상의 차이일 뿐이어서, 어느 쪽이 옳고 그르다고 당장 판단하기는 어렵다. 결론적으로, 『한불ᄌ뎐』(1880)에는 나타나지 않다가 『서유견문』(1895)이나 『한영ᄌ뎐』(1897)에 잇달아 출현하는 국어의 '열대, 온대, 한대'라는 신생 한자어는 일본어 쪽에서 수용되었을 가능성이 높다. 『서유견문』은 두 말할 필요도 없거니와, 이전의 논의에서 지적한 대로 『한영ᄌ뎐』에는 일본어의 영향이 분명히 잠재하고 있기 때문이다.

참고문헌

*전번 호까지 이미 제시한 문헌은 생략함.
宋　敏(1998), 開化期 新生漢字語彙의 系譜, 國民大 語文學硏究所 『語文學論叢』 17.

出處 국립국어연구원(2001. 12.), 『새국어생활』 11-4·겨울: 89-94.

12. '病院'의 성립과 정착

신생 한자어 중에는 한동안 일본에서 창안되었다고 여겨졌던 어형이 실제로는 그보다 훨씬 이전인 중국의 초기 양학서(17세기)에서 발견되는 일도 있다. 이로써 일본어에서 비롯되었다고 여겨지던 신생어의 발원지가 중국어였다는 사실이 밝혀지기도 하는데, '병원(病院)'이란 신생 한자어도 그 중 하나에 속한다. 여기에 대해서는 송민(1998, 2002)에서 단편적인 논의를 거듭한 바 있으나 미흡한 점이 많았기에 다시 한번 그 성립과 정착 과정을 정리하기로 한다.

개화 초기인 1881년, 신사유람단의 한 사람으로 일본을 돌아본 이헌영(李𨪝永)은 오사카(大阪)에서 의료 시설을 방문한 적이 있는데, 그 사실은 다음과 같이 기록되어 있다.

> "또한, 요병원(療病院)에 가니 의장(醫長, 의사) 열 사람이 있었다. 학도(學徒) 삼사백 명을 가르치는데, 병자 또한 수백 명이나 되었다"(又往療病院 而有醫長十人 教授學徒 三四百人 病者亦爲幾百人)(『日槎集略』 日記 4월 18일).

이 때의 '요병원(療病院)'이란, 당시의 일본어에서 '병원'이라는 뜻으로 통용된 여러 가지 어형 가운데 하나였다. 이헌영의 기록에는 '병원'이라는 어형도 나타난다. 『일사집략』의 산록(散錄) 각 관아소관(各官衙所管) 문부성(文部省) 산하에는 동경대학 의학부가 포함되어 있는데, 그 다음 줄의 첫머리에 적혀있는 '병원'이 그것이다. 이 '병원'은 동경대학 의학부의 병원을 나타내는 고유명사에 속한다. 어찌되었건 이헌영은 일본에서 '요병원'과 '병원'이라는 두 가지 어형과 접촉했다는 사실이 확인된다.

당시의 일본어에는 '병원'이라는 어형이 쓰이기도 하였지만, 일반적으로는 '의원(醫院), 시약의원(施藥醫院), 제원(濟院), 보제원(普濟院), 양병원(養病院), 대병원(大病院), 피병원(避病院), 요병원(療病院)' 등 다양한 어형으로 나타난다(佐藤亨 1983:49-55). 실제로, 일본 최초의 서양식 의료 기관은 1877년 해군성이 시나가와(品川)에 세운 전염병 환자 수용시설인데, 그 명칭은 '피병원(避病院)'이었다(槻田滿文 1983:257, 樺島忠夫・飛田良文・米川明彦 1984:277).

한편, 일본어 '병원'은 1870-80년대에 출판된 사전류에 영어 hospital의 대역어로도 나타난다.

> Hospital, biôin(Satow 1876), biô-in(Satow 1879). <참고> biô-in은 '病院'임(一필자)
> Hospital, 病院, 貧院/Infirmary, 病院(尺振八 1884).

Hospital, 病院, 施濟院/Infirmary, 病院(棚橋一郎 1885).

Hospital, Byō-in/Infirmary, Byōin/Byō ビヤウ 病. *byō-in*, 一院 a hospital, infirmary/Hibyō-in ヒビヨウイン 避病院. A hospital……(Hepburn 1886).

Hospital, 病院, 貧院, 救育院/Infirmary, 病院(島田豊 1888).

이처럼 일본어 '병원'은 hospital의 첫 번째 번역어였으며, 특히 infirmary의 번역어로는 '병원'만 쓰였을 뿐이다. 다만, Hepburn(1886)만은 권말에 붙어있는 영어 사전에서 hospital, infirmary를 다같이 '병원'으로 풀고 있으나, 정작 일본어 사전에는 '병원'이 '병(病)'의 부표제어로만 나타나는 반면, '피병원'이라는 어형이 표제어로 나타나 앞뒤가 일치하지 않는다.

한 조사(佐藤亨 1983:44)에 의하면, '병원'이라는 어형을 처음으로 보여주는 일본 문헌은 난학자(蘭學者) 가츠라가와 호산(桂川甫粲. 본명은 森島中良, 1754-1808. 〈참고〉佐藤亨 1983에는 '森島'가 '中島'로 잘못 적혀 있으나, 荒川清秀(1997:29, 126)에는 '森島'로 바르게 나타난다—필자)의 『홍모잡화』(紅毛雜話, 1787)라고 한다. 이 책에는 유럽의 사회복지 시설을 소개한 부분이 나타나는데, 그 가운데에는 "가스토호이스(네델란드어 Gasthuis—필자)라는 시설이 있다. 明人은 병원으로 번역한다"(同國中にガストホイスという府あり. 明人病院と譯す)라는 항목이 포함되어 있다. 이 때의 '명인(明人)'은 명나라 사람으로 해석되기 때문에 여기에 보이는 '병원'은 중국어에서 나온 번역어형임을 알 수 있다. 『홍모잡화』의 '명인'이란 중국의 양학서를 뜻하고 있다는 사실이 밝혀진 것이다.

실상, '병원'은 애유락(艾儒略, G. Aleni, 1582-1649)의 『직방외기』(職方外記, 1623), 남회인(南懷仁, F. Verbiest, 1623-1688)의 『곤여도설』(坤輿圖說, 1674)에 '빈원(貧院), 유원(幼院)'과 함께 나타나며, 남회인의 『서방요기』(西方要紀, 연대미상)에도 '양병원(養病院)'과 함께 나타난다(佐藤亨 1983: 43-46). 결국, '병원'의 당초 발원지는 중국의 초기 양학서였으며, 이들의 일본 유입과 더불어 '병원'이라는 신생어도 일본어에 전해졌다는 사실이 드러난 것이다(佐藤亨 1983:42-59, 荒川清秀 1997:29-30).

이 '병원'이란 어형은 중국의 후기 양학서(19세기)에는 계승되지 못했다. 중국어에서는 오히려 '의원(醫院), 의관(醫館), 제병원(濟病院), 대병원(大病院), 보제원(普濟院), 양병원(養病院), 시의원(施醫院)'과 같은 다양한 어형이 쓰였을 뿐이다(佐藤亨 1983:47-49).

국어의 경우, 이 '병원'을 처음 보여주는 문헌은 『한불ᄌᆞ뎐』(1880)이다. 여기에는 "병원 病院 Ho(ô의 오식—필자)pital, hospice pourles malades"처럼 나타난다. 이 때의 '병원'은 『직방외기』나 『곤여도설』과 같은 중국의 초기 양학서에서 나온 것으로 추정된다. 국내에 들어온 서양의 천주교 신부 중에는 중국에서 한문 소양을 쌓은 사람도 있었으므로 『한불ᄌᆞ뎐』의 편찬 과정에서 초기 양학서를 참고했을 가능성이 없지 않기 때문이다.

우리나라 최초의 국립의료기관은 1885년의 광혜원(廣惠院)이었다. 1884년에 내한한 미국의 선교의사 알렌(安連, H. N. Allen, 1858-1932)이 갑신정변 때 칼을 맞아 중상을 입은 민영익(閔泳翊)을 치료해준 인연으로 고종의 시의관(侍醫官)에 임명되자 병원 설립을 건의한 것이다. 그러나 2월 29일에 설립된 광혜원은 개원 12일 만인 3월 12일 통리교섭 통상사무 아문의 건의에 따라 그 명칭이 제중원(濟衆院)으로 바뀌었다. 이 과정을 통하여 '병원'이라는 일반 명칭도 점차 국어에 확산되었을 것이다. 다만, '병원'은 『한불ᄌᆞ뎐』이나 『일사집략』의 '병원'과는 다른 통로를 따라 국어에 정착했을 것으로 추정된다. 실제로 1890년대부터는 '병원'이라는 어형이 국어에 자주 쓰이고 있는데, 유길준의 『서유견문』(西遊見聞, 1895)이나 『독립신문』(1896. 4.-1899. 12.)에는 그 용례가 수십 차례씩 나타나며, 『한영ᄌᆞ뎐』(1897)에는 표제어로도 올라 있다. 몇몇 용례를 보이면 다음과 같다.

> 『서유견문』 제17편 病院. "病院은病人治療ᄒᆞ기爲ᄒᆞ야 設立ᄒᆞᆫ者로딕"(442면)/"佛蘭西京城巴里에病院이大小合ᄒᆞ야十餘所니一院에配實ᄒᆞᄂᆞᆫ醫士의數ᄂᆞᆫ病院의大小를 隨ᄒᆞ야八人或十五人이오"(442면)/"諸病院이 各部內에 散在ᄒᆞ나(443면).
> "病院 병보ᄂᆞᆫ집"(李鳳雲·境益太郞, 『單語連語 日話朝雋』, 1895:23a).
> 『독립신문』. "텬안 딩산도 김덕긔가 물기울셔 이들 류일 불안당의게 돈 쳔량을 쎅앗기고 칼에 샹ᄒᆞ야 모화관 병원에셔 나흘 약을 붓치고 갓다더라"(제1권 17호, 1896. 5. 14. 2면 잡보)/"그러나 쳥인 이라도 셔양 사람들 ᄀᆞᆺ치 죠션 와셔 학교와 병원과 졔죠쇼와 각식 기화샹 일을 ᄒᆞ야"(제1권 20호, 1896. 5. 21. 1-2면 논셜)/"누가 그병든 사람을 틔여다 ᄇᆞ렷ᄂᆞᆫ지 셔울 몃관딕 병원이 잇거늘 엇지 모로ᄂᆞᆫ지 참 참혹ᄒᆞᆫ 일이더라"(제1권 23호, 1896. 5. 28. 2면 잡보).
> "병원 病院 A hospital; a room where the sick are cared for"(『한영ᄌᆞ뎐』).

여기에 나타나는 일반명사 '병원'은 직접적이건 간접적이건 일본어를 차용한 결과로 추정된다. 『서유견문』과 『단어연어 일화조준』의 '병원'이 일본어의 문자표기에서 나온 어형임은 의심할 여지가 없으며, 『독립신문』이나 『한영ᄌᆞ뎐』의 '병원' 또한 일본어형과 무관하지 않을 것이다. 특히 『한영ᄌᆞ뎐』에는 당시의 일본어가 상당수 포함되어 있기 때문에, 위의 예시문에 나타나는 '병원' 또한 『한불ᄌᆞ뎐』이나 『일사집략』에서 계승되었다기보다 일본어에서 수용되었을 가능성이 높은 것이다.

국어의 '병원'은 당시의 중국어에 기반을 두었을 가능성 또한 거의 없다고 말할 수 있다. 위에서 본대로 '병원'이라는 어형은 중국의 후기 양학서에는 나타나지 않는 반면, 몇몇 초기 양학서에만 나타나는데,『독립신문』이나『한영ᄌ뎐』이 그러한 초기 양학서를 참고했으리라고는 믿어지지 않기 때문이다.

국어에 정착된 일반명사 '병원'은 19세기 말엽 드디어 관청 문서에도 나타난다. 1899년 4월 26일에는 '병원 관뎨'가 칙령 제14호로 공포되었고(『독립신문』제4권 제92호, 1899. 4. 27. 1면), 이어서 '병원 셰칙'이 마련되면서(『독립신문』제4권 제106호, 1899. 5. 13. 1면) 광제원(廣濟院)이라는 국립병원이 설립되기에 이른 것이다. 이러한 사실들은 '병원'이 이미 국어에 정착했음을 알려준다.

그후 20세기에 들어서면 국어의 '병원'은 일본어 '병원'의 대역어로 자리를 굳혔음이 드러난다. 정운복(鄭雲復)의『독습 일어정칙』(獨習日語正則, 1907)과 같은 대역 자료를 통하여 그 사실의 일단을 확인할 수 있다.

> 病院. 病院ニハ 看護婦ガ 居リマス／病院에ᄂᆞᆫ 看護婦가 잇습니다(246하단), 病院 デハ 凡ノ患者ヲ 收容シテ 治療サセマス／病院에셔ᄂᆞᆫ 왼ᄭ 病人을 收容ᄒᆞ야 治療식히옵니다(247하단).

결론적으로 개화기의 국어에 정착된 신생 한자어 '병원'은 일본어로 거슬러 올라가며, 일본어의 '병원'은 다시 17세기에 이루어진 중국의 초기 양학서로 거슬러 올라간다고 말할 수 있다. 그후 일본어 '병원'은 영어 hospital이나 infirmary에 대한 번역어로 자리를 굳히기도 하였다. 그러나 중국의 초기 양학서에서 비롯된 '병원'이 정작 중국의 후기 양학서에는 계승되지 않았다. '병원'이라면 '병자의 거처'로 인식될 수도 있어 그 의미가 투명하지 않은데다가 '의원(醫院)'과 같은 전통적 중국어형이 쓰여 왔기 때문일 것이다. 따라서 국어나 일본어의 '병원'과 같은 의미를 나타내는 현대 중국어는 '의원(醫院)'이라고 할 수 있다. 그렇다고 현대 중국어에 '병원'이 쓰이지 않는 것은 아니나, 그 의미는 주로 전문 병원을 나타낸다.

이상의 논의를 요약하자면, 현대국어의 일반명사 '병원'은 직접적으로는 개화기의 일본어로, 간접적으로는 그보다 훨씬 이전인 17세기 중국의 초기 양학서로 거슬러 올라간다. 한편, '병원'과 유의어 관계에 있는 현대국어의 일반명사 '의원(醫院)'은 전통적인 중국어에서 유래한 어형이 아니라면,『한불ᄌ뎐』이나『한영ᄌ뎐』에 올라있지 않은 점으로 판단할 때 개화기의 국어에서 자생한 어형일 수도 있다. 이렇게 볼 때 국어의 '의원'은 적어도 일본어와는 관련이 없는 어형이다.

참고문헌

*전번 호까지 이미 제시한 문헌은 생략함.

宋　敏(2002), 開化期의 新生漢字語 硏究(2), 『語文學論叢』(국민대) 21.

樺島忠夫·飛田良文·米川明彦(1984), 『明治大正 新語俗語辞典』, 東京堂出版.

佐藤亨(1979), 訳語「病院」の成立―その背景と定着過程―, 『国語学』118.

出處 국립국어연구원(2002. 3.), 『새국어생활』 12-1·봄: 93-98.

漢字와 國語語彙의 近代化

1. 머리말

　日本軍艦 雲揚號의 江華島 侵犯(1875)에 이은 朝日修好條規(1876)의 체결로 朝鮮朝廷의 鎖國이 풀리면서 불어닥친 開化의 물결은 舊韓末의 社會全般에 엄청난 충격과 함께 變革을 가져왔거니와, 그 여파는 開化期의 語彙體系에도 급격한 革新을 몰아왔다. 이 과정에서 결정적인 위력을 발휘한 존재가 바로 漢字와 漢字語였다. 漢字의 잠재적 效用性은 그만큼 國語의 語彙史的 측면에서도 도외시하기 어려운 저력을 과시한 것이다.

　近代化 과정에서 漢字의 效用性을 적극 활용한 사람들이라면 日本의 선각적 지식인들을 꼽을 수 있다. 그들은 西洋文物을 받아들이고 소화하는 과정에서 漢字의 造語力을 창조적으로 극대화함으로써 새롭게 가다듬어진 語彙體系로 신시대의 文物을 자국어로 표현할 수 있는 길을 열어놓았다. 그 덕분에 日本은 漢字의 본적지인 中國보다 앞서 東洋에서는 처음으로 近代化를 달성할 수 있었다. 말하자면 日本의 近代化는 語彙體系의 近代化와 불가분의 관계 속에서 이루어졌다고 보아도 과언이 아닐 것이다. 이 과정에서 새 시대의 日本語에 모습을 드러낸 新造語나 新生語는 뒤늦게 문호가 열린 舊韓末의 開化期 國語나 淸末의 中國語, 특히 語彙體系에 적지 않은 영향을 끼쳤다. 말하자면 日本은 漢字라는 原資材를 독자적으로 再加工하여 그 原産地에까지 逆輸出한 셈이다.

　舊韓末인 1876년 제1차 修信使 金綺秀가 일행 70여명과 함께 일본에 다녀온 후, 1880년에는 金弘集이 제2차 修信使로서, 그 이듬해인 1881년에는 朴定陽을 비롯한 紳士遊覽團 12명 등 일행 60여명이 연달아 일본을 돌아보았다. 이에 따라 현지에서 한창 일렁이고 있던 '文明開化'의 여파도 부지불식간에 국내로 파급되기 시작하였다. 이러한 상황 속에서 국내외의 새로운 정부와 지식을 옮겨준 수단이 바로 漢字와 漢字語라는 편리한 媒介體였다.

　당시의 日本語에는 새로운 文物이나 槪念을 표현하고 전달하기 위한 도구로서 각 분야의 선각자들이 創案해내는 漢字語가 넘치고 있었다. 日本과의 관계가 날로 밀접해지면서 그들이 창안한 漢字語는 人的往來, 言論媒體, 留學生, 書籍과 같은 수단을 통하여 점진적으로 국내까지 전파되기 시작한 것이다. 漢字語의 경우, 당시의 지식인이라면 비록 처음 대하거나 약간 낯선 語形일지라도 그 槪念이나 意味를 어느 정도 이해할 수 있었다. 東洋人의 共用 文字로 구성된 漢字語는 그만큼 쉽사리 國語에 유입되면서 자리를 잡을 수 있는 조건을 처음부터 갖추고 있었다고 말할 수 있다.

여기서 필자는 開化期를 대상으로 하여 漢字語가 國語語彙體系의 近代化에 끼친 역할을 살펴봄으로써, 그 기반이 된 漢字의 效用性을 다시 한번 되새겨 보려고 한다. 검토대상 자료로는 統監府 시대(1905-1910)에 간행된 일본어 학습서 『獨習日語正則』(鄭雲復, 京城 廣學書舖, 1907)을 택한다. 이 자료에 반영된 國語語彙의 실상에 대해서 필자는 이미 語彙史的 관점에서 기본적인 검토를 행한 바 있다(宋敏 2001ㄱ, 2002ㄱ, 2003). 다만, 거기에는 開化期의 漢字語에 반영된 日本語의 干涉, 그러한 干涉에 대하여 抵抗으로 맞선 傳統的 國語語彙의 윤곽과 성격에 초점이 맞추어져 있었다. 그러나 이번에는 동일한 資料를 대상으로 삼되 조건에 맞는 일부항목만을 가려 뽑은 후, 漢字와 漢字語의 效用性이라는 별도의 관점에서 開化期의 國語語彙에 대한 재조명을 꾀하게 될 것이다.

2. 對譯資料에 반영된 漢字의 效用性

開化期의 國語에 일어난 改新과 變革의 主軸은 漢字語體系였다고 볼 수 있다. 시대의 변화와 더불어 날로 급증하는 新式文物의 槪念이나 의미를 기존의 固有語나 傳統的 漢字語彙만으로 수용하기에는 턱없이 부족한 경우가 많았기 때문에 자연히 새로운 수단이 요구되었는데, 그 대표적 수단이 開化期에 새로 태어난 漢字語彙였다. 그런데 新生漢字語의 주된 供給源은 日本語였다. 日本語에서 쏟아져 나오는 漢字語들이야말로 새 시대, 새 文物의 개념이나 의미를 전달하는 수단으로 적절했기 때문이다. 그 실상은 日本語學習書 『獨習日語正則』(이하 『正則』으로 약칭함)과 같은 對譯資料에 단적으로 잘 반영되어 있다.

이에 본고는 편의상 『正則』을 대상으로 삼아 두 언어에 공통적으로 쓰인 바 있는 漢字語와 더불어 서로 차이를 보이는 漢字語를 한 자리에 정리함으로써 당시의 일본어와 국어의

近代化 과정에 깊이 개입되어 있는 漢字의 역할과 效用性이 구체적으로 어떻게 실현되었는지, 그 사실을 뒷받침하는 漢字語의 윤곽이나 범위가 어느 정도인지를 다시 한번 확인하는 계기로 삼을 것이다.

1) 國語에 受容된 日本語式 新生語

우선, 『正則』에는 다음과 같은 漢字語가 두 언어에 同形同義로 함께 쓰이고 있는데, 이들은 일본어식 新生語의 대표적 사례로 판단된다. 의미파악이 필요한 경우에 한하여 예문을 곁들이기로 하며, 띄어쓰기는 원문을 따른다. 배열은 국어의 '가나다' 순을 따른다. 이하도 모두 같다.

(1) 經濟(104상단-하단).[1] 共和國(102상단).[2] 勞働者(64하단). 代議政體(113상단). 民權(102상단). 博覽會(73상단-하단). 商標(182상단). 巡査(105하단, 107하단 -108상단, 114하단, 119상단, 125하단). 新聞(56하단, 109상단, 112하단, 162상단, 263상단, 244상단, 260하단, 264상단, 265상단, 265하단, 267상단), 新聞紙(240 상단-하단), 新聞社(234상단). 演說(50하단).[3] 演說會(111상단). 演習(85하단).[4] (12) 優勝劣敗. 現今ノ 世ノ 中ハ 優勝劣敗デス/只今世上은 優勝劣敗올시다 (48하단).[5] 郵便(164하단-165상단, 165하단, 259상단, 261상단, 261하단), 郵便 局(257상단, 258상단, 258하단, 260상단, 261하단). 運動, 運動-(58하단, 136하 단, 207하단, 209상단, 209하단, 213상단, 221하단), 運動會(139하단, 151하단). 銀行(56상단, 159하단, 178하단, 179상단, 179하단). 義務(120하단-121상단, 127 하단). 議員(111상단), 衆議院ノ議員ニ 當選シマシタ/衆議院議員에 被薦되엿 습니다(111상단). 議會(122하단). 日曜日(84상단, 85상단, 140상단). 雜誌(267하 단, 109상단, 267상단). 電報(165하단, 257상단, 260상단, 260하단-261상단, 261 상단). 停車場(253상단). 蒸汽船(20하단, 252상단), 滊船(172하단),[6] 汽船(255

---

1) 중국고전에 쓰인 '經世濟民'의 축약형. 일본어에서는 '經世濟民, 處世, 儉約'과 같은 전통적인 뜻으로 쓰이다가 점차 economy의 對譯語로 굳어졌다. 宋敏(2000ㄷ) 참조. 이하에 제시되는 사례들도 비슷한 성격을 보이기 때문에 특별한 경우를 제외하고는 일일이 설명을 덧붙이지 않을 것이다.
2) 이 단어와 함께 바로 다음에 나오는 '합중국'의 성립과정에 대해서는 宋敏(2001ㄹ) 참조.
3) 본래 教義나 道理를 '말로 풀어낸다'는 의미. 『法華經』 序品의 '演說正法'이나 『周書·熊安生傳』의 '皆爲一一演說 咸究其根本'에 그러한 전통적 의미가 나타난다. 일본에서는 福澤諭吉이 처음으로 이 '演說'을 speech의 대역어로 轉用하였다. 惣鄕正明·飛田良文(1986).
4) 본래 學問이나 技藝의 '復習, 練習'을 뜻했으나, 명치시대에 '軍隊의 操鍊'이라는 의미로 바뀌었다.
5) 進化論 용어인 survival of the fittest의 대역어. 加藤弘之의 신조어로 알려져 있다. 惣鄕正明(외)(1986) 참조. 그 후 이 단어는 '適者生存'으로 대치되었는데, 文世榮의 『朝鮮語辭典』(1938)에는 두 語形이 모두 실려있다. 여기에 대해서는 宋敏(2000ㅁ) 참조.

하단). 鐵道(106상단, 122하단, 172하단, 185상단, 252상단, 253하단, 261하단).
總理大臣(121하단). 合衆國(30하단-31상단). 憲兵(110하단, 125하단). 顯微鏡
(241하단). 化學(190상단). 活動寫眞, 東大門內ニ 活動寫眞ガ アルサウデスガ
一度 見物ニ 往カウヂヤ アリマセンカ/東大門內에 活動寫眞이 잇다ᄒ니 한번
구경가지 안으랴오(189하단).7) 會社(103하단, 162상단, 168하단). 會議, 議政府
會議ニ 廻シマス/議政府會議에 廻附ᄒ옵니다(97상단), 今度ノ會議ニ 可決セラ
レテ.../이번會議에可決되여...(118하단).

新生語에 대한 판정기준이 확립되어 있는 것은 아니지만, 이들을 일본어식 新生語로 볼
수 있는 근거로서는 그 의미가 새로운 시대의 문물을 나타내고 있다는 점, 惣鄕正明(외)(1986)
에 '明治의 말', 곧 新生語로 올라있다는 점,『한불ᄌ뎐』(1880)이나『한영ᄌ뎐』(1897)에는 보
이지 않거나, 더러는 '顯微鏡, 㵢船'처럼 채록되어 있을지라도 傳統漢字語로 보기는 어려운
경우 등이 될 것이다.8)
그밖에도『正則』의 국어문장에 나타나는 다음과 같은 단어들은 惣鄕正明(외)(1986)에 '明治
의 말'로 올라있다는 점에서 新生語로 추정된다. 괄호 안에 보인 =표 또는 -표는 해당단어에
서 2차적으로 발전한 複合語, 派生語 구성요소임을 뜻한다.

  (2) 間接. 經驗. 警察署. 空氣. 觀兵式. 交通. 國事犯. 機関(通商=, 通信=). 氣象(-
      臺, =觀測支所). 內閣. 多神敎, 一神敎. 團軆, 團體. 大學校. 圖書館. 獨立國,
      獨立權. 妄想(架空=). 反射. 發明. 寫眞(-집).9) 生産力. 生活費. 世界. 鎖國(=主
      義). 紳士. 握手. 衛生. 維新. 印刷(-所). 一般(人民=, =人民). 自由港.10) 財政.
      祭日. 組織. 蒸汽, 水蒸氣. 進步. 處分. 處置. 出版. 態度.

이들 가운데에는 특히 '交通, 發明, 世界, 衛生, 一般, 處置'처럼 본래는 傳統漢字語였으나
개화기 이후 의미변화를 거쳤기 때문에 新生漢字語로 간주되는 사례들이 있는가 하면, '觀兵
式, 國事犯, 大學校, 圖書館, 獨立國, 獨立權, 生産力, 自由港'의 핵심적 구성요소인 '觀兵,

---

6) 이때의 '㵢(발음은 '헐')'은 일본에서 태어난 이른바 '國字'로 한동안 '㵢船, 㵢車'처럼 쓰인 바 있다. 이 어형은
   『한영ᄌ뎐』에도 등록되어 있는데 그 출처는 일본어임에 틀림없다. 이에 대해서는 宋敏(1999ㄷ) 참조.
7) 이 단어의 출현에 대해서는 宋敏(2001ㄷ) 참조.
8) 상식적인 이야기지만, 辭典에 등재된 목록이 모두 言語現實을 나타내는 것은 아니며, 반대로 등재되지 않았다
   해서 어떤 항목이 실제로 없었다고 말할 수도 없다. 따라서 辭典으로 言語現實을 판단하는 일은 어디까지나
   잠정적인 중간보고에 지나지 않는다.
9) 이 단어에 관해서는 宋敏(2001ㄷ) 참조.
10) 전통한자어 '自由'와 그 의미변화에 대해서는 宋敏(2001ㄴ) 참조.

國事, 大學, 圖書, 獨立, 生産, 自由'처럼 그 유래는 傳統漢字語에 속하나 점차 의미변화를 겪으면서 새로운 派生語로 발전하였기 때문에 新生漢字語로 판단되는 사례도 있다.

한편, 惣鄕正明(외)(1986)에는 등재되어 있지 않으나, 『正則』에 보이는 다음 단어들도 개화기부터 국어에 등장한 新生語로 판단된다.

(3) 閣議. 監獄. 健康. 檢事. 經營. 競爭. 工兵. 公園. 公判. 官報. 廣告. 國權. 國旗. 國民. 國債. 國會. 軍艦. 機械.11) 滊車, 汽車. 論說. 擔保. 當籤. 動物. 望遠鏡. 面會. 目的. 文法. 文章. 民事. 博士. 發見. 發達. 發表. 方法. 配置. 伯爵. 法廷. 別莊. 病院.12) 步兵. 本店. 事件. 事業. 司法. 商法. 商業. 商店. 商品. 商況. 宣告. 船便. 歲入. 消毒. 消防. 訴訟. 訴狀. 速力. 手術. 授業. 收入. 輸入. 輸出. 時間, 分, 秒. 時計.13) 時代. 視察. 植物. 信用. 洋服. 洋行. 漁業. 言文一致. 旅行. 軟骨. 硏究. 鉛筆. 列車. 營業. 影響. 往診. 外科. 曜日. 郵送. 原告. 委任. 委員. 留學. 議案. 理科. 引力. 立法. 入學. 資本. 作用. 財源. 裁判. 銓考. 電線. 電信. 電車. 電話. 政治. 注射. 株式. 竣工. 支店. 懲役. 車掌. 彩票.14) 天井.15) 聽診. 體操, 體操. 逮捕. 出發. 出張. 打診. 託送. 探偵. 通貨. 特赦. 判事. 被告. 學校. 學徒. 學齡. 學位. 寒暖計. 行星. 刑法. 刑事(경찰직). 刑事(형사사건). 貨物. 貨幣. 會話. 勳章. 徽章. 休刊. 休日. 休職.

당시의 국어에 쓰인 이들 단어가 모두 『正則』에 처음으로 나타난다는 뜻은 아니다. 이들 중 『한불ᄌ뎐』에 標題語로 등재되어 있는 사례는 극소수에 지나지 않으나, 『한영ᄌ뎐』(이하에서는 각기 『한불』, 『한영』으로 약칭함)에는 상당수의 사례가 標題語로 등록되어 있기 때문이다. 하여튼 19세기 말엽의 사전류에 올라있건 올라있지 않건 위에 예시된 단어들은 甲午更張 (1894)을 전후로 한 어느 시기에 日本語의 干涉에 따라 意味의 改新이나 轉用을 거쳐 국어에 정착된 단어들로 해석된다.

---

11) '器械'에서 '機械'로 바뀌기까지의 과정에 대해서는 宋敏(1999ㄹ) 참조.

12) '病院'의 출현에 대해서는 宋敏(2002ㄴ) 참조.

13) '時計'의 출현에 대해서는 宋敏(2000ㄹ) 참조.

14) 중국에서 기원한 일종의 賭博券으로 일본어에서는 보통 富鬮[tomi-kuzi], 富籤[tomi-kuzi]の札[huda], 富札[tomi-huda]라고도 불렸다. 金澤庄三郎(1936, 新訂 314版), 『廣辭林』(三省堂) 'とみ'[富] 項 참조.

15) 『한불』에는 '텬쟝 天藏 La voûte de ciel; plafond, grenier, voûte. 입=Ip—, *Palais de la bouche, la voûte du palais*'가 나타나며, 『한영』에는 '텬쟝 天藏 The roof of the mouth'와 '텬쟝 天幛 The ceiling. *See* 반ᄌ'와 '반ᄌ 天障 The ceiling. *See* 텬쟝'이 올라있다. 그러니 이때의 '天藏'이나 '天幛'은 『한영』이 또 다른 표기 '天障'의 잘못으로 보인다. 그런데 『正則』의 저자인 鄭雲復의 개인적 사전에는 '天障'이라는 국어단어가 없었을 것이다. 그 때문에 '天井'이라는 단어를 썼겠지만, 이는 분명한 일본어형이다.

2) 派生語와 複合語의 형태로 국어에 受容된 日本語式 新生語

『正則』에 나타나는 단어 중에는 接辭用 漢字形態素와의 결합에 의한 派生語와 單語끼리의 결합에 의한 複合語가 많다. 먼저, 接辭에 의한 派生語를 들어보면 다음과 같다.

가. 接辭에 의한 派生語

(1) 接頭辭에 의한 派生語: 假-, 假事務所(105하단). 金-, 金時計(234상단-하단). 未-, 未墾地/末('未'의 잘못)墾地(185상단-하단). 不-, 不公平(81하단), 不動産(159하단). 小-, 小爲替(258상단),[16] 小學校(152상단). 新-, 新宗派(93하단), 新規ナ學問/新學問(155하단). 中-, 中學校(152상단).

(2) 接尾辭에 의한 派生語: -家, 財産家(65상단), 實業家(79상단), 政治家(115상단), 外交家(155상단). -官, 地方官(97상단, 107상단-하단, 121상단, 126하단), 補佐官(99상단), 參與官(99하단), 警務官(100상단). -課, 訊問課(134하단). -科, 專門科(142하단), 尋常科(146하단, 151상단-하단), 高等科(151상단-하단), 速成科(152하단), 外科(248하단). -舘, 圖書舘(156하단). -敎, 一神敎(92하단-93상단, 93상단), 多神敎(92하단-93상단, 94상단), 耶蘇敎(93상단, 94상단), 猶太敎(93상단), 韋陀敎 婆羅門敎 印度敎(93하단), 回回敎(94상단). -國, 半島國(25상단), 猶太國(94상단), 共和國(102상단). -局, 造幣局(110상단), 質屋/典當局(174상단-하단), 郵便局(257상단, 258상단, 258하단, 260상단, 261하단), 通信管理局(260하단), 參謀局(98상단-하단). -軍, 駐箚軍(112하단). -權, 三大權(121상단), 獨立權(122하단), 專賣權(181상단), 鑛業權(204하단). -券, 株券/株式券(159하단-160상단), 第一銀行券(179하단). -金, 賠償金(120상단), 報酬金(131상단), 義捐金(151하단), 寄附金(151하단-152상단), 月謝/月謝金(152상단), 申込金/申請金(170하단), 所持金(182상단), 罰金(214하단). -器, 噴水器[ponpu](123상단). -黨, 革命黨(119상단, 127상단). -隊, 守備隊(101하단), 討伐隊(105하단), 測量隊(106상단). -臺, 氣象臺(122하단). -欄, 雜報欄(265상단). -力, 記臆力(155상단), 生産力(184상단). -料, 診察料(248하단). -錄, 議事錄(119하단). -文, 法律文(133상단). -物, 天産物 人造物(111하단), 抵當物/典當物(159하단-160상단), 僞造物(173하단-174상단), 農産物(186상단-하단), 收穫物(186하단), 鑛物(204하단), 汚穢物(208상단-하단), 毛織物(219상단), 滋養物/補氣物(225상단-하단), 飾物/粧飾物(236하단), 建築物(242상단). -發, 伯林發(260하단-261상단). -犯, 窃盜犯(130상단), 國事犯(130하단). -法, 登用法(103상단-하단), 刑法(132상단), 商法(168하단), 調劑法/製藥法(247하단). -兵, 守備兵(107하단), 騎兵 步兵 砲兵 工兵 輜重兵(115하

---

16) 단, '爲替'만은 '환'(260상단)으로 대역되었다.

단-116상단), 斥堠兵(114상단). -病, 心臟病(248하단). -部, 東北部(25상단), 內部(98상단, 99하단), 軍部(98상단-하단), 外部(98하단), 法部(99상단, 132상단), 度支部(99상단), 農商工部(99하단, 189상단-하단, 204하단), 學部(99하단). -婦, 看護婦(245하단, 246하단). -費, 生活費(74하단). -碑, 紀念碑(120상단-하단). -士, 辯護士(131상단), 藥劑士(251상단-하단).17) -師, 印判師(188상단), 理髮人/理髮師(188하단). -社, 新聞社(234상단). -舍, 寄宿舍(145하단). -産, 米國産ノ木綿モ 適當デアリマス/米國産의綿花도 適當ㅎ오(187상단). -賞, 優等賞(138하단). -商, 骨董商(182하단-183상단). -生, 官費生(144상단), 三年生(146하단), 一年生(146하단), 卒業生(152상단), 留學生(154하단). -書, 請求書/請願書(75상단-하단), 通知書(111하단), 敎科書(142상단, 183상단-하단), 寸法書/見樣書(215상단), 診斷書(251상단). -署, 監獄署(100상단), 警察署(114상단, 132상단). -石, 金剛石(203하단-204상단, 218상단, 240하단), 花岡石(205하단). -線, 哨兵線(114상단), 支線(172하단), 京義線(256상단). -稅, 海關稅(165상단). -所, 裁判所(99상단, 131하단, 132하단-133상단, 134하단), 假事務所(105하단), 測候支所(110하단), 交番所(118상단), 代書所(133하단), 製造所(176상단), 交換所(259상단), 印刷屋/印刷所(263상단, 265상단-하단). -水, 點眼水(249하단). -術, 人身解剖術(150하단), 劍術(156상단, 157상단), 柔術(167상단). -式, 觀兵式(104상단), 落成式(153상단), 進水式(255상단). -室, 應接間/應接室(235하단), 治療室(248상단-하단). -心, 奮發心(100하단). -語, 外國語(155하단). -業, 商業(158상단), 事業(171하단, 180하단, 181상단, 184상단), 漁業(175상단-하단), 料理屋/料理業(177하단), 農業(123하단, 184상단, 185상단, 185하단). -院, 中樞院(98상단), 衆議院(111상단, 115상단), 貴族院(115상단), 平理院(131상단, 133하단), 孤兒院(156상단). -園, 幼稚園(147하단). -日, 誕生日(33상단, 94하단). -者, 傍聽者(50하단, 131상단), 請負者/都給者(54하단), 購讀者/購覽者(56하단), 勞働者(64상단), 戰死者(64상단-하단), 有志者(72상단, 151하단-152상단), 志願者(99하단), 當局者(113상단), 債權者(129상단-하단, 131하단, 133하단), 債務者(129상단-하단, 133하단), 加害者 被害者(129하단), 首犯者(129하단-130상단), 土地所有者(243상단). -長, 師團長(100상단-하단), 學務局長(106하단-107상단), 隊長(118상단-하단), 校長(138하단). -狀, 招待狀(72상단), 委任狀(131상단). -場, 開港場(24하단, 25하단), 勸業模範場(123하단, 185하단), 敎場(138상단), 擊劍場(156상단), 停車場(164상단, 253상단). -的, 永久的(53상단), 競爭的(101상단).18) -前, 紀元前(94상단), 維新前(103하단) -店, 特約店(162상단), 支店(162상단, 179상단-하단), 雜貨店(183상단). -艇, 水雷艇(252상단). -制, 自治制(112상단). -組, 消防組(123상단). -座, 京城座(63상단). -罪, 侮辱罪(130상단-하단), 重罪 輕罪 違警罪(133상단). -酒, 日

---

17) 경우에 따라서는 '-士/-手'. 運轉士/運轉手(253하단).
18) '-的'의 출현에 대한 논의는 宋敏(1985) 참조.

本酒(224상단), 朝鮮酒(224상단). -證, 受取書/領受證(176하단), 收取證/領受證(177상단). -地, 所在地(76하단), 共有地(120상단), 軍港地(124상단), 未墾地/末('未'의 잘못)墾地(185상단-하단), 一等地(240상단). -紙, 新聞紙(240상단-하단). -質, 石灰質(205상단). -車, 汽鑵車/機關車(253상단). -廳, 警務廳(116하단, 132상단, 134하단), 理事廳(177하단). -彈, 爆裂彈/爆發彈(127상단). -坪, 一坪(240상단). -表, 貿易調査表(160상단). -品, 輸出品(159상단, 182하단), 食料品(161상단), 商品(174하단-175상단), 工藝品(190상단), 重要品(254상단). -學, 地理學(76상단), 農學(142하단), 醫學(143하단), 語學(155상단). -艦. 軍艦, 戰鬪艦, 巡洋艦, 海防艦, 砲艦(252상단), 旗艦(254하단). -貨, 補助貨(178하단). -會, 追悼會/追掉會(64상단-하단), 送別會(66하단), 親睦會(67상단), 博覽會(73상단-하단), 紀念會(88하단), 委員會(97상단, 107상단-하단), 歡迎會(103상단), 聯合演說會(111상단), 運動會(139하단, 151하단).

여기에 보이는 사례들은 접사용 한자형태소를 통하여 다양한 방식으로 발전한 파생어들로서 전통한자어에 없었다는 점에서 위에 예시한 신생어나 다름없는 존재에 속한다.

이때의 派生語 형성에 接頭辭로 이용된 漢字形態素는 원칙적으로 名詞性 語根에 국한되어 있으나 더러는 그렇지 않은 경우도 있다. '伯林發, 米國産, 消防組, 自治制'와 같은 派生語에 포함된 '-發, -産, -組, -制'는 動詞性 語根에 속하며,[19] '永久的, 競爭的'과 같은 派生語에 나타나는 '-的'은 形容詞性 語根이라고 할 수 있기 때문이다. 하여튼 『正則』에 나타나는 派生語들은 接辭用 漢字形態素가 造語成分으로 폭넓게 활용된 실상을 잘 보여주는데, 그와 같은 구성을 보이는 派生語들은 傳統漢字語에 거의 나타나지 않는다는 점에서 新生漢字語나 다름없는 존재로 간주된다. 물론, 漢字形態素 하나하나는 어느 것이나 기본적인 造語力을 지니고 있기 때문에 이들 派生語 중 극히 일부는 傳統漢字語로 해석될 수 있는 경우도 없지 않을 듯하다.[20] 그러나 위에 보인 漢字形態素들이 국어에서 점차 활발한 조어력을 발휘하게 된 계기는 개화기에 비롯된 일본어와의 접촉과 간섭을 통한 借用의 결과로 해석된다.

---

19) 이와 비슷한 성격을 보이는 動詞性 語根으로는 현대국어에서 '부산行 (열차)'처럼 쓰이는 '-行'을 들 수 있다. 이때의 '-行' 또한 일본어에서 차용된 결과인데 『正則』에는 그 실례가 나타나지 않는다.
20) 가령, 『三國史記』에는 '非常者(권20, 14뒤), 視聽者(권5, 10뒤), 信奉者(권4, 4뒤), 有功者(권8, 1뒤), 有罪者(권8, 1뒤), 溺死者(권5, 13앞), 自立者(권10, 21앞)'를 비롯하여 '緣坐罪(권11, 3뒤), 外國人(권47, 6앞)'과 같은 파생어가 나타난다. 여기에 보이는 '-者, -罪, -人' 등은 일찍부터 파생어 형성에 쓰인 한자형태소임을 알려주고 있으나, 그 활용도는 개화기 이후 더욱 확대되었다고 볼 수 있다.

나. 二音節 漢字語가 다시 한번 다른 二音節 漢字語와 결합되면 보통 四音節 複合語로 발전하며, 거기에 또다시 接辭用 漢字形態素가 결합되면 四音節 또는 그 이상의 複合派生語로 발전한다. 이들의 일부를 모아보면 다음과 같다.

> 價格表記. 假事務所. 高等學校. 官立學校. 國定敎科書. 軍部大臣. 勸業模範場. 氣象觀測支所. 農林學校. 登錄訴狀. 萬國聯合葉書. 謀殺未遂. 貿易調査表. 物産會社. '法務補佐官. 辨濟期限. 普通學校. 師範學校. 私人團體. 商業視察. 商業學校. 生存競爭.21) 鎖國主義. 授業時間. 殖産事業. 言文一致. 聯合演說會. 熱帶地方.22) 厭世主義. 外交問題. 郵船會社. 郵便電信. 郵便電信局所. 郵便電信事業. 運輸會社. 音樂學校. 移民條例. 人身解剖術. 貯金通帳. 銓考委員會. 全權公使. 全權委員. 專門技師. 第一銀行券. 調査委員. 株式會社. 創業時代. 拓殖事業. 土木建築. 土地所有者. 通商機關. 通信管理局. 通信機關. 寒帶地方. 海底電信. 貨物列車. 活字製造所.

이상과 같은 四音節 또는 그 이상의 複合語나 派生語는 당시의 새로운 文物이나 制度, 새로운 학술 思潮 등을 나타내는 단어들로서 開化期부터 국어에 활용된 新生語들이다. 요컨대 이들이 국어에 受容되기까지는 직접적이건 간접적이건 日本語의 干涉이 있었으리라고 추정된다.

결국, '明治의 말'에 해당하는 新生語에 속하건, 接辭用 形態素에 의한 派生語에 속하건, 거기서 다시 2차적으로 생성된 複合語에 속하건, 국어에 간섭을 일으킨 일본어는 거의 모두가 漢字語라는 범주를 크게 벗어나지 않는다. 그처럼 漢字語가 별다른 抵抗感이나 異質感 없이 국어에 受容될 수 있었던 원인으로는 漢字라는 문자의 창조적 造語力과 效用性, 나아가 東洋의 共通文字라는 보편적 편리성을 들 수 있을 것이다.

3) 일본어의 干涉에 抵抗한 국어의 傳統漢字語

『正則』에 나타나는 국어의 漢字語 가운데에는 어형상 일본어와 다른 경우도 적지 않다. 이들은 일본어의 간섭에 맞서 한동안 저항력을 발휘한 국어의 傳統漢字語나 新造語들이기 때문에 더욱 주목된다. 이처럼 국어의 저항을 겪은 일본어 단어 가운데에는 音讀되는 漢字

---

21) 『한불』, 『한영』에 다같이 '싱존ᄒ다 生存'가 나타나기 때문에 '生存'은 전통한자어에 속하나 '競爭'은 보이지 않는다. '生存競爭'의 성립과정에 대해서는 宋敏(2000ㅁ) 참조.
22) '熱帶地方'의 '熱帶'와 함께 바로 뒤에 나오는 '寒帶地方'의 '寒帶' 그리고 '溫帶'와 같은 일련의 단어출현에 대해서는 宋敏(2001ㅁ) 참조.

語가 절대적으로 많으나 訓讀되는 漢字語도 얼마간은 보이므로 이들을 구분하여 모아보면 각기 다음과 같다.

가. 音讀漢字語에 抵抗한 국어단어

脚絆/行纏(220하단). 感情/情誼, 日韓人間ニ 感情ヲ惡クシテハ イケマセン/日韓人間에 情誼를 損傷케ᄒ여셔는 안되옵니다(173상단). 鑑札/認許(177하단). 缺乏/絶乏(178하단). 景氣/시셰, コノ頃商賣ノ景氣ハ 全ク詰リマセン/이사이 쟝샤시셰는 아조 볼것업슙니다(181상단-하단).23) 計畫/計策(109하단). 拷問/刑訊(132상단). 棍棒/棒子(65하단). 控所/申訴. 平理院ニ 控訴シマシタ/平理院에 申訴ᄒ얏슙니다(133하단). 交際/相從(42하단, 154상단-하단), /交接(77하단). 購讀者/購覽者, 本社ノ新聞ハ 大イニ 好評ヲ 得マシタカラ 購讀者ガ 日ヲ逐フテ 增加致シマス/本社新聞은 크게소문이 낫으니 購覽者가 逐日增加ᄒ옵('니다'의 訛脫이 있는 듯)(56하단). 極東/東洋(24하단). 金融/錢政(159하단, 171하단, 172상단, 180하단). 當選/被薦, 衆議院ノ議員ニ 當選シマシタ/衆議院議員에 被薦되엿슙니다(111상단). 物品/物貨(174하단). 配達夫/分傳人, 配達夫ハ 方方 廻リナガラ 新聞ヲ 配リマス/分傳人은 各處로 도라든기면서 新聞을 分傳ᄒ옵니다(260하단).24) 不具/癈人(208하단-209상단). 費用/經費(152상단-하단), /浮費(175하단). 非常ニ/大段히(51하단, 153상단), /大端히(145하단), /티단히(62하단, 196하단, 210하단), /대튼히(246상단), /대단히(249하단), 非常ナ/大段혼(26상단-하단).25) 相談/相議(70상단, 188상단), /議論(72상단). 上陸/下陸, 乘組員ハ 皆 無事ニ 上陸シマシタ/船人은 다 無事히 下陸ᄒ얏슙니다(255상단). 稅金/稅錢(69상단). 小作人/作人(184하단), /半作人(186하단). 水害/水災(159하단). 失策/낭픠(80상단). 失敗/達敗, 儲ガ 少イ代リニ 失敗[siqpai]ガナイデセウ/남는거시 적은디신에 達敗가 업지오(158하단). /良貝ᄒ-,26) 世間ノ 事ヲ 誤解シテヲルカラ 事每ニ 失敗[sikuzi]リマス/世間事를 誤解ᄒ닛가 每事를良貝ᄒ오(81하단), 商賣ニ 失敗[siqpai]シテ 身代限迄致シマシタ/쟝사에 良貝ᄒ여셔 판셰음신지ᄒ엿슙니다(174하단).27) /랑픠ᄒ-, 商賣ニ 失敗[siqpai]致シマシタカラ/쟝사에 랑픠ᄒ얏스

---

23) 이에 대하여 일본어 '不景氣'는 국어 대역문에 '時勢, 시셰(가) 없다'로 나타난다. 不景氣デゴザイマス/時勢가 업슙니다(158상단), 不景氣デス/시셰업슙니다(173하단). 不景氣デス/시셰업슙니다(173하단).

24) 같은 예문의 동사 配リマス/分傳ᄒ옵니다(260하단)로 볼 때에도 일본어 '配る'[kubaru](나누어 주다, 배포하다, 배달하다)를 국어에서는 '分傳'이라는 신조어형으로 번역하고 있음을 알 수 있다.

25) 일부의 '非常-'은 국어로 쓰이기도 하였다. /非常히(62상단, 172상단, 227하단-228상단, 247상단), /非常이(101하단).

26) 이 단어는 『한영』에 나타나지 않는 대신 『한불』에는 '낭픠되다 狼敗'로 나타난다. 한자표기가 전통한자어 '狼狽'와는 다르지만, 그 뜻은 '失敗'와 같았다. 또 다른 표제어 '실픠ᄒ다 失敗'에 'faire un 낭픠'라는 풀이가 보이기 때문이다. 한편, 『正則』에 나타나는 '良貝'의 유래에 대해서는 알 길이 없으나, 어원적으로는 '狼狽'로 소급될 것이다.

니(178하단). 案內/引導(47하단). 年末/歲末(91하단-92상단, 177하단, 179하단-180
상단). 營業/生涯, 公ハ何ノ營業ヲナサイマスカ/老兄은 무슨生涯를 하시옵닛가(50
하단). 例年/平年(186상단). 外出/出入(33하단-34상단, 246상단). 料理/飲食, 料理
ヲ 拵ヘル 方法ヲ/飲食 민드는法을(223상단), 日本料理ハ 淡泊シテ 好イデス/日本
飲食은 淡泊ᄒ여 둇스외다(224하단), コノ料理ヲ/이飲食을(226상단), コノ料理ハ/
이飲食은(234상단).28) 運搬/移運, コノ荷物ヲ 荷車デ 運搬スレバ/이짐을 구루마로
移運ᄒ면(175하단). 月末/月終(164상단, 173상단). 流行スル/時體로 닙다, 近頃ハ 日
本ノ絹物モ 流行[ryukau]シマス/近來는 日本絹屬도 時體로 입습니다(161하단). /時
體다, 近頃ハ 縞ガ 流行[ryukau]シマス/近來는 줄잇는 것이 時體올시다(166하단).29)
衣裳/衣服(219하단). 意匠/心巧, コノ畵ハ 餘程 意匠[isyou]ヲ 凝シテ井マス/이그
림은 미오 心巧가 드럿습니다(263하단).30) 利子/利息(174상단), /邊利(181상단). 一
割/拾一條(163하단),31) 二割/十分之二(186상단). 自由-/任意-, 洋服ヲ 着レバ 體ガ
窮屈デ 自由ニ ナリマセン/洋服을 입으면 몸이 거복ᄒ여셔 任意롭지 안소(221상단),
祖父ハ 今年八十五歲ニナリマスガ 自由ニ 外出モ 出來マセンデス/祖父는 今年八
十五歲가 되는듸 任意로 出入도 못ᄒ옵니다(33하단-34상단). /임의-, 官署ニ 使ハレ
ルヨリモ 私人團體ノ方へ 使ハレル方ガ 樂デ 體ガ 自由デス/官廳에셔 벼슬ᄒ는것
보담 私人團體에셔 從事ᄒ는것이 편안ᄒ고 임의럽소(97상단).32) 帳簿/置簿(173하단,
182상단). 抵當/典當(159하단, 174상단).33) 株金/股金, 株金ハ 一株ニ 幾何デスカ/

---

27) 다만, 이 문장의 '失敗'가 다른 자리에서는 국어로 쓰인 적도 있다. 商賣ニ 失敗シテ 身代限迄 致シマシタ
/쟝사에 失敗ᄒ고 판셰음식지 ᄒ엿습니다(180상단). 실상, 『한불』에는 '失敗'가 '낭픽'의 동의어로 실려있
고, 한자표기는 다르나 『한영』에도 '실패ᄒ다 失牌'가 나타나기 때문에 '失敗'를 일본어라고 단정하기는 어
렵다. 그러나, 보통 '逢敗, 良貝, 랑픽'로 대역되었던 '失敗'의 경우, 당시의 국어에서는 자연스럽게 쓰일 수
있는 단어가 아니었다고 생각된다.

28) 다만, 일본어 '料理'가 국어에 쓰인 경우도 있다. コノ料理ニハ/이料理에는(229상단), コノ料理ハ淡泊デ
/이料理는 淡泊ᄒ야(229상단). 또한, 洋食ニハ/洋料理는(242상단), 料理屋/料理業(177하단)과 같은
대역에 나타나기도 한다. 한편, 『한불』에는 '뇨리 科('料'의 잘못)理 Compter et gouverner. ‖Supputer
la gain. Revenu; gain; manière de gagner sa vie', 『한영』에도 '료리ᄒ다 料理 Food; fare. *See* 음식,
료리ᄒ다 料理 To manage; to control; to put in order'가 나타나지만 그 사이에는 의미변화가 있었음을
보여준다. 『한불』에는 '음식을 조리한다'는 뜻이 없는데, 『한영』에 와서는 '음식'이라는 새로운 뜻이 추가
되었음을 보여주기 때문이다.

29) 다만, '流行[haya]ル/셩ᄒ다'와 같은 대응을 보일 때도 있다. 夏ニナルト 田舍ノ方デハ 蚊遣ガ非常ニ
流行マス/녀릅('름'의 잘못)이되면 村落에셔는 모긔볼('불'의 잘못)이 비상이셩ᄒ옵니다(89상단).

30) '意匠'의 본래 의미는 '착상, 깊이 생각함'이었으나 명치시대에 영어 design의 역어가 되어 '장식적 고안, 취향'
의 의미로 바뀌었다(惣鄉正明·飛田良文 1986:13).

31) 이 때의 '十一條'는 문자 그대로 '10분의 1'을 나타낸다. 그러나 현대 국어에서는 '십일조'가 기독교에서 '수입
의 십분의 일을 교회에 바치는 것'이란 뜻으로만 쓰이고 있다. 따라서 용례에 나타나는 당시의 의미는 현대
국어와 다르다. 다만, 그 한자 표기는 '十一租'가 옳으나 '十一條'로 표기되더라도 같은 뜻으로 통한다.

32) 일본어는 다르나 勝手ナ/任意의(59상단), 御隨意ニ/任意로(75하단)와 같은 대역으로 볼 때 '任意'가 국어
에 전적으로 허용될 수 없는 단어는 아니었음을 알 수 있다. 한편, 言葉ガ 分ラナクッテ 万事不自由デス/
말을 몰나셔 萬事가不便ᄒ니(65하단), 日本ノ着物ハ 袖ガ 廣クテ 運動スルニハ 不自由デス/日本옷은
소미가 넓어셔 運動ᄒ는듸는 不便ᄒ오(221하단)처럼 일본어 '不自由'는 '不便'으로 대역되어 있다.

股金은 一股에 얼마오닛가(168하단).34) 注文-/긔별ᄒ-, 東京ニ 注文シタ 品物ガ 未ダ 參リマセンガ ドウイフ譯デセウ/東京에 긔별홀('흔'의 잘못인 듯) 物品이 아직도 오지안이ᄒ니 엇지된 ᄉᆞᆰ인지오(181하단).35) 住所氏名/居住姓名(97상단-하단). 注意/操心(23상단, 173하단-174상단, 215상단-하단), /조심(62상단, 78하단).36) 職工/工匠(166하단). 眞相/實狀(76하단). 滯在/逗留(71상단).37) 推測/斟酌(171상단). 出勤/仕進(89상단, 91상단, 101상단). 親切-/多情-, アノ御方ハ 何時モ 親切ニシテ吳レマス/져량반은 언제든지 多情시럽게구옵니다(71하단).38) 品行/行實(52상단), /힝실(152하단), /行爲(73상단). 必要-/所用이 되-, 是非 必要ナラ 調べテ 上ゲマセウ/不可不 所用이되면 調査ᄒ야 드리리다(78상단). /要緊ᄒ-, 木ハ 家ヲ 造タリ 色ナ 道具ヲ 拵エルニハ 一番 必要ナモノデス/나모는 집을 짓던지 各色 器具를 믄드는듸는 第一 要緊흔것이오(238상단), 新聞雜紙ハ 人ノ智識ヲ 發達サセルニ 必要ナモノデス/新聞雜誌는 사름의 智識을 發達케ᄒ는듸 要緊흔것이오(267상단). /요긴ᄒ-, 鐵ハ 凡ノ 器械ヤ 道具ヲ 拵ヘルノニ 必要ナモノデス/鐵은온갓器械와 器具를 믄드는듸 요긴흔것이오(204상단), 鐵道ハ 通商機關デ 一番 必要ナモノデスカラ/鐵道는 通商機關으로 第一 요긴흔것이오니(252상단), 必要ナ處ハ 見易イ樣ニ 朱デ 標ヲ 付ケテ 置キナサイ/요긴흔듸 보기쉽게 朱墨으로 標를 ᄒ여두시오(266하단).39) 現金/卽錢(167하단), /直錢(170상단, 179상단). 洪水/漲水(43하단). 化粧/단장(38상단). 患者/病人(247하단). 效力/效驗(57상단). 希望/所望(58상단).

여기에 나타나는 것처럼 音讀되는 日本漢字語에 저항한 國語單語의 대부분이 傳統漢字語에 속하나, 더러는 '負債/빗, 洗濯/쌀ᄂᆡ, 材料/감, 遲刻シチヤ/늦게가셔는, 脂肪/기름, 玄關/

---

33) 다만, 일본어 '質'도 국어에서는 '典當'으로 대응된다. 質/典當. 時計ニ 質ニ入レテ 酒ヲ飮ム奴ガ アルカ/時計를 典當잡혀서 술을먹는단말이냐(78상단), 質屋/典當局. 韓國ニ 來タ日本人ハ 質屋ヲ 設ケタ 者ガ 多イデス/韓國에 온 日本ᄉᆞ름은 典當局을 設立흔者가 만습니다(174상단-하단).

34) 단, 数量詞로서의 '-株'는 국어에서 '-股'로 대역되었다. 一株/一股(168하단, 169상단), 三四十株/三四十股(170하단), 七八千株/七八千股(171단).

35) '注文'은 단 한 번 국어대역으로 쓰인 적이 있다. 東京ニ注文シマス/東京으로 注文합니다(164하단). 그러나 보통은 고유어 '맛초-'로 대역되었다. 活字ガ 足ラナケレバ 江川活字製作所ニ ゴ注文ナサイ/活字가 不足ᄒ면 江川活字製作所에 맛초시오(176상단), 仕立ヲ 上手ニスル 所へ 注文シテ下サイ/바느질 잘ᄒ는듸 맛초어 주시오(215상단), 色々ナ菓子ヲ 注文シテ 来イ/各色菓子를 맛초어오느라(228하단). 어느 쪽으로 보더라도 일본어 '注文, 注文-'은 당시의 국어로 받아들이기 어려운 어형이 아니었을까 생각된다.

36) 반면, 국어의 '操心'은 일본어 '用心'의 대역어로 쓰인 경우도 있다. 氣候ノ變目デスカラ 御用心ナサイ/換節되는 ᄊᆡ오니操心ᄒ시오(43상단). 일본어의 경우 '用心'과 '注意'는 동의어에 속한다.

37) 이 '逗留'는 본래 '逗遛'로 표기되었다. 실제로 『龍飛御天歌』에는 "逗遛 謂軍行頓止 稽留不進也"(권四 20뒤, 제24장 註), 『한불』에는 '두류ᄒ다 逗遛', 『한영』에도 '두류ᄒ다 逗遛'로 나타난다.

38) '親切'은 『한불』에 나타나기 때문에 전통적 한자어라고 할 수 있으나, 위의 대역으로 판단할 때 일본어 '親切'에 대응되는 국어단어로서는 '親切'보다 오히려 '多情'이 의미상 자연스러웠던 것으로 보인다.

39) '必要'가 국어대역에 그대로 쓰인 경우도 있다. コンナニ寒イ處ニハ 溫突モ 必要デス/이런치운곳('곳'의 잘못)에는 溫突도 必要ᄒ오(44하단-45상단), 人民ガ ナケレバ 政府ヲ 設ル必要ガ アリマセヌ/人民이 업스면 政府를 設立홀必要가 업습니다(97하단).

마루'처럼 固有語에 의한 대응으로 일본어에 저항한 경우도 있다. 그러나 漢字語에 비하면 그 비율은 지극히 미미한 정도에 그치고 있다.

나. 訓讀漢字語에 抵抗한 국어단어

建物/家屋(134상단). 見本/看色(167상단). 屆出/告發(105하단), /申告(107상단, 258상단-하단). 狼狽/慌忙. 狼狽[urotahe]デ ドウスルコトヲ 知ラナイデス/慌忙ᄒ 야 엇지홀줄을 아지못ᄒ오(52상단). 貸出/放債(159하단). 突然[ikinari]/瞥眼間(68하단). 買上ゲル/買收ᄒ다(122하단). 白粉[o-siroi]/紛(38상단). 蜂蜜/淸蜜(224하단). 小賣/散賣(162하단). 受取/領受(256상단). 場所/處所(187상단, 244하단). 張紙/告示(78하단). 地主/田主(184하단). 請負者/都給者(54하단). 取扱/處理(133하단, 258하단). 取調/査實(119상단-하단, 129하단, 131하단, 132하단). 取締/監檢(110하단, 120상단).

비록 音讀漢字語에 비하여 사례는 그다지 많지 않으나 訓讀되는 日本漢字語에 저항한 國語의 單語 또한 傳統漢字語에 속하는 경우가 많다. 여기에도 더러는 '價値/값, 麥粉/밀가로, 密語イテ/귀속을 ᄒ고, 水泡/물거품, 織物/필육, 打開ケテ/니놋코, 펴니놋코, 品切/物件이 동나-, 荷物/짐'처럼 고유어로 저항한 경우도 없지 않으나 그 비율은 상대적으로 미미한 정도에 지나지 않는다.

요컨대, 訓讀語에 속하건 音讀語에 속하건 간에 日本語式 漢字語에 맞서 抵抗을 보인 國語單語의 대부분은 원칙적으로 漢字語였다. 앞에서 이미 드러난 것처럼 日本語式 漢字語는 국어에 受容되기도 쉬웠지만, 그렇지 못한 경우에는 여기서 본 것처럼 국어의 저항을 받기도 하였는데, 그 원인은 國語에도 日本語에 맞설 수 있는 傳統漢字語가 적지 않게 구비되어 있었기 때문이다. 日本語에 저항으로 맞선 국어단어 가운데 고유어가 별로 없다는 점이 그 사실을 암시하고 있다. 결국, 일본어의 간섭에 대한 국어의 저항도 두 언어에 공통적으로 잠재하고 있는 漢字의 效用性 때문이었다고 할 수 있다.

3. 결 어

開化期에는 國語로 일일이 표현하기 어려울 만큼 새로운 文物이나 槪念이 끊임없이 쏟아져 나왔기 때문에 그 내용을 소화하거나 전달하기 위한 편리한 방편으로 국어는 日本語를 통하여 수많은 新生漢字語를 받아들일 수밖에 없었다. 그러한 길을 열어준 수단은 두 言語에 공통되는 漢字라는 媒介體였다. 漢字는 東北亞 三國에서 장구한 세월에 걸쳐 유일하게 효율적으로 통용된 문자인데다가 그 속성상 造語力이 풍부하고 다양하기 때문에 한 언어에서 창안된 새로운 語形은 隣接言語에 쉽게 차용되면서 해당언어의 語彙體系 변화에도 적지 않은 영향을 끼친 것이다. 실제로 중국과 일본은 漢字語의 교류를 통하여 서양문물을 비교적 원활하게 받아들일 수 있었으며, 개화기 이후의 국어 또한 일본어를 통하여 새로운 漢字語를 적지 않게 借用하였다. 이러한 의미에서 漢字와 漢字語는 국어의 語彙體系를 새로운 모습으로 변모시킨 원동력이었다고 볼 수 있다.

『獨習日語正則』(1907)과 같은 대역자료에는 그러한 실상이 구체적으로 반영되어 있다. 日本語式 漢字語를 비롯하여 2차적으로 생성된 派生語와 複合語 등 각 분야에 걸친 新生語가 國語에 수용된 모습으로 나타나는 것이다. 이들 新生漢字語의 대부분은 현대국어에 이르기까지 그 생명력이 유지되고 있기 때문에 결과적으로는 國語의 傳統的 語彙體系, 특히 漢字語體系에 커다란 변화와 새로운 질서를 안겨주었다. 이에 『獨習日語正則』(1907)과 같은 대역자료에 반영된 개화기의 國語語彙를 통하여 漢字와 漢字語의 效用性을 다시 한번 정리해보면 다음과 같다.

우선, 漢字와 漢字語는 개화기 이후 國語語彙體系의 형성에 핵심적 구실을 담당하였다. 개화기 이후에 점차 새로운 모습을 갖추게 된 다음과 같은 語彙體系가 그 사실을 뒷받침하고 있다.

經濟, 財政 관계: 供給-需要, 歲入-歲出, 輸入-輸出
國家의 三大權: 立法-行政-司法
軍艦의 종류: 戰鬪艦-巡洋艦-海防艦-砲艦-水雷艇-旗艦
法律관계: 債權者-債務者, 代書所-登錄, 加害者-被害者, 民事-刑事, 原告-被告,
　　　判事-檢事-辯護士
별의 종류: 水星-金星-火星-木星-土星, 流星-行星-彗星
列車의 종류: 列車-機關車, 客車-貨物列車

曜日명칭: 月曜日-火曜日-水曜日-木曜日-金曜日-土曜日-日曜日
陸軍의 兵科: 騎兵-步兵-砲兵-工兵-輜重兵
製藥관계: 水藥-丸藥-散藥-膏藥
진찰의 종류: 往診-來診-打診-聽診
회사의 종류: 株式-合名-合資

이들 중 '供給, 彗星, 騎兵, 輜重, 丸藥, 膏藥' 등은 傳統漢字語에 속하는 단어들이다. 그러나 이들은 개화기 이후 새로 생성된 일련의 단어들과 새로운 對立體系를 갖추게 되었다는 점에서 新生漢字語로 간주될 수 있다. 예컨대, 傳統漢字語에 속하는 '供給'의 경우, 새로운 경제용어로 활용되면서 '需要'의 대립어로 굳어졌기 때문에 이들 두 단어는 다같이 新生漢字語로 볼 수 있다는 뜻이다. 요컨대, 이러한 對立體系 형성에 절대적인 힘을 발휘한 존재가 곧 漢字와 漢字語였다. 이는 漢字의 내면에 잠재하고 있는 效用性이 본연의 저력을 발휘한 결과가 아닐 수 없다.

漢字라는 文字의 效用性은 또 다른 측면에서도 확인된다. 『獨習日語正則』에는 日本語의 干涉에 抵抗한 國語單語로서 傳統漢字語가 많이 나타나는데, 그러한 抵抗 역시 원칙적으로는 두 言語의 漢字語間에 이루어졌다. 이 경우에도 國語에는 다양한 傳統漢字語가 존재하고 있었기 때문에 日本語의 干涉에 대한 抵抗이 가능했다고 해석된다. 다만, 日本語의 干涉에 한동안 抵抗했던 國語의 傳統漢字語는 그후 점진적으로 그 입지가 약해지거나 소멸의 길을 걸은 경우가 대부분이다.

가령, 傳統漢字語에 속했던 '看色, 工匠, 逗留(본래는 '逗'), 物貨, 放債, 逢敗, 浮費, 仕進, 相從, 生涯, 稅錢, 申訴, 十一條, 移運, 作人(혹은 ½作人), 錢政, 絶乏, 情誼, 被薦, 下陸, 刑訊' 등은 현대국어에서 그 모습을 찾아보기가 아주 어려운데, 이들은 현대국어로 넘어오는 과정에서 각기 일본어식 한자어 '見本, 職工, 滯留, 物品, 貸出, 失敗, 費用, 出勤, 交際, 營業, 稅金, 控訴, 一割, 運搬, 小作人, 金融, 缺乏, 感情, 當選, 上陸, 拷問'으로 대치되었기 때문이다. 한편, 국어에 일시적으로 쓰이다 말기는 하였지만 '購覽者, 分傳人'과 같은 漢字語는 新造語로서 주목되는 존재였으나, 현대국어에서는 각기 일본어형인 '購讀者, 配達夫'로만 쓰이고 있을 뿐이다. 또한, 개화기의 국어에는 거의 쓰이지 않았던 '非常-, 料理, 自由-, 注文-, 注意-, 必要-' 등이 국어단어로 자리를 잡게 된 것도 漢字語體系 변화의 일부에 속한다. 결국, 이러한 사례들은 國語의 傳統的 語彙體系, 특히 漢字語體系에 상당한 변화가 이루어졌음을 뜻한다.

한마디로 표현하자면 開化期 國語의 語彙體系, 특히 漢字語體系에는 복잡하고 다양한 성격이 반영되어 있다. 語彙史的으로 그 내용은 傳統漢字語의 意味改新과 新生漢字語의 受容, 接辭用 漢字形態素에 의한 派生語와 複合語의 확산, 日本語의 干涉과 그에 대한 國語의 抵抗 등으로 구분될 수 있으나, 그 배후에는 한결같이 日本語式 漢字語의 간섭이 개입되어 있다. 한동안 日本語形에 맞서 저항을 보였던 국어의 傳統漢字語 가운데에는 결국 日本語式 漢字語로 대치되는 바람에 현대국어에서는 거의 쓰이지 않게 된 사례가 많다는 사실이 그 단적인 증거가 될 것이다. 이러한 측면을 아울러 고려할 때 실로 漢字와 漢字語라는 유용한 존재가 없었더라면 開化期에 밀어닥친 새로운 文物을 受容하고 消化할 수 있는 수단이 따로 없었을 것이며, 國語語彙體系의 近代化 또한 이루어지지 못했을 것이다.

여기서 말하는 語彙體系의 近代化란 國語語彙의 일부인 漢字語體系가 내면적으로 겪은 語彙論的 改新을 뜻한다. 그렇게 새로워진 漢字語體系는 개화기 이후 오늘에 이르기까지 정치, 경제, 사회, 문화, 학술, 제도 등 다양한 분야에 걸친 異質的인 지식과 정보, 이른바 '開化文明'을 용이하게 받아들일 수 있는 수단으로 활용되었으며, 그 위력은 현대국어에서도 여전히 그대로 유지되고 있다. 그만큼 漢字와 漢字語는 國語語彙史에 중요한 역할을 끼쳤다고 하지 않을 수 없다. 이야말로 漢字라는 문자 안에 잠재하고 있는 내면적 效用性이 널리 작용한 결과가 아닐 수 없다.

이러한 의미에서 앞으로도 각 분야의 전문가들이 漢字의 效用性을 과거처럼 적극적으로 활용하여 學術用語나 專門用語를 창안하려는 노력을 계속한다면 수준 높은 專門分野나 最尖端 分野의 지식과 정보라 할지라도 어느 정도까지는 좀더 손쉽게 소화할 수 있는 길이 열릴 것이다. 이점을 도외시하거나 망각하고 漢字와 漢字語에 대한 꾸준한 학습이나 창조적인 활용을 게을리 한다면 우리의 미래문화나 학술발전에 대한 기대치 또한 그만큼 위축되지 않을 수 없을 것이다.

참고문헌

宋 敏(1985), 派生語形成 依存形態素 "-的"의 始原(高麗大 國語國文學研究會, 『于雲朴炳采博士還曆紀念論叢』: 285-301).
_____(1986), 朝鮮通信使의 日本語 接觸, 『語文學論叢』(국민대 어문학연구소) 5.
_____(1988), 朝鮮修信使의 新文明語彙 接觸, 『語文學論叢』(국민대) 7.
_____(1989), 開化期 新文明語彙의 成立過程, 『語文學論叢』(국민대) 8.

_____(1992), 開化期의 語彙改新에 대하여, 『語文學論叢』(국민대) 11.

_____(1998), 開化期 新生漢字語彙의 系譜, 『語文學論叢』(국민대) 17.

_____(1999ㄱ), 開化初期의 新生漢字語 受容, 『語文學論叢』(국민대) 18.

_____(1999ㄴ), [어원탐구] 신생한자어의 성립배경, 『새국어생활』(국립국어연구원) 9-2.

_____(1999ㄷ), [어원탐구] 한자어 '汽船, 汽車'의 연원, 『새국어생활』 9-3.

_____(1999ㄹ), [어원탐구] '器械'에서 '機械'가 되기까지, 『새국어생활』 9-4.

_____(2000ㄱ), 開化期 國語에 나타나는 新文明 語彙, 『語文學論叢』(국민대) 19.

_____(2000ㄴ), 明治初期における朝鮮修信使の日本見聞, 『第121回 日文研フォーラム』(國際日本文化研究センター).

_____(2000ㄷ), [어원탐구] '經濟'의 의미개신, 『새국어생활』 10-1.

_____(2000ㄹ), [어원탐구] '時計'의 차용, 『새국어생활』 10-2.

_____(2000ㅁ), [어원탐구] '生存競爭'의 주변, 『새국어생활』 10-3.

_____(2000ㅂ), [어원탐구] '大統領'의 출현, 『새국어생활』 10-4.

_____(2001ㄱ), 개화기의 신생한자어 연구(1), 『語文學論叢』(국민대) 20.

_____(2001ㄴ), [어원탐구] '自由'의 의미확대, 『새국어생활』 11-1.

_____(2001ㄷ), [어원탐구] '寫眞'과 '活動寫眞, 映畫', 『새국어생활』 11-2.

_____(2001ㄹ), [어원탐구] '合衆國'과 '共和國', 『새국어생활』 11-3.

_____(2001ㅁ), [어원탐구] '熱帶, 溫帶, 寒帶'의 출현, 『새국어생활』 11-4.

_____(2002ㄱ), 개화기의 신생한자어 연구(2), 『語文學論叢』(국민대) 21.

_____(2002ㄴ), [어원탐구] '병원'의 성립과 정착, 『새국어생활』 12-1.

_____(2003), 개화기의 신생한자어 연구(3), 『語文學論叢』(국민대) 22.

馬西尼 著, 黃河淸 譯(1997), 『現代漢語詞匯的形成』―十九世紀漢語外來詞研究, 上海: 漢語大詞典出版社. [원서명] Masini, F.(1993), *The Formation of Modern Chinese Lexicon and its Evolution toward a National Language: The Period from* 1840 *to* 1898, *Journal of Chinese Linguistics, Monograph Series* No. 6, Berkeley: Univerisity of California.

劉正埮·高名凱·麦永乾·史有为(1984), 『汉语外来词词典』, 上海辞书出版社.

斎藤毅(1977), 『明治のことば』, 講談社.

佐藤亨(1983), 『近世語彙の研究』, 桜楓社.

_____(1986), 『幕末·明治初期語彙の研究』, 桜楓社.

鈴木修次(1981), 『文明のことば』, 広島:文化評論出版.

物郷正明·飛田良文(1986), 『明治のことば辞典』, 東京堂出版.

槌田満文(1983), 『明治大正新語·流行語』, 角川書店.

広田栄太郎(1969), 『近代訳語考』, 東京堂出版.

山處 韓國語文教育研究會 [或]韓國語文會[편](2004), 『漢字敎育과 漢字政策에 대한 연구』(도서출판 역락, 國際學術會議 發表論文集:179-2020.

20세기 초기의 신어

1. 머리말

갑오경장(1894)을 거치면서 새로운 문물 지식이나 정보가 나날이 엄청나게 늘어남에 따라, 이들을 실어 나를 언어표현 수단으로서의 신어가 대량으로 필요하게 되었다. 이러한 배경을 기반으로 태어난 개화기(開化期)의 신어는 국어의 어휘사적 측면에서도 특별한 의미를 지니고 있다.

다만, 개화기의 신어를 '20세기 초기'라는 특정 시기로 한정시켜 살펴보기에는 아무래도 문제가 많다. 개화기 전반을 통하여 지속적이고도 유기적으로 생산된 신어를 어느 특정 시기로 한정시켜 정리하기도 어렵거니와, 언어사(言語史)에서 세기(世紀)의 경계를 구분선(區分線)으로 삼는다는 것은 오히려 사실을 밝히는 데 방해가 되었으면 되었지 합리적인 이점(利點)을 찾기 어렵기 때문이다.

그렇다고 '20세기 초기'라는 제목으로 내걸고 무턱대고 개화기 전반을 대상으로 삼을 수도 없다. 이에 본고에서는 '20세기 초기'라는 개념을 약간 확대하여 그 시기를 얼마쯤 늘려 잡기로 한다. 곧, 갑오경장을 전후한 시기, 그러니까 19세기 90년쯤부터 20세기 10년쯤까지를 편의상 '20세기 초기'로 보자는 것이다. 다시 말하자면 '20세기 초기'라는 개념을 정의하되 19세기와 20세기의 경계를 중심축으로 삼아 그 앞뒤로 10여년, 도합 20년쯤을 본고의 대상 시기로 삼자는 것이다.

다음으로, 이 시기의 신어를 살펴보면 대략 다음과 같은 특징을 보이다. 첫째, 이 시기의 신어들은 새로운 시대의 흐름과 문물을 소화하기 위하여 태어난 존재들이기 때문에 일반어보다는 문화어나 전문어일 경우가 많으며, 어형상으로는 2음절의 한자어가 기본적이지만, 거기서 한번 더 발전한 3음절 또는 4음절의 파생어나 복합어일 경우도 적지 않은 비율로 나타난다. 둘째, 신어란 일반적으로 일시적 유행성이나 유동성을 띠는 경우가 보통이지만 이 시기의 신어 가운데 문화어인 동시에 전문어에 가까운 쪽의 단어들은 그 생명력 또한 오랫동안 지속되어 현대 국어로 계승된 사례가 아주 많다. 셋째, 이 시기의 신어는 그 상당수가 대내적, 자생적 변화를 거친 단어들이라기보다 외래적, 조건적 개신(改新)을 겪은 단어들이다. 그만큼 그 어형이나 의미에 외래요소, 예컨대 일본어의 간섭을 받은 경우가 흔하다. 따라서 이 시기의 신어를 검토하기 위해서는 비슷한 시기의 일본어에 나타나는 신어, 특히 한자어와의 어지적(語誌的) 대조를 거칠 필요가 있다. 요컨대, 이러한 점들이 이 시기의 신어가 지니고 있는 특징적 면면이라고 할 수 있다.

2. 대역 자료에 나타나는 신어

1) 신어의 성격과 판정 기준

본고는 20세기 초기의 신어를 정리하는 방법으로 정운복(鄭雲復)의 "독습일어정칙"(『獨習日語正則』, 1907, 大韓皇城 廣學書舖)〈약호, 『독습』(1907)〉이라는 일본어 회화 학습서의 대역 자료를 대상으로 삼는다. 이 자료에 나타나는 단어가 신어인지 아닌지를 판단하기 위한 자료로서는 게일(J.S.Gale)의 『한영ᄌ뎐』(韓英字典, 1897, Yokohama)〈『한영』(1897)〉, 같은 책의 제2판으로서 개정판이기도 한 『한영ᄌ뎐』(1911, Yokohama)〈『한영』(1911)〉을 함께 이용하기로 한다.[1]

사실, 어떤 단어가 전통적 단어인지 신어인지를 구별하는 일은 결코 쉬운 일이 아니다. 이에 본고는 편의상 신어에 대한 판정 기준을 총향정명(외)(惣郷正明외, 1986)〈약호 『총향』(1986)〉에서 찾도록 할 것이다. 이 책에는 명치시대(明治時代, 1867-1912)의 신어가 수집 정리되어 있기 때문에 이를 참고로 삼는다면 어떤 단어가 당시의 신어인지 아닌지를 판정하는 기본적 기준이 될 수 있기 때문이다. 다만, 이 때의 기준은 절대적인 것이라기보다 상대적인 것임을 염

---

1) 그밖에도 필요에 따라서는 다음과 같은 자료를 추가로 이용할 수 있을 것이다.
  (1)빠리외방전교회(1880), 『한불ᄌ뎐』(『韓佛字典』, 요코하마)<『한불』(1880)>, (2)(?1883), 『이언』[언해본](鄭觀應, 『易言』)<『이언』(?1883)>, (3)언더우드(1890), 『한영ᄌ뎐』(『韓英字典』, 요코하마)<『한영』(1890)>, (4)(1891), 『나한사전』(『羅韓辭典』, 홍콩)(원저자 다불뤼의 원고 완성 시기는 ?1851)<『나한』(1891)>, (5)유길준(1895), 『서유견문』(『西遊見聞』, 동경)<『서유』(1895)>, (6)독닙신문(1896.4.7.-1899.12.4.)<『독닙』(날짜)>, (7)조선총독부(1921), 『조선어사전』(『朝鮮語辭典』, 경성)<『조선어』(1921)>, (8)게일(1931), 『한영대ᄌ뎐』(제3판, 경성)<『한영대』(1931)>, (9)문세영(1938), 『조선어사전』(『朝鮮語辭典』, 경성)<『조선어』(1938)>.

두에 둘 필요가 있다.

필자는 그 동안 『독습』(1907)에 나타나는 다음과 같은 국어 단어를 일단 개화기의 신어로 해석한 바 있다(송민 2001, 2005). 여기에 필자의 이전 논의를 간추려 재정리하면서 더러는 잘못을 바로잡기도 하고 더러는 내용을 보완하기도 할 것이다. 모든 예시는 가나다순을 따른다.

가. 19세기 말엽의 신어

극소수의 사례에 한정되어 있기는 하지만 『독습』(1907)에 나타나는 다음의 신어들 중 몇몇은 이르면 『한불』(1880)에 그 모습이 나타나기도 하나, 나머지 대부분은 주로 『한영』(1897)에 전통적인 어형과 의미로 올라있거나 의미의 개신을 보이는 단어들이다. 따라서 이들은 전통적 어형에 일본어의 의미 차용이 더해지면서 19세기 90년대쯤부터 신어로 재출발하였거나, 파생어 또는 합성어로 발전한 사례들이다. 특히, 『한영』(1897)에 반영된 전통적 어형이나 의미 개신이 바로 거기에 해당한다. 따라서 이들은 20세기 초기에 해당하는 『독습』(1907)에 자연스럽게 쓰일 수 있었던 신어들이다. 우선, 19세기 말엽의 신어로 여겨지는 실례를 들어 보면 다음과 같다.

경찰서, 경험, 공기(空氣), 교통, 국사범(國事犯), 기상(기상대), 내각(내각총리대신), 대학교, 독립국/독립권, 민권, 발명, 사진, 상표, 생산력, 생활비, 신문(신문지, 신문사), 연설(연설회), 우편(우편국), 운동(운동회), 은행, 자유항(自由港), 전보(電報), 정거장, 증기선(滊船/汽船), 처분, 처치, 총리대신, 태도, 합중국, 현미경, 화학, 회사(물산회사, 주식회사), 회의

나. 20세기 초기의 신어

다음 단어들은 『한불』(1880)이나 『한영』(1897) 어디에도 올라있지 않으나 『독습』(1907)에 처음 보인다는 점에서 전통적 단어라기보다 그 어형이나 의미가 일본어에서 차용되었을 가능성이 높은 사례들이다. 『한불』(1880)이나 『한영』(1897)에 올라있지 않은 단어들이라면 20세기 초기의 신어일 가능성이 농후하기 때문이다. 실제로 이들 단어의 대부분은 20세기 초기의 『한영』(1911)에 비로소 그 모습을 드러낸다

간접, 경제, 공화국, 관병식(觀兵式), 기관(통상기관, 통신기관), 노동자(勞働者), 다신교/일신교, 단체(團體/團體), 대의정체(代議政體), 도서관, 박람회, 반사, 쇄국, 순사, 신사(紳士), 연습(演習), 우승열패(優勝劣敗)[2], 위생(위생상), 의무, 의원(議員), 인쇄(인쇄소), 일요일, 잡지, 재정, 제국(제국의회), 제일(祭日), 조직, 증기(수증기), 진보, 철도, 출판, 헌병, 활동사진

요컨대 1)과 2)에 제시된 사례의 대부분은 『총향』(1986)에 명치시대의 신어로 등록되어 있다. 더구나 이들 가운데에는 중국어에 나타나는 사례도 많은데, 이들에 대해서 유정담(1984)은 일본어에서 유래한 신어로 해석하고 있다. 그렇다면 이들은 국어에서도 신어일 가능성이 한층 높을 것이다.

3. 그 밖의 신어로 추정되는 사례들

『독습』(1907)에 나타나는 국어 단어 중에는 『총향』(1986)과 같은 자료를 통하여 확인하기는 쉽지 않을지라도 그 어형이나 의미로 판단할 때 당시의 신어로 추정되는 용례들도 많다. 자연히, 그 출현 시기가 명확하지 않은 단어들일지라도 본고에서 내세운 전제대로 19세기와 20세기의 경계선을 크게 벗어나 멀리 거슬러 올라가지 않는 한 신어로 보아도 무방할 것이다. 주관적인 판단에 의존할 수밖에 없긴 하지만 당시의 신어로 간주되는 사례의 일부를 정리해 보면 다음과 같다.

1) 2음절 구조의 신어

(ㄱ) 각의(閣議), 감옥, 건강, 건의, 검사(檢事), 견책, 경영, 계급, 공병(工兵), 공사(工事), 공원(公園), 공판, 관보, 광고, 국권, 국기, 국력, 국민, 국채, 국회, 군부, 기사(記事), 기차(滊車/汽車)

(ㄴ, ㄷ, ㅁ, ㅂ) 논설, 농학(農學), 대표, 동물, 목적, 문법. 문장(文章), 민사(民事), 발견, 발달, 발표, 방법, 법정(法廷), 별장, 병원, 본점

---

2) 진화론의 중심 개념 가운데 하나인 survival of the fittest의 일본식 번역어로서 19세기 80년대에 쓰인 적이 있는 신어에 속한다. 그 후 이 단어는 '적자생존'으로 정착되었다(송민 2000ㄴ).

(ㅅ, ㅇ) 사건, 사업, 사법(司法), 상법(商法), 상업, 상점, 상품, 상황(商況), 선고(宣告), 선편(船便), 세입(歲入), 소득, 소방, 소송, 소장(訴狀), 속력, 수술, 수업(授業), 수입, 수출, 시간, 시계, 시대, 시찰, 식물, 신용, 심사(審査), 양복, 여행, 연골, 연구, 연필, 열차, 영업, 왕진, 외과(外科), 요금, 요리, 요일(曜日), 우선(郵船), 우송(郵送), 운송(運送), 위임, 위원, 의안(議案), 의회, 의학, 이과(理科), 인력(引力), 입법

(ㅈ, ㅊ) 자격, 자금, 자본, 작용, 재원(財源), 재가(裁可), 재봉(裁縫), 재판, 전고(銓考), 전분(澱粉), 전선(電線), 전신(전신), 전차(電車), 전화(電話), 조례(條例), 조사(調査), 조서(調書), 조인(調印), 조제(調劑), 주사(注射), 주식(株式), 준공, 지점, 징역, 차장, 채표(彩票)3), 천정(天井)4), 체조(體操/體操), 체포, 출두, 출발, 출장

(ㅌ, ㅍ, ㅎ) 타진, 탁송, 탐정, 통역, 통화(通貨), 특사(特使), 특사(特赦), 파견, 판로(販路), 판매, 판사, 포병, 학과(學科), 학자(學資), 행정, 형법, 형사(刑事, 경찰직), 형사(刑事, 형사사건), 화물, 화폐, 화씨(華氏), 훈령, 훈시, 훈장, 휘장, 휴간, 휴일, 휴직

이들 2음절 한자어가 모두 신어에 속한다고 단정하기는 어렵다. 그 중에는 국어의 전통적 한자어가 포함되어 있을 가능성이 없지 않기 때문이다. 그러나 적어도 위에 제시된 2음절 한자어들은 대역 자료라는 조건을 고려할 때 일본어의 간섭으로 국어에 수용된 신어일 가능

---

3) '彩票'란 '福券'에 해당하는 중국어로서 일종의 賭博券인데, 일본에서는 富闊[tomi-kuzi]=富籤[tomi-kuzi]の札[huda]=富札[tomi-huda]라고 불렸다. 많은 사람에게서 돈을 거둔 후, 抽籤을 거쳐 當籤된 사람에게 큰 돈을 몰아줌으로써 요행의 이익을 얻게 하는 놀음이었다. 과거 일본에서 행해진 방식은 主催者가 배포한 패를 사게 한 후, 정해진 기일에 買入者를 모아놓고, 각자가 가진 패와 동일한 기호가 적힌 패를 섞어 상자에 넣은 채, 위에서 날카로운 기구로 푹 내리 찔러, 거기에 걸려나온 패와 동일한 기호의 패를 가진 사람을 당첨자로 정했다. 그 때문에 거기에 참여하는 일을 '富를 산다(富をかう)'고 했으며, 추첨하는 일을 '富를 찌른다(富をつく)'고 하였다. 그리고 當籤者는 얼마쯤을 다른 사람에게 베풀게 하는 것이 규칙이었다. 金澤庄三郎(1936, 新訂 314版), 『廣辭林』(三省堂) 'とみ'[富] 項 참조.

4) '천장'에 대한 일본어. 따라서 '天井'은 일본어에 대한 차용어인 셈이다. 그렇게 볼 수 있는 근거는 다음과 같다. 『한불』(1880)에는 다음과 같은 표제어가 나타난다. '텬쟝 天藏. La voûte de ciel; plafond, grenier, voûte. 입=Ip—, *Palais de la bouche, la voûte du palais'*. 그 의미는 '天障, 곡식창고, 둥근 天障'으로 풀이되어 있으며, 거기에 다시 '입=(텬쟝)'이 추가되어 있다. 한편, 『한영』(1897)에는 다음과 같이 나타난다. '텬쟝 天藏 The roof of the mouth', 그리고 '텬쟝 天幛 The ceiling. *See* 반즈, 반즈 天障 The ceiling. *See* 텬쟝'. 맨앞 쪽의 '텬쟝'은 『한불』처럼 '天藏'이라는 한자 표기로 되어있다. 여기서는 그 의미를 '입천장'으로 풀이하였다. 다음으로 '天幛'은 '반즈'(현대국어로는 '반자')와 같은 의미로 풀이되어 있는데, 다만, '반즈'를 나타내는 한자 표기는 '天障'으로 되어있다. 결국, 『한영』에는 '天幛'과 '天障'이 모두 '반즈'의 의미로 풀이되어 있다. 그러나 『한불』의 '天藏'이나 『한영』의 '天幛'은 다같이 잘못된 것이다. 이들은 모두 『한영』에 나타나는 '天障' 한가지 표기로 충분하다. 왜냐하면 국어의 '입천장'에 나타나는 '천장'은 '반자의 겉면'을 뜻하는 '天障'과 語源이 같기 때문이다. 결국, 일본어 '天井'에 대응되는 국어 단어는 '天障'이라고 할 수 있다. 아마도 『독습』(1907)의 저자인 鄭雲復은 이 '天障'이라는 국어 단어를 몰랐던 모양이다. 그 때문에 일본어 '天井'을 국어에 그대로 가져다 썼겠지만, 그것이 결과적으로는 일본어의 차용이 된 것이다.

성을 안고있다. 특히, 국어의 전통적 한자어에 의미의 추가나 개신과 같은 변화가 뒤따랐을 경우에는 그 원인이 일본어의 간섭에 있었다고 보아야 할 것이다. 실제로 그 중에는 더러 『한불』(1880)이나 『한영』(1897)에 어형은 같으나 의미가 다르게 풀이되어 있는 경우도 있다. 이들은 전통적 한자어형에 일본어의 의미가 새로 간섭을 일으키면서 의미상의 개신을 겪은 신어로 추정된다.

2) 3음절 구조의 신어

한편, 2음절 한자어가 다시 하나의 접사와 결합되면 3음절의 파생어로 발전한다. 여기에 는 접두사에 의한 파생어와 접미사에 의한 파생어가 있는데, 접두사는 접미사에 비하여 생산 성이 크게 떨어진다. 이렇게 생성된 3음절 구조의 파생어들은 그 대부분이 신어에 속하는데 이들을 정리해 보면 다음과 같다.

(ㄱ) 가해자, 간호부, 감옥서, 개항장, 건축물, 견양서(見樣書), 경무관, 경쟁적, 경찰서, 고아원, 공예품, 공유지(公有地), 관비생, 광업권, 교과서, 교번소(交番所)[5], 교환 소, 구람자(購覽者)[6], 군항지, 귀족원, 기관차, 기념비, 기념회, 기부금, 기숙사, 기 억력

(ㄴ, ㄷ, ㅁ, ㅂ) 낙성식, 농산물, 당국자, 대서소, 도급자, 도기점, 등용법, 망원경, 모욕죄, 모직물, 미간지(未墾地), 미국산(米國産), 방청자, 배상금, 변호사, 보수금(報酬 金), 보조화(補助貨), 보좌관, 부동산, 분발심, 분수기, 불공평

(ㅅ, ㅇ) 사단장, 삼대권(三大權), 소방조(消防組), 소재지, 소지금, 속성과, 송별회, 수뢰 정(水雷艇), 수비대, 수비병, 수출품, 수확물, 순양함, 식료품, 신문과(訊問課), 신 청금, 실업가, 심상과(尋常科), 심장병, 약제사, 영구적, 영수증, 오예물(汚穢物), 외교가, 외국어, 요리업, 우등상, 월사금, 위경죄(違警罪), 위원회, 위임장, 위조물, 유치원, 유학생, 음식점, 응접실, 의사록, 의연금, 이발사, 이발점, 인쇄소, 인조물, 인판사(印判師), 일년생, 일등지, 일본주(日本酒)

(ㅈ) 자치제, 잡보란(雜報欄), 잡화점, 장식물, 재산가, 재판소, 전당국(典當局), 전당물, 전매권, 전문과, 전사자, 전투함, 절도범, 점안수(點眼水), 정치가, 제약법, 제조소, 조선주(朝鮮酒), 조폐국, 졸업생, 주식권(株式券), 주차군(駐箚軍), 중요품, 중의 원, 중추원, 지리학, 지방관, 지배인, 지원자, 진단서, 진수식, 진찰료

---

5) '파출소'에 해당하는 일본어.
6) 일본어 '購讀者'에 대한 국어식 신조어라고 할 수 있다. 곧, 국어 내부에서 자체적으로 생성된 신어인 셈이며 일종의 번역 차용에 해당할 것이다. 개화기의 어느 한쪽에서나마 이와 같은 시도가 있었다는 점은 주목할 만한 일이다. 실제로 "독습"(1907) 여기저기에는 그러한 흔적이 나타나기도 한다.

(ㅊ, ㅌ, ㅍ, ㅎ) 참모국, 참여관(參與官), 채권자, 채무자, 척후병, 천산물, 청원서, 초대장, 초병선(哨兵線), 추도회, 측량대, 치료실, 친목회, 탄생일, 토벌대, 통지서, 특약점, 평리원(評理院), 폭발탄(爆發彈), 피해자, 하숙옥(下宿屋), 한난계(寒暖計), 해관세(海關稅), 해방함(海防艦), 혁명당, 화강석, 환영회

이들 모두가 일본어에서 생성되어 국어에 차용되었다는 뚜렷한 근거는 물론 없다. 개중에는 '견양서, 구람자, 도급자, 응접실'처럼 일본어에서는 허용되기 어려운 파생어도 포함되어 있기 때문이다. 그러나 이들 역시 조어법상으로는 일본어의 영향을 받은 결과로 판단된다. 따라서 나머지 파생어의 대부분은 '고아원, 귀족원, 모직물, 유치원, 증익원'처럼 일본어에서 직접 생산되어 국어에 차용된 신어들로 추정된다. 대역 자료의 특성상 그러한 간섭이나 차용이 쉽게 이루어진 것이다.

3) 4음절 구조, 또는 그 이상의 신어

또한, 2음절 한자어가 다시 한번 다른 2음절 한자어나 접사용 한자 형태소와 결합되면 4음절 또는 그 이상의 복합어나 파생어로 발전하기에 이른다. 이들 또한 신어의 범주에 포함될 수 있으므로 그 일부를 모아보면 다음과 같다.

가격표기, 가(假)사무소, 고등학교, 관립학교, 국정교과서, 군부대신, 권업모범장(勸業模範場), 기상관측지소(氣象觀測支所), 농림학교, 등록소장(登錄訴狀), 만국연합엽서, 모살미수(謀殺未遂), 무역조사표, 물산회사, 법무보좌관, 변제기한, 보통학교, 사범학교, 사인(私人)단체, 상업시찰, 상업학교, 생존경쟁7), 쇄국주의, 수업시간, 식산사업(殖産事業), 언문일치, 연합연설회, 열대지방, 염세주의, 외교문제, 우선회사(郵船會社), 우편전신, 우편전신사업, 운수회사, 음악학교, 이민조례, 인신해부술, 저금통장, 전고위원회(銓考委員會), 전권공사, 전권위원, 전문기사, 제일은행권, 조사위원, 주식회사, 창업시대, 척식사업(拓殖事業), 토목건축, 토지소유자, 통신관리국, 한대지방, 해저전신, 화물열차, 활자제조소

여기에 보이는 4음절 또는 그 이상의 파생어나 복합어는 당시의 새로운 문물이나 제도와 관계되는 신어들로서, 이들이 국어에 쓰이게 된 배경에는 일본어의 간섭이 있었다고 볼 수밖

---

7) 진화론의 중심 개념 중 하나인 struggle for existence의 일본식 번역어. 이 번역어가 일본에서 창안된 시기는 19세기 80년대 초엽이었다(송민 2000ㄴ).

에 없다. 나아가 2음절 한자어의 기반 위에서 2차적으로 생성된 파생어와 복합어의 대부분은 신시대의 문화를 대변하고 있는 신어들이기 때문에, 일본어의 어형과 의미가 거의 그대로 국어에 수용되었을 가능성이 더욱 크다. 되풀이해서 말하지만 대역 자료에서는 원문의 간섭이 어렵지 않게 이루어질 수 있기 때문이다.

4) 한발 늦게 국어의 신어가 된 일본어 단어

현대 국어라면 다음 각 항목의 앞쪽에 나타나는 일본어는 어형상으로나 의미상으로 국어에도 자연스럽게 쓰일 수 있는 단어들이다. 그러나 이들은 『독습』(1907)의 대역문에 국어 단어로는 쓰일 수 없었음을 보여준다. 자연히 그 자리에는 일본어와는 다른 어형의 국어 단어가 쓰일 수밖에 없었던 것이다. 이 사실은 국어의 전통적 한자어나 고유어들이 한동안 일본어의 간섭에 저항했음을 전해준다. 다시 말해서 적어도 20세기 초기까지의 한동안은 앞쪽의 일본어가 국어 단어로 전용되기 어려운 생소한 어형들이었음을 알려준다. 그 때문에 국어 단어로는 뒤쪽에 나타나는 것처럼 전통적 어형이 선택되었다고 볼 수 있다. 그 일부의 사례를 모아보면 다음과 같다.

> 각반(脚絆)/행전(行纏), 감정/정의(情誼), 결핍/절핍(絶乏), 계획(計畫)/계책, 고문
> (拷問)/형신(刑訊), 공소(控訴)/신소(申訴), 교제/상종, 교접, 구독자/구람자(購覽者),
> 극동/동양, 금융/전정(錢政), 물품/물화(物貨), 부채/빚, 분배(分配)/분배(分排), 비용
> /경비, 부비(浮費), 비상-/대단(大段-, 大端-), 상륙/하륙(下陸), 세금/세전(稅錢), 세
> 탁/쌜닉, 수해(水害)/수재(水災), 실책/낭픠, 실패(失敗)/봉패(逢敗), 양패(良貝), 랑
> 픠, 안내/인도, 연말/세말(歲末), 영업/생애(生涯), 요도/신경(腎莖), 要領/경위, 요리/
> 음식, 운반/이운(移運), 운전/운용, 월말/월종(月終), 유행-/시체(時體)로 닙다, 시체
> (時體)다, 의상/의복, 일체-/왼갓, 입항-/드러오다, 자양물(滋養物)/보양(補養)할 것,
> 자유-/임의-, 장부(帳簿)/치부(置簿), 재료/감, 주금(株金)/고금(股金), 주문(注文)-/
> 맛초-, 긔별ㅎ-, 주소씨명/주거성명, 지방(脂肪)/기름, 직공(職工)/공장(工匠), 청구서/
> 청원서, 추측/짐작, 친절-/다정-, 품행/행실, 필요-/소용, 요긴-, 함수수(含嗽水)/양치약,
> 항만/개항장, 해석/설명, 현금/즉전(卽錢), 직전(直錢), 홍수/창수(漲水), 환자/병인(病
> 人), 효력/효험, 희망/소망

더구나, 일본어 '교제, 비상-, 실패, 요리, 주문(注文)-, 필요-'와 같은 단어는 어쩌다 한 두 번 국어 단어로 채택되어 쓰였을 뿐, 상대적으로는 그와 어형이 다른 전통적 국어 단어가

훨씬 자주 선택되었다. 나아가, 일본어 '자유-, 유행-', 그리고 위의 자료에는 포함되어 있지 않으나 '주의(注意)'와 같은 일본어 단어는 아예 한번도 국어 단어로 쓰인 적이 없다. 나아가, 일본어에 저항한 전통적 국어 단어 가운데에는 한자어뿐만 아니라 '셜닉, 빗, 왼갓, 드러오다, 감, 맛초-, 기름' 등과 같은 고유어도 포함되어 있어 주목을 끌기도 한다.

그러나 『한영』(1911)에 이르면 위에 보인 일본어 단어가 결국은 국어 단어로 수용되었음을 알 수 있다. 곧, '각반, 감정, 결핍ᄒ다, 계획, 고문ᄒ다, 공소, 교제, 구독ᄒ다, 극동, 금융, 믈품, 부채, 분빅, 비용, 비샹ᄒ다, 샹륙ᄒ다, 셰금, 셰탁ᄒ다, 슈히, 실칙ᄒ다, 실패, 안닉, 년말, 영업, 뉴두, ᄋᆞ령, 료리, 운반ᄒ다, 운젼ᄒ다, 월말, 류힝ᄒ다, 이샹, 일쳬, 입항ᄒ다, ᄌᆞ양물, ᄌᆞ유, 쟝부, 직료, 쥬금, 쥬소, 지방, 직공학교, 쳥구, 츄측, 친졀ᄒ다, 픔힝, 필요ᄒ다, 함슈, 항만, 희셕, 현금, 홍슈, 환쟈, 효력, 희망'과 같은 일본어 단어들이 『한영』(1911)에 국어 단어로 당당히 등록되어 있는 것이다. 물론, 이들 모두가 꼭 일본어일 수만은 없다. 개중에는 국어에서도 통용될 수 있는 한자어가 포함되어 있는지도 모르기 때문이다. 어쨌건 일본어에서 넘어온 이들은 한동안 국어의 전통적 단어의 저항에 부딪히기도 하였으나 이내 국어에 수용된 것으로 보인다. 결국, 『독습』(1907)에서 얼마간의 저항을 겪어야 했던 이들 일본어 단어들은 이내 국어에 수용되었기 때문에 비교적 뒤늦게 신어의 대열에 합류한 존재로 해석되는 것이다. 이에 대하여 한동안 저항을 감행했던 전통적 국어 단어 가운데에는 그 후 입지가 점차 허약해지거나 소멸의 길을 걸은 사례도 적지 않다. 현대 국어로 검증해 본다면 그러한 사실을 확인할 수 있을 것이다.

4. 결 어

개화기, 좀더 범위를 좁힌다면 20세기 초기를 전후한 시기에 생성된 신어의 대부분은 한마디로 문화어요, 전문어요, 한자어인 경우가 많다. 또한, 그들 대부분은 일본어의 간섭에 따라 어형이나 의미가 국어에 차용된 경우도 허다하다. 이 때의 신어들은 그 후 국어에 정착되어 현대 국어의 어휘 체계에 그대로 계승되었다.

이처럼 개화기, 곧 20세기 초기를 중심으로 한 시기에 대어난 신어들은 국어의 어휘 체계 변화나 개신에 커다란 영향력을 행사했을 뿐 아니라, 결과적으로는 국어의 근대화를 자연스럽게 촉진시킨 원동력으로서 비중 있는 역할을 수행한 존재라고 평가할 수 있다. 우리는 『독습』(1907)에 나타나는 일련의 국어 자료를 통하여 그러한 사실의 일단을 확인할 수 있다고 믿는다.

참고문헌

宋　敏(1994), 갑오경장기의 어휘, 국립국어연구원, 『새국어생활』 4-4, pp.54-73.

_____(2000ㄱ), 開化期 國語에 나타나는 新文明 語彙, 국민대, 『語文學論叢』 19, pp.25-57.

_____(2000ㄴ), [어원탐구] '生存競爭'의 주변, 『새국어생활』 10-3, pp.121-126.

_____(2001), 개화기의 신생한자어 연구(1), 『語文學論叢』 20, pp.33-77.

_____(2002), 개화기의 신생한자어 연구(2), 『語文學論叢』 21, pp.53-95.

_____(2003), 개화기의 신생한자어 연구(3), 『語文学論叢』 22, pp.1-34.

_____(2005), 개화기의 신생한자어 연구, 片茂鎭외 공편, 『獨習日語正則, 解題·索引·研究·原文』, 서울: 불이문화사, pp.517-630.

馬西尼 原著/黃河淸 譯(1997), 『現代漢語詞匯的形成──十九世紀漢語外來詞硏究』, 上海: 漢語大詞典出版社.

劉正埮·高名凱·麥永乾·史有爲(1984), 『漢語外來詞詞典』, 上海: 上海辭書出版社.

齋藤毅(1977), 『明治のことば』, 동경: 講談社.

佐藤亨(1983), 『近世語彙の研究』, 동경: 櫻楓社.

_____(1986), 『幕末·明治初期語彙の研究』, 동경: 櫻楓社.

鈴木修次(1981), 『文明のことば』, 廣島: 文化評論出版.

惣鄕正明·飛田良文(1986), 『明治のことば辭典』, 동경: 東京堂出版.

槌田滿文(1983), 『明治大正新語·流行語』, 동경: 角川書店.

廣田榮太郎(1969), 『近代譯語考』, 동경: 東京堂出版.

出處 국립국어원(2006. 12.), 『새국어생활』 16-4: 19-30.

파생접사로서의 한자형태소,
그 실상의 사적 배경

1. 서 언

한자(漢字)라는 외래성 언어자재는 국어에 차용되어 토착화하는 과정에서 고유의 문법적 기능을 거의 잃었기 때문에 지금은 기본적으로 의존형태소라는 역할에 머물러 있을 뿐이다. 이에 따라 '천(天)/지(地)'나 '우(宇)/주(宙)'와 같은 한자는 개별적으로 안정된 자립형태소, 곧 단어로 쓰이지 못한다. 그러나 '천지'나 '우주'처럼 최소한 두 개의 한자가 결합되어 2음절 구성으로 발전하면 이들은 단어가 될 수 있다. 자연히 국어에서 활용되는 한자어의 대부분은 2음절형 구성이라는 특성을 보인다.

1) 일부의 명사성 한자형태소는 국어에서 제한적으로나마 단어로 쓰이는 경우도 있다. 그러한 한자형태소들은 거기에 대응되는 고유어가 국어에 아예 없었기 때문에 차용으로 보충된 결과이거나, 과거 어느 시기까지는 있었다 할지라도 그 후 소멸되면서 그 자리에 한자형태소가 채워진 경우에 해당한다.

예를 들면, 단어로 쓰일 수 있는 '금(金)/은(銀), 방(房)/창(窓), 책(冊)/시(詩)'나 '병(病)/약(藥)'과 같은 문화적 대상, 또는 '동(東)/서(西)/남(南)/북(北)'과 같은 방위명칭, 여기에 '기(氣)/덕(德)/복(福)/선(善)/악(惡)/신(神)/죄(罪)/벌(罰)/법(法)' 또는 '수(數)/성(姓)'과 같은 추상명사 부류는 문화적, 추상적 세부개념의 공백이 차용으로 채워진 결과이며, '강(江)/산(山)'이나 '백(百)/천(千)' 또는 '성(城)' 또는 '용(龍)/양(羊)'과 같은 한자식 단어는 고유어의 소멸에 따른 차용에 속할 것이다.

한편, 개별적인 동사성 한자형태소는 동사나 형용사, 또는 부사 형성에 참여하기도 한다.

'고(告)-하다/귀(貴)-하다/급(急)-하다/능(能)-하다/대(對)-하다/명(命)-하다/심(甚)-하다/위(爲)-하다/의(義)-롭다/청(請)-하다/취(醉)-하다/통(通)-하다/표(表)-하다/험(險)-하다/후(厚)-하다'나 '급-히/능-히' 또는 '귀-하게/심-하게/험-하게'와 같은 사례가 거기에 해당한다. 그러나 이들 단어에 포함되어 있는 한자형태소는 어근과 같은 의존형태소에 속할 뿐 자립형태소로 간주되기는 어렵다.

2) 한자형태소의 이러한 문법적 특성은 중세국어에서도 발견된다. 실제로, 『두시언해』(1481)는 한시(漢詩)에 쓰인 단일 한자가 국어에서는 자주 2음절형 한자어로 대치되는 실상을 보여준다. 초간본 권6의 일부(1a-30b)에 나타나는 실례를 무작위로 들어보면 다음과 같다(예시는 가나다 순). '기(記) → 기록(記錄)/기(氣) → 기운(氣運)/논(論) → 의논(議論)/대(對) → 상대(相對)/물(物) → 만물(萬物)/서(瑞) → 상서(祥瑞)/속(俗) → 세속(世俗), 시속(時俗)/신(神) → 신령(神靈), 정신(精神)/아(雅) → 청아(淸雅)/염(念) → 사념(思念)/영(迎) → 영봉(迎逢)/용(容) → 용납(容納)/웅(雄) → 웅장(雄壯)/위(威) → 위엄(威嚴)/윤(潤) → 윤택(潤澤)/율(律) → 법률(法律)/은(恩) → 은혜(恩惠)/자(資) → 자뢰(資賴)/재(災) → 재해(災害)/조(朝) → 조회(朝會)/진(振) → 진동(振動)/진(眞) → 진실(眞實)/첩(疊) → 중첩(重疊)/축(蓄) → 저축(儲蓄)'.

원문의 단일 한자형태소가 2음절형 한자어로 번역되었다 함은 한자형태소 한 개만으로는 의미가 투명하게 드러나지 않는다는 데 그 원인이 있었다는 뜻이다. 개별적 한자형태소는 국어에서 그만큼 자립성이 미약하여 단독으로는 정확한 의미를 전달하기 어려웠음을 나타낸다.

3) 개별 한자의 이러한 의존형태소적 특성은 현대국어에도 그대로 유지되고 있다. 한자어의 경우, 기본적으로는 두 개의 한자형태소 결합, 곧 2음절 구성이 가장 일반적일 뿐 아니라 안정적인 원인도 거기에 있다. 2음절형 한자어는 다시 1차적, 2차적 파생이나 합성을 거치면서 3음절, 4음절, 5음절 또는 그 이상의 구성으로 발전한다. 그러나 국어에 나타나는 3음절 또는 그 이상의 한자어는 대개 파생어나 합성어에 속한다. 당연히 여기에 형태론적으로 편리하게 활용되는 구성성분은 개별 한자형태소들이다. 이들은 일반적으로 추상적, 개념적, 문화적, 학술적, 비전통적 개별 한자나 한자어와 결합되어 새로운 파생어를 생산하며, 의미상으로는 주로 상태성 표현에 이용되지만, 드물게는 동작성 표현에 쓰이기도 한다. 또한 문법적으로는 수식어적이거나 서술어적 기능을 나타낸다.

4) 파생접사로서의 한자형태소는 개화기 이후 오늘까지 그 종류와 활용영역이 날로 확대되어 왔다. 그만큼 현대국어에서는 이들의 기능부담이 크다는 뜻이다. 이에 따라, 본고에서는 현대국어에서 다양하게 활용되는 한자형태소 가운데 새로운 파생어 생성에 동원되는 접사의 일부를 찾아 그 종류와 실상을 살피고 나서, 그에 대한 어휘사적 배경을 아울러 추적해 보려고 한다.

2. 파생접미사 '-적(的)'의 실상

파생접사로 활용되는 개별 한자의 비중을 알아보는 한 가지 방편으로서 현대국어의 파생어 생성에 폭넓게 동원되고 있는 접미사의 실례를 하나만 든다면 '-적(的)'이라는 한자형태소가 있을 것이다. 국립국어연구원(1999)의 『표준국어대사전』(두산동아)에 등록되어 있는 파생접사용 표제어, 또는 개별적으로 등록되어 있는 파생어형을 통하여 그 실상이나 윤곽을 파악할 수 있는데, 여기에는 2음절형부터 6음절형까지 대략 1,150여 항목의 '-적' 파생어가 나타난다.[1] 음절형 별로는 다음과 같이 구분된다.

1) 첫째는 2음절형으로 거의 30 항목에 이른다. 이들은 특히 '공(公)-적/사(私)-적, 내-적/외-적, 동-적/정-적, 물-적/인-적, 양-적/질-적, 종-적/횡-적'처럼 대립적 의미를 나타내는 데 이용되기도 하고, '극-적/미-적/법-적/지-적/암(癌)-적'과 같은 추상적 한자어로 나타나기도 한다. 양적으로는 많지 않은 편이지만, 이는 개별 한자의 경우 자립형태소가 되기 어려워 그 파생어 또한 한정적으로밖에 나타나지 않기 때문인 듯하다.

2) 둘째는 3음절형으로 930여 항목에 이른다. 양적으로는 가장 많은 셈이다. 참고삼아 어두음 별로 10개씩만을 예시한다.

'ㄱ'='감동-적/객관-적/경제-적/관념-적/관습-적/교육-적/구조-적/국제-적/귀납-적/규

---

1) 『표준국어대사전』에는 북한의 어형이 많이 포함되어 있기 때문에 예시되는 항목 가운데 현대국어로는 다소 부자연스러운 경우도 있을 수 있다. 또한 현대국어의 두음법칙에 어긋나는 북한어는 예시에서 제외하였다.

범-적…'.

'ㄴ'='낙관-적/낙천-적/남성-적/낭만-적/내면-적/내부-적/내성-적/내향-적/냉소-적/논리-적…'.

'ㄷ'='단계-적/단기-적/단편-적/대립-적/대조-적/대중-적/대표-적/도덕-적/독단-적/독립-적…'.

'ㅁ'='만성-적/망국-적/매력-적/매혹-적/모략-적/모범-적/모욕-적/모험-적/문학-적/문화-적…'.

'ㅂ'='방관-적/배타-적/법률-적/변칙-적/보수-적/보조-적/보편-적/복합-적/본격-적/본능-적…'.

'ㅅ'='사법-적/사상-적/사회-적/산발-적/상대-적/상습-적/상식-적/상징-적/상투-적/선구-적…'.

'ㅇ'='압도-적/야만-적/양심-적/역사-적/역설-적/예술-적/외교-적/우발-적/원론-적/원색-적…'.

'ㅈ'='자동-적/자발-적/자율-적/자주-적/잠정-적/재정-적/저돌-적/적극-적/전격-적/전문-적…'.

'ㅊ'='창조-적/천부-적/천성-적/체계-적/초보-적/최종-적/추상-적/충격-적/치명-적/치욕-적…'.

'ㅌ'='타산-적/타성-적/타율-적/타협-적/탄력-적/탐미-적/탐욕-적/토속-적/통계-적/통괄-적…'.

'ㅍ'='파격-적/파괴-적/파국-적/파벌-적/파상-적/파행-적/편파-적/편향-적/평균-적/평화-적…'.

'ㅎ'='학문-적/학술-적/합리-적/합법-적/항구-적/해학-적/행정-적/향락-적/헌신-적/혁명-적…'.

3) 셋째는 4음절형으로 130여 항목에 이르는데, 이들은 다시 두 가지 유형으로 구분된다. 하나는 2음절형 단어에 한 개의 접미사와 '-적'이 차례로 연결된 유형으로서 '기계-론-적/기념-비-적'과 같은 파생어가 여기에 해당하며,[2] 다른 하나는 접두사와 접미사가 각기 앞뒤에 결합된 유형으로서 '구-시대-적/무-비판(無批判)-적'과 같은 파생어가 여기에 속한다.[3]

이들에 대하여 좀더 분석한다면, 첫 번째 유형인 '기계-론-적/기념-비-적'은 '기계/기념'이라는 2음절형 단어에 각기 '-론'이나 '-비'라는 접미사가 연결되어 '기계-론/기념-비'라는 3음절형 파생어가 되었다가, 여기에 다시 '-적'이 결합되면서 4음절형으로 발전한 결과에 해당한

---

2) 같은 유형의 파생어. '고고-학-적/과도-기-적/교육-자-적/근시-안-적/민족-사-적/반항-아-적/변증-법-적/서사-시-적/세기-말-적/신경-질-적/자서-전-적' 등.

3) 같은 유형의 파생어. '대-내외-적/몰-개성-적/무-의식-적/반-사회-적/반(半)-직업-적/범-세계-적/불-규칙-적/비-경제-적/소-시민-적/수-공업-적/신-세대-적/전-근대-적/초-자연-적/최-우선-적/합-목적-적' 등.

다. 이에 대하여, 두 번째 유형인 '구-시대-적/무-비판-적'은 '시대/비판'이라는 2음절형 단어에 접두사 '구-/무-'와 접미사 '-적'이 함께 결합되면서 4음절형으로 발전한 결과에 속한다.

4) 다섯째는 5음절형으로 50여 항목이 나타나는데, 조어법상의 원리는 비교적 단순하다. 먼저 주목되는 점은 2음절형 한자어끼리의 결합으로 생성된 1차적 합성어에 '-적'이 결합된 경우로서 '가치-중립-적/기술-집약-적/단도-직입-적'과 같은 실례로 나타난다.[4] 이에 반하여, 2음절 단어에 '-주의(主義)'가 연결된 후, 여기에 다시 '-적'이 결합된 경우도 있다. '가족주의-적/공리-주의-적'과 같은 '-주의'형 실례로 등록되어 있다.[5] 다만, 5음절 또는 그 이상의 구성인 '-적' 파생어는 그 음절수가 아무리 많아지더라도 형태론적으로는 2음절이나 3음절 파생어와 다름없는 구성원리를 따를 뿐이다.[6]

5) 이상과 같은 실상으로 볼 때, '-적' 파생어의 실체는 3음절형 구성에 있다고 볼 수 있다. 양적인 측면에서 가장 많기도 하지만 조어법상의 구성원리라는 측면에서도 그렇게 이해된다. 어찌되었건 개화기를 통하여 일본어의 조어법에서 유래한 것으로 추정되는 한자형태소 '-적'[7]은 비록 하나의 의존형태소에 불과하지만 그 폭발적인 효용성과 다양성은 관심의 대상이 되기에 충분하다.[8]

---

4) 같은 유형의 파생어. '불가-항력-적/사상-리론-적/시대-착오-적/자기-중심-적/자기-희생-적/천편-일률-적' 등.
5) 같은 유형의 파생어. '복고-주의-적/사실-주의-적/사회-주의-적/염세-주의-적/이기-주의-적/이상-주의-적/인도-주의-적/자본-주의-적/집단-주의-적/탐욕-주의-적/패배-주의-적/허무-주의-적' 등.
6) 『표준국어대사전』에는 6음절 구성의 '-적' 파생어로서 '비-로동-계급-적'이라는 사례가 유일하게 제시되어 있다. 그러나 이는 북한의 어형일 뿐 아니라, 구성원리로 보아도 조어법상의 특별한 의미를 지니지는 않는다. 한편, 5음절 구성 파생어 중에는 예외적으로 '미스터리-적/카리스마-적'처럼 외래어 하나에 '-적'이 결합된 경우도 보인다. 다만, 이 경우의 5음절이란 음절수에 지나지 않으며, 그 구성방식은 결국 2음절이나 3음절형과 다름이 없다.
7) 파생접미사 '-적'의 출현이나 확산과 같은 어휘사적 배경에 대해서는 슘민(1985) 참조.
8) 나만, '석-'에서 비롯된 파생어늘은 대단한 위세를 떨치고 있으면서도, 다른 한쪽으로는 주어의 기능을 담당하기 어렵다는 점 따위의 문법적 제약을 안고 있다.

3. 현대국어의 한자형 파생접사

한자형 파생접사의 실상에 대해서는 『표준국어대사전』(1999)에 등록되어 있는 접두사와 접미사라는 명목의 접사를 통하여 손쉽게 확인할 수 있다. 이들 접사는 특정한 일부 명사, 극히 드물게는 동작동사와 결합되어 일정한 의미를 더해 준다. 또한 이들은 원칙적으로 한자어와 결합되어 다양한 파생어를 생성하지만, 아주 드물게 나타나는 경우로 고유어나 외래어와 결합되어 쓰이는 수도 있다.

일반적으로 접두사와 접미사는 동일한 범주로 다루어지지만, 양자의 문법적 기능은 엄밀한 의미에서 약간 다르다. 요컨대 접두사는 명사 앞에서 수식어적 성분, 동사 앞에서는 한정어적 성분으로 쓰이지만, 접미사는 기본적으로 수식어적 성분으로 나타난다. 거기다가 한자형 접두사의 활용도는 접미사에 비하여 한정적이다.

이제 현대국어에 나타나는 한자형 접사의 일부를 살피기로 한다. 이번 논의에서는 송민(2005:517-630, 특히 579-584)에 정리된 바 있는 개화기의 파생접사 용례 중 현대국어에서도 널리 활용되는 항목의 일부만을 대상으로 삼는다. 이 때의 파생접사 용례란 정운복(鄭雲復)의 『독습일어정칙』(獨習日語正則, 1907, 大韓皇城 廣學書舖)에 대한 조사결과를 뜻하는데, 이 책은 당시 일본어의 한자형 파생접사 가운데 상당수가 국어에 그대로 수용되었음을 보여준다. 그만큼 이 책은 한자형 파생접사의 어휘사적 배경에 대한 이해를 돕는다. 이에 따라 본고는 『독습일어정칙』에 나타나는 한자형 파생접사 가운데 일부를 검토 항목으로 앞세워, 그에 대한 『표준국어대사전』의 기술(記述)을 간략히 정리하고 나서, 양자의 내용을 대조함으로써 파생접사에 대한 실상과 그 어휘사적 배경을 아울러 파악하게 될 것이다.

논의의 대상은 3음절 구성의 파생어를 주축으로 삼는다. 2음절 또는 4음절이나 그 이상의 구성도 없지는 않으나, 3음절 구성이 조어법상 기본적일 뿐 아니라, 양적으로도 현저하게 많기 때문이다. 각 항목의 뜻풀이는 『표준국어대사전』을 원용하되, 필요에 따라서는 그 내용을 적절히 바꾸기도 할 것이다.[9] 본고의 목표는 단지 파생어에 대한 외형적, 구성적 측면을 통하여 파생접사의 윤곽이나 실상을 파악하려는 것이기 때문에 자료 예시는 편의상 가나다 순을 따른다.

---

9) 『독습일어정칙』에 나타나는 파생접사 중에는 『표준국어대사전』에 표제어로 나타나지 않는 대신, 파생어 형태로 등록되어 있는 경우도 많다. 이러한 파생어는 필요에 따라서만 적절히 참고할 것이다.

1) 한자형 접두사

접두사로 활용되고 있는 한자형태소 중에는 동작성 한자보다 상태성 한자가 비교적 많다. 이는 아마도 접두사가 기본적으로 수식어적 기능을 담당하는 문법성분이라는 점에 그 원인이 있는 듯하다. 또한 파생어에서는 접두사용 한자형태소의 기본적 의미가 일반적으로 거의 유지된다. 그 일부를 들어보면 다음과 같다. 여기서부터는 편의상 용례 제시에 형태소의 구분 표지를 사용하지 않는다.

(01) 가-(假)='가짜, 거짓' 또는 '임시적인'. → '가선물/가계약/가능기'.[10]
(02) 고-(高)='높은, 훌륭한'. → '고품질/고혈압'.
(03) 공-(空)=(가) '힘이나 돈이 들지 않은'. → '공것/공돈/공밥/공술/공차'.
　　　　　　　(나) '빈' 또는 '효과가 없는'. → '공가교/공수표/공염불/공테이프'.[11]
　　　　　　　(다) 몇몇 동사 앞에 붙어 '쓸모없이'. → '공돌다/공뜨다/공치다'.
(04) 구-(舊)='묵은, 낡은'. → '구시가/구세대/구제도'.
(05) 대-(大)='큰, 위대한, 훌륭한, 범위가 넓은'. → '대가족/대보름/대선배/대성공'.
(06) 무-(無)='그것이 없음'. → '무감각/무자비'.
(07) 미-(未)='그것이 아직 아닌, 그것이 아직 되지 않은'. → '미성년/미완성/미해결'.
(08) 부-/불-(不)='아님, 아니함, 어긋남'.
　　　　　　　(가) → '부도덕/부정확/부자유'.
　　　　　　　(나) → '불가능/불공정/불규칙/불균형/불명예/불완전'.
(09) 비-(非)='아님'. → '비공식/비무장/비민주적/비인간적/비생산적/비업무용'.
(10) 생-(生)=(가) '익지 아니한'. → '생김치/생나물/생쌀'.
　　　　　　　(나) '물기가 아직 마르지 아니한'. → '생가지/생나무/생장작'.
　　　　　　　(다) '가공하지 아니한'. → '생가죽/생맥주/생모시'.[12]
　　　　　　　(라) '직접적 혈연관계인'. → '생부모/생어머니/생아버지'.
　　　　　　　(마) '억지스러운, 공연한'. → '생고생/생과부/생이별/생죽음/생떼/생트집
　　　　　　　　　/생초상'.

---

10) 그 밖의 파생어. '가건축/가결의/가계정/가교사(假校舍)/가매립/가매장/가문서/가방면(假放免)/가본적/가분수/가석방/가성대(假聲帶)/가송장(假送狀)/가수요/가압류/가약정/가역사(假驛舍)/가연고(假緣故)/가예산/가위탁/가유치(假留置)/가정관(假定款)/가제목/가제본/가조약/가조인/가졸업/가주소/가주어(假主語)/가지급/가지불/가집행/가채권/가처분/가출옥/가투표/가평균' 등. 대부분은 법률관련 단어들이다.
11) 그 밖에도 같은 유형의 파생어로는 비교적 최근에 쓰이기 시작한 '공회전'을 비롯하여, 불교관련의 '공염불/공염송(空念誦)/공해탈문(空解脫門)'과 같은 전통적 단어가 있다.
12) 그 밖에도 같은 유형의 파생어가 많다. '생가슴/생감자/생고기/생고생/생고집/생과부/생과일/생김치/생나물/생난리/생뉜배/생뉜창/생매장/생머리/생목숨/생미역/생사람/생아편/생지옥/생트집/생호령' 등. 대부분은 전통적 파생어에 속한다. 이에 반하여, '생고무/생방송/생필름' 등은 비교적 새로운 파생어에 해당한다.

                    (바) '지독한' 또는 '혹독한'. → '생급살/생지옥'.
   (11) 선-(先)=(가) '앞선'. → '선보름/선이자'.
            (나) '이미 죽은'. → '선대왕/선대인'.
   (12) 소-(小)='작은'. → '소강당/소극장/소사전'.
   (13) 신-(新)='새로운'. → '신세대/신기록/신세계'.
   (14) 저-(低)='낮은'. → '저소득/저학년/저혈압'.

이들 접두사는 위(2.1.)에서 잠시 지적한 대로 '고-/저-, 대-/소-, 신-/구-'와 같은 대립적 의미 구분에 효율적으로 이용되는가 하면, '무-/미-/불-, 부-(不)/비-'와 같은 부정(否定)이나 반의(反意) 표현에 경제적으로 활용되기도 한다. 사실, 국어고유의 접두사로는 이러한 대립개념을 간편하게 표현할 수 있는 길이 없다. 그만큼 이들 한자형 접두사는 유용한 문법기능을 담당하고 있다.13)

2) 한자형 접미사

일부의 명사 뒤에 한정적으로 결합되는 파생접미사용 한자형태소는 일반적으로는 2음절 구성의 명사성이나 동사성 한자어와 결합되지만, 드물게는 1음절 한자어, 나아가서는 고유어나 외래어와 결합되어 다양한 파생어를 생성해 낸다. 이렇게 생성된 파생어는 기본적으로 명사성 어간과 같이 쓰이지만 통사적으로는 수식어적 기능을 나타낸다. 여기에 예를 들어보면 다음과 같다.

   (1) -가(家)=(가) '그것을 전문적으로 하거나 직업으로 하는 사람'. → '건축가/작곡가/평
                      론가'.
            (나) '그것에 능한 사람'. → '이론가/전략가/전술가'.
            (다) '그것을 많이 가진 사람'. → '자본가/장서가'.
            (라) '그 특성을 지닌 사람'. → '대식가/애연가'.
            (마) '가문'. → '명문가/세도가/케네디가'.
   (2) -관(館)=(가) '건물, 기관'. → '도서관/박물관/영화관/체육관'.
            (나) 일부 고유 명사 뒤에 붙어 '음식점'의 뜻을 더함. → '명월관/한국관'.
   (3) -권(券)=(가) '자격이나 권리를 증명하는 표(票)'. → '관람권/상품권/승차권/입장권'.
            (나) '지폐'. → '천원권/오천원권/만원권'.

---

13) 특히, 부정이나 반의 표현에 쓰이는 한자형 접두사는 일찍이 국어 조어법에 접목된 문법수단으로서, 국어로는 해결하기 어려운 파생어 형성법의 공백을 보완해 준다는 점에서 주목되는 존재라고 할 수 있다.

(4) -금(金)='돈'. → '계약금/기부금/장학금/찬조금/축하금'.

(5) -대(臺)='그 값 또는 수를 넘어선 대강의 범위'. → '만원대/수천억대/억대'. 이와는
　　　　달리 이 '-대'는 '일정한 높이를 가진 시설이나 장치'의 뜻을 나타내기도 한
　　　　다. → '가판대/건조대/계산대'.

(6) -력(力)='능력, 힘'. → '경제력/군사력/생활력'.

(7) -료(料)=(가) '요금'. → '관람료/수업료/원고료/통화료/모델료'.
　　　　　　(나) '재료'. → '조미료/향신료'.

(8) -록(錄)='기록, 문서'. → '비망록/속기록/회의록'.

(9) -물(物)='물건, 물질'. → '농산물/불순물/화합물'.

(10) -발(發)='그곳에서 떠남, 그 시간에 떠남'. → '대전발 완행열차/열시발 열차/서울발
　　　　　연합통신'.

(11) -사(士)='직업'. → '변호사/세무사/회계사'.

(12) -사(社)='회사(會社)'. → '신문사/잡지사/출판사/통신사'.

(13) -사(師)='그것을 직업으로 하는 사람'. → '도박사/사진사/요리사/전도사'.

(14) -산(産)='거기에서 산출된 물건'. → '한국산/제주산/국내산/외국산/멕시코산'.

(15) -생(生)=(가) '그때에 태어남'. → '갑자생'.
　　　　　　(나) '그 햇수 동안 자람'. → '이십 년생'.
　　　　　　(다) '학생'. → '견습생/실습생/연구생'.

(16) -선(線)=(가) '광선'. → '감마선/엑스선'.
　　　　　　(나) '노선'. → '경부선/호남선/장항선'.

(17) -소(所)='장소, 기관. → '강습소/교습소/사무소/연구소'.

(18) -술(術)='기술' 또는 '재주'. → '최면술/사격술/건축술/곡예술/방어술/변신술'.

(19) -식(式)=(가) '방식'. → '계단식/고정식/서양식/현대식'.
　　　　　　(나) '의식'. → '개관식/개업식/송별식/수료식'.

(20) -심(心)='마음'. → '경쟁심/노파심/동정심/애국심/자존심/허영심'.

(21) -업(業)='사업, 산업'. → '건설업/관광업/목축업/제과업/출판업/해운업'.

(22) -원(院)='공공 기관, 공공 단체'. → '감사원/고아원/대학원/양로원/학술원'.

(23) -원(園)='보육 기관, 시설'. → '유아원/유치원/동물원/식물원'.

(24) -자(者)='사람'. → '과학자/교육자/노동자/참석자/기술자/연기자'.

(25) -장(狀)='증서, 편지'. → '독촉장/소개장/신임장/임명장/졸업장/초청장'.

(26) -장(長)='책임자, 우두머리'. → '공장장/위원장/이사장'.

(27) -장(場)='장소'. → '공사장/경기장/경마장/시험장/운동장'.

(28) -적(的)='그 성격을 띠는, 그에 관계된, 그 상태로 된'. 실례는 이미 앞(2.2.)에서
　　　　　살펴본 바 있다.

(29) -점(店)='가게, 상점'. → '양복점/음식점/백화점/할인점'.

(30) -제(制) '제도, 방법'. → '내기제/대통령제/토급제/양명세/구문세/주점세.

(31) -증(證)='증명서'. → '학생증/신분증/면허증/출입증'.

(32) -지(地)=(가) '장소'. → '거주지/목적지/유적지/출생지/휴양지'.

(나) '옷감, 천'. → '낙타지/양복지/외투지'.

(33) -지(紙)=(가) '종이'. → '모조지/포장지'.

(나) '신문'. → '석간지/일간지/조간지'.

(34) -품(品)='물품, 작품'. → '가공품/고급품/모조품/창작품/화장품'.

(35) -회(會)=(가) '단체'. → '부인회/청년회/노인회'.

(나) '모임'. → '송별회/환송회/환영회'.

이들 중 '금(金)/선(線)/장(場)'은 자립형태소로 쓰일 수도 있다. 이에 대하여 그 밖의 1음절 한자 대부분은 미약한 자립성 때문에 의존명사로 처리될 때가 더 많다. 가령, 위의 목록에는 포함되어 있지 않으나 '과(科)'라는 한자형태소로 볼 때 『표준국어대사전』에는 '우리 과의 전망은 밝다/그 사람은 무슨 과 의사입니까'라는 예문이 제시되어 있으나, 이 때의 '과'는 단독으로 쓰인다기보다 '우리, 무슨'과 같은 수식어적, 한정어적 단어와 함께 쓰이기 때문에 의존명사로 간주될 수밖에 없다.

이들 중 대부분은 명사성 한자형태소에 속하지만, 더러는 '발(發)/산(産)/생(生)/제(制)/회(會)'처럼 동사성 한자형태소도 있다. 이러한 구분은 '-하다'와 결합되는지의 여부로 판별될 수 있다. '금(金)하다'나 '선(線)하다'는 동사로 쓰일 수 없기 때문에 '금-'이나 '선-'은 명사성 한자형태소로 이해되지만, '발(發)하다'나 '산(産)하다'는 동사로 쓰일 수 있기 때문에 '발-'이나 '산-'은 동사성 한자형태소로 간주된다는 뜻이다. 그러나 동사성 한자형태소라도 파생어에서는 명사성 어간기능으로 쓰인다.

때로는 이들 파생접미사의 본래 의미나 기능이 전용되거나 축소, 한정되는 수도 있다. 가령, '가(家)'의 기본적 의미는 '집'이지만 '평론가/정치가'에서는 '사람'을 뜻하며, '금(金)'의 기본적 의미는 '황금빛 금속 원소'를 나타내지만, '계약금/장학금'에서는 '돈'을 뜻한다. '대(臺)'는 본래 '봉수대'처럼 '높은 자리에 만들어진 시설'을 뜻하지만, '교환대/탁구대'에서는 '그다지 크지 않은 규모의 장치'라는 의미로 쓰이고 있다. '사(士)'와 '사(師)'는 각기 '선비'와 '스승'인데, '변호사(士)'나 '요리사(師)'에서는 둘 다 '직업'으로 통용된다. '장(場)'의 본래 의미인 '마당'은 '공사장/경기장'에서 '장소'라는 뜻으로 쓰이고 있다. 이러한 의미에서 한자형 접미사는 의미상의 변화를 별로 일으키지 않는 접두사와 차이를 보이기도 한다.

4. 파생접사의 어휘사적 배경

여기서 주목되는 점은, 위(3.1.과 3.2.)에서 살펴본 한자형 파생접사의 대부분, 구체적으로 지적하자면 접두사의 일부와 접미사 모두가 사실은 개화기의 국어에도 이미 쓰였다는 사실이다. 『독습일어정칙』(1907)의 국어 대역문을 통하여 그러한 사실을 확인할 수 있다(송민 2005:579-584). 요컨대, 이 책에 나타나는 파생어 가운데 일본어 쪽 어형과 국어 쪽 어형이 완전히 일치되는 경우가 많다는 사실이다. 결과적으로 파생어에 포함된 접사 중에는 일본어와 국어에 함께 통용되는 사례가 많다.

1) 그러한 접사의 일부를 들어보면 다음과 같다.

  (1) 접두사='가-(假)/부-, 불-(不)/소-(小)/신-(新)'.[14)

  (2) 접미사='-가(家)/-관(館)/-권(券)/-금(金)/-대(臺)/-력(力)/-료(料)/-록(錄)/-물(物)/-발(發)/-사(士)/-사(社)/-사(師)/-산(産)/-생(生)/-선(線)/-소(所)/-술(術)/-식(式)/-심(心)/-원(院)/-원(園)/-자(者)/-장(狀)/-장(長)/-장(場)/-적(的)/-점(店)/-제(制)/-지(地)/-지(紙)/-품(品)/-회(會)'.[15)

다만, 일본어형과 국어형이 언제나 같은 것은 아니다. '理髮人 → 理髮師'처럼 일본어의 '-인'이 국어에서는 '-사'로, '印刷屋 → 印刷所/料理屋 → 料理業/陶器屋 → 陶器店'처럼 일본어의 '-옥'이 국어에서는 각기 '-소/-업/-점' 등으로 대치된 경우도 있다.

그 외에도 『독습일어정칙』에는 다음과 같은 한자형태소가 더 나타난다. 어느 것이나 일본어와 국어가 똑같은 파생어로 되어있는 경우에 속한다. 그 중 일부를 들어본다.

  '-과(科)/-과(課)/-관(官)/-국(局)/-국(國)/-군(軍)/-권(權)/-기(器)/-당(黨)/-대(隊)/-문(文)/-범(犯)/-법(法)/-병(病)/-부(部)/-부(婦)/-비(費)/-비(碑)/-사(舍)/-상(商)/-상(賞)/-서(書)/-서(署)/-세(稅)/-실(室)/-일(日)/-정(艇)/-조(組)/-좌(座)/-죄(罪)/-청(廳)/-학(學)'.[16)

---

14) 실례로는 '가-(假事務所)/부-, 불-(不動産, 不公平)/소-(小爲替)/신-(新宗敎)' 등이 나타난다.

15) 실례를 하나씩. '-가(政治家)/-관(圖書館)/-권(第一銀行券)/-금(寄附金)/-대(氣象臺)/-력(生産力)/-료(診察料)/-록(議事錄)/-물(毛織物)/-발(伯林發)/-사(辯護士)/-사(新聞社)/-사(印版師)/-산(米國産)/-생(卒業生)/-선(哨兵線)/-소(交番所)/-술(人身解剖術)/-식(落成式)/-심(奮發心)/-원(孤兒院)/-원(幼稚園)/-자(勞働者)/-장(委任狀)/-장(師團長)/ 장(停車場)/ 적(競爭的)/ 점(特約店)/-제(自治制)/-지(所在地)/-지(新聞紙)/-품(輸出品)/-회(運動會)' 등.

16) 실례를 하나씩만 들어본다. '-과(速成科)/-과(訊問課)/-관(警務官)/-국(郵便局)/-국(共和國)/-군(駐箚

이들 가운데 어떤 것들은 일본어에서 훈독(訓讀)으로만 쓰인다. 접두사로는 '가-(假)/공-(空)/생-(生)', 접미사로는 '-조(組)'가 거기에 해당한다.17) 이 부류에 속하는 일본어의 또 다른 파생 접미사로는 '-고(高)/-구(口)/-당(當)/-부(附)/-선(先)/-옥(屋)/-원(元)/-조(造)/-조(組)/-할(割)/-행(行)' 등이 더 있다(송민1991).18) 이들 중 일부를 제외한 나머지 대부분은 일본어의 파생접미사에 대한 조어법상의 차용에서 비롯된 것들임이 분명해 보이지만,19) 국어에 차용되면서부터 음 독으로 실현되기에 이르렀다는 점에서 다른 접사용 한자형태소와 차이를 보이지 않는다.

軍)/-권(專賣權)/-기(噴水器)/-당(革命黨)/-대(守備隊)/-문(法律文)/-범(切盜犯)/-법(登用法)/-병(心臟病)/-부(度支部)/-부(看護婦)/-비(生活費)/-비(紀念碑)/-사(寄宿舍)/-상(骨董商)/-상(優等賞)/-서(診斷書)/-서(警察署)/-세(海關稅)/-실(治療室)/-일(誕生日)/-정(水雷艇)/-조(消防組)/-좌(京城座)/-죄(侮辱罪)/-청(警務廳)/-학(地理學)' 등.

17) 이들은 일본어에서 각기 '가-(假[kari-])/공-(空[kara-])/생-(生[nama-/ki-])'이나 '-조(組[-kumi>-gumi)' 와 같은 훈독으로 쓰인다.

18) 이들은 일본어에서 각기 '-고(高[-taka>-daka])/-구(口[-kuti>-guti])/-당(當[-ate/-atari])/-부(附[-tuki]) /-선(先[-saki])/-옥(屋[-ya])/-원(元[-moto])/-조(造[-tukuri>-dukuri])/-조(組[-kumi>-gumi])/-할 (割[-wari])/-행(行[-yuki])'과 같은 훈독으로 쓰인다.

19) 『표준국어대사전』을 통하여 이들에 의한 파생어의 실상을 정리할 수 있다. 표제어로 올라있는 경우도 있으나, 개별적인 파생형으로 일일이 등록되어 있는 경우도 있다. 그 대강의 내용을 살펴보면 다음과 같다. '-고(高)'='매상고/물가고/발행고/보유고/보합(步合)고/생산고/수입고/수출고/수확고/유통고/잔고(殘高)/제품고/통화(通貨)고/판매고' 등. 대부분은 경제분야와 관련된 단어들이다. '-구(口)'='매표구/분화구/비상구/승차구/접수구/출납구/출입구/통풍구/투약구/하수구/하차구' 등. '-당(當)=개별적인 표제어로는 '수당(가족수당, 실업수당 등)/일당(日當)'등이 올라있으나 이들을 파생어로 보기는 어려울 듯하다. 그 대신, 현실적으로 쓰이고 있는 '학급당/일인당'의 '-당'은 파생접사로 이해된다. '-부(附)'='경품부/권리부/기한부/담보부/배당부/보험부/시한부/이식부/이자부/조건부' 등. 다만, '경품부/담보부'의 '-부'만은 한자표기가 여타의 경우와는 달리 '付'로 되어있으나 이는 잘못으로 보인다. '付'는 일본식 표기에 속하기 때문이다. 전전(戰前)에 사용된 '附'는 현대일본어의 상용한자에서 빠졌기 때문에 '付'로 표기된다. '-선(先)'=개별적으로 등록된 파생어로 '거래선(去來先)'이 보인다. 그러나 현실적으로는 사전에 나타나지 않는 '공급선/기술도입선/수입선/차관선/투자선' 등이 분명히 쓰이고 있다. '-옥(屋)'=표제어로는 '지명을 나타내는 일부 고유 명사 뒤에 붙어 음식점의 뜻을 더한다'는 뜻풀이 뒤에 '부산옥/서울옥/한양옥'이 예시되어 있다. '-원(元)'=개별적으로 등록된 파생어로는 '양조(釀造)원/제조원/판매원'이 보인다. 이에 반하여, '공급원/감염원/동력원/수입원/오염원/자금원/정보원/취재원'과 같은 파생어의 '원'은 '源'으로 표기되어 있다. 위의 '-원(元)'은 아무래도 일본어에 기반을 두고 있기 때문에 국어로는 '-원(源)'으로 통일되어야 할 것이다. '-조(造)'=눈에 띄는 파생어가 올라 있지 않으나 현실적으로는 '연와(煉瓦)조'라는 말이 쓰이고 있다. 그 기원은 일본어 '연와조(煉瓦造[ren'ga-dukuri])'에 있음이 분명하다. '-조(組)'=접미사로서의 표제어로는 등록되어 있지 않으나 북한에서는 다양한 파생어에 활용되고 있는 듯하다. 그 실례로서 『표준국어대사전』은 다음과 같은 항목을 보여준다. '결사조/기습조/독서조/돌격조/모내기조/엄호조/유인조/작전조/잠복조/전투조/정찰조/집필조/치료조/평가조/흥분조' 등. 대부분은 군사관련 파생어들이다. 한동안 탈북자가 전한 북한어 '기쁨조'가 크게 유행했으나 『표준국어대사전』에는 보이지 않는다. '-주(株)'=그 밖의 파생어로는 '공개주/공모주/국민주/기대주/대형주/보통주/상장주/선도주/성장주/소형주/우선주/유망주/저가주/지배주/통상(通常)주' 등이 개별적인 표제어로 올라있다. '-할(割)'=개별적인 파생어로는 '균등할/부등할/소득할/재산할' 등이 등록되어 있다. '-행(行)'='서울행/목포행'이란 사례가 제시되어 있다.

그러나 일본어에서 훈독되는 이들은 고유 일본어와 다름이 없기 때문에 음독형 파생접사와는 아예 다른 이질적 존재에 속한다. 이러한 이유에서 이들과 같은 유형의 파생접사는 특히 일본어의 간섭에 따라 국어에 차용된 것들로 해석된다. 다만, 이들은 개별적인 파생접사로서가 아니라 파생어형 그 자체로 국어에 차용되었을 것이다.

대역자료에서는 일반적으로 학습대상인 원어(原語)의 간섭이 학습자의 언어에 쉽게 반영된다. 일본어의 한자표기는 더욱 그렇다. 거기다가 국어에서는 모든 한자형태소가 음독되기 때문에, 일본어의 훈독형 파생접사가 차용될 때에도 음독형으로 바뀐다. 위에 보인 한자형 접사들이 원어의 발음과는 관계없이 국어에 음독형 파생접사로 국어에 차용된 원인이 거기에 있다.

2) 여기에 한 가지 분명하게 밝혀둘 점이 있다. 한자형 접사에 의한 파생법은 국어에도 일찍부터 이미 존재했다는 사실이다. 개화기 이전부터 쓰여 온 전통적 단어로서의 '-대(臺)' 파생어인 '봉수대/봉화대'에 그러한 파생방식이 직접 반영되어 있다. 거기다가, 널리 알려진 '경포대/백운대/첨성대/태종대/해운대'와 같은 고유명사도 오래 전에 생성된 파생어로서 '봉수대'나 다름없는 원리를 보여준다.

이러한 전통적 조어법은 일본어와의 접촉을 통하여 국어에 더욱 확산되었으리라고 추정된다. 『표준국어대사전』에 개별적인 표제어로 올라있는 '계산대/교환대/당구대'와 같은 신생어가 그 사실을 뒷받침해 준다.[20] 이러한 흐름을 타고 일본어의 훈독용 접두사 '가-(假)'나, 접미사 '-고(高)/-구(口)/-부(附)/-주(株)' 등은 특히 수많은 파생어를 국어에 추가해 준 셈이다.[21] 또한, 전통성을 유달리 강하게 풍기고 있는 '공-(空)'이나 '생-(生)'에서 새롭게 파생된 '공회전/생방송' 따위도 비슷한 어휘사적 배경에서 비롯된 결과일 것이다.

요컨대, 모든 파생접사가 무조건 일본어에서 나왔다고 보기는 어렵다. 그러나 일본어와의 접촉을 통하여 그들의 파생어에 내재하고 있는 조어방식이 국어에 이입(移入)되면서 그에 따른 파생어의 생성범위가 더욱 확산되었으리라는 추정에는 무리가 없을 것이다. 그만큼 일본어 조어법상의 원리는 파생어별로 정도의 차이는 있었겠지만 국어에 직접, 간접으로 적지 않은 영향을 끼쳤으며, 그 위세는 아직도 식을 줄 모르는 가운데 새로운 파생어 생성에 박차 역할을 분담하고 있다고 여겨진다.

---

20) 같은 부류에 속하는 파생어로는 '건조대/발사대/사열대/운전대/전망대/쥬얼대/탁구대' 등도 있다. 이들은 개화기 이후 전통적 소어법의 확산에 따라 국어에 새로 나타난 '-대' 파생어들로 이해된다.
21) 북한어에서 특히 많이 활용되고 있는 '-조' 파생어도 같은 부류에 속한다.

5. 일본어의 간섭에 대한 저항

앞에서 본 대로 『독습일어정칙』에는 다양한 한자형 파생접사가 일본어를 통하여 국어에 차용된 모습으로 나타난다. 다만, 그러한 차용이 아무런 저항과정도 없이 일시에 이루어진 것은 아니다. 사실은, 그 과정에서 상당한 저항이 있었음을 보여준다. 『독습일어정칙』에는 그러한 저항의 실상이 잘 드러난다. 현대국어에서는 자연스럽게 쓰이는 일부 파생접사에 그러한 모습이 반영되어 있다(송민2005:601-604). 그 일부를 요약하면 다음과 같다.

1) 접두사

무-(無)='無責任ノコトヲ[-no-koto-wo] → 당치않은 말을'. 현대국어로는 '무책임'이 전혀 어색하지 않은 파생어인데 당시에는 의역으로 나타난다.

부-/불-(不)='不動産/不公平'만은 그대로 차용되었으나, 그 외에는 모두 의역으로 나타난다. 이에 따라 현대국어로는 아주 자연스러운 '불경기/부자유'도 의역으로 대치된 모습을 보인다.[22]

2) 접미사

-옥(屋)='下宿屋' 하나만은 국어에 그대로 사용되었으나, 그 밖의 '-옥' 파생어는 모두 다른 접미사로 대치되었다.[23]

-조(組)='消防組'가 단 한번 국어에 사용되었을 뿐, 다른 경우에는 의역으로 대치되었다 (一組[iqkumi] → 흔벌).

-주(株)='株式, 株式會社'만 국어에 그대로 쓰였을 뿐, 현대국어에서 자연스럽게 쓰일 수 있는 접미사로서의 '-주'는 전통적 중국어식 '-고(股)'로 대역되었다(一株 →

---

22) 그 실례는 다음과 같다. '不健康デスガ[-desu-ga] → 健康치못ㅎ나/不景氣デゴザイマス[-de-gozai-masu] → 時勢가 업습니다/不經濟デス[-desu] → 經濟가 못되오/不經濟デセウ[-de-syou] → 히롭소/不自由 デス[-desu] → 不便ㅎ오/證據不充分デ[-de] → 證據가 不明ㅎ야'.

23) 실례는 다음과 같다. '下宿屋/仕立屋 → 裁縫房/印刷屋 → 印刷所/料理屋 → 料理業/紙物屋 → 小木匠 /陶器屋 → 陶器店/散髮屋 → 理髮所/瀨戶物屋 → 사긔전/吳服屋 → 드틈전/材木屋 → 쟝목전/菓子屋 → 菓子집/寫眞屋 → 寫眞집/平屋 → 평집. '-옥'은 이처럼 그때그때 국어의 '-방/-소/-업/-쟝/-점/-전/-집' 처럼 다양한 대역으로 나타난다.

一股/三四十株 → 三四十股).

-할(割)＝국어에서는 전통적 방식의 의역으로 표현되었다(一割 → 十一條/二割 → 十分之二).

3) 이들 자료는 접두사 '-무(無)/부, 불-(不)', 접미사 '-옥(屋)/-조(組)/-주(株), 할-(割)' 등이 적어도 당시의 국어표현으로 쓰이기에는 부자연스러웠음을 보여준다. 그 때문에 이들은 개화기 당시의 국어에 쉽사리 수용될 수 없었던 것으로 이해된다. 자연히, 이들과의 결합으로 생성된 일본어식 파생어 또한 국어에 수용되지 못하고 국어식 표현으로 대치되면서 저항한 모습을 보인 것이다. 거기다가 또 다른 접미사 몇 가지도 '-고(收穫高 → 秋收額)/-용(防寒用 → 防寒件)/-제(瑞西製 → 瑞西所産)/-조(煉瓦造 → 煉瓦製/벽돌집)'처럼 국어에 제대로 수용되지 못했음을 보여준다. 특히, 현대국어에서 다양한 파생어 생성에 참여하고 있는 '-고/-할' 등이 당시의 국어에 쉽사리 차용되지 못했다는 사실은 어휘사 측면에서 그 나름의 의미를 가진다. 일본어에 기원을 둔 파생접사가 현대국어에 이르기까지 상당한 영향을 끼친 가운데서도 초창기에는 한 동안 그 간섭에 대한 저항이 지속되었다는 사실이 드러나 있기 때문이다.

6. 결 어

국어에 나타나는 한자형태소의 파생어 생산성은 가히 놀란 만한 위력을 자랑한다. 『표준국어대사전』에 반영된 한자형태소 '-적(的)' 하나만을 통해서 보더라도 그 활용범위가 얼마나 넓고 다양한지를 확인할 수 있다. 한자형태소의 이러한 문법적 기능은 개화기 이전의 전통적 조어법에도 분명히 존재했으나, 그 세력이 크게 확산된 계기는 일본어와의 접촉에서 비롯되었다고 생각된다. 실제로, 『독습일어정칙』(鄭雲復, 1907)과 같은 일본어·국어의 대역문에는 당시의 현실이 분명히 반영되어 있다. 이 책에는 많은 파생어가 차용형으로 쓰이고 있기 때문에, 그 구성요소의 일부인 한자형 파생접사의 조어력은 직접적이건 간섭적이건 국어문법에 상당한 영향을 끼쳤으리라고 추정된다.

더구나, 개화기부터 쏟아져 들어오기 시작한 외래문물을 소화하는 과정을 통하여 전통적인 한국의 고유문화에서 찾아볼 수 없었던 새로운 개념을 세밀하고도 분명하게 표현하기 위해서는 수많은 신조어가 필요할 수밖에 없었다. 그 과정에서 일본어에 나타나는 한자형 파생접사가 전통적 국어조어법에도 자연스럽게 영향을 끼치면서 그 확산을 촉진시켰으리라고 이해된다. 다만, 일본어의 모든 파생접사를 일거에 받아들인 것은 아니다. 개중에는 상당한 저항에 부딪쳐 국어에 차용되기를 거부당한 경우도 있다. 『독습일어정칙』에는 그러한 언어상의 저항과 같은 실상도 여실히 반영되어 있다.

결론적으로 볼 때, 현대국어에 다양하게 나타나는 파생접사로서의 한자형태소는 개화기 이후 쏟아져 들어오는 외래문물을 소화하기 위하여 새로운 표현수단이 필요하던 차에 일본어와의 접촉이 이루어지면서 그 조어법상의 원리에 잠재하고 있는 효율성과 편의성이 국어에 간섭을 일으켰고, 날이 가면서 그 결과가 국어문법으로 확산되기에 이르렀다고 이해된다.

참고문헌

宋 敏(1979), 言語의 接觸과 干涉類型에 대하여—現代國語와 日本語의 경우—, 『論文集』(聖心女大) 10.

_____(1985), 派生語形成 依存形態素 '-的'의 始原, 『于雲朴炳采博士 還曆紀念論叢』.

_____(1989), 韓國語內의 日本的 外來語 問題, 『日本學報』(韓國日本學會) 23.

_____(1991), 固有日本語의 國語化 실상, 『瑞松李榮九博士 華甲紀念論叢』.

_____(2005), 개화기의 신생한자어 연구, 片茂鎭(외 共編), 『獨習日語正則』 解題·索引·研究·原文(불이문화사), pp.517-630.

出處 서울대학교 대학원 국어연구회 편(2008), 心岳 李崇寧 선생 탄신 100주년 기념논집 『李崇寧, 現代國語學의 開拓者』(태학사):639-659.

漢字語에 대한 어휘사적 조명

1. 서언, 漢字와 이체자

1)『訓民正音』 '해례본'의 御製序는 다음과 같은 내용으로 되어 있다.

> 國之語音。異乎中國。與文字不相流通。故愚民。有所欲言而終不得伸其情者。
> 多矣。予。爲此 憫然。新制二十八字。欲使人人易習。便於日用矣。

그러나 여기에 보인 인용문은 原文 그대로가 아니다. 당시의 漢字表記에는 現代와 다른 字形이 많았는데 이를 무시한 채 모두 현대식 字形으로 옮겨놓았기 때문이다. 당시의 字形을 붓으로 정확하게 옮겨 적지 않는 한, 활자방식으로 옛 모습을 정확하게 살려내기는 불가능하지만 그 모습을 대충이라도 흉내 낸다면 아래와 같은 정도가 될 것이다.

> 國之語音。異乎中國。與文字不相流通。故愚民。有所欲言而終不淂伸其情者。
> 多矣。予。為此憫然。新制二十八字。欲使人人易習。便扵日用矣。

여기에 나타나는 자형을 현대의 자형과 비교해보면 그 차이가 드러난다.

1	2	3	4	5	6	7	8	9	10	11	12
國	異	中	與	流	所	得	矣	爲	然	習	於
國	異	中	與	流	所	淂	矣	為	설명	習	扵

문제는 여기에 보인 字形도 당시의 원문과는 차이가 많이 난다는 사실이다. 그 내용을 일일이 지적하기는 번거로우므로 한 두 가지만 보자면 가령, 1'國'의 안쪽은 '或'처럼 右上 어깨에 섬(구절 찍을 주 'ヽ')이 붙어있어야 하는데 위의 '國'에는 점이 빠져 있으며, 7'淂'의 물水

변(氵)은 점 셋이 따로따로 떨어져 있지 않고 붙어있어야 한다. 특히, 10'然'의 불火 밑(灬)은 점 셋이 서로 이어져 있어야 하며, 12'柠'는 右下의 두 점이 서로 연결되어 있어야 한다.

이와 같은 차이가 『훈민정음』'언해본'에서는 얼마쯤 줄어들었음을 보여준다. 곧, '民, 中, 與, 流, 得, 矣'는 현대식 字形과 같아졌으나, '國, 異, 丽, 習, 柠'는 여전히 현대식 字形과 차이를 보인다.

『訓民正音』'해례본'의 鄭麟趾 序文에도 특이한 字形이 나타난다. 그 중 하나가, '不可强之使同也'(억지로 똑같게 할 것이 아니다)에 보이는 '强'이다. 그러나, 『龍飛御天歌』萬曆本(1612년, 광해군4)에는 그것이 '强 其兩切, 牽强也'(권1:12뒤)처럼 현대의 자형과 똑같은 '强'으로 나타난다. 漢字의 字形은 이처럼 시대와 문헌에 따라 다르게 나타날 때가 많은 것이다.[1]

2) 『四聲通解』(1517)와 같은 韻書에는 더욱 다양한 이체자가 나타난다.

統. 系也, 總也, 綱也, 緖也, 撫禦也. 桶, 木器.
統. 紀也, 總也, 攝理也, 總御也, 綱也, 緖也. 中原音韻 只收去聲'(『四聲通解』上:2앞)

이때의 '統'은 '統'의 俗字[2]에 해당하는데 앞쪽은 上聲, 뒤쪽은 去聲을 나타낸다. 朱德淸의 『中原音韻』(1324)[3]에도 '韻'에 해당하는 이체자 '韻'이 쓰였는데 이 字形은 『四聲通解』의 본문에도 '韻. 韻(上:70앞)처럼 나타난다. 또한, '檉. 檉楣 木名'(『四聲通解』上:4뒤)처럼 나타나는 '檉, 檉楣'는 『杜詩諺解』(重刊本)에도 나타난다. '蜀門多檉楣, 高者十八九'에 대한 細注 '檉은 音 騈이오 楣는 音 閭ㅣ니 檉楣有葉無枝ᄒ니 皮可爲繩이니라'(권18:17뒤)가 그것인데 『표준국어대사전』에는 '椶楣'로 올라있다. 『雞林類事』의 '雞'는 『四聲通解』에도 '雞'(上:23앞)로 나타날 뿐인데 옥편은 '鷄'와 같은 글자라고 가르쳐 준다.

현대국어의 한자어도 자형상의 차이를 심심치 않게 보여준다. 가령, '유언비어'에 대한 한자표기는 관용적으로 '流言蜚語'처럼 쓰인다. 이 '蜚'에 대하여 『龍飛御天歌』는 '飛'의 古字(권8:15앞)라고 알려준다. 『四聲通解』도 '飛'와 같으며 그 뜻으로는 '廉虫名, 員蠻' 또는 '獸名'

---

1) 본고는 'ᄒᆞᆫ글'의 문자표에 나타나지 않는 漢字나 이체자에 대해서는 '한국역사정보통합시스템'의 유니코드한 자를 이용하기로 한다.

2) 한마디로 '俗字'라고 하지만 때로는 이를 '古今字, 異體字(또는 正俗子), 通假字(假借字의 일종), 繁簡字' 등과 같은 개념으로 구분하기도 한다. 그러나 실제로는 그 경계가 명쾌하지 않을 때도 많다.

3) 다만, '韻'의 경우, 그 오른쪽 성분의 정확한 字形은 '負'(員)으로 되어있다.

(上:17앞)과 같은 풀이가 달려 있다. 한편, 『龍飛御天歌』에는 '吏皆畏灋'(권3:50앞)과 같은 낯선 글자가 나타나는데, 그 細注에는 '灋 古法字' 곧, 法의 古字라고 풀이되어 있다. 『四聲通解』에도 '法'과 같은 글자(下:77앞)라고 설명되어 있으므로 이때의 '灋'과 '法'은 古今字관계임을 알 수 있다.

이처럼 많은 한자는 수시로 이체자를 보여준다. 字形上에 나타나는 이러한 다양성과 융통성은 복잡한 筆劃으로 이루어진 漢字의 구조적 특성상 자연스럽게 생겨날 수밖에 없는 현상이다. 따라서 한자형태소를 이해하자면 가장 먼저 이체자를 이해할 필요가 있다. 실제로, 한자형태소의 경우 자형과 의미는 밀접하게 결합되어 있기 때문에 漢字語彙史를 위해서는 자형에 대한 파악이 우선적으로 이루어져야 한다고 해도 과언이 아니다.

2. 漢字形態素 이해하기

모든 漢字形態素는 이른바 '形'과 '音'과 '義'로 이루어지는데 특히 대부분의 한자는 그 외형적 구조에 '形'과 '音'이 드러나 있으며, 그 '形'에 따라 기본적인 '義'를 파악할 수 있게 되어있다. 따라서 '形'의 차이가 '音'이나 '義'의 차이로 연결되는 경우도 적지 않다. 대표적인 '形' 중에는 한자에 대한 형태적 분류기준으로 쓰이는 部首가 있는데, 許慎의 『說文解字』(100)에 쓰인 部首 540개나, 『康熙字典』(1716)의 部首 214개 또한 기본의미를 파악하는 데 필수적인 기준이 되기 때문에 그만큼 중요하다. 이 부수는 말할 필요도 없지만 한자를 구성하고 있는 수많은 '形' 하나하나의 차이는 어휘사적 측면에서도 중요하다. 한 두 가지 사례를 들어 '形'과 '音'과 '義'의 관계를 통한 한자어의 淵源을 살피기로 한다.

1) 한자형태소의 '形'

'사물의 징조나 기미 또는 흔적'이라는 뜻을 나타내는 단어로 '조짐'이 있다. 고유어처럼 보이지만 사실은 한자어에 속한다. 『표준국어사전』은 '조짐'에 '兆朕'이라는 한자표기를 달았다. 문제는 이때의 '朕'에서 비롯된다. 이 '朕'의 좌변에 보이는 의미기호 '月'의 경우, 보통은 '달'이나 '고기'(肉)라는 뜻과 관계가 깊은데 문제는 그 어느 쪽도 '징조'라는 의미와 관련이 있을 것 같지 않다는 점이다. 실제로 '朕'의 기본의미는 그 본거지인 중국에서 제1인칭 대명사였다. 그것도 존칭이 아닌 일반명사로서 『詩經』, 『論語』, 『孟子』와 같은 先秦兩漢(220이전)의 여러 고전에 수많은 용례가 있다. 다만, 이 '朕'이나 '兆朕'이 '징조'의 뜻으로 쓰이기도 하였으나 그 비중은 그리 크지 않았던 것으로 보인다. 『莊子』應帝王 '體盡無窮, 而遊無朕'의 註에 '朕, 兆也', 『淮南子』俶眞訓 '欲與物, 接而未成兆朕'의 註에 '兆朕, 形怪也'와 같은 용례가 그것이다.

이 '朕'은 秦始皇 때부터 황제의 自稱으로만 쓰이게 되었다. 그런데, '朕'은 『說文解字』舟部에 '朕 我也', 그 후의 『廣韻』(1008) 上聲·寑·朕에도 '朕 我也. 秦始皇二十六年始爲天子之稱. 直稔切'처럼 나타날 뿐 따로 '징조'라는 뜻은 나타나지 않는다.[4] 이들 문헌에 '징조'라는 의미가 왜 나타나지 않는지 지금으로서는 알 길이 없으나 그 의문은 『說文解字』 '目部 新附字'에 '朕. 目精也. 從目朕聲. 案勝字膡, 皆從朕聲. 疑古以朕為朕',[5] 『廣韻』 上聲·軫·紖의 '朕. 目童子也. 又吉凶形兆 謂之兆朕. 直引切'과 같은 풀이로 어느 정도 해소된다. '目精'이나 '目童子'는 '눈동자'를 뜻하는데, 흥미로운 점은 『說文解字』의 '疑古以朕為朕'(짐작컨대 오래 전에 '朕'으로 '朕'을 삼은 듯하다)라는 부연설명이다. 新附字에 대한 설명인지라 시대적으로는 훨씬 후대인 宋代에 속하지만 '朕'이 '朕'으로 바뀔 수 있다는 개연성을 지적한 점이 주목된다. 그런데, 『廣韻』은 '吉凶形兆'를 '兆朕'이라고 밝히고 있다. 다만, 『康熙字典』은 『說文解字』의 '疑古以朕為朕'라는 부분을 인용하면서 '疑古以朕為朕'처럼 '朕'과 '朕'을 뒤바꿔 썼다. 그것이 의도적인 것이었는지 아닌지는 알 수 없으나 무의식적인 착오였다면 이는 '朕'과 '朕'이 언제라도 혼동을 일으킬 수 있을만큼 비슷했기 때문이었을 것이다.

한편, 『康熙字典』의 인용문에는 『佩觿集』의 '吉凶形兆 謂之兆朕. 字從目'이라는 내용이 나타난다. 주목되는 점은 '吉凶形兆'(兆朕)를 '兆朕'이라고 한다는 사실이다. 이는 아무래도 『廣韻』을 따랐을 것으로 보이지만, 淸代의 劉獻廷도 『廣陽雜記』(권5)에서 『廣韻』의 '朕'에 대한 설명을 인용하는 가운데 '今人誤以朕爲朕'(지금 사람들이 '朕'을 '朕'으로 잘못 쓴다)이라고 지적하고 있다. 결국, '兆朕'과 '兆朕'은 字形上의 유사성 때문에 '朕'과 '朕'이 혼동을 일으키다가

---

4) 『說文解字』나 『廣韻』의 '朕'에 '징조'의 의미가 포함되어 있지 않았다는 점으로 볼 때 그보다 훨씬 이전인 『莊子』나 『淮南子』에 어쩌다 쓰인 '朕'은 실상 '朕'이었을 가능성도 있다. 필자로서는 『莊子』나 『淮南子』의 신뢰할만한 原典에 접할 수 없어 확실한 결론을 얻을 수 없음이 아쉬울 따름이다.

5) 다만, 『說文解字』의 '從目朕聲. 案勝字膡, 皆從朕聲'(從目, 朕聲. 생각컨대, '勝'과 '膡'은 모두 '朕聲'을 따른다)에는 문제가 있는 듯하다. 왜냐하면 '朕'[zhuàn]의 韻尾는 [-n], '勝'[shèng/shēng]과 '膡'[shèng]의 韻尾는 [-ŋ]인데도 모두 '朕聲'을 따른다 했는데 '朕'의 韻尾는 『廣韻』의 '直稔切'로 볼 때 본래 [-m]이었기 때문에 '勝, 膡'의 韻尾 [-ŋ]과는 일치하지 않는다.

결국은 '兆眹'이 '兆朕'으로 바뀌어 굳어졌으리라고 추정된다. 이는 발음 때문이 아니라 눈으로 잘못 읽은 결과일 수밖에 없다. 왜냐하면 『廣韻』으로 판단할 때 '朕'은 '直稔切'이므로 그 韻尾는 양순음 [-m]인 반면, '眹'은 '直引切'이므로 그 韻尾는 치경음 [-n]이어서 적어도 발음상으로는 두 글자가 혼동을 일으키지 않았을 것이기 때문이다.

결론적으로, '眹'과 '朕'의 혼동은 韻尾 [-m]과 [-n]이 통합되기 훨씬 이전부터 이미 중국어에서 비롯된 것으로 추정된다. 이에 따라 '兆眹'과 '兆朕'이라는 두 단어 또한 일찍이 중국어에서 서로 혼동을 일으키다가 최종적으로는 '兆朕'으로 굳어졌는데 이렇게 굳어진 '兆朕'이 국어에 그대로 수용되었다고 해석된다. 그러나 『四聲通解』에는 '眹. 目童子. 又吉凶形兆曰兆眹'(上:59뒤), '朕. 我也. 天子自稱'(下:73뒤)처럼 옛 어형인 '兆眹'이 그 본래의 의미와 함께 제대로 보존되어 있음을 알려준다.

2) 한자형태소의 '音'

가. 한자형태소의 音 또한 국어어휘사에서 문제가 될 수 있다. 가령, 『龍飛御天歌』는 李成桂의 인물묘사 가운데 '太祖……天姿奇偉 神彩英俊 隆準龍顔'(권5:9앞/제29장)이라는 표현을 보여주는데 여기에는 '隆, 高也. 準音 準的之準. 鼻也'라는 細注가 붙어있다. 필자가 본 영인본[6]에는 '準'의 '氵'(三水 변)이 '冫'(二水 변)처럼 보이기도 하나 두 획의 간격이 선명하게 떨어져 있지 않고 연결되어 있어 '氵'을 흘려 쓴 것처럼 보이기도 하여 '準'인지 '凖'인지 명확히 판단되지 않는다. 어느 쪽이 되었건 '凖'은 '準'의 俗字로 간주되기도 하고 異體字로 인식되기도 하는지라 그 의미는 같기 때문에 문제가 되는 점은 결국 그 발음에 있다고 할 수 있다. 細注에 따르면 '隆'은 '높다'를 뜻하며, '準'의 發音은 '準的'(표적, 과녁)의 '準'(쥰)이요, 그 뜻은 '코'를 나타낸다. 이에 따라 본문의 '隆準'은 '높은 콧마루', 곧 '오똑한 코'를 뜻하지만, 문제는 '準'이 '코'나 '콧마루'를 나타낼 때의 발음은 본래 '쥰'이 아니라 '졀'이었다는 점이다. 자연히 '隆準' 또한 '륭쥰'이 아니라 본래는 '륭졀'과 같은 발음이었다.

실제로 『廣韻』에는 '準'이 '均也……又音拙(上聲 17準), 拙……職悅切(入聲 17薛)'로 나타난다. 『康熙字典』에도 '準'에 대하여 '『唐韻』 職悅切. 『集韻』, 『韻會』, 『正韻』 朱悅切. 竝音拙. 『史記』 高祖本紀 隆準而龍顔. 註 服虔曰 準 頰權. 文穎曰 準 鼻也'라고 풀이되어 있으므로 '準'이

6) 아세아문화사 영인본(1972). 이는 경성제국대학 법문학부 영인본(1937)을 재복사한 것으로 그 저본은 규장각도서 중 오대산사고본인 萬曆本[만력40, 광해군4, 1612년]이다.

코를 나타낼 때에는 그 발음이 '職悅切/朱悅切'(절)이었음을 알 수 있다. 국내문헌인 『四聲通解』에도 '準'이 의미에 따라 발음이 달랐음을 보여준다. '準. 照(ㅈ)ㅕㄹ(入聲). 鼻也. 隆準'(下:11앞), 곧 入聲의 '準'은 발음이 '쥃'[쥬ㅕㄹ]이므로 국어발음으로 '절'에 대응된다. 반면, '準. 照(ㅈ)ㅠㄴ(上聲). 平也. 則也. 均也. 度也. 鼻頭也……'(上:68뒤), 곧 上聲의 '準'은 발음이 '쥰'이며 여기에 '鼻頭'라는 의미까지 포함되어 있다. 이로써 上聲의 '準'은 본래의 발음을 잃고 '쥰'으로 통합되었음을 보여준다. 『龍飛御天歌』가 일찍부터 그 증거를 보여주고 있으며 『訓蒙字會』 또한 '準곳ᄆᆞᆯ 쥰'과 같은 실례를 통하여 그 발음이 '쥰'으로 통합되었음을 뒷받침하고 있다.

다만, 韻書나 字典에는 개화기까지도 의미에 따라 그 발음이 '쥰'과 '졀/절'로 구분되었다. 『全韻玉篇』(上, 正祖命撰)의 '準[쥰]平也均也度也則也……准通[절]鼻頭隆一', 鄭允容 『字類註釋』(下, 1856)의 '準평 홀 쥰准俗平也……又졀鼻頭隆一', 池錫永 『字典釋要』(1909)의 '準[쥰]平也……[절]鼻頭隆—코ㅅ마르절', 崔南善 『新字典』(1915)의 '準[쥰]平也평평할. 准通[절]隆—鼻也코마루'와 같은 사례가 모두 그렇다. '準'이 '平, 均' 등의 의미일 때에는 그 발음이 '쥰', '隆準'의 '準'처럼 '코'를 나타낼 때에는 그 발음이 '졀/절'로 구별되었던 것이다.

한편, 일본어사전은 '隆準'의 발음이 [ryū-sestu](リュウセツ)이며, [ryū-zyun](リュウジュン)은 誤讀이라고 밝히고 있다. 그러나 중국어는 일찍이 그 발음이 [zhǔn]으로 단일화한 듯하다. 이에 따라, 現代中國語의 경우 '隆准'('准'은 '準'의 簡體) 또한 [lóng-zhǔn]으로 읽힐 뿐이다. 결국, '準'은 국어에서도 그 발음이 일찍이 중국어와 같은 '쥰'으로 통일되었으나 일본어만은 고전적인 발음을 유지하고 있는 셈이다.

나. 한자어의 발음이 곡절을 겪은 또 다른 사례의 하나로 '은행'(銀行)이 있다. 개화기의 번역어로 태어난 이 단어는 게일(Gale, J. S.)의 『한영자전』(1897)에 '은항, 銀行 A bank—for money. *Also* 은힝. 은항표, 銀行票 A bank-cheque, *Also* 은힝표. 은항소, 銀行所 A banking-house; a place where silver is kept. *Also* 은힝소'처럼 나타난다. '行'이라는 한자가 표제어에서는 '항'이라는 발음으로 적혀있으나 풀이에서는 '힝'으로도 읽혔음을 보여준다. 개화기의 '銀行'이 이처럼 '은항'으로 받아들여진 이유는 중국어의 발음이 [yín-háng]이었기 때문이었을 것이다. 이때의 '行'[háng]이라는 한자형태소는 '成列'(줄을 이루다)이라는 뜻에서 출발하여 '肆店'(영업장소, 가게)의 뜻으로 쓰이게 되었는데 국어의 '항렬'(行列)이나 '항오'(行伍)의 '항'(行)도 어원적으로는 같은 것이다.

『한영자전』에는 또한 '양항, 洋行 A foreign mercantile firm; a western hong'이라는 항목도 나타난다. 뜻풀이에 나타나는 hong은 중국어 '行[háng](職業)의 방언형으로 이때는 '商館, 洋行'이라는 뜻인데 중국어에서의 '洋行'은 외국인의 商社나 商店을 나타낸다. 이 경우의 발음은 [yángh-áng]이기 때문에 『한영자전』의 '양항'(洋行)은 중국어의 발음에 따라 '항'으로 읽힌 것이다(송민2002:66. 각주18).

오늘날 '銀行'이나 '洋行'의 '行'은 모두 그 발음이 '행'으로 굳어졌지만, 어원적으로는 『한영자전』의 '은항'이나 '양항'이 오히려 적절한 발음을 나타냈다 할만하다. 우리의 귀에 익은 '유한양행'이라는 회사도 그 발음이 제대로 실현되었다면 '유한양항'이었을 것이다.

3) 한자형태소의 '義'

『龍飛御天歌』제5장은 다음과 같다. '漆沮ᄀ색 움흘。 後聖이 니르시니。 帝業憂勤이。 뎌러ᄒ시니 赤島 안행 움흘。 至今에 보ᄉᆞᄂᆞ니。 王業艱難이。 이러ᄒ시니 漆沮陶穴。 後聖以矢。 帝業憂勤。 允也如彼 赤島陶穴。 今人猶視。 王業艱難。 允也如此(萬曆本 권1:10앞)

여기에 보이는 '憂勤'에 대하여 方鍾鉉은 일찍이 '憂苦'로 풀이하였다. '勤'을 '苦'와 같은 뜻으로 본 것이다.[7] '勤'은 국어에서 일반적으로 '부지런하다'로 풀이되는데 이를 따르지 않고 '괴로움, 고통'과 같은 뜻으로 해석한 것이다. '憂勤'을 '근심과 부지런함'으로 보기 어려운 이유는 그 對句인 '艱難'으로도 설명된다. '艱難'은 '艱'(어렵다)과 '難'(힘들다)이라는 類義的 並列이기 때문에 '憂勤'도 '憂'(근심)과 '勤'(괴로움)으로 풀어야 對句로서도 어울리는 것이다. 그러나 방종현의 해석은 그 후에 나온 저술에 별로 반영되지 않았다.[8]

사실, '勤'의 기본적인 의미는 '勞, 苦' 등을 나타냈기 때문에 국어로는 '힘들다, 고통을 받다, 근심하다' 정도로 풀이된다. 실제로 『龍歌』에는 또 '克勤于邦'(12장)에 대한 세주로 '勤勞也。 ……謂能勤於王事'(卷2:45뒤)처럼 나타난다. '勤은 勞인데 능히 王事에 힘쓰는 것을 이른다'로 풀이하고 있는 것이다.

실상, '憂勤'이란 帝王이나 朝廷이 국사를 처리함에 있어 걱정과 고통을 겪는다는 뜻이다.

---

7) '憂苦'라는 뜻풀이는 方鍾鉉(1948-49), '龍飛御天歌 講義'(1)-(5), 『한글』 통권100호, 102-105호 (1947-1949) 가운데 통권 104호(1948): 6에 나타난다. 다만, 이 강의는 『龍歌』 제7장까지로 중단되었는데 후일 方鍾鉉(1963), 『一蓑國語學論集』, 民衆書館에 재록되었다.

8) 예건내, 金聖七(1956), 『龍飛御天歌』(상/하, 2책)(鄕文社)나 許雄(1967), 『龍飛御天歌』(正音社) 등이 그러한 경우인데 그들은 '憂勤'에 아무런 풀이를 달지 않고 그대로 넘어갔다.

王力(1999, 1:56)은 '勤'의 첫 번째 의미로 '疲勞, 辛苦', 곧 '逸'(달아나다, 숨다, 放縱)과의 對立을 들었으며, 두 번째 의미로 '열심히 일하다, 부지런하다'(努力工作, 不偸懶), 곧 '怠'나 '惰'(둘 다 게으르다)와의 對立을 들었다. '勤'과 '勞'를 同義語로 본 셈이다. 『漢語大詞典』도 '憂勤'에 대하여 '憂懃'이라고도 한다면서, 대개는 '帝王이나 朝廷이 國事를 위하여 걱정하고 근심함을 가리킨다'고 하였다.

국어사로 볼 때 『訓蒙字會』나 『千字文』에는 '勤'이 나타나지 않는다. 그러나, 『新增類合』에는 '勤 브즈런근'(下:9앞)처럼 나타난다. 일찍부터 '勤'이 '부지런하다'로 풀이된 것이다. 앞에서 본 것처럼 '勤'의 기본적인 의미는 오히려 '피로, 근심, 고통'에 가깝다. 쉽게 말하자면 '안일함'이나 '편안함'의 반대인 셈이다. 문제는 국어의 '부지런하다'가 과연 '게으르다'의 對立語인지 잠시 생각할 필요가 있다.

가. '부지런하다'는 15세기부터 용례가 나타난다. 우선 언해문만의 자료부터 살펴본다.

佛子ㅣ 자디 아니ᄒᆞ야 수프레 두루 ᄃᆞ녀 佛道 브즈러니 求ᄒᆞ논 양도 보며(『석보상절』13:21뒤). 이때의 '브즈러니'를 '부지런히'로 해석해야 할지 '고통스럽게'로 해석해야 할지 판단이 어려우나 적어도 佛子가 수풀에 돌아다니며 佛道를 구하는 일은 '부지런함'보다 '고통스럽게'가 오히려 자연스러운 과정일 것이다.

精進覺支는 브즈러니 닷가 므르디 아니 ᄒᆞᆯ씨오(『월인석보』2:37앞).9) 이때의 '브즈러니'도 '부지런하게'보다는 '힘들게'로 보는 것이 자연스러울 듯하다. 어떤 수행이건 목표에 도달하기 위해서는 '힘들게'가 먼저요 '부지런하게'는 부수적이기 때문이다.

나. 이제부터는 한문과 언해문이 함께 나타나는 자료를 살펴보기로 한다.

汝先厭離聲聞緣覺諸小乘法 發心 勤求無上菩提/네 몬져 聲聞緣覺 모든 小乘法을 아쳐러 여희오려 ᄒᆞ야 發心ᄒᆞ야 우업슨 菩提를 브즈러니 求ᄒᆞ야(『능엄경언해』3:65앞). 이때의 '브즈러니'는 위가 없는 菩提를 구하는 일이니 '힘들여, 애써'의 정도.

佛三囑以示勤 衆三反以示敬/부톄 세 번 付囑ᄒᆞ샤 브즈러늘 뵈야시늘 衆이 세 번 도로 ᄒᆞ샤 恭敬을 뵈ᅀᆞ오시니라(『법화경언해』6:125뒤). 이때의 '브즈런'이란 '노력' 정도.

大王 今當知 我經行彼處 卽時得一切現諸身三昧 勤行大精進 供養於世尊 爲求無上慧/大王하 이제 반ᄃᆞ기 아ᄅᆞ쇼셔 내 뎌 고대 두루 ᄃᆞ녀 卽時예 一切現諸身三昧를

---

9) 석가는 태어나면서 바로 일곱 걸음을 걸었는데 이는 七覺支에 맞춘 것이다. 七覺支란 覺에 도달하는 과정을 일곱으로 나누어 이른 말로 支는 나눈다는 뜻이다. 그 시작은 念覺支로 이는 一切法의 性이 다 비었음을 보는 것이오, 그 다음은 擇法覺支로 이는 법을 선택하는 覺支인데 사무친 뜻과 사무치지 못한 뜻을 잘 가리는 것이다. 그 다음이 '精進覺支'라는 것인데 이는 '브즈러니' 닦아 므르게 하지 않는다는 것이다.

得ㅎ야 큰 精進을 브즈러니 行ㅎ야 둣논 몸 ㅂ려 世尊끠 供養ㅎᄉ오니 無上慧求호ᄆᆯ 爲호미이다(『법화경언해』 6:147앞). 이때의 '브즈러니'는 큰 精進을 行하기 위하여 닦고 있는 몸을 버리면서 세존께 공양하고 無上慧를 구하기 위함이니 이 또한 '열심히 노력하여' 정도.

富貴必從勤苦得 男兒須讀五車書/가ᅀ멸며 貴호ᄆᆫ 반ᄃ기 브즈런ᄒ며 辛苦호ᄆᆯ 브터얻ᄂᄂ니 男兒ㅣ 모로매 다ᄉᆺ 술윗 글워를 닐굴디니라(『杜詩諺解』 초간, 7:31뒤). 이때의 '브즈런ᄒ며'도 '힘들게, 애써서' 정도.

勤勤的喂時/브즈러니 머기면(『朴通事』(초간, 上:22뒤). 이때의 '브즈러니'는 '열심히' 정도. '부지런히'라는 뜻은 오히려 부수적이다.

여기서 본대로 한문원문이 없는 경우나, 원문에 '勤'으로 나타나는 경우를 모두 올려놓고 보더라도 '브즈런'이란 단어의 뜻은 문맥상 '부지런함'보다는 '근심, 걱정. 고통, 힘들게……'처럼 그때그때 적당한 의미로 풀이하는 것이 더 자연스러울 수도 있다.[10]

지금까지 살핀 것처럼 국어에 활용되는 漢字語를 논의하자면 漢字의 形, 音, 義에 대한 정밀한 지식이 필요할 때가 많다. 자연히 국어어휘사는 어쩔 수 없이 한자어휘사를 앞세워야 할 때가 자주 생기는 것이다. 나아가 한자어의 淵源을 거슬러 올라가다 보면 중국어휘사 또한 비켜가기 어려운 대상이 될 수밖에 없으며, 근대화 이후에는 일본어휘사 또한 빠뜨릴 수 없는 한자어휘사의 源泉이 될 것이다.

3. 漢字語의 형태론적 성격

자국어의 表記를 위한 독자적 文字가 없었던 시기는 물론이려니와 訓民正音이 창제된 이후에도 국어는 漢字나 漢文이라는 수단을 통하여 표기되는 역사적 傳統이 오랫동안 지속되었다. 그만큼 漢字는 5세기경부터 開化期 이전까지 국문자처럼 통용된 부동의 公式文字였고, 특히 漢文은 문장표현의 관습적 수단이었다. 결과적으로, 국어와 한자, 한문의 접촉이

---

10) 불경에 나타나는 '勤'의 의미에 대하여 종교적으로는 '근심, 걱정. 고통, 힘들게……'처럼 부정적인 의미보다는 '열심히, 기꺼이, 즐겁게……'처럼 긍정적인 의미로 해석될 수도 있을 것이다. 修道자 쪽에서 보자면 수도과정의 고통도 즐겁고 기쁘게 받아들일 수 있기 때문이다. 그러나 밖에서 보자면 수도란 어려움을 참고 견디는 과정으로 이해될 수밖에 없다.

시작된 이래 국어의 語彙體系에는 수많은 漢字語가 자연스럽게 차용되거나 전용되는 한편, 국어의 내면에서는 자체적으로 많은 어휘가 生成되기도 하였다.

1) 現代國語에 쓰이고 있는 漢字語의 기본구성은 形態論的으로 1음절형, 2음절형, 3음절형의 세 가지 유형으로 구분된다. 다만, 이들 세 가지 유형 가운데 1음절형은 2음절형이나 3음절형에 비하여 單語로서의 自立性이 약할 뿐만 아니라 機能負擔量 또한 현저히 떨어진다. 외래적 言語資材인 한자형태소는 국어에 차용되어 土着化하는 과정에서 고유의 문법적 기능이었던 自立性을 대부분 잃고 말았기 때문에 거의 의존형태소라는 역할에 한정되기에 이른 것이다.[11]

국어에서 자립형 단어로 쓰일 수 있는 1음절형 한자형태소로는 '金, 銀, 房, 窓, 册, 詩'나 '病, 藥' 또는 '東, 西, 南, 北'이나 '數, 性' 그리고 '氣, 德, 福, 善, 惡, 神, 罪, 罰, 法'과 같은 사례가 있는데, 이들은 文化的 借用語로서 국어고유의 어휘체계에 잠재하고 있던 세부개념의 空白이 차용으로 채워진 결과에 속한다. 표면상 이와 비슷한 문화적 차용어로서는 '江, 山'이나 '百, 千' 또는 '城'이나 '龍, 羊'과 같은 漢字語가 있으나 이들은 고유어의 소멸에 따른 代替借用이라는 점에서 前者와는 다르다. 곧, 본래는 그 자리에 각기 'ᄀᆞ름/江, 묗/山, 온/百, 즈믄/千, 잣/城, 미르/龍, 염/羊'처럼 대응되는 고유어가 있었으나 漢字語와의 경쟁으로 국어가 소멸의 길을 걷게 되자 그 공백에 새로 한자어가 채워진 결과이기 때문이다.

2) 漢字形態素가 국어단어로 활용되는 경우는 극히 일부에 한정되어 있으나 動詞性 한자형태소는 국어어미와 결합될 경우 비교적 자유롭게 動詞나 形容詞, 또는 副詞와 같은 自立語로 발전하기도 한다. '告-하다, 貴-하다, 急-하다, 能-하다, 對-하다, 命-하다, 甚-하다, 爲-하다, 義-롭다, 請-하다, 醉-하다, 通-하다, 表-하다, 險-하다, 厚-하다'나 '急-히, 能-히' 또는 '貴-하게, 甚-하게, 險-하게'와 같은 사례가 거기에 해당한다. 그러나, 이들 단어에 포함되어 있는 한자형태소는 문법적으로 의존형태소인 語根에 속할 뿐 자립형태소로 간주되기는 어렵다.

가. 한자형태소의 이러한 문법적 성격은 中世國語에서도 발견된다. 예컨대, 『杜詩諺解』

---

11) 여기서부터 제6장까지는 宋敏(2011)의 내용을 재정리하거나 대폭으로 보완한 것이다. 여기에는 과거에 발표된 필자의 연구내용이 널리 반영되어 있으나 그 출처를 일일이 밝히기가 번거롭고 복잡하기 때문에 다음과 같은 연구결과로 그 자리를 대신하고자 한다. 宋敏(1988, 1989, 1998, 1999, 2005, 2008a, 2008b).

초간본(1481)은 漢詩에 쓰인 단일한자가 諺解文에서는 자주 2음절형 漢字語로 대치됨을 보여준다. 초간본 권6의 첫머리(1앞-30뒤)의 사례를 뽑아보면 아래와 같다(가나다순).

記 → 記錄, 氣 → 氣運, 論 → 議論, 對 → 相對, 物 → 萬物, 瑞 → 祥瑞, 俗 → 世俗/時俗, 神 → 神靈/精神, 雅 → 淸雅, 念 → 思念, 迎 → 迎逢, 容 → 容納, 雄 → 雄壯, 威 → 威嚴, 潤 → 潤澤, 律 → 法律, 恩 → 恩惠, 資 → 資賴, 災 → 災害, 朝 → 朝會, 振 → 振動, 眞 → 眞實, 疊 → 重疊, 蓄 → 儲蓄

나. 이번에는 권6의 실제 원문에 나타나는 사례를 약간 들어 보이기로 한다.

如何對搖落/엇데 搖落호물 **相對**ᄒ얫ᄂ니오(31앞). 對 → 相對
功臨耿鄧親/功은 耿弇 鄧禹의게 臨ᄒ야 **親近**ᄒ도다(31앞). 親 → 親近
得士契無隣/士ᄅᆞᆯ 어더 ᄆᆞᅀᆞ미 **契合**호미 이우지 업도다(31앞). 契 → 契合
蜀主窺吳幸三峽/蜀ㅅ님그미 吳ᄅᆞᆯ 엿보아 三峽에 **行幸**ᄒ니(31뒤). 幸 → 行幸
歲時伏臘走村翁/歲時ㅣ 三伏과 臘日앤 ᄆᆞᅀᆞᆳ 한아비ᄃᆞ히 ᄃᆞ니ᄂᆞᆺ다(31뒤). 伏 → 三伏, 臘 → 臘日
一體君臣祭祀同/ᄒᆞᆫ 體옛님금과 **臣下**ㅣ ᄀᆞᆺ시 祭祀ᄅᆞᆯ ᄒᆞᆫ가지로 ᄒᆞᄂᆞᆺ다(32뒤). 臣 → 臣下
運移漢祚終難復/運이 漢ㅅ福을 옮겨 ᄆᆞᄎᆞ매 **興復**호물 어려이ᄒᆞ니(32뒤-33앞). 復 → 興復
志決身殲軍務勞/ᄠᅳ든 **決定**호ᄃᆡ 軍務의 ᄀᆞᆺ보내 모미 죽도다(33앞). 決 → 決定
兩朝開濟老臣心/두 朝ᄅᆞᆯ 거리츄믄 늘근 臣下의 ᄆᆞᅀᆞᆷ(ᄆᆞᅀᆞ의 잘못)미니라(33뒤). 臣 → 臣下
出師未捷身先死/軍師ᄅᆞᆯ 내야가 이긔디 몯ᄒᆞ야셔 모미 몬져 주그니(33뒤). 師 → 軍師

원문에 단독으로 쓰인 한자형태소가 언해문에서 2음절형 漢字語로 대치된 이유는 국어의 경우, 한자형태소 하나만으로는 의미가 투명하게 드러나지 않기 때문이었을 것이다. 단독으로 국어에 쓰이기에는 의미전달이라는 측면에서 그만큼 부자연스러웠다는 뜻이다. 결국, 개별적인 한자형태소는 국어에서 自立性이 미약하여 단독으로는 정확한 의미를 전달하기 어려웠음을 나타낸다.

한문의 번역과정에서 단독형 한자형태소가 국어의 2음절형 한자어로 변하는 원인은 확실하지 않지만 여기에는 또 다른 원인도 부수적으로 작용했을 것이다. 단일 한자형태소의 경우, 그 발음이 짧아 의미파악이 쉽지 않은데다가, 국어의 경우, 단어가 문상에 쓰일 경우 곡용이나 활용어미를 동반하기 때문에 그 형태론적 구조가 최소한 2음절 이상이 된다는 점도 어느 정도 영향을 끼쳤을 것으로 추측된다.

3) 개별 漢字形態素 하나하나에 나타나는 이러한 의존적 특성은 現代國語에도 그대로 유지되고 있다. 그 때문에 漢字語의 경우, 기본적으로는 두 개의 한자형태소 결합, 곧 2음절 구성이 가장 일반적일 뿐 아니라 안정적이다. 요컨대, '天, 地'나 '宇, 宙'와 같은 개별적 한자형태소는 국어에서 자립형태소, 곧 單語의 자격을 가지기 어렵지만, '天地'나 '宇宙'처럼 최소한 두 개의 한자형태소 결합인 2음절형 구성이라면 單語의 자격을 가질 수 있다. 자연히, 국어에서 자립적으로 쓰일 수 있는 漢字語의 대부분은 기본적으로 2음절형이라는 특성을 보인다. 현대국어에서 빈도수가 최상위에 속하는 실례를 보더라도 '關係, 道德, 問題, 文化, 事實, 社會, 世界, 時間, 時代, 藝術, 運動, 人間, 自身, 政府, 地域, 眞理, 哲學, 親舊, 學校, 學問'과 같은 한자어가 모두 그렇다.

결국, 국어 語彙體系의 일부를 이루는 한자어의 주축은 양적으로 방대한 2음절어라고 볼 수 있다. 현대국어에서 頻度數가 높은 이들은 형태론적으로 한자형태소 두 개의 결합인데다가 의미상으로 투명하고 안정적이어서 學術的, 文化的, 抽象的 세부개념을 표현하는 데 적절히 활용되고 있다.

漢字語의 주축이라고 볼 수 있는 2음절어의 경우, 역사적으로는 中國의 先秦時代(대략, 기원전 6세기말에서 기원전 3세기말까지로 春秋時代 후기부터 戰國時代에 걸친 기간)에 이미 상당량이 나타났다고 한다. 실제로 中國語의 경우, 고대로 거슬러 올라갈수록 1음절어가 많이 쓰였으나, 후대로 오면서 개별한자의 의미가 점차 단순해지고 문법범주마저 축소되면서 2음절어가 증가함을 보여준다.

4) 2음절어는 본래 그 뜻이 서로 가깝거나 대립적이거나, 그렇지 않다면 문법적으로 결합될 수 있는 漢字形態素 두 개가 竝列形으로 쓰이면서 처음에는 각 한자의 의미가 모두 살아 있었으나 나중에는 어느 한쪽의 의미로 단순해지면서 어형 또한 점차 한 單語처럼 굳어진 결과인데, 여기에는 다음과 같은 유형이 있다.

  (1) 同義(類義) 병렬어. 뜻이 서로 같거나 비슷한 한자끼리의 결합. '國家, 購買, 謹愼, 飢餓, 饑饉, 道路, 島嶼, 盜賊, 文獻, 方策, 負擔, 使節, 社稷, 言語, 年歲, 影響, 衣裳, 祭祀, 桎梏, 疾病, 逮捕, 親戚, 波瀾, 和睦' 등.
  (2) 反義 병렬어. 뜻이 서로 對立的인 두 漢字의 결합. '動靜, 社稷, 生死, 宇宙, 園圃, 陰陽, 長短, 尊卑, 左右, 進退, 車馬, 妻子, 出入, 禍福, 寒暑, 喜怒' 등.
  (3) 偏正 병렬어. 두 개의 한자가 主次관계를 나타내는 결합. 수식과 피수식의 관계. '寡

人, 國風, 大人, 大宗, 大學, 武夫, 百姓, 兵法, 四方, 四海, 庶人, 先生, 小人,
野人, 黎民, 慈母, 諸侯, 宗室, 蒸民, 處士, 天下, 布衣' 등.

(4) 述目 병렬어. 앞쪽이 술어, 뒤쪽이 목적어를 나타내는 결합. '牽牛, 啓明, 稽首, 勤
王, 擡頭, 待罪, 亡命, 蒙塵, 跋扈, 掃除, 樹木, 將軍, 執事, 革命' 등.

(5) 主述 병렬어. 앞쪽이 被陳述的 사물, 뒤쪽이 陳述을 나타내는 결합. '肉袒, 鷄鳴' 등.

5) 여기서 특히 주목되는 유형은 同義 병렬어와 反義 병렬어라고 할 수 있다. 이들은 두
개의 한자형태소가 각기 자신의 의미대로 쓰이다가 의미의 단순화라는 변화를 거쳤기 때문
이다. 몇몇 실례를 들어 보기로 한다.

가. 먼저 同義 병렬어를 든다. 기본적으로는 두 글자의 의미가 같더라도 완전동의란 있을
수 없기 때문에 각 한자형태소에는 크고 작은 의미상의 차이가 있을 수밖에 없다. 따라서
이때의 同義란 類義와 같은 뜻으로 통한다.

國家. '國'은 본래 '諸侯가 통치하는 領土', '家'는 본래 '大夫가 통치하는 領土'로서 전
체적으로는 두 가지 뜻을 나란히 나타냈으나, 점차 '家'의 뜻이 있어지면서 '國'이라
는 뜻으로 축소된 것이다. 이러한 의미변화는 周나라의 封建制度가 春秋·戰國時
代를 거치면서 점차 약화되자 '國'과 '家'의 관계가 거의 사라진 데다가 秦나라에
이르러 中央集權制가 채택되면서 '國'과 '家'의 구별이 사실상 무의미해졌기 때문
에 생겨난 결과로 해석된다.

購買. '購'는 본래 '큰 賞을 내걸고 物件을 구한다'는 뜻이었는데, 현상금으로 구하는
대상이 때로는 物件이 아니고 사람일 때도 있었다. 이에 대하여 '買'는 단순히, '物
件을 산다'는 뜻이었는데, 점차 '購'의 의미가 없어지면서 '購買'가 '買'의 뜻으로
단순화하기에 이르렀다.

飢餓. '飢'는 '배가 부를 정도로 먹지 못하는 배고픔', 곧 '심각하지는 않은 배고픔', '餓'
는 '극심한 배고픔으로 밥을 먹지 못하여 죽을 지경에 처해 있음'을 나타냈으나
차츰 전체적인 의미가 단순히 '배고픔' 정도로 축소되기에 이르렀다.

饑饉. '饑'는 '곡식이 제대로 익지 못한 상태', '饉'은 '채소가 완전히 성숙하지 못한 상태'
를 나타냈으나 점차 흉년을 뜻하게 되었다.

島嶼. '島'는 큰 섬, '嶼'는 '水中의 작은 모래섬'.

盜賊. '盜'는 '물건을 훔치는 일', 또는 '그 짓을 하는 사람', '賊'은 '害를 끼치거나 亂臣'
을 나타냈으나, 점차 그 의미가 축소되어 '도둑질', 또는 '그 사람'으로 굳어졌다.

文獻. '文'은 '典籍', '獻'은 '賢人'으로, '증거가 되는 전적과 현인'을 뜻했으나 나중에는
그 의미가 '典籍'으로 축소되었다.

方策. '方'은 '木版', '策'은 '竹簡' 곧 '冊'을 뜻하였으나 후에는 단순히 '방법'이나 '수단'을 뜻하게 되었다.

疾病. '疾'은 '일반적인 疾患', '病'은 '重病'을 나타냈으나 오늘날은 그러한 區別이 없어진 채 '疾病' 전체가 그저 '病'이라는 뜻으로 쓰이고 있다.[12]

이처럼 同義 병렬어는 기본적으로 의미가 서로 비슷하거나 가까운 두 가지 개념을 포괄적으로 표현하기 위하여 태어났으나 후대에 이르러 그 뜻이 축소되면서 한 단어처럼 쓰이게 된 경우를 말한다. 이 유형에 속하는 한자어는 무척 많으나 일부만 들어보면 다음과 같다.

나. 稼穡,[13] 刻苦, 脚注,[14] 干城, 葛藤, 襁褓,[15] 開闢, 居住, 結束, 經綸, 經緯, 階級, 股肱,[16] 丘陵, 橋梁, 交通, 權利, 規矩, 禽獸, 紀綱, 旗幟, 虜獲, 對策, 道路, 圖書, 名銜, 模範, 沐浴, 貿易, 文章, 物色, 伴侶, 拔擢, 訪問, 範疇, 辯護, 步武,[17] 黼黻,[18] 保障, 封建, 負擔, 朋友, 誹謗, 死亡, 使節, 社稷,[19] 書寫, 涉獵, 城郭, 世代,[20] 首領, 鬚髥,[21] 知識, 酬酌, 菽麥,[22] 純粹, 術數, 約束, 演說, 年歲,[23] 領袖, 英雄,[24] 影響, 銳利, 藝術, 睿智, 要領, 料理,

---

12) '疾'은 일반적인 '病', '病'은 '重病'이라고 해석되었던 근거로는 다음과 같은 자료가 있다. 『說文解字』 '疾, 病也', '病, 疾加也'. 『玉篇』 '病, 疾甚也'. 『論語』 子罕 '子疾病, 子路使門人爲臣'. 何晏集解引包咸注 '疾甚曰病'. 段玉裁의 『說文解字注』나 王力의 『古代漢語』, 그밖에 『漢語大詞典』도 대체로 이러한 해석을 따르고 있다. 그러나 최근 丁喜霞(2006:178-185)의 상세한 고증에 따르면 '病'은 본래 形容詞로서 '困苦, 痛楚'와 같은 의미였다가 점차 '疾病'의 의미를 가지게 되었고, '疾' 또는 본래는 '快'나 '急'과 같은 의미였다가 점차 '질병'의 의미를 가지게 되었으므로 '疾'과 '病'의 본래 의미는 일반적인 병과 중병의 차이라고 보기 어렵다는 것이다.

13) 여기에 나타나는 모든 한자어의 의미를 일일이 기술하기는 번거롭기 때문에 이하 몇몇 사례에 한해서만 주석을 달아 두기로 함. '稼'는 곡식을 심다, '穡'은 곡식을 거두다. 여기서 '농사'라는 뜻으로 통했음.

14) '脚'은 본문 끝에 붙이는 것, '注'는 본문 사이에 끼우는 것. 따라서 현대국어에서 통용되는 '각주'의 의미는 본래와 아주 다름.

15) '襁'은 아이를 등에 업은 후 묶는 띠, '褓'는 포대기.

16) '股'는 '넓적다리', '肱'은 '팔'. 『書經』 益稷 '帝曰 臣作股肱耳目'. 여기서 의지할 수 있는 신하라는 뜻이 생겼음. 『左傳』 '君之卿佐, 是謂股肱'.

17) '步'는 '한 걸음', '武'는 반 걸음. 여기서 '발걸음'이라는 뜻이 나왔음.

18) '黼'는 '白과 黑', '黻'은 '黑과 靑'. 임금의 下衣에 도끼와 '亞'자 모양으로 수놓은 장식.

19) '社'는 '土神', '稷'은 '穀神'. 나라를 세우면 반드시 '社稷'과 '宗廟'를 두었기 때문에 여기서 국가라는 뜻이 생겼음.

20) '世'는 30년, '代'는 '다시 바뀜'이라는 뜻. 『說文解字』 '三十年爲一世'. '代, 更也'. 王朝가 바뀐다는 뜻으로 一朝一代라는 뜻이 생겼음. 唐代에 이르러 太宗 李世民의 이름을 회피하기 위하여 '世'가 '代'로 바뀌었는데 그 후부터 '世'와 '代'가 혼동되면서 그 구별이 없어졌음. 근대화 과정에서 태어난 '世代'는 영어 generation의 번역어인데 이는 일본어에서 나왔음. 현대국어의 '世代'는 일본어의 차용임.

21) '鬚'는 턱에 난 털, '髥'은 뺨에 난 털을 뜻함.

22) '콩'과 '보리'를 구별하지 못했다는 故事에서 '어리석음'이란 뜻으로. 『左傳』 成公18年 '周子 有兄而無慧 不能辨菽麥'(周子의 兄이 어리석어 菽麥을 구분하지 못했다).

陰謀, 人民, 銓衡, 正鵠, 祭祀, 糟糠,25) 糴糶,26) 池塘, 珍羞, 進入, 桎梏, 斟酌, 窗戶, 斥候, 逮捕, 親戚, 波濤, 波瀾, 波浪, 抱負, 布衣, 標準, 犧牲.

6) 이번에는 反義 병렬어의 몇몇 사례를 살펴보기로 한다.

經緯. 본래는 '날'과 '씨', 후에는 사물의 질서나 경과.
賣買. '팔고 사다'. 후에는 '물건을 팔다'. 다만 '賣買'의 경우 고대로 올라갈수록 '買賣'로
　　　나타나는데 드물게 '賣買'도 나타나기도 하였다.
矛盾. 본래는 '창'과 '방패'. 후에는 이치에 어긋나는 상태나 경우.
浮沈. 본래는 '뜨고 가라앉음'. 후에는 어떤 일의 과정이나 경과.
消息. '消'와 '息'은 각기 '盈'과 '虛', '進'과 '退', '陰死'와 '養生', '動'과 '止', '往'과 '來'
　　　등의 뜻을 나타내다가 나중에는 '書札, 音信'의 뜻으로 쓰이게 되었다.27)
宇宙. '하늘과 땅'. 또는 『淮南子』齊俗訓의 '往古來今謂之宙, 四方上下謂之宇'에 따
　　　라 '宇'는 '空間', '宙'는 '時間'으로 보기도 하나 『文選』靈光殿賦의 注 '天所覆
　　　謂宇, 中所由謂宙'에 따라 宇宙를 天地라고 보기도 한다.
利害. '利'는 '利得', '害'는 손해를 뜻한다. 이들의 連用인 利害는 形勢, 情勢, 虛實과 같
　　　은 의미로 쓰였다. 『舊唐書』郭元振傳 '德威自拔歸朝, 高祖親勞問之, 兼陳賊中虛
　　　實及晉, 絳諸部利害'. 그밖에도 利害는 '關鍵, 危險'과 같은 의미로도 쓰인 바 있다.
衣裳. '위에 입는 옷'과 '아래에 입는 옷', '저고리'와 '치마'. 『周易』繫辭 '黃帝堯舜垂衣
　　　裳而天下治. 高祖皆嘉納之'.
黜陟. '進退'와 같음. '黜'은 내치다, '陟'은 천거하다.

7) 똑같은 2음절형 한자어라도 조어법상의 구성원리는 가지가지로 다양하다. 이러한 漢字
語의 의미와 문법적 기능을 제대로 이해하자면 그 내면적 구성원리를 살펴볼 필요가 있다.
한 가지만 예를 들자면, 한자어 중에는 '動詞＋名詞'의 구성을 보이는 경우가 많다. '行人'이

---

23) '年'은 '穀食이 익음'. 곧 '풍년'을 뜻함. 고대에는 氣候가 추워 黃河유역에서는 곡식이 1년에 한 번밖에
　　익지 않았음. 여기서 1년이 나옴. '歲'는 '歲星'(오늘날의 木星). '歲星'은 태양의 주위를 한 번 도는 데 약
　　12년이 걸리는데 이를 12등분하여 12星次라 부르고 1년을 1개 星次라 하였음. 이때의 1개 星次가 곧 一歲
　　임. 무릇 큰일을 기록할 때의 '歲在某某'나 祝文의 첫머리 '維歲次'(이 해의 차례)의 '歲'가 바로 1星次를
　　뜻하는 것임. 이 '年'과 '歲'가 竝列語를 이루면서 '나이'라는 뜻으로 쓰이게 되었음.
24) '풀' 가운데 '뛰어닌 존재'와 '짐승' 가운데 '빼어난 자'. 여기서 뛰어난 인물이라는 뜻이 생김.
25) '糟'는 '술찌꺼미', '糠'은 '쌀겨'. 糟糠之妻. 『後漢書』宋弘傳 '臣聞 貧賤之交不可忘, 糟糠之妻不下堂'.
26) '糴'는 쌀(곡식)을 내다 파는 것', '糶'은 쌀(곡식)을 '사들이는 것'.
27) '盈虛'의 뜻으로 쓰인 사례. 『周易』豐 '日中則仄, 月盈則食, 天地盈虛, 與時消息'. 孔穎達疏 '天之寒暑往
　　來, 地之陵谷遷貿, 盈則與時而息, 虛則與時而消'. 『周易』剝 '君子尙消息盈虛, 天行也'. '音信'의 뜻으로
　　쓰인 사례. 『三國志』魏志 公孫度傳 裴注引 徐州語屯及城陽第郡, 與相接近, 如有船衆后年向海門, 得
　　其消息, 乞速告臣, 使得備豫'. 『三國志』吳志 三嗣主傳 孫皓 '陶濬從武昌還, 卽引見, 問水軍消息'.

나 '建國'과 같은 한자어가 그러한 사례에 속한다. 이들은 표면상 똑같은 구성원리를 보이지만, 문법적으로는 그 성격이 서로 다르다. 둘 다 名詞로 쓰인다는 점에서는 일치하지만, '行人'은 명사로만 쓰일 수 있는 반면, '建國'은 '건국하다'처럼 동사로도 쓰일 수 있다는 점이 다르기 때문이다.

그 이유는 구성원리의 차이에서 찾을 수 있다. 먼저 '行人'[길을 가는 사람]의 '行'은 自動詞로서 형용사와 같은 기능으로 뒤 따르는 名詞 '人'을 수식한다. 이로써 '行人'은 名詞句와 같은 구성이 되기 때문에 그 기능은 名詞와 동일하다. 이러한 名詞句는 동사가 될 수 없다. '觀點, 落葉, 視線, 慈母'와 같은 한자어가 이 유형에 속한다. 한편, 이때의 自動詞 자리에는 形容詞가 올 수도 있다. '強國, 廣場, 溫情, 危機'와 같은 한자어가 그러한 사례에 속한다. 이들 역시 '行人'과 마찬가지로 名詞로만 쓰일 뿐 形容詞로는 쓰이지 못한다.

이와는 달리 '建國'[나라를 세움]의 '建'은 他動詞에 속한다. 他動詞는 목적어를 필요로 하기 때문에 뒤 따르는 명사 '國'은 목적어가 되며, 이 유형에 속하는 한자어는 名詞와 動詞 양쪽으로 함께 쓰일 수 있다. '伐木, 執權, 創業, 解體'와 같은 한자어가 이 유형으로 분류된다. 이처럼 같은 名詞라도 自動詞와 결합될 때에는 被修飾語, 他動詞와 결합될 때에는 목적어가 된다. 결국, '行人'과 '建國'의 문법적 기능이 다른 이유는 그 내면적 構成原理가 서로 다르다는 점에 있다. 요컨대 '動詞+名詞'로 구성된 한자어의 경우, 名詞로만 쓰이느냐 名詞와 動詞 양쪽으로 함께 쓰이느냐는 앞에 나타나는 動詞가 自動詞인지 他動詞인지에 따라 결정된다.

8) 2음절형 한자어에 또 하나의 한자형태소가 앞이나 뒤에 결합되면 3음절형으로 발전하는데, 그 대부분은 派生語에 속한다. '空-念佛, 無-條件, 非-公式…'과 같은 접두사형, '經濟-的, 抽象-化, 有望-株…'와 같은 접미사형 派生語가 그러한 사례에 해당한다. 현대국어에는 4음절형, 또는 그 이상의 구성을 보이는 한자어도 많다. 그러나, 그 구성은 대개 '價格-競爭, 家計-保險, 落下-運動, 多角-貿易…'처럼 2음절형 단어끼리의 合成語이거나 '非-論理-的, 人道-主義-的…'과 같은 2차적 派生語에 속한다. 그만큼 여기에 造語法上의 새로운 원리는 나타나지 않는다. 결국, 한자어의 基軸은 양적으로나 질적인 측면에서 2음절 내지 3음절로 구성된 단어들이라고 볼 수 있다. 2음절형 漢字語는 1차적, 2차적 派生이나 合成을 통하여 3음절형, 4음절형, 5음절형 또는 그 이상의 多音節 구성으로 발전하지만 국어에 나타나는 3음절형 또는 그 이상의 漢字語는 거의 派生語나 合成語에 속하며 2차적 내지 3차적으로 生成된 결과에 지나지 않는다.

4. 漢字語의 定着過程

어휘사적 관점에서 漢字語가 국어에 土着化한 과정에는 적어도 두 번의 커다란 물결이 있었다. 첫 번째 물결은 개화기 이전까지였다. 이 단계를 통하여 國語는 漢文과의 간접적 접촉을 통하여 수많은 漢字語를 借用하거나 轉用하기에 이르렀다. 이 단계에서는 漢文典籍을 통한 2음절 漢字語의 受容이 주축을 이룬 바 있다. 12세기 중엽에 이루어진 『三國史記』를 통하여 그 실상의 일단을 엿볼 수 있다.

국어에는 본래 '나랗'과 같은 固有語가 있었다. 그러나 漢文이라는 형식의 문상 속에서는 이 단어가 '國'이라는 漢字形態素로 쓰이거나 그렇지 않으면 '國家'라는 2음절형 漢字語로 표현될 수밖에 없다. 앞에서 본대로 '國'과 '國家'는 서로 의미상의 범위가 달랐기 때문에 고대중국의 정치제도상 '國'보다는 '國家'가 적절한 의미표현이었다.

1) 실제로 『三國史記』[텍스트는 民族文化推進會 影印本, 1973]에는 '國家'란 語形이 최소한 35회 이상에 걸쳐 사용된 바 있으며 빈도수가 가장 높은 한자어에 속한다. '國家'라는 同義的 병렬어가 일찍이 중국문헌을 통하여 借用되었음을 보여주는 대목이 아닐 수 없다. 그러다 보니 현대국어에는 '나라'와 '國家'라는 두 단어가 同義語 내지 類義語로서 여전히 공존하고 있다. 비슷한 경우의 類義語 관계로서 '길'과 '道路', '옷'과 '衣服', '땅'과 '土地' 등과 같은 사례도 있는데 '道路, 衣服, 土地'와 같은 한자어 또한 『三國史記』에 비교적 자주 쓰인 바 있다.

『三國史記』에 나타나는 2음절형 한자어 중에는 현대국어에서도 여전히 통용되고 있는 사례가 많다. 적어도 5회 이상의 빈도수를 보이는 2음절형 실례로서는 '擊破, 國政, 歸國, 器械, 騎兵, 男子, 盜賊, 美女, 伏兵, 富貴, 婦人, 夫人, 成功, 修理, 女子, 力戰, 流星, 將軍, 戰死, 從軍, 進擊, 進軍, 學生, 兄弟, 彗星, 還國, 麾下…'와 같은 단어가 있다. 이들의 의미가 현대국어와 일일이 일치한다고는 볼 수 없겠으나 적어도 形態上으로는 2음절형 구성이라는 측면에서 현대국어와 일치하는 漢字語에 속한다. 빈도수는 훨씬 떨어지지만 『三國史記』에는 '供給, 觀察, 敎育, 交通, 國民, 冒險, 産業, 娛樂, 精神, 學問, 學術…'과 같은 2음절형 漢字語도 나타난다. 이들 2음절형 漢字語는 후대의 自生的 한자어와 더불어 새로운 語彙體系를 형성하게 되었다. 요컨대 현대국어의 2음절형 한자어휘체계는 중국의 典籍에서 유래한 단어와 국어의 내면에서 자체적으로 생산된 단어들의 집합체인 셈이다.

2) 두 번째 물결은 開化期 이후 주로 日本語와의 접촉을 통하여 이루어진 新生漢字語의 借用이었다. 이 시기의 특징이라면 漢字語의 基軸인 2음절형 新生語와 거기서 2차적으로 양산된 派生語가 대량으로 활용되기 시작했다는 점이다. 西洋의 文物을 한발 앞서 받아들인 일본에서는 새로운 개념을 투명하게 표현할 수 있는 엄청난 양의 新生語가 만들어졌는데, 이들 중 대다수가 직접, 간접으로 국어에 借用되었다. 그 일부를 들어보면 다음과 같다.

    (1) 19세기 말엽까지의 신생어. 警察署, 經驗, 空氣, 交通, 國事犯, 氣象(-臺), 汽船, 汽車, 內閣, 大統領, 大學校, 獨立國/獨立權, 民權, 發明, 病院, 寫眞, 商標, 生産力, 生活費, 新聞(-紙/-社), 演說(-會), 郵便(-局), 運動(-會), 銀行, 日曜日, 自由港, 電報, 停車場, 蒸氣船, 總理大臣, 態度, 合衆國, 顯微鏡, 化學, 會社(物産-/株式-), 會議 등.

    (2) 20세기 초엽까지의 신생어. 間接, 經濟, 共和國, 觀兵式, 機關(通商-/通信-), 勞働者, 團軆/團體, 圖書館, 博覽會, 反射, 鎖國, 巡查, 紳士, 演習, 優勝劣敗, 衛生(衛生-), 義務, 議員, 印刷(-所), 雜誌, 財政, 帝國(-議會), 組織, 蒸氣(水-), 進步, 鐵道, 出版, 憲兵, 活動寫眞, 生存競爭 등.

이들 중에는 傳統的 방식과 같은 2음절형이 많으나, 더러는 새로운 造語法으로 창안된 3음절형, 4음절형 派生語도 포함되어 있다. 漢字形態素를 接辭로 활용한 派生語 생성방식이 그것이다. 접두사형으로는 '大-統領, 日-曜日' 등이 있으며 접미사형으로는 '警察-署, 獨立-國, 演說-會, 郵便-局, 自由-港, 共和-國, 觀兵-式, 印刷-所' 등이 있는데 비율로 볼 때 접미사형 派生語가 월등히 많다.

그 밖의 사례로서는 특히, 否定이나 反意와 같은 대립적 의미를 효율적으로 표현해 주는 接頭辭 '無-, 未-, 不-(불-/부), 非-'의 결합형인 '無-感覺/無-條件…, 不-名譽/不-動産…, 未-成年/未-完成…, 非-公式/非-武裝…' 등과 같은 派生語도 있으며, 여기에 接尾辭 '-高, -口, -附, -株'의 결합형인 '賣上-高/物價-高…, 非常-口/出入-口…, 期限-附/條件-附…, 普通-株/有望-株…' 등과 같은 派生語도 있다. 특히, 이들 派生語 생성에 동원된 接尾辭 '-高, -口, -附, -株' 등은 일본어에서 訓讀되는 사례들이다. 거기다가 이들 接尾辭와 결합된 3음절형 派生語는 국어의 傳統的 漢字語에 나타나지 않았던 유형이다. 결국, 이 새로운 유형의 造語法은 국어 문법에까지 영향을 끼치면서 派生語의 대량확산으로 이어졌다고 볼 수 있다.

그 일례로서 현대국어에 널리 활용되고 있는 接尾辭 '-的, -化' 등은 특히 機能負擔量이라는 측면에서 그 위력을 실감할 수 있는 존재가 아닐 수 없다. 실상, 『표준국어대사전』에는

'-的'의 3음절형 派生語가 '感動-的, 樂觀-的, 段階-的, 慢性-的, 司法-的, 壓倒-的, 自動-的, 創造-的, 打算-的, 破格-的…' 등을 비롯하여 930여 항목이나 표제어로 올라있다. '-化' 파생어 또한 北韓語나 化學分野에 주로 쓰이는 專門用語를 제외하더라도 '機械-化, 內實-化, 民主-化, 分業-化, 産業-化, 自動-化, 體系-化, 土着-化, 表面-化, 合理-化…' 등을 비롯한 330여 항목이 등록되어 있다. 가히 그 폭발적인 추세를 짐작하고도 남음이 있다. 이러한 派生語들은 開化期 이전까지는 국어에 그다지 활용되지 않았던 것들이므로 일본어의 영향 하에 그 추세가 대폭 확산되었다고 해석된다.

3) 일본어식 新生語가 국어에 차용되는 과정에서 국어의 傳統的, 慣用的 漢字語가 끝내 일본어로 바뀌고 만 사례도 적지 않다[괄호 속은 전통적 한자어임].

> 見本[看色], 工事[役事], 根性[心地], 金融[錢政], 當選[被薦], 盆栽[花盆], 相談[相議], 食慾[口味], 案內[引導], 愛嬌[嬌態], 旅費[路資], 年末[歲末], 料理師[熟手], 一割[十一條], 注意[操心], 職業[生涯], 請負[都給], 滯在[逗遛], 出勤[仕進], 表紙[冊衣), 現金[直錢], 化粧[丹粧], 希望[所望] 등.

또한, 현대국어에는 외형상 漢字語처럼 보이지만 실상은 日本語에서 借用되어 조어법상 漢字語와는 다른 성격을 보일 뿐 아니라 고유 일본어의 複合語나 合成語에 속함에도 불구하고 국어에서는 마치 漢字語처럼 音讀으로 통용되고 있는 사례도 많다. 따라서 이들은 傳統的 漢字語와는 전혀 다르며 순수 일본어의 일부일 뿐이다. 실례를 얼마쯤 보이면 다음과 같다. *표는 '重箱'(音-訓식) 읽기, **표는 '湯桶'(訓-音)식 읽기를 나타냄.

> 동사, 명사 겸용. '家出, 据置, *格下, 見習, 見積, 競賣, 競合, 屆出, *落書, 落着, 貸付, 貸出, 賣渡, 埋立, 賣上, 買受, 買入, 買占, 賣出, 明渡, 揷木, 先拂, 船積, 先取, 小賣, **手配, 手續, 受取, 言渡, 裏書, 溺死, 引繼, 引渡, 引上, 引出, 引下, 立替, 立會, 積立, 切上, 切取, 切下, 組立, 組合, 支拂, 差押, 差入, 差出, 追越, 出迎, 取扱, 取消, 取調, 取下, 置換, 品切, **荷役, 下請, 割引, 呼名, 後佛'.
> 명사 독용. '假橋, 建坪, **見本, *氣合, 內譯, 大幅, 大型, *買氣, 毛織, 壁紙, **敷地, 上手, 生絲, 生藥, 小包, 小型, 手當, 受付, **手順, 身柄, *役割, 葉書, 立場, **場面, **組長, **持分, 織物, 片道, 編物, **荷物, 下手, **割注, 行方, **後手.
> 3음절 명사. 手荷物, 乳母車('手荷物'은 '훈-훈-음'식 읽기, '유모차'는 '훈-훈-훈'식 읽기).

일본어식 新生漢字語는 광복이후에도 지속적으로 국어에 차용되었다.

缺食兒童, 高速道路, 高水敷地, 公害, 過剩保護, 交通戰爭, 落下傘(-인사, -후보), 耐久消費財, 冷戰, 團地(아파트-, 공업-), 大河小說, 猛烈女性, 文化財(인간-), 反體制, 白書, 別冊, 附加價値, 分讓, 不快指數, 四半世紀, -族(-산업/아베크-, 장발-, 히피-, 제비-), 三冠王, 三面記事, 生産性, 成人病, 聖火, 首都圈, 視聽率, 施行錯誤, 案內孃, 安樂死, 壓力團體, 女性上位時代, 獵奇的, 虞犯地帶, 원高現象, 月賦, 有望株, 人災, 日照權, 殘業, (장마-)前線, 低開發國, 定(/停)年退職, 情報化社會, 終着驛, 地下鐵, 集中豪雨, 蒸發, 總會꾼, 推理小說, 春鬪, 探鳥會, 宅配(-제도, -회사), 特需, 暴走族, 核家族, 嫌煙權, 豪華版

4) 결론적으로 두 번의 물결을 타고 국어에 확산된 漢字語는 국어의 語彙體系에 커다란 改新과 變化를 가져왔다. 이는 漢字가 지니고 있는 편리하고도 간명한 造語力과 의미표현의 效率性에서 비롯된 결과이기도 하다. 하여튼 한자의 造語力은 엄청난 新生語의 확산으로 이어졌으며, 그 결과는 政治, 經濟, 社會, 學術, 文化 등 모든 분야에 걸친 수준 높은 추상적, 논리적 개념표현에 정밀성과 투명성을 提高시켜 줄 수 있는 原動力으로 활용되었으며, 漢字를 표기에 이용하지 않는 현재도 전문분야에서는 여전히 한자어의 힘을 빌려 쓰고 있다.

5. 漢字語의 현실과 變容

1) 한자어가 국어의 語彙體系에 어떠한 효율성과 편의성을 가져다주었는지에 대해서는 開化期에 창간된 『독닙신문』을 통하여 그 일단을 엿볼 수 있다. 『독닙신문』에는 당시에 새로 생긴 문물의 행태일부가 '당나귀 달리는 겨름'[競馬], '물밋히셔 싸호는 빅'[潛水艦], '손을 썩 놉히들고 공손히 경례[擧手敬禮]를 ᄒ되', '얼지 안는 항구'[不凍港], '길을 여는 례식'[開通式], '쥬추돌 놋는 례식'[起工式], '니곳치는 의원'[齒科醫師], '희산ᄒᆞᄂ딕 관계되는 학문'[産婦人科]처럼 統辭的 구성의 說明方式으로 표현된 바 있는데 그와 같은 설명식 표현은 그 후 괄호 속과 같은 한자어로 바뀌어 오늘에 이르고 있다. 이러한 사례를 놓고 볼 때 說明式 표현이 얼마나 불편하고 번거로운 방식이며, 간결한 漢字語 표현이 얼마나 效率的인지 이해되고도 남음이 있을 것이다.

2) 漢字語의 便宜性은 또 다른 측면의 국어표현에 쓰인 漢字成語로도 짐작이 가능하다. 가령, 春香이 李도령을 떠나보낸 후 홀로 남자, 님에 대한 그리움을 토로하는 唱 가운데 '운 종용 풍종호라, 용가난 듸난 구름가고 범가는 듸난 바람이 가건만은…'과 같은 대목이 나타 난다[원문은 명창 장백지의 『춘향가』 66면]. 이때의 '운종용 풍종호'란 '雲從龍 風從虎'(구름은 용을 따르고, 바람은 호랑이를 따른다)로서 『周易』(乾卦)에 나오는 말이다. 이처럼 中國古典의 名句 들은 예로부터 국어에서 警句나 俗談처럼 자주 활용되었으며, 그와 같은 사정은 지금도 변함 없이 지속되고 있다. 이처럼 국어의 比喩的, 强調的 표현에는 예나 이제나 中國文獻에서 유 래한 慣用句나 故事成語가 많이 쓰이는데 그 일부를 들어보면 다음과 같다.

가. 2자성어

角逐, 共和, 杞憂, 狼狽, 墨守(〈墨翟之守〉), 反哺, 白眉, 菽麥, 助長.

여기에는 또한 중국의 역사나 비유법과 같은 표현에서 출발하여 일반단어가 된 特殊 병렬 어도 있다.

崇高. '崇山'은 중국의 중앙에 있고 높기 때문에 후대에는 '崇'이 차츰 '높다'는 뜻으로 쓰이게 되었다. 『爾雅』 釋山 '崇高爲中嶽'.
升遐. '登遐' 곧 멀리 올라감. 올라가는 곳이 높고 멀다는 뜻에서 天子의 死亡을 나타낸 다. 『禮記』 曲禮 '天子登遐'. 현대국어 한자표기로는 '昇遐'.
牙城. 主將이 있는 곳, 곧 本城을 뜻했다. 本城에는 牙旗가 있는데 牙旗는 大將이 있는 곳에 세우기 때문에 중요한 근거지를 뜻하게 되었다. 『唐書』 李愬傳 '率左右登牙 城'.
雁門. 『千字文』079(=0625-0632)에 '鴈門紫塞 雞田赤城'(鴈門山과 만리장성, 北境塞 [새]外의 雞田塞[새]와 赤城). '雁門'은 기러기가 그 문을 지나간다는 데서 나왔다 고 한다. 『史記』 匈奴傳 '趙武靈王 置雁門郡'.

나. 3자성어

老益壯, 老婆心, 大丈夫, 等閑視, 登龍門, 門外漢, 無盡藏, 背水陣, 獅子吼, 殺風景, 守錢虜, 瞬息間, 蜃氣樓, 連理枝, 張本人, 走馬燈, 眞面目, 集大成, 鐵面皮, 紅一點.

다. 4자성어

刻舟求劍, 牽强附會, 結草報恩, 過猶不及, 群鷄一鶴, 卷土重來, 錦衣還鄕, 南柯一夢, 多多益善, 東奔西走, 登高自卑, 燈火可親, 馬耳東風, 武陵桃源, 拔本塞原, 粉骨碎身, 四面楚歌, 殺身成仁, 三顧草廬, 桑田碧海, 塞翁之馬, 脣亡齒寒, 弱肉强食, 羊頭狗肉, 漁父之利, 緣木求魚, 玉石俱焚, 龍頭蛇尾, 泣斬馬謖, 一網打盡, 一朝一夕, 自家撞着, 戰戰兢兢, 轉禍爲福, 切磋琢磨, 漸入佳境, 糟糠之妻, 朝令暮改, 朝三暮四, 晝耕夜讀, 進退維谷, 滄海一粟, 天高馬肥, 千篇一律, 徹頭徹尾, 靑出於藍, 寸鐵殺人, 七去之惡, 七顚八倒, 他山之石, 破竹之勢, 風前燈火, 匹夫匹婦, 螢雪之功, 虎視耽耽, 浩然之氣, 換骨奪胎, 荒唐無稽, 橫說竪說.

라. 5자, 또는 그 이상

五十步 百步, 一日 如三秋, 一擧手 一投足, 耳懸鈴 鼻懸鈴, 百聞 不如一見, 三人行 必有我師, 知彼知己 百戰百勝, 身體髮膚 受之父母, 精神一到 何事不成, 桃李不言 下自成蹊, 豹死留皮 人死留名, 忠臣不事二君 烈女不更二夫.

실제로 『三國史記』에는 '粉身碎骨, 塞源拔本, 垂簾聽政, 脣亡齒寒, 有進無退, 轉禍爲福, 糟糠之妻'와 같은 4字成語를 비롯하여, '兵家之常也, 貞女不事二夫 忠信不事二主, 良藥苦口利於病 忠言逆耳利於行'과 같은 관용적 비유표현도 쓰인 바 있다.

이들과 같은 多音節 성어들은 중국에서 비롯되어 한국과 일본에 전해진 이후 세월이 흐르는 동안 형태상으로나 의미상으로나 용법상으로 다양한 變容을 거치면서 오늘날은 각국 별로 새로운 변형과 파생형으로 활용되는 수도 많다. 비슷한 成語가 국가별로 다르게 쓰이거나 형태에 변형이 나타나는 경우도 많은 것이다. 가령, 『三國史記』에는 '改過自新(권13, 8뒤/高句麗本紀제1 瑠璃王22년 12월)이 나타나는데 『史記·吳王濞列傳』과 같은 문헌에 근거를 두고 있는 이 성어는 그 후 중국에서는 '改過從善, 改過遷善, 改過作新, 改過向善'과 같은 변형으로 확대 활용되고 있는 것이다. 따라서 이들의 기원과 그 후의 변용에 대한 비교고찰도 어휘사의 한 과제가 될 것이다.

한 가지 주의할 점은 근거를 알 수 없는 관용구도 더러 있다는 사실이다. '泰山鳴動 鼠一匹, 盡人事 待天命'과 같은 관용구는 얼핏 볼 때 중국의 고사성어에서 나왔을 듯하나 실제로는 아직 그 출처가 명확하게 밝혀지지 않은 듯하다.[28]

3) 한자어 중에는 국어의 고유어와 경쟁하는 과정에서 승리를 거둔 끝에 우리말을 몰아내고 그 자리를 대신 차지하기에 이른 경우도 적지 않다.

ᄀᆞ롬 → 江, ᄀᆞᅀᆞᆷ알다 → 主管하다/管理ᄒ다, 가ᅀᆞ멸다 → 富者다, 과ᄀᆞᆯ이 → 急히, 겨르롭다 → 閑暇롭다, 그위 → 官廳, 녀름짓다 → 農事짓다, 덦거츨다 → 鬱積하다, 마기오다 → 證明하다, 머귀 → 梧桐, 머흘다 → 險하다, 믿겨집 → 本妻, 뫼 → 山, 배다 → 亡하다, 샤옹 → 男便, 아니한ᄉᆞ싀 → 暫間, 아ᄎᆞ아들 → 足下>조카, 어루 → 可히, 옷곳하다 → 香氣롭다, ᄌᆞ라다 → 足하다, ᄌᆞ올압다 → 親하다, 져근덛 → 暫時, 죽사리 → 生死, 할다 → 誹謗하다, 항것 → 主人/上典, 흐웍하다 → 洽足하다.

나아가 한자어가 변화를 거듭한 끝에 고유어처럼 국어에 정착한 경우도 제법 있다.

艱難>가난, 關係하지 아니하다>관계치 아니하다>괜찮다, 盜賊(도적)>도족>도둑, 白菜(빅치)>빅ᄎ>배초>배추, 袱>봉>보, 佛體(불톄)>부쳐>부처, 不祥하다>불쌍하다, 朔月-稅>사글세, 石硫黃(석류황)>석뉴황>성냥, 先輩(선ᄇᆡ)>션ᄇᆡ>선비, 尺>잫>자, 作亂>장난, 慫慂-하다>조용하다, 次第(ᄎᆞ뎨)>ᄎᆞ례>차례, 沉菜, 沈菜(팀치)>딤치>짐치>짐츼>짐치>김치.

또한, 2음절 또는 3음절 한자어의 경우, 의미의 일부가 약화, 탈락 또는 변화를 보이는 사례도 날로 늘어나고 있다.

名詞句. 넓은 廣場(>마당), 따뜻한 溫情(>정), 떨어지는 落葉(>나뭇잎), 남은 餘生(>생명), 밝은 明月(>달), 가까운 側近(>옆), 더러운 汚物(>물질), 마지막 終點(>지점), 사랑하는 愛人(>사람), 어려운 難關(>관문), 지나가는 行人(>사람), 들에핀 野生花(>꽃), 밀고나가는 推進力(>힘).

動詞句. 間食(>새참)을 먹다, 結實(>열매)을 맺다, 過程(>절차)을 거치다, 所得(>이익)을 얻다. 巡察(>살핌)을 돌다, 示範(>모범)을 보이다, 接受(등록)를 받다, 出動(>움직여)을 나가다, 被害(>해)를 입다, 結緣(>인연)을 맺다, 共感(>함께)을 느끼다, 口傳(>입)으로 전해지다, 收穫(>얻음)을 거두다, 餘白(>빈자리)이 남다, 捕虜(>산채)로 잡히다, 殘滓(>찌꺼기)가 남다, 享樂(>누리고)을 즐기다, 懷疑(>의문)를 품다, 過半(>반수)을 넘다, 다른 代案(>제안)이 없다, 伏

---

28) '泰山鳴動…'은 이솝우화에서 나왔다는 주장이 있으며, '盡人事…'의 출전에 대해서는 貝原益軒의 『初學之要』, '知命' 가운데 '是盡人事而後委大命也 學者須守處道放卜之二事 此外復何思何憂乎'라는 문구로 보기도 한다. 池田四郎次郎(1913), 『故事熟語大辭典』(92판, 1930), 東京: 寶文館.

兵(>병사)이 숨어있다.

기타. 繼續(>연달아) 이어지다, 無數(>수가)히 많다, 부드럽고 柔軟(>연)한, 일찍이 早失父母(>부모를 잃고)하고, 고개를 끄덕이며 首肯(>긍정)한 뒤, 驛前(>驛)앞, 妻家(>妻)집, 海邊(>바닷)가, 모래沙場(>마당).

이러한 사례는 한자를 배우지 않음에 따라 날로 증가하리라고 예상된다.

4) 다음과 같은 격언이나 비유적 警句도 중국문헌의 성어에서 유래했을 가능성이 있다.

'계란으로 바위치기'[『荀子』議兵의 '以卵投石'], '낙양의 紙價를 올리다'[『晉書』文苑傳의 '洛陽爲之紙貴'], '달도 차면 기운다'[『周易』豊象傳의 '月盈則食'], '소꼬리보다 오히려 닭대가리'[『戰國策』의 '寧爲雞口 無爲牛後'/『史記』蘇秦傳의 '寧爲雞口 無爲牛後' 등], '우물 안 개구리'[『莊子』秋水의 '井蛙'/『後漢書』馬援傳의 '井底蛙' 등], '燎遠의 불길처럼'[『書』盤庚上의 '若火之燎于原'/『左傳』隱公6年의 '如火之燎于原' 등], '雌雄을 겨루다'[『史記』項羽紀의 '決雌雄'], '천리의 뚝도 개미구멍으로 무너진다'[『淮南子』의 '千里之隄 以螻蟷之穴漏'/『韓非子』의 '千丈之堤 以螻蟻之穴潰 百尺之室 以突隙之烟焚'].

이 모든 중국어 기원의 成語表現이나 관용표현은 비유적, 강조적 修辭法으로 국어의 語彙體系를 크게 확대시킨 바 있다. 또한, 중국어에 뿌리를 두고 있는 다양한 四字成語는 일상적, 비유적, 강조적 표현으로 그때그때 편리하고도 적절하게 활용될 수 있어 약방의 감초와 같은 존재가 아닐 수 없다.

6. 漢字語의 위상

1) 表意性을 지닌 한자나 한자어는 그 기본적 의미나 어원적 의미가 표면에 드러나는 경우가 많은 만큼 학술적 專門語나 文化語로 활용될 수 있는 便宜性과 效率性에 의미의 透明性을 동시에 지니고 있다. 한자나 한자어의 그와 같은 특징들은 口語的, 日常的, 基本的 차원에 그칠 수밖에 없었던 국어표현을 한층 높은 文語的, 專門的, 修辭的 차원으로 향상시켰다고 할 수 있다.

실제로 현대국어의 語彙體系는 크게 고유어와 외래어로 구분될 수 있는데 외래어의 대부분은 漢字語라고 해도 과언이 아니다. 그만큼 한자어는 文化的, 學術的, 情緖的 표현에 활용될 수도 있으며, 抽象的, 觀念的 개념과 같은 고도의 정밀표현을 가능하게 해주기도 한다. 요컨대, 한자어는 국어표현을 한층 다양하고 풍부하게 만들어 줄 수도 있다.

2) 앞에서 본 대로 국어에 정착된 漢字語는 두 가지 단계로 구분될 수 있다. 그 첫 단계인 開化期 이전까지의 漢字語는 전통적 文化語로서 특히 文, 史, 哲을 중심으로 한 중국 내지 동양의 학술지식이나 지혜를 익히고 표현하는 데 크게 기여하였다. 나아가 開化期 이후의 서양문화의 受容과 이해에도 傳統的 文化語로서의 漢字語가 직, 간접으로 중요한 架橋役割을 담당해 왔다.

그 두 번째 단계인 開化期 이후의 한자어는 주로 日本語를 통하여 빠른 속도로 확산된 新生語였다. 이들은 특히 數學, 古典物理學, 化學, 生物學과 같은 基礎科學은 물론 醫學, 農學, 工學과 같은 응용과학과 더불어 敎育學, 心理學, 商學과 같은 사회과학을 중심으로 한 西洋의 學術的 智慧를 소화하고 응용할 수 있는 길을 열어 주었다. 특히, 開化期 이후 폭발적으로 증가한 新生漢字語는 일상적인 표현에도 精密性과 專門性이 적절히 반영되도록 도왔으며, 그에 따른 文體的 변화에도 적지 않은 영향을 끼친 바 있다. 요컨대, 漢字語는 새로운 西洋文化와 學術에 대한 이해는 물론 敎育에 이르기까지 적지 않은 역할을 보인 바 있다.

그밖에도 국어에 나타나는 상당수의 漢字形態素는 형태론적으로 국어의 造語力을 확대시키는 역할에 동참하기도 하였다. 그 결과, 派生語와 合成語의 생산성이 크게 향상됨으로써 의미론적으로 다양하고도 미세한 차이를 비교적 손쉽게 표현할 수 있는 길이 열렸다.

더구나 개화기 이후 外來的 新生漢字語의 과감한 受容은 국어 語彙體系의 近代化를 촉진시켜 주는 원동력이 되었다. 실로 漢字語는 국어의 語彙體系를 한층 세련되고도 품위 있는 단계로 끌어 올렸다고 볼 수 있다.

3) 이처럼 漢字語는 東洋의 전통적 精神文化를 비롯하여 새 시대에 새롭게 접하게 된 西洋의 科學文明과 學術, 思想에 이르기까지 소화하고 수용하는 데 절대적인 역할을 담당하였다. 이로써 우리는 近代科學 시대의 文明과 文化는 물론, 産業化 시대의 새로운 知識과 情報 또한 손쉽게 消化하고 자신의 것으로 발전시킬 수 있었다. 그 밑바탕에 漢字語가 있었음은

말할 나위도 없다.

　그런데, 20세기 전반까지 활발하게 이루어지던 漢字語의 확산은 20세기 후반으로 접어들면서 갑작스럽게 약세로 돌아서고 있다. 그 대신 英語를 비롯한 西歐 외래어의 影響力이 날로 커지고 있다. 물론 세계가 급속히 좁아지면서 社會도 변하고 文化와 學術도 변하고 있다. 그렇다고 해서 漢字의 造語力이나 漢字語의 效率性이 떨어져 쓸모가 없어져 버린 것은 아니다. 거기다가 우리에게는 漢字와 漢字語가 여전히 情緖的으로 親近感을 안겨주는 文字로 남아있다. 近代化 과정에서 일본이 보여준 바 있거니와, 우리에게도 西歐文物의 受容이나 消化過程에 漢字와 漢字語만큼 效率的인 수단이 따로 없었던 것처럼 앞으로도 漢字語의 效率性은 쉽게 소멸되지 않을 것이다. 과거와 마찬가지로 현재나 미래까지도 漢字와 漢字語가 무시되어서는 안 되는 이유가 여기에 있다.

7. 결어, 漢字語彙史의 방향과 과제

　1) 국어에 통용되고 있는 수많은 漢字語는 중국과의 오랜 세월에 걸친 문화접촉과 교류의 산물인 동시에 외래어이기 때문에 그 배경에는 歷史와 文化가 담겨있다. 개화기 이후부터 국어는 다시 일본어와의 접촉을 통하여 새로운 한자어를 엄청나게 수용하게 되었다. 이때의 한자어에는 일본문화와 함께 간접적으로는 서양문화도 담겨있다. 그만큼 한자어는 고도의 문화를 담아 나르는 수단으로 이용되었다. 따라서 한자어휘사의 방향 또한 中國이나 日本과의 歷史的, 文化的 접촉이나 교류와 무관할 수가 없다. 자연히 한자어휘사를 위해서는 시야를 中國과 日本으로 넓히고 방법을 크게 확대하여 歷史와 文化를 아울러 살피도록 하여야 한다.

　실제로 어떤 漢字나 漢字語에는 中國 春秋時代의 역사나 문화가 깃들어 있고, 또 다른 한자나 한자어에는 中國 戰國時代의 제도나 풍습이 잠재하고 있다. 어떤 한자어는 중국에서 생겨나 일본을 거친 후 다시 중국으로 들어가기도 하였고, 또 어떤 한자어는 한국으로 들어오기도 하였다. 이에 따라 한자어휘사도 때로는 한·중·일 3국의 국경을 넘나들어야 하고 시대를 거슬러 올라가기도 해야 한다.

　이 과정에서 우선적으로 필요한 것이 중국어휘사에 대한 기본적 지식이라고 할 수 있다.

이를 위해서는 王力(1999), 胡安順·郭芹納(主編)(2006), 丁喜霞(2006), 方一新(2010), 王云路(2010)와 같은 논저가 기초적인 도움이 될 수 있다. 특히, 중국어휘사 분야에서는 최근 수많은 연구가 쏟아지고 있어 연구성과에 접근하기가 비교적 쉬운 편이다.

필자는 그동안 語彙文化史에 대한 필요성을 자주 제기해 왔다. 語彙史를 위해서는 언어학적 접근이나 구조적 연구만 고집할 일이 아니라 韓·中·日 3국의 역사와 문화에 대하여 종합적으로 접근하는 방식이 필요하다는 뜻이다. 특히, 古代부터 近代化 과정에 이르기까지 韓·中·日 상호간의 문화적 접촉과 교류를 종합적으로 심도 있게 파악할 필요성이 절실하다는 뜻이기도 하다.

2) 일본은 일찍부터 어휘사 측면에서 한자어에 대한 연구가 활발하게 이루어져 왔으며 지금도 계속 이루어지고 있다. 특히, 근대화 과정에서 태어난 수많은 신생어에 대해서 많은 연구가 쌓였는데, 우선 佐藤喜代治(편)(1983), 槌田滿文(1983), 樺島忠夫·飛田良文·米川明彦(1984), 惣郷正明·飛田良文(편)(1986) 등에서는 신생한자어의 종합적인 목록을 얻을 수 있다. 또한, 廣田榮太郎(1969). 斎藤毅(1977, 1983, 1986), 佐藤亨(1979), 鈴木修次(1981a, 1981b), 進藤咲子(1981), 荒川清秀(1997), 田島優(1998), 飛田良文(2002) 등에서는 개별적인 신생어의 출현배경을 찾아볼 수 있다.

한편, 王力(1958), 劉正埃·高名凱·麥永乾·史有爲(1984), 香港中國語文學會(2001), Lydia (1995), Masini/黃河淸(1993/1997), 沈國威(2008) 등을 통해서는 근대화 과정에서 중국어에 출현한 신생어 정보를 얻을 수 있다.

3) 끝으로 劉正埃(외)(1984)에는 語源이 일본어로 표시되어 있는 사례가 많다. 그 일부를 들어 보기로 한다. 이러한 자료는 국어어휘사에도 시사하는 바가 크기 때문이다.

> 仮定, 脚光, 脚本, 覚书, 感性, 鑑定, 概念, 客观, 客体, 建筑, 決算, 结核, 景气, 经济恐慌, 经济学, 警察, 经验, 系统, 高周波, 空间, 共鸣, 共产主义, 公债, 科学, 关系, 观念, 观照, 父感神经, 教科书, 教养, 交响乐, 俱樂部, 国际, 归纳, 剧场, 金融, 金婚式, 肯定, 汽船, 企业, 气体, 记号, 内分泌, 冷藏库, 劳动者, 劳动组合, 能动, 能率, 蛋白质, 短波, 对象, 代议士, 图案, 读本, 独裁, 动机, 动力, 动脉, 动产, 誊写版, 漫畫, 明细表, 命题, 毛细管, 目的, 舞臺, 无产阶级, 文库, 物理学, 物质, 美術, 密度, 蜜月, 半徑, 反动, 反射, 反应, 放射, 背景, 陪审, 陪审员, 配电盘, 白旗, 范畴, 法人,

变压器, 辨證法, 病虫害, 辐射, 本质, 不动产, 雰围气, 不景气, 悲剧, 非金属, 比重, 死角, 社交, 社团, 思潮, 社会主义, 社会学, 商法, 常识, 象征, 索引, 生理学, 生产力, 生态学, 序曲, 旋盘, 宣战, 成分, 世界观, 世纪, 细胞, 消极, 消费, 小夜曲, 所有权, 素材, 消火栓, 速记, 速度, 手工业, 手榴弹, 水成岩, 水素, 手续, 输出, 巡洋舰, 承认, 昇华, 时间, 时计, 神经过敏, 神经衰弱, 信托, 实权, 失戀, 心理学, 审美, 审判, 暗示, 液体, 阳极, 量子, 语源学, 力学, 演奏, 演出, 热带, 领空, 影像, 营养, 领土, 領海, 温度, 瓦斯, 要素, 溶媒, 优生学, 运动场, 原动力, 原理, 元素, 园艺, 原子, 原罪, 原则, 唯物论, 流线型, 流体, 類型, 银幕, 银行, 银婚式, 阴极, 义务, 拟人法, 议会, 理念, 理想, 二重奏, 理智, 人格, 人权, 人力车, 人文主义, 因子, 任命, 临床, 淋巴, 立场, 入场券, 剩余价值, 刺激, 资料, 资本家, 紫外线, 作品, 杂志, 场所, 财团, 财阀, 低能儿, 抵抗, 积极, 展览会, 电流, 专卖, 电报, 传染病, 电子, 前提, 电池, 电车, 电波, 电话, 绝对, 政党, 静脉, 情报, 定义, 政策, 制裁, 制限, 组阁, 条件, 组成, 组合, 宗教, 综合, 座谈, 主观, 主动, 株式会社, 重工业, 仲裁, 仲裁人, 重点, 證券, 指导, 支部, 指数, 止扬, 地质, 地质学, 地下水, 直径, 直观, 直流, 进度, 进化, 进化论, 质量, 窒素, 集团, 错觉, 创作, 债权, 债务, 处女作, 哲学, 清教徒, 体育, 体操, 触媒, 总理, 宠儿, 催眠, 催眠术, 抽象, 出发点, 出版, 出版物, 取消, 就任, 探照灯, 探险, 统计, 退化, 投影, 投资, 特权, 派遣, 波长, 版畫, 霸权, 评价, 饱和, 表决, 标语, 风琴, 下水道, 学会, 寒带, 寒流, 航空母舰, 海拔, 解放, 解剖, 宪兵, 现金, 现实, 现役, 血色素, 血栓, 协定, 协会, 虎列剌, 号外, 畫廊, 化石, 火成巖, 化粧品, 化学, 环境, 幻想曲, 会谈, 会社, 会话, 酵素, 黑死病, 兴信所, 喜剧.

4) 이들 한자어를 놓고 보면 저들이 일본어인지, 한국어인지, 중국어인지 판단이 쉽게 서질 않는다. 그만큼 근대화 과정에서 태어난 수많은 專門語, 飜譯語는 한·중·일이 함께 공유하고 있는 셈이다. 이들의 생산자는 주로 일본이었으며, 그 수용자는 한국과 중국인데, 거기서 좀더 나아가자면 베트남도 있다. 극동의 여러 나라는 近代化 과정에서 다시 한번 한자와 한자어라는 공통 言語資材를 활용하여 지식과 문화를 수용하기도 하고 서로 주고받기도 할 수 있었던 것이다.

한자어 생산의 토대는 물론 중국고전에 있었다. 따라서 위에 보인 목록 말고도 중국고전에 연원을 두고 있는 한자어에 새로운 의미를 불어넣거나 轉用하여 서양문화를 수용하고 소화하는 데 쓰인 경우도 수없이 많다. 거기에는 일본과 함께 중국의 역사적, 문화적 역할이 크게 작용하였다. 그 과정을 밝히는 일이 그렇게 단순하지는 않겠지만 앞으로는 한자어휘사의 당면과제로 한·중·일 3국간의 역사적, 문화적 관계에 대한 통합적인 검토와 정리가 필요할 것이다.

참고문헌

中華書局(1963), 孫氏重刊宋本『說文解字』(세칭 '大徐本' 影印), 北京: 中華書局.

漢語大詞典編纂處整理(2002), 『康熙字典』(標點整理本), 上海: 世紀出版集團·漢語大詞典出版社.

劉正埮·高名凱·麦永乾·史有为(1984), 『漢语外来词词典』, 上海: 上海辞书出版社.

香港中国语文学会(2001), 『近现代汉语新词词源词典』, 上海: 汉语大词典出版社.

韓國語〈가나다順〉

宋 敏(1988), 朝鮮修信使의 新文明語彙 接觸, 國民大 語文學研究所, 『語文學論叢』 7.

_____(1989), 開化期 新文明語彙의 成立過程, 國民大 語文學研究所, 『語文學論叢』 8.

_____(1998), 開化期 新生漢字語彙의 系譜, 国民大 語文學研究所, 『語文學論叢』 17.

_____(1999), 開化初期의 新生漢字語 受容, 國民大 語文學研究所, 『語文學論叢』 18.

_____(2005), 開化期의 新生漢字語 研究—『獨習日語正則』에 반영된 國語單語를 중심으로—, 片茂鎭·
        韓世眞·金眞瓊(공편), 『獨習日語正則』(解題·索引·研究·原文), 불이문화사 pp.517-630.

_____(2008a), 漢字語의 확산, 그 두 번의 물결, 韓國語文會, 『語文生活』(월간), 통권 제125호: pp.6-7.

_____(2008b), 파생접사로서의 한자형태소, 그 실상의 사적 배경, 서울대학교 대학원 국어연구회(편),
        心岳李崇寧선생 탄신100주년 기념논집 『李崇寧, 現代國語學의 開拓者』(태학사) pp.639-659.

_____(2011), 國語를 키워온 漢字, 漢字語. 國語國字品格振興동아리(편), 『國語國字의 品格』(발행자
        申昌淳, 비매품) pp.120-135.

李漢燮(1985), 『西遊見聞』의 漢字語について—日本から入った語を中心に—, 〔日本〕『國語學』 141.

이한섭(외)편(2000), 『西遊見聞 [語彙索引]』, 도서출판 박이정.

최경옥(2003), 『韓國開化期 近代外來漢字語의 受容研究』, J&C.

日本語〈アイウエオ順〉(출판지가 표시되지 않은 경우는 모두 東京임)

阿辻哲次(2007), 『漢字の文化史』(ちくま学芸文庫), 筑摩書房.

荒川清秀(1997), 『近代日中学術用語の形成と伝播』—地理学用語を中心に—, 白帝社.

樺島忠夫·飛田良文·米川明彦(1984), 『明治大正新語俗語辞典』, 東京堂出版.

龜井孝(외)(1989), 『言語学辞典』제2권 世界言語篇(中), 三省堂.

斎藤毅(1977), 『明治のことば—東から西への架け橋—』, 講談社.

佐藤喜代治(1979), 『日本の漢語』—その源流と変遷—, 角川書店.

_____편(1983), 『講座 日本語の語彙, 語誌 Ⅰ, Ⅱ, Ⅲ』, 明治書院.

佐藤亨(1979), 訳語「病院」の成立—その背景と定着過程—, 『国語学』 118.

_____(1983), 『近世語彙の研究』, 桜楓社.

_____(1986), 『幕末·明治初期語彙の研究』, 桜楓社.

鄭英淑(2004), 『津田眞道の訳語研究』, 일본: 国際基督教大学 大学院 比較文化研究科 博士学位論文.

沈国威(2008), 『近代日中語彙交流史』—新漢語の生成と受容 、等閒書院.

進藤咲子(1981), 『明治時代語の研究—語彙と文章』, 明治書院.

鈴木修次(1981a),『文明のことば』, 広島: 文化評論出版.

_____(1981b),『日本漢語と中国』(中公新書 626), 中央公論社.

惣郷正明·飛田良文(編)(1986),『明治のことば辞典』, 東京堂出版.

宋　敏(2000),『明治初期における朝鮮修信使の日本見聞』(日文研 第121回フォーラム, 1999. 9. 7.), 京都: 国際日本文化研究センター.

田島優(1998),『近代漢字表記語の研究』, 和川書院.

槻田満文(1983),『明治大正の新語·流行語』, 角川書店.

安田敏郎(1997),『帝国日本の言語編制』, 世織書房.

飛田良文(2002),『明治生まれの日本語』, 淡交社.

広田栄太郎(1969),『近代訳語考』, 東京堂出版.

中國語·英語〈abc順〉

丁喜霞(2006),『中古常用并列双音词的成词和演变研究』, 北京: 语文出版社.

方一新(2010),『中古近代汉语词汇学』(上/下, 전2책), 北京: 商务印书馆.

胡安順·郭芹納(主編)(2006),『古代漢語』(修訂版, 상/하, 전2책), 北京: 中華書局.

Lydia H. Liu(1995), *Translingual Practice*: *Literature, National Culture, and Translated Modernity── China*, 1900-1937, Standford University Press, Standford, California.

Masini, F.(著)(1993)/黃河清(譯)(1997),『現代漢語詞彙的形成』──十九世紀漢語外來詞研究, 上海: 漢語大詞典出版社. [原書]*The Formation of Modern Chinese Lexicon and its Evolution toward a National Language: The Period from 1840 to 1898, Journal of Chinese Linguistics*, Monograph Series No. 6, Berkeley: University of California. [약호] Masini/黃河清(1993/1997).

王　力(1958),『漢語史稿』(修訂本, 상/중/하, 전3책), 北京: 科學出版社.

_____(1999),『古代漢語』(校訂重排本, 전4책), 北京: 中華書局.

王云路(2010),『中古汉语词汇史』(上/下, 전2책), 北京: 商务印书馆.

出處 국어학회(2013. 4.)『국어학』66: 3-40.

제**2**부

학술강연 초록

開化期 東北亞 三國의 漢字語 交流

1. 머리말

고대부터 현대에 이르기까지 韓國과 日本 두 나라는 漢字라는 표기수단을 자국문자처럼 활용해 왔다. 그 때문에 개화기 이전의 과거로 거슬러 올라갈수록 韓, 中, 日 3國語에는 語形과 意味가 서로 통용되는 漢字語가 많다. 가령, 『三國史記』에는 '故鄕, 攻擊, 功績, 貢獻, 救援, 屈服, 貴族, 滅亡, 募集, 無事, 訪問, 犯罪, 兵器, 婦人, 夫人, 死傷, 謝罪, 成功, 搜索, 襲擊, 施行, 愼重, 失策, 樂器, 養育, 英雄, 要職, 勇氣, 宇宙, 援助, 慰問, 義理, 人物, 因緣, 自立, 傳說, 戰鬪, 知識, 智識, 進擊, 親戚, 破壞, 後悔와 같은 한자어가 쓰인 바 있는데, 이들은 현대국어로 계승되어 여전히 생명력을 발휘하고 있을 뿐 아니라, 지금도 동양 3국간에는 그 의미가 서로 통용된다.

그러나 개화기를 거치면서 사정이 크게 달라진다. 밀려드는 서양문물에 노출되면서 韓, 中, 日의 전통적 한자어 체계에는 각기 적지 않은 變革과 改新이 가해졌기 때문이다. 이른바 '서양문물'을 수용하고 소화하는 과정에서 각 국어에는 낯선 개념을 표현하기 위한 신생어가 쏟아져 나오면서 3국간의 한자어 체계에 차이가 벌어지기 시작하였다. 거기다가, 2차대전이 끝나면서 각국의 한자표기 정책에도 개혁이 이루어졌다. 중국의 경우, 대륙에서는 전통적 표기수단이었던 古體가 簡體로 바뀌었으며, 일본에서는 略字가 채택되었고, 한국에서는 '한글전용론'이 대두되면서 수많은 한자어가 국문자로 표기되는 관행이 굳어졌다.

이렇게 되자 동양 3국간의 공통적 표기수단이었던 한자의 연결고리가 끊어지기에 이르렀으며, 그 결과 韓, 中, 日 3국간에는 서로 통용되지 않는 한자어가 날로 늘어나기에 이르렀다. 가령, 국어에서 통용되는 '化粧室, 待合室, 手荷物'과 같은 한자어는 중국인들에게 통용되지 않는다. 이들은 개화기 이후 국어에 수용된 일본이식 신생어들이기 때문이다. 이들에 대응하는 중국어는 각기 '厠所/卫生间(대륙의 경우)이나 洗手間/便所(홍콩의 경우), 候车室(기차역)/候机室(공항), 行李'라고 한다. '待機線, 養護室, 遮斷壁, 喫煙, 邦畵, 殘高, 宅配'와 같은 한자어도 마찬가지로 중국인들에게는 통용되지 않는다.

동양 3국의 한자어에 차이가 생기기 시작한 시기는 물론 개화기 전후라고 할 수 있다. 그러나 이 시기에는 한자어의 상호교류나 전파도 비교적 활발하게 이루어졌다. 그 한가지 사례로서 개화기를 전후한 시기에 국어에 수용된 일본어식 신생한자어 '美術'의 의미를 놓고 부자지간에 나누는 대화 한 도막을 여기에 들어보기로 한다.

우리나라 최초의 문예동인지 『創造』 창간호(1919. 2.)에 실린 소설의 한 대목에는 '美術'이라는 단어가 나타난다. 1년 후면 京城高等普通學校를 마치게 될 스무 살의 주인공 世民이 東京美術學校에 가고 싶다는 뜻을 일흔에 가까운 그의 부친에게 밝히면서 허락을 구하는 대목이다(*맞춤법과 띄어쓰기는 원문을 따른다).

> 世民의 父親은 美術이 무엇인지 일흠부터모르는고로 그아들에게 물어본다.
> "大體 美術이란 무얼하는것이냐? 美術! 美術! 얼골을 어엽부게하는術이라는 말이냐? 옷을곱게닙는術이란 말이냐?"
> ......(중략)......
> "아부지! 美術이란 그런것이안이야요! 美術은우리사람에게 密接關係가 잇는것이올시다. 그種類는 彫刻, 鑄工, 建築, 그림其他여러가지올시다(白岳[金煥], 「神秘의 幕」, 24면).

이 대화는 당시만 하더라도 '美術'이라는 단어가 신생한자어여서 한문지식밖에 갖추고 있지 않은 구세대에게는 그 뜻이 얼른 이해되지 않았다는 사실을 전하고 있다(자세한 논의는 宋敏 1989:69-70 참조). 실제로 조선총독부의 『朝鮮語辭典』에는 '美術'이라는 단어가 수록되어 있지 않다. 그만큼 이 단어는 당시까지 그다지 일반화하지 않았음을 짐작할 수 있다.

'美術'이란 영어 fine arts나 불어 beaux arts와 같은 서양식 추상개념에 대한 번역어로서 19세기 말엽 일본에서 창안된 신생어로 생각되고 있다. 처음에는 그 뜻이 '詩歌, 散文, 音樂', 또는 '舞樂, 演劇'까지 포괄할 만큼 넓었으나 점차 축소되어 나중에는 '建築, 彫刻, 繪畵'와 같은 造型美術만을 나타내기에 이르렀다고 한다. 惣鄕正明・飛田良文(1886:479-480)에는 그 과정이 다음과 같이 풀이되어 있다.

> 지금은 造形美術의 意味로 쓰이고 있으나 明治時代에는 小說・詩歌・音樂을 포함하여 넓은 의미로 쓰였다. 西周의 『美妙學說』(明治 5[1872])에는 '西洋에서 지금 美術 가운데 꼽는 것으로 畵學[페인칭구], 彫像術[스칼푸추一르], 彫刻術[엥구레一킹('빙'

의 잘못인 듯—필자)구], 工匠術[아—키테쿠도]이 있으나, 여기에 오히려 詩歌[포에토], 散文[리테라추르], 音樂[뮤지우크], 나아가 漢土의 書도 이 부류로서 모두 美妙學의 原理에 適當한 것이며, 다시 나아가서는 舞樂, 演劇따위에까지 이르러야 한다'로 나타난다. 明治 15년[1882]의 훼노로사 演述·大森惟中 筆記『美術眞說』에도 '지금 文明諸國에서 자연히 발달한 美術의 종류를 縷擧하면 音樂·詩歌·書畵·彫刻·舞踏 등이다'고 적혀 있다. 그러나 大正 13-14년[1924-1925] 刊인 長與善郎『竹澤先生이라는 人物』前篇·竹澤先生, 富士를 보다·二에 이르면 '文藝, 美術에 관해서는 본래부터'라고 되어 있어 文藝는 美術에서 제외되고 있다.

하여튼 '美術'이라는 단어가 일본에서 사전에 등장하기 시작한 시기는 19세기 80년대 말엽으로 알려지고 있다. 惣鄕正明·飛田良文(1886:479)에는 다음과 같은 사례가 수집되어 있다.

『漢英對照いろは辭典』(明治 21[1888]) 雕刻畵等을 美術이라고 한다. fine arts.
『和佛辭書』(명치 21[1888]) beaux arts.
『言海』(명치 24[1891]) 연구와 思考를 바쳐 사람을 위로하기 위한 術의 稱. 詩, 歌, 音樂, 畵, 彫刻 등이 여기에 속한다.
『日本大辭書』(명치 26[1893]) [fine art의 대역] 字音. 巧妙한 技術. 自然의 妙를 발휘하고 그 趣味를 이루기 위하여 널리 일반에게 傳할 수 있는 靈妙한 藝. 詩歌(넓게), 音樂, 繪畵, 彫刻, 建築 등 一切.
『和英大辭典』(명치 29[1896]) See under Bi(美). Bijutsu tenran kwai, 美術展覽會, a fine art exibition.
『ことばの泉』(명치 31[1898]) 思考를 짜내어 사람의 마음을 위로하는 術. 書, 畵, 詩, 歌, 管絃 등의 類.
『美術之資料<熟語粹金>』(명치 31[1898]·명치 34[1901] 增) 아름다운 技藝.
『新編漢語辭林』(명치 37[1904]) 詩歌, 音樂, 彫刻 등의 지칭. 英語 fine art의 譯.
『和佛大辭典』(명치 37[1904]) Beaux arts; -ka, artiste: -gakkō, école des beaux arts: -kan, musée des beaux arts.
『新式以呂波引節用辭典』(명치 38[1905]) 연구와 사고를 짜내어 사람의 마음을 위로하기 위한 術. 書, 畵, 詩, 歌, 音樂, 彫刻 등의 類.
『增訂中等作文辭典』(명치 38[1905]) 美를 꾸미는 術.
『熟語新辭典』(명치 40[1907]) 美를 꾸미는 術.
『新譯和英辭典』(명치 42[1909]) art; the fine arts. -teki(-的), Artistic; artistical. 美術的으로 建築되었다. It has been artistically built.
『辭林』(명치 44[1911]) 美를 表現함을 目的으로 하는 技術, 또는 製作, 곧 詩歌, 音樂, 繪畵, 彫刻, 建築 등의 類를 말한다. 보통은 繪畵 彫刻 등을 가리킨다
『哲學字彙』<3판>(명치 45[1912]) fine art.

『大辭典』(명치 45[1912]) 영어 fine art에 대한 譯. 모두 美를 발현하기 위함을 목적으로 한 기술, 또는 그 제작품의 概稱. 넓은 의미의 詩歌, 즉 韻文, 音樂, 繪畵, 彫刻 따위, 특히 轉하여 繪畵, 彫刻의 概稱.

『新式辭典』(大正 1[1912]) ①美를 나타냄을 목적으로 하는 기술. ②특히 繪畵, 彫刻, -家, -界, -史, -心, -品.

『文學新語小辭典』(대정 2[1913]) 본래 예술이라는 의미로 쓰인 말이지만, 지금은 좁게 繪畵나 彫刻만을 美術이라고 한다.

『美術辭典』(대정 3[1914]) fine art) 예술이라는 의미에도 쓰이지만 예술을 넓은 의미로서 文學, 音樂, 演劇, 舞踏 등을 포함한다고 하면 미술은 조형미술인 建築, 彫刻, 繪畵를 가리킨다.

실상 '美術'이란 단어의 용례가 국내문헌에 나타나는 시기는 19세기 말엽이다. 俞吉濬의 『西遊見聞』(1895), 『독닙신문』(1899) 등을 그 사례로 꼽을 수 있다.

且日用百種의美術及工藝를畢羅ᄒ며童翫香盒의諸具에至ᄒ야新工의發造ᄒ物類ᄂ 不具ᄒ者가無ᄒ故로(제19편 各國大都會의景像, 合衆國의 諸大都會, 華盛頓와싱튼六, 襃巧院, 493면)

英吉利國의製造物品은機械力을全用ᄒ야天然優美ᄒ風韻意致가頓無ᄒ지라他邦의 美術에較ᄒ야三舍를瞠退ᄒ則其傳聞이世間에流播ᄒ야(제19편 各國大都會의景像, 英吉利의大都會, 圇墩른든 五, 堅徵敦博物會館, 511-512면)

구라파 긔화 조종은 희랍국이라...(중략)...그 쟝식들은 극히 공교 ᄒ고 릉ᄒ야 슈三千년 전에 지은 궁졀이 오날늘ᄭ지 그 아룸다온 것을 젼 ᄒ며 방금 영 덕 법 미국 ᄀᆺ치 리화ᄒ 나라들도 희랍 녯 긔예와 미술(美術)을 모본 ᄒ되 밋지 못 ᄒᄂ 일이 만타 ᄒ니 희랍국 긔화가 굉쟝ᄒ엿던 것은 가히 알겟도라(『독립신문』 광무 3년[1899] 1. 9. 1면 교육 방법)

다만, 이 때의 '美術'이 오늘날과 같은 의미인지는 잘 확인되지 않는다. 문맥만으로는 그 의미가 잘 드러나지 않기 때문이다. 이 단어가 처음으로 등재된 국어사전은 文世榮의 『朝鮮語辭典』(1938)인 듯하다. 여기에는 '미를 표현하는 예술'로 풀이되어 있다. 그 결과 '美術'은 현대국어에서 派生語와 複合語 생산에 널리 활용되고 있다. '건축-, 공업-, 공예-, 광고-, 구상-, 근대-, 기계-, 단청-, 동굴-, 입체-, 무대-, 미개-, 민간-, 민중-, 분장-, 불교-, 산업-, 상업-, 생활-, 서양-, 서역-, 석조-, 선전-, 설치-, 실용-, 염색-, 영화-, 원시-, 응용-, 의상-, 장식-, 전위-, 조형-, 종교-, 추상-, 출판-, 합성-, 현대-, 환등-, 환상-'이나, '-감독, -고고학, -공예, -교육, -대학, -도안, -도자기, -박물관, -비평, -사진, -영화, -의상, -인쇄, -鑄造, -학교, -해부, -해부학' 등과 결합된 複合語, '古-, -的, -家, -界, -館, -論, -史, -商, -品' 등과 결합된 派生語가 그러한 실례들이다.

　이러한 사실을 되돌아 볼 때 '美術'이라는 단어는 일본어를 통하여 국어에 차용된 신생한 자어로 추정된다. 劉正埃[외][편](1984)에서는 현대중국어 '美術'[měishù]가 일본어 '美術'[bi-jutsu]에서 유래하였다고 보았는데, 이로써도 국어의 '美術'은 일본어에서 수용되었다는 사실이 간접적으로 뒷받침된다. 요컨대, 일본어에서 비롯된 신생 문명어가 국어에 차용되었다는 사실은 개화기의 일본에서 창안된 新生語가 국어에 유입되었다는 단적인 사례의 하나일 뿐이다. 왜냐하면 개화기를 거치면서 韓, 中, 日 3국 사이에는 일련의 신생어가 상호교류나 전파, 곧 借用이 활발하게 이루어졌기 때문이다. 본고에서는 그 일단을 더듬어 보기로 한다.

2. 漢字語의 傳播와 流通

　韓, 中, 日 3국간에는 일찍부터 단어의 流通이 자연스럽게 이루어졌다. 다만, 그 유통과정이나 내용은 어휘사적으로 상당히 복잡한 관계를 보인다. 특히, 중국어와 일본어 사이에는 상호전파에 따른 유통이나 교류가 활발하게 이루어졌으나, 중국어와 국어 사이에는 개화초기의 일부 신생어가 일시적으로 국어에 유입되었을 뿐, 개화후기에 들어서면서부터는 일방적으로 국어에 유입되는 일본어의 세력에 밀려 중국어의 전파는 거의 단절되고 말았다.

　여기서는 고대중국어에 기원을 두고 있는 '機械'와 '自由', 중국의 초기 양학서에서 비롯된 번역어 '病院'과 '熱帶, 溫帶, 寒帶'라는 신생어를 통하여 이들 단어가 동양 3국어에 전파, 확산된 역사적 과정을 살펴보고자 한다.

1) '機械'

　현대국어에 쓰이고 있는 '기계'의 한자표기는 '機械'와 '器械' 두 가지로 구별된다. 그러나 어휘사적으로는 '器械'가 전통적 한자어인 반면, '機械'는 개화기 이후 machine이나 machi-nery에 대한 번역어로서 일본어를 통하여 국어에 수용된 신생한자어에 속한다. 실제로 『한불ᄌᆞ뎐』(1880)이나 『한영ᄌᆞ뎐』에는 '器械'라는 표기만 나타날 뿐 '機械'는 보이지 않는다(宋敏

1999ㄹ 참조).

그런데 '器械'와 '機械'는 모두 중국고전에 나타나는 말이다. 우선, '器械'의 경우, 『周禮·天官』에 나타나는데, 이때의 '器'는 '악기 따위처럼 어떤 의식에 사용되는 물건'임에 대하여, '械'는 '兵器'였다고 한다(佐藤喜代治 1979). 이렇게 볼 때 '器械'가 전근대적인 '연장 일반'을 가리킨다면, '機械'는 근대화 이후 서양문명을 통하여 새로 알려진 '고도의 과학적 장치'를 뜻한다.

한편, '機械'도 중국고전으로 거슬러 올라간다. 이때의 '機'는 본래 '활을 쏘다'나 '활을 쏘는 도구' 또는 '베를 짜는 도구'였다고 한다. 여기서 그 의미가 확대되어 '機械'는 '어떤 장치'를 뜻하게 되었는데, 『莊子·天地』에 나타나는 '機械'가 그러한 의미를 나타낸다고 한다(佐藤喜代治 1979).

실상, 漢語辭典에는 '機械'가 '器之巧者' 곧 '정교한 그릇'으로 풀이되어 있다. 그밖에도 '機械'는 '機發的 機械, 巧詐, 兵器的 總稱'으로 풀이되어 있기도 하고(陈複华[외][편] 1998), '桎梏, 束縛'과 같은 뜻으로 쓰인 적도 있다고 한다(Lydia H. Liu 1995). 따라서 '機械'는 당초 '정교하게 만들어진 장치나 도구'를 뜻했으나, 거기서 다시 '교묘하게 남을 속인다'거나 '질곡, 속박'과 같은 의미로 전용되기에 이르렀다고 볼 수 있다.

일본에서는 근대로 들어서면서 '機械'가 현대어와 같은 뜻으로 쓰이기 시작하는데 『西國立志編』(1870)이나 『萬法精理』(1874)와 같은 문헌에 그러한 용례가 보인다고 한다. 다만, 처음 한동안은 '機械'와 거의 같은 뜻으로 전통적인 '器械'도 많이 쓰여, 『西國立志編』에는 '機械'보다 '器械'의 용례가 훨씬 많으며, 『萬法精理』에도 '器械'라는 용례가 나타난다고 한다(佐藤喜代治 1979).

이와 비슷한 사례는 19세기 80년대에 일본에서 간행된 영일(英日) 사전류의 번역어에도 나타난다. 여기에는 machine이나 machinery라는 영어단어가 때로는 '器械, 機, 機器, 器機, 機關'으로 대역되기도 하고 '機械'로 대역되기도 했음이 드러난다. 요컨대 일본어에서는 '서양식 기계'를 나타내는 번역어가 '器械'에서 점차 '機械'로 변해왔음을 보여 준다.

서양에 대한 지식이 확산됨에 따라 근대 중국어에서도 '器'나 '機'의 의미는 차츰 달리 전용되기 시작하였다. 가령 鄭觀應의 『易言』(1871, 중간본 1880)에는 '器機'라는 말에 대하여 '器者 驗風雨長篷桅之類 機者 汽機也(器는 풍우를 증험하여 배의 포장이나 돛대 따위를 조장하는 것이고, 機는 증기기계다)'라는 주석(上卷 論船政 30앞)이 베풀어져 있어, 그 의미가 현대어에 가까워졌음을 보이고 있다. 물론 현대중국어에는 '機械'라는 말도 있다. 서양 문명식 기계를 뜻하는 말이다.

결과적으로 '機械'라는 말은 오늘날 韓, 中, 日 3국에서 공통적으로 쓰이고 있으며, 그 의미도 같다. 그런데 당초 중국고전에서 나온 이 '機械'란 단어를 machine이나 machinery의 번역어로 쓰기 시작한 것은 일본의 지식인들이다. 거기다가 현대 중국어에 쓰이고 있는 '机械'의 의미는 일본어 '機械'[kikai]에서 차용된 결과로 알려져 있다(劉正埃[외][편] 1984).

그렇다면 현대국어의 '機械'는 언제부터 쓰였는지 관심거리가 아닐 수 없다. 앞에서 본대로 『한불ᄌᆞ뎐』(1880)에는 '機械'라는 표기가 나타나지 않는다. 같은 맥락에서 언해본 『이언』(1883?)에 자주 나타나는 '긔계'도 '器械'에 해당하는 표기였을 것이다. 실제로 한문본 원문에 '器械'라는 표기로 나타난다(宋敏 1999ㄱ).

이렇게 볼 때 '機械'라는 표기는 19세기 말엽까지도 국어에 거의 쓰이지 않았음을 알 수 있다. 그러나 개화초기에 일본을 돌아본 조선수신사나 신사유람단(1881년) 일행은 서양식 기계화 문명을 여기저기서 직접 구경하게 된다(宋敏 2000ㄴ). 이 과정에서 그들은 '機械'라는 새로운 번역어를 일본에서 듣게 된다.

다만, 김기수의 『日東記游』(1876년의 견문기)에는 '器械'란 표기가 쓰였을 뿐 '機械'란 표기는 보이지 않는다. 이에 대하여 신사유람단의 일원이었던 李鑛永의 『日槎集略』(1881년의 견문기)에는 '機械'라는 표기가 나타난다(宋敏 1999ㄹ). 이러한 사례는 19세기 80년대 초반에 이미 '機械'라는 표기가 국내에 알려졌다는 사실을 알려 준다. 이 때의 '機械'라는 표기는 어느 것이나 일본에서 듣고 알게 된 것일 수밖에 없다.

당초 중국 고전에서 나온 '器械'와 '機械'는 서로 의미가 다른 말이었으나, 일본은 서양문명을 수용하면서 machine이나 machinery에 대한 번역어로 '機械'라는 표기를 활용하였다. 이러한 과정을 통하여 일본어에 정착된 '機械'는 그 후 국어와 중국어에도 수용되었다. 당초 중국 고전에서 나온 '機械'는 일본에서 이루어진 의미의 전용을 통하여 새로운 개념을 나타내는 단어가 되었고, 그것이 동양 3국에 전파된 것이다.

2) '自由'

'自由'는 본래 중국의 고전에서 '가치성이 없는 행동'을 뜻하던 말이었다. 鈴木修次(1981:138-140)나 佐藤喜代治[편](1983, 語誌 Ⅱ:212, '自由')에는 그러한 용례가 제시되어 있다. 후대로 내려오면서 '自由'의 의미는 '가치 있는 행위'로 전용되기도 하였다. 鈴木修次(1981:140-144)에는 그러한 용례로서 杜甫(712-770)의 詩나 宋나라 때 이루어진 禪僧用 公案集

『碧巖錄』 등을 인용하고 있다. 말하자면 '自由'는 '가치성이 없는 행동'과 '가치성을 가진 행동'을 다 함께 나타내는 말이었다.

개화기를 거치는 동안 '自由'에는 전혀 새로운 개념의 의미가 추가되었다. 영어의 freedom이나 liberty와 같은 서구식 개념을 나타내기 위하여 고래의 한자어 '自由'를 전용한 결과였다. 이처럼 오늘날의 '自由'는 과거의 전통적 의미에 새로운 의미가 추가되면서, 의미상의 확대를 겪은 결과로 해석된다(자세한 논의는 宋敏 2001ㄴ 참조).

중국고전에서 비롯된 '自由'를 freedom이나 liberty의 번역어로 전용한 것은 일본의 지식인들이다. 여기에 대해서는 수많은 논의가 있으나, 鈴木修次(1981:124-167), 進藤咲子(1981: 32-63), 佐藤喜代治[편](1983, 語誌 II:212-217) 등에 그 윤곽이 이모저모로 정리되어 있으며, 惣鄕正明·飛田良文(1986)도 좋은 안내서가 될 수 있다.

실제로 進藤咲子(1981:55)에는 18세기 말엽부터 19세기 말엽에 이르는 동안 '自由'가 네델란드어 Vrijheid, 영어 liberty와 freedom, 프랑스어 liberté 등의 대역어로 나타나는 사전이 연차순으로 예시되어 있다. 이와 더불어 Satow(1876, 2판 1879), 尺辰八(1884), 棚橋一郎(1885), Hepburn(1886, 3판), 島田豊(1888) 등에도 freedom이나 liberty의 풀이 가운데에는 한결같이 '自由'라는 번역어가 포함되어 있다.

일본인들이 '自由'의 내면적 개념과 가치를 더욱 확실하게 이해하게 된 것은 서양을 직접 보고 돌아온 선각자들이 계몽서나 번역서를 통하여 서구식 '自由'의 개념과 가치를 거론하기 시작한 1860년대 후반부터였다. 福澤諭吉(1835-1901)의 『西洋事情』(초편 1866, 제2편 1870) 등은 간행과 동시에 널리 읽힌 책이므로, 이를 통하여 일반인도 '自由'라는 개념을 점차 이해하게 되었을 것이다. 여기에 이어 '自由'의 개념을 더욱 확산시킨 것은 中村正直(1831-1891)의 번역서 『自由之理』(1871, 원서는 Mill, J. S.의 *On Liberty*)였다.

鈴木修次(1981:150-158)에 의하면 명치시대의 '自由'론은 먼저 '출판의 自由'에 대한 논의에서 시작되어 점차 '종교의 自由'로 옮아갔다고 한다. 이러한 과정 속에서 일본어에 정착한 새로운 의미의 '自由'는 '自由貿易, 自由思想, 自由意思, 自由主義, 自由平等, 自由廢業, 自由行動과 같은 複合語, '自由港'과 같은 派生語 생산에 널리 활용되었다.

중국의 경우, 黃遵憲의 『日本雜事詩』(1879)에 나타나는 '自由'는 일본어에서 유래한 것임이 거의 분명하다. 초대 주일공사관의 參贊으로 1877년부터 1882년까지 5년 동안 일본에 머물렀던 그는 『日本雜事詩』 외에도 『日本國志』(1890)와 같은 저서를 통하여 적지 않은 일본어식 신생한자어를 중국에 소개하였기 때문이다. 이렇게 시작된 서구식 개념의 '自由'는 梁啓超의 『變法通議』(1896), 康有爲의 『日本變政考』(1898), 嚴復의 번역서 『天演論』(1898, 원서는 Huxley, T. H.의 *Evolution of Ethics*)과 같은 선각자들의 저술을 통하여 중국어에 차용되었다. 많은 영문 학술서를 번역하면서도 일본어식 번역어를 거의 따르지 않았던 嚴復도 '自由'만은 일본어형 을 그대로 빌려 썼다고 한다(鈴木修次 1981:164). 이에 劉正埮[외][편](1984:410)에서는 '自由'를 '일본어에서 되돌아온 차용어(日語的 回歸借詞)', Lydia H. Liu(1995:317)에서는 '일본에서 되돌아 와 중국에 확산된 말(became widespread in China via round-trip diffusion from Japan)'로 보았다.

국어의 경우, 새로운 개념의 '自由'가 문헌에 나타나는 시기는 1890년대로 들어서면서부터 인 듯하다. 俞吉濬의 『西遊見聞』(1895)에는 '自由'가 수십 차례 쓰이고 있는데(이한섭[외][편] 2000), 그 문법적 성격은 단독 또는 곡용형과 같은 명사로 되어있어 새로운 개념을 뜻하는 단어였음을 보여준다. 이때의 '自由'는 일본어를 직접 옮겨놓은 것이다(李漢燮 1985). 그러나 이렇게 시작된 '自由'가 곧바로 국어에 정착된 것은 아닌 듯하다. 그 후에도 한동안 '自由'가 단독명사로 쓰인 경우는 별로 보이지 않기 때문이다. 『독닙신문』(1896-1899)에 나타나는 '즈 유권'이란 派生語나(朴英燮 1994), 『한영즈뎐』(1897)에 나타나는 '즈유(自由)ᄒ다'와 같은 동사 형, '즈유당(自由黨), 즈유지권(自由之權)'과 같은 派生語가 당시의 실상을 전해준다. 그런데 『한 영즈뎐』에는 '즈유당'에 '*See* 민권당, 하의당'처럼 동의어가 표시되어 있어, '즈유당'에 포함된 '즈유'의 의미만은 새로운 것이었음을 간접적으로 알려주나, 당시에 그것이 단독명사로 쓰이 기에는 아직 이르지 않았나 생각된다. 『한영즈뎐』에 '즈유ᄒ다'라는 동사형만 있을 뿐, '즈 유'라는 명사형이 올라있지 않은 이유가 바로 거기에 있는 듯하다.

이러한 상황은 20세기에 들어서서도 한동안 지속되었던 것으로 보인다. 가령, 京城에서 간행된 鄭雲復의 『獨習日語正則』(1907)의 국어 대역문에는 '自由港'이란 派生語가 한번 나타 날 뿐, 명사로서의 용례는 보이지 않는다. 이로써 '自由'라는 신생한자어는 統監府 시대 (1905-1910)까지도 단독명사로 국어에 쓰이기에는 부자연스러운 단어였음을 알 수 있다.

결국, 새로운 의미의 '自由'가 국어에 정착한 시기는 생각보다 늦은 듯하다. 朝鮮總督府의 『朝鮮語辭典』(1920)에는 '自由(즈유)'가 '사람의 구속을 받지 않는 것(人の拘束を受けざること)'처 럼 올라있다. 의미기술이 간략하기는 하나, 그것이 명사형이라는 점은 신생한자어였음을 뜻 할 것이다. 그것은 또한 전통적 의미로만 쓰이던 '自由'에 새로운 의미가 추가되어 의미상의 회대가 이루어졌다는 뜻이기도 하다.

文世榮의 『朝鮮語辭典』(1937)에는 '자유(自由)'가 '㉠자기가 임의대로 행동할 것을 정하는 것, ㉡남의 구속을 받지 아니하는 것, ㉢제 마음대로 하는 것, ㉣몸에 아무것도 걸리는 것이 없는 것, ㉤㉥법률의 범위 안에서 마음대로 하는 행동'과 같은 풀이로 올라 있을 뿐 아니라, 특히 ㉤에는 '법률'이라는 전문어 표시도 붙어있다. 그밖에도 '자유'와 결합된 복합어, 파생어가 표제어로 많이 올라있어 '자유'가 드디어 국어 단어로서 자리가 굳어졌음을 보여준다. 요컨대, 국어나 중국어는 모두 '자유'의 새로운 의미를 일본어에서 차용한 것으로 해석된다.

3) '病院'

'病院'이라는 단어는 17세기 초엽 중국에서 활동 중이었던 서양 선교사들이 창안한 번역어로서 일찍이 일본에 전해졌다가 개화기 전후시기에 다시 국어에 전해진 것으로 추정된다(자세한 논의는 宋敏 1998, 2002ㄴ 참조).

'病院'이 처음으로 나타나는 일본문헌은 桂川甫粲(1754-1808)의 『紅毛雜話』(1787)라고 한다(佐藤亨 1983:44). 이 책에는 유럽의 사회복지 시설을 소개한 부분이 나타나는데, 그 가운데 "가스트호이스(네델란드어 Gasthuis—필자)라는 시설이 있다. 明人 病院으로 譯한다"는 언급이 나온다는 것이다. 이를 근거로 한동안 '病院'은 일본에서 창안된 신생어로 여겨져 왔다. 그러나 원문에 나타나는 '明人'은 중국인을 나타내기 때문에 '病院' 또한 중국어에서 유래한 번역어로 해석되어야 한다.

실상, '病院'이라는 단어는 艾儒略의 『職方外紀』(1623)에 처음으로 나타나며, 그 후로는 南懷仁의 『坤輿圖說』(1674), 『西方要紀』(연대 미상)에도 나타난다. 결국, '病院'의 당초 발원지는 중국의 초기 양학서였으며, 이들의 일본 유입과 더불어 '病院'이라는 신생어도 일본에 전파되었다는 것이다(佐藤亨 1983:42-5, 荒川淸秀 1997:29-30). 다만, '病院'이라는 신생어는 중국의 후기 양학서에 계승되지는 못한 것으로 보인다. 중국에서는 오히려 '醫院, 醫館, 濟病院, 大病院, 普濟院, 養病院, 施醫院'과 같은 다양한 어형이 쓰였을 뿐이기 때문이다.

개화초기인 1881년, 신사유람단의 일원이었던 李鑣永의 『日槎集略』에는 '療病院'이라는 단어가 나타난다. 『日槎集略』에는 '病院'이라는 어형도 나타난다. 결국, 이헌영은 일본에서 '療病院'과 '病院'이라는 두 가지 신생어를 모두 접촉했다는 사실이 확인된다.

당시의 일본어에는 '病院'이라는 어형보다 오히려 '醫院, 施藥醫院, 濟院, 普濟院, 養病院, 大病院, 避病院, 療病院'과 같은 다양한 어형이 나타나는데(佐藤亨 1983:49-55), 이들 대부분은 중국어의 영향을 받은 것들로 보인다. 한편, 일본 최초의 서양식 의료기관은 1877년 해군성이 동경 근처의 品川에 세운 전염병 환자 수용시설인데, 그 명칭은 '避病院'이었다(槻田滿文 1983:257, 樺島忠夫·飛田良文·米川明彦 1984:277). 하여튼 1870-80년대에는 일본어에 '病院'이라는 어형이 hospital이나 infirmary에 대한 번역어로 정착되어 있었다. 당시의 英日사전에 그러한 실상이 반영되어 있다.

그런데 '病院'은 『日槎集略』에 앞서 『한불ㅈ뎐』(1880)에 이미 나타난다. 여기에는 '병원 病院'이 'Hopital(Hôpital의 잘못인 듯), hospice pour les malades'로 풀이되어 있다. 이때의 '病院'은 위에 나온 『職方外紀』(1623)나 『坤輿圖說』(1674)과 같은 중국의 초기 양학서에서 유래한 것으로 추정된다. 국내에 들어온 서양선교사들은 대개 중국에서 먼저 중국어와 한문에 대한 소양을 쌓았기 때문에 『한불ㅈ뎐』의 편찬과정에서 중국의 초기 양학서를 참고했을 가능성이 높기 때문이다.

그러나 『일사집략』에 나타나는 '病院'은 일본어에서 유래한 결과가 분명하다. 『西遊見聞』과 李鳳雲·境益太郎의 『單語連語 日和朝雋』(1895)에 나타나는 '病院' 또한 일본어의 문자표기에서 나온 어형임은 의심할 여지가 없으며, 『독닙신문』이나 『한영ㅈ뎐』에 나타나는 '病院' 또한 일본어형과 무관하지 않을 것이다. 특히 『한영ㅈ뎐』에는 당시의 일본어가 상당수 포함되어 있기 때문에, 거기에 나타나는 '病院' 또한 『한불ㅈ뎐』이나 『日槎集略』에서 계승되었다기보다 일본어에서 직접 수용되었을 가능성이 높은 것이다.

일반명사 '病院'은 19세기 말엽부터 관청 문서에도 나타난다. 1899년 4월 26일에는 '병원 관제'가 칙령 제14호로 공포되었고(『독닙신문』 광무 3년[1899] 4. 27. 1면), 이어서 '병원 셰칙'이 마련되면서(『독닙신문』 광무 3년[1899] 5. 13. 1면) 廣濟院이라는 국립병원이 설립되기에 이른 것이다. 이러한 사실들은 '病院'이 19세기 말엽에 이미 국어에 정착했음을 알려준다.

그 후 20세기에 들어서면 국어의 '病院'은 일본어 '病院'의 대역어로 자리를 굳혔음이 드러난다. 鄭雲復의 『獨習日語正則』(1907)과 같은 대역 자료를 통하여 그 사실의 일단을 확인할 수 있다.

결론적으로 개화기의 국어에 정착된 신생한자어 '病院'은 일본어로 거슬러 올라가며, 일본어의 '病院'은 다시 17세기에 이루어진 중국의 초기 양학서로 거슬러 올라간다. 그러나 중국의 초기 양학서에서 비롯된 '病院'이 정작 중국의 후기 양학서에는 계승되지 못한 듯하다. '病院'이라면 자칫 '병자의 거처'로 오인될 수도 있어 그 의미가 투명하지 못한데다가 '醫院'과 같은 전통적 중국어형이 널리 쓰여왔기 때문일 것이다. 그렇다고 현대중국어에 '病院'이 쓰이지 않는 것은 아니나, 그 의미는 주로 전문 병원을 나타내고 있다.

간략히 요약하자면, 현대국어의 일반명사 '病院'은 직접적으로는 개화기의 일본어로, 간접적으로는 그보다 훨씬 이전인 17세기 중국의 초기 양학서로 거슬러 올라간다. 한편, '病院'과 유의어 관계에 있는 현대국어의 일반명사 '醫院'은 전통적인 중국어에서 유래한 어형이 아니라면, 『한불즈뎐』이나 『한영즈뎐』에 올라있지 않은 점으로 판단할 때 개화기의 국어에서 자생한 어형일 수도 있다. 이렇게 볼 때 국어의 '醫院'은 적어도 일본어와는 관련이 없는 어형일 것이다. 또한, 劉正埮[외][편](1984)에는 '病院'이 포함되어 있지 않은데, 이는 '病院'이라는 단어가 본래 중국에서 창안된 것으로 보았기 때문일 것이다.

4) '熱帶, 溫帶, 寒帶'

李鑛永의 『日槎集略』에는 中田武雄이라는 인물한테서 받은 한 통의 글이 옮겨져 있는데 그 가운데에는 '寒帶之境'이라는 표현이 들어있다. 이때의 '寒帶'란 '熱帶, 溫帶'와 대립을 이루는 지리학 용어의 하나에 속한다. 이헌영은 일본에서 이 단어를 처음으로 들었겠지만, 이 단어는 frigid zone의 번역어로서 19세기 말엽에는 '熱帶, 溫帶'와 더불어 일본어에 이미 정착해 있었다. 당시의 英日사전류에 그러한 실상이 잘 반영되어 있다(보다 상세한 논의는 宋敏 2001ㅁ 참조).

그런데 '熱帶, 溫帶, 寒帶'가 국어에 나타나는 시기는 19세기 90년대에 들어서면서부터다. 俞吉濬의 『西遊見聞』(1895)에는 이들이 모두 나타나며(이한섭[외][편] 2000), 『한영즈뎐』(1897)에도 표제어로 등재되어 있다. 이들 단어가 『西遊見聞』, 『한영즈뎐』과 같은 문헌에 나타난다는 사실은 중요한 의미를 지닌다. 이들 단어가 첫째는 19세기 말엽에 이미 국어에 정착했다는 점, 둘째는 일본어를 통하여 국어에 전파되었으리라는 점이 밝혀지기 때문이다. 이들 두 책에는 일본어의 간섭이 적지 않게 내포되어 있어 이들 단어 또한 일본어에서 차용된 것으로 추정될 수 있다.

이들 단어에 대하여 필자는 이전에 간략한 논의를 한 적이 있으나(宋敏 1998) 미흡한 점이 많았는데, 이들의 성립과정에 대해서는 荒川清秀(1997)에 상세한 고증이 나타남을 나중에야 알았기 때문에 그 내용을 토대로 하여 재론한 결과(宋敏 2002ㄴ)를 여기에 다시 한번 요약하기로 한다.

우선, '熱帶'라는 단어만은 그동안 前野良澤(1720-1803)의 『管蠡秘言』(1777)에 최초로 나타난다고 알려져 왔다. 다시 말하자면 '熱帶'는 일본어 기원의 신생한자어로 여겨졌다. 그러나 문제는 이 책에 나머지 두 용어가 각기 '正帶'와 '冷帶'로 되어있다는 점이다. 그렇다면 이들 '熱帶, 正帶, 冷帶'라는 세 단어가 과연 어디서 유래했을까 하는 점이다. 이러한 의문은 중국 문헌을 통하여 해결된다. 荒川淸秀(1997:33-60)에 의하면 '熱帶, 正帶, 冷帶'라는 지리학 용어를 한꺼번에 보여주는 문헌은 南懷仁(F. Verbist)의 『坤輿圖說』(1674)이라고 한다. 결국, 前野良澤의 『管蠡秘言』(1777)에 나타나는 '熱帶, 正帶, 冷帶'는 南懷仁의 『坤輿圖說』(1674)에서 나왔다고 볼 수 있다.

그런데 '熱帶'만은 현대일본이나 현대국어에서도 그대로 쓰이고 있어 문제가 되지 않으나 '正帶'와 '冷帶'는 각기 '溫帶'와 '寒帶'로 사용되고 있어 그 역사적 과정에 복잡한 사정이 개입되어 있음을 알려준다. 이에 荒川淸秀(1997)의 상세한 추론을 토대로 하여 그 과정을 살펴보면서 『한영ᄌᆞ뎐』에서 비롯된 것으로 보이는 현대국어의 '熱帶, 溫帶, 寒帶'의 성립배경을 더듬어 보고자 한다.

南懷仁의 『坤輿圖說』에 '熱帶, 正帶, 冷帶'가 나타나는 것은 사실이지만, 그 중 '熱帶'와 '冷帶'만은 명사형이 아니었다. 왜냐하면, '熱帶'는 '此地甚熱帶近日輪故也'처럼 나타나며, '冷帶'는 '此二處地居甚冷帶遠日輪故也'처럼 나타나기 때문이다. 이때의 '熱帶'와 '冷帶'를 명사형으로 해석하려면 원문을 각기 '此地甚熱帶, 近日輪故也'와 '此二處地居甚冷帶, 遠日輪故也'처럼 띄어서 읽어야 하는데 그러한 해독은 문법적으로 용인되지 않는다. 여기에 쓰인 '甚'은 한정부사여서 형용사나 동사 앞에만 쓰일 수 있을 뿐 명사 앞에는 쓰일 수 없는 것이다. 결국 위의 원문은 각기 '此地甚熱, 帶近日輪故也'와 '此二處地居甚冷, 帶遠日輪故也'처럼 띄어서 읽어야 옳다. 다시 말해서 원문의 '熱'과 '帶', '冷'과 '帶'는 統辭構造上 별개의 句에 속하기 때문에 이를 '熱帶'와 '冷帶'처럼 묶어서 명사형으로 볼 수 없다는 뜻이다.

문제는 南懷仁의 『坤輿圖說』(1674)보다 더 오래된 중국문헌에 '熱帶, 溫帶, 冷帶'가 다 같이 명사형으로 쓰인 사례가 있다는 점이다. 艾儒略(G. Aleni)의 『職方外紀』(1623)가 바로 그러한 문헌에 해당한다. 이 책에 나타나는 '熱帶, 溫帶, 冷帶'는 분명한 명사형이지만 이번에는 '溫帶'라는 어형이 문제다. 南懷仁의 『坤輿圖說』이나 前野良澤의 『管蠡秘言』에 쓰인 '正帶'와는 그 어형이 다르기 때문이다. 결국, 『坤輿圖說』이나 『管蠡秘言』은 艾儒略의 『職方外紀』가 아닌 다른 계통의 용어를 이어받았다고 볼 수밖에 없다. 그러한 문헌이라면 비로 利瑪竇

(Matteo Ricci)의 『坤輿萬國全圖』(1602)가 아니었을까 추정된다. 이 책에는 '熱帶, 正帶, 冷帶'가 나타나는데다가 '熱帶'와 '冷帶'가 명사형이 아니라는 점 또한 南懷仁의 『坤輿圖說』과 같기 때문이다. 그런데 利瑪竇의 『乾坤體義』(1605)에는 '熱帶, 正帶, 寒帶'가 명사형으로 쓰이기도 하였으나, 이번에는 '寒帶'라는 용어가 그 이전 저술인 『坤輿萬國全圖』의 '冷帶'와 다르게 나타난다. 이상과 같은 내용을 荒川淸秀(1997:44)에서는 다음과 같이 알기 쉽게 정리하고 있다.

중국문헌	利瑪竇, 『坤輿萬國全圖』(1602)	-熱, 帶-	-正帶-	-冷, 帶-
	利瑪竇, 『乾坤體義』(?1605)	-熱帶-	-正帶-	-寒帶-
	艾儒略, 『職方外紀』(1623)	-熱帶-	-溫帶-	-冷帶-
	南懷仁, 『坤輿圖說』(1674)	-熱, 帶-	-正帶-	-冷, 帶-
일본문헌	前野良澤, 『管蠡秘言』(1777)	-熱帶-	-正帶-	-冷帶-

이로써 이들 상호간의 역사적 계보는 비교적 선명하게 드러난다. 艾儒略(1623)은 利瑪竇(1602)의 통사적 기술방식 '-熱, 帶-'와 '-冷, 帶-'를 각기 '熱帶'와 '冷帶'라는 명사형으로 정비하여 균형 잡힌 용어로 만들었을 뿐 아니라 '正帶'라는 용어 대신 '熱帶, 冷帶'와 잘 대비되는 '溫帶'로 바꿔 썼다. 그러나 南懷仁(1674)은 잘 정비된 艾儒略(1623)의 용어를 외면하고 미처 정비가 덜된 利瑪竇(1602)의 표현을 물려받았다. 南懷仁(1674)이 利瑪竇의 나중 저술인 『乾坤體義』(?1605)를 이어받았다고 보기 어려운 이유는 자명하다. 여기에는 '熱帶, 正帶, 寒帶'가 명사형으로 나타날 뿐 아니라, '寒帶'는 그 이전의 저술인 『坤輿萬國全圖』(1602)의 '冷帶'와 다르기 때문이다. 요컨대 前野良澤(1777)이 이어받은 중국문헌은 艾儒略(1623)이 아니라 利瑪竇(1602)나 南懷仁(1674) 계통을 이어받으면서 통사적 구조로 되어있던 표현을 명사형으로 정비했다는 결론이 된다.

문제는 禁書令으로 묶여있던 이들 중국의 초기 양학서들이 어떻게 일본에 유입되어 당시의 지식인들에게 영향을 끼쳤을까 하는 점이다. 그러나 荒川淸秀(1997:50-51)에 의하면 禁書 시기에도 상당수의 중국문헌이 일본에 유통되었다는 사실에 대해서는 의심할 여지가 없는 증거들이 많이 남아있다고 한다. 말하자면 당시의 일본 지식인들은 이들 중국문헌을 은밀하게 접할 수 있었던 것이다. 그런데도 문제는 또 남아있다. '熱帶'는 그렇다고 치더라도 당초에 '正帶, 冷帶'는 어떻게 '溫帶, 寒帶'로 대치되었는가 하는 점이다. 이들 단어는 18세기 말엽부터 19세기를 거치면서 점차 일본어로 굳어지기에 이르렀다고 한다. 어찌되었건 '熱帶, 溫

帶, 寒帶'의 기원은 모두 17세기 초엽의 중국 문헌으로 거슬러 올라가는 셈이다.

다만, 17세기 초엽 서양선교사들의 저술에서 비롯된 '熱帶, 溫帶, 寒帶'가 그 후의 중국어에 직접 계승되었던 것은 아니다. 荒川淸秀(1997)의 조사에 따르면 중국에서는 20세기 초엽까지 '熱帶, 溫帶, 寒帶'와 함께 '熱度, 溫道, 寒道', 곧 '-帶'계와 '-道'계 용어가 공존하면서 꾸준한 경합을 벌였다고 한다. 일반적으로 중국의 지식인들은 서양선교사들의 저술을 거의 외면하였다. 그 때문에 '-帶'계 용어가 곧바로 중국어에 계승되기 어려웠을 것이다. 劉正埮[외][편](1984)에서는 중국어 熱帶[rèdài]와 寒帶[hándài]를 일본어에서 기원한 어형으로 보고 있으나, '溫帶'에 대해서는 언급이 없다. 반면, 黃河淸[역](1997)에서는 '熱帶'[redai]를 1602년 '利瑪竇가 창조한 新語(利瑪竇所創造新詞)'로, '溫帶'[wendai]를 1623년 '艾儒略이 창조한 신어(艾儒略創造了這個新詞)'로 보고 있으나 '寒帶'에 대한 언급은 없다. 어느 쪽에도 세 단어가 나란히 등록되어 있지는 않을 뿐 아니라, 그 기원에 대한 견해도 서로 다르다. 이러한 차이는 중국어의 경우, 이들 단어가 17세기에 이루어진 서양선교사들의 저술에서 직접 계승되었다고 보는가 그렇지 않은가 하는 견해상의 차이일 뿐이어서 어느 쪽이 옳다거나 그르다고 판단하기는 어려울 것이다.

요컨대, 17세기 초엽의 양학서에서 비롯된 '熱帶, 溫帶, 寒帶'라는 신생어는 일단 일본어에 전파되었다가 거기서 다시 개화기의 국어에 유입된 것이다. 이러한 과정을 통하여 이들 단어는 조선총독부의 『朝鮮語辭典』, 문세영의 『朝鮮語辭典』을 거치면서 현대국어로 이어지기에 이르렀다.

3. 中國語에 傳播된 日本語式 新生語

앞에서 살펴본 대로 '機械, 自由'는 고대중국어에서, '熱帶, 溫帶, 寒帶'나 '病院'은 17세기 초엽의 중국 양학서에서 유래한 것들인데, 이들은 일찍이 일본어에 전파되었다가 개화기를 거치면서 다시 국어에 차용되기에 이른 사례들이다. 그 중 '病院'을 제외한 나머지 단어들은 다시 개화기의 중국어에 전파되기도 하였다. 이처럼 일본어식 신생어 중에는 중국어에 역수출된 사례도 적지 않다.

劉正埮[외][편](1984)에는 그러한 사례들이 하나하나 명시적으로 구분되어 있다. 이들을 그 성격에 따라 다시 한번 분류해 보면 다음과 같은 세 가지 유형으로 구분될 수 있다(*원문은 알파벳 순으로 배열되어 있으나 본고에서는 편의상 국어의 가나다 순으로 배열한다. 또한, 원문은 簡體로 되어 있으나 여기서는 古體로 바꾸어 예시한다).

1) 中國古典에 典據가 있는 번역용 新生語

개화기를 거치면서 일본의 지식인들은 중국의 고전에 전거가 있는 2음절형 단어를 서양문물에 대한 번역어로 전용한 경우가 많다. 결과적으로 해당 단어들은 의미변화나 개신을 겪었기 때문에 신생어로 간주되는 것이다. 이러한 신생어들은 또 다른 생산성을 발휘하여 2차적 派生語나 複合語형성으로 이어졌는데 그 내용을 가나다 순으로 예시한다면 다음과 같다.

ㄱ. 綱領. 講習. 牽引車의 牽引. 經費. 經濟, 經濟恐慌, 經濟學의 經濟. 階級. 計劃. 共和. 過渡. 科目. 課程. 敎授. 敎育學의 敎育. 交際. 膠着語의 膠着. 交通. 交換. 拘留. 具體. 國體. 軍國主義의 軍國. 軍需品의 軍需. 軍籍. 規範. 規則. 勤務. 機械. 機關, 機關砲의 機關. 記錄. 氣分. 騎士. 氣質.

ㄴ. 浪人. 內閣. 勞動, 勞動者, 勞動組合의 勞動. 論理學의 論理.

ㄷ. 單位. 單行本의 單行. 代言人의 代言. 代表. 道具. 圖書館의 圖書. 獨占. 同情. 登記.

ㅁ. 麥酒. 文明. 文學. 文化. 物理, 物理學의 物理. 美化. 民法. 民主.

ㅂ. 博物. 博士. 反對. 發明. 方程式의 方程. 白金. 法律. 法廷. 法則. 辯護士의 辯護. 保障. 保險. 服用. 封建. 封鎖. 分配. 分析. 分子. 悲觀.

ㅅ. 事務員의 事務. 私法. 事變. 思想. 社會, 社會主義, 社會學의 社會. 相對. 想象. 上水道의 上水. 生命線의 生命. 生産, 生産關係, 生産力의 生産. 選擧. 宣傳. 所得稅의 所得. 素質. 消化. 輸入. 水準. 時事. 神經, 神經過敏, 神經衰弱의 神經. 訊問. 新聞記者의 新聞. 身分. 信用. 審問.

ㅇ. 羊羹. 演說. 演習. 演繹. 鉛筆. 列車. 預備役의 預備. 預算. 藝術. 悟性. 溫室. 偶然. 右翼. 運動, 運動場의 運動. 運轉手의 運轉. 元帥. 胃潰瘍의 潰瘍. 衛生. 柔道. 唯心論의 唯心. 遊弋. 遺傳. 流行病, 流行性感冒의 流行. 倫理學의 倫理. 議決. 意識. 意義. 意匠. 醫學. 理論. 異物. 理事. 理性. 印象.

ㅈ. 資本. 自律. 自然淘汰의 自然. 自由. 自治領의 自治. 儲蓄. 節約. 精神. 制御器의 制御. 組織. 左翼. 注射. 主食. 主人公의 主人. 主體. 支配. 知識. 眞空管의 眞空.

ㅊ. 處女地의 處女. 天主. 初夜權의 初夜. 侵略. 侵犯.

ㅌ. 通貨膨脹의 通貨. 投機.

ㅍ. 判決. 標本. 表象. 品位. 風琴. 風雲兒의 風雲.

ㅎ. 學府. 學士. 抗議. 虛無主義의 虛無. 憲法. 革命. 現象. 刑法. 形而上學의 形而
    上. 會計.

劉正埮[외][편](1984)에는 이들 번역어에 대한 전거가 일일이 예시되어 있으므로 그 중 몇몇
을 뽑아보면 다음과 같다.

共和 republic. 召公周公二相行政 号曰共和(『史記·周本紀』)
機械 machine. 有機械者必有機事 有機事者必有機心(『莊子·天地』)
民主 democracy. 天惟時求民主 乃大降顯休命于成湯(『書·多方』)
發明 invention. 發明耳目 寧體便人. 吳延濟注 能言開耳目之明(宋玉『風賦』)
保險 insurance. 其余黨往往保險爲盜(『隋書·劉元進傳』)
社會 society. 八月秋社…市學先生預斂諸生錢作社會(『東京夢華錄·秋社』)
演繹 deduction. 于是推本堯舜以來相傳之意 質以平日所聞父師之言 更互演繹 作爲
    此書(朱熹『中庸章句 序』)
衛生 hygiene, sanitation. 趙願聞衛生之經而已矣(『莊子·更桑楚』)
革命 revolution. 天地革而四時成 湯武革命 順乎天而應乎人(『易·革』)
形而上 metaphysics. 形而上學 形而上者謂之道 形而下者謂之器(『易·繫辭』)

여기에 보이는 '共和'의 고전적 의미는 '군주가 없는 상태에서 공동협의로 이루어지는 정
치'였다. 일본의 지식인들은 이 단어를 네델란드어 republijk(영어로는 republic)에 대한 번역어
로 전용하여 '共和國'이라는 신생어를 얻은 것이다(宋敏 2001ㄹ 참조). 자연히 본래의 '共和'라는
의미는 새로운 의미로 다시 태어났다. 이와 마찬가지로 '機械, 民主, 發明, 保險, 社會, 演繹,
衛生, 革命'이나 '形而上學'에 포함된 '形而上'의 의미 또한 고전적 의미와는 다르게 새로운
의미를 띠게 되었으므로 이들은 어느 것이나 신생어로 간주될 수 있는 것이다.

2) 일본에서 창안된 번역용 신생어

중국고전에 典據가 나타나지는 않는 듯하나 개화기를 거치면서 일본에서 창안되거나 의
미의 전용을 통하여 번역용 신생어로 다시 태어난 후 중국어에 전파된 사례도 있다. 양적으
로는 이 부류에 속하는 신생어가 가장 많은 셈인데, 여기에는 音寫形 차용어, 곧 직접차용어
도 포함된다. 가나다 순으로 예시하면 다음과 같다.

ㄱ. 可決. 歌劇. 假分數. 假想敵. 假定. 脚光. 脚本. 覺書. 幹部. 看守. 間接. 間歇川. 看護婦. 感性. 鑑定. 講壇. 講師. 講演. 强制. 講座. 槪括. 槪念. 槪略. 槪算. 介入. 改訂. 改編. 客觀. 客體. 坑木 巨頭. 建築. 檢波器. 決算. 結核. 輕工業. 警官. 競技 景氣. 警察. 經驗. 契機. 係數. 系列. 系統. 高爐. 高利貸. 高射砲. 固定. 高潮. 高周波. 固體. 空間. 共鳴. 公民. 公報. 公僕. 共産主義. 公訴. 工業. 公債. 公稱. 科學. 關係. 觀念. 觀點. 觀照. 觀測. 廣告. 光年. 光線. 廣義. 交感神經. 敎科書. 敎養. 交響樂. 俱樂部. 驅逐艦. 國庫. 國敎. 國事犯. 國稅. 國際. 軍部. 權威. 歸納. 劇場. 金剛石. 金融. 金牌. 金婚式. 肯定. 基督. 基督敎. 氣密. 技師. 汽船. 旗手. 企業. 汽笛. 基調. 基準. 基地. 基質. 氣體. 緊張.

ㄴ. 暖流. 內分泌. 內容. 內在. 冷藏. 冷藏庫. 冷戰. 論壇. 論戰. 農作物. 累減. 累進. 能動. 能力. 能率.

ㄷ. 單利. 蛋白質. 但書. 短波. 談判. 大氣. 貸方. 大本營. 隊商. 對象. 大熊座. 代議士. 對照. 圖案. 獨裁. 動機. 動力. 動力學. 動脉. 動産. 動員. 動議. 動態. 謄寫版.

ㅁ. 漫談. 漫筆. 漫畫. 媒質. 脉動. 盲從. 免許. 明細表. 命題. 母校. 毛細管. 母體. 目的. 目標. 舞臺. 無産階級. 無産者. 黙劇. 黙示. 文庫. 物質. 美感. 美術. 敏感. 密度. 蜜月.

ㅂ. 舶來品. 反感. 半徑. 半旗. 反動. 反射. 反應. 反響. 放射. 方式. 方案. 背景. 配給. 陪審. 陪審員. 配電盤. 白旗. 白熱. 範疇. 法人. 變壓器. 辨證法. 輻射. 復水器. 複式. 復員. 複製. 本質. 否決. 副官. 不動産. 否認. 否定. 附着. 雰圍氣. 分解. 悲劇. 非金屬. 比重.

ㅅ. 死角. 士官. 社交. 社團. 使徒. 思潮. 事態. 揷話. 商法. 常備兵. 常識. 商業. 象徵. 索引. 生理學. 生態學. 序曲. 序幕. 旋盤. 宣戰. 銑鐵. 性能. 成分. 世界觀. 世紀. 細胞. 消極. 素描. 消防. 消費. 小夜曲. 小熊座. 少尉 所有權. 少將. 素材. 消火栓. 速記. 速度. 手工業. 受難. 輸尿管. 手榴彈. 水密. 水成岩. 水素. 隨員. 輸出. 巡洋艦. 乘客. 乘務員. 承認. 昇華. 時間. 時計. 施工. 施行. 時效. 信託. 信號. 實感. 實業. 失戀. 心理學. 審美. 審判.

ㅇ. 雅樂. 亞鉛. 安質母尼. 安打. 暗示. 壓延. 液體. 陽極. 量子. 語源學. 業務. 力學. 年度. 硏磨機. 演奏. 演出. 熱帶. 領空. 影像. 營養. 領土. 領海. 沃素. 溫度. 溫床. 瓦斯. 外分泌. 外在. 要素. 了解. 溶媒. 溶體. 優生學. 原理. 元素. 園藝. 原子. 遠足. 原罪. 原則. 遊離. 唯物論. 流線型. 油槽車. 流體. 類型. 銀幕. 銀行. 銀婚式. 陰極. 音程. 義務. 意譯. 議員. 議院. 擬人法. 議會. 理念. 理想. 二重奏. 理智. 人格. 人權. 引渡. 人文主義. 因子. 日和見主義. 任命. 淋巴. 入場券. 入超. 立憲. 剩余價値.

ㅈ. 刺激. 資料. 紫外線. 作品. 雜誌. 長波. 財團. 低能. 低能兒. 低壓. 低調. 抵抗. 積極. 展覽會. 轉爐. 電流. 專賣. 電報. 前線. 戰線. 傳染病. 前衛. 電子. 前提. 電池. 電車. 電波. 電話. 絶對. 政黨. 靜脈. 情報. 定義. 情操. 政策. 靜態. 淨化.

制約. 制裁. 制限. 組閣. 條件. 組合1. 組合2(數學用語). 宗教. 終點. 綜合. 坐藥. 主觀. 株式會社. 主義. 主筆. 重工業. 中將. 仲裁. 仲裁人. 證券. 指導. 地上水. 支線. 指數. 止揚. 地質. 地質學. 指標. 地下水. 紙型. 直覺. 直徑. 直觀. 直流. 直接. 進度. 進展. 進化. 進化論. 質量. 窒扶斯. 窒素. 集團.

ㅊ. 借方. 錯覺. 蒼鉛. 創作. 採光. 債權. 債務. 策動. 哲學. 尖端. 淸敎徒. 淸算. 體育. 體操. 燭光. 觸媒. 總動員. 總理. 總領事. 催眠. 催眠術. 最惠國. 抽象. 出發點. 出庭. 出超. 出版. 出版物. 膵臟. 襯衣.

ㅌ. 他律. 探照燈. 探海燈. 探險. 太陽燈. 統計. 退役. 退化. 投影. 投資. 特權. 特務.

ㅍ. 派遣. 波長. 版畫. 霸權. 編制. 評價. 平面. 飽和. 表決. 標語. 必要.

ㅎ. 下水道. 學位. 寒帶. 寒流. 航空母艦. 解放. 解剖. 憲兵. 現金. 現實. 現役. 血色素. 血栓. 血吸蟲. 狹義. 協定. 協會. 虎列剌(又作 虎列拉, 虎力剌. 癨亂). 號外. 化膿. 畫廊. 化石. 火成巖. 化粧品. 化學. 擴散. 環境. 幻燈. 幻想曲. 活躍. 會談. 會社. 回收. 會話. 效果. 酵素. 黑死病. 喜劇.

이중 '覺書, 貸方, 引渡, 日和見主義의 日和見-, 組合1, 組合2(數學用語), 借方'과 '高利貸의 -貸'는 일본어에서 訓讀되지만 중국어에서는 자국발음식으로 音讀된다. 요컨대 중국어에는 훈독되는 한자가 없기 때문에 모든 漢字가 음독으로만 쓰이는데, 이점에서 중국어는 국어와 동일한 성격을 보인다. '俱樂部, 基督, 安質母尼, 瓦斯, 淋巴, 虎列剌(又作 虎列拉, 虎力剌. 癨亂)'는 차례로 club, Christo(포르투갈어형), antimony, gas, lymph, chorela에 대한 音寫形이기 때문에 번역어가 아니라 직접차용어들인데, 일본어에서는 그 표기가 한자로 통용되었다. 이들 또한 중국어에서는 자국발음식으로 音讀된다.

이중 어떤 것은 중국문헌에 典據가 나타나기 때문에 일본어에서 전파되었는지 그렇지 않은지에 대해서는 좀더 생각할 필요가 있는 것도 있다. '化學'도 그러한 사례의 하나에 속한다 (宋敏 2001ㄱ 참조). 실제로 黃河淸(역)(1997)에는 이 단어가 중국신어(本族新詞)로 분류되어 있다.

3) 기타 일반 단어

서양어에 대한 번역관계는 확인되지 않으나 일본의 전통적 한자어나 개화과정에서 새로 태어난 新造語가 여기에 속한다. 다음과 같은 사례로 그 윤곽을 짐작할 수 있다.

簡單, 巨星, 巨匠, 堅持. 故障. 公立. 公營. 公認. 公判. 廣場. 校訓. 國立. 弓道. 權益. 權限. 克復. 金額. 記號. 洛選. 內勤. 內幕. 內服. 茶道. 單純. 大局. 德育. 讀物.

讀本. 等外. 登載. 明確. 物語. 美濃紙. 方針. 白夜. 番號. 病蟲害. 服務. 副手. 副食. 不景氣. 備品. 私立. 成員. 訴權. 小型. 手續. 實權. 實績. 失效. 野兎病. 疫痢. 連歌. 外勤. 原動力. 原意. 原作. 流感. 柔術. 肉彈. 銀翼. 印鑑. 人力車. 人選. 日程. 臨床. 入口. 立場. 作物. 作者. 場所. 場合. 財閥. 儲藏. 敵視. 製版. 組成. 座談. 主動. 重點. 支部. 陳容. 集結. 集中. 參看. 參觀. 參照. 尖兵. 寵兒. 出口. 取消. 就任. 取締. 打消. 特長. 標高. 風位. 學歷. 學會. 海拔. 訓令. 訓育. 訓話. 興信所

여기에는 일본어 음독어와 훈독어가 다같이 포함된다. '讀物, 物語, 小型, 手續, 入口, 立場, 場合, 出口, 取消, 取締, 打消'는 순수훈독어, '場所'는 부분훈독어[일본어학에서는 '유토읽기'(湯桶讀み)라고 하는데, 앞 글자는 훈독, 뒷 글자는 음독이라는 뜻이다]에 속한다. 엄밀한 의미에서 이들은 한자어가 아니라 고유일본어인 동시에 복합어에 해당한다. 그러나 중국어에 전파되면서 이들은 음독어처럼 사용되기에 이르렀다. 더구나 이들은 거의 대부분 국어로도 통용되는 것들이어서 주목된다. 결국 이들은 중국어와 국어에 다같이 전파된 결과로 추정된다.

이와 비슷한 내용은 黃河淸(역)(1997)에서도 찾을 수 있다. 여기에는 신생어 하나 하나에 대한 個別語誌가 밝혀져 있는데 그 중 국어단어로서도 통용되는 사례의 일부를 뽑아 재정리해 보면 다음과 같다.

本族詞/ 管理, 交易, 萬國, 貿易, 方程, 法律, 石油, 消化, 數學, 試驗, 自然, 自治, 政治, 會議

意譯詞/ 公會, 交際, 國會, 幾何, 南極, 動物, 文學, 微分, 博物, 保險, 北極, 碩士, 選擧(日語일 가능성도), 消息, 首領, 植物, 新聞, 紳士, 影像, 委員, 醫院, 赤道, 積分, 電氣, 主權, 總理, 總統

仿譯詞/ 公法, 公司, 國法, 國債, 暖房, 大腦, 動物院, 馬力, 晩報, 民主, 小腦, 新聞紙, 溫帶, 郵票, 日報, 電氣燈, 電燈, 電報, 電線, 電池, 地球, 鐵道, 鐵路, 通信線, 顯微鏡, 畫報

本族新詞/ 空氣, 光學, 記者, 代數, 博覽院, 博物院, 博物場, 博物會, 法院, 飛機, 飛車, 商會(日語的 原語借詞로도), 細胞, 植物學, 洋琴, 力學, 律士, 離婚, 自主, 自行車, 雜誌, 帝國, 車票, 總會, 特權, 判斷, 海軍, 火輪船, 火輪車, 火車, 化學

日語的 原語借詞/ 幹事, 改良, 建築, 檢查, 經濟, 經驗, 固定資本, 工科, 工業, 公園, 工場, 工廠, 共和, 課程, 科學, 觀念, 廣場, 軍事, 歸納, 技師, 汽船, 內容, 農場, 農學, 團體, 代表, 圖書館, 動物學, 動産, 無機, 物理學, 物質, 微生物, 美術, 民權, 民法, 博覽會, 博物館, 百貨店, 法廷, 辯護士, 兵事, 不動産, 師範, 司法, 寫眞, 社會, 社會學, 商務, 商法, 商業, 商店, 生理, 生理學, 生物學, 生産力, 扇風機, 世紀, 消防,

市場, 植物園, 信號, 心靈學, 歷史, 聯絡, 演出, 豫備役, 藝術, 溫室, 瓦斯, 衛生, 衛生學, 幼稚園, 留學生, 銀行, 義務, 議員, 議會, 電信, 電信機, 傳染病, 電車, 電話, 電話機, 政黨, 政策, 政治學, 宗敎, 種族, 主義, 主任, 證券, 地理學, 職工, 哲學, 體操, 出版, 統計, 通風機, 投票, 特別, 破産, 學會, 行政, 憲法, 憲政, 協會, 化妝, 化妝品, 會社, 會員

   日語的 回歸借詞/ 警察, 敎育, 規則, 劇場, 期會, 農民, 大學, 文科, 文明, 文法, 物理, 博士, 方法, 法學, 保釋, 保障, 普通, 世界, 營業, 悟性, 陸軍, 倫理, 意見, 醫科, 醫學, 理科, 資本, 自由, 專制, 傳播, 政府, 中學, 進步, 判決, 版權, 學校, 解剖, 刑法, 會計, 會話

이상과 같은 내용을 통해서도 개화기 이후 일본어식 신생어가 얼마나 많이 중국어에 전파되었는지를 짐작할 수 있다.

4. 결 어

고대에는 중국어가 국어나 일본어의 어휘체계, 특히 한자어휘 체계에 절대적인 영향을 끼쳤다. 이 과정에서 국어나 일본어는 중국어에서 차용한 어휘로 자국어의 어휘체계를 보완해 왔다. 그러한 중국어의 역사적 영향력은 17세기 초엽부터 이전과는 상당히 다른 양상으로 방향이 바뀌기 시작하였다. 그러한 방향전환이란 서양문물이라는 근대적 지식의 유입에 따른 것이었다.

중국에 들어간 서양의 선교사들은 17세기 초엽부터 서양문물에 대한 새로운 지식을 알리기 위하여 활발한 저술활동을 전개하였다. 그러한 초기 양학서를 펴낸 대표적 선교사들이라면 利瑪竇(Matteo Ricci, 1552-1610, 이탈리아), 艾儒略(G. Aleni, 1582-1649, 이탈리아), 南懷仁(F. Verbiest, 1623-1688, 벨기에) 등을 꼽을 수 있다. 그들은 천주교를 비롯한 서양의 천문, 지리, 의학, 수학, 과학 등에 걸친 근대지식을 폭넓게 중국에 소개하였다. 그러나 새로운 지식이 곧바로 중국의 지식인들이나 일반인들에게 영향을 끼친 일은 별로 없다. 그만큼 천주교 선교사들의 저술은 중국의 배타적 지식인들에게 별다른 관심을 끌지 못한 것이다.

한편, 일본의 선각적 지식인들은 중국과는 대조적이었다. 17세기 초엽이라면 일본에도 서양문화가 부분적으로 전파되고 있는 중이었다. 일본국내에서 포교활동을 전개한 바 있는 포르투갈 선교사들은 직접적인 영향을 별로 끼치지 못했으나, 1609년 長崎의 平戸에 네델란드 商館이 설치되면서 유입되기 시작한 유럽문물은 일본에 새로운 호기심을 불러일으켰다. 나아가 1630년 그리스도교 관계서적의 수입을 금하는 禁書令에도 불구하고 당시의 일부 지식인들은 중국에서 서적을 통하여 은밀하게 유입되는 새로운 지식에 적지 않은 관심을 기울였다. 또한, 1720년 禁書令이 완화되는 동시에 네델란드 상관을 통하여 유입되는 유럽문화는 靑木昆陽(1698-1769), 杉田玄白(1733-1817) 등의 적극적인 수용에 힘입어 새로운 학술문화, 이른바 蘭學의 꽃을 피우기에 이르렀다. 그 후, 19세기 초엽부터 더욱 활발하게 전해지기 시작한 중국의 후기 양학서를 통하여 서양문화에 대한 이해의 폭을 더욱 넓힐 수 있게 된 일본은 드디어 중국보다 한발 앞서 근대화를 이룩할 수 있었다.

이에 뒤늦게나마 일본의 근대화를 새롭게 인식한 중국의 외교관이나 지식인들은 19세기 말엽부터 20세기 초에 걸쳐 일본문화를 적극적으로 소개하기 시작하였다. 앞에서 본 것처럼 黃遵憲(1848-1905)은 5년간 일본에 머물면서 적극적으로 현지의 실상과 문화를 소개하는 저술을 남겼으며, 그밖에 王韜(1828-1897), 嚴復(1853-1921), 康有爲(1858-1927), 梁啓超(1873-1929) 등은 저술 또는 번역활동을 통하여 그 뒤를 이었다. 그 과정에서 일본어식 신생어는 자연스럽게 중국어에 전파되기에 이르렀다. 다만, 그 중에는 중국고전에 典據가 나타나는 사례도 많이 포함되어 있기 때문에 일본어식 신생어라 할지라도 모두가 일본에서 창안된 것은 아닌 셈이다.

참고문헌

〈국어 관계〉
朴英燮(1994), 『開化期 國語 語彙資料集 1』(獨立新聞편), 서광학술자료사.
宋 敏(1988), 日本修信使의 新文明語彙 接觸, 『語文學論叢』(국민대) 7.
_____(1989), 開化期 新文明語彙의 成立過程, 『語文學論叢』(국민대) 8.
_____(1992), 開化期의 語彙改新에 대하여, 『語文學論叢』(국민대) 11.
_____(1998), 開化期 新生漢字語彙의 系譜, 『語文學論叢』(국민대) 17.
_____(1999ㄱ), 開化初期의 新生漢字語 受容, 『語文學論叢』(국민대) 18.
_____(1999ㄴ), [어원탐구] 신생한자어의 성립배경, 『새국어생활』(국립국어연구원) 9-2.

_____(1999ㄷ), [어원탐구] 한자어 '汽船, 汽車'의 연원, 『새국어생활』 9-3.

_____(1999ㄹ), [어원탐구] '器械'에서 '機械'가 되기까지, 『새국어생활』 9-4.

_____(2000ㄱ), 開化期 國語에 나타나는 新文明 語彙, 『語文學論叢』(국민대) 19.

_____(2000ㄴ), 明治初期における朝鮮修信使の日本見聞, 『第121回 日文研フォーラム』(國際日本文化研究センター).

_____(2000ㄷ), [어원탐구] '經濟'의 의미개신, 『새국어생활』 10-1.

_____(2000ㄹ), [어원탐구] '時計'의 차용, 『새국어생활』 10-2.

_____(2000ㅁ), [어원탐구] '生存競爭'의 주변, 『새국어생활』 10-3.

_____(2000ㅂ), [어원탐구] '大統領'의 출현, 『새국어생활』 10-4.

_____(2001ㄱ), 개화기의 신생한자어 연구(1), 『語文學論叢』(국민대) 20.

_____(2001ㄴ), [어원탐구] '自由'의 의미확대, 『새국어생활』 11-1.

_____(2001ㄷ), [어원탐구] '寫眞'과 '活動寫眞, 映畵', 『새국어생활』 11-2.

_____(2001ㄹ), [어원탐구] '合衆國'과 '共和國', 『새국어생활』 11-3.

_____(2001ㅁ), [어원탐구] '熱帶, 溫帶, 寒帶'의 출현, 『새국어생활』 11-4.

_____(2002ㄱ), 개화기의 신생한자어 연구(2), 『語文學論叢』(국민대) 21.

_____(2002ㄴ), [어원탐구] '병원'의 성립과 정착, 『새국어생활』 12-1.

_____(2003), 개화기의 신생한자어 연구(3), 『語文学論叢』(국민대) 22.

李漢燮(1985), 『西遊見聞』の漢字語について―日本から入った語を中心に―, 『國語學』 141.

_____[외][편](2000), 『西遊見聞 [語彙索引]』, 도서출판 박이정.

〈일본어 관계〉

荒川清秀(1997), 『近代日中学術用語の形成と伝播』―地理学用語を中心に―, 白帝社.

樺島忠夫・飛田良文・米川明彦(1984), 『明治大正新語俗語辞典』, 東京堂出版.

佐藤喜代治(1979), 『日本の漢語』―その源流と変遷―, 角川書店.

_____[편](1983), 『講座 日本語の語彙, 語誌 Ⅰ, Ⅱ, Ⅲ』, 明治書院.

佐藤亨(1979), 訳語「病院」の成立―その背景と定着過程―, 『国語学』 118.

_____(1983), 『近世語彙の研究』, 桜楓社.

鈴木修次(1981), 『日本漢語と中国』, 中公新書 626, 동경:中央公論社.

島田豊(1888), 『附音挿圖和譯英字彙』, 大倉書店.

尺振八(1884), 『明治英和字典』, 六合館.

進藤咲子(1981), 『明治時代語の研究―語彙と文章』, 明治書院.

惣郷正明・飛田良文(1986), 『明治のことば辞典』, 東京堂出版.

棚橋一郎(1885), 『英和雙解字典』, 丸善商社.

槌田満文(1983), 『明治大正の新語・流行語』, 角川書店.

Hepburn, J. C.(1886), *A Japanese-English and English-Japanese Dictionary*, Third Edition, Tōkyō:J. P. Maruya & Co., Yokohama:Kelly & Walsh, Limited, New York:Steiger & Co., London:Trübner & Co.

Satow, E. M. and Ishibashi Masataka(1876), *An English-Japanese Dictionary of the Spoken Language*, London:Trübner & Co., Ludgate Hill, Yokohama:Lane, Crowford & Co.

_____(1879), *An English-Japanese Dictionary*, Second Edition, London:Trübner & Co., Ludgate Hill, Yokohama:Lane, Crowford & Co., Kelly & Co., Kobe:F. Walsh & Co., Nagasaki: China & Japan Trading Co., Shanghai:Kelly and Walsh.

〈중국어 관계〉

劉正埮·高名凱·麦永乾·史有为[편](1984), 『漢语外来词词典』, 上海辞书出版社.

陈複华[외][편](1998), 『古代汉语词典』, 商务印书馆.

黃河淸[역](1997), 『現代漢語詞匯的形成』—十九世紀漢語外來詞研究, 漢語大詞典出版社.

[원서] Masini, F.(1993), *The Formation of Modern Chinese Lexicon and its Evolution toward a National Language: The Period from 1840 to 1898, Journal of Chinese Linguistics*, Monograph Series No. 6, Berkeley: University of California.

Lydia H. Liu(1995), *Translingual Practice: Literature, National Culture, and Translated Modernity— China*, 1900-1937, Standford University Press, Standford, California.

* 震檀學會·韓國史學會·人文社會硏究會 주최, 東北亞時代를 展望하는 國際學術大會, 주제 "東北亞 諸地域間의 文物交流"(2004년 11월 19일[금]-20일[토], 서울대학교 교수회관), 제1분과 "東北亞 諸地域間의 言語 文字 交流"에서 구두발표.

單語의 意味와 語源

1. 머리말

1) 한동안 "국어사랑 나라사랑"이라는 표어가 초, 중, 고등학교 본관건물 중앙에 커다랗게 걸려 있는 바람에 사람들의 시선을 끈 적이 있다. 국어를 사랑하는 길이 나라를 사랑하는 길이란 뜻이어서 말이야 좋으나, 이를 실천하자면 국어가 무엇인지를 알아야 하는데 그게 솔직히 막막한 이야기가 아닐 수 없다.

실제로 일반인들이 지니고 있는 국어지식이나 언어인식에는 잘못되거나 왜곡된 것이 많다. 가령, 많은 사람들은 자신이 母語(mother tongue)의 문법을 잘 모른다고 믿고 있는 것도 그 중 하나일 것이다. 그러나 우리가 잘 모르는 것은 인위적으로 규정된 맞춤법이나 표준어에 대한 정답이지 자연어에 대한 문법지식은 아니다. 사실, 전문가라 할지라도 맞춤법이나 표준어에는 자신이 없는 경우가 많다. 그러나 문법은 이미 어린 시절의 모어학습 과정에서 머릿속에 내면화(internalized)한 무의식적 지식체계이기 때문에 누구나가 거의 완벽하게 알고 있다고 해도 과언이 아니다. 실제로 모든 사람들은 자신의 母語에 대한 발음규칙, 통사규칙, 의미규칙 등 文構成에 필요한 규칙을 모두 잘 알고 있다. 그 때문에 우리는 남의 말을 알아들을 수 있으며, 자신의 의사를 문장으로 만들어 쓸 수도 있다. 처음 들어보는 문장도 이해할 수 있으며, 지금까지 아무도 써먹지 않은 새로운 문장을 만들 수도 있다.

2) 보통 사람들이 잘 모르는 언어지식이 없는 것은 아니다. 어휘력이 바로 그것이다. 일반적으로 단어에 대한 사람들의 지식은 매우 부족하거나 불완전하다. 그 때문에 남의 말을 듣거나 글을 읽을 때 그 뜻을 올바르게 이해하기 위해서는 단어에 대한 폭넓은 지식이 절대적으로 필요하다. 그 중에서도 특히 중요한 것은 단어에 내제되어 있는 의미라고 할 수 있

다. 단어에는 여러 가지 의미가 있다. 문맥에 따라 결정되는 의미도 있지만, 역사적인 의미형성과 그 변화과정을 알지 못하면 올바른 의미파악이 어려운 경우도 적지 않다. 그만큼 단어의 의미를 이해하자면 도외시해서는 안될 지식이 語源이다. 여기서 잠시 語源의 실제에 대하여 알아보기로 한다.

3) 현대국어의 '이웃'이라는 단어를 보면 그 音相이 어쩐지 부자연스럽다. 음절구조가 V-VC, 곧 모음이 충돌하고 있기 때문이다. 일반적으로 자연스러운 단어의 음절구조는 '자음＋모음'의 연쇄, 곧 CV-CV(-CV-X)와 같은 음상으로서 자음과 모음이 차례로 연결된 경우를 말한다. 음절구조가 자연스럽다 함은 발음하기가 편하다는 뜻이다. 이러한 관점에서 '이웃'은 본래 좀더 자연스러운 음절구조에서 유래했으리라는 추정이 가능하다. 실제로『雞林類事』(12세기 초두)에는 '隣曰以本直'이라는 항목이 나타난다. '隣'에 해당하는 국어가 '*이븢-집' 곧 그 음절구조가 V-CVC-X였음을 알려준다. 이로써 '이웃'이라는 단어는 처음부터 부자연스러운 음절구조를 가졌던 것이 아니라 '모음간의 자음탈락'(이 경우에는 ㅸ)이라는 음운변화를 거친 결과로 이해된다. '이웃'은 문헌상으로 前代의 모습이 확인되는 사례에 속한다. 그러나 경우에 따라서는 과거의 모습을 문헌으로 확인할 수 없을 때도 많다. 이때에는 논리적 추론을 통한 內的再構(internal reconstruction)로 어떤 단어의 과거를 해명할 수도 있는데, 이 또한 語源해명의 한가지 방법에 속한다.

4) 국어에는 모음조화라는 규칙이 있다. 중세국어의 경우, 이 규칙은 어간내부에서도 비교적 잘 지켜졌으나 현대국어에 이르러서는 상당한 혼란을 보인다. 예컨대, '마주, 자주, 가두-, 가르치-' 등에서처럼 모음조화가 많이 흐트러져 있는 것이다. 그러나 양성모음 '아, 오, ㅇ'에 대립되는 음성모음 '어, 우, 으'를 짝으로 이용한다면 이들은 논리적으로 각기 '마조〈맟-오, 자조〈잦-오, 가도-, 가르치-'로 소급될 수 있다. 이처럼 경우에 따라서는 문헌에 의지하지 않더라도 누구나 前代의 어형을 추론할 수 있는 것이다. 그러나 실제로는 '잦-오'가 다시 '줒-오'로, '가르치-'는 'ㄱㄹ치-'로 거슬러 올라간다. 이러한 사실은 문헌을 통해서만 확인이 가능하다. 따라서 문헌이 있다면 前代의 어형을 확인할 수 있는 길이 그만큼 확실해진다.

모음조화에 적용되는 '아, 오, ㅇ/어, 우, 으'와 같은 모음간의 체계대립은 또 다른 재구에도 이용될 수 있다. 가령, '갇-, 밧-, 눅-, 사홀-, 바히-'와 같은 동사어간의 의미가 잘 떠오르지 않는다면 그에 대립될 만한 어형으로 '걷-(收), 벗-(脫), 녹-(融), 서흘-(切), 버히-(割)'를 떠올려 볼 일이다. 국어에는 '아/어, 오/우, ㅇ/으'와 같은 모음대립이 수많은 단어의 의미분화나 파생어 생성에 이용되기 때문이다. '머리/마리, 설/살, 늙-/늙-' 등과 같은 단어의 짝들도 그러한 사례의 일부에 속한다.

5) 이번에는 의미와 관련되는 內的再構의 사례 한가지를 들어보기로 한다. 오래전 어떤 보신탕집에서 식사를 마치니 쓰디쓴 차를 내왔다. 맛이 하도 쓰기에 무슨 차냐고 물으니 '살구씨 차'란다. 왜 살구씨 차를 주느냐고 했더니 '살구(杏)'에는 '殺狗'라는 뜻이 있으니까 개고기의 독기를 없애는 효과가 있기 때문이란다. 그러나 '살구'의 의미를 '殺狗'로 해석하는 것은 民間語源(folk etymology)에 지나지 않는다. 현대국어 '살구'는 중세국어 '술고'로 거슬러 올라가는데 이를 '殺狗'라는 한자어와 연결시킬 수는 없는 것이다. 왜냐하면 15세기에는 '殺'의 발음이 '살'이었지 '슬'이 아니었으며, '狗' 또한 '구'였지 '고'가 아니었기 때문이다.

그렇다면 '살구'가 '殺狗'의 뜻으로 쓰이기 시작한 시기는 언제쯤일까? 그 절대연대를 밝히기는 불가능하나 상대연대라면 어느 정도 추정해 볼 수도 있다. 우선, 그 시기는 '술고'의 제1음절 모음 'ㆍ'가 비음운화하여 '슬'이 '살'로 변하고, 제2음절 모음 'ㅗ'가 고위모음화하여 '고' 또한 '구'로 변한 이후가 될 것이다. 곧, '술고'〉'살구'와 같은 변화가 이루어진 이후 누군가가 이를 '殺狗'라는 발음으로 해석하기에 이르렀을 것이다. 그렇다면 그 시기는 제1음절 위치에서 ㅅ에 후행하는 'ㆍ'가 비음운화를 일으킨 이후가 될 것이다. 필자는 그 시기를 18세기 중엽으로 보고 있다. 따라서 '살구'에 '殺狗'라는 民間語源의 뜻이 생긴 것은 빨라야 18세기 중엽 이후가 될 것이다.

6) 사회나 문화의 급격한 변화 속에 우리는 지금 근원을 알 수 없는 새로운 단어의 홍수 속에 묻혀 살고 있다. 자연히 우리 주변에는 그 뜻이나 語源을 알 수 없는 단어들이 넘쳐흐른다. 가령, 우리나라에는 지금 EQUUS라는 자동차가 굴러다니고 있다. 그것이 특정 회사의 고급승용차라는 사실은 알겠는데, 그 말이 어디에서 나왔는지, 본래는 무슨 뜻을 지니고 있었던 말이었는지 궁금하지 않을 수 없다. 이 경우 보통은 그냥 지나치고 만다. 그러나 국어나 언어에 관심을 가진 사람이라면 그 본래의 뜻이나 어원이 알고 싶어진다. 뜻도 모르는 단어를 대한다는 것은 고통이기 때문이다. 그런데 이 말은 라틴어에서 나왔을 지도 모른다.

그렇다면 그 뜻은 '말'(馬)에 해당한다.

요즈음 '세꼬시'라는 말이 日食집 식단에 많이 나온다. 아무래도 그 뜻을 모르겠기에 모 대학원에 재학중인 일본인 학생들에게 이 말을 아느냐고 물어보았다. 다섯 명이나 되는 일본인들 가운데 이 단어를 안다는 사람은 아무도 없었다. 일본어 사전을 떠들어 보아도 이 단어를 찾기가 쉽지 않았다. 다음과 같은 사전에 '背越し'[se-gosi](せごし)란 표제어로 올라 있을 뿐이다.

金澤庄三郎(편)(1925년 초판, 1936년 新訂314판), 『廣辭林』(三省堂)
東條操(편)(1951년 초판, 1971년 33판), 『全國方言辭典』(東京堂出版)
大槻文彦(1956년 초판, 1972년 40판), 『新訂大言海』(富山房)
大野晉(외 2인편)(1974년 초판), 『岩波古語辭典』(岩波書店)
小學館(1980년 축쇄판 10권본), 『日本國語大辭典』(小學館)
林巨樹(감수)(1985년 초판), 『現代國語例解辭典』(小學館)

이들 사전의 뜻풀이를 종합해 보면 [se-gosi]는 '붕어, 은어, 황어와 같은 작은 민물 물고기의 머리, 내장, 지느러미를 떼어낸 후, 뼈와 함께 잘게 썰어 초무침을 한 생선회의 일종'이다. 또한, 그 발음으로 볼 때 국어로는 '세꼬시'가 아니라 '세고시'로 표기되어야 한다. 이들 사전에 인용된 용례는 모두 고전에서 나왔으며, 방언상으로는 京都부근에서 九州에 이르는 일본의 서부지역에서 쓰인다고 설명되어 있다. 결국, '세고시'라는 단어는 현대일본어로서는 거의 쓰이지 않으며, 일부지역에 방언으로 남아있을 뿐이다. 일본인 대학원생들이 이 단어를 모르는 이유가 거기에 있다.

하여튼 일본어 '세고시'의 본래 뜻은 작은 민물고기로 만들어진 초무침 회였으나, 국어에 지금 쓰이고 있는 차용어 '세꼬시'는 바다 생선으로 만들어지는 일반 회를 뜻한다. 다만, 작은 생선의 뼈까지를 함께 썰어 만든다는 점에서 일반 회와는 다르다. 이러한 의미에서 국어의 '세꼬시'는 차용되는 과정에서 의미변화를 겪은 결과로 해석된다.

2. 고전국어의 의미와 어원해석

1)『雞林類事』의 '醬曰密祖'

이때의 '密祖'는 현대국어의 '메주'에 해당하는데『訓蒙字會』(1527)에는 '며주'(醬麴)로 나타난다. 방언형으로는 '메조, 며주, 미주, 미지, 뫼주' 등이 있는데, 그 중에서도 특히 주목되는 형태는 남부방언에 널리 분포되어 있는 '미주, 미지'라고 할 것이다. 이들은 음운론적인 내적 재구의 토대가 되기 때문이다. 무엇보다도 '미주, 미지'의 제1음절에는 'ㅣ'라는 모음이 보존되어 있다.『계림유사』의 국어표기에 이용된 한자의 경우, 舌內 入聲韻尾 -t가 반영되지 않은 경우도 많으므로 '密'에 해당하는 국어음절은 *mi로 추정된다. 한편, '祖'는 고대한음 *tsuo(칼그렌의 재구음), 북경음 tsu, 광동음 tsou이므로 이를 토대로 삼을 때 '祖'에 해당하는 국어음절은 *cu 내지 *co였으리라고 추정된다. 이로서『雞林類事』에 보이는 '密祖'는 *micu 또는 *mico로 재구될 수 있을 것이다. 제2음절 모음이 u였는지 o였는지는 확실하지 않으나 여기서는 이 문제가 논의의 주요 대상이 아니기 때문에 더 이상 집착하지 않기로 한다. 한편, 이 단어에 나타나는 치경음 -c는 非口蓋化音임을 나타낸다. 전기중세국어의 치경음은 구개음화를 겪지 않았던 것으로 추정되기 때문이다.

그런데, 여기에는 또 다른 문제가 남아있다.『계림유사』의 *micu는 '醬'을 나타내는데,『훈몽자회』의 '며주'는 '醬麴'을 나타낸다. 이로써『계림유사』의 *micu가 본래 '醬'이었는지 '醬麴'이었는지 문제가 제기된다. 그러나 국어자료만으로는 더 이상 의미의 내적 재구가 불가능하다. 이때에 필요한 수단이 비교방법(comparative method)이라고 할 수 있다.

만주어에는 misun(醬)이 있다. 형태와 의미가 *micu와 아주 유사하다. 일본어에도 여기에 대응되는 단어가 있다. miso(醬)가 그것이다. 이때의 '味噌'는 일본어식 한자표기일 뿐 한자어가 아니다. 일본어에는 이러한 방식의 한자표기가 많은데 이를 ate-zi(當て字, 한자 붙이기)라고 한다. '俱樂部'(〈club), '浪漫'(〈roman), '簿記'(〈book keeping) 따위가 그러한 사례에 속한다.

만주어 misun, 일본어 miso로 볼 때『계림유사』의 *micu 또한 본래는 '醬'을 뜻했던 것으로 보인다. 결국, *micu는 전기중세국어에서 후기중세국어에 이르는 동안 '醬〉醬麴'과 같은 의미변화를 일으켰던 것으로 추정된다.

그러나 아직도 몇 가지 문제점이 남아있다. 첫째로 국어의 *micu는 시기상 어느 시점까지 거슬러 올라갈 수 있으며, 둘째로 고유어인가 借用語인가, 셋째로는 어떠한 변화를 거쳐 후기중세국어의 '며주', 현대국어의 '메주'에 이르렀는가 하는 점이다.

첫째, 『계림유사』에 나타나는 *micu는 적어도 8세기 중엽으로 거슬러 올라가는 듯하다. 일본문헌인 『和名類聚抄』(934경)의 '末醬'에 다음과 같은 주석이 전하기 때문이다.

> 美蘇 今按 弁色立成說同 旦本義未詳 俗用味醬二字 味宜作末 何則通俗文有末楡
> 莢醬 末者搗末之義也 而末訛未 未轉爲味

이 기록으로 볼 때 10세기 초엽 일본에서는 '末醬'을 '美蘇' 또는 '味醬'이라고 했음을 알 수 있는데 어느 쪽이나 *miso임을 나타낸다. '本義未詳'이라고 한 것을 보면 당시에 벌써 그 어원을 알지 못했던 듯하다. '末醬'은 그 이전의 문헌에 보이지 않으나 나라(奈良) 시가지 서쪽의 平城宮跡에서 발견된 木簡에 다음과 같이 나타나기도 한다.

> (表) 寺請 小豆一斗醬一十五升 大床所 酢末醬等
> (裏) 右四種物 竹波命婦御所

이 목간은 '醬'과 '末醬'이 서로 다른 것이었음을 알려주는데 『和名類聚抄』에 따른다면 '醬'은 fisofo, '末醬'은 miso가 되는 셈이다. 그런데 이 목간은 763년에 쓰여진 것으로 추정되기 때문에 일본어 miso는 적어도 8세기 중엽이전으로 소급된다.

『和名類聚抄』에는 또한 "『楊氏漢語抄』에서 末醬을 高麗醬이라고 했다"는 기록이 전하는데 이로써 일본어 miso는 국어의 *micu에 대한 차용어로 추정된다. 그렇다면 8세기 중엽이전에 국어에도 이 단어가 있었음이 거의 분명해진다. 결국, 『雞林類事』의 '密祖'에서 재구될 수 있는 *micu는 8세기 중엽이전으로 거슬러 올라가는 단어로 추정된다.

한편, 국어의 *micu는 만주어 misun에 대한 차용어일 가능성이 크다. 여기에 확실한 근거를 제시할 수는 없으나 몽고어에는 이에 대응하는 단어가 없을 뿐 아니라 '醬'은 문화어의 일종으로 해석되기 때문이다.

국어의 *micu는 이른바 '*i의 부서짐'(breaking of *i)을 거쳐 후기중세국어 myəcu로 변했다가 그 후 다시 ㅈ의 구개음화로 myəču가 되었으며, 그로부터 후기근대국어에 이르는 동안 제1음절의 구개성 상향이중모음 yə의 전설모음화, 단모음화로 mečo에 이르렀다. 그러므로 방언형에 남아있는 '미주, 미지' 등의 제1음절에는 비교적 고대의 모음 *i가 아직도 유지되고 있는 셈이다.

2) 중세국어의 '옅(麻)'

'麻'를 뜻하는 국어단어에는 두 가지가 있다. 그 하나는 '삼'이오, 다른 하나는 '옅'이다. 전자는 『雞林類事』에 '麻曰三'(*삼)이라는 실례로 전하며 후자는 『楞嚴經諺解』(1462) 등에 나타나므로 두 어형이 모두 15세기 이전으로 거슬러 올라감을 알 수 있다.

『東醫寶鑑』(1613) 湯液篇(권一 穀部)에는 '麻子·삼삐 或云열삐'라는 용례가 나타난다. 이로써 17세기 초엽에는 적어도 '삼'과 '옅'이 同義語 관계였음을 알 수 있다. 그러나 일반적으로 의미가 완전히 일치하는 동의어란 존재하기 어렵다. 따라서 이들 두 단어는 통시적으로 의미가 달랐던지 아니면 방언적 차이를 나타내고 있는 것으로 추정된다.

먼저, 의미차이부터 살펴보자면 『큰사전』(한글학회)에는 '열삼'이라는 단어가 등재되어 있는데 그 뜻은 '씨를 받기 위하여 기르는 삼'으로 풀이되어 있다. 그렇다면 '삼'과 '옅'은 본래 의미가 다른 단어였음을 가능성이 크다. 『救急簡易方』(1466)에는 '돌열삐'(冬麻子)(권一 11a)라는 용례도 나타난다. '삼'과는 다른 '돌옅'이 또 있었음을 보여준다. 그러나 더 이상의 상세한 의미에 대해서는 알기가 어렵다.

柳田國男에 의하면 일본의 원시적 衣料에는 asa(麻), fudi(藤), sina-no-ki(科木, 동북지방에서는 mada-no-ki), ira(蕁麻, 刺草), taku/tafe(栲), kazo/kadi(楮) 등이 있었다고 한다. 이 중 ira는 우리의 관심을 끈다. 그 의미는 '蕁麻'라는 한자표기로 나타나는데, '蕁麻'라면 국어로는 '풀가사리'라는 해조류의 일종이다. 따라서 이 때의 '蕁麻'는 해조류와는 관련이 없는 섬유식물을 나타낼 것이다. 실제로 일본어 ira는 ira-kusa라는 명칭으로 널리 알려져 있다. 『新撰字鏡』(898-900 사이)에 '荊 𠦝木芒刺也 伊良(*ira), 苛 擾也 怒也 煩也 小𠦝也 怨也 疾也 伊良(*ira)'가 나타나며, 『和名類聚抄』(934경)에도 '苛 伊良(*ira) 小草生刺也'와 같은 항목이 보인다. 그러나 이때의 *ira와 ira-kusa는 서로 관계가 없는 것으로 보인다.

일본어 ira-kusa는 잎의 안쪽에 絹紗와 같은 가시가 나있어 스치면 아프고 가려우며 ira-ira(따끔따끔)한다고 해서 생긴 명칭이라는 해석도 있으나, 이는 民間語源일 뿐이다. 大槻文彦의 『大諺海』로 미루어 볼 때 ira-kusa는 국어의 '芧'와 비슷한데 다만 줄기와 잎에 가시가 나있는 점이 다르다고 한다. 따라서 '가시'(ira)가 나있기 때문에 ira-kusa가 된 것이 아니고, ira-kusa에 가시가 나있기 때문에 ira가 '가시'라는 뜻을 가지게 된 것으로 해석된다. 상대 일본어의 ira-nasi(마음이 아프다, 괴롭다), 현대일본어의 ira-ira(따끔따끔), ira-ira-suru(아프다)는 곧 ira-kusa의 ira에서 파생된 결과일 것이다.

일본어 ira-kusa는 ita-ita-kusa라고도 하는데, 이는 ira가 '아프다'는 뜻을 가지게 되면서 새로 생성된 어형일 것이다. ira-kusa에 '가시'가 나있는 것은 사실이지만, ira가 본시 '가시'를 뜻했던 것은 아닌 것이다. 그러므로 『新撰字鏡』이나 『和名類聚抄』의 '伊良'(*ira)에 대한 뜻풀이도 그대로 믿기는 어렵다.

중세국어 '옳'은 일본어 ira-kusa의 ira에 대한 語源을 밝혀 줄 뿐 아니라, 이번에는 일본어 ira를 통하여 중세국어 '옳'이 겪은 변화를 추정해 볼 수도 있다. 우선, 일본어 ira-kusa의 ira는 국어 '옳'의 차용형으로 추정된다. 柳田國男의 말대로라면 ira(蕁麻, 刺草)와 asa(麻)는 종류가 다른 섬유식물이었다. 또한, 중세국어의 '옳'도 '삼'과는 의미가 구별되는 단어였던 것으로 생각된다. 柳僖의 『物名考』(純祖 年間)에 나타나는 '大麻 삼'은 그러한 생각을 뒷받침해 준다. 결국, '삼'이 '大麻'였다면 '옳'은 '麻'나 '冬麻'였을 것으로 추정되지만 그 이상의 식물학적 의미추정은 우리의 능력을 벗어나는 일이다.

그러나 일본어 ira는 한 가지 중요한 역사적 사실을 암시해 준다. 일본어 ira가 국어 '옳'의 차용형이라면 '옳'은 *irah(*이랗)로 재구될 수 있다는 점이다. 실제로 국어와 일본어 사이에는 그러한 가능성을 보이는 단어가 얼마쯤 발견된다. 가령, 중세국어의 '셤'(島)은 일찍이 람스테트가 지적한 것처럼 일본어 sima(島)에 대응된다. 그렇다면 '셤'은 *sima(*시마)로 소급된다. '셤'은 上聲이었기 때문에 '*시마'의 제1음절은 平聲, 제2음절은 去聲으로 재구되어 음운사적으로도 모순이 생기지 않는다.

바로 앞에서 본 것처럼 『계림유사』의 *micu에서 변화한 중세국어의 '며주'도 제1음절이 平聲, 제2음절이 去聲이라는 점에서 '셤'의 소급형인 '*시마'와 같은 부류의 변화에 속한다. 다만, '*시마'의 어말모음은 '*i의 부서짐'과 함께 소멸되었으나, '*미주'의 어말모음은 보존되었다는 점에 차이를 보일 뿐이다. 이와 같은 성격을 보이는 단어가 국어와 일본어 사이에는 다음과 같은 대응으로 남아있다. 앞쪽이 국어, 뒤쪽은 일본어를 나타낸다.

tyəl(뎔, 寺)/tera, syəy-(셰-, 白)/siro, hyə(혀, 舌)/sita, mira(멸, 韯)/mira(韮)

다만, '옳'의 소급형을 '*이랗'으로 보는 데에는 하나의 난점이 따른다. 중세국어의 '옳'은 평성으로 나타나기 때문에 이를 '平聲＋去聲'의 발달형으로 보기는 어렵기 때문이다. 그러나 『큰사전』에 올라있는 '열삼, 열씨' 등의 '열'은 장음으로 표기되어 있다. 그렇다면 '옳'은 '*이(平聲)＋랗(去聲)'으로 재구될 가능성을 배제하지 않는다. 앞으로의 숙제로 남겨둘 만하다.

3) 중세국어의 '디새(瓦)'

이 단어는 근대국어에 이르러 語頭音의 구개음화로 '지새'가 되었는데, 그 후 제2음절 '-새'의 의미가 불투명해지자 그 자리에 한자 '瓦'가 대신 채워져 '지와'가 되었다가 이번에는 또다시 제1음절에 부정회귀(false regression)나 과잉수정(hyper-correction)이라는 유추가 일어나 '기와'가 되었다.

'디새'는 어원적으로 '디-새'와 같은 두 형태소로 분석되는데, 이때의 '디'는 '딜'(陶器), '새'는 '새집'(草堂, 茅堂, 菴) 또는 '새니다'(苫)에 나타나는 '새'(草, 茅)에서 유래한 것이다. 결국, '디새'는 단일어가 아니라 합성어였음을 알 수 있다.

'딜-새'〉'디새'에 나타나는 流音 ㄹ의 탈락은 간단하게 설명될 수 있다. 국어의 경우, 형태소가 결합될 때 설단자음 앞에 배분되는 ㄹ은 탈락되는 규칙이 있었기 때문이다. 이 규칙은 현대국어에서보다 중세국어에서 더욱 활발히 적용되었는데 합성법의 '활-살'〉'화살'이나 굴절법의 '알-노라'〉'아노라'는 이 탈락 규칙이 적용된 결과임을 보여준다.

성조상 '디새'의 제1음절 '디'는 그 어근 '딜'과 마찬가지로 平聲이었다. 다만, 제2음절인 '새'는 平聲으로 나타나지만 그 어근인 '새'는 본래 上聲이었다. 이러한 불일치는 통시적 변화에 기인한 결과로 해석된다. 다시 말하자면 '디새'의 '새'도 본래는 上聲이었으나 어원이 불투명지면서 平聲化한 것으로 추정된다. 요컨대 '디새'의 어원을 '딜-새'로 보더라도 음운론적으로 심각한 모순은 생기지 않는다. 따라서 남은 문제점은 '디새'의 제2음절인 '새'의 어원적 의미에 모아진다.

중세국어 '새'의 일차적 의미는 '풀'(草)이었다. 『龍飛御天歌』(1445)(권七)에 보이는 지명 '草閑 새한'에 그러한 의미가 나타난다. 그러나 이때의 '새'는 일반명사로서의 풀이라기보다 특정범위에 한정되는 '풀', 다시 말하자면 '이엉'처럼 지붕을 덮는 데 이용되는 풀종류를 뜻했을 것이다. 『杜詩諺解』(1481)에서는 '草堂'이나 '茅屋'을 '뛰로 니윤 집' 또는 '새집'으로 번역하고 있기 때문이다. 『訓蒙字會』(1527)(下 8a)의 '苫 새닐 셤'으로 나타나는 '새' 또한 '지붕에 깔 수 있는 풀'을 나타낸다.

이 '새'는 현대국어에 자립어로 쓰이는 일이 거의 없어 폐어화하였으나 식물학명에는 아직도 널리 쓰이고 있다. 1년초인 '참새귀리, 방울새풀(방울피), 나도바랭이새, 좀물뚝새', 2년초인 '뚝새풀, 새포아풀', 다년초인 '실새풀, 나래새, 오리새, 쌀새, 주꼬리새, 쥐꼬리새풀, 참새피, 억새(참억새), 물억새, 기름새, 큰기름새, 솔새, 개솔새' 등에 포함되어 있는 '새'가 바로 그것이다. 다년초인 '새'도 물론 따로 존재한다. 이들 '새'는 모두 被子植物門, 單子葉植物綱의 벼科에 속한다.

그러나 이 벼科植物들이 모두 지붕용 이엉으로 이용되기는 어려웠을 것이다. 이엉으로 쓰이자면 주거지 가까운 지역에 밀집하여 자라는 다년초로서, 높이는 1m 내외, 줄기는 곧고 가늘고 질기되 열매가 아주 작아야 하고 잎은 좁고 길되 이삭 방향으로 모아져 있어야 한다. 이러한 조건을 잘 갖추고 있는 벼科植物로서는 '새, 실새풀, 나래새, 쌀새, 기름새, 큰기름새'를 비롯하여 '띠, 억새(참억새). 물억새, 진들피, 왕미꾸리광이, 줄, 달뿌리풀, 갈대' 따위를 들 수 있다.

결국, 이엉 資材로서는 지역조건에 따라 이들 중 적당한 종류의 草本植物이 선택되었을 것이며, 개별명칭이 분명하지 않을 때에는 '새'라는 凡稱으로 통용되었을 것이다. '茅'로 표현되는 漢字가 '뒤'(『訓民正音』 解例本 用字例)로 번역되기도 하고, '새'로 번역되기도 한 것도 그 때문이었을 것이다.

이처럼 지붕용 이엉으로 쓰일 수 있는 벼과식물의 범칭인 '새'가 질그릇을 뜻하는 '딜'과 결합되어 '딜새'라는 합성어가 나왔고, 이 합성어가 ㄹ탈락을 거쳐 '디새'가 된 것이다. 이로써 중세국어 '디새'의 의미는 '질그릇으로 이루어진 이엉용 資材'가 될 것이며, '새'의 어원적 의미는 '이엉으로 이용될 수 있는 풀'이었다고 풀이할 수 있다.

여기에 잠시 덧붙이자면 현대국어에 쓰이고 있는 '기와'의 下位名稱에도 '새'가 남아있음을 볼 수 있다. '막새(처마 끝에 사용되는 기와, 암막새와 숫막새 두 가지가 있는데, 한자표기로는 莫斯, 또는 防草), 적새(지붕 마루를 덮어 쌓는 암키와. 한자표기로는 積瓦), 너새(적새의 맨위에 얹는 암키와, '너와'라고도 함), 망새(지붕 마루 끝에 세우는 암막새. 한자표기로는 望瓦)' 등에 나타나는 '새'가 그것이다. '막새'의 '막'은 '막차'의 '막'과 같은 형태소이며, '너새'는 '널(板)＋새', '적새'와 '망새'는 각기 '積＋새, 望＋새'와 같은 구성요소로 분석된다.

이로써 '디새'에 나타나는 '새'는 이엉으로 쓰이는 벼科植物의 凡稱에서 유래했음을 알 수 있다. 결국, '디새'나 '막새'의 '새'를 비롯한 '억새'의 '새'는 그 어원이 모두 같은 것이다.

3. 현대국어의 의미와 어원해석

1) '김치'

'김치'는 漢字語에서 유래한 단어 가운데 하나에 속한다. 『訓蒙字會』(1527)에는 '딤치'로 나타나는데 또 다른 문헌에는 '팀치'로 나타나기도 한다. 어느 쪽으로 보나 그 기원은 沈菜(팀치)였으리라고 추정된다. 이 말이 '김치'에 이르기까지는 실로 갖가지 변화를 겪은 것으로 보인다.

'팀치'는 일단 '딤치'로 변했다가, 어두음 ㄷ의 구개음화에 따라 '짐치'로 변한 후, 여기서 다시 '짐츼〉'짐치'와 같은 변화과정을 거쳤을 것이다. 여기까지는 정상적이며 규칙적인 음운변화를 거친 결과였다. 그런데 이 단계에서 특이한 변화를 거치게 된다.

관북지방이나 삼남지방에는 '질, 지름, 지둥'과 같은 어형이 나타난다. 각기 '길, 기름, 기둥'의 제1음절 '기'가 구개음화라는 변화를 일으켜 '지'가 된 것이다. 이러한 변화는 늦어도 18세기 초엽 이전에 일어났던 것으로 생각된다. 이에 따라 서울 사람들은 '질, 지름, 지둥'이라는 말이 사투리(방언)라는 사실을 일찍부터 알게 되었을 것이다.

그러나 당시의 서울 사람들은 서울에서 통용되는 '짐치'까지도 방언적 발음으로 인식하였을 것이다. 실제로 관북지방이나 삼남지방에서는 지금까지도 '짐치'가 쓰이고 있기 때문이다. 이 어형은 서울말과 똑같이 '딤치'가 규칙적인 음운변화를 거친 결과였다. 그런데도 서울 사람들은 '짐치'를 사투리로 잘못 인식하였다. 그렇다면 '짐치'에 대한 서울말 발음은 '김치'가 되어야 한다. '질, 지름, 지둥'에 대한 서울말이 각기 '길, 기름, 기둥'이기 때문이다.

결국, '짐치'를 품위 있는 서울말로 되돌려야 한다는 무의식적 언어직관에서 '김치'라는 어형이 태어난 것이다. 이 과정을 통하여 '지'로 시작되는 서울말의 일부도 '기'로 고쳐졌다. '질드리다, 질쌈, 짗(새의 날개)' 등이 각기 '길드리다, 길쌈, 깃'으로, '지와, 짐장' 또한 '기와, 김장'으로 바뀐 것이다.

이러한 변화는 음운변화에 속하지 않는다. 자신의 언어표현에 대한 품위를 지키고 싶은 잘못된 언어감각에서 비롯된 결과이기 때문에 부정회귀나 과잉수정이라고 불린다. 이러한 변화는 어디까지나 우리의 머릿속에서 무의식적으로 일어난다. 또한, 이러한 변화는 어휘전반에 체계적으로 일어나지는 않으며 일부의 단어에만 국한되는 경우가 많다.

2) '설'과 '살'

국어의 역사로 볼 때 '설'은 '설날'이라는 뜻과 함께 나이의 단위를 나타내는 말이었다. 여기서 '살'이 분화된 것은 18세기 이후였던 것으로 생각된다.

'설'을 맞으면 누구나 한 '살'을 더 먹게 된다. 따라서 '설'과 '살'은 의미분화를 반영하고 있을 뿐 그 뿌리는 하나로 모아진다. 앞에서 이미 본 것처럼 우리말에는 '아'와 '어'의 대립이 의미분화에 이용되는 경우가 많다. '남-'(餘)과 '넘-'(越), '찰랑찰랑'과 '철렁철렁' 등이 그러한 방식에 따라 의미분화를 나타내는 사례들이다. '설'과 '살' 또한 그와 같은 부류에 속하는 말들이다.

우리말의 달이름은 모두 한자어로 이루어져 있으나 유독 12월만은 '섣달'이라는 고유어를 유지하고 있다. 이 '섣달'은 '설-달'에서 유래한 말이다. '바느질-고리, 이틀-날, 술-가락, 설-부르다, 잘-다랗다'가 각기 '반짇고리, 이튿날, 숟가락, 섣부르다, 잗다랗다'로 굳어진 것과 같은 유형인 것이다.

결국, '섣달'은 '설'이나 '살'과 밀접한 관계를 나타내고 있는 말로서, 그 뜻은 '설을 맞이하는 달, 설을 앞에 두고있는 달'을 나타낸다.

3) '훌륭하다'

'훌륭하다'는 형용사의 뜻을 사전에서 찾아보면 '칭찬할 만하다, 매우 좋다, 퍽 아름답다, 완전하다'(文世榮, 『朝鮮語辭典』 1938)나 '썩 좋아서 나무랄 곳이 없다, 마음에 흡족하도록 아름답다'(『큰사전』)로 풀이되어 있다.

'훌륭하다'가 사전에 나타나기 시작하는 시기는 19세기 말엽으로 추정된다. 『한불ᄌ뎐』(1880)과 『한영ᄌ뎐』(1897)을 비롯하여 조선총독부의 『朝鮮語辭典』(1920)에는 모두 이 단어가 나타나기 때문이다.

> 『한불』 '훌늉ᄒ다 Etre bien, être beau.'
> 『한영』 '훌늉ᄒ다 To be fine; to be surpassing; to be great.'
> 『朝鮮語辭典』(1920) '훌륭하다 善美なり. 立派なり.'

이 단어는 『五倫全備諺解』(1720)에 보이는 '刟圖'에 그 뿌리를 두고 있는 것으로 생각된다.

我爺嬢刚圇生我來 ○우리 爺嬢이 刚圇히 날을 나핫거늘 ○彙碎錄 物完全者爲刚圇. 我今也刚圇回去 ○내 이제 刚圇히 도라가니(권七 10a-b).

'刚圇'의 국어발음은 '홀륜'이지만 중국식 발음은 '후룬'이다. 『한불ᄌ뎐』 이래의 '훌늉ᄒ다', 현대국어의 '훌륭하다'는 이 '刚圇'에서 유래한 것으로 추정된다. 그렇다면 '훌륭하다'는 본래 중국어에서 나온 말이며 그 본래의 뜻은 단순히 '사물이나 신체가 온전한 상태'임을 나타내는 말이었다.

그러나 19세기 말엽에는 이 말의 뜻이 '좋다, 아름답다'로 변한 듯하다. 『한불ᄌ뎐』이나 『한영ᄌ뎐』에 그러한 의미가 반영되어 있다. 다만, 어느 경우나 '돈을 많이 번다'거나 '권력, 지위, 명예를 움켜쥔다'와 같은 뜻을 나타내지는 않는다. 그런데 오늘날에는 '훌륭하다'가 오히려 '벼슬'이나 '금전'과 같은 세속적 의미를 나타내는 데 쓰이는 경우가 많다. '훌륭한 사람'이라면 '벼슬이 높은 사람, 부귀한 사람'으로 인식되고 있는 것이다. '훌륭하다'가 이러한 세속적 의미로 쓰이고 있는 현실은 분명히 잘못된 것이다. 오히려 평생을 한가지 일에 매진한 사람이 훨씬 '훌륭하다' 할 것이다.

4) '모꼬지'와 '이바지'

과거에는 어떤 모임이나 잔치를 뜻하는 고유어로 '모꼬지'나 '이바지'와 같은 단어가 있었다. 이들은 모임이나 잔치에 대한 우리의 오랜 생활감각을 증언해 주는 단어들이다.

'모꼬지'라는 단어는 지금 거의 쓰이지 않지만 한글학회의 『큰사전』에는 어엿하게 실려있는 고유어에 속한다. '놀이, 잔치 그 밖의 다른 일로 여러 사람이 모임'으로 풀이되어 있다. 시인 李相和만 해도 「나의 寢室로」라는 시에서 이 단어를 쓴 적이 있다. 그 첫머리는 "마돈나, 지금은 밤도 모든 목거지에 다니노라/피곤하여 돌아가련도다"로 시작되는데, 여기에 보이는 '목거지'는 '모꼬지'와 같은 말인 것이다.

이 어형은 '몯-'(모이다)이라는 동사에서 파생된 명사형으로서 좀더 예전으로 거슬러 올라가면 '몯ᄀ지, 못ᄀ지, 못거지'와 같은 표기로 쓰인 바 있다. 이렇게 볼 때 어떤 모임을 우리의 전통적 감각으로 나타내고 싶다면 '모꼬지'라는 단어가 적절할 것이다. 실제로 이 '모꼬지'라는 말은 얼마 전부터 대학가의 축전에서 더러 쓰이고 있는 듯하다. 그러나 이러한 시도가 페이화힌 딘이의 부휠로 이이낄지는 ᄂ-고믈 일이디.

한편, '국가에 이바지한다'처럼 쓰이는 '이바지'도 본래는 '잔치를 베풀거나 음식을 대접하는 모임'을 뜻하는 말이었다. 이 말은 '이받-'이라는 동사에서 파생된 명사형 '이받이'가 구개음화를 거쳐 '이바지'로 굳어진 것이다. '이바지'는 그 의미가 '공헌'으로 바뀌어 현대국어에서 널리 쓰이고 있다.

5) '羊'과 '염소'

地支를 나타내는 열 두 가지 동물은 거의 대부분 고유한 국어명을 가지고 있다. 사람이 태어난 해를 나타내는 '띠'를 현대국어로 보면 '쥐(子), 소(丑), 범(寅), 토끼(卯), 龍(辰), 뱀(巳), 말(午), 羊(未), 잔나비(고어로는 '납'. 申), 닭(酉), 개(戌), 돼지(고어로는 '돝'. 亥)'인데, 이들 가운데 '龍'과 '羊'을 빼놓는다면 나머지는 모두가 고유어로 되어 있다. 그런데 과거에는 '龍'에도 고유어가 있었다. 崔世珍의 『訓蒙字會』(1527)에는 '龍'과 '辰'에 '미르'라는 풀이가 나타나는 것이다. 『朝鮮館譯語』 '鳥獸門'의 '龍'이나 '干支門'의 '辰'에도 '米立'(*미르/*미리)라는 단어가 보이므로 '龍'을 나타내는 고유어가 훈민정음 창제 이전으로 분명히 거슬러 올라감을 알 수 있다.

그렇다면 '羊'에 대한 고유어는 정말로 없었을까 궁금해진다. 그러나 여기에도 사실은 고유어가 있었다는 증거가 있다. 우선, 『杜詩諺解』(1481)에는 '염'(羔)이라는 단어가 나타난다. 崔世珍의 『老朴集覽』(16세기 초엽)이나 『石峰千字文』(1583)에도 '염'(羔)이 보일 뿐 아니라, 『朝鮮館譯語』 '鳥獸門'의 '羊'이나 '干支門'의 '未'에도 '抩'(*염/*얌)으로 나타난다. 이 때의 '羔'(고)는 '羊의 새끼'(羊子)나 '작은 羊'(大曰羊 小曰羔)을 뜻하는 漢字이므로 여기에 대응되는 '염'이나 '抩'(한자음으로는 얌/엄)은 국어의 고유어임이 분명하다.

이로써 '羊'에 대한 고유어는 '염'이며, 이 단어는 훈민정음 창제 이전으로 거슬러 올라감이 확실해진다. 이때의 '염'은 '髥'(구레나룻, 수염이 많은 사람)이라는 漢字처럼 보이기도 하나 의미상 둘 사이에는 관련이 없을 것이다. 거기다가 람스테트는 '염'을 알타이제어와 비교한 바 있기 때문에 그 어원을 한자어로 보기는 어려울 것이다.

그런데, '염'이라는 고유어는 일찍부터 '羊'으로 쓰이기도 한 듯하다. 12세기 초엽의 『雞林類事』에 이미 '羊曰羊'처럼 나타나는데, 이는 '羊'이라는 漢字語가 고유어 대신 쓰일 수 있었음을 알려주는 사실로 추정되기 때문이다. 그러다가 15세기부터는 '羊'과 '염쇼'가 함께 나타나는데, 이 사실은 '염'의 의미가 불투명해짐에 따라 그 단어가 '염＋쇼(牛)'라는 복합어로 대치되기 시작했음을 말해준다.

현대국어에서는 '羊'과 '염소'를 구별하고 있지만 이들은 다같이 소과동물에 속한다. 그리고 그 이름은 모두 '염'으로 거슬러 올라간다. 결국, 국어에는 '羊'에 대한 고유어도 있었음을 알 수 있다.

6) '십팔번'

살림살이가 한결 부드러워져서인지 갖가지 모임이 사시장철 그칠 날이 없다. 그 이름도 여러 가지여서 동창회, 친목회, 야유회, 단합대회, 송년회, 신년회 등등 헤아리자면 머리가 어지러워진다. 이 하고 많은 모임에 노래나 장기자랑이 빠지지 않고 펼쳐지게 마련인데 이때에 싫어도 듣게되는 말이 '십팔번'일 것이다.

어떤 사람이 정해놓고 부르는 노래나 재주를 '십팔번'이라고 한다. 정해진 노래나 재주라면 가장 잘하는 품목일 텐데 이를 왜 '일번'이라고 하지 않고 '십팔번'이라고 하는지 궁금하지 않을 수 없다. 실상은 여기에 그럴만한 연유가 서려있다.

일본의 전통적 연극에는 여러 가지 형식이 있으나 그 중에서도 첫손가락으로 꼽히는 것이 '가부키'(歌舞伎)라고 할 수 있다. 이 '가부키'를 대대로 이어오는 家門으로서는 市川家가 가장 유명한데, 그 집안에는 '가부키'의 대본도 대대로 전해온다. 그 대본을 '교겡'(狂言)이라고 하는데 市川家에는 특별히 뛰어난 '교겡' 18종이 전해온다. 그 하나 하나를 각기 나무 상자에 넣어 보관하는데, 상자에는 순서대로 일련번호가 매겨져 있다고 한다.

첫 번째 상자가 '1번', 마지막 상자가 '18번'이다. 따라서 '교겡'은 그냥 '상자'라고 불리기도 하고 '십팔번'이라고 불리기도 한다. 결국, '십팔번'은 '가부키에서 쓰이는 뛰어난 대본 열여덟 가지'를 뜻하던 말이었다. 이러한 의미가 '가장 잘하는 技藝'나 '잘 부르는 노래'라는 뜻으로 전용되기에 이르렀고, 이 단어와 더불어 뜻 또한 국어에 차용되기에 이른 것이다.

4. 맺는 말

1) 오늘날 우리는 급격한 산업화와 정부화에 따른 지식과 정보의 홍수 속에 살고 있다. 이에 따라 국어를 둘러싼 언어적 주변환경도 급박하게 변해가고 있다. 우선, 외적으로는 외래

어, 신조어, 축약어, 로마자 기호어(SARS, SUV, A/S, KB, KT, LG, SK) 등이 폭발적으로 증가하고 있으며, 내적으로는 한글전용과 그에 따른 한자학습의 기피로 대부분의 사람들이 한자에 대한 이해력과 활용능력을 거의 잃어가고 있다. 또 다른 측면에서는 컴퓨터를 통하여 젊은이나 어린 학생들 사이에서 유행하는 언어파괴나 문법파괴 현상도 매우 심각하다고 할만하다.

2) 이러한 주변환경 속에서 우리는 지금 국어에 범람하는 각종 言語資材의 의미를 정확하게 파악하기조차 어려울 지경에 놓여 있다. 해마다 쏟아져 나오는 신어목록을 잠시 훑어보면 그러한 현실을 실감할 수 있다. 가령, 2003년도에 태어났다는 신조어의 일부를 잠시 살펴보자. 滄海一粟에 불과하지만 이들 대부분은 그 뜻이 불투명하여 한번 보아서는 정확히 무슨 뜻을 나타내고 있는지 알아차리기 어려운 경우가 많다.

고유어=갈겹살, 바퀴신발, 짚불구이
한자어=高四, 敎師考試, 半修(生), 善童, 足動車
혼종어=달림房, 닭살女, 돈盲, 귀차니스트(귀찮+nist), 땅파라치
서양어=웰빙(well-being), 멀티잡(multi-job)
절단식 합성어=디카(digital+camera), 뮤페라(musical+opera), 샐러던트(salaried man +student)
기호어=사스(SARS=Severe Acute Respiratory Syndrome), 수브(SUV=Sports Utility Vehicle)
축약어=지자체(지방자치단체), 조폭(조직폭력배), 금감위(금융감독위원회), 부방위(부패 방지위원회)

3) 요컨대, 국어를 깊이 이해하고 잘 쓰기 위해서는 각종 言語資材, 곧 고유어나 한자는 물론이려니와 영어를 비롯한 수많은 외래어성 구성요소의 의미와 어원에도 더욱 많은 관심을 기울일 필요가 있다. 더구나 한 시대를 풍미한 단어들의 깊숙한 내면에는 그 시대의 문화와 사회현실, 그 시대를 살다간 사람들의 意識과 思考와 感覺과 情緖가 담겨있다. 그만큼 그 시대 그 시대의 단어내면을 깊이 이해하지 못하는 한 국어를 제대로 알고 있다고 볼 수는 없을 것이다.

참고문헌

宋　敏(1986),『前期近代國語 音韻論 研究』―특히 口蓋音化와 ·音을 中心으로―, 탑출판사.

_____(1990ㄱ), '메주'의 語源,『국어교육월보』(국어교육월보사) 제33호.

_____(1990ㄴ), '옇'(麻)의 語源,『국어교육월보』제34호.

_____(1990ㄷ), '디새'(瓦)의 語源,『국어교육월보』제36호.

_____(1990ㄹ), '모시'(苧)의 語源,『국어교육월보』제37호.

_____(1999),『韓國語と日本語のあいだ』, 草風館(東京).

* 국민대 어문학연구소(2005년 5월 26일), 구두발표.

개화기 국어에 나타나는 신생어와 관용구

1. 서 언

1) 구한말의 국가적 문호개방과 그에 따른 정치적, 사회적, 문화적 개혁의 물결은 개화기의 국어 어휘체계에 신생어의 대폭적인 증가를 가져왔으며, 그 결과는 어휘체계의 급격한 개신과 변화로 이어졌다. 프랑스 선교사들의 『한불ᄌ뎐』(1880), 언더우드(H.G.Underwood)의 『한영ᄌ뎐』(1890), 게일(J.S.Gale)의 『한영ᄌ뎐』(초판 1897, 제2판 1911), 그 최종적 증보판인 『韓英大辭典』(제3판, 1937), 조선총독부의 『朝鮮語辭典』(1920), 文世榮의 『朝鮮語辭典』(1938) 등을 비롯한 당시의 문헌을 검색해보면 19세기 말엽 이후부터 수많은 신생어와 새로운 관용구가 국어어휘에 추가되면서, 그 어휘체계에는 다양한 개신과 변화가 뒤따랐음을 확인할 수 있다. 이들 신생어나 새로운 관용구는 현대국어의 일상표현은 물론이려니와, 학술적 표현이나 서술 또는 기술에도 상당한 영향을 끼쳤을 뿐만 아니라, 결과적으로는 국어의 문법구조나 문체에도 적지 않은 변화를 초래하였다. 그만큼 개화기 이후부터 국어에 나타나기 시작한 신생어나 새로운 관용구는 문학적 묘사나 수사법 상으로도 중요한 위치를 차지하고 있다고 볼 수 있다.

2) 어휘체계에 변화를 초래하는 원인은 크게 두 가지로 구분될 수 있다. 첫째는 내부적 원인이요, 둘째는 외부적 원인이다. 어떤 변화가 국어의 구조적 역동성, 곧 내부적 원인에서 비롯된 것이라면 이는 언어학적으로 내부적 변화를 겪은 결과이며, 그 변화가 국어와 다른 언어와의 접촉과정에서 비롯된 것이라면 이는 문화사적으로 외부적 변화를 겪은 결과에 속한다.

서로 다른 두 언어가 인적, 물적 교류에 따른 접촉을 일으킬 경우, 거기에는 필연적으로 언어적 간섭이 발생한다. 그 과정에서 자연스럽게 다양한 차용이 일어날 수밖에 없다. 언어학적으로는 이를 단지 차용이라는 개념으로 파악하는 데 그칠 수밖에 없다. 그러나 이 개념만으로는 언어간의 접촉(contact)이나 간섭(interference), 그 결과로서 나타나게 마련인 차용(borrowing)의 과정이나 단계적 변화의 추이를 세부적으로 구분하기는 매우 어렵다. 따라서 어휘체계에 일어난 개신이나 변화의 추이를 파악하는 데에는 접촉과 간섭이라는 사회언어학적 접근방법이 좀더 효율적일 때도 있다. 이에 따라 본고에서는 개화기의 국어에 나타나는 신생어와 새로운 관용구를 언어의 접촉과 간섭이라는 측면에서 정리해 보기로 한다.

2. 개화기 이후에 나타나는 신생어

1) 개화기로 접어들면서부터 조선조정과 일본의 관계가 급격하게 접근하고, 그에 따른 인적, 물적 교류 또한 날로 빈번해짐에 따라 국어와 일본어 사이의 언어적 접촉도 이전에 없이 밀접해졌다. 그 결과 오랜 세월에 걸쳐 지속되어 온 국어와 중국문헌 간의 간접적인 접촉이 단절되면서 일본어와의 직접적 접촉을 통한 언어상의 간섭이 심화되어 신생어와 새로운 관용구 표현이 크게 늘어나기에 이르렀다.

필자는 그러한 언어상의 간섭을 암시해 주는 표본의 하나로서 개화기에 출판된 일본어 학습서에 반영되어 있는 대역자료에 주목할 필요성을 느낀다. 鄭雲復의 『獨習日語正則』(1907)도 그 중 하나로 꼽힌다. 일본어 회화용 단문에 국어를 대역해 놓은 이 자료에는 우선 일본어와 국어의 접촉, 그에 따라 이루어진 일본어의 간섭, 거기서 비롯된 신생어나 새로운 관용구가 빈번하게 반영되어 있다. 본고에서는 이 자료를 대상으로 삼아 거기에 반영된 신생어와 새로운 관용구를 간략하게 정리하게 될 것이다.

2) 일본어의 간섭에 따른 신생어

가. 다음과 같은 단어들은 일본어의 간섭에 따라 국어에 수용된 신생어로 판단된다. 그 대부분은 한자어들이기 때문에 별다른 저항감을 불러일으키지 않고 국어에 쉽게 수용되었을

것이다(이하, 용례 뒤의 괄호 속에 표시된 숫자는 『獨習日語正則』의 페이지를 나타낸다).

(1) 間接(121하단). indirect의 대역어.
(2) 經濟(104상-하단). economy의 대역어. 이 때의 '經濟'는 '經世濟民'의 縮約形.
(3) 警察署(105하단). '警察'은 police의 대역어.
(4) 共和國(102상단). '共和'는 republic(共和制, 共和政治)의 대역어.
(5) 內閣(121하단). cabinet의 대역어.
(6) 勞働者(64하단). 勞働은 labour의 대역어. '働'은 일본식 한자.
(7) 代議政體(113상단). 이 말은 representative democracy, the representative sys-tem of government, a parliament의 대역어로 간주되고 있나.
(8) 民權(102상단). the rights of citizens 또는 civil rights의 대역어.
(9) 發明(181상단). invention의 대역어.
(10) 商標(182상단). trade mark의 대역어.
(11) 巡査(105하단). police man의 대역어.
(12) 新聞(56하단), -紙(240상-하단), -社(234상단). news의 대역어, '新聞紙'는 news paper의 대역어. 한동안 '新聞'과 '新聞紙'는 동의어로 통용.
(13) 紳士(67상단). gentleman의 대역어.
(14) 握手(46하단). shaking hands의 대역어로 출발한 듯.
(15) 演說(50하단), -會(111상단). speech의 대역어. '演說'은 더러 '演舌'로 표기되기도.
(16) 演習(85하단). 본래 學問이나 技藝의 '復習, 練習'을 뜻했으나, 명치시대에는 '軍隊의 調練'이라는 의미로 전용.
(17) 優勝劣敗(48하단). 進化論의 용어 survival of the fittest의 대역어. 加藤弘之 (1836-1916)의 신조어.[1]
(18) 郵便(164하단), -局(257상단). mail 또는 post에 대한 번역어.
(19) 運動(58하단), -會(139하단). 본래 '사물이 돌아 움직이는 것', 곧 '運行'과 같은 뜻이었으나, 명치시대에는 '신체를 움직이는 일', 곧 체조, 산책과 같은 '신체운동'으로 전용.
(20) 衛生(139상-하단), -上(222상단). 위생학의 보급에 따라 '몸을 養生한다'는 뜻에서 '健康을 지키거나 豫防하는 醫療'의 뜻으로 변했다고 한다.[2] 여기서 sanitary engineering의 대역어 '衛生工學'과 같은 복합어, hygiene 또는 hygienics의 대역어 '衛生學'과 같은 파생어, 또는 '衛生隊'와 같은 파생어가 생기기도 하였다.
(21) 義務(127하단). duty 또는 obligation의 대역어.[3]

---

1) 그의 『人權新說』(1882) 제1장에는 '優勝劣敗'가 나타난다. 惣鄕正明·飛田良文(1986:575-576) 참조.
2) 惣鄕正明·飛田良文(1986:36-37)에 따르면, 1875년(명치 8) 文部省의 醫務局이 內務省으로 이관되면서 해당 국장이었던 長與專齋가 '衛生局'이란 새 명칭을 채용하였다고 한다.
3) 馬西尼(1997:261)에 의하면 '義務'는 일찍이 丁韙良(William Alexander Parsons Martin, 1827-1916)의 『萬國公法』(1864)을 통하여 일본어에 수용되었다가, 거기서 다시 중국어에 들어왔을 가능성이 있다고 한다.

(22) 議員(111상단). a member of an assembly, a representative의 대역어.

(23) 日曜日(85상단). Sunday의 대역어. 일본에서 日曜日 휴일제가 채택된 것은 명치초기였다.[4] 자연히 '日曜日'이라는 단어가 일본어에 정착한 것도 이 무렵부터였을 것이다.

(24) 雜誌(267하단). magazine의 대역어.

(25) 電報(165하단). telegram의 대역어.

(26) 組織(94상단). system, organization의 번역어.

(27) 蒸汽船(253상단), 滊船(172하단)/汽船(255하단). 일본어의 경우, '汽船'에 해당하는 단어의 한자표기가 '蒸汽船, 蒸滊, 滊船'처럼 그때그때 다르게 나타나기 때문에,[5] 이들에 대한 국어표기도 여러 가지로 나타난다. 거기다가 '滊船/輪船'(253상단, 256하단)처럼 대역된 경우도 있다.[6]

(28) 鐵道(106상단). railroad, railway의 번역어.

(29) 總理大臣(121하단). prime minister의 대역어 '內閣總理大臣'의 축약형. 일본이 太政官 制度를 폐지하고 內閣制度를 채택한 것은 1885년(명치 18)이었으므로, '總理大臣'은 이때부터 쓰이게 된 신생한자어라고 할 수 있다.[7]

(30) 合衆國(30하단-31상단). The United States의 대역어. 다만, '合衆國'이라는 어형만은 일찍이 중국어에서 나왔다고 한다.[8]

(31) 憲兵(110하단). 프랑스어 기원의 영어 gendarme의 대역어.

(32) 顯微鏡(241하단). 이 단어의 역사는 18세기 말엽으로 거슬러 올라간다.[9] 그 의미는 명치시대를 거치면서 microscope로 한정되었다. 국어의 경우, '顯微鏡'은 『한불ᄌ뎐』에 'Microscope, miroir où l'on voit les petites choses, loupe(현미경, 작은 것들을 보는 거울, 확대경)'으로, 『한영ᄌ뎐』에는 'A microscope'로 풀이되어 있다. 이처럼 '顯微鏡'은 의외로 빨리 국어의 두 사전에 함께 올라있기는 하나, 『한불ᄌ뎐』의 의미보다는 『한영ᄌ뎐』의 의미가 축소되어 있어 좀더 새롭다. '顯微鏡'이 『한불ᄌ뎐』에서는 '顯微鏡'과 '擴大鏡'을 함께 나타내는 반면, 『한영ᄌ뎐』에서는 '顯微鏡'만을 나타내기 때문이다. 이러한 의미에서 『한불ᄌ뎐』의 '顯微鏡'은 근대중국어를, 『한영ᄌ뎐』의 '顯微鏡'은 일본어를 차용한 것으로 보인다.[10]

---

4) 일본에서 官立학교가 일요일 휴일제를 채택한 것은 1874년 3월이었고, 太政官 布達로 '日曜日 休, 土曜日 半休'가 된 것은 1876년 4월이었다. 槌田滿文(1983:20).

5) 여기에 대해서는 廣田榮太郞(1967:71-98) 「汽車」「汽船」の語史에 상세한 논의가 보인다.

6) 이 단어가 개화기의 국어에 '汽船'으로 정착되는 과정에 대해서는 宋敏(1999ㄷ) 참조.

7) '총리대신'을 표제어로 올린 최초의 사전은 C. J. Hepburn의 『和英語林集成』(3판, 1886)인 것으로 보인다. 惣鄕正明·飛田良文(1986:330) 참조.

8) 이 단어의 성립과정에 대해서는 齋藤毅(1977:73-128) '合衆國と合州國'에 상세한 고증이 보이는데, 그에 따르면 '合衆國'은 중국에서 만들어졌다고 한다. 齋藤毅(1977:103) 참조.

9) '顯微鏡'은 江戶시대부터 명치시대에 걸쳐 영어 microscope와 magnifying glass(확대경)의 뜻을 함께 나타냈는데, 그 사례로는 森島中良의 『蠻語箋』(1798), 藤林普山의 『譯鍵』(1810), 宇田川榕庵의 『植學啓原』(1834), 堀達之助의 『英華對譯袖珍辭書』(1862) 등을 들 수 있다. 惣鄕正明·飛田良文(1986:146-147) 참조.

10) 일본보다는 늦지만 '顯微鏡'은 중국어에서도 발견된다. 馬西尼(1977:252-253)에 따르면 1866년에는 그 실

(33) 化學(190상단). chemistry의 대역어. 그러나 '化學'이라는 단어자체는 중국어에서
　　　수용된 것으로 알려져 있다.11) 국어의 경우, '化學'이라는 단어는 『한영ᄌ뎐』에
　　　'Chemistry; natural philosophy'로 풀이되어 있다. 이때의 '化學'은 일본어에서 차
　　　용된 것으로 보인다.12)

　　(34) 活動寫眞(189하단). 명치말기에 kinematograph가 일본에 수입됨에 따라 태어난
　　　명칭이다.13)

　　(35) 會社(103하단). mercantile company의 대역어.14)

　이들이 신생어라고 판단되는 근거는 우선 해당 단어들이 개화기 전후의 국어사전에 보이지 않는다는 점, 설사 똑같은 어형이 나타난다고 하더라도 그 의미가 고전적이어서 전통적 단어로 간주될 수밖에 없다는 점을 들 수 있다. 거기다가 이들 단어는 일본의 개화기를 통하여 서양어 단어에 대한 번역어로서, 일본어에서도 그 어형이나 의미가 새롭게 쓰이기 시작한 단어들이라는 점이다.

　나. 그밖에도 다음과 같은 단어를 비롯하여, 거기서 2차적으로 생성된 파생어와 복합어도 일본어의 간섭에 따라 국어화한 신생어로 여겨진다. 여기에 당장 그 근거를 명확히 밝히기는 어려우나 위의 2)에 제시된 단어들과 거의 같은 이유에서 이들 또한 다분히 개화기의 신생어로 분류될 수 있다.

　　(1) 閣議(97하단-98상단).　　　(2) 監獄(130상단).

　　례가 나타나는데, 그 뜻은 주로 '확대경'이었다고 한다.

11) 중국에서 간행된 『六合叢談』(1856) 권4 '泰西近事述略'에는 '化學'이 나타나는데, 일본어 '化學'은 여기서 나온 것이다. '化學'이 일본어에 정착하기 이전까지는 네델란드어 chemie의 音寫形 '舍密'가 널리 사용되었다. 그러다가 幕府의 蕃書調所에 실험제조 부문으로서 精練方이 설치되었는데, 1865년(慶應 2)에는 그 이름이 '化學方'으로 바뀌었다. 이것이 '化學'이라는 공식명칭의 최초였다. 그 후 '化學'은 福澤諭吉의 『西洋事情』(1866)과 『西洋雜誌』(1867), 村田文夫의 『西洋聞見錄』(1869), 中村正直의 譯書 『西國立志編』(1870), 柴田昌吉·子安峻의 『附音插圖英和字彙』(1873) 등에도 나타나기 때문에 그 명칭은 명치시대 초기에 이미 일본어에 정착되었을 것이다. 惣鄕正明·飛田良文(1986:63-64) 참조.

12) 鄭觀應(1842-1921)의 『易言』(1880)에는 '化學'이라는 단어가 나타나는데, 이를 언해본 『이언』(1883?) 권2에서는 '화학<조화지리를 비호ᄂᆞᆫ 거시라>(34a), 화학(38a)'처럼 받아들였으나, 이때의 '화학'이 직접 그 후의 국어에 정착했다고는 생각되지 않는다.

13) 일본에서 '活動寫眞'이 처음으로 상연된 것은 1896년(명치 29) 11월이었다고 한다. 惣鄕正明·飛田良文(1986:73). 참조. 한편, '活動寫眞'이라는 단어의 성립배경에 대해서는 廣田榮太郞(1969:141-157) 「活動寫眞」から映畵ㇸ'에 상세한 고증이 나타난다.

14) 이 단어의 설립과정에 대해서는 齋藤毅(1977 : 250-272) '會社 ―「催合[もやい] 商賣'에 상세한 논의가 나타난다.

(3) 健康(139상단). (4) 建築物(242상단).

(5) 檢事(132하단-133상단). '判事, 辯護士'의 대립어.

(6) 經營(171하단). (7) 階級(33상단).

(8) 工兵(115하단-116상단). (9) 工事(190상단).

(10) 工藝-, 工藝品(190상단). (11) -工場, 鐵工場(189상단).

(12) 公園(203상단). (13) 公判(131상단).

(14) 官報(115상단). (15) 廣告(66상단).

(16) 教科-, 教科書(142상단). (17) 教師(137하단).

(18) 教員(99하단). (19) 教場(138상단).

(20) 國旗(88하단). (21)國民(100하단).

(22) 國債(116상단-하단). (23)國會(130하단).

(24) 機械(189하단). '機械'라는 語形이 국어에 정착하기까지의 과정에 대해서는 宋敏
(1999ㄹ) 참조.

(25) 汽笛(255상단).

(26) 汽車(165상단), 汽車(252하단). 현대국어 '汽車'의 성립과정에 대해서는 宋敏
(1999ㄷ, 2000ㄱ) 참조.

(27) 落成-, 落成式(153상단). (28) 來診(248하단).

(29) 動物(26하단). (30) 望遠鏡(233상단).

(31) 民事(133상단). (32) 發見(57상단, 267하단).

(33) 發表(99상단-하단). '發表'의 의미변화에 대해서는 宋敏(2000ㄱ) 참조.

(34) 法廷(129상단-하단). (35) 別莊(232하단-233상단).

(36) 病院(246하단). (37) 不動産(159하단).

(38) 師團-, 師團長(100상-하단). (39) 師範=, 師範學校(152상단).

(40) 司法(121상단). (41)商法(168하단).

(42) 生存競爭(60하단-61상단). '生存競爭'의 성립과정에 대해서는 宋敏(2000ㅁ) 참조.

(43) 手術(248상단-하단). (44) 需要(178상단).

(45) 輸入(158상단). (46) 輸出(160상단).

(47) 時計(78상단). '時計'가 국어에 차용되기까지의 과정에 대해서는 宋敏(2000ㄹ) 참조.

(48) 植物(26하단).

(49) 失敗(180상단). 그러나, 똑같은 문장의 '失敗'가 국어에서는 '良貝'로 대역된 경우
도 있다(174하단).

(50) 洋服(165하단). (51) 鉛筆(135하단).

(52) 列車(254하단).

(53) 熱帶=, 熱帶地方(194하단). '熱帶, 溫帶, 寒帶'의 출현과정에 대해서는 宋敏
(2001ㅁ) 참조.

(54) 往診(248하단). (55) 外科(248하단).

(56) 料理(229상단). 일본어 '料理'가 국어로는 다르게 대역된 경우도 많다.

(57) 曜日(140하단).　　　(58) 議會(130상단-하단).

(59) 立法(121상단).　　　(60) 作用(255하단).

(61) 裁判(129상단-하단).　　　(62) 電線(257하단-258상단).

(63) 電信(260상단).　　　(64) 電車(141상단).

(65) 電話(259상단).

(66) 注文(164하단). 반면에, 일본어 '注文'은 국어로 다르게 대역된 경우가 더 많다.

(67) 注射(249하단-250상단).

(68) =主義, 厭世主義(50상단), 鎖國主義(110상단).

(69) 株式(168하단). 株式會社(177하단).

(70) 竣工(138상단), 단, '竣工/畢役'(190상단, 242상단)으로 대역된 곳도 있다.

(71) 診斷-, 診斷書(251상단).

(72) 診察-, 診察料(248하단).

(73) 債權-, 債權者(129상단-하단).

(74) 債務-, 債務者(129상단-하단).

(75) 天井(234하단). 이 '天井'은 일본어를 차용한 결과임이 분명하다.15)

(76) 聽診(248하단).

(77) 出發(100상단).

(78) 打診(248하단).

(79) 判事(132하단-133상단).

(80) 砲兵(115하단-116상단).

(81) 寒暖計(44하단).

(82) 寒帶=, 寒帶地方(26상단). '寒帶, 溫帶, 熱帶'의 출현과정에 대해서는 宋敏(2001
ㅁ) 참조.

(83) 海關-, 海關稅(165상단).

(84) 行政(121상단).

(85) 刑法(132상단).

---

15) 그렇게 볼 수 있는 근거는 다음과 같다. 『한불』에는 다음과 같은 표제어가 나타난다. '텬쟝 天藏. La voûte de ciel; plafond, grenier, voûte. 입=Ip—, *Palais de la bouche, la voûte du palais*'. 그 의미는 '天障, 곡식창고, 둥근 天障'으로 풀이되어 있으며, 거기에 다시 '입=(텬쟝)'이 추가되어 있다. 한편, 『한영』에는 다음과 같이 나타난다. '텬쟝 天藏 The roof of the mouth', 그리고 '텬쟝 天幛 The ceiling. *See* 반ᄌ, 반ᄌ 天障 The ceiling. *See* 텬쟝'. 맨앞 쪽의 '텬쟝'은 『한불』처럼 '天藏'이라는 한자표기로 되어있다. 여기서는 그 의미를 '입천쟝'으로 풀이하였다. 다음으로 '天幛'은 '반ᄌ'(현대국어로는 '반자')와 같은 의미로 풀이되어 있는데, 다만, '반ᄌ'를 나타내는 한자표기는 '天障'으로 되어있다. 결국, 『한영』에는 '天幛'과 '天障'이 모두 '반ᄌ'의 의미로 풀이되어 있다. 그러나 『한불』의 '天藏'이나 『한영』의 '天幛'은 다같이 잘못된 것이다. 이들은 모두 『한영』에 나타나는 '天障' 한가지 표기로 충분하다. 왜냐하면 국어의 '입천장'에 나타나는 '천장'은 '반자의 겉면'을 뜻하는 '天障'과 語源이 같기 때문이다. 결국, 일본어 '天井'에 대응되는 국어 단어는 '天障'이라고 할 수 있다. 아마도 『獨習日語正則』의 저자인 鄭雲復은 이 '天障'이라는 국어단어를 몰랐을 것이다. 그 때문에 일본어 '天井'을 국어에 그대로 가져다 썼겠지만, 그것이 결과적으로는 일본어의 차용이 된 것이다.

(86) 刑事(104하단). '경찰직'.
(87) 刑事(132하단-133상단). '民事'의 대립어.
(88) 華氏(92상단).

　이 유형에 속하는 대역어 중에는 어형상의 불안정성을 보이는 경우도 많다. 가령, 일본어 쪽의 '記憶力, 方法, 放還, 兵隊, 事件, 商業, 生徒, 船便, 硏究, 引致, 作用, 竣工, 招待狀, 被害者, 貨物' 등은 그 어형이 그대로 국어에 수용된 경우 있으나, 다른 한편으로는 각기 '記憶力 → 才調, 方法 → 믿드는法, 放還 → 放送, 兵隊 → 兵丁 또는 兵士, 事件 → 事故, 商業 → 쟝사, 生徒 → 學徒, 船便 → 비편, 硏究 → 講究 또는 工夫, 料理 → 飮食, 引致 → 被捉, 作用 → 造化, 竣工 → 畢役, 招待狀 → 請牒, 被害者 → 受害흔者, 貨物 → 物貨'와 같은 대역처럼 달리 나타나는 경우도 있다. 특히, '失敗, 料理, 注文'의 경우, 일본어와 국어의 대역이 동일하게 나타나는 사례보다 '失敗'는 '逢敗'나 '良貝' 또는 '랑픽', '料理'는 '飮食', '注文'은 '맛초-'나 '긔별ᄒᆞ-'처럼 다르게 대역된 사례가 오히려 더 많다. 이것은 일본어 쪽 어형이 당시의 국어단어로는 부자연스러웠기 때문에, 곧 국어 단어로 쓰기에는 아무래도 어색했기 때문이었으리라고 해석된다. 동일한 일본어 단어인데도 국어의 대역형으로는 일본어와 같을 때와 다를 때가 번갈아 나타났다는 사실은 일본어에서 비롯된 신생어가 국어에 수용되는 과정에 한동안 부분적으로나마 저항에 부딪치기도 한 경우가 있었음을 알려주는 증거가 될 것이다.

3. 차용의 유형으로 본 신생어

　일반 문장에 비하여 대역 문장에서는 언어상의 간섭이 일어나기 쉽다. 그러한 간섭의 결과가 점진적으로 국어에 정착되기에 이르렀다면 이는 차용으로 간주될 수 있다. 이러한 의미에서 이번에는 일본어의 간섭에서 비롯된 신생어를 차용의 유형이라는 측면에서 살펴보기로 한다.
　편의상 차용의 유형을 직접차용, 외래어 기원의 일본어를 통한 차용, 문자를 통한 차용, 형태 층위의 번역차용, 통사 층위의 번역차용으로 구분하여 정리하기로 한다. 한편, 신생어의 대부분은 형태론적 층위의 차용에 속한다. 거기다가, 모든 유형의 차용에는 일본어의 간섭이 다양한 모습으로 개입되어 있다.

1) 직접차용

일본어가 원래의 발음대로 국어에 수용되었다면 이는 직접차용에 해당된다. 여기에는 다음과 같은 것들이 나타나는데 주로 일본의 의식주와 같은 전통문화나 고유문물을 나타내는 단어들이다.

> (1) 飛白[kasuri] → 가스리(219하단). '무늬를 넣어 짠 織物'.
> (2) 車[kuruma] → 구루마(175하단).
> (3) 鍋[nabe] → 남비(242하단).
> (4) 疊[tatami] → 다ゝ미(240하단). '돗자리' 또는 '그 방'.
> (5) 匙[sazi] → 사시(242상단).
> (6) 颪[orosi] → 오로시(18상단). '산에서 내리부는 바람'.
> (7) 袴[hakama] → ㅎ가마(217상단). '겉바지'
> (8) 羽織[haori] → ㅎ오리(217상단). '겉저고리'

일본어를 통한 직접차용은 극히 제한적으로밖에 이루어지지 않은 셈이다. 이 점은 국어에 차용된 일본어 기원의 수많은 한자어와 좋은 대조를 보인다. 일반적으로 차용은 처음 한 동안 저항감이나 거부반응을 일으킨다. 그런데도 앞에서 본대로 일본식 한자어가 국어에 아주 자연스럽게 간섭을 일으키거나 차용될 수 있었던 배경에는 오랜 세월에 걸쳐 중국어에서 차용된 한자어가 국어에 정착되어 있었기 때문일 것이다. 요컨대 국어에 나타나는 한자어는 이미 자연스러운 형태론적 기반을 구축하였다고 볼 수 있다.

2) 외래어 기원의 일본어를 통한 차용

다음에 보이는 단어들은 그 대부분이 일찍이 일본어에 정착된 서양어 기원의 외래어로서[16] 지금도 본적지의 발음에 가깝게 읽히는 것들인데, 이들 가운데 상당수는 개화기 이후 일본어와의 접촉을 통하여 직접 또는 번역방식으로 국어에도 차용되기에 이르렀다. 이들

---

16) 이들의 어원에 대해서는 楳垣實(1944, 1972)를 주로 참고하였다.

또한 신생어의 부류에 속할 수밖에 없다. 각 단어의 일본어식 발음은 원문에 첨가되어 있는 독음을 IPA 방식으로 바꾸어 적은 것이다.

(1) 鞄[kaban] → 가방(237하단)<中國語 夾板[ka-pan].

(2) 俱樂部[kurabu] → 俱樂部(66하단-67상단)<영어 club.

(3) ステッキ[suteqki] → 개화쟝(219하단)<영어 stick.

(4) 暖爐[sutobu] → 暖爐(45상단)<영어 stove.

(5) 短銃[pistoru] → 短銃(242상단)<네델란드語 pistool, <영어 pistol.

(6) 羅紗[rasya] → 羅紗(168상단)<포르투갈語 raxa.

(7) 噴水器[ponpu][17] → 噴水器(123상단)<네델란드語 pomp, <영어 pump.

(8) 肉汁[soqpu] → 肉汁<영어 soup(224하단).

(9) 烟草[tabako] → 담빅[18](208상단)<일본어 タバコ 煙草<포르투갈語 tabaco, ta-bacco<스페인語　經由<南아메리카/西인도諸島의　하이티,　카프리(아라와크 Arawak語族) 등지의 토착어 tabako(뜻은 파이프).

(10) 洋燈[rampu][19] → 람푸(233하단)<네델란드語 lamp.

(11) ノット[noqto]-浬, -哩(254상단)<영어 knot.

(12) 脊廣[sebiro][20] → 세비로(166상단)<영어 civil clothes.

(13) 石鹸[syabon] → 비누[21](243하단)<포르투갈語 sabão.

(14) 端艇[booto] → 三板[22](252상단)<영어 boat.

(15) セメント[semento] → 石灰[23](237하단)<영어 cement.

(16) 襦袢[zyuban] → 속옷(206하단)<포르투갈語 gibão.

(17) 灰殻的[hakara-teki] → 시테('테'의 잘못)의(236하단)<영어 high-collar.

(18) 金巾[kanakin] → 洋木, 西洋木(158상단)<포르투갈語 canequim.

(19) インキ[inki] → 洋墨(141하단)<네데란드語 inkt.

(20) インキ壺 → 洋墨瓶(141하단).

(21) 金武力板[buriki-ita] → 양텰판(205하단)<네델란드語 blik.

(22) シルクハット[sirukuhaqto] → 禮帽(167상단)<영어 silk hat.

---

17) 이때의 '噴水器'는 분명한 한자어인데도 실제로는 외래어로 읽도록 독음표시가 달려있다. 일본어에 자주 나타나는 이러한 외래어 읽기는 국어에 차용될 경우 완전한 한자어처럼 인식된다. '俱樂部, 暖爐, 短銃, 羅紗, 肉汁' 등이 그러한 실례에 속한다. 한편, '噴水器'는 국어 쪽에서 '如露[zyo-ro]'(203상단-하단)의 대역어로 쓰이기도 하였다. '如露'는 '如雨露[zyo-u-ro]'의 축약형이다.

18) 이 단어는 일찍이 申維翰의 『海游錄』(1719-20)에 '淡麻古'라는 표기로 나타난다(宋敏 1986:43). 이때의 '淡麻古'가 '담바고>담빅>담배'와 같은 변화를 거쳐 현대국어로 이어졌다.

19) 본래 '蘭燈'으로 표기되었으나, 그 후 明治시대에 영어 lamp가 再借用되면서 '洋燈'으로 표기되기에 이르렀다.

20) 선원의 제복에 대한 평복. 요코하마(橫濱)에 상륙한 선원들이 쓰던 말로 추정된다.

21) 다만, '비누'는 전통적 국어단어로 차용어나 신생어는 아니다.

22) 국어의 '三板'은 중국어 '三板船'에서 나온 문자 차용이다.

23) 단, '石灰'는 전통적 한자어에 속하므로 신생어는 아니다.

(23) 二重マント [nizyu-manto] → 外套(219상단)<프랑스語 manteau.

(24) 合羽[gaqpa] → 雨具(220상단)<포르투갈語 capa.

(25) チョッキ[tyoqki] → 죳기(167하단)<네델란드語 jak, <英語 jacket.

(26) アルコール[arukooru] → 酒精(251상단)<네델란드語 alcohol.

(27) ペン[pen] → 鐵筆(149상단)<네델란드語, <영어 pen.

(28) 塗粉[penki] → 漆(188하단)<네델란드語 pek.

(29) 下衣[zubon] → 下服(216하단)<프랑스語 jupon.

(30) ガス[gasu] → 海霧(253하단-254상단)<네델란드語 gas, <英語 gas.24)

(31) フランネル → 후란넬(192하단)<영어 flannel.

(32) フロツコート[huroqkooto] → 후록코ー트(166상단)<영어 frock-coat.

일본어에는 일찍이 포르투갈어, 네델란드어, 영어와 같은 서양어를 비롯하여 고대 중국어에서 들어온 차용어가 많다. 그 중에는 원어의 발음에 따라 읽히는데도 그 표기가 한자로 이루어졌기 때문에 일견 한자어처럼 보이는 경우도 적지 않다. 따라서 이들은 보통 발음이 아닌 한자표기로 국어에 차용된다. 위의 목록에 보이는 '俱樂部, 暖爐, 短銃, 羅紗, 噴水器, 肉汁'과 같은 차용어25)가 그들이다. 이들은 한자어처럼 보이지만 사실은 서양어 기원의 차용어들이다. 이들이 국어에 차용되면서 한자어처럼 굳어지고 만 것이다. 결국, 일본어의 발음에 따라 국어에 차용된 외래어로는 '가방, 람푸, 세비로, 죳기, 후란넬, 후록코ー트' 정도에 한정되어 있을 뿐이다.

한편, 영어 stick에 해당하는 단어를 '개화쟝'으로, high-collar 곧, '최신의 유행이나 멋'을 뜻하는 단어를 '시테('톄'의 잘못)의', 다시 말하면 '時體에 맞는'으로 수용한 것은 가히 기발한 번역차용이라 할만한 존재로서 주목된다. 그밖에도 독자적인 번역차용이나 그에 유사한 방법으로 일본어를 국어에 받아들인 사례도 있다. '속옷, 양털판, 禮帽, 外套, 雨具, 鐵筆' 따위가 모두 그렇다. 반면에, '류리, 비누, 石灰, 漆, 下服, 海霧' 등은 전통적인 국어어형을 이용하여 일본어에 나타나는 서양어 기원의 외래어를 국어식으로 소화한 사례들이다. 이들도 일본어의 간섭에 대한 국어의 저항이라고 볼 수 있다.

---

24) 江戶시대에 네델란드語 gas에서 차용된 일본어 ガス의 의미는 '氣體'였다. 그 후 明治시대에 영어 gas에서 재차용된 일본어 ガス의 의미는 '석탄 가스'로 달라졌다. 따라서 예문의 ガス는 江戶시대의 의미로 쓰인 셈이다.

25) 이 중 '俱樂部, 羅紗'만은 그 한자표기에 원어의 발음이 반영되어 있다. 그 때문에 한자어의 형식을 갖추고 있으면서도 원어의 발음으로 읽히는 다른 사례와 구별되어야 할 것이다. 일본어의 경우, '背廣, 襦袢'과 같은 외래어에도 실상은 원어의 발음이 숨어있다. 따라서 이들은 한자어처럼 보이는 서양어 기원의 외래어에 속한다.

3) 문자를 통한 차용

차용어 중에는 한자로 표기되는 일본어 특유의 일반단어나 고유명사가 마치 전통적 한자
어처럼 국어에 정착된 사례들도 있다. 이들이 국어단어로 쓰일 때에는 일본어에서 음독되거
나 훈독되거나에 상관없이 모두 국어식 한자음으로 읽힌다. 이들은 대역문을 통하여 국어에
차용된 결과이기 때문에 문자차용에 속한다. 여기에 그 내용을 정리해 본다. 다만, 한자로
표기되더라도 훈독되는 일본어에는 괄호 속에 그 발음을 달아둔다.

(1) 假名[ka-na](155상단). '日本文字'.
(2) 交番-, 交番所(118상단). '派出所'.
(3) 金鵄勳章(102상단).26) 帝國主義 시절 일본의 '武功勳章'.
(4) 貴族院(115상단). '衆議院'의 대립어.
(5) 毛織[ke-ori](219상단), 毛織物[ke-ori-mono](219상단).
(6) 目醒時計[me-zamasi-tokei](79하단). '자명종'.
(7) 絲織[ito-ori](218 하단).
(8) 暑中休暇(139상단). '三伏 더위 休暇'.
(9) 小包[ko-dutumi](259하단).
(10) 手當[te-ate] → 手當金.
(11) 神社(93상단). 일본의 '傳統的 寺院'.
(12) 葉書, 端書[ha-gaki] → 葉書(257하단), 繪葉書(257하단).
(13) 浴衣[yukata](219하단). 여름 또는 목욕 후에 입는 '무명 홑옷'.
(14) 人力車(256하단).
(15) 日附[hi-duke]印(258상단). (16)朝顔[asa-gao](201상단). '나팔꽃'.
(17) 衆議院(111상단). '貴族院'의 대립어.
(18) 眞鍮(204상단). '놋쇠'.
(19) 天長節(85상단, 88상단). 제국시대에 축일로 지정되었던 '일왕의 생일'.
(20) 剃刀[kami-sori](209상단). '面刀器'.
(21) 寒中休暇(89하단). '소한부터 대한 사이의 추위, 한겨울'.

마치 한자어인 것처럼 국어문장에 쓰인 이들 단어는 본래부터 국어에 쓰여왔던 어형이
아니기 때문에 개중에는 '交番所, 朝顔'처럼 그 어형만으로는 의미를 얼른 이해하기 어려운
것들도 있다. 나아가 일본어에서 훈독되는 '毛織, 毛織物, 目醒時計, 絲織, 小包, 手當金, 葉

---

26) '金鵄'는 일본신화에서 神武天皇이 長髓彦(ナガスネヒコ)를 정벌할 때 활에 앉았다는 금빛 소리개라고
한다.

書, 浴衣, 日附印, 剃刀' 등도 한자어인 것처럼 국어에 차용되었다. 표기만 한자로 되어 있을 뿐 실상은 훈독되는 고유일본어까지도 한자어처럼 국어문장에 차용될 수 있었던 것은 그 조건이 대역문이라는 특성 때문이었다.

4) 형태층위의 번역차용

번역차용이란 결국 일본어의 간섭에 대한 국어의 적극적인 저항을 나타낸다. 우선 형태층위의 번역차용을 살피기로 한다. 다만, 여기서 말하는 번역차용이란 개념은 엄밀한 의미를 나타내지 않는다. 일본의 전통문화에서 나온 형태론적 층위의 독특한 단어들 가운데 전통적 국어단어로 의역된 사례를 여기에 따로 모았을 뿐이기 때문이다. 여기에는 일본식 한자어와 고유어가 모두 포함된다.

(1) 問屋[tohi-ya] → 客主(173하단).
(2) 取引[tori-hiki] → 去來(158하단), 흥성(173하단), 與受(173상단).
(3) 金鎖[kin-gusari] → 金줄(238하단).
(4) 黍團子[kibi-dango] → 기장떡(228상단).
(5) 下駄[geta] → 나막신(217하단).
(6) 楊枝[yauzi] → 니쏠(243하단).
(7) 掏摸[suri] → 싸기쟝이(39하단).
(8) 辨當[bentou] → 뎜심(228상단).
(9) 卸賣[orosi-uri] → 都賣(162하단).
(10) 帆屋[ho-ya] → 燈皮(233하단).
(11) 紬[tumugi] → 綿紬(161하단).
(12) 左官[sakan] → 미쟝이(188상단).
(13) 座蒲團[zabudon] → 方席(214상단).
(14) 鋤燒[suki-yaki] → 산적(231상단).
(15) 兩前[ryou-mahe] → 雙줄단추(167하단).
(16) 餡[an] → 소(226상단).
(17) 鰹節[katuo-busi] → 松魚脯(227하단).
(18) 相撲取リ[sumahu-tori] → 씨름군(73하단).
(19) 新柄[sin-gara] → 新品(167상단).
(20) 玉突ニ[tama-tsuki-ni] → 알굴니러(239하단).[27]

---

27) 일본어 '玉突キ'는 현대국어의 '撞球'에 해당하는 번역어라고 할 수 있다.

(21) 靴[kutu] → 洋靴(221상단).

(22) 預ヶ入レ[aduke-ire] → 預置(178하단).

(23) 三ツ揃[mitu-sorohi] → 우아리줏기쎠셔166상단).

(24) 切手[kiqte] → 郵票(261상단-하단).

(25) 反物[tan-mono] → 衣服次(175하단).

(26) 油揚[abura-age] → 지짐이(225상단).

(27) 鑵詰[kwan-dume].[28] → 찬통(228하단).

(28) 重箱[zyuu-bako] → 饌盒(229하단).

(29) 草履[zouri] → 草鞋(241상단).

(30) 鼻緒[hana-wo] → 코줄(217하단).

(31) 味噌汁[miso-siru] → 토쟝국(230상단).

(32) 身代限[sin-dai-kagiri] → 판셰음(174하단).

(33) 詰襟[tume-eri] → 合襟(166상단).

(34) 爲替[kawase] → 환(260상단).

이들 가운데에는 주목되는 번역차용이 포함되어 있을 뿐 아니라, 전통적인 국어단어가 번역어로 활용된 경우도 많다. 가령, 국어의 '金줄, 기쟝떡, 싸기쟝이, 松魚脯, 雙줄단추, 알굴니러, 우아리줏기쎠셔, 찬통, 코줄, 토쟝국, 合襟'과 같은 신조어형들은 각기 일본어 특유의 '金鎖, 黍團子, 掏摸, 鰹節, 兩前, 玉突二, 三ツ揃, 鑵詰, 鼻緒, 味噌汁, 詰襟'에 대한 번역차용이다. 여기에는 이질적인 일본문화를 국어로 소화하려 했던 당시의 열의가 깃들어 있다. 또한, '나막신, 뎜심, 都賣, 燈皮, 미쟝이, 산적, 소, 지짐이, 판셰음'과 같은 단어는 각기 일본어 '下駄, 辨當, 卸賣, 帆屋, 左官, 鋤燒, 餡, 油揚, 身代限'에 대한 의역어인데, 여기서는 전통적인 국어어형을 최대한 활용하려 했던 지혜와 노력이 엿보인다. 이러한 유형의 번역차용 또한 일본어의 간섭에 대한 국어의 저항임이 분명하다 할 것이다.

5) 통사층위의 번역차용

번역차용은 형태론적 구성에 국한되지 않고 관용구와 같은 통사론적 구성에도 그 여파가 나타난다. 이에 따라 관용구에도 직역체 번역차용이 부분적으로 나타난다. 국어를 기준으로 본다면 이들 신생의 관용구 또한 번역차용에 속하기 때문에 이 자리에 그 일부를 뽑아 두기로 한다.

---

28) 다른 한자 표기로는 '罐詰'가 있으며 현재는 '缶詰'와 같은 표기로 쓰인다.

직역체 번역차용이란 句나 節과 같은 통사적 구성에 대한 번역과정에 흔히 나타나는 방식
이다. 일본어에 나타나는 관용구가 국어에 직역체로 번역된 사례는 상당수에 이르지만 그
일부를 예시해 보면 다음과 같다.

(1) 公判ヲ開ク → 公判을 開ㅎ다(131상단).
(2) 雲カ山カ → 구름이냐 山이냐(62하단).
(3) 金ヲ奪取ル → 돈을 奪取ㅎ다(132하단).
(4) 方針ヲ取ル → 方針을 取ㅎ다(54하단).
(5) 事件ガ起ル → 事件이 니러나다(117상단).
(6) 訴訟ヲ起ス → 訴訟을 닐으키다(129하단, 133).
(7) 手ガ及バヌ → 손이 밋지 못ㅎ다(58상단).
(8) 順風ニ帆ヲ掛ケル → 順風에 돗을 달다(20하단, 256상단).
(9) 勝利ヲ得ル → 勝利를 得ㅎ다(125상단). 단, 勝戰을ㅎ다(126하단-127상단)로 번
   역된 경우도 있다.
(10) 懲役ニ處ス → 懲役에 處ㅎ다(129하단-130상단, 132상단).
(11) 衝突ガ起ル → 衝突이 니러나다(115상단).
(12) 刀ヲブラサゲル → 칼을 느러쓰리다(128상단).
(13) -シテ置ク → -아/-어 두다(136상단).
(14) -シテ下サイ → -아/-어 주다(15하단, 16하단).
(15) -シテ見ヤウト 思フ → -아/-어 보려 ㅎ다(57상단).

여기에 나타나는 국어의 동사구들은 각기 일본어에 관용적으로 나타나는 동사구를 직역
한 결과로 보인다. (9)에서처럼 일본어 동사구 '勝利ヲ得マシタ'가 국어에서는 '勝利를 得ㅎ
다'와 '勝戰을 ㅎ다'로, 때에 따라 서로 다르게 번역된 경우가 그러한 사실을 뒷받침해 준다.
곧, '勝利를 得ㅎ다'가 일본어의 간섭을 받은 직역체라면, '勝戰을 ㅎ다'는 독자적인 의역체에
속한다. 이때의 직역체가 일본어의 간섭에서 나온 결과라면 의역체는 일본어의 간섭에 대한
부분적인 저항의 흔적으로 풀이된다.

한편, (13)-(15)와 같은 '-아/-어 -(두-, 주-, ㅎ-)다'형 복합동사는 중세국어 이래 개화기 이전까
지의 국어에도 분명히 쓰인 바 있기 때문에 이들 복합동사를 일괄적으로 일본어의 간섭이라
고 단정짓기는 어렵다. 그러나 이 유형에 속하는 복합동사는 개화기 이후의 국어에 더욱
다양한 모습으로 나타난다. 실제로, (14)의 일본어 복합동사 '-シテ下サイ[site-kudasai]'는 국
어로 '-아/-어 주시오'와 '-(ㅎ)시오' 두 가지로 번역되고 있는데, 이때의 '-아/-어 주시오'는 직

역체임에 반하여 '-(ㅎ)시오'는 의역체에 해당한다. 이 경우, 직역체인 '-아/-어 주시오'가 국어에서도 자연스럽게 쓰일 수 있게 된 계기는 개화기부터 시작된 일본어의 간섭과 무관하지 않으리라고 추정된다. 비록 '-아/-어 -(두, 주, ㅎ)다'형 복합동사가 그 이전부터 국어에 쓰여왔다고 할지라도 개화기 이후 그 용법이 더욱 확대된 것은 일본어와의 접촉을 통한 간접적 간섭으로 해석되기 때문이다. 이처럼 개화기 이후에는 통사층위에서도 직접적이건 간접적이건 일본어의 간섭으로 태어난 새로운 관용구가 더욱 활력을 발휘하기에 이르렀으리라고 해석된다. 위에 보인 동사구의 번역차용은 바로 그 일부가 될 것이다.

통사층위의 동사구 가운데에는 일본어의 간섭을 받지 않은 사례도 적지 않다. 우선, 일본어 동사구 '好評ヲ得ル(56하단), 頭ヲ下ゲル(74상단), 參考ニナル(79하단), 最後ヲ遂ゲル(106하단)'는 각기 국어에서 '소문이 나다, 屈服하다, 샹고되다, 죽다'로 대역되었는데, 이들 양자간에는 의미상의 유연성이 거의 보이지 않는다. 이때의 국어표현은 일본어 동사구의 의미와는 아무런 관계가 없이 의역된 것들이기 때문이다. 적어도 개화기에는 이들이 아직 일본어 관용구의 간섭을 받지 않았음을 보여준다.[29]

국어와 일본어간에는 동사의 의미에 차이를 보이는 경우도 있다.

(1) 雨ガ降ル(내리다) → 비가 오다(10하단, 11상단, 11하단).
(2) 路ガ惡イ(나쁘다) → 길이 사납다(11하단).
(3) 歸ッテ(돌아)來ル → 돈겨오다(12상단, 14상단).
(4) 耳ガ遠イ(멀다) → 귀가 어둡다(15하단).
(5) 虹ガ立ッ(서다) → 무지게가 쌔치다(17상단).
(6) 琴ヲ引ク(켜다) → 거문고를 뜯다(38상단).
(7) 興ヲ添ヘル(더하다) → 興을 돋우다(53하단).
(8) 酒ヲ飮ム(마시다) → 술을 먹다(61하단).
(9) 寫眞ヲ取ル(잡다) → 사진(을) 박(히)다(66상단-하단, 188하단).
(10) 事務ヲ取ル(잡다) → 事務를 보다(79상단).
(11) 火事ガ起ル(일어나다) → 불이 나다(99상단).
(12) 大砲ヲ打ッ(쏘다) → 大砲놓다(113하단).
(13) 御裁可ヲ經ル(거치다) → 裁可를 蒙ㅎ다(115상단).
(14) 賞ヲ貰フ(받다) → 賞을 타다(138하단, 181하단).
(15) 女ニ惣レル(홀리다) → 계집의게 쌔지다(154상단).

---

29) 현대국어에서는 '호평을 얻다, 머리를 숙이다, 참고(가) 되다, 최후를 맞다'가 국어표현으로서도 전혀 부자연스럽지 않다. 이들은 개화기 이후 어느 시기에 일본어의 간섭으로 국어에 정착된 새로운 관용구로 해석된다.

(16) 抵當ニ入レル(넣다) → 典當을 잡히다(174상단).

(17) 印ヲ捺ス(누르다) → 圖章을 찍다(175하단, 176하단).

(18) 錠ヲ卸ス(내리다) → 자물쇠를 치우다(236상단).

(19) 錨ヲ卸ス(내리다) → 닷을 놓다(252상단).

(20) 手紙ヲ 出ス(내다) → 편지를 부치다(257상단).

(21) 電報ヲ打ツ(치다) → 電報를 놓다(257상단, 259상단).

(22) 電話ヲ掛ケル(걸다) → 電話를 ㅎ다(259상단).

(23) 爲替ヲ組ム(짜다) → 환을 부치다(260상단).

(24) 事故ガ起ル(일어나다) → 事故가 있다(261하단).

이들을 놓고 볼 때 적어도 한동안은 일본어의 간섭이 동사구의 내면적 구성요소에까지 번지지는 않았음을 보여준다.[30] 요컨대 개화기에는 국어의 동사구와 같은 관용구에도 일본어의 간섭이 나타났지만, 그에 대한 국어의 저항 또한 부분적으로 지속되었음을 알 수 있다.

4. 결 어

개화기 이후 국어의 어휘목록에는 적지 않은 신생어가 추가되는 한편, 새로운 관용구도 점차 늘어났는데 이들은 어휘사적 관점에서 다음과 같은 성격으로 정리된다.

첫째, 일본어의 간섭과정에서 국어에 차용된 신생어는 특히 대역문의 국어문장에 광범하게 반영되어 있다. 요컨대, 2음절 한자어나 신생어, 거기서 2차적으로 생성된 3음절 또는 그 이상의 파생이나 복합어 또한 국어에 어렵지 않게 수용되었다. 일본어에 의한 간섭과 거기서 비롯된 신생어의 차용이 쉽게 이루어진 이유는 그 대부분이 한자어였으므로 심리적으로 저항감이 미약했기 때문일 것이다.

둘째, 현대국어에 이르는 과정에서 한동안 부분적으로 저항을 보였던 전통적 국어단어의 대부분은 그 후 점진적으로 일본어와 동일한 어형과 의미로 대치되었다. 그만큼 현대국어의 어휘 가운데에는 일본어의 간섭에 따른 개신이나 변화를 경험한 사례가 많다. 이에 따라

---

30) 현대국어에서는 이들 대부분이 '머리를 숙이다, 닷을 내리다, 대포를 쏘다, 돌아오다, 사고가 일어나다, 호명을 얻다, 전보를 치다, 전화를 걸다, 최후를 맞다'처럼 일본어 동사구와 똑같은 표현으로 쓰일 수도 있다. 이들은 곧 일본어의 간섭을 받아 생성된 새로운 관용구로 보인다.

개화기 당시에는 한동안 저항을 보였던 전통적 국어단어들 중 현대국어에까지 남아 자연스럽게 통용되는 경우는 극히 일부에 그치고 있다.

셋째, 차용의 주류를 이루고 있는 신생어의 거의 대부분은 형태론적 층위의 단어에 머물러 있으나, 일부 통사론적 층위의 관용구에도 새로운 표현의 차용이 조금씩 나타나기 시작하였다. 이들은 현대국어에 거의 그대로 계승되어 어휘체계와 일상적 표현의 변화에 적지 않은 영향을 끼쳤다.

넷째, 일본어에서 차용된 신생어, 특히 직접차용에 대하여 지금까지는 흔히 '일제의 잔재'라는 명분으로 배격하는 분위기가 우세했으나, 객관적으로 보자면 그들 또한 국어의 표현을 새롭게 확장시켜 주었다는 긍정적 측면을 지니고 있다. 다시 말해서 일본어에서 유래한 신생어는 국어의 표현을 풍부하고도 다양하게 변화시키는 데에 그 나름의 공적을 발휘했다고 할 수 있다.

다섯째, 실제로 일부 바람직하지 않은 속어적 단어나 표현을 제외한다면 저들 신생어, 특히 한자어와 새로운 관용구들은 현대국어의 일상적 표현은 물론 문학적 묘사나 학술적 서술에 널리 활용되고 있다는 점에서 국어의 근대화에 적지 않은 공헌을 끼쳤다고 평가할 수 있다.

참고문헌

宋　敏(1985), 派生語形成 依存形態素 "-的"의 始原(高麗大 國語國文學硏究會, 『于雲朴炳采博士還曆紀念論叢』).

_____(1986), 朝鮮通信使의 日本語 接觸, 『語文學論叢』(국민대 어문학연구소) 5.

_____(1988), 日本修信使의 新文明語彙 接觸, 『語文學論叢』(국민대) 7.

_____(1989), 開化期 新文明語彙의 成立過程, 『語文學論叢』(국민대) 8.

_____(1992), 開化期의 語彙改新에 대하여, 『語文學論叢』(국민대) 11.

_____(1998), 開化期 新生漢字語彙의 系譜, 『語文學論叢』(국민대) 17.

_____(1999ㄱ), 開化初期의 新生漢字語 受容, 『語文學論叢』(국민대) 18.

_____(1999ㄴ), [어원탐구] 신생한자어의 성립배경, 『새국어생활』(국립국어연구원) 9-2.

_____(1999ㄷ), [어원탐구] 한자어 '汽船, 汽車'의 연원, 『새국어생활』 9-3.

_____(1999ㄹ), [어원탐구] '器械'에서 '機械'가 되기까지, 『새국어생활』 9-4.

_____(2000ㄱ), 開化期 國語에 나타나는 新文明 語彙, 『語文學論叢』(국민대) 19.

_____(2000ㄴ), 明治初期における朝鮮修信使の日本見聞, 『第121回 日文研フォーラム』(國際日本文化研究センター).

_____(2000ㄷ), [어원탐구] '經濟'의 의미개신, 『새국어생활』 10-1.

_____(2000ㄹ), [어원탐구] '時計'의 차용, 『새국어생활』 10-2.

_____(2000ㅁ), [어원탐구] '生存競爭'의 주변, 『새국어생활』 10-3.

_____(2000ㅂ), [어원탐구] '大統領'의 출현, 『새국어생활』 10-4.

_____(2001ㄱ), 개화기의 신생한자어 연구(1), 『語文學論叢』(국민대) 20.

_____(2001ㄴ), [어원탐구] '自由'의 의미확대, 『새국어생활』 11-1.

_____(2001ㄷ), [어원탐구] '寫眞'과 '活動寫眞, 映畵', 『새국어생활』 11-2.

_____(2001ㄹ), [어원탐구] '合衆國'과 '共和國', 『새국어생활』 11-3.

_____(2001ㅁ), [어원탐구] '熱帶, 溫帶, 寒帶'의 출현, 『새국어생활』 11-4.

_____(2002ㄱ), 개화기의 신생한자어 연구(2), 『語文學論叢』(국민대) 21.

_____(2002ㄴ), [어원탐구] '병원'의 성립과 정착, 『새국어생활』 12-1.

_____(2003), 개화기의 신생한자어 연구(3), 『語文學論叢』(국민대) 22.

_____(2005), 開化期의 新生漢字語 研究—『獨習日語正則』에 반영된 國語單語를 중심으로—, 片茂鎭(외 共編), 『獨習日語正則』 解題·索引·研究·原文(불이문화사), 517-630 수록.

_____(2006), 20세기 초기의 신어, 『새국어생활』(국립국어원) 16-4.

馬西尼 著, 黃河淸 譯(1997), 『現代漢語詞滙的形成』—十九世紀漢語外來詞研究, 上海: 漢語大詞典出版社. [원서명] Masini, F.(1993), *The Formation of Modern Chinese Lexicon and its Evolution toward a National Language: The Period from* 1840 *to* 1898, *Journal of Chinese Linguistics, Monograph Series* No. 6, Berkeley: Univerisity of California.

劉正埮·高名凱·麥永乾·史有爲(1984), 『漢語外來詞詞典』, 上海辭書出版社.

楳垣實(1944), 『增補日本外來語の研究』, 靑年通信出版部.

_____(1972), 『增補外來語辭典』, 東京堂出版.

齋藤毅(1977), 『明治のことば』, 講談社.

佐藤亨(1983), 『近世語彙の研究』, 櫻楓社.

_____(1986), 『幕末·明治初期語彙の研究』, 櫻楓社.

鈴木修次(1981), 『文明のことば』, 廣島: 文化評論出版.

惣鄕正明·飛田良文(1986), 『明治のことば辭典』, 東京堂出版.

槌田滿文(1983), 『明治大正新語·流行語』, 角川書店.

廣田榮太郎(1969), 『近代譯語考』, 東京堂出版.

* 한국현내문학회·국세비교한국학회 학술대회(2007년 8월 24일[금], 고려대 안암캠퍼스 서관132호), 구두발표.

漢字를 통한 漢韓日 語彙의 史的 流通

1. 머리말

漢民族의 언어인 漢語와 그 표기수단인 漢字는 오랜 역사에 걸쳐 주변의 여러 異民族과 言語的 接觸을 거듭하면서 놀랄만한 영향력을 발휘해 왔다. 그 위세는 특히 政治的으로나 文化的으로 밀접한 관계를 유지해온 韓國, 日本, 베트남 등과 같은 隣接言語에 현저하게 반영되었기 때문에, 그 餘波는 아직까지도 이들 언어의 文字나 表記, 語彙, 造語法과 같은 여러 층위에서 영향력을 과시하고 있다.

우선, 文字史的 측면에서 漢字는 여러 이민족의 문자 탄생을 촉진시킨 바 있다. 대표적인 사례가 바로 日本文字인 '가타카나'[片假名]와 '히라가나'[平假名]인데, 그 母胎는 漢字의 다양한 筆寫體였다. 한 때 베트남에서 쓰인 바 있는 '추놈'[字喃] 문자나, 오래 전에 이미 망각 속에 묻혀버린 西夏(1032-1227) 왕조의 문자 또한 漢字의 變形에서 비롯된 것들이었다. 한편, 韓國에서 창안된 문자인 '訓民正音' 자체에는 漢字의 영향이 직접 반영되지 않았으나, 그 初聲이나 聲調體系에는 韻學의 분류방식이 그대로 援用되었다. 따라서 '訓民正音'의 子音體系만은 漢語의 音韻論的 이론에 영향을 받아 창제된 文字임이 명백하다.

語彙史的 측면에서도 漢語는 주변언어에 막대한 영향을 끼쳤다. 言語的 接觸, 干涉, 受容과 같은 단계적 과정을 통하여 여러 언어에 傳播된 한자어가 그것인데, 오늘날 한국어, 일본어, 베트남어 등에 널리 流通되고 있는 방대한 양의 漢字語에 그 실상이 반영되어 있다.

좀더 구체적으로 살피자면, 한자어는 한국어의 語彙體系에 대폭적이고도 다양한 변혁을 초래하였는데, 그 借用과 土着化 과정은 대략 19세기 중엽을 경계로 하여 앞뒤 두 시기로 구분될 수 있다. 앞 시기인 19세기 중엽까지의 한자어 受容은 거의 전적으로 中國古典을 통하여 이루어졌다. 이때의 한자어는 2음절형(그 확대형인 4음절형 포함)이 주축을 이루는데, 오늘날의 관점으로 판단할 때 이들은 일반적으로 고전적, 전통문화적 개념을 나타내고 있다.

가장 오래된 한문역사서『三國史記』(12세기 중엽)나 한자학습의 입문서로 널리 활용된『千字文』에는 나타나는 2음절형 한자어로 그 사실을 확인할 수 있다.

> 『三國史記』=顧問, 供給, 貢獻, 觀察, 敎育, 交通, 國家, 國民, 紀綱, 機械, 落葉, 論功行賞, 盜賊, 獨立, 模範, 冒險, 百發百中, 兵器, 産業, 選擧, 脣亡齒寒, 樂器, 握手, 愛人, 英雄, 右翼, 宇宙, 因緣, 仁慈, 精神, 制度, 左翼, 知識, 智識, 親戚, 學問, 憲章, 革命, 皇帝, 恍惚… 등(조사대상은 民族文化推進會『影印本』, 1973).
>
> 『千字文』(周興嗣)='稼穡, 堅持, 固陋, 寡聞, 落葉, 都邑, 賊盜, 同氣, 徘徊, 俯仰, 夫唱婦隨, 枇杷, 沙漠, 逍遙, 悚懼, 安定, 梧桐, 宇宙, 衣裳, 仁慈, 祭祀, 糟糠, 中庸, 天地, 寸陰, 秋收, 黜陟, 親戚, 沈黙, 飄飇, 耽讀(조사대상은『石峰千字文』, 1583년)

이들은 시대의 흐름에 따라 의미상의 변화나 轉用을 거치면서 현대한국어로 활용되고 있는 사례들이다. 이들 한자어의 의미가 모두 현대한국어와 완전히 일치한다고 보기는 어려운 경우도 있다. 특히, '機械, 獨立, 産業, 選擧, 愛人, 右翼, 左翼, 恍惚'처럼 현대한국어와는 그 의미가 전혀 다르거나 상당한 차이를 보이는 사례도 포함되어 있기 때문이다.

이에 반하여 나중 시기인 19세기 중엽이후, 특히 개화기 이후의 한자어 受容은 주로 日本書籍을 통하거나 일본어와의 직접적인 接觸, 곧 人的 交流를 통하여 이루어졌다. 이때의 한자어 또한 기본적으로는 2음절형이었으나, 여기서 2차적으로 파생된 3음절형도 많다. 이들의 의미에는 주로 신문명, 곧 서양식 문물의 개념이 담겨있다. 결국, 한국어에 수용된 한자어는 그 수용시기와 관계없이 2음절형이 기본이었다. 그 이유는 1음절형이 의미상의 불투명성 때문에 단어로서는 부자연스러웠기 때문이었을 것이다.

실제로 현대한국어에는 수많은 漢字語가 쓰이고 있으나, 그 형태론적 구성은 기본적으로 1음절형, 2음절형, 3음절형의 세 가지 유형으로 구분된다. 그러나 1음절형은 單語로서의 기능이 미약하다. 개별적인 한자의 경우, 더러는 '福, 德, 罪, 罰, 病, 藥…'처럼 單語로 쓰일 수도 있으나, 양적으로는 한정적인 범위에 그치고 있다는 뜻이다. 이에 반하여, 2음절형 단어는 양적으로 방대할 뿐 아니라, 形態論的으로는 두 개의 漢字形態素로 구성되어 있다. '學問, 藝術, 文化, 眞理, 道德, 哲學…'과 같은 2음절 단어가 여기에 속한다. 이들은 의미상으로도 투명하고 안정적이어서 抽象的, 學術的, 文化的 개념표현에 널리 활용되고 있다. 이와 같은 특성 때문에 한국한자어는 2음절형이 주축을 이루게 된 것으로 생각된다.

이 시기의 특징이라면 한자어의 基軸인 2음절형에서 확대된 派生語가 대량으로 출현했다는 점이다. 이러한 방식의 파생어는 일본어에서 먼저 이루어졌다. 西洋文物을 한발 앞서 받아들인 일본에서는 새로운 개념을 투명하게 표현할 수 있는 新生語가 필요했기 때문이다. 실제로 接頭辭와의 결합형인 '無-感覺/無-條件, 不-名譽/不-動産. 未-成年/未-完成, 非-公式/非-武裝' 등이나 接尾辭와의 결합형인 '賣上-高/物價-高, 非常-口/出入-口, 期限-附/條件-附, 普通-株/有望-株' 등이 모두 그러한 파생형에 속한다. 또한, 접미사 '-的'에 의한 파생어 '感動-的, 樂觀-的, 段階-的, 慢性-的, 司法-的, 壓倒-的, 自動-的, 創造-的, 打算-的, 破格-的…' 등이나 '-化'에 의한 파생어 '機械-化, 內實-化, 民主-化, 分業-化, 産業-化, 自動-化, 體系-化, 土着-化, 表面-化, 合理-化' 등도 미찬가지다.

그런데 이들 파생어의 내면에는 漢語의 造語法 原理가 반영되어 있다. 漢語의 영향이 이번에는 인접언어의 조어법과 같은 문법에도 드리워졌음을 뜻한다. 다만, 한자형태소를 파생어 형성의 접두사나 접미사로 먼저 활용하기 시작한 것은 일본어에서였다. 이러한 방식의 조어법은 개화기를 전후로 하여 한국어에 유입되면서 새로운 파생어의 확산으로 이어졌다고 할 수 있다.

파생어나 합성어 생성에 이용되는 조어법이 비록 일본어에서 발전, 확대되었다고는 하나, 그 배경에는 한어고유의 문법기능이 잠재하고 있었음을 간과해서는 안 된다. 다시 말해서 그러한 조어법은 결국 한어에 기반을 두고 있기 때문이다. 그 때문에 한자어가 일본어나 한국어에 확산되는 과정에도 漢字가 보여주는 간편한 造語力과 한자어가 지니고 있는 의미 표현의 效率性이나 투명성, 거기에 다시 漢語式 조어법의 편의성과 우월성이 크게 작용했음을 기억할 필요가 있다.

결과적으로 漢語의 造語法은 한국어의 형태론적 구성에도 적지 않은 영향을 끼쳤기 때문에 漢語는 현대한국어의 형태론적 절차와 같은 문법에 여전히 살아있다고 볼 수 있다. 이처럼 漢語는 인접언어의 文字나 表記, 語彙, 造語法과 같은 다양한 層位에서 여전히 그 위력을 발휘하고 있다고 말할 수 있다.

2. 신생한자어의 성립 배경

현대한국어에서 활용되고 있는 한자어는 역사적 관점에서 대략 두 종류로 구분되는데,

그 하나는 傳統的 漢字語이고, 다른 하나는 개화기 이후의 新生漢字語이다. 전통적 한자어는 기본적으로 중국의 역대문헌을 통하여 수용되었으나 그렇다고 이들이 모두 중국문헌에서만 나왔다고 보기는 어렵다. 그 중에는 한국어 내에서 자체적으로 생산된 단어도 많은 것이다.

  개화기 이전까지는 이들 전통적 한자어만으로 거의 모든 분야의 지식과 정보가 표현되고 전달되었다. 그러나 개화기를 전후한 국가적 문호개방과 더불어 각 분야에 걸쳐 밀려오는 새로운 외래문물이나 제도 등을 전통적 한자어만으로 표현하기는 불가능해졌다. 필연적으로 새로운 단어가 필요하게 되었다. 이러한 흐름을 타고 생겨난 표현수단이 곧 新生語인데, 이들은 대부분이 한자어였기 때문에 新生漢字語라고 부를 수 있다. 이들 신생한자어에는 원칙적으로 서구문물의 개념이 응축되어 있어 전통적 한자어와는 성격이 다르다. 이를 일본학자들은 '新漢語' 또는 '新文明語', 중국학자들은 '新詞'라고 하여 전통적 한자어와 구별하기도 한다.

  신생한자어의 성립 배경은 매우 복잡하다. 우선, 개화기 이전까지는 거의 대부분의 신생어가 서적을 매개로 하거나 실물과 함께 국내로 전파되었는데, 그 출발지는 언제나 중국이었다. 가령, '自鳴鐘(ᄌ명종), 千里鏡(천리경)'과 같은 단어는 17세기 전반기에 실물과 함께 전해졌고, '火輪船(화륜선), 火輪車(화륜거), 寒暑表(한셔표)'와 같은 단어는 진보적 서적을 통하여 19세기 중엽에 국내에 알려졌다. '自鳴鐘'과 '千里鏡'에 대해서는 1631년(인조 9) 陳奏使 鄭斗源이 명나라에서 로드리게스(陸若漢, João Rodrigues Tçuzzu, 포르투갈인 선교사)를 만나 선물로 얻어왔다는 기록이 전하므로 적어도 'ᄌ명종'과 '천리경'이라는 신생어는 정두원을 따라 실물과 함께 국내에 전해졌음을 알 수 있다.

  '화륜선'과 '화륜거'는 브릿지먼(裨治文, Elijah Coleman Bridgman, 1801-1861, 미국인 선교사)의 『美利哥國志略』(1838)에 처음으로 나타난다(馬西尼 1997)고 하지만, 이 책이 우리나라에 전해졌다는 증거는 아직 없는 듯하다. 그런데 이들 신생어는 魏源(1794-1856)의 『海國圖志』(초간 50권 1844, 증보판 60권 1847, 재증보판 100권 1852, 재재증보판 125권 1895)에도 나타난다. 결국 '화륜선'과 '화륜거'라는 신생어는 『해국도지』와 같은 중국서적을 통하여 국내에 알려졌으리라고 추정된다. 『海國圖志』 초간본은 분명히 국내에 유입되었기 때문이다(李光麟 1974). 이 책의 이름은 『한불ᄌ뎐』(1880)의 표제항목으로도 나타난다(다만, 그 표기는 『海國圖誌』임). 한편, '한셔표'는 마틴(丁韙良, William Alexander Parsons Martin, 1827-1916, 미국인 선교사)의 『格物入門』(1868)에 처음 나타나는데(馬西尼 1997), 이 신생어 또한 서적을 통하여 국내에 전해진 듯하다. 하여튼, 위에 보인 다섯 개의 단어는 모두 『한불ᄌ뎐』(1880)에도 수록되어 있고, 중국서적에도 나타나므로 그 기원은 분명히 漢語에 연결된다고 할 수 있다.

이처럼 개화초기까지 국내에 전파된 신생어의 원천은 중국이었다. 그러나 朝日修好條規(병자수호조약 또는 강화도조약, 1876)에서 비롯된 대외 개방정책이 확대되고, 일본과의 접촉이 잦아지면서 사정은 크게 달라졌다. 修信使를 비롯한 당시의 지식인들은 물론, 일반 상인과 기술자에 이르기까지 일본출입이 잦아졌다. 그들은 開化가 상당히 진행된 일본의 문물제도를 통하여 간접적으로나마 서양문물을 경험하고 돌아왔다. 자연히 그들이 일본에서 알게 된 신생한자어도 사람을 따라 국내에 유입되었다.

개화초기인 1880년대 초반까지 일본을 통하여 국내에 전해진 신생한자어만 하더라도 그 수량과 범위는 상당한 수준에 달한다. 이들은 중국에서 먼저 전해진 신생어를 몰아내고 그 자리를 대신하기도 하였다. 위에 보인 중국어 기원의 신생어로 그 사실을 확인할 수 있다. 'ᄌ명종'은 그런 대로 '자명종'이란 발음과 어형으로 지금까지 남아 있으나, '쳔리경'은 '望遠鏡'으로, '화륜션'은 '汽船'으로, '화륜거'는 '汽車'로, '한서표'는 '寒暖計, 溫度計'로 각기 대치된 것이다.

이들 대치형이 예외 없이 일본에서 생성된 신생한자어는 아니다. 가령, '천리경'의 대치형인 '망원경'은 게일(Gale)의 『한영ᄌ뎐』(1897)에는 나타나지 않으나('천리경'만 나타남), 『독닙신문』(1897년 중)에는 그 용례가 보이므로(朴英燮 1994), 19세기 말경에는 이 신생어가 이미 국내에서 통용되었음을 알 수 있다. 그런데 19세기에 중국에서 생성된 신생어 가운데 '망원경'이란 어형은 발견되지 않는다(馬西尼 1997). 따라서 국어에 수용된 '망원경'이란 신생어는 일본어가 유입된 것으로 보인다. 그 증거로서 1880년대에 일본에서 간행된 英日사전류에 '망원경'이 나타난다는 사실을 들 수 있다.

일본에서 간행된 각종 사전류에서 '망원경'의 확실한 출전제시를 찾아보기는 어려우나, 尺振八의 『明治英和字典』(1884), 棚橋一郎의 『英和雙解字典』(1885), 島田豊의 『附音挿圖 和譯英字彙』(1887) 등에는 영어 *telescope*에 대한 풀이가 다같이 '망원경'으로 되어있다. 적어도 19세기 말엽에는 이 단어가 일본어에 분명히 정착되어 있었다는 뜻이 된다. 이 신생어는 한동안 일본에서 먼저 창안되었다고 여겨졌다. 그 근거로서 일본의 蘭學者 司馬江漢(1747-1818)이 펴낸 『和蘭天說』(1796)에 '망원경'이란 단어가 나타난다는 사실이 지적된 바 있다. 그러나 지금 으로서는 이 신생어를 司馬江漢이 직접 창안했다기보다 중국에서 받아들였다고 보아야 한다는 견해가 유력하다. 淸나라의 游藝(字는 子六)가 펴낸 『天經或問』(1675)에 '望遠之鏡'이란 어형이 나타나는데다가, 『和蘭天說』 범례의 "이 책의 全說은 西儒 및 子六 등의 所說 가운데 善을 택하고, 非를 버리며……"와 같은 해명이 그러한 추정을 뒷받침하고 있다. 司馬江漢은 西儒(곧 서양 선교사)와 子六(곧 游藝) 등의 저술을 참조하면서, 그 '좋은 것'[善]을 택하고 '옳지 않은 것'[非]을 버렸다고 밝히고 있으므로, 『和蘭天說』의 '望遠鏡'이란 어형은 游藝의 『天經或問』에 나타나는 '望遠之鏡'을 '望遠鏡'처럼 명사형으로 줄여 쓴 결과일 가능성이 충분하다는 것이다.

더구나 '망원경'이란 어형은 그 이전부터 이미 일본어에 알려져 있었다. 테렌쯔(鄧玉函, Jean Terrenz, 1576-1630, 스위스인 선교사)가 口授했다는 『遠西奇器圖說錄最』(1628)의 범례에 『望遠鏡說』이란 책이름이 제시되어 있는데, 이 책 또한 분명히 일본에 전해졌으므로, '망원경'이란 어형은 일찍부터 일본어에 있었다는 증거가 된다(佐藤亨 1983). 결국, 司馬江漢이 사용한 '망원경'이 游藝의 '망원지경'에서 직접 왔건, 그 이전부터 알려져 있었던 '망원경'에서 왔건, 그 원천만은 漢語였음이 분명하다.

'망원경'이란 신생어가 개화기의 일본어를 통하여 한국어에 들어왔다고 하더라도 그 근원은 결국 漢語로 되돌아가는 셈이다. 이러한 성립배경을 지닌 단어로서 오늘날 한중일 3개 국어에서 함께 통용되는 사례는 얼마든지 있다. 이에 따라 어떤 단어가 일본어인지 漢語인지 새삼스럽게 시비를 삼을 필요는 없다. 왜냐하면, '望遠鏡'이란 단어의 표기는 3국이 모두 같지만(단, 漢語의 경우, 간체자 표기는 '望远镜'이 되어 차이를 보이기도 함), 그 발음이 한국어로는 '망원경', 일본어로는 [bō-eN-kyō], 漢語로는 [wang-yuan-jing](편의상 성조표기는 생략)이어서, 발음 상으로는 서로 통하지 않기 때문에 각자 다른 단어나 마찬가지다. 이를 두고 '望遠鏡'이 어느 나라말이냐를 가린다는 것은 부질없는 노릇이다. 다만 어휘사적으로 그 생성과 전파과정을 살펴볼 가치는 충분히 있다.

한국어에 정착된 신생어의 성립배경이나 수용과정은 생각보다 훨씬 복잡하다. 어찌 되었건 개화기 이후 한국어에 수용된 신생한자어는 거의 일본어에서 나온 것이다. 그 특징으로 서 이들은 기본적으로 2음절형 단어이며, 어휘론적으로는 번역차용어로서 일종의 전문어에 속한다. 또한, 문자를 통한 차용이기 때문에 그 발음은 자국어식으로 바뀐다. 문제는 그 造語 자체가 모두 일본에서 새로 이루어진 것은 아니라는 사실이다. 새로운 조어를 통하여 생성된 단어보다는 중국의 역대문헌에 나타나는 전통적 한자어를 토대로 삼은 경우가 얼마든지 있기 때문이다. 다만, 그 의미는 전통적 한자어와 상당히 다르다. 번역차용 과정에서 의미의 개신이나 轉用이 일어난 것이다.

신생한자어 중에는 중국에서 활동하던 서양선교사나 그들의 영향을 받은 진보적 중국인들이 일본보다 먼저 창안해낸 것도 적지 않다. 특히, 마테오 리치(利瑪竇, Matheo Ricci, 1552-1610, 이탈리아인 선교사)는 17세기 초엽에 벌써 많은 지리학 용어를 창안해 썼으며(荒川淸秀 1997), 알레니(艾儒略, Julius Aleni, 1582-1649, 이탈리아인 선교사), 베르비스트(南懷仁, Ferdinand Verbiest, 1623-1688, 벨지움인 선교사) 등은 마테오 리치의 용어를 계승 발전시켰다. 이들이 창안한 신생어의 상당수는 일본어에 전해졌다가 개화기 이후 한국어에도 수용되기에 이르렀는데 본고장인 중국에서는 오히려 잊혀진 경우가 많다.

그러다가 19세기에 들어와서는 서양선교사들이나 중국의 몇몇 선각자들이 다시 많은 양의 새로운 번역어를 창안하여 쓰기 시작하였다. 그러한 인물 중, 서양인으로서는 모리슨(馬禮遜, Robert Morrison, 1782-1834, 영국인 선교사), 웨이(禕理哲, Richard Quanterman Way, 1819-1895, 미국인 선교사), 이미 앞에 나온 마틴(丁韙良), 그리고 홉슨(合信, Benjamin Hobson, 1816-1873, 영국인 선교사) 등이 있으며, 漢人으로서는 林則徐(1785-1850), 魏源(1794-1856), 徐繼畲 등이 있다. 이들이 창안한 신생어는 서적을 통하여 그때그때 일본에 전해졌다. 또한, 중국의 저작물은 일본에서 복각이나 번역으로 재빨리 출판된 경우도 허다하기 때문에 신생어의 상당수가 일본에 전파된 것도 당연한 일이다.

그러나 정작 중국에서는 오히려 이들 신생어가 그다지 보급되지 않았다. 그 원인은 대부분의 지식인이나 정치가들이 서양문물을 그다지 탐탁하게 여기지 않았기 때문에 서양지식이 담긴 서적이 별로 읽히지 않은 데 있었던 것으로 보인다. 그러나 淸日戰爭(1894)이 끝나면서 사정은 급격히 달라졌다. 많은 유학생이 일본으로 건너갔다가 현지에서 익힌 신생어를 중국으로 옮겨갔다. 여기에는 黃遵憲(1848-1905), 梁啓超(1873-1929)와 같은 인물들의 힘이 크게 작용하였다. 그러나 그들이 받아들인 신생한자어 중에는 오히려 17세기 혹은 19세기 중엽 중국에서 창안된 후, 일단 일본어에 전파되었다가 19세기 말엽 일본에서 또다시 중국어로 돌아온 사례가 많다. 일본어에서 차용되었다고 생각한 이들 신생어가 실은 중국에서 이미 먼저 만들어진 신생어였다는 사실이 계속 밝혀지고 있는 것이다. 이들을 중국학계에서는 되돌아온 차용어라 하여 '회귀차사'(回歸借詞)라고 부르기도 한다.

신생한자어에 대한 어휘사적 연구는 아직 초보적 단계에 머물러 있다. 거기다가 밝혀진 사실보다 밝혀지지 않은 사실이 훨씬 많다. 그러나 이들 신생한자어의 성립배경에 대한 추적작업은 한국어 속에 살아 움직이는 한자어를 좀더 깊이 이해할 수 있는 길이 될 것이며, 동시에 문화접촉이 어휘의 생성이나 의미개신에 어떻게 관여하는지를 파악할 수 있는 지름길이 되기도 할 것이다.

3. 개화기의 신생한자어 流通

고대로부터 현대에 이르기까지 韓國, 日本 등의 주변국가들은 漢字라는 표기수단을 자국문자처럼 활용하거나 변형해서 사용해 왔다. 그 때문에 개화기 이전의 과거로 거슬러 올라갈수록 漢韓日과 같은 여러 言語에는 語形과 意味가 서로 통용되는 漢字語가 많다. 이들은 현대한국어로 계승되어 여전히 생명력을 발휘하고 있을 뿐 아니라, 지금도 東洋의 諸國 간에는 그 의미가 서로 통용되는 경우가 많다.

그러나 개화기를 거치면서 사정이 크게 달라진다. 밀려드는 서양문물에 노출되면서 漢韓日의 전통적 한자어 체계에는 각기 적지 않은 變革과 改新이 가해졌기 때문이다. 이른바 '서양문물'을 수용하고 소화하는 과정에서 각 국어에는 낯선 개념을 표현하기 위한 신생어가 쏟아져 나오면서 3개국 간의 한자어 체계에는 차이가 벌어지기 시작하였다. 거기다가, 2차대전이 끝나면서 각국의 한자표기 정책에도 개혁이 이루어졌다. 중국의 경우, 臺灣이나 홍콩과 같은 일부지역을 제외한 대륙에서는 전통적 표기수단이었던 古體가 대폭 簡體로 바뀌었으며, 일본에서는 略字가 채택되었고, 한국에서는 '한글전용론'이 대두되면서 수많은 한자어가 국문자로 표기되는 관행이 굳어졌다.

이렇게 되자 동양 3국간의 공통적 표기수단이었던 한자의 연결고리가 끊어지기에 이르렀으며, 거기다가 漢韓日 3개국 간에는 서로 통용되지 않는 한자어가 날로 늘어나게 되었다. 일례로, 한국의 空港에는 '化粧室, 待合室, 手荷物'과 같은 안내표지가 있는데 이들은 漢人들에게 통용되지 않는다고 한다. 이들은 개화기 이후 한국어에 수용된 일본어식 신생어로서 거기에 대응하는 漢語는 각기 '厠所/卫生间(대륙의 경우)이나 洗手間/便所(홍콩의 경우), 候车室(기차역)/候机室(공항), 行李'이기 때문일 것이다. 또한, 한국에서 통용되는 한자어 '待機線, 養護室, 遮斷壁, 喫煙, 邦畵, 殘高, 宅配' 등도 漢人들에게는 통용되지 않는다고 한다. 대개는 일본식 한자어이기 때문이다. 이처럼 현대한국어에는, 漢語로는 통하지 않으나 日本語로는 통하는 한자어가 늘어나면서 漢韓 간에는 공통성이 줄고 있는 셈이다.

동양 3개국, 특히 漢韓 간의 한자어에 차이가 생기기 시작한 시기는 물론 개화기 전후부터라고 할 수 있다. 한국어에 일본식 한자어가 급격히 늘어났기 때문이다. 그 한가지 사례로서 개화기 이후 한국어에 차용된 일본어식 신생한자어 '美術'의 의미를 놓고 父子之間에 나누는 대화 한 도막을 보기로 한다.

한국 최초의 문예동인지 『創造』 창간호(1919년 2월)의 한 소설에는 '美術'이라는 단어가 나타난다. 1년 후면 京城高等普通學校를 마치게 될 스무 살의 주인공 '世民'이 東京美術學校에 가고 싶다는 뜻을 일흔에 가까운 그의 부친에게 밝히면서 허락을 구하는 대목이다(*맞춤법과 띄어쓰기는 원문을 따른다).

> 世民의 父親은 美術이 무엇인지 일흠부터모르는고로 그아들에게 물어본다.
> "大體 美術이란 무얼하는것이냐? 美術! 美術! 얼골을 어엽부게하는術이라는 말이냐? 옷을곱게닙는術이란 말이냐?"
> ……(중략)……
> "아부지! 美術이란 그런것이안이야요! 美術은우리사람에게 密接關係가 잇는것이올시다. 그種類는 彫刻, 鑄工, 建築, 그림其他여러가지올시다(白岳[金煥], 「神秘의 幕」, 24면).

이 대화는 당시만 하더라도 '美術'이라는 단어가 신생한자어여서 한문지식밖에 갖추고 있지 않은 구세대에게는 그 뜻이 얼른 이해되지 않았다는 사실을 전하고 있다(宋敏 1989:69-70 참조). 실제로 조선총독부의 『朝鮮語辭典』(1920)에는 '美術'이라는 단어가 수록되어 있지 않다. 그만큼 이 단어는 당시까지 그다지 일반화하지 않았음을 보여준다.

'美術'이란 영어 *fine arts*나 불어 *beaux arts*와 같은 서양식 추상개념에 대한 번역어로서 19세기 말엽 일본에서 창안된 신생어로 간주되고 있다. 처음에는 그 뜻이 '詩歌, 散文, 音樂', 또는 '舞樂, 演劇'까지 포괄할 만큼 넓었으나, 점차 축소되어 나중에는 '建築, 彫刻, 繪畵'와 같은 造型美術만을 니다내기에 이르렀다고 한다. 惣鄕正明·飛田良文(1806:479-480)에는 그 과정이 다음과 같이 풀이되어 있다.

> 지금은 造形美術의 意味로 쓰이고 있으나 明治時代에는 小說·詩歌·音樂을 포함하여 넓은 의미로 쓰였다. 西周의 『美妙學說』(明治 5[1872])에는 "西洋에서 지금 美術

가운데 꼽히는 것으로 畵學[페인칭구, *painting*], 彫像術[스칼푸추ㅡ르, *sculpture*], 彫刻術[엥구레ㅡ킹('빙'의 잘못인 듯, *engraving*)구], 工匠術[아ㅡ키테쿠도, *architect*]이 있으나, 여기에 오히려 詩歌[포에토, *poet*], 散文[리테라추르, *literature*], 音樂[뮤지우크, *music*], 나아가 漢土의 書도 이 부류로서 모두 美妙學의 原理에 適當한 것이며, 다시 나아가서는 舞樂, 演劇따위까지 이르려야 한다"로 나타난다. 明治 15년[1882]의 훼노로사 演述·大森惟中 筆記『美術眞說』에도 "지금 文明諸國에서 자연히 발달한 美術의 종류를 縷擧하면 音樂·詩歌·書畵·彫刻·舞踏 등이다"고 적혀 있다. 그러나 大正 13-14년 [1924-1925] 刊인 長與善郎『竹澤先生이라는 人物』前篇·竹澤先生, 富士를 보다·二에 이르면 "文藝, 美術에 관해서는 본래부터"라고 되어 있어 文藝는 美術에서 제외되고 있다(괄호 속의 영어표기 복원은 필자).

하여튼 '美術'이라는 단어가 일본에서 사전류에 등장하기 시작한 시기는 19세기 80년대 말엽으로 알려지고 있다.

한편, '美術'이란 용례가 한국문헌에 실제로 나타나는 시기는 위에서 본『創造』창간호 (1919년 2월)보다 훨씬 이전인 19세기 말엽이다. 俞吉濬(1856-1914)의『西遊見聞』(1895), 그 밖의 典據로는『독닙신문』(1899) 등을 그 사례로 꼽을 수 있다.

　　且日用百種의美術及工藝를畢羅ㅎ며童翫香奩의諸具에至ㅎ야新工의發造ㅎ物類는 不具ㅎ者가無ㅎ故로(제19편 各國大都會의景像, 合衆國의 諸大都會, 華盛頓와싱튼六, 褒巧院, 493면).
　　英吉利國의製造物品은機械力을全用ㅎ야天然優美ㅎ風韻意致가頓無ㅎ지라他邦의 美術에較ㅎ야三舍를瞠退ㅎ則其傳聞이世間에流播ㅎ야(제19편　各國大都會의景像, 英吉利의大都會, 圃墩른든 五, 堅徵敎博物會館, 511-512면).
　　구라파 기화 죠종은 희랍국이라…(중략)…그 쟝식들은 극히 공교 ㅎ고 릉ㅎ야 슈三千년 전에 지은 궁절이 오날늘깟지 그 아름다온 것을 젼 ㅎ며 방금 영 덕 법 미국 갓치 리화ㅎ 나라들도 희랍 녯 기예와 미술(美術)을 모본 ㅎ되 밋지 못 ㅎ는 일이 만타 ㅎ니 희랍국 기화가 굉장ㅎ엿던 것은 가히 알겟도라(『독립신문』광무 3년[1899] 1월 9일, 1면, 교육 방법).

이 때의 '美術'이 오늘날과 같은 의미를 나타내는지 어떤지는 잘 확인되지 않는다. 문맥만으로는 그 의미가 잘 드러나지 않기 때문이다. 이 단어가 처음으로 등재된 한국어사전은 文世榮의『朝鮮語辭典』(1938)인 듯하다. 여기에는 '미를 표현하는 예술'로 풀이되어 있다. 그 결과 '美術'은 현대한국어에서 派生語와 合成語 생산에 널리 활용되고 있다. 예컨대, '建築-, 工業-, 工藝-, 廣告-, 具象-, 近代-, 機械-, 丹靑-, 洞窟-, 立體-, 舞臺-, 未開-, 民間-, 民衆-, 扮裝

-, 佛敎-, 産業-, 商業-, 生活-, 西洋-, 西域-, 石造-, 宣傳-, 設置-, 實用-, 染色-, 映畵-, 原始-, 應用-, 衣裳-, 裝飾-, 前衛-, 造形-, 宗敎-, 抽象-, 出版-, 合成-, 現代-, 幻燈-, 幻想-'이나, '-監督, -考古學, -工藝, -敎育, -大學, -圖案, -陶磁器, -博物館, -批評, -寫眞, -映畵, -衣裳, -印刷, -鑄造, -學校, -解剖, -解剖學' 등과 結合된 合成語를 비롯하여, 접두사 '古-'나 접미사 '-的, -家, -界, -館, -論, -史, -商, -品' 등과 結合된 派生語가 그러한 실례들이다.

이러한 사실을 통하여 '美術'이라는 단어는 일본어를 통하여 한국어에 차용된 신생한자어로 추정된다. 劉正埮[외][편](1984)에서도 현대한어 '美術'[měishù]은 일본어 '美術'[bijutsu]에서 유래하였다고 보았는데, 이 점 또한 한국어 '美術'이 일본어에서 차용되었음을 간접적으로 뒷받침한다. 요컨대, 일본어에서 비롯된 신생한자어가 한국어에 차용되었다는 사실은 개화기의 일본에서 창안된 新生語가 한국어에 전파되었다는 단적인 사례의 하나일 뿐이다. 왜냐하면 개화기를 거치면서 韓, 中, 日 3개 국어 사이에는 일련의 신생어가 상호교류나 전파를 통하여 借用이 활발하게 이루어졌기 때문이다.

4. 漢語에 傳播된 日本語式 新生語

개화기의 신생어로서 '機械, 自由'는 고대한어에서, '熱帶, 溫帶, 寒帶'나 '病院'은 17세기 초엽의 중국 양학서에서 유래한 것들인데, 이들은 일찍이 일본어에 전파되었다가 개화기를 거치면서 한국어에도 차용되기에 이른 사례들이다. 그 중 '病院'을 제외한 나머지 단어들은 다시 개화기의 漢語에 전파되기도 하였다. 이처럼 일본어식 신생어 중에는 漢語에 역수출된 사례도 적지 않다.

劉正埮[외][편](1984)에는 그러한 사례들이 하나하나 명시적으로 구분되어 있다. 이들을 그 성격에 따라 다시 한번 분류해 보면 다음과 같은 세 가지 유형으로 구분될 수 있다(*원문은 알파베트 순으로 배열되어 있으나 본고에서는 편의상 국어의 가나다 순으로 배열한다. 또한, 원문의 簡體字를 여기서는 古體로 바꾸어 예시한다).

1) 中國古典에 典據가 있는 번역용 新生語

개화기를 거치면서 일본의 지식인들은 중국의 고전에 전거가 있는 2음절형 단어를 서양문물에 대한 번역어로 전용한 경우가 많다. 결국, 이 유형에 속하는 단어들은 전통적 어형이었던 것들이 의미변화나 개신을 겪은 결과이기 때문에 의미론적 신생어로 간주되는 것이다. 이러한 신생어들은 다시 한번 2차적 派生語나 合成語로 발전하는 경우도 많은데 그 내용을 가나다순으로 함께 예시하면 다음과 같다.

ㄱ. 綱領, 講習, (牽引車)의 牽引, 經費, (經濟, 經濟恐慌, 經濟學)의 經濟, 階級, 計劃, 共和, 過渡, 科目, 課程, 教授, (教育學)의 教育, 交際, (膠着語)의 膠着, 交通, 交換, 拘留, 具體, 國體, (軍國主義)의 軍國, (軍需品)의 軍需, 軍籍, 規範, 規則, 勤務, 機械, (機關, 機關砲)의 機關, 記錄, 氣分, 騎士, 氣質.

ㄴ. 浪人, 內閣, (勞動, 勞動者, 勞動組合)의 勞動, (論理學)의 論理.

ㄷ. 單位, (單行本)의 單行, (代言人)의 代言, 代表, 道具, (圖書館)의 圖書, 獨占, 同情, 登記.

ㅁ. 麥酒, 文明, 文學, 文化, (物理, 物理學)의 物理, 美化, 民法, 民主.

ㅂ. 博物, 博士, 反對, 發明, (方程式)의 方程, 白金, 法律, 法廷, 法則, (辯護士)의 辯護, 保障, 保險, 服用, 封建, 封鎖, 分配, 分析, 分子, 悲觀.

ㅅ. (事務員)의 事務, 私法, 事變, 思想, (社會, 社會主義, 社會學)의 社會, 相對, 想象, (上水道)의 上水, (生命線)의 生命, (生産, 生産關係, 生産力)의 生産, 選擧, 宣傳, (所得稅)의 所得, 素質, 消化, 輸入, 水準, 時事, (神經, 神經過敏, 神經衰弱)의 神經, 訊問, (新聞記者)의 新聞, 身分, 信用, 審問.

ㅇ. 羊羹, 演說, 演習, 演繹, 鉛筆, 列車, (預備役)의 預備, 預算, 藝術, 悟性, 溫室, 偶然, 右翼, (運動, 運動場)의 運動, (運轉手)의 運轉, 元帥, (胃潰瘍)의 潰瘍, 衛生, 柔道, (唯心論)의 唯心, 遊弋, 遺傳, (流行病, 流行性感冒)의 流行, (倫理學)의 倫理, 議決, 意識, 意義, 意匠, 醫學, 理論, 異物, 理事, 理性, 印象.

ㅈ. 資本, 自律, (自然淘汰)의 自然, 自由, (自治領)의 自治, 儲蓄, 節約, 精神, (制御器)의 制御, 組織, 左翼, 注射, 主食, (主人公)의 主人, 主體, 支配, 知識, (眞空管의) 眞空.

ㅊ. (處女地)의 處女, 天主, (初夜權)의 初夜, 侵略, 侵犯.

ㅌ. (通貨膨脹)의 通貨, 投機.

ㅍ. 判決, 標本, 表象, 品位, 風琴, (風雲兒)의 風雲.

ㅎ. 學府, 學士, 抗議, (虛無主義)의 虛無, 憲法, 革命, 現象, 刑法, (形而上學)의 形而上, 會計.

劉正埮[외][편](1984)에는 이들 번역어에 대한 역사적 典據가 일일이 예시되어 있다. 그 중의 몇몇 사례를 뽑아보면 다음과 같다.

共和 republic. 召公周公二相行政 号曰共和(『史記·周本紀』).
機械 machine. 有機械者必有機事 有機事者必有機心(『莊子·天地』).
民主 democracy. 天惟時求民主 乃大降顯休命于成湯(『書·多方』).
發明 invention. 發明耳目 寧體便人. 吳延濟注 能言開耳目之明(宋玉『風賦』).
保險 insurance. 其余黨往往保險爲盜(『隋書·劉元進傳』).
社會 society. 八月秋社…市學先生預斂諸生錢作社會(『東京夢華錄·秋社』).
演繹 deduction. 于是推本堯舜以來相傳之意 質以平日所聞父師之言 更互演繹 作爲
　　此書(朱熹『中庸章句 序』).
衛生 hygiene, sanitation. 趑願聞衛生之經而已矣(『莊子·更桑楚』).
革命 revolution. 天地革而四時成 湯武革命 順乎天而應乎人(『易·革』).
形而上學 metaphysics. 形而上者謂之道 形而下者謂之器(『易·繫辭』).

여기에 보이는 '共和'의 고전적 의미는 '군주가 없는 상태에서 공동협의로 이루어지는 정치'였다. 일본의 지식인들은 이 단어를 네델란드어 *republijk*(영어로는 republic)에 대한 번역어로 전용하여 '共和國'이라는 신생어를 얻은 것이다(宋敏 2001ㄹ 참조). 곧, 고전적 의미의 '共和'가 새로운 의미로 다시 태어난 셈이다. 이와 마찬가지로 '機械, 民主, 發明, 保險, 社會, 演繹, 衛生, 革命'이나 '形而上學'에 포함된 '形而上'의 의미 또한 고전적 의미와는 다르게 새로운 의미를 띠게 되었으므로 이들은 어느 것이나 신생어로 간주될 수 있는 것이다.

2) 일본에서 창안된 번역용 신생어

중국고전에 典據가 나타나지는 않는 듯하나 개화기를 거치면서 일본에서 창안되거나 의미의 전용을 통하여 번역용 신생어로 다시 태어난 후 漢語에 전파된 사례도 있다. 양적으로는 이 부류에 속하는 신생어가 가장 많은 셈인데, 여기에는 音寫形 차용어, 곧 직접차용어도 포함되어 있다. 이두음별로 예시하면 다음과 같다.

ㄱ. 可決, 歌劇, 假分數, 假想敵, 假定, 脚光, 脚本, 覺書, 幹部, 看守, 間接, 間歇川, 看護婦, 感性, 鑑定, 講壇, 講師, 講演, 强制, 講座, 概括, 概念, 概略, 概算, 介入, 改訂, 改編, 客觀, 客體, 坑木, 巨頭, 建築, 檢波器, 決算, 結核, 輕工業, 警官, 競技, 景氣, 警察, 經驗, 契機, 係數, 系列, 系統, 高爐, 高利貸, 高射砲, 固定, 高潮, 高周波, 固體, 空間, 共鳴, 公民, 公報, 公僕, 共産主義, 公訴, 工業, 公債, 公稱, 科學, 關係, 觀念, 觀點, 觀照, 觀測, 廣告, 光年, 光線, 廣義, 交感神經, 敎科書, 敎養, 交響樂, 俱樂部, 驅逐艦, 國庫, 國敎, 國事犯, 國稅, 國際, 軍部, 權威, 歸納, 劇場, 金剛石, 金融, 金牌, 金婚式, 肯定, 基督, 基督敎, 機密, 技師, 汽船, 旗手, 企業, 汽笛, 基調, 基準, 基地, 氣質, 氣體, 緊張.

ㄴ. 暖流, 內分泌, 內容, 內在, 冷藏, 冷藏庫, 冷戰, 論壇, 論戰, 農作物, 累減, 累進, 能動, 能力, 能率.

ㄷ. 單利, 蛋白質, 但書, 短波, 談判, 大氣, 貸方, 大本營, 隊商, 對象, 大熊座, 代議士, 對照, 圖案, 獨裁, 動機, 動力, 動力學, 動脉, 動産, 動員, 動議, 動態, 謄寫版.

ㅁ. 漫談, 漫筆, 漫畫, 媒質, 脉動, 盲從, 免許, 明細表, 命題, 母校, 毛細管, 母體, 目的, 目標, 舞臺, 無産階級, 無産者, 默劇, 默示, 文庫, 物質, 美感, 美術, 敏感, 密度, 蜜月.

ㅂ. 舶來品, 反感, 半徑, 半旗, 反動, 反射, 反應, 反響, 放射, 方式, 方案, 背景, 配給, 陪審, 陪審員, 配電盤, 白旗, 白熱, 範疇, 法人, 變壓器, 辨證法, 輻射, 復水器, 複式, 復員, 複製, 本質, 否決, 副官, 不動産, 否認, 否定, 附着, 雰圍氣, 分解, 悲劇, 非金屬, 比重.

ㅅ. 死角, 士官, 社交, 社團, 使徒, 思潮, 事態, 插話, 商法, 常備兵, 常識, 商業, 象徵, 索引, 生理學, 生態學, 序曲, 序幕, 旋盤, 宣戰, 銑鐵, 性能, 成分, 世界觀, 世紀, 細胞, 消極, 素描, 消防, 消費, 小夜曲, 小熊座, 少尉, 所有權, 少將, 素材, 消火栓, 速記, 速度, 手工業, 受難, 輸尿管, 手榴彈, 水密, 水成岩, 水素, 隨員, 輸出, 巡洋艦, 乘客, 乘務員, 承認, 昇華, 時間, 時計, 施工, 施行, 時效, 信託, 信號, 實感, 實業, 失戀, 心理學, 審美, 審判.

ㅇ. 雅樂, 亞鉛, 安質母尼, 安打, 暗示, 壓延, 液體, 陽極, 量子, 語源學, 業務, 力學, 年度, 硏磨機, 演奏, 演出, 熱帶, 領空, 影像, 營養, 領土, 領海, 溫度, 溫床, 瓦斯, 外分泌, 外在, 要素, 了解, 溶媒, 溶體, 優生學, 原理, 元素, 園藝, 原子, 遠足, 原罪, 原則, 遊離, 唯物論, 流線型, 油槽車, 流體, 類型, 銀幕, 銀行, 銀婚式, 陰極, 音程, 義務, 意譯, 議員, 議院, 擬人法, 議會, 理念, 理想, 二重奏, 理智, 人格, 人權, 引渡, 人文主義, 因子, 日和見主義, 任命, 淋巴, 入場券, 入超, 立憲, 剩余價値.

ㅈ. 刺激, 資料, 紫外線, 作品, 雜誌, 長波, 財團, 低能, 低能兒, 低壓, 低調, 抵抗, 積極, 展覽會, 轉爐, 電流, 專賣, 電報, 前線, 戰線, 傳染病, 前衛, 電子, 前提, 電池, 電車, 電波, 電話, 絶對, 政黨, 靜脈, 情報, 定義, 情操, 政策, 靜態, 淨化, 制約, 制裁, 制限, 組閣, 條件, 組合1, 組合2(數學用語), 宗敎, 終點, 綜合, 坐藥, 主觀, 株式會社, 主義, 主筆, 重工業, 中將, 仲裁, 仲裁人, 證券, 指導, 地上水, 支線, 指數, 止揚, 地質, 地質學, 指標, 地下水, 紙型, 直覺, 直徑, 直觀, 直流,

　　　　直接, 進度, 進展, 進化, 進化論, 質量, 窒扶斯, 窒素, 集團.

　ㅊ. 借方, 錯覺, 蒼鉛, 創作, 採光, 債權, 債務, 策動, 哲學, 尖端, 淸敎徒, 淸算, 體育, 體操, 燭光, 觸媒, 總動員, 總理. 總領事, 催眠, 催眠術, 最惠國, 抽象, 出發點, 出征, 出超, 出版, 出版物, 膵臟, 襯衣.

　ㅌ. 律, 探照燈, 探海燈, 探險, 太陽燈, 統計, 退役, 退化, 投影, 投資, 特權, 特務.

　ㅍ. 派遣, 波長, 版畵, 霸權, 編制, 評價, 平面, 飽和, 表決, 標語, 必要.

　ㅎ. 下水道, 學位, 寒帶, 寒流, 航空母艦, 解放, 解剖, 憲兵, 現金, 現實, 現役, 血色素, 血栓, 血吸蟲, 狹義, 協定, 協會, 虎列刺(又作 虎列拉, 虎力刺. 癨亂), 號外, 化膿, 畵廊, 化石, 火成巖, 化粧品, 化學, 擴散, 環境, 幻燈, 幻想曲, 活躍, 會談, 會社, 回收, 會話, 效果, 酵素, 黑死病, 喜劇.

이중 '覺書, 貸方, 引渡, (日和見主義의) 日和見-, 組合1, 組合2(數學用語), 借方'과 '高利貸'의 '-貸'는 일본어에서 訓讀되지만 漢語에서는 자국식 音讀으로만 통용된다. 요컨대 漢語에는 훈독되는 한자가 없기 때문에 모든 漢字가 음독으로만 쓰이는데, 이점에서 漢語는 한국어와 동일한 성격을 보인다. 예를 들자면, '俱樂部, 基督, 安質母尼, 瓦斯, 淋巴, 虎列刺(又作 虎列拉, 虎力刺. 癨亂)' 등은 차례대로 각기 club, Christo(포르투갈어형), antimony, gas, lymph, chorela에 대한 音寫形이기 때문에 번역어가 아니라 직접차용어들인데, 일본어에서는 그 표기가 한자로 통용되었다. 이들 또한 漢語에서는 자국식 音讀語로 바뀌고 만다.

이중 어떤 것은 중국문헌에 典據가 나타나기 때문에 일본어에서 전파되었는지 그렇지 않은지에 대해서는 좀더 검토해야 할 필요가 있는 것도 있다. '化學'도 그러한 사례의 하나에 속한다(宋敏 2001ㄱ 참조). 실제로 黃河淸[역](1997)에는 이 단어가 중국신어[本族新詞]로 분류되어 있다.

3) 기타 일반 단어

서양어에 대한 번역관계는 확인되지 않으나 일본의 전통적 한자어나 개화과정에서 새로 태어난 新造語가 여기에 속한다. 다음과 같은 사례로 그 윤곽을 짐작할 수 있다.

　　簡單, 巨星, 巨匠, 堅持, 故障, 公立, 公營, 公認, 公判, 廣場, 校訓, 國立, 弓道, 權益, 權限, 克復, 金額, 記號, 落選, 內勤, 內幕, 內服, 茶道, 單純, 大局, 德育, 讀物, 讀本, 等外, 登載, 明確, 物語, 美濃紙, 方針, 白夜, 番號, 病蟲害, 服務, 副手, 副食, 不景氣, 備品, 私立, 成員, 訴權, 小型, 手續, 實權, 實績, 失效, 野兎病, 疫痢, 連歌,外勤, 原動力, 原意, 原作, 流感, 柔術, 肉彈, 銀翼, 印鑑, 人力車, 人選, 日程, 臨床, 入口, 立場, 作物, 作者, 場所, 場合, 財閥, 儲藏, 敵視, 製版, 組成, 座談, 主動, 重點, 支部, 陳容, 集結, 集中, 參看, 參觀, 參照, 尖兵, 寵兒, 出口, 取消, 就任, 取締, 打消, 特長, 標高, 風位, 學歷, 學會, 海拔, 訓令, 訓育, 訓話, 興信所.

여기에도 日本語의 音讀語와 訓讀語가 다같이 포함된다. '讀物, 物語, 小型, 手續, 入口, 立場, 場合, 出口, 取消, 取締, 打消' 등은 순수훈독어, '場所'는 부분훈독어[일본어학에서는 '유토 읽기'(湯桶讀み)라고 하는데, 앞 글자는 훈독, 뒷 글자는 음독이라는 뜻이다]에 속한다. 엄밀한 의미에서 이들은 한자어가 아니라 고유일본어인 동시에 合成語에 해당한다. 그러나 漢語에 전파되면서 이들은 음독어로 사용되기에 이르렀다. 더구나 이들은 거의 대부분 한국어로도 통용되는 것들이어서 주목된다. 결국 이들은 漢語와 나란히 韓國語에도 함께 수용된 일본어로 해석된다.

이와 비슷한 내용은 黃河淸[역](1997)에서도 찾을 수 있다. 여기에는 신생어 하나 하나에 대한 個別語誌가 밝혀져 있는데, 그 중 漢語로도 통용되는 사례의 일부를 뽑아 재정리해 보면 다음과 같다.

<本族詞> 管理, 交易, 萬國, 貿易, 方程, 法律, 石油, 消化, 數學, 試驗, 自然, 自治, 政治, 會議.

<意譯詞> 公會, 交際, 國會, 幾何, 南極, 動物, 文學, 微分, 博物, 保險, 北極, 碩士, 選舉(日語일 가능성도), 消息, 首領, 植物, 新聞, 紳士, 影像, 委員, 醫院, 赤道, 積分, 電氣, 主權, 總理, 總統.

<仿譯詞> 公法, 公司, 國法, 國債, 暖房, 大腦, 動物院, 馬力, 晩報, 民主, 小腦, 新聞紙, 溫帶, 郵票, 日報, 電氣燈, 電燈, 電報, 電線, 電池, 地球, 鐵道, 鐵路, 通信線, 顯微鏡, 畫報.

<本族新詞> 空氣, 光學, 記者, 代數, 博覽院, 博物院, 博物場, 博物會, 法院, 飛機, 飛車, 商會(日語的 原語借詞로도), 細胞, 植物學, 洋琴, 力學, 律士, 離婚, 自主, 自行車, 雜誌, 帝國, 車票, 總會, 特權, 判斷, 海軍, 火輪船, 火輪車, 火車, 化學.

<日語的 原語借詞> 幹事, 改良, 建築, 檢査, 經濟, 經驗, 固定資本, 工科, 工業, 公園, 工場, 工廠, 共和, 課程, 科學, 觀念, 廣場, 軍事, 歸納, 技師, 汽船, 內容, 農場, 農學, 團體, 代表, 圖書館, 動物學, 動産, 無機, 物理學, 物質, 微生物, 美術, 民權, 民法, 博覽會, 博物館, 百貨店, 法廷, 辯護士, 兵事, 不動産, 師範, 司法, 寫眞, 社會, 社會學, 商務, 商法, 商業, 商店, 生理, 生理學, 生物學, 生産力, 扇風機, 世紀, 消防, 市場, 植物園, 信號, 心靈學,

歷史, 聯絡, 演出, 豫備役, 藝術, 溫室, 瓦斯, 衛生, 衛生學, 幼稚園, 留學
生, 銀行, 義務, 議員, 議會, 電信, 電信機, 傳染病, 電車, 電話, 電話機,
政黨, 政策, 政治學, 宗敎, 種族, 主義, 主任, 證券, 地理學, 職工, 哲學,
體操, 出版, 統計, 通風機, 投票, 特別, 破産, 學會, 行政, 憲法, 憲政, 協
會, 化妝, 化妝品, 會社, 會員.

<日語的 回歸借詞> 警察, 敎育, 規則, 劇場, 期會, 農民, 大學, 文科, 文明, 文法,
物理, 博士, 方法, 法學, 保釋, 保障, 普通, 世界, 營業, 悟性, 陸軍, 倫理,
意見, 醫科, 醫學, 理科, 資本, 自由, 專制, 傳播, 政府, 中學, 進步, 判決,
版權, 學校, 解剖, 刑法, 會計, 會話.

이상과 같은 내용을 종합한다면 개화기 이후 일본어식 신생어가 얼마나 많이 漢語에 전파되었는지를 짐작할 수 있다. 또한, 이들 대부분은 개화기 이후의 한국어에도 수용되어 오늘날까지 사용되고 있다.

5. 결 어

고대로부터 근대이전까지는 漢語가 한국어나 일본어의 어휘체계, 특히 한자어휘 체계에 절대적인 영향을 끼쳤다. 이 과정에서 한국어나 일본어는 漢語에서 차용한 어휘로 자국어의 어휘체계를 補完, 補强해 왔다. 그러한 漢語의 역사적 영향력은 17세기 초엽부터 이전과는 상당히 다른 양상으로 방향이 바뀌기 시작하였다. 그러한 방향전환이란 서양문물이라는 근대적 지식의 유입에 따른 것이었다.

중국에 들어간 서양의 선교사들은 17세기 초엽부터 서양문물에 대한 새로운 지식을 알리기 위하여 활발한 저술활동을 전개하였다. 그러한 초기 양학서를 펴낸 대표적 선교사들이라면 마테오 리치(利瑪竇, Matteo Ricci, 1552-1610, 이탈리아), 알레니(艾儒略, G. Aleni, 1582-1649, 이탈리아), 베르비스트(南懷仁, F. Verbiest, 1623-1688, 벨지움) 등을 꼽을 수 있다. 그들은 천주교를 비롯한 서양의 천문, 지리, 의학, 수학, 과학 등에 걸친 근대지식을 폭넓게 중국에 소개하였다. 그러나 새로운 지식이 곧바로 중국의 지식인들이나 일반인들에게 영향을 끼친 일은 별로 없다. 그만큼 천주교 선교사들의 저술은 중국의 배타적 지식인들 때문에 별다른 관심을 끌지 못한 듯하다.

한편, 일본의 선각적 지식인들은 중국과는 대조적이었다. 17세기 초엽이라면 일본에도 서양문화가 부분적으로 전파되고 있는 중이었다. 일본국내에서 포교활동을 전개한 바 있는 포르투갈 선교사들은 직접적인 영향을 별로 끼치지 못했으나, 1609년 長崎의 平戶에 네델란드 商館이 설치되면서 유입되기 시작한 유럽문물은 일본에 새로운 호기심을 불러일으켰다. 나아가, 1630년 그리스도교 관계서적의 수입을 금하는 禁書令에도 불구하고 당시의 일부 지식인들은 서적을 통하여 중국에서 은밀하게 유입되는 새로운 지식에 적지 않은 관심을 기울였다. 또한, 1720년 禁書令이 완화되면서 네델란드 商館을 통하여 유입되는 유럽문화는 靑木昆陽(1698-1769), 杉田玄白(1733-1817) 등의 적극적인 수용에 힘입어 새로운 학술문화, 이른바 '蘭學'의 꽃을 피우기에 이르렀다. 그 후, 19세기 초엽부터 더욱 활발하게 전해지기 시작한 중국의 후기 양학서를 통하여 서양문화에 대한 이해의 폭을 더욱 넓힐 수 있게 된 일본은 드디어 중국보다 한발 앞서 근대화를 이룩할 수 있었다.

이에 뒤늦게나마 일본의 근대화를 새롭게 인식한 중국의 외교관이나 지식인들은 19세기 말엽부터 20세기 초에 걸쳐 일본문화를 적극적으로 소개하기 시작하였다. 앞에서 본 것처럼 黃遵憲(1848-1905)은 5년간 일본에 머물면서 적극적으로 현지의 실상과 문화를 소개하는 저술을 남겼으며, 그밖에도 王韜(1828-1897), 嚴復(1853-1921), 康有爲(1858-1927), 梁啓超(1873-1929) 등은 저술 또는 번역활동을 통하여 그 뒤를 따랐다. 그 과정에서 일본어식 신생어는 자연스럽게 중국어에 전파되기에 이르렀다. 다만, 그 중에는 중국고전에 典據가 나타나는 어형도 많이 포함되어 있기 때문에 의미상으로는 일본어식 신생어라 할지라도 모두가 일본에서 창안된 것은 아니라는 점을 분명하게 인식할 필요가 있을 것이다.

참고문헌

〈韓國語 관련〉
朴英燮(1994), 『開化期 國語 語彙資料集 1』(獨立新聞편), 서광학술자료사.
宋　敏(1988), 日本修信使의 新文明語彙 接觸, 『語文學論叢』(국민대) 7.
＿＿＿＿(1989), 開化期 新文明語彙의 成立過程, 『語文學論叢』(국민대) 8.
＿＿＿＿(1992), 開化期의 語彙改新에 대하여, 『語文學論叢』(국민대) 11.
＿＿＿＿(1998), 開化期 新生漢字語彙의 系譜, 『語文學論叢』(국민대) 17.

_____(1999ㄱ), 開化初期의 新生漢字語 受容, 『語文學論叢』(국민대) 18.

_____(1999ㄴ), [어원탐구] 신생한자어의 성립배경, 『새국어생활』(국립국어연구원) 9-2.

_____(1999ㄷ), [어원탐구] 한자어 '汽船, 汽車'의 연원, 『새국어생활』 9-3.

_____(1999ㄹ), [어원탐구] '器械'에서 '機械'가 되기까지, 『새국어생활』 9-4.

_____(2000ㄱ), 開化期 國語에 나타나는 新文明 語彙, 『語文學論叢』(국민대) 19.

_____(2000ㄴ), 明治初期における朝鮮修信使の日本見聞, 『第121回 日文研フォーラム』(國際日本文化研究センター).

_____(2000ㄷ), [어원탐구] '經濟'의 의미개신, 『새국어생활』 10-1.

_____(2000ㄹ), [어원탐구] '時計'의 차용, 『새국어생활』 10-2.

_____(2000ㅁ), [어원탐구] '生存競爭'의 주변, 『새국어생활』 10-3

_____(2000ㅂ), [어원탐구] '大統領'의 출현, 『새국어생활』 10-4.

_____(2001ㄱ), 개화기의 신생한자어 연구(1), 『語文學論叢』(국민대) 20.

_____(2001ㄴ), [어원탐구] '自由'의 의미확대, 『새국어생활』 11-1.

_____(2001ㄷ), [어원탐구] '寫眞'과 '活動寫眞, 映畵', 『새국어생활』 11-2.

_____(2001ㄹ), [어원탐구] '合衆國'과 '共和國', 『새국어생활』 11-3.

_____(2001ㅁ), [어원탐구] '熱帶, 溫帶, 寒帶'의 출현, 『새국어생활』 11-4.

_____(2002ㄱ), 개화기의 신생한자어 연구(2), 『語文學論叢』(국민대) 21.

_____(2002ㄴ), [어원탐구] '병원'의 성립과 정착, 『새국어생활』 12-1.

_____(2003), 개화기의 신생한자어 연구(3), 『語文学論叢』(국민대) 22.

_____(2004), 西洋文化의 流入과 漢字用語의 生成傳播, 『東北亞 諸地域間의 文物交流 I 言語文字交流』(震檀學會・韓國史學會・人文社會研究會, "東北亞時代를 展望하는 國際學術大會"[11월 19일-20일] 발표논문집).

_____(2005), 開化期의 新生漢字語 연구─『獨習日語正則』에 반영된 國語單語를 중심으로─, 片茂鎭[외][편], 『獨習日語正則─解題索引研究原文─』, 불이문화사.

_____(2006), 20세기 초기의 신어, 『새국어생활』 16-4.

_____(2008), 漢字語의 확산, 그 두 번의 물결, 『語文生活』(韓國語文會) 통권 제125호.

李光麟(1974), 『韓國開化史 研究』(개정판), 일조각.

李漢燮(1985), 『西遊見聞』の漢字語について─日本から入った語を中心に─, 『國語學』 141.

_____[외][편](2000), 『西遊見聞[語彙索引]』, 도서출판 박이정.

〈韓國語 관련 사전류, 기타〉

국립국어연구원(1999), 『표준국어대사전』, 두산동아.

Les missionnaires de Corée de la société des missions étrangères de Paris(1880), 『한불ᄌᆞ뎐』 Dictionnaire Coréen-Français, Yokohama: C. Lévy, Imprimeur-Libraire.

Gale, J. S.(1897), 『한영ᄌᆞ뎐』, A Korean-English Dictionary, Yokohama, Shanghi, Hongkong, and Singapore: Kelly & Walsh.

鄭雲復(1907), 『獨習日語止則』, 皇城: 廣學書舖.

朝鮮總督府(1920), 『朝鮮語辭典』.

文世榮(1938), 『朝鮮語辭典』, 京城: 博文書館.

〈日本語 관련 논저〉

荒川清秀(1997), 『近代日中学術用語の形成と伝播』―地理学用語を中心に―, 白帝社.

樺島忠夫・飛田良文・米川明彦(1984), 『明治大正新語俗語辞典』, 東京堂出版.

佐藤喜代治(1979), 『日本の漢語』―その源流と変遷―, 角川書店.

_____[편](1983), 『講座 日本語の語彙, 語誌 Ⅰ, Ⅱ, Ⅲ』, 明治書院.

佐藤亨(1979), 訳語「病院」の成立―その背景と定着過程―, 『国語学』 118.

_____(1983), 『近世語彙の研究』, 桜楓社.

鈴木修次(1981), 『日本漢語と中国』, 中公新書 626, 中央公論社.

沈国威(1995), 『『新爾雅』とその語彙―研究 索引 影印本付』, 白帝社.

進藤咲子(1981), 『明治時代語の研究―語彙と文章』, 明治書院.

惣郷正明・飛田良文(1986), 『明治のことば辞典』, 東京堂出版.

槌田満文(1983), 『明治大正の新語・流行語』, 角川書店.

〈日本語 관련 사전류〉

島田豊(1887), 『附音挿圖和譯英字彙』, *An English and Japanese Lexicon*, 동경: 大倉書店.

尺振八(1884), 『明治英和字典』, *An English and Japanese Dictionary*, 동경: 六合館.

棚橋一郎(1885), 『英和雙解字典』, *An English and Japanese Dictionary*, 동경: 丸善商社.

Hepburn, J. C.(1886), *A Japanese-English and English-Japanese Dictionary*, Third Edition, Tōkyō: J. P. Maruya & Co., Yokohama: Kelly & Walsh, Limited, New York: Steiger & Co., London: Trübner & Co.

Satow, E. M. and Ishibashi Masataka(1876), *An English-Japanese Dictionary of the Spoken Language*, London:Trübner & Co., Ludgate Hill, Yokohama: Lane, Crowford & Co.

_____(1879), *An English-Japanese Dictionary*, Second Edition, London: Trübner & Co., Ludgate Hill, Yokohama: Lane, Crowford & Co., Kelly & Co., Kobe: F. Walsh & Co., Nagasaki: China & Japan Trading Co., Shanghai: Kelly and Walsh.

〈漢語 관련 사전류, 기타〉

劉正埮・高名凱・麦永乾・史有为[편](1984), 『汉语外来词词典』, 上海辞书出版社.

陈複华[외][편](1998), 『古代汉语词典』, 商务印书馆.

香港中国语文学会(责任编辑 徐文堪)(2001), 『近现代汉语新词词源词典』, 汉语大词典出版社.

黄河清[역](1997), 『現代漢語詞匯的形成―十九世紀漢語外來詞研究』, 漢語大詞典出版社. [원서명] Masini, F.(1993), *The Formation of Modern Chinese Lexicon and its Evolution toward a National Language: The Period from 1840 to 1898*, *Journal of Chinese Linguistics*, Monograph Series No. 6, Berkeley: University of California.

Lydia H. Liu(1995), *Translingual Practice: Literature, National Culture, and Translated Modernity—China*, 1900-1937, Standford University Press: Standford, California.

* 大連外國語大學 韓國語學科(2008年 5月 21日), 특별강연.
* 이 원고는 廣東外語外貿大學 南國商學院(2013年 5月 9日)의 특별강연에 재차 활용되었음. 단, 이날의 강연 제목은 '近代化時期 東北亞 三國의 漢字語 交流'로 약간 바뀌었으나 내용은 거의 같았음.

開化期 國語의 語彙改新 推移
―漢字語의 理解를 위한 漢字語彙史 試論―

1. 서 언

1) 국가차원의 급박한 門戶開放과 그에 따른 대대적인 改革의 거센 물결은 19세기 말엽부터 開化期 국어의 語彙體系에 광범위한 改新을 불러 일으켰다. 가령, 프랑스 선교사들의 『한불ᄌ뎐』(1880)이나 언더우드(H. G. Underwood)의 『한영ᄌ뎐』(1890), 게일(J. S. Gale)의 『한영ᄌ뎐』(초판 1897), 『韓英字典』(제2판, 1911)과 『韓英大辭典』(제3판, 1937), 조선총독부의 『朝鮮語辭典』(1920), 文世榮의 『朝鮮語辭典』(1938) 등에 실린 어휘를 차례로 검색해보면 19세기 말엽 이후 시대의 흐름에 따라 국어어휘에 어떠한 변화나 개신이 일어났는지 그 추이를 쉽게 찾아볼 수 있다. 더구나 어휘개신의 파장은 특히 漢字語에 두드러지게 나타났음을 깨달을 수 있다.

2) 어휘체계의 변화에는 여러 가지 원인이 있을 수 있으나 개화기 이후의 국어어휘는 특히 일본어와의 接觸에 의한 改新이 상당한 비중을 차지한다. 이에 따라 본고에서는 잠시 그 推移를 接觸(contact)과 干涉(interference)이라는 측면에서 정리해 보고자 한다.

서로 다른 두 언어에 人的, 物的 교류에 따른 접촉이 이루어지면 그 사이에는 필연적으로 언어적 간섭이 일어난다. 그런데 언어학에는 단지 차용(loan)이라는 개념밖에 없기 때문에 이것민으로는 접촉, 간섭, 차용 내지 간섭에 대한 저항과 같은 내면적 단계와 과정을 제대로 구분해 가며 살피기가 어렵다. 따라서 어휘체계에 일어난 개신추이를 파악하는 데에는 접촉과 간섭이라는 접근방법이 좀더 효율적일 수도 있다고 생각된다.

2. 개화기 이후의 어휘개신

1) 개화기 이전까지의 우리 국어는 전통적으로 장구한 세월에 걸쳐 중국문헌과의 간접적인 접촉, 곧 文字를 통한 접촉을 계속해 왔기 때문에 국어어휘 가운데에는 漢語 기원의 어형과 의미가 적지 않은 비중을 차지하고 있다. 그 일례로서, 『三國史記』에 나타나는 2음절 이상의 成語 가운데에는 현대국어에서도 그대로 통용되는 사례가 많은데 필자가 뽑아본 자료목록 중 일부만을 예시하면 다음과 같다. 이 가운데는 현대국어와 의미가 다른 경우도 있으나 그 語形만을 가나다 순으로 들어본다. 출처는 民族文化推進會 影印本(1973).

綱領(권4, 17뒤/권41, 3뒤), 結昏(권12, 12앞), 顧問(권45, 3앞), 供給(권46, 5뒤/권46, 8앞), 公式(권10, 8뒤), 交涉(권8, 2뒤), 敎育(권18, 4앞), 交通(권6, 6뒤/권42, 9뒤), 國家(권1, 12앞/권5, 7앞/권7, 8앞/권7, 10앞/권7, 10뒤/권7, 11앞/권7, 12앞/권8, 17뒤/권9, 8뒤/권12, 5뒤/권12, 10뒤/권12, 13뒤/권13, 9뒤/권13, 10앞/권16, 1앞/권16, 6앞/권16, 8뒤/권22, 4뒤/권22, 11뒤/권22, 13뒤/권23, 4앞/권28, 6앞/권29, 1앞/권41, 4뒤/권42, 6뒤/권43, 3뒤/권43, 3앞/권44, 14뒤/권45, 2뒤/권45, 5앞/권45, 5뒤/권47, 12앞/권47, 5앞/권49, 3앞/권50, 1앞), 國民(권42, 2뒤), 近代(권28, 3앞/권32, 9앞), 禁錮(권24, 5앞), 紀綱(권11, 13앞), 器械(권20, 9뒤/권20, 11앞/권21, 4뒤/권21, 11앞/권22, 3앞/권42, 1뒤), 機械, 不修機械(권5, 5뒤), 騎兵(권1, 8앞/권3, 4뒤/권6, 9앞/권20, 5앞/권23, 5앞/권23, 9앞), 落葉(권4, 13앞), 狼狽(권47, 3앞/권50, 10뒤), 論功行賞(권6, 5뒤), 當選(권44, 10뒤), 大學(권8, 12앞/권18, 4앞), 大學生(권10, 15앞), 鍍金(권4, 10앞/권33, 9뒤), 獨立(권10, 20앞/권21, 9앞/권47, 2뒤), 冒險(권2, 13앞), 博士(권11, 6뒤/권11, 11앞), 發行(권5, 8앞/권6, 10뒤), 百發百中(권13, 2앞), 不遠千里(권9, 6앞), 産業(권7, 9앞), 塞源拔本(권6, 7앞), 選擧(권8, 3앞), 脣亡齒寒(권23, 5뒤), 視聽者(권5, 10뒤), 握手(권44, 3앞/권45, 11뒤), 愛人(권17, 11앞/권24, 6앞), 緣坐罪(권11, 3뒤), 右翼(권50, 18뒤), 元首(권43, 3뒤), 遊說(권21, 3뒤), 流行(권7, 18뒤), 陸軍(권7, 5뒤/권28, 11앞), 醫學(권39, 2뒤), 人之常情(권44, 13뒤), 自立(권7, 11앞/권25, 4뒤/권28, 8앞), 自然(권7, 3앞), 戰艦(권3, 9앞/권21, 4앞/권22, 2앞/권45, 7뒤), 轉禍爲福(권15, 8뒤), 精神(권10, 4앞/권41, 3앞/권44, 10뒤/권45, 4앞), 制度(권7, 20뒤/권32, 8앞), 糟糠之妻(권46, 2앞), 租稅(권11, 13앞), 左翼(권50, 18뒤), 智識(권1, 9앞), 知識(권45, 12앞), 知慧(권48, 2뒤), 嫉妬(권9, 2뒤/권43, 6앞), 徵兵(권20, 11뒤/권28, 2앞/권43, 1뒤/권44, 7앞), 蹉跌(권18, 2앞), 創造(권5, 6뒤/권7, 18앞), 處分(권7, 9앞, 뒤), 逮捕(권49, 4앞), 學問(권1, 9뒤/권46, 3앞), 學生(권5, 3앞/권7, 16뒤/권10, 4앞/권10, 6앞/권10, 7앞/권11, 1뒤/권11, 9앞/권39, 2뒤), 學術(권48, 2앞), 學者(권5, 3앞/권48, 5앞), 航海(권50, 11앞), 憲章(권8, 2뒤/권19, 11앞), 革命, '夫以臣替

君 斯謂革命'(권50, 7앞), 彗星(권1, 11뒤/권1, 18뒤/권5, 7뒤/권6, 9뒤/권7, 13앞/권7, 17앞/권8, 3뒤/권8, 7뒤/권9, 8앞/권9, 10앞/권9, 10뒤/권24, 6앞/권24, 7뒤/권25, 5앞), 婚姻(권6, 7앞/권18, 10뒤/권48, 7뒤), 恍惚(권11, 4앞).

2) 개화기로 접어들면서부터 朝鮮朝廷과 일본의 관계가 날로 밀접해지고 人的, 物的 교류 또한 점진적으로 깊어짐에 따라 국어와 일본어 사이의 언어적 접촉도 날로 활발해졌다. 그 결과 오랜 세월에 걸친 국어와 중국문헌의 간접적인 접촉이 단절되면서 일본어와의 직접적 접촉을 통한 언어상의 간섭이 심화되기에 이르렀다.

필자는 그러한 언어상의 간섭을 암시해 주는 표본의 하나로서 개화기에 출반된 일본어 학습서에 반영되어 있는 對譯資料를 주목해 왔다. 鄭雲復의『獨習日語正則』(1907)도 그 중 하나로 꼽는다. 일본어 會話用 短文에 국어를 대역해 놓은 이 자료에는 우선 일본어와 국어의 접촉, 그에 따라 이루어지는 일본어의 간섭과 아울러 간섭에 대한 전통적 국어어휘의 저항까지도 잘 나타나 있다. 필자는 이 자료에 대해서 일찍이 상세한 검토결과를 공표한 바 있으므로 여기서는 그 요지 일부만을 간추려 제시해 보기로 한다.

3) 일본어의 간섭

가. 다음과 같은 단어들은 일본어의 간섭에 따라 국어에 수용되었을 것으로 판단된다. 그 대부분은 한자어들이기 때문에 별다른 저항감을 불러일으키지 않았을 것으로 추정된다.

(1) 間接(121하단). indirect의 대역어.
(2) 經濟(104상-하단). economy의 대역어. 이 때의 '經濟'는 물론 '經世濟民'의 縮約形.
(3) 警察署(105하단). '警察'은 police의 대역어.
(4) 共和國(102상단). '共和'는 republic(共和制, 共和政治)의 대역어.
(5) 內閣(121하단). cabinet의 대역어.
(6) 勞働者(64하단). 勞働은 labour의 대역어. '働'은 일본식 한자.
(7) 代議政體(113상단). 이 말은 representative democracy, the representative system of government, a parliament의 대역어로 간주되고 있다.
(8) 民權(102상단). the rights of citizens 또는 civil rights의 대역어.
(9) 發明(181상단). invention의 대역어.
(10) 商標(182상단). trade mark의 대역어.

(11) 巡査(105하단). police man의 대역어.

(12) 新聞(56하단), -紙(240상-하단), -社(234상단). news의 대역어, '新聞紙'는 news paper의 대역어. 한동안 '新聞'과 '新聞紙'는 동의어로 통용.

(13) 紳士(67상단). gentleman의 대역어.

(14) 握手(46하단). shaking hands의 대역어로 출발한 듯.

(15) 演說(50하단), -會(111상단). speech의 대역어. '演說'은 더러 '演舌'로 표기되기도.

(16) 演習(85하단). 본래 學問이나 技藝의 '復習, 練習'을 뜻했으나, 명치시대에는 '軍隊의 調練'이라는 의미로 전용.

(17) 優勝劣敗(48하단). 進化論의 용어 survival of the fittest의 대역어. 加藤弘之(1836-1916)의 신조어.[1]

(18) 郵便(164하단), -局(257상단). mail 또는 post에 대한 번역어.

(19) 運動(58하단), -會(139하단). 본래 '사물이 돌아 움직이는 것', 곧 '運行'과 같은 뜻이었으나, 명치시대에는 '신체를 움직이는 일', 곧 체조, 산책과 같은 '신체운동'으로 전용.

(20) 衛生(139상-하단), -上(222상단). 위생학의 보급에 따라 '몸을 養生한다'는 뜻에서 '健康을 지키거나 豫防하는 醫療'의 뜻으로 변했다고 한다.[2] 여기서 sanitary engineering의 대역어 '衛生工學'과 같은 복합어, hygiene 또는 hygienics의 대역어 '衛生學'과 같은 파생어, 또는 '衛生隊'와 같은 파생어가 생기기도 하였다.

(21) 義務(127하단). duty 또는 obligation의 대역어.[3]

(22) 議員(111상단). a member of an assembly, a representative의 대역어.

(23) 日曜日(85상단). Sunday의 대역어. 일본에서 日曜日 휴일제가 채택된 것은 명치초

---

1) 그의 『人權新說』(1882) 제1장에는 "萬物은 각기 자기의 生存을 유지하고, 자기의 長育을 이루기 위하여, 언제나 이 一大 修羅場에서 競爭하며 서로 勝敗를 決하려고 힘쓴다. 그리하여 그 결과는 언제나 優勝劣敗의 定規에 맞지않는 자가 끊겨 없어진다(萬物各自己ノ生存ヲ保チ自己ノ長育ヲ遂ケンガ爲メニ、常ニ此一大修羅場ニ競爭シテ互ニ勝敗ヲ決センコトヲ是勉ムルナリ。而テ其結果タルヤ、常ニ必ス優勝劣敗ノ定規ニ合セサルモノハ絶テアラサルナリ)"처럼 '優勝劣敗'가 쓰이고 있다. 惣鄕正明・飛田良文(1986: 575-576) 참조.

2) 惣鄕正明・飛田良文(1986:36-37)에 따르면, 1875년(명치 8) 文部省의 醫務局이 內務省에 移管되면서 그 局長이었던 長與專齋가 衛生局이란 새 名稱을 採用하였다고 한다. '새니터리, 하이진'의 譯語로서, 이를 쓴 것은 그의 遺著 『松香私志』(明治 35)에 따르면 "原語를 直譯하여 健康 또는 保健 따위의 文字를 쓴다면 露骨的이어서 좋지않고, 따로 타당한 말이 없을까 생각한 끝에 문득 莊子의 庚桑楚編에서 衛生이란 말이 떠올라, 本書의 意味와는 약간 다르나 字面이 古雅한 데다가 읽기도 나쁘지 않아 드디어 이것으로 健康保健의 事務에 適用했으나, 이번에 다시 本局의 名稱으로 삼을 것을 申請하게 되어, 衛生局의 名稱은 여기서 처음으로   정해졌다(原語を直譯して健康若くは保健なとの文字を用ひんとせしも露骨にして面白からす、別に妥當なる語はあらぬかと思めくらししに、風と莊子の庚桑楚編に衛生といへる言を憶ひつき、本書の意味とは較々異なれとも字面古雅にして呼聲もあしからす、遂にこれを健康保健の事務に適用したりけれは、こたひ改めて本局の名に充てられん事を申出て衛生局の稱は茲に始めて定まりぬ)"고 되어있다.

3) 馬西尼(1997:261)에 의하면 '義務'는 일찍이 丁韙良(William Alexander Parsons Martin, 1827-1916)의 『萬國公法』(1864)을 통하여 일본어에 수용되었다가, 거기서 다시 중국어에 들어왔을 가능성이 있다고 한다.

기였다.4) 자연히 '日曜日'이라는 단어가 일본어에 정착한 것도 이 무렵부터였을 것이다.

(24) 雜誌(267하단). magazine의 대역어.

(25) 電報(165하단). telegram의 대역어.

(26) 組織(94상단). system, organization의 번역어.

(27) 蒸汽船(253상단), 滊船(172하단)/汽船(255하단). 일본어의 경우, '汽船'에 해당하는 단어의 한자표기가 '蒸汽船, 蒸滊, 滊船'처럼 그때그때 다르게 나타나기 때문에,5) 이들에 대한 국어표기도 여러 가지로 나타난다. 거기다가 '滊船/輪船'(253상단, 256하단)처럼 대역된 경우도 있다.6)

(28) 鐵道(106상단). railroad, railway의 번역어.

(29) 總理大臣(121하단). prime minister의 대역어 '內閣總理大臣'의 축약형. 일본이 太政官 制度를 폐지하고 內閣制度를 채택한 것은 1885년(명치 18)이었으므로, '總理大臣'은 이때부터 쓰이게 된 신생한자어라고 할 수 있다.7)

(30) 合衆國(30하단-31상단). The United States의 대역어. 다만, '合衆國'이라는 어형만은 일찍이 중국어에서 나왔다고 한다.8)

(31) 憲兵(110하단). 프랑스어 기원의 영어 gendarme의 대역어.

(32) 顯微鏡(241하단). 이 단어의 역사는 18세기 말엽으로 거슬러 올라간다.9) 그 의미는 명치시대를 거치면서 microscope로 한정되었다. 국어의 경우, '顯微鏡'은 『한불ㅈ뎐』에 'Microscope, miroir où l'on voit les petites choses, loupe(현미경, 작은 것들을 보는 거울, 확대경)'으로, 『한영ㅈ뎐』에는 'A microscope'로 풀이되어 있다. 이처럼 '顯微鏡'은 의외로 빨리 국어의 두 사전에 함께 올라있기는 하나, 『한불ㅈ뎐』의 의미보다는 『한영ㅈ뎐』의 의미가 축소되어 있어 좀더 새롭다. '顯微鏡'이 『한불ㅈ뎐』에서는 '顯微鏡'과 '擴大鏡'을 함께 나타내는 반면, 『한영ㅈ뎐』에서는 '顯微鏡'만을 나타내기 때문이다. 이러한 의미에서 『한불ㅈ뎐』의 '顯微鏡'은 근대중국어를, 『한영ㅈ뎐』의 '顯微鏡'은 일본어를 차용한 것으로 보인다.10)

---

4) 일본에서 官立학교가 일요일 휴일제를 채택한 것은 1874년 3월이었고, 太政官 布達로 '日曜日 休, 土曜日 半休'가 된 것은 1876년 4월이었다. 槌田滿文(1983:20).

5) 여기에 대해서는 廣田榮太郞(1967:71-98) '「汽車」「汽船」の語史'에 상세한 논의가 보인다.

6) 이 단어가 開化期의 국어에 '汽船'으로 정착되는 과정에 대해서는 宋敏(1999ㄷ) 참조.

7) '총리대신'을 표제어로 올린 최초의 사전은 C. J. Hepburn의 『和英語林集成』(3판, 1886)인 것으로 보인다. 惣鄕正明·飛田良文(1986:330) 참조.

8) 이 단어의 성립과정에 대해서는 齋藤毅(1977:73-128) '合衆國と合州國'에 상세한 고증이 보이는데, 그에 따르면 '合衆國'은 중국에서 만들어졌다고 한다. 齋藤毅(1977:103) 참조.

9) '顯微鏡'은 江戶시대부터 명치시대에 걸쳐 영어 microscope와 magnifying glass(확대경)의 뜻을 함께 나타냈는데, 그 이른 시기의 사례로는 森島中良의 『蠻語箋』(1798), 藤林普山의 『譯鍵』(1810), 宇田川榕庵의 『植學啓原』(1834), 堀達之助의 『英華對譯袖珍辭書』(1862) 등을 들 수 있다고 한다. 惣鄕正明·飛田良文(1986: 146 147) 참조.

10) 일본보다는 늦지만 '顯微鏡'은 중국어에서도 발견된다. 馬西尼(1977:252-253)에 따르면 1866년에는 그 실례가 나타나는데, 그 뜻은 주로 '확대경'이었다고 한다.

(33) 化學(190상단). chemistry의 대역어. 그러나 '化學'이라는 단어자체는 중국어에서 수용된 것으로 알려져 있다.11) 국어의 경우, '化學'이라는 단어는 『한영ᄌ뎐』에 'Chemistry; natural philosophy'로 풀이되어 있다. 이때의 '化學'은 일본어에서 차용된 것으로 보인다.12)

(34) 活動寫眞(189하단). 명치말기에 kinematograph가 일본에 수입됨에 따라 태어난 명칭이다.13)

(35) 會社(103하단). mercantile company의 대역어.14)

나. 그밖에도 다음과 같은 단어와 거기서 2차적으로 생성된 派生語와 複合語도 일본어의 간섭에 따라 國語化한 것들로 해석된다.

(1) 閣議(97하단-98상단). (2) 監獄(130상단).
(3) 健康(139상단). (4) 建築物(242상단).
(5) 檢事(132하단-133상단). '判事, 辯護士'의 대립어.
(6) 經營(171하단). (7) 階級(33상단).
(8) 工兵(115하단-116상단). (9) 工事(190상단).
(10) 工藝-, 工藝品(190상단). (11) -工場, 鐵工場(189상단).
(12) 公園(203상단). (13) 公判(131상단).
(14) 官報(115상단). (15) 廣告(66상단).

---

11) 중국에서 간행된 『六合叢談』(1856) 권4 '泰西近事述略'에는 "習醫者二員 明化學者一員"처럼 '化學'이 나타나는데, 일본어 '化學'은 여기서 나온 것이다. 일본어에 '化學'이 정착하기 이전에는 네델란드어 chemie의 音寫形 '舍密'가 사용되었다. 그러다가 幕府의 蕃書調所에 실험제조 부문으로서 精練方이 설치되었는데, 1865년(慶應 2)에는 그 이름이 '化學方'으로 바뀌었다. 이것이 '化學'이라는 공식명칭의 최초였다. 그보다 앞서 '化學方'의 敎授方이었던 川本幸民(1810-1871)은 네델란드어 원본을 번역한 稿本에 '化學書'라는 題名을 붙였는데, 이 책은 그의 死後인 1873년(명치 6)에 『化學讀本』이라는 이름으로 간행되었다. 한편, '化學'이라는 명칭은 福澤諭吉의 『西洋事情』(1866)과 『西洋雜誌』(1867), 村田文夫의 『西洋聞見錄』(1869), 中村正直(1832-1891)의 譯書『西國立志編』(1870) 등에도 나타난다. 따라서 '化學'이라는 명칭은 명치시대 초기부터 일본어에 정착하기 시작했을 것이다. 다만, '化學'이라는 표제어를 최초로 보여주는 사전은 柴田昌吉·子安峻의 『附音揷圖英和字彙』(1873)인 듯하다. 惣鄕正明·飛田良文(1986:63-64) 참조.

12) 鄭觀應(1842-1921)의 『易言』(1880)에는 '化學'이라는 단어가 나타나는데, 이를 언해본 『이언』(1883?) 권2에서는 '화학<조화지리를 빗호는 거시라>'(34a), 화학(38a)'처럼 받아들였으나, 이때의 '화학'이 그대로 그 후의 국어에 정착했다거나, 『한영ᄌ뎐』에 채택되었다고는 생각되지 않는다. 각주(63)에서 간단히 지적한 대로 『한영ᄌ뎐』에는 일본어의 영향이 반영되어 있으므로, 거기에 등록되어 있는 '화학'은 오히려 일본어에서 수용되었을 가능성이 있다.

13) 일본에서 '活動寫眞'이 처음으로 상영된 것은 1896년(명치 29) 11월이었다고 한다. 惣鄕正明·飛田良文(1986:73). 참조. 한편, '活動寫眞'이라는 단어의 성립배경에 대해서는 廣田榮太郎(1969:141-157) 「活動寫眞」から映畵へ'에 상세한 고증이 나타난다.

14) 이 단어의 설립과정에 대해서는 齋藤毅(1977 : 250-272) '會社—「催合[もやい] 商賣'에 상세한 논의가 나타난다.

(16) 教科-, 教科書(142상단).　　　　　(17) 教師(137하단).

(18) 教員(99하단).　　　　　　　　　　(19) 教場(138상단).

(20) 國旗(88하단).　　　　　　　　　　(21) 國民(100하단).

(22) 國債(116상단-하단).　　　　　　　(23) 國會(130하단).

(24) 機械(189하단). '機械'라는 語形이 국어에 정착하기까지의 과정에 대해서는 宋敏
　　(1999ㄹ) 참조.

(25) 汽笛(255상단).

(26) 汽車(165상단), 汽車(252하단). 현대국어 '汽車'의 성립과정에 대해서는 宋敏
　　(1999ㄷ, 2000ㄱ) 참조.

(27) 落成-, 落成式(153상단).　　　　　(28) 來診(248하단).

(29) 動物(26하단).　　　　　　　　　　(30) 望遠鏡(233상단).

(31) 民事(133상단).　　　　　　　　　　(32) 發見(57상단, 267하단).

(33) 發表(99상단-하단). '發表'의 의미변화에 대해서는 宋敏(2000ㄱ) 참조.

(34) 法廷(129상단-하단).　　　　　　　(35) 別莊(232하단-233상단).

(36) 病院(246하단).　　　　　　　　　　(37) 不動産(159하단).

(38) 師團-, 師團長(100상-하단).　　　　(39) 師範=, 師範學校(152상단).

(40) 司法(121상단).　　　　　　　　　　(41) 商法(168하단).

(42) 生存競爭(60하단-61상단). '生存競爭'의 성립과정에 대해서는 宋敏(2000ㅁ) 참조.

(43) 手術(248상단-하단).　　　　　　　(44) 需要(178상단).

(45) 輸入(158상단).　　　　　　　　　　(46) 輸出(160상단).

(47) 時計(78상단). '時計'가 국어에 차용되기까지의 과정에 대해서는 宋敏(2000ㄹ) 참조.

(48) 植物(26하단).

(49) 失敗(180상단). 그러나 똑같은 문장의 '失敗'가 국어에서는 '良貝'로 대역된 경우도
　　있다(174하단). 이점에 대해서는 뒤에 나올 일본어의 간섭에 대한 국어의 저항 중
　　'失敗' 항목 참조.

(50) 洋服(165하단).　　　　　　　　　　(51) 鉛筆(135하단).

(52) 列車(254하단).

(53) 熱帶=, 熱帶地方(194하단). '熱帶, 溫帶, 寒帶'의 출현과정에 대해서는 宋敏
　　(2001ㅁ) 참조.

(54) 往診(248하단).　　　　　　　　　　(55) 外科(248하단).

(56) 料理(229상단). 일본어 '料理'가 국어로는 다르게 대역된 경우도 많다. 뒤에 나올
　　일본어이 간섭에 대한 구어의 저항 중 '料理' 항목 참조.

(57) 曜日(140하단).　　　　　　　　　　(58) 議會(130상단-하단).

(59) 立法(121상단).　　　　　　　　　　(60) 作用(255하단).

(61) 裁判(129상단-하단).　　　　　　　(62) 電線(257하단-258상단).

(63) 電信(260상단).　　　　　　　　　　(64) 電車(141상난).

(65) 電話(259상단).

(66) 注文(164하단). 반면에 일본어 '注文'은 국어로 다르게 대역된 경우가 더 많다. 뒤에
　　　나올 일본어의 간섭에 대한 국어의 저항 중 '注文' 항목 참조.

(67) 注射(249하단-250상단).

(68) ＝主義, 厭世主義(50상단), 鎖國主義(110상단).

(69) 株式(168하단). 株式會社(177하단).

(70) 竣工(138상단), 단, '竣工/畢役'(190상단, 242상단)으로 대역된 곳도 있다.

(71) 診斷-, 診斷書(251상단).　　　　　(72) 診察-, 診察料(248하단).

(73) 債權-, 債權者(129상단-하단).　　　(74) 債務-, 債務者(129상단-하단).

(75) 天井(234하단). 이 '天井'은 일본어를 차용한 결과임이 분명하다.15)

(76) 聽診(248하단).　　　　　　　　　(77) 出發(100상단).

(78) 打診(248하단).　　　　　　　　　(79) 判事(132하단-133상단).

(80) 砲兵(115하단-116상단).　　　　　(81) 寒暖計(44하단).

(82) 寒帶＝, 寒帶地方(26상단). '寒帶, 溫帶, 熱帶'의 출현과정에 대해서는 宋敏(2001
　　　ㅁ) 참조.

(83) 海關-, 海關稅(165상단).　　　　　(84) 行政(121상단).

(85) 刑法(132상단).　　　　　　　　　(86) 刑事(104하단). '경찰직'.

(87) 刑事(132하단-133상단). '民事'의 대립어. (88) 華氏(92상단).

　이 유형의 대역어 중에는 유동성을 보이는 경우도 많다. 가령, 일본어 쪽의 '記憶力, 方法,
放還, 兵隊, 事件, 商業, 生徒, 船便, 硏究, 引致, 作用, 竣工, 招待狀, 被害者, 貨物' 등은 그
어형이 그대로 국어에 수용되기도 하였으나, 다른 한편으로는 '記憶力/才調, 方法/민드는法,
放還/放送, 兵隊/兵丁 또는 兵士, 事件/事故, 商業/쟝사, 生徒/學徒, 船便/빈편, 硏究/講究
또는 工夫, 料理/飮食, 引致/被捉, 作用/造化, 竣工/畢役, 招待狀/請牒, 被害者/受害흔者, 貨
物/物貨'와 같은 대역으로 달리 나타나기도 한다. 특히, '失敗, 料理, 注文'의 경우, 일본어와

---

15) 그렇게 볼 수 있는 근거는 다음과 같다. 『한불』에는 다음과 같은 표제어가 나타난다. '텬쟝 天藏. La voûte
de ciel; plafond, grenier, voûte. 입＝Ip—, *Palais de la bouche, la voûte du palais*'. 그 의미는 '天障,
곡식창고, 둥근 天障'으로 풀이되어 있으며, 거기에 다시 '입＝(텬쟝)'이 추가되어 있다. 한편, 『한영』에는 다
음과 같이 나타난다. '텬쟝 天藏 The roof of the mouth', 그리고 '텬쟝 天幢 The ceiling. *See* 반ᄌ, 반ᄌ
天障 The ceiling. *See* 텬쟝'. 맨앞 쪽의 '텬쟝'은 『한불』처럼 '天藏'이라는 한자표기로 되어있다. 여기서는
그 의미를 '입천장'으로 풀이하였다. 다음으로 '天幢'은 '반ᄌ'(현대국어로는 '반자')와 같은 의미로 풀이되어
있는데, 다만, '반ᄌ'를 나타내는 한자표기는 '天障'으로 되어 있다. 결국, 『한영』에는 '天幢'과 '天障'이 모두
'반ᄌ'의 의미로 풀이되어 있다. 그러나 『한불』의 '天藏'이나 『한영』의 '天幢'은 다같이 잘못된 것이다. 이들
은 모두 『한영』에 나타나는 '天障' 한가지 표기로 충분하다. 왜냐하면 국어의 '입천장'에 나타나는 '천장'은
'반자의 겉면'을 뜻하는 '天障'과 語源이 같기 때문이다. 결국, 일본어 '天井'에 대응되는 국어 단어는 '天障'
이라고 할 수 있다. 아마도 『獨習日語正則』의 저자인 鄭雲復은 이 '天障'이라는 국어단어를 몰랐을 것이다.
그 때문에 일본어 '天井'을 국어에 그대로 가져다 썼겠지만, 그것이 결과적으로는 일본어의 차용이 된 것이다.

국어의 대역이 동일하게 나타나는 사례보다 '失敗'는 '逢敗'나 '良貝' 또는 '랑픽', '料理'는 '飮食', '注文'은 '맛초-'나 '긔별ᄒ-'처럼 다르게 대역된 사례가 오히려 훨씬 더 많다. 이것은 일본어 쪽 어형이 당시의 국어단어로는 부자연스럽기 때문이었으리라고 해석된다. 동일한 일본어 단어인데도 국어의 대역형으로는 일본어와 같을 때와 다를 때가 번갈아 나타났다는 사실은 일본어에서 비롯된 신생어가 국어에 수용되는 과정에서 한동안 抵抗이 있었음을 알려주는 증거가 될 것이다.

디. 借用의 類型과 그 內容

일반 문장에 비하여 대역 문장에서는 언어상의 간섭이 일어나기 쉽다. 그렇게 시작된 간섭의 결과가 점차 국어에 정착되기에 이르렀다면 이는 借用으로 간주될 수 있다. 이러한 의미에서 이번에는 『獨習日語正則』(1907)에 반영되어 있는 간섭을 차용의 유형이라는 측면에서 살펴보기로 한다. 여기에는 일본어의 간섭에 대한 국어의 저항이 혼재되어 나타나기 때문이다.

편의상 여기서는 차용의 유형을 直接借用, 外來語 起源의 日本語를 통한 借用, 文字를 통한 借用, 翻譯借用으로 나누어 그 내용을 정리하겠다. 이들은 모두가 형태론적 층위의 차용에 속한다. 또한, 모든 유형의 차용에는 일본어의 간섭이 다양한 모습으로 개입되어 있으나, 번역차용에는 특히 일본어의 간섭에 대한 국어의 저항이 전면적으로 반영되어 있다.

(1) 直接借用

일본어를 원래 발음대로 국어에서 썼다면 이는 직접차용에 해당된다. 여기에는 다음과 같은 것들이 보이는데 주로 일본의 의식주와 같은 전통문화나 문물을 나타내는 단어들이다.

(1) 가스리←飛白[kasuri](219하단). '무늬를 넣어 짠 織物'.
(2) 구루마←車[kuruma](175하단). '수레'.
(3) 남비←鍋[nabe](242하단). '土鍋'[do-nabe]는 '흙으로 빚은 냄비'.
(4) 다々미←疊[tatami](240하단). '일본식 돗자리' 또는 '그 방'.
(5) 사시←匙[sazi](242상단). '숟가락'.
(6) 오로시←颪[orosi](18상단). '산에서 내리부는 바람'.
(7) ᄒ가마←袴[hakama](217상단). '일본식 겉바지'

(8) ᄒᆞ오리←羽織[haori](217상단). '일본식 겉저고리'

　일본어를 통한 直接借用은 극히 제한적으로밖에 이루어지지 않았다. 이 점은 국어에 차용
된 일본어 기원의 수많은 한자어와 좋은 대조적 차이를 보인다. 일반적으로 차용은 처음
한동안 저항감이나 거부반응을 일으킨다. 그런데도 앞에서 본대로 일본식 한자어가 국어에
아주 자연스럽게 간섭을 일으키거나 차용될 수 있었던 배경에는 오랜 세월에 걸쳐 중국어에
서 차용된 한자어가 국어에 살아있기 때문이었다. 한자어는 그만큼 자연스러운 형태론적
기반을 국어에 구축하였다고 볼 수 있다.

(2) 外來語 起源의 日本語를 통한 借用

　다음에 보이는 단어들은 그 대부분이 일찍이 일본어에 정착된 서양어 기원의 외래어로
서[16] 지금도 본적지의 발음에 가깝게 읽히는 것들인데, 이들 가운데 상당수는 개화기 이후
일본어와의 접촉을 통하여 직접 또는 번역방식으로 국어에도 차용되기에 이르렀다. 『獨習日
語正則』에는 그러한 역사적 과정이 잘 반영되어 있다.

(1)　가방←鞄[kaban](237하단)<中國語 夾板[ka-pan], 江戶시대의 차용어.
(2)　俱樂部←俱樂部[kurabu] (66하단-67상단)<영어 club, 明治시대의 차용어.
(3)　개화장←ステッキ[suteqki](219하단)<영어 stick, 明治시대의 차용어.
(4)　暖爐←暖爐[sutobu](45상단)<영어 stove, 明治시대의 차용어.
(5)　短銃←短銃[pistoru](242상단)<네델란드語 pistool, 江戶시대의 차용어. <영어
　　　pistol, 明治시대에 再借用.
(6)　羅紗←羅紗[rasya](168상단)<포르투갈語 raxa, 江戶시대의 借用語.
(7)　噴水器←噴水器[ponpu][17](123상단)<네델란드語 pomp, 江戶시대의 차용어. <영
　　　어 pump, 明治시대에 再借用.
(8)　肉汁←肉汁[soqpu]<영어 soup(224하단), 江戶시대의 차용어.
(9)　담비[18]←烟草[tabako](208상단)<일본어 タバコ 煙草<포르투갈語 tabaco, ta-

---

16) 이들의 語源에 대해서는 楳垣實(1944, 1972)를 주로 참고하였다.
17) 이때의 '噴水器'는 분명한 한자어인데도 실제로는 외래어로 읽도록 독음표시가 달려있다. 일본어에 자주 나
　　타나는 이러한 외래어 읽기는 그 한자표기를 통하여 완전한 한자어처럼 국어에 차용된다. 바로 위에 보이는
　　'俱樂部', 아래에 보이는 '肉汁' 등이 그러한 실례에 속한다. 한편, '噴水器'는 국어 쪽에서 '如露[zyo-ro]'
　　(203상단-하단)의 대역어로 쓰이기도 하였다. '如露'는 '如雨露[zyo-u-ro]'에서 나온 축약형이다.
18) 이 말은 일찍이 申維翰의 『海游錄』(1719-20)에 '淡麻古'라는 표기로 나타난다(宋敏 1986:43). 我國所謂
　　南草 本自東萊倭館而得來 俗諺呼爲淡麻古 卽倭音多葉粉之訛也 倭人所呼亦如我國諺 而其義則取多

bacco<스페인語　經由<南아메리카/西인도諸島의　하이티,　카프리(아라와크 Arawak語族) 等地에서 쓰인 土語 tabako(뜻은 파이프), 室町시대의 차용어.

(10) 람푸←洋燈[rampu][19](233하단)<네델란드語 lamp, 江戶시대의 차용어.

(11) -浬, -哩←ノット[noqto](254상단)<영어 knot, 明治시대의 차용어.

(12) 세비로←脊廣[sebiro][20](166상단)<영어 civil clothes, 明治시대의 차용어.

(13) 비누[21]←石鹼[syabon](243하단)<포르투갈語 sabão, 江戶시대의 차용어.

(14) 三板[22]←端艇[booto](252상단)<영어 boat, 明治시대의 차용어.

(15) 石灰[23]←セメント[semento](237하단)<영어 cement, 明治시대의 차용어.

(16) 속옷←襦袢[zyuban](206하단)<포르투갈語 gibão, 江戶시대의 차용어.

(17) 시테('테'이 잘못)이←灰殼的[hakara-teki](236하단)<영어 high-collar, 明治시대의 차용어.

(18) 洋木, 西洋木←金巾[kanakin](158상단)<포르투갈語 canequim, 室町시대의 차용어.

(19) 洋墨←インキ[inki](141하단)<네데란드語 inkt, 江戶시대의 차용어.

(20) 洋墨瓶←インキ壺(141하단).

(21) 양털판←金武力板[buriki-ita](205하단)<네델란드語 blik, 江戶시대의 차용어.

(22) 禮帽←シルクハット[sirukuhaqto](167상단)<영어 silk hat, 明治시대의 차용어.

(23) 外套←二重マント[nizyu-manto](219상단)<프랑스語 manteau, 江戶시대의 차용어.

(24) 雨具←合羽[gaqpa](220상단)<포르투갈語 capa, 室町시대의 차용어.

(25) 죳기←チョッキ[tyoqki](167하단)<네델란드語 jak, 明治시대의 차용어, <英語 jacket, 明治시대에 再借用.

(26) 酒精←アルコール[arukooru](251상단)<네델란드語 alcohol, 江戶시대의 차용어.

(27) 鐵筆←ペン[pen](149상단)<네델란드語, 영어 pen, 明治시대의 차용어.

(28) 漆←塗粉[penki](188하단)<네델란드語 pek, 江戶시대의 借用語.

(29) 下服←下衣[zubon](216하단)<프랑스語 jupon, 明治시대의 차용어.

(30) 海霧←ガス[gasu](253하단-254상단)<네델란드語 gas, 江戶시대의 차용어. <英語 gas, 明治시대에 再借用.[24]

葉草 而細粉故云爾(『海游錄』「聞見雜錄」). 이때의 '담마고'(淡麻古)가 '담바고>담비>담배'와 같은 변화를 거쳐 현대국어에 이어진 것으로 추정된다.

19) 당시에는 '蘭燈'으로 표기되었으나, 그 후 明治시대에 영어 lamp가 再借用되면서 '洋燈'으로 표기되기에 이르렀다.

20) 선원의 제복에 대한 평복. 요코하마(橫濱)에 상륙한 선원들이 쓰던 말로 추정된다.

21) 다만, '비누'는 전통적 국어단어로 借用語가 아니다.

22) 국어의 '三板'은 중국어 '三板船'에서 나온 文字 借用이다.

23) 딘, '石灰'는 전통적 힌지어에 속힌디.

24) 江戶시대에 네델란드語 gas에서 최초로 차용된 일본어 ガス의 의미는 '氣體'였다. 그 후 明治시대에 英語 gas에서 再借用된 일본어 ガス의 의미는 '석탄 가스'로 달라졌다. 따라서 예문의 ガス는 江戶시대의 의미로

(31) 후란넬←フラン子ル(192하단)<영어 flannel, 明治시대의 차용어.

(32) 후록코-트←フロッコ-ト[huroqkooto](166상단)<영어 frock-coat, 明治시대의
차용어.

일본어에는 일찍이 포르투갈어, 네델란드어, 영어와 같은 서양어를 비롯하여 중국어에서
들어온 차용어가 많다. 그 중에는 원어의 발음에 따라 읽히는데도 그 표기가 한자로 이루어
졌기 때문에 일견 한자어처럼 보이는 경우도 적지 않다. 따라서 이들은 보통 발음이 아닌
한자표기로 국어에 차용된다. '俱樂部, 暖爐, 短銃, 羅紗, 噴水器, 肉汁'과 같은 차용어25)가
그들이다. 이들은 한자어처럼 보이지만 사실은 서양어 기원의 차용어들이다. 이들이 국어에
차용되면서 한자어처럼 굳어지고 만 것이다. 결국, 일본어의 발음에 따라 국어에 차용된 외
래어로는 '가방, 람푸, 세비로, 좃기, 후란넬, 후록코-트' 정도에 한정되어 있을 뿐이다.

한편, 영어 stick에 해당하는 단어를 '개화장'으로, high-collar 곧, '최신의 유행이나 멋'을
뜻하는 단어를 '시테('톄'의 잘못)의', 다시 말하면 '時體에 맞는'으로 수용한 것은 가히 기발한
飜譯借用이라 할만한 존재로서 주목된다. 그밖에도 독자적인 번역차용이나 그에 유사한 방
법으로 일본어를 국어에 받아들인 사례도 있다. '속옷, 양털판, 禮帽, 外套, 雨具, 鐵筆' 따위
가 모두 그렇다. 반면에, '류리, 비누, 石灰, 漆, 下服, 海霧' 등은 전통적인 국어어형을 이용하
여 일본어에 나타나는 서양어 기원의 외래어를 국어식으로 소화한 사례들이다. 이들도 일본
어의 간섭에 대한 국어의 저항이라고 볼 수 있다.

(3) 文字를 통한 借用

차용어 중에는 한자로 표기되는 일본어 특유의 일반단어나 고유명사가 마치 전통적 한자
어처럼 국어에 정착된 사례들도 있다. 이들이 국어단어로 쓰일 때에는 일본어에서 음독되거
나 훈독되거나 상관없이 모두 국어식 한자음으로 읽힌다. 이들은 대역문을 통하여 국어에
차용된 결과이기 때문에 문자차용에 속한다. 여기에 그 내용을 정리해 본다. 다만, 한자로
표기되더라도 훈독되는 일본어에는 괄호 속에 그 발음을 달아둔다.

쓰인 셈이다.

25) 이 중 '俱樂部, 羅紗'만은 그 한자표기에 원어의 발음이 반영되어 있다. 그 때문에 한자어의 형식을 갖추고
있으면서도 원어의 발음으로 읽히는 다른 사례와 구별되어야 할 것이다. 일본어의 경우, '背廣, 襦袢'과 같은
외래어에도 실상은 원어의 발음이 숨어있다. 따라서 이들은 한자어처럼 보이는 서양어 기원의 외래어에 속한다.

(1) 假名[ka-na](155상단). ‘日本文字’.

(2) 交番-, 交番所(118상단). ‘派出所’.

(3) 金鵄勳章(102상단).[26] 帝國主義 시절 일본의 ‘武功勳章’.

(4) 貴族院(115상단). 명치시대 ‘衆議院’의 대립어.

(5) 毛織[ke-ori](219상단), 毛織物[ke-ori-mono](219상단).

(6) 目醒時計[me-zamasi-tokei](79하단). ‘자명종’.

(7) 絲織[ito-ori](218 하단).

(8) 暑中休暇(139상단). ‘三伏 더위 休暇’.

(9) 小包[ko-dutumi](259하단).

(10) 手當[te-ate]/手當金.

(11) 神社(93상단). 일본의 ‘傳統的 寺院’.

(12) 葉書, 端書[ha-gaki]/葉書(257하단), 繪葉書(257하단).

(13) 浴衣[yukata](219하단). 여름 또는 목욕 후에 입는 ‘무명 홑옷’.

(14) 人力車(256하단).

(15) 日附[hi-duke]印(258상단).

(16) 朝顔[asa-gao](201상단). ‘나팔꽃’.

(17) 衆議院(111상단). ‘貴族院’의 대립어.

(18) 眞鍮(204상단). ‘놋쇠’.

(19) 天長節(85상단, 88상단). 제국시대에 축일로 지정되었던 ‘일본천황의 생일’.

(20) 剃刀[kami-sori](209상단). ‘面刀器’.

(21) 寒中休暇(89하단). ‘소한부터 대한 사이의 추위, 한겨울’.

마치 한자어인 것처럼 국어문장에 쓰인 이들 단어는 본래부터 국어에 쓰여왔던 어형이 아니기 때문에 개중에는 ‘交番所, 朝顔’처럼 그 의미를 얼른 이해하기 어려운 것들도 있다. 나아가 일본어에서 훈독되는 ‘毛織, 毛織物, 目醒時計, 絲織, 小包, 手當金, 葉書, 浴衣, 日附印, 剃刀’ 등도 한자어인 것처럼 국어에 차용되었다. 표기만 한자로 되어 있을 뿐 실상은 훈독되는 고유일본어까지도 한자어처럼 국어문장에 차용될 수 있었던 것은 그 조건이 대역 문이라는 특성 때문이었다.

(4) 飜譯借用

飜譯借用이란 결국 일본어의 간섭에 대한 국어의 적극적인 저항을 나타낸다. 다만, 여기

---

26) ‘金鵄’는 일본신화에서 神武天皇이 長髄彦(ながすねひこ)를 정벌할 때 활에 앉았다는 금빛 소리개라고 한다.

서 말하는 飜譯借用이란 개념은 엄밀한 의미를 나타내는 것이 아니다. 일본의 전통문화에서 나온 형태론적 층위의 독특한 단어들 가운데 전통적 국어단어로 의역된 사례를 여기에 따로 모아보았을 뿐이기 때문이다. 여기에는 일본식 한자어와 고유어가 모두 포함된다.

(1) 客主←問屋[tohi-ya](173하단).
(2) 去來(158하단), 흥성(173하단), 與受(173상단)←取引[tori-hiki].
(3) 金줄←金鎖[kin-gusari](238하단).
(4) 기쟝썩←黍團子[kibi-dango](228상단).
(5) 나막신←下駄[geta](217하단).
(6) 니솔←楊枝[yauzi](243하단).
(7) 쌔기쟝이←搯摸[suri](39하단).
(8) 뎜심←辨當[bentou](228상단).
(9) 都賣←卸賣[orosi-uri](162하단).
(10) 燈皮←帆屋[ho-ya](233하단).
(11) 綿紬←紬[tumugi](161하단).
(12) 미쟝이←左官[sakan](188상단).
(13) 方席←座蒲團[zabudon](214상단).
(14) 산젹←鋤燒[suki-yaki](231상단).
(15) 雙줄단추←兩前[ryou-mahe](167하단).
(16) 소←餡[an](226상단).
(17) 松魚脯←鰹節[katuo-busi](227하단).
(18) 씨름군←相撲取リ[sumahu-tori](73하단).
(19) 新品←新柄[sin-gara](167상단).
(20) 알굴니러←玉突ニ[tama-tsuki-ni](239하단).[27]
(21) 洋靴←靴[kutu](221상단).
(22) 預置←預ケ入レ[aduke-ire](178하단).
(23) 우아릭쫏기쎠셔←三ツ揃[mitu-sorohi](166상단).
(24) 郵票←切手[kiqte](261상단-하단).
(25) 衣服次←反物[tan-mono](175하단).
(26) 지짐이←油揚[abura-age](225상단).
(27) 찬통←鑵詰[kwan-dume].[28](228하단).
(28) 饌盒←重箱[zyuu-bako](229하단).
(29) 草鞋←草履[zouri](241상단).

---

27) 일본어 '玉突キ'는 현대국어의 '撞球'에 해당하는 말이다.
28) 다른 한자 표기로는 '罐詰'가 있으며 현재는 '缶詰'와 같은 표기로 쓰인다.

(30) 코줄←鼻緒[hana-wo](217하단).

(31) 토쟝국←味噌汁[miso-siru](230상단).

(32) 판세음←身代限[sin-dai-kagiri](174하단).

(33) 合襟←詰襟[tume-eri](166상단).

(34) 환←爲替[kawase](260상단).

이들 가운데에는 주목되는 飜譯借用이 포함되어 있을 뿐 아니라, 전통적인 국어단어가 번역어로 활용된 경우도 많다. 가령, 국어의 '金줄, 기쟝떡, 싸기쟝이, 松魚脯, 雙줄단추, 알굴니러, 우아릭좃기껴서, 찬통, 코줄, 토쟝국, 合襟'과 같은 新造語形들은 각기 일본어 특유의 '金鎖, 黍團子, 掏摸, 鰹節, 兩前, 玉突ニ, 三ツ揃, 鑵詰, 鼻緒, 味噌汁, 詰襟'에 대한 飜譯借用이다. 여기서는 이질적인 일본문화를 국어로 소화하려 했던 당시의 열의가 엿보인다. 또한, '나막신, 뎜심, 都賣, 燈皮, 미쟝이, 산적, 소, 지짐이, 판세음'과 같은 단어는 각기 일본어 '下駄, 辨當, 卸賣, 帆屋, 左官, 鋤燒, 餡, 油揚, 身代限'에 대한 의역인데, 여기서는 전통적인 국어어형을 최대한 활용하려 했던 지혜와 노력이 엿보인다. 이러한 유형의 번역차용 또한 일본어의 간섭에 대한 국어의 저항임이 분명하다 할 것이다.

3. 日本語의 干涉에 대한 國語의 抵抗

위에서 잠시 살펴본 번역차용과도 같이 국어의 전통적 어휘 중에는 일본어의 간섭에 맞서 한동안 抵抗을 보인 것들도 상당히 많다. 국어의 전통적 한자어나 고유어가 보여준 그러한 저항은 『獨習日語正則』에도 구체적으로 반영되어 있다. 여기서 일본어의 간섭에 저항을 보인 전통적 국어의 실상을 좀더 구체적으로 살펴보도록 하겠다.

1) 일본어에 대한 국어의 저항은 일본어를 기준으로 볼 때 音讀 한자어에 주로 나타난다.

(1) 脚絆/行纏(220하단).　　(2) 景氣/시세(181상단-하단).

(3) 控所/申訴(133하단).　　(4) 交際/相從(42하단), /交接(77하단).

(5) 購讀者/購覽者(56하단).　　(6) 極東/東洋(24하난).

(7) 金融/錢政(159하단).　　(8) 當選/被薦(111상단).

(9) 道具/器具(183상단).　　　　(10) 配達夫/分傳人(260하단).

(11) 負債/빚(173상단).　　　　　(12) 分配/分排(184하단).

(13) 盆栽/花盆(203상단-하단).　(14) 不具/癈人(208하단-209상단).

(15) 費用/經費(152상단-하단), /浮費(175하단).

(16) 非常ニ/非常히(62상단), /大段히(51하단), /大端히(145하단), /딕단히(62하단),
　　/대둔히(246상단), 대단히(249하단). 일본어 '非常ニ'에는 국어의 '대단히'가 자연
　　스러웠던 것으로 추정된다.

(17) 相談/相議(70상단), /議論(72상단).

(18) 上陸/下陸(255상단).　　　　(19) 書類/文書(97상단-하단).

(20) 書齋/書室(266상단-하단).　(21) 稅金/稅錢(169상단).

(22) 洗濯/쌀닉(39하단).　　　　(23) 素養/工夫(264하단).

(24) 小作人/作人(184하단), /半作人(186하단).

(25) 始末/경위(62상단), /結尾(113상단).

(26) 失策/낭픽(80상단).

(27) 失敗/逢敗(158하단), /良貝(81하단),29) /랑픽(178하단). 일본어 '失敗'가 국어에
　　서는 오히려 '失敗'가 아닌 '逢敗, 良貝, 랑픽'로 더 많이 대역되었다는 사실은 중요
　　한 의미를 가진다. 왜냐하면 일본어 '失敗'의 대역어로 쓰인 '逢敗, 良貝, 랑픽'는
　　일본어의 간섭에 한동안 저항했던 국어의 전통적 단어들이기 때문이다.

(28) 案內/引導(47하단).　　　　(29)愛嬌/嬌態(38상단).

(30) 年末/歲末(91하단-92상단).　(31)營業/生涯(50하단).

(32) 例年/平年(186상단).　　　(33) 外出/出入(33하단-34상단).

(34) 尿道/腎莖(249하단-250상단).

(35) 料理. 앞에서 본대로 일본어 '料理'가 국어에 그대로 쓰인 경우는 한두 번뿐이고
　　나머지는 거의 '飮食'이라는 대역으로 나타난다(223상단, 224하단, 226상단). 결
　　국, 일본어 '料理'의 대역어로 쓰인 '飮食'은 일본어의 간섭에 한동안 저항했던 전통
　　적 국어단어 중의 하나라고 할 수 있다. '料理'의 의미변화에 대해서는 宋敏(2000
　　ㄱ) 참조.

(36) 月末/月終(164상단).　　　(37) 誘拐/誘引(130상단).

(38) 流行スル/時體로 닙다(161하단), /時體다(166하단).

(39) 衣裳/衣服(219하단).　　　(40)意匠/心巧(263하단).30)

---

29) 이 단어의 경우, 『한불ᄌ뎐』에 '낭픽되다 狼敗'로 나타나나, 『한영』에는 표제어로 나타나지 않는다. '낭픽'에
　　대한 『한불ᄌ뎐』의 한자표기가 현대국어의 '狼狽'와는 다르나, 그 뜻은 '失敗'와 같았던 것으로 보인다. 표제
　　어 '실픽ᄒ다 失敗'에 'faire un 낭픽'라는 풀이가 추가되어 있기 때문이다. 한편, 『獨習日語正則』에 나타나
　　는 특이한 한자표기 '良貝'(또 다른 어형 '랑픽'는 '良貝'의 발음에서 나온 듯하다)의 유래에 대해서는 알
　　길이 없으나, 어원적으로는 전통적 한자어 '狼狽'로 소급될 것이다.

30) '意匠'의 본래 의미는 '착상, 깊이 생각함'이었으나 명치시대에 영어 design의 역어가 되어 '장식적 고안, 취향'
　　의 의미로 바뀌었다(惣鄕正明·飛田良文 1986:13).

(41) 利子/利息(174상단), /邊利(181상단).

(42) 一割/拾一條(163하단).　　(43) 賃銀[31]/雇價(184하단).

(44) 磁石/指南鐵(27상단).　　(45) 自由-/任意-, 임의(33하단-34상단, 97상단).

(46) 帳簿/置簿(173하단).　　(47) 材料/감(265하단).

(48) 制服/正服(114하단).

(49) 株金/股金(168하단). 數量詞로서의 '-株' 역시 국어에서는 '-股'로 대역되었다. 一株/一股(168하단, 169상단), 三四十株/三四十股(170하단), 七八千株/七八千股(171단).[32]

(50) 注文/맛초-(176상단), 긔별ᄒ-(181하단). 결국, 일본어 '注文'의 대역어로 쓰인 '맛초-, 긔별ᄒ-'는 일본어의 간섭에 한동안 저항했던 전통적 국어단어의 또 다른 사례가 된다.

(51) 注意/操心(23상단), 조심(62상단).

(52) 脂肪/기름(229상단).　　(53) 職工/工匠(166하단).

(54) 眞相/實狀(76하단).　　(55) 請求書/請願書(75상단-하단).

(56) 滯在/逗留(71상단).[33]　　(57) 推測/斟酌(171상단).

(58) 出勤/仕進(89상단).　　(59) 親切-/多情-(71하단).[34]

(60) 品行/行實(52상단), /行爲(73상단).

(61) 必要-/必要-(44하단-45상단), /要緊(238상단). 일본어 '必要-'는 국어에서 오히려 '要緊-'으로 더 자주 대역되는데, 당시의 국어로서 '必要-'는 그만큼 부자연스러운 단어가 아니었던가 생각된다.

(62) 解釋/說明(263상단).　　(63) 玄關/마루(37상단).

(64) 現金/卽錢(167하단), /直錢(170상단).

(65) 化粧/단장(38상단).　　(66) 患者/病人(247하단).

(67) 效力/效驗(57상단).　　(68) 希望/所望(58상단).

이 중에서도 특히, '拷問/刑訊, 交際/相從 또는 交接, 金融/錢政, 當選/被薦, 道具/器具, 物

---

31) 일본어 '賃銀'은 '賃金'으로도 표기되는데 현대국어에 쓰이고 있는 '임금'은 '賃金' 쪽을 차용한 결과라고 할 수 있다. 한편,『獨習日語正則』에는 일본어 '賃金'도 나타난다. 이에 대한 국어 대역도 '賃金'이다. 京義線ノ賃金モ 愈々 安クナルサウデス/京義線의 賃金도 ᄎᄎ 싸진다지오(256상단). 다만, 이 때의 '賃金'은 '車費'라는 뜻이다.

32) 이처럼 수량사로서의 한사형태소 '-株'는 국어에 나타나지 않으나 株式/株式(168하던), 株式會社/株式會社(177하단), 株券/株式券(159하단-160상단)과 같은 대역에서는 국어에도 '株式'이 나타난다. 수량사로서의 '-株'에 대해서는 宋敏(2002ㄱ), 또는 다음에 나올 接辭用 한자형태소에 대한 저항 '-株' 항목 참조.

33) 이 '逗留'는 본래 '逗遛'로 표기되었다. 실제로『龍飛御天歌』에는 "逗遛 謂軍行頓止 稽留不進也"(권四 20뒤, 제24장 註),『한불』에는 '두류ᄒ다 逗遛',『한영』에도 '두류ᄒ다 逗遛'로 나타난다.

34) '親切'은『한불』에 나타나기 때문에 전통적 한자어라고 할 수 있으나, 위의 대역으로 판단할 때 일본어 '親切'에 대응되는 국어단어로서는 '親切'보다 오히려 '多情'이 의미상 자연스러웠던 것으로 보인다.

品/物貨, 配達夫/分傳人, 費用/浮費, 非常-/딕단히 또는 非常히, 相談/相議 또는 論議, 洗濯/빨닉, 小作人/作人 또는 半作人, 失敗/逢敗 또는 良貝 또는 랑픽 또는 失敗, 案內/引導, 營業/生涯, 外出/出入, 料理/飮食 또는 料理, 流行-/時體로 닙다 또는 時體다 또는 셩ㅎ다, 自由-/任意-, 注意/操心 또는 조심, 注文/맛초- 또는 긔별ㅎ- 또는 注文, 滯在/逗留, 出願/請願. 品行/行實 또는 힝실, 必要-/所用 또는 要緊- 또는 必要-, 玄關/마루,35) 現金/卽錢 또는 直錢, 化粧/단장, 希望/所望과 같은 대역은 주목되는 존재들이다. 여기에는 국어의 전통적 한자어나 고유어 또는 신조어도 포함되어 있기 때문이다.

더구나 일본어 '交際, 非常-, 失敗, 料理, 注文-, 必要-'는 어쩌다 한 두 번 아니면 몇 번 정도 국어에 쓰인 일이 있을 뿐, 상대적으로는 훨씬 적게 나타나며, 일본어 '自由-, 流行-, 注意'는 아예 국어에 나타나지도 않는다. 이로써 이들이 국어에 간섭을 일으킨 과정에도 단계가 있었음을 알 수 있다. 현대국어를 기준으로 할 때 위에 예시된 일본어 어형의 대부분은 결국 개화기 이후의 국어에 수용되었으나, 한동안 저항을 보였던 전통적 국어단어들은 그 후 입지가 점차 허약해지다가 결국에는 소멸의 길로 접어들었다고 해석된다.

2) 이번에는 단어를 구성하고 있는 개별형태소 모두가 훈독되거나, 그 일부가 훈독되는 경우를 정리하기로 한다. 여기에 나타나는 일본어 또한 현대국어라면 어형상으로나 의미상으로 국어단어와 다름없이 쓰일 수 있는 것들인데 당시에는 그렇지 않았음을 보여 준다. 곧 일본어와는 다른 전통적 국어어형이 대역어로 한동안 쓰이면서 일본어의 간섭에 저항한 모습을 보이고 있는 것이다.

(1) 建物[tate-momo]/家屋(134상단).
(2) 絹物[kinu-mono]/緋緞(161하단), /비단(219상단), /絹屬(161하단).
(3) 見本[mi-hon]/看色(167상단).
(4) 屆出[totoke-dasi]/告發(105하단), /申告(107상단).
(5) 貸出[ka-si-dasi]/放債(159하단).
(6) 突然[ikinari]/瞥眼間(68하단).
(7) 買上ゲル[kahi-ageru]/買收ㅎ다(122하단).
(8) 密語イテ[sasayaite]/귀속을 ㅎ고(60하단).
(9) 小賣[ko-uri]/散賣(162하단).

---

35) 일본어 '玄關'이 국어에서 '마루'로 대역되었다는 사실은 주목된다. 한옥에는 '玄關'에 해당하는 구조가 없기 때문에 여기에 해당하는 말을 구태여 찾는다면 '마루'밖에 없기 때문이다.

(10) 受取[uke-tori, uke-toru]/領受(256상단), /밧으시기롤(54하단).

(11) 水泡[midu-awa]/물거품(24상단).

(12) 場所[ba-syou]/處所(187상단).

(13) 地主[ti-nusi]/田主(184하단).

(14) 織物[ori-mono]/필육(161상단).

(15) 請負者[uke-ohi-sya]/都給者(54하단).

(16) 取扱ヒ[tori-atukahi]/處理(133하단).

(17) 取調ベテ[tori-sirabete]/査實ㅎ야(119상단-하단).

(18) 取締リマス[tori-simarimasu]/監檢(120상단).

(19) 打開ケテ[uti-akete]/닉놓코(53하단), /펴닉놋고(57하단),

(20) 品切[sina-gire]/物件이 동나-(170상단).

(21) 荷物[ni-motu]/짐(164하단-165상단).

여기서도 일본어의 간섭에 저항한 국어의 전통적 단어들을 찾을 수 있다. '見本/看色, 貸出/放債, 蜂蜜/淸蜜, 小賣/散賣, 場所/處所, 地主/田主, 織物/필육, 請負者/都給者, 取扱/處理, 荷物/짐'과 같은 대역에서 그러한 사실을 확인할 수 있다. 그런데 위에 예시된 일본어의 대부분은 개화기 이후 현대국어에 그대로 수용되었다. 그 결과 국어의 전통적 한자어 중에는 '看色, 放債'처럼 폐어화의 길을 걸은 사례도 적지 않다. 한자로 표기되는 일본어형들은 얼핏 한자어처럼 인식되기 쉬운데다가 특별한 이질감이나 저항감을 불러일으키지 않기 때문에 서서히 국어에 수용될 수 있었던 것이다.

4. 결 어

개화기의 일본어 학습서인 鄭雲復의 『獨習日語正則』(1907)에는 상당한 분량의 국어어휘가 나타나는데, 이들을 어휘사적 관점에서 살펴본 결과를 요약하면 다음과 같다.

첫째, 대역문의 국어문장에는 일본어형의 간섭이 광범하게 반영되어 있다. 특히, 2음절 한자어나 신생어, 거기서 2차적으로 생성된 3음절 또는 그 이상의 파생어나 복합어가 국어에 어렵지 않게 수용되었다. 이러한 간섭이 쉽게 일어났던 이유는 신생어의 대부분이 한자이었기 때문이다.

둘째, 일본어형의 간섭에 대한 전통적 국어단어의 저항도 결코 적지 않았다. 간섭에 대한 저항이 양적으로나 질적으로나 한동안 지속되었다는 점에 주목할 필요가 있다. 특히, 당시의 실상을 엿볼 수 있게 해주는 번역차용에도 관심을 기울일 만하다.

셋째, 현대국어에 이르는 과정에서 일시적 저항을 보였던 국어단어의 대부분은 결국 일본 어형과 의미로 대치되었다. 잠시 저항에 참여했던 전통적 국어단어들 중 현대국어에까지 남아 자연스럽게 통용되는 경우는 극히 일부에 그치고 있기 때문이다.

넷째, 현대국어의 어휘 가운데에는 일본어의 간섭에 따른 여러 가지 측면의 개신을 경험 한 사례가 많다. 日·韓 대역자료에는 그러한 다양한 추이가 세세하게 반영되어 있음을 알 수 있다.

참고문헌

宋 敏(1985), 派生語形成 依存形態素 "-的"의 始原(高麗大 國語國文學硏究會, 『于雲朴炳采博士還曆紀念 論叢』: 285-301).

_____(1986), 朝鮮通信使의 日本語 接觸, 『語文學論叢』(국민대 어문학연구소) 5.

_____(1988), 日本修信使의 新文明語彙 接觸, 『語文學論叢』(국민대) 7.

_____(1989), 開化期 新文明語彙의 成立過程, 『語文學論叢』(국민대) 8.

_____(1992), 開化期의 語彙改新에 대하여, 『語文學論叢』(국민대) 11.

_____(1998), 開化期 新生漢字語彙의 系譜, 『語文學論叢』(국민대) 17.

_____(1999ㄱ), 開化初期의 新生漢字語 受容, 『語文學論叢』(국민대) 18.

_____(1999ㄴ), [어원탐구] 신생한자어의 성립배경, 『새국어생활』(국립국어연구원) 9-2.

_____(1999ㄷ), [어원탐구] 한자어 '汽船, 汽車'의 연원, 『새국어생활』 9-3.

_____(1999ㄹ), [어원탐구] '器械'에서 '機械'가 되기까지, 『새국어생활』 9-4.

_____(2000ㄱ), 開化期 國語에 나타나는 新文明 語彙, 『語文學論叢』(국민대) 19.

_____(2000ㄴ), 明治初期における朝鮮修信使の日本見聞, 『第121回 日文硏フォーラム』(國際日本文 化硏究センター).

_____(2000ㄷ), [어원탐구] '經濟'의 의미개신, 『새국어생활』 10-1.

_____(2000ㄹ), [어원탐구] '時計'의 차용, 『새국어생활』 10-2.

_____(2000ㅁ), [어원탐구] '生存競爭'의 주변, 『새국어생활』 10-3.

_____(2000ㅂ), [어원탐구] '大統領'의 출현, 『새국어생활』 10-4.

_____(2001ㄱ), 개화기의 신생한자어 연구(1), 『語文學論叢』(국민대) 20.

_____(2001ㄴ), [어원탐구] '自由'의 의미확대, 『새국어생활』 11-1.

_____(2001ㄷ), [어원탐구] '寫眞'과 '活動寫眞, 映畵', 『새국어생활』 11-2.

_____(2001ㄹ), [어원탐구] '合衆國'과 '共和國', 『새국어생활』 11-3.

_____(2001ㅁ), [어원탐구] '熱帶, 溫帶, 寒帶'의 출현, 『새국어생활』 11-4.

_____(2002ㄱ), 개화기의 신생한자어 연구(2), 『語文學論叢』(국민대) 21.

_____(2002ㄴ), [어원탐구] '병원'의 성립과 정착, 『새국어생활』 12-1.

_____(2003), 개화기의 신생한자어 연구(3), 『語文學論叢』(국민대) 22.

_____(2005), 開化期의 新生漢字語 硏究―『獨習日語正則』에 반영된 國語單語를 중심으로―, 片茂鎭(외 共編), 『獨習日語正則』解題·索引·硏究·原文(불이문화사), 517-630 소수.

馬西尼 著, 黃河淸 譯(1997), 『現代漢語詞匯的形成』―十九世紀漢語外來詞硏究, 上海: 漢語大詞典出版社. [원서명] Masini, F.(1993), *The Formation of Modern Chinese Lexicon and its Evolution toward a National Language: The Period from* 1840 *to* 1898, *Journal of Chinese Linguistics, Monograph Series* No. 6, Berkeley: Univerisity of California.

劉正埮·高名凱·麥永乾·史有爲(1984), 『漢語外來詞詞典』, 上海辭書出版社.

楳垣實(1944), 『增補日本外來語の硏究』, 靑年通信出版部.

_____(1972), 『增補外來語辭典』, 東京堂出版.

齋藤毅(1977), 『明治のことば』, 講談社.

佐藤亨(1983), 『近世語彙の硏究』, 櫻楓社.

_____(1986), 『幕末·明治初期語彙の硏究』, 櫻楓社.

鈴木修次(1981), 『文明のことば』, 廣島:文化評論出版.

惣鄕正明·飛田良文(1986), 『明治のことば辭典』, 東京堂出版.

槌田滿文(1983), 『明治大正新語·流行語』, 角川書店.

廣田榮太郎(1969), 『近代譯語考』, 東京堂出版.

* 국어사연구회(2011년 8월 26일[금]), 구두발표.

開化期 신문명과 新生漢字語의 확산

1. 머리말

19세기 후반의 開化期를 거치면서 우리 韓國은 미지의 西洋文化나 西洋文物이라는 新文明의 거대한 물결을 경험하게 되었는데, 이를 消化하고 受容하는 과정에서 절대적인 역할을 감당한 수단은 바로 漢字語였다. 다만, 이때의 漢字語는 우리가 오랫동안 써왔던 傳統的 漢字語가 아니었다. 전통적 한자어의 의미만으로는 東洋文化와 거리가 먼 이질적 西洋文化의 개념을 충분히 담아 나를 수 없었기 때문이다. 자연히 색다르고 낯선 지식이나 지혜를 표현할 수 있는 적절한 수단이 필요했는데 이때에 새롭게 태어난 존재, 그것이 이른바 新生漢字語였다.

이러한 新生漢字語는 일찍이 17세기 초엽 전후부터 中國에 나타나기 시작하였다. 西洋의 宣教師들이 자신의 知識이나 智惠를 소개하는 저술에서 처음으로 사용한 新造語들이 그 출발점이었다. 이렇게 시작된 새로운 漢字語들은 한동안 한국과 일본에도 그대로 전파되어 서양을 이해하는 데 도움이 되기도 하였으나, 당시의 폐쇄적인 정치적, 외교적 여건상 新生漢字語의 자유로운 교류나 유통은 제한적일 수밖에 없었다. 그러자 일본의 지식인들은 드디어 새로운 漢字語의 직접창안이라는 독자적인 길로 들어서기에 이르렀다.

19세기 중엽을 지나면서 국제관계의 경직성이 어느 정도 완화됨에 따라 각국의 문화나 문물의 유통이 차츰 활발해지면서 新生漢字語의 전파에도 힘과 속도가 붙기 시작하였다. 19세기 말엽에 이르러서는 極東 3국의 지식인들두 서양문화나 서양문물의 이해와 수용에 직접 동참하면서 새로운 漢字語를 창안하거나 확산시키는 길에 더욱 적극적으로 나서게 되었다. 특히, 일본의 지식인들은 독자적으로 新造語의 창안과 그 활용에 적극적으로 앞장서기에 이르렀다.

이렇게 되자 中國의 지식인들도 일본의 新生漢字語에 관심을 나타내면서 드디어 이들을 중국어에 수용하기 시작하였다. 우리 한국의 경우, 처음 한동안은 전통에 따라 중국의 영향을 크게 받았으나 시간이 흐를수록 현실적 여건에 따라 일본의 직접적인 영향을 피할 수 없게 되었다. 결국, 極東 3개국은 특히 開化期를 통하여 西洋文物을 소화, 수용하는 과정에서 新生漢字語의 확산과 그에 따른 漢字語 체계의 개신을 나란히 겪게 된 것이다. 말하자면 西洋文化라는 新文明의 물결은 특히 극동의 3개국에 近代化를 불러왔으며 그 과정에서 핵심적 매개체 역할을 수행한 바 있는 言語材가 바로 신생한자어였다. 이때의 한자어는 주로 신문명과 관계가 깊은 文化, 學術 관련 신생어휘로서, 近代化 이전의 한자어와는 구별되는 존재가 아닐 수 없다. 따라서 한자어라는 존재를 기준으로 삼을 때 近代化 이전의 傳統的 漢字語를 제1의 물결이었다고 하다면 개화기 이후의 신생한자어는 제2의 물결이었다고 할 수 있다. 이 제2의 물결은, 극동 3개국은 물론 중국의 남방에 위치한 베트남어에까지도 적지 않은 영향을 끼친 것으로 알려져 있으며 그 과정에서 일본어의 역할은 거의 절대적이었다. 이러한 의미에서 개화기의 신생한자어는 특히 극동의 近代化 내지 新文明 流入과 같은 文化史와 밀접한 관련을 가진다. 자연히 개화기의 신생한자어 연구는 마땅히 語彙文化史라는 측면에서 접근할 필요성이 있으리라고 생각된다.

新生漢字語는 그 절대다수가 기본적으로 2음절 구성이었다. 이들 2음절형 漢字語는 다시 3음절형 派生語나 4음절형 合成語로 확대되기도 하고, 그 이상의 多音節形 派生語나 合成語로 계속 확대되기도 하였다. '不-動産, 新-學問'이나, '國家-的, 民主-化'처럼 2음절형 한자어에 漢字 하나를 접두사나 접미사처럼 결합시키면 3음절형 派生語가 이차적으로 생산되며, '株式-會社'나 '急行-列車'처럼 2음절형 한자어를 서로 적절하게 결합시키면 4음절형 合成語가 계속 생산되는데, 이러한 방식으로 계속해 나간다면 수많은 派生語와 合成語가 얼마든지 생산될 수 있기 때문이었다.

新生漢字語의 기본구성인 2음절형 漢字語는 그 어형이 中國古典에서 나온 경우와 그렇지 않은 경우로 구분된다. 어느 쪽이건 신생한자어가 되기 위해서는 다음과 같은 절차를 거쳤다. 어떤 어형이 고전에서 나왔으나 그 의미가 신문명의 의미로 쓰이기에 부적절한 경우라면, 거기에 새로운 의미를 추가하거나, 그것을 새로운 개념으로 바꾸어 사용한다. 이때는 의미상의 新生語가 되는 셈이다. 그러나 고전에 적절한 어형이 없을 경우에는 새롭게 마련된 新造語에 새로운 의미를 부여하여 사용한다. 이때는 순수한 新生語가 되는 셈이다. 요컨대 新生漢字語는 그 내면적 성격으로 볼 때 의미상의 新生語와 순수한 新生語로 구분된다고 할 수 있다.

여기에 구체적인 사례를 들어보기로 한다. 최초의 문예동인지 『創造』 창간호(1919. 2.)에 실린 한 소설에는 '美術'이라는 단어의 뜻을 놓고 父子 간에 나누는 대화가 나타난다. 아들이 '美術'이란 단어를 입에 올리자 아버지가 그 뜻이 무엇이냐고 묻는 것이다. 이 단어는 開化期를 통하여 國語에 수용된 日本式 新生語였기 때문에 구세대인 아버지가 그 뜻을 이해할 수 없었던 것이다(宋敏 1989). 실제로, 朝鮮總督府의 『朝鮮語辭典』(1920)에는 '美術'이라는 단어가 수록되어 있지 않다. 그만큼 아버지 세대는 이 단어의 뜻을 알 수 없었던 것이다.

'美術'이란 단어는 영어 *fine arts*나 프랑스어 *beaux arts*와 같은 서양식 抽象概念에 대한 번역어로서 19세기 말엽 日本에서 창안된 新生語로 추정되고 있다. 처음에는 그 뜻이 '詩歌, 散文, 音樂', 또는 '舞樂, 演劇'까지 포괄할 만큼 넓었으나 차츰 축소되어 결국에는 '建築, 彫刻, 繪畵'와 같은 造形美術만을 나타내기에 이르렀다고 한다(惣鄕正明·飛田良文 1986).

'美術'이란 단어의 용례가 국내문헌에 나타나는 시기는 19세기 말엽이다. 兪吉濬의 『西遊見聞』(1895), 『독닙신문』(1896-1899) 등이 그 용례를 보여준다. 이 단어를 처음으로 보여주는 辭典은 文世榮의 『朝鮮語辭典』(1938)인 듯하다. 여기에는 '미를 표현하는 예술'로 풀이되어 있다.

이때의 '美術'이라는 單語는 日本語에서 차용된 新生漢字語로 추정된다. 劉正埮[外][編](1984)도 現代中國語 '美術'[měishù]를 日本語 '美術'[bijutsu]에서 유래한 것으로 본 바 있다. 요컨대, '美術'은 開化期의 日本에서 창안된 순수한 新生語로서 國語나 中國語에 함께 수용된 사례의 하나에 속한다. 이처럼 開化期를 거치면서 韓·中·日 3국 사이에서는 일련의 新生語가 상호교류나 전파가 활발하게 이루어졌다.

2. 開化期의 新文明 流入과 漢字語

開化期를 통하여 新造語를 창안하는 데 적지 않은 노력을 기울인 것은 중국과 일본의 지식인들이었다. 여기서는 신문명을 나타내는 한자어로서 中國古典에 기원을 두고 있는 '自由'라는 단어와 中國의 初期洋學書에서 비롯된 번역어로서 새로 창안된 '病院'이라는 단어가 어떻게 태어났으며 그것이 다시 東北亞 3국에 어떻게 傳播, 擴散되었는지 그 역사적 과정을 더듬어 보기로 한다.

1) '自由'

'自由'는 본래 中國의 고전에서 '價値性이 없는 행동'을 뜻한 말이었다고 한다. 鈴木修次 (1981)나 佐藤喜代治[편](1983, 語誌 Ⅱ:212, '自由')에는 그러한 용례가 예시되어 있다. 다만, 후대로 내려오면서 '自由'는 '價値 있는 행위'로 전용되기도 하였다. 開化期를 통하여 '自由'에는 새로운 개념을 나타내는 의미가 추가되었다. '自由'가 영어의 *freedom*이나 *liberty*와 같은 西歐式 개념으로 전용된 것이다. 이처럼 오늘날의 '自由'는 과거의 傳統的 의미에 새로운 의미가 추가되면서, 意味上의 擴大를 겪은 결과로 해석된다(宋敏 2001a). '自由'를 *freedom*이나 *liberty* 의 飜譯語로 전용한 것은 日本의 지식인들이었다. 실제로, 進藤咲子(1981)는 18세기 말엽부터 19세기 말엽에 이르는 동안 '自由'가 네델란드어 *Vrijheid*, 英語 *freedom*과 *liberty*, 프랑스어 *liberté* 등의 對譯語로 쓰였음을 나타내는 辭典들을 연대순으로 보여주고 있다.

中國의 경우, 黃遵憲의 『日本雜事詩』(1879)에 나타나는 '自由'는 日本語에서 유래한 것임이 거의 분명하다. 初代駐日公使館의 參贊으로 1877年부터 1882年까지 5년 동안 日本에 머물렀던 그는 『日本雜事詩』 외에도 『日本國志』(1890)와 같은 저서를 통하여 적지 않은 日本式 新生漢字語를 中國에 소개하였기 때문이다. 이렇게 시작된 西歐式 개념의 '自由'는 梁啓超의 『變法通議』(1896), 康有爲의 『日本變政考』(1898), 嚴復의 飜譯書 『天演論』(1898, 원서는 Huxley, T. H.의 Evolution of Ethics)과 같은 先覺者들의 저술이나 번역서를 통하여 中國語에 확산되었다. 많은 英文 學術書를 번역하면서도 日本式 飜譯語에 거부감을 나타냈던 嚴復도 '自由'만은 日本語形을 그대로 빌려 썼다고 한다(鈴木修次 1981). 이에 劉正埮[外][編](1984)에서는 現代 中國語 '自由'[zì yóu]를 '日本語에서 되돌아온 借用語(日語的回歸借詞)'로, Lydia(1995)에서는 '日本에서 돌아와 中國에 확산된 말(became widespread in China via round-trip diffusion from Japan)'로 처리하였다.

새로운 개념의 '自由'가 우리 문헌에 나타나는 시기는 1890년대인 듯하다. 俞吉濬의 『西遊見聞』(1895)에는 '自由'가 수십 차례 쓰이고 있는데(李漢燮[外][편] 2000), 그 文法的 성격은 단독 또는 曲用形과 같은 名詞形으로 되어있어 새로운 개념을 뜻하는 단어였음을 보여준다. 이때의 '自由'는 日本語를 직접 옮겨놓은 것이다(李漢燮 1985). 다만, 이렇게 시작된 '自由'가 곧바로 國語에 정착된 것은 아닌 듯하다. 그 후에도 '自由'가 單獨名詞로 쓰인 경우는 별로 보이지 않기 때문이다.

결국, 새로운 의미의 '自由'가 國語에 정착한 시기는 생각보다 늦다. 朝鮮總督府의 『朝鮮語

辭典』(1920)에는 'ᄌ유(自由)'가 '사람의 拘束을 받지 않는 것(人の拘束を受けざること)'처럼 올라 있다. 意味記述이 간략하기는 하나, 그것이 名詞形이었다는 점은 新生漢字語였음을 나타낸 다. 이는 傳統的 의미로만 쓰이던 '自由'에 새로운 意味가 추가되어 意味上의 擴大가 이루어 졌다는 뜻이기도 하다.

文世榮의 『朝鮮語辭典』(1938)에는 '자유(自由)'가 單獨形과 더불어 派生語와 合成語의 구성 요소로도 올라있어 國語 단어로서의 자리가 굳어졌음을 보여준다. 요컨대, 國語나 中國語는 모두 '自由'의 새로운 의미를 日本語에서 借用한 것으로 해석된다.

2) '病院'

중국의 고전에서 찾아볼 수 없는 '病院'은 17세기 초엽 中國에서 활동 중이었던 西洋 宣敎 師들이 창안한 飜譯語, 新造語로서 일찍이 日本에 전해졌다가 開化期의 國語에도 수용된 것 으로 추정된다(宋敏 1998, 2002).

'病院'을 처음으로 보여주는 日本文獻은 桂川甫粲(1754-1808)의 『紅毛雜話』(1787)라고 한다 (佐藤亨 1983). 이 책에는 유럽의 福祉施設을 소개하는 내용이 나오는데 그 가운데 일본문자로 "가스트호이스(네델란드어 Gasthuis—필자)라는 施設이 있다. 明人, 病院으로 譯한다"는 설명이 달려 있다고 한다. 이를 근거로 한동안 '病院'은 日本에서 창안된 新生語로 여겨지기도 했으 나, 原文에 나타나는 '明人'은 中國人을 나타내기 때문에 '病院' 또한 中國語에서 유래한 飜譯 語로 보아야 마땅하다는 견해가 유력해졌다.

실상, '病院'이라는 어형은 艾儒略(G. Aleni)의 『職方外紀』(1623)에 처음으로 나타나며, 그 후로는 南懷仁(F. Verbist)의 『坤輿圖說』(1674), 『西方要紀』(연대 미상)에도 나타난다. 결국, '病 院'의 당초 發源地는 中國의 初期洋學書였으며, 이들의 日本 유입과 더불어 '病院'이라는 新 生語도 日本에 전파되었다는 것이다(佐藤亨 1983, 荒川淸秀 1997).

開化初期인 1881년, 紳士遊覽團의 일원으로 일본에 다녀온 李鑛永의 『日槎集略』에는 '療 病院'이라는 단어와 함께 '病院'이라는 어형도 나타난다. 이로써, 李鑛永은 日本에서 '療病院' 과 '病院'이라는 두 가지 新生語를 모두 접촉했다는 사실이 확인된다.

그런데 '病院'이라는 신생어는 『日槎集略』에 앞서 『한불ᄌ뎐』(1880)에 이미 올라있다. 여 기에는 '병원 病院'이 'Hɒ(ɵ의 오식)pital, hospice pour les malades'(병자를 위한 치료소)로 풀이 되어 있다. 이때의 '病院'은 『職方外紀』(1623)이나 『坤輿圖說』(1674)과 같은 中國의 初期洋學

書에서 유래한 것으로 추정된다. 국내로 潛入한 西洋 宣敎師들은 中國에서 먼저 中國語와 漢文에 대한 학습을 거쳤기 때문에 『한불ᄌᆞ뎐』에는 中國의 初期洋學書에서 유래한 지식이 반영되었을 가능성은 충분하기 때문이다. 그러나 國語에 수용된 '病院'의 경우, 직접적으로는 日本語를 借用한 결과로 추정된다.

결론적으로 開化期의 國語에 정착된 新生漢字語 '病院'은 日本語로, 日本語 '病院'은 다시 17세기 中國의 初期洋學書로 거슬러 올라간다. 그런데, 劉正埮[外]編(1984)에는 '病院'이 보이지 않는다. 이는 '病院'이라는 단어가 본래 中國에서 창안된 것으로 여겨졌기 때문일 것이다.

3. 新生漢字語의 擴散

지금까지 살펴본 대로 '自由'는 古代中國語에서 유래한 의미상의 新生語, '病院'은 중국의 고전에서 나온 것이 아니라 17세기 초엽의 中國洋學書에 新造語로 쓰인 바 있는 순수한 新生語인데, 이들은 일찍이 日本語에 전파되었다가 開化期를 거치면서 國語에 수용되기에 이르렀다. 그런데 '自由'의 경우 근대화 시기의 중국어에 새롭게 차용되어 결국은 고향으로 되돌아갔음을 보여준다. 이처럼 日本式 新生語 중에는 본래의 고향인 中國語에 逆輸出된 사례도 적지 않다.

이제 國語에 확산된 新生漢字語들이 의미상의 新生語인지 새로운 造語로서의 순수한 新生語인지를 살펴보기로 한다. 국어에 정착된 일본식 신생한자어는 이한섭(2014)에 잘 정리되어 있으며, 중국어에 확산된 일본식 신생한자어는 劉正埮[外]編(1984)에 잘 수집되어 있다. 그런데 劉正埮[外]編(1984)에 제시된 외래차용어의 거의 대부분은 국어에도 함께 나타나므로 여기서는 편의상 이 자료를 국어처럼 이용하기로 한다. 양국어에 공통되는 신생한자어 자료가 어쩌면 객관적 신뢰성을 좀 더 지니고 있다고 여겨지기 때문이다. 요컨대, 국어에 수용된 일본식 신생한자어의 胎生的 성격을 중국고전의 용례여부로 따지자면 다음과 같은 세 가지 유형으로 구분될 수 있다.

1) 中國古典에 典據가 있는 飜譯用 新生語

開化期를 거치면서 日本의 지식인들은 中國의 古典에 전거가 있는 2음절형 漢字語를 西洋文物에 대한 飜譯語로 전용한 경우가 많다. 결과적으로 해당 단어들은 意味變化나 改新을 겪었기 때문에 新生語로 간주되는 것이다. 이러한 新生語의 일부를 가나다 순으로 예시하면 다음과 같다. (*原文은 알파베트順으로 배열되어 있으나 여기서는 편의상 國語의 가나다順으로 배열한다).

ㄱ. 綱領. 講習. 經費. 經濟, 階級. 計劃. 共和. 過渡. 科目. 課程. 敎授. 敎育. 交際. 交通. 交換. 拘留. 具體. 國體. 軍需. 規範. 規則. 勤務. 機械. 機關. 記錄. 氣分. 騎士. 氣質.

ㄴ. 浪人. 內閣. 勞動, 勞動者. 勞動組合의 勞動. 論理.

ㄷ. 單位. 代表. 道具. 圖書. 獨占. 同情. 登記.

ㅁ. 麥酒. 文明. 文學. 文化. 物理. 美化. 民法. 民主.

ㅂ. 博物. 博士. 反對. 發明. 法律. 法廷. 法則. 辯護. 保障. 保險. 服用. 封建. 封鎖. 分配. 分析. 分子. 悲觀.

ㅅ. 事務. 私法. 事變. 思想. 社會. 相對. 想象. 生命. 生産. 選擧. 宣傳. 所得. 素質. 消化. 輸入. 水準. 時事. 神經. 訊問. 新聞. 身分. 信用. 審問.

ㅇ. 演說. 演習. 演繹. 鉛筆. 列車. 預算. 藝術. 悟性. 溫室. 偶然. 右翼. 運動. 運轉. 元帥. 衛生. 柔道. 遺傳. 流行. 倫理. 議決. 意識. 意義. 醫學. 理論. 理事. 理性. 印象.

ㅈ. 資本. 自律. 自然. 自由. 自治. 節約. 精神. 制御. 組織. 左翼. 注射. 主食. 主體. 支配. 知識. 眞空.

ㅊ. 天主. 初夜. 侵略. 侵犯.

ㅌ. 通貨. 投機.

ㅍ. 判決. 標本. 表象. 品位. 風琴. 風雲.

ㅎ. 學士. 抗議. 虛無. 憲法. 革命. 現象. 刑法. 形而上學. 會計.

國語에 확산된 이들 일본식 신생어들은 또 다른 生産性을 발휘하여 2차적 派生語나 合成語 形成으로 계속 활용될 수 있다. 그만큼 생산성이 높은 것이다. 한편, 劉正埈[外]編(1984)에는 이들 飜譯語에 대한 典據가 간략하게 예시되어 있는 경우도 많다. 그 중 몇몇을 뽑아보면 다음과 같다.

共和 republic. 召公周公二相行政 号曰共和(『史記·周本紀』)
機械 machine. 有機械者必有機事 有機事者必有機心(『莊子·天地』)

民主 democracy. 天惟時求民主 乃大降顯休命于成湯(『書・多方』)

發明 invention. 發明耳目 寧體便人. 吳延濟注 能言開耳目之明(宋玉 『風賦』)

保險 insurance. 其余黨往往保險爲盜(『隋書・劉元進傳』)

社會 society. 八月秋社...市學先生預斂諸生錢作社會(『東京夢華錄・秋社』)

演繹 deduction. 于是推本堯舜以來相傳之意 質以平日所聞父師之言 更互演繹 作爲
  此書(朱熹 『中庸章句序』)

衛生 hygiene, sanitation. 趎願聞衛生之經而已矣(『莊子・更桑楚』)

革命 revolution. 天地革而四時成 湯武革命 順乎天而應乎人(『易・革』)

形而上 metaphysics. 形而上學 形而上者謂之道 形而下者謂之器(『易・繫辭』)

이들 가운데 처음에 보이는 '共和'는 중국의 周나라에서 유래한 어형으로 그 古典的 의미
는 '君主가 없는 상태에서 共同協議로 이루어지는 政治'였다. 日本의 지식인들은 네델란드어
republijk/repubiek(영어로는 republic)에 대한 飜譯語로 이 '共和'를 轉用하여 '共和國'이라는 新生
語를 얻은 것이다(宋敏 2001b). 그런데, 고전에서 유래한 어형이 의미전용에 따라 신생어로
다시 태어났건, 새로운 造語에 따라 순수한 新生語로 처음 태어났건, 신생어라면 그 어느
것일지라도 제자리를 굳히기까지는 수많은 시도가 되풀이 된 결과였다. 일본어에서 다시
태어난 '共和國' 또한 단번에 자리를 굳힌 것이 아니었다. 그 배경에는 '王없이 지배되는 나
라, 共治國, 合衆議政의 나라, 서로 협력하는 나라, 衆議로 한 사람을 선출하여 國政을 맡도
록 하는 나라'와 같은 다양한 시도가 거듭된 끝에 '共和國'으로 굳어진 것이다. 거기다가 위에
보이는 또 하나의 시도 '合衆議政의 나라'는 미국을 지칭하는 '合衆國'이 되었는데 그 의미는
결국 '共和國'과 같은 것이다. 어찌 되었건 고전에서 나온 '共和'는 '共和國'으로 전용되면서
새로운 意味로 다시 태어났다. 이와 마찬가지로 중국의 고전에서 나온 '機械, 民主, 發明,
保險, 社會, 演繹, 衛生, 革命'이나 '形而上學'에 포함된 '形而上'의 意味 또한 古典的 意味와는
달리 새로운 意味를 띄게 되었으므로 이들 또한 어느 것이나 의미상의 新生漢字語로 간주될
수 있을 것이다.

2) 日本에서 창안된 飜譯用 新生語

中國의 古典에는 용례가 보이지 않는 듯한 어형으로 開化期를 거치면서 日本에서 飜譯用
新生語로 처음 태어난 후 國語와 中國語에 함께 수용된 사례도 많다. 양적으로는 이 부류에
속하는 新生語가 가장 많은데 그 일부를 가나다 순으로 예시하면 다음과 같다. 여기에는

音寫形 借用語, 곧 直接借用語도 포함된다.

ㄱ. 可決. 歌劇. 假定. 脚光. 脚本. 覺書. 幹部. 看護婦. 感性. 鑑定. 講演. 概念. 客觀. 客體. 建築. 決算. 結核. 競技 景氣. 警察. 經驗. 契機. 係數. 系列. 系統. 高利貸. 高潮. 高周波. 固體. 空間. 共鳴. 公民. 公報. 公僕. 共産主義. 公訴. 工業. 公債. 科學. 關係. 觀念. 觀點. 觀照. 觀測. 廣告. 光年. 光線. 交感神經. 敎科書. 敎養. 交響樂. 俱樂部. 國庫. 國敎. 國際. 軍部. 權威. 歸納. 劇場. 金融. 金婚式. 肯定. 基督敎. 汽船. 旗手. 企業. 汽笛. 基調. 基準. 基地. 氣體.

ㄴ. 暖流. 內分泌. 內容. 內在. 冷藏庫. 冷戰. 論壇. 論戰. 農作物. 能動. 能力. 能率.

ㄷ. 蛋白質. 短波. 談判. 大氣. 貸力. 隊商. 對象. 圖案. 獨裁. 動機. 動力. 動脉. 動産. 動員. 動態.

ㅁ. 漫談. 漫畫. 盲從. 免許. 命題. 母校. 毛細管. 母體. 目的. 目標. 舞臺. 黙示. 文庫. 物質. 美術. 密度. 蜜月.

ㅂ. 反感. 半徑. 反動. 反射. 反應. 反響. 放射. 方式. 方案. 背景. 配給. 陪審. 白旗. 範疇. 法人. 變壓器. 辨證法. 複製. 本質. 否決. 副官. 不動産. 否認. 否定. 雰圍氣. 分解. 悲劇. 非金屬. 比重.

ㅅ. 死角. 士官. 社交. 社團. 思潮. 事態. 插話. 商法. 常識. 商業. 索引. 生理學. 生態學. 序曲. 旋盤. 性能. 成分. 世界觀. 世紀. 細胞. 消極. 素描. 消防. 消費. 小夜曲. 所有權. 素材. 消火栓. 速記. 速度. 手工業. 手榴彈. 水成岩. 水素. 輸出. 巡洋艦. 乘客. 承認. 昇華. 時間. 時計. 施工. 施行. 信託. 信號. 實感. 實業. 失戀. 心理學. 審美. 審判.

ㅇ. 雅樂. 亞鉛. 安質母尼. 安打. 暗示. 液體. 陽極. 量子. 業務. 力學. 演奏. 演出. 熱帶. 領空. 營養. 領土. 領海. 溫度. 溫床. 瓦斯. 要素. 溶媒. 優生學. 原理. 元素. 園藝. 原子. 原罪. 原則. 遊離. 唯物論. 流線型. 流體. 類型. 銀行. 銀婚式. 陰極. 義務. 意譯. 議員. 議院. 擬人法. 議會. 理念. 理想. 二重奏. 理智. 人格. 人權. 引渡. 人文主義. 因子. 日和見主義. 任命. 淋巴. 入場券. 立憲. 剩余價値.

ㅈ. 資料. 紫外線. 作品. 雜誌. 財團. 低調. 抵抗. 積極. 展覽會. 電流. 專賣. 電報. 傳染病. 電子. 前提. 電池. 電車. 電波. 電話. 絶對. 政黨. 靜脈. 情報. 定義. 政策. 靜態. 淨化. 制約. 制裁. 制限. 組閣. 條件. 組合¹. 組合²(數學用語). 宗敎. 終點. 綜合. 主觀. 株式會社. 主義. 主筆. 重工業. 仲裁. 證券. 支線. 指數. 止揚. 指標. 地下水. 直徑. 直觀. 直流. 直接. 進度. 進展. 進化. 質量. 窒扶斯. 窒素. 集團.

ㅊ. 借方. 錯覺. 創作. 採光. 債權. 債務. 策動. 哲學. 尖端. 體育. 體操. 燭光. 觸媒. 總理. 催眠. 抽象. 出版.

ㅌ. 他律. 探險. 統計. 退役. 退化. 投影. 投資. 特權.

ㅍ. 派遣. 波長. 版畫. 霸權. 編制. 評價. 平面. 飽和. 表決. 標語. 必要.

ㅎ.　下水道. 學位. 寒帶. 寒流. 航空母艦. 解放. 解剖. 憲兵. 現金. 現實. 現役. 狹義.
協定. 協會. 虎列剌(又作 虎列拉, 虎力剌. 癨亂). 號外. 畫廊. 化石. 火成巖. 化
粧品. 化學. 環境. 幻燈. 幻想曲. 活躍. 會談. 會社. 回收. 會話. 效果. 酵素. 黑
死病. 喜劇.

이들 가운데 밑줄로 표시된 '覺書, 貸方, 引渡, 日和見主義의 日和見-, 組合1, 組合2(數學用
語), 借方'과 '高利貸'의 '-貸'는 日本語에서 訓讀되지만 國語와 中國語에서는 音讀된다. 한편,
이들 가운데 中央線으로 표시된 '俱樂部, 基督, 安質母尼, 瓦斯, 淋巴, 窒扶斯, 虎列剌(又作
虎列拉, 虎力剌. 癨亂)'는 차례로 club, Christo(포르투갈어형), antimony, gas, lymph, typhus, chorela에
대한 音寫形이기 때문에 飜譯語가 아니라 直接借用語들인데, 日本語에서는 그 표기상 漢字
語처럼 通用되었다.
　　그런데, 주의할 점은 이들 가운데 어떤 것은 中國文獻에서 용례가 뒤늦게 발견되는 경우
도 계속 나오고 있기 때문에 그것이 일견 日本式 新生語처럼 보일지라도 그 모두가 日本에서
창안된 것이라고 맹신해서는 안 된다는 사실이다. 가령, '化學'의 경우도 그러한 사례의 하나
에 속한다(宋敏 2001a). 실제로 Masini(1993)/黃河淸(역)(1997)에는 이 단어가 中國新語(本族新詞)
로 분류되어 있다.

3) 기타, 一般單語

西洋語에 대한 飜譯關係는 확인되지 않으나 日本의 傳統的 漢字語나 近代化 과정에서 태
어난 新造語가 여기에 속한다. 다음과 같은 사례로 그 윤곽을 짐작할 수 있다.

　　簡單. 巨星. 巨匠. 故障. 公立. 公營. 公認. 公判. 廣場. 校訓. 國立. 權益. 權限.
克復. 金額. 記號. 落選. 內勤. 內幕. 內服. 茶道. 單純. 大局. 德育. 讀物. 讀本. 等外.
登載. 明確. 物語. 方針. 白夜. 番號. 病蟲害. 服務. 副食. 不景氣. 備品. 私立. 成員.
小型. 手續. 實權. 實績. 失效. 外勤. 原動力. 原意. 原作. 肉彈. 印鑑. 人力車. 人選.
日程. 臨床. 入口. 立場. 作物. 作者. 場所. 場合. 財閥. 組成. 座談. 主動. 重點. 支部.
陳容. 集結. 集中. 參觀. 參照. 尖兵. 寵兒. 出口. 取消. 就任. 取締. 標高. 學歷. 學會.
海拔. 訓令. 訓育. 訓話. 興信所

여기에는 日本語 音讀語와 訓讀語가 다같이 포함된다. '讀物, 物語, 小型, 手續, 入口, 立
場, 場合, 出口, 取消, 取締'는 純粹訓讀語, '場所'는 部分訓讀語(이 境遇, 日本語學에서는 '유토 읽기'

[湯桶讀み]라고 하는데, 앞 글자는 訓讀, 뒷 글자는 音讀이라는 뜻이다)에 속한다. 엄밀한 의미에서 이들은 漢字語가 아니라 固有日本語인 동시에 合成語에 해당한다. 이들 또한 國語와 中國語에 함께 전파된 셈이다. 이와 비슷한 내용은 Masini(1993)/黃河淸(역)(1997)에서도 찾을 수 있다. 여기에는 新生語 하나하나에 대한 個別語誌가 포함되어 있는데 그 중 國語 단어로서도 통용되는 사례의 일부를 뽑아 재정리해 보면 다음과 같다.

> 本族詞=管理. 交易. 貿易. 法律. 石油. 消化. 數學. 試驗. 自然. 自治. 政治. 會議.
> 意譯詞=交際. 國會. 幾何. 南極. 動物. 文學. 微分. 博物. 保險. 北極. 碩士. 選擧 (日語일 可能性도). 消息. 植物. 新聞. 紳士. 影像. 委員. 醫院. 赤道. 積分. 電氣. 主權. 總理. 總統.
> 仿譯詞=公司. 國法. 國債. 暖房. 大腦. 馬力. 民主. 小腦. 新聞紙. 溫帶. 郵票. 日報. 電燈. 電報. 電線. 電池. 地球. 鐵道. 鐵路. 通信線. 顯微鏡. 畵報.
> 本族新詞=空氣. 光學. 記者. 代數. 法院. 商會(日語的 原語借詞로도). 細胞. 植物學. 力學. 離婚. 自主. 自行車. 雜誌. 帝國. 車票. 總會. 特權. 判斷. 海軍. 火輪船. 火輪車. 火車. 化學.
> 日語的 原語借詞=幹事. 改良. 建築. 檢査. 經濟. 經驗. 固定資本. 工科. 工業. 公園. 工場. 工廠. 共和. 課程. 科學. 觀念. 廣場. 軍事. 歸納. 技師. 汽船. 內容. 農場. 農學. 團體. 代表. 圖書館. 動物學. 動産. 物理學. 物質. 微生物. 美術. 民權. 民法. 博覽會. 博物館. 百貨店. 法廷. 辯護士. 不動産. 師範. 司法. 寫眞. 社會. 商法, 商業. 商店. 生理. 生物學. 生産力. 扇風機. 世紀. 消防. 市場. 植物園. 信號. 歷史. 演出. 豫備役. 藝術. 溫室. 瓦斯. 衛生. 幼稚園. 留學生. 銀行. 義務. 議員. 議會. 電信. 傳染病. 電車. 電話. 政黨. 政策. 政治學. 宗敎. 種族. 主義. 主任. 證券. 地理學. 職工. 哲學. 體操. 出版. 統計. 投票. 破産. 學會. 行政. 憲法. 憲政. 協會. 化妝. 會社. 會員.
> 日語的 回歸借詞=警察. 敎育. 規則. 劇場. 農民. 大學. 文科. 文明. 文法. 物理. 博士. 方法. 法學. 保釋. 保障. 普通. 世界. 營業. 悟性. 陸軍. 倫理. 意見. 醫科. 醫學. 理科. 資本. 自由. 專制. 傳播. 政府. 進步. 判決. 版權. 學校. 解剖. 刑法. 會計. 會話.

이때의 '日語的 原語借詞'란 결국 순수 日本式 新生漢字語, '日語的 回歸借詞'란 중국고전에서 나온 어형으로서 일본어에서 가공된 후 中國語로 되돌아간 의미상의 新生漢字語라는 뜻이다. 특히, 순수 일본시 신생한자어 중에는 '微生物, 不動産'이나 '博覽會, 百貨店'과 같은 2차적 파생어와 '固定資本'과 같은 2차적 合成語도 포함되어 있다. 요컨대, 이상과 같은 사례는 開化期 이후 日本式 新生漢字語가 國語는 물론 中國語에까지 얼마나 큰 영향을 끼쳤는지를 보여순다.

4. 결 어

古代부터 근대에 이르기까지 中國語는 오랫동안 國語나 日本語의 語彙體系, 특히 漢字語
彙 體系에 절대적인 영향을 끼친 바 있다. 다시 말하자면 國語나 日本語는 주로 중국의 고전
에서 유래한 어휘로 自國語의 語彙體系를 보완해 왔다. 그러한 中國語의 역사적 영향력은
17세기 초엽부터 그 일부 측면이 점차 다른 방향으로 바뀌기 시작하였다. 그러한 방향전환
은 西洋文物이라는 近代的 知識, 곧 新文明의 流入에 따른 것이었다.

실제로 17세기 초엽부터 西洋의 宣敎師들은 西洋文物에 대한 저술활동을 통하여 새로운
지식을 널리 소개, 보급하는 역할을 열심히 수행하였다. 그렇게 初期洋學書를 펴낸 대표적
宣敎師들이라면 利瑪竇(Matteo Ricci, 1552-1610, 이탈리아), 艾儒略(1582-1649, 이탈리아), 南懷仁
(1623-1688, 벨기에) 등을 꼽을 수 있다. 그들은 天主敎를 비롯한 西洋의 天文, 地理, 醫學, 數學,
科學 등에 걸친 近代知識을 폭넓게 中國에 소개하였다. 그러나 새로운 知識이 곧바로 中國
의 知識人들이나 일반인들에게 영향을 끼친 일은 별로 없었다. 그만큼 天主敎 宣敎師들의
저술은 배타적인 중국의 知識人들에게 별다른 관심을 끌지 못한 것이다.

한편, 日本의 先覺的 知識人들은 中國과는 대조적이었다. 17세기 초엽이라면 日本에도 西
洋文化가 부분적으로 전파되고 있는 중이었다. 日本國內에서 布敎活動을 전개한 바 있는
포르투갈 宣敎師들은 직접적인 영향을 별로 끼치지 못했으나, 1609年 長崎의 平戶에 네델란
드 商館이 설치되면서 流入되기 시작한 유럽 文物은 日本에 새로운 호기심을 불러일으켰다.
나아가 1630년 그리스도교 關係書籍의 輸入을 禁하는 抑壓策에도 불구하고 당시의 일부 知
識人들은 中國에서 은밀하게 반입되는 書籍을 통하여 새로운 知識을 얻는 데 적지 않은 노력
을 기울였다. 또한, 1720年 禁書令이 완화되면서 네델란드 商館을 통하여 유입되는 유럽문
화는 靑木昆陽(1698-1769), 杉田玄白(1733-1817) 등의 積極的인 受容에 힘입어 새로운 學術文
化, 이른바 蘭學이라는 꽃을 피우기에 이르렀다. 그 후, 19세기 초엽부터는 더욱 활발하게
전해지기 시작한 中國의 後期洋學書를 통하여 西洋文化에 대한 이해의 폭을 더욱 넓힐 수
있게 된 日本은 드디어 中國보다 한발 앞서 새로운 漢字語를 창안하기 시작하면서 近代化를
앞당길 수 있었다. 그 과정을 통하여 일본에서 새롭게 탄생한 수많은 한자어는, 국어는 물론
중국어에까지 널리 확산될 만큼 엄청난 영향을 끼친 것이다.

뒤늦게나마 日本의 近代化를 새롭게 認識한 中國의 外交官이나 知識人들은 19세기 말엽

부터 20세기 초엽에 걸쳐 日本文化를 積極的으로 소개하기 시작하였다. 외교관으로서 일본에 오래 머물렀던 黃遵憲(1848-1905)은 누구보다도 적극적으로 현지의 실상과 문화를 소개하는 저술을 남겼으며, 그밖에 王韜(1828-1897), 嚴復(1853-1921), 康有爲(1858-1927), 梁啓超(1873-1929) 등은 著述 또는 飜譯活動을 통하여 그 뒤를 이었다. 그 과정에서 일본식 新生語는 자연스럽게 中國語에 傳播, 擴散되기에 이르렀다.

開化期의 신생한자어는 韓·中·日 3개 국어는 물론 멀리 베트남어의 漢字語彙 體系에 이르기까지 광범위한 영향을 끼친 바 있다. 특히 韓國語나 日本語 그리고 베트남어는, 고래로 중국의 고전을 통하여 한자어의 영향을 끊임없이 받아왔는데, 開化期 이후의 近代化 과정에서는 한국어나 중국어 그리고 베트남어가 일본어를 통하여 文化나 學術과 관련이 깊은 신생한자어를 대량으로 받아들이게 되었다. 이에 어느 나라건 近代化 이전에 받아들인 전통적 한자어를 제1의 물결이라고 한다면, 開化期 이후에 받아들인 신생한자어는 제2의 물결이라고 부를 수 있다. 이들 제2의 물결인 신생한자어는 신문명과 관련이 깊으므로 그 수용과정에 대해서는 文化史的 觀點에서 검토할 필요가 있을 것이다. 말하자면 신생한자어의 연구에는 語彙文化史라는 관점이 필요하다는 뜻이다.

결론적으로 한 마디만 덧붙이자면 現代國語의 漢字語 體系는 이러한 역사적, 문화적 배경 속에서 開化期에 새롭게 유입되고 확산된 수많은 新生漢字語로 재정비된 결과라고 볼 수 있는데 여기서 그 내력을 다시 한 번 따지자면 그중의 절대다수는 日本語에서 나온 것이다. 그만큼 現代國語의 漢字語 체계 속에는 일본식 新生漢字語의 영향이 크게 반영되어 있다고 볼 수 있다.

참고문헌

〈國語 關係〉

朴英燮(1994), 『開化期 國語 語彙資料集 1』(獨立新聞편), 瑞光學術資料社.

宋 敏(1989), 開化期 新文明語彙의 成立過程, 『語文學論叢』(國民大) 8.

_____(2001a), [語源探究] '自由'의 意味擴大, 『새국어생활』 11-1.

_____(2001b), [語源探究] '合衆國'과 '共和國', 『새국어생활』 11-3.

_____(2002), [語源探究] '病院'의 成立과 定着, 『새국어생활』 12-1.

李漢燮(1985), 『西遊見聞』の漢字語について—日本から入った語を中心に—, 『國語學』 141.

_____[외][편](2000), 『西遊見聞[語彙索引]』, 圖書出版 博而精.

_____[편](2014), 『일본어에서 온 우리말 사전』, 고려대학교 출판부.

〈日本語 關係〉

荒川清秀(1997), 『近代日中学術用語の形成と伝播』—地理学用語を中心に—, 白帝社.

樺島忠夫・飛田良文・米川明彦(1984), 『明治大正新語俗語辞典』, 東京堂出版.

佐藤喜代治[편](1983), 『講座 日本語の語彙, 語誌 Ⅰ, Ⅱ, Ⅲ』, 明治書院.

佐藤亨(1979), 訳語「病院」の成立—その背景と定着過程—, 『国語学』 118.

_____(1983), 『近世語彙の研究』, 桜楓社.

鈴木修次(1981), 『日本漢語と中国』, 中公新書 626, 東京:中央公論社.

進藤咲子(1981), 『明治時代語の研究—語彙と文章』, 明治書院.

惣郷正明・飛田良文(1986), 『明治のことば辞典』, 東京堂出版.

槌田満文(1983), 『明治大正の新語・流行語』, 角川書店.

Hepburn, J. C.(1886), *A Japanese-English and English-Japanese Dictionary*, Third Edition, Tōkyō:J. P. Maruya & Co., Yokohama:Kelly & Walsh, Limited, New York:Steiger & Co., London: Trübner & Co.

Satow, E. M. and Ishibashi Masataka(1876), *An English-Japanese Dictionary of the Spoken Language*, London:Trübner & Co., Ludgate Hill, Yokohama:Lane, Crowford & Co.

〈中國語 關係〉

Lydia H. Liu(1995), *Translingual Practice*: *Literature, National Culture, and Translated Modernity—China*, 1900-1937, Standford University Press, Standford, California.

劉正埮・高名凱・麦永乾・史有为[편](1984), 『汉语外来词词典』, 上海辞书出版社.

Masini, F.[原著](1993), 黃河淸[譯](1997), 『現代漢語詞匯的形成』—十九世紀漢語外來詞硏究, 漢語大詞典出版社.

[原書] *The Formation of Modern Chinese Lexicon and its Evolution toward a National Language*: *The Period from* 1840 *to* 1898, *Journal of Chinese Linguistics*, Monograph Series No. 6, Berkeley: University of California.

沈國威(2008), 『近代日中語彙交流史』—新漢語の生成と收容—(改正新版), 東京: 笠間書院.

王 力(1958), 『漢語史稿』(修訂本, 上/中/下, 全3册), 北京: 科學出版社.

香港中國語文學會(2001), 『近現代漢語新詞詞源詞典』, 上海: 漢語大詞典出版社.

* 한국어문연구회・고려대학교 BK21 플러스 한국어문학 미래인제육성사업단 주최, 공동국제학술대회(고려대학교 수당 삼양 Faculty House, 2018년 11월 3일[토]-4일[일]), 주제 "한국어문학과 문명 교류"의 기조강연.
* 韓國語文硏究會(2018), 『語文研究』 180號(제46권 제4호): 7-26 재록.

日本語의 干涉에 대한 國語의 抵抗

무릇 어느 한 言語가 다른 언어와 서로 接觸할 수 있는 환경에 놓일 경우, 그 사이에는 필연적으로 言語的 干涉이 일어난다.[1] 다른 말로는 언어 간의 借用이라고 부를 수 있다.

개화기로 접어들면서 조선왕조의 문호가 개방되자 國語와 日本語는 어쩔 수 없이 서로 접촉할 수밖에 없는 가까운 사이가 되었다. 당시의 국제적 현실은 일본이 강자의 위치에 있었기 때문에 국어는 일본어와의 접촉이 밀접해짐에 따라 그 간섭 또한 피할 길이 없게 된 것이다. 다만 국어와 일본어의 접촉은 처음 한동안 직접적이라기보다 간접적으로 이루어졌다. 對話에 따른 발음상의 간섭처럼 직접적인 경우보다 對譯資料를 통한 문자상의 간섭으로 간접적인 경우가 주류를 이루고 있었다는 뜻이다. 이 점이 국어와 일본어의 접촉과정에 나타나는 특징 가운데 하나였다고 말할 수 있다.

당시의 국어에 대한 일본어의 간섭은 특히 형태론적 층위에 광범위하게 나타났으나, 그 과정 가운데 한 가지 주목되는 점이라면 외국어의 간섭에 대한 자국어의 내면적 抵抗力이었다고 할 수 있다. 다시 말하면 국어의 전통적 한자어나 고유어 중에는 비록 일시적이나마 일본어의 간섭에 맞서 抵抗을 보인 경우가 의외로 많았다는 사실이다.

요컨대 일본어는 일종의 上層(superstratum) 언어와 같은 존재였기 때문에 막강한 세력으로 국어에 일방적인 간섭을 일으키고 있었다. 그런 가운데 일본어의 간섭에 대한 국어의 저항은 마치 基層(substratum) 언어와 같은 역할을 발휘했다고 볼 수 있다. 요컨대 두 언어의 접촉과 간섭과정 사이에는 저항이라는 또 하나의 단계가 개입되어 있었다는 뜻이다.

그 구체적 실상은 일본어 會話학습서인 鄭雲復의 저술, 『獨習日語正則』(廣學書舖, 1907)의 日·韓 對譯방식에서 찾을 수 있다. 이로써 전통적인 국어의 한자어나 일반 고유어의 경우,

---

1) 본고의 '接觸'(contact)이나 '干涉'(interference)이라는 용어는 Weinreich, U.(1953)에서 나왔는데, 차용과 징이나 단계를 설명하는 데 효율적인 듯하여 빌려쓴 것이다. 다만, Weinreich의 언어접촉은 주로 이중언어 사용자에게 나타나는 직접적 간섭, 곧 음성·음운론적 간섭이나 형태·통사론적 간섭이라는 뜻으로 쓰인 바 있으나, 본고에서는 그보다 훨씬 넓은 간접적 간섭, 곧 문자상의 차용까지를 동시에 나타낸다.

일본어의 간섭에 따라 일방적으로 밀리기만 한 것은 아니었음을 알 수 있다.

이에 일본어의 간섭에 저항을 보인 전통적 국어의 실상을 잠시 살펴보도록 하겠다. 국어의 저항은 다양한 층위에 나타나지만 본고에서는 그중 세 가지 유형을 뽑아 보기로 한다. 일본어를 기준으로 삼을 때 音讀한자어, 訓讀한자어, 接辭用 漢字形態素에 각기 나타나는 국어의 저항이 그것이다. 그 실상은 다음과 같다.

1. 音讀 漢字語에 대한 抵抗

현대국어라면 다음에 나타나는 일본어는 어형상으로나 의미상으로 국어에도 자연스럽게 쓰일 수 있는 단어들이다. 그러나 이들은 『獨習日語正則』(1907)의 국어 대역문에 일본어와는 다른 어형으로 나타난다. 이들은 한동안 일본어에 저항했던 국어의 전통적 한자어나 고유어들로 이해될 수 있다. 앞쪽이 일본어, 뒤쪽이 국어를 나타낸다.

(1) 缺勤/缺席. 一日モ 缺勤シタコトガ アリマセンカラ/호로라도 缺席혼일이 업스니(70하단).[2] 한편, 일본어 '欠席'에 국어 '缺席'으로 대응된 경우도 있다. '결석'의 '결-'에 대한 한자표기가 일본어와 국어에서 서로 다른 점이 주목된다. 欠席/缺席 (141상단).

(2) 景氣/시세. コノ頃商賣ノ景氣ハ 全ク詰リマセン/이사이 쟝사시셰는 아조 볼것 업습니다(181상단-하단). 이에 대하여 일본어 '不景氣'는 국어 대역문에 '時勢, 시셰(가) 없다'로 나타난다. 不景氣デゴザイマス/時勢가 업습니다(158상단), 不景氣デス/시셰업습니다(173하단).

(3) 計畫/計策. ドウイウ計畫ヲ 立テテ 宜イカ 判リマセヌ/엇던計策을 셰우('워'의 잘못)야 됴흘는지 알슈업소(109하단). 한편, 일본어 '計畫スル'가 국어 대역문에는 '經營ㅎ-'로 나타나기도 한다. 農業ヲ 計畫スル 積デ/農業을 經營홀터인故로 (185상단).

(4) 拷問/刑訊. 警察署デ 罪人ヲ 拷問スルハ 酷イデス/警察署에셔 罪人을 刑訊ㅎ 는것슨 殘酷ㅎ오(132상단).

(5) 交際/相從, 交接. 相變ハラズ 御交際ヲ御願ヒ申シマス/종종 相從ㅎ시기 바른

---

2) 여기서는 일본어 '缺勤'에 대한 번역어로 국어 '缺席'이 쓰이고 있으므로 당시에는 두 단어간에 동의관계가 성립했던 것으로 볼 수 있다. 그러나 현대국어의 '缺勤'과 '缺席'은 동의어가 아니다. '缺勤'에 대한 반의어는 '出勤'이나 '缺席'에 대한 반의어는 '出席'이기 때문이다.

옵니다(42하단), 日本語ヲ 硏究シテモ 始終日本人ト 交際セ子バ 言葉ガ 進ミ
マセヌ/日本말을 工夫ㅎ야도 항상 日本사룸과 相從을 아니ㅎ면 말이 늘지아니ㅎ
옵니다(154상단-하단). 다만, 日本語 '交際'가 국어 대역문에서는 '交接'으로 나타
나기도 한다. 外國人ト 始終交際シテ井ルカラ/外國人과 항상交接ㅎ니(77하
단). 어느 경우에나 일본어 '交際'는 국어에 수용되기 어려운 단어였음을 보여준
다.3)

(6) 購讀者/購覽者. 本社ノ新聞ハ 大イニ 好評ヲ 得マシタカラ 購讀者ガ 日ヲ逐
フテ 增加致シマス/本社新聞은 크게소문이 낫으니購覽者가逐日增加ㅎ옵('니다'
의 訛脫이 있는 듯)(56하단).

(7) 金融/錢政. 金融ガ 餘程 切迫シテ 居リマス/錢政이 大端히 貴ㅎ옵니다(159하
단), 近頃 金融ハ ドウデスカ/이사이 錢政은 엇더ㅎ오닛가(171하단), 金融ガ 切
迫デ 商賣人ハ 非常ニ 困ツテ 居マス/錢政이 極難ㅎ여 商賈들이 非常히 민망ㅎ
게 지닉옵니다(172상단), 金融ガ 切迫テ(デ의 잘못인 듯) 物價ガ 俄ニ 下落シマ
シタ/錢政이 極難ㅎ야 物價가 갑작이 써러젓습니다(180하단).

(8) 當選/被薦. 衆議院ノ議員ニ 當選シマシタ/衆議院議員에 被薦되엿습니다(111
상단).

(9) 道具/器具. 古イ 道具等ヲ 賣リマス/넷적 器具等屬을 파옵니다(183상단), 護身
ノ道具トシテ/護身ㅎᄂ 器具로(242상단), 凡ノ道具ノ配置ハ/온갓器具의配置
ᄂ(244상단-하단). 단, '汁物'로 대역된 경우도 있다. 家ノ道具ガ 多ウゴザイマス
/家用汁物이 만습니다(239하단).

(10) 配達夫/分傳人. 配達夫ハ 方方 廻リナガラ 新聞ヲ 配リマス/分傳人은 各處로
도라든기면서 新聞을 分傳ㅎ옵니다(260하단).4)

(11) 負債/빗. 山口ハ 負債ガ 澤山出來テ 逃タサウデス/山口ᄂ 빗을 만히 져서 逃亡
ㅎ얏답데다(173상단).

(12) 不具/癈人. 不具ニ ナツテ仕舞ヒマシタ/癈人이되고 마럿습니다(208하단-209
상단).

(13) 費用/經費, 浮費. コノ學校ハ 費用ガ 續カナイカラ/이學校ᄂ 經費가 不足ㅎ니
(152상단-하), 費用ガ 易ク 成リナリマセウ/浮費가 들 들겟소(175하단).

(14) 非常ニ/非常히(62상단, 172상단, 227하단-228상단, 247상단), 非常이(101하단).
'非常'은 본래 전통적 한자어인데다가, 『한불』에는 '비샹ㅎ다 非常', 『한영』에도 '비
샹ㅎ다 非常. See 비범ㅎ다'처럼 나타나기 때문에, 그 부사형 '非常히/이'가 국어에
쓰일 수 있었음은 당연한 일이다. 다만, 일본어 '非常ニ'가 국어로는 '大段히(51하

---

3) 그 대신, '交際'가 일본어 '付合フ[tuki-ahu]'의 대역어로 국어에 쓰인 사례가 나오기도 한다. ソノ人トハ
未ダ 付合ツテ[tuki-aq-te] 見タコトガアリマセン/그스룸과ᄂ 아즉 交際ㅎ야본일이업습니다(65하단).
'交際'가 국어에 수용되기 시작한 모습을 보여주는 사례가 아닐까 한다.

4) 같은 예문의 동사 配リマス/分傳ㅎ옵니다(260하단)로 볼 때에도 일본어 '配る'[kubaru](나누어 주다, 배포
하다, 배달하다)를 국어에서는 '分傳'이라는 어형으로 번역하고 있음을 알 수 있다.

단, 153상단), 大端히(145하단), 딕단히(62하단, 196하단, 210하단), 대돈히(246
상단), 대단히(249하단)'로, 일본어 '非常ナ'가 국어로는 '大段ᄒ(26상단-하단)'처
럼 대역된 사례도 있기 때문에, 일본어 '非常ニ'에 대응되는 국어는 '非常히'보다
오히려 '대단히'가 자연스러웠던 것으로 추정된다.

(15) 相談/相議, 論議. 今急ニ 相談スルコトガ アリマスカラ/지금急히相議ᄒ일이잇
슨니(70상단), 家ヲ建テルカラ 大工樣ニ 幾 カカルカ相談シテ 見テ 下サイ/집
을 짓겟스니 木手의게 얼마나 들지 相議ᄒ야 보아 주시오(188상단), 相談ガ 未ダ
纏リマセンカラ/議論이 아직 合一치못ᄒ니(72상단).

(16) 上陸/下陸. 乘組員ハ 皆 無事ニ 上陸シマシタ/船人은 다 無事히 下陸ᄒ얏습니
다(255상단).

(17) 洗濯/쌸늬. 爺ハ山ヘ柴苅ニ 婆ハ 川ヘ洗濯ニ各各 出テ 往キマシタ/녕감은 뫼
에 나무뷔러 로파ᄂ 뇌에 쌸늬ᄒ러 각각 나ᄀ습니다(39하단).

(18) 小作人/作人, 半作人. 地主ト 小作人トノ間ニ 利益分配ハ/田主와 作人間의
利益分排ᄂ(184하단), 朝鮮ニハ田地ヲ持ツテ居ルモノガ 小作人ヲ置イテ 收
穫物ノ半分ヲ 納サセマス/朝鮮셔ᄂ 田地를 가진者가 半作人을 두고 收穫物의
折半을 打作ᄒ옵니다(186하단).

(19) 始末/경위, 結尾. 斯云フ始末デハ 時時苦情ガ 起ルカラ/이러ᄒ경위면 미양 난
쳐흘일이싱길터이니(62상단), 當局者間ニ 色色議論ガ 起リマシテ 未ダ 始末ガ
ツキマセヌ/當局者間에 各色議論이 니러나셔 아직 結尾가안낫소(113상단).

(20) 失策/낭픽. 前後ヲ 顧ズ 無闇ニ 遣ツタカラ 實際失策ヂヤ/前後를 不顧ᄒ고 함
부로ᄒ엿스니 참 낭픽로다(80상단). 일본어 '失策'은 바로 다음의 (45)에 나타나는
일본어 '失敗'와 함께 국어로는 '낭픽'로 대역되었음을 보여준다.

(21) 失敗/達敗, 良貝,[5] 랑픽. 앞에서 본대로 일본어 '失敗'가 국어에 그대로 쓰인 경우
는 단 한 번에 그쳤을 뿐, 나머지는 모두 일본어와 다른 어형으로 나타난다. 儲ガ
少イ代リニ 失敗[siqpai]ガナイデセウ/남ᄂ거시 적은듸신에 達敗가 업지오(158
하단). 世間ノ 事ヲ 誤解シテヲルカラ 事每ニ 失敗[sikuzi]リマス/世間事를 誤
解ᄒ닛가 每事를良貝ᄒ오(81하단), 商賣ニ 失敗[siqpai]シテ 身代限迄致シマシ
タ/쟝사에 良貝ᄒ여셔 판셰음ᄉ지ᄒ엿습니다(174하단).[6] 商賣ニ 失敗[siqpai]致

---

5) 이 단어의 경우, 『한불ᄌ뎐』에 '낭픽되다 狼敗'로 나타나나, 『한영』에는 표제어로 나타나지 않는다. '낭픽'에
대한 『한불ᄌ뎐』의 한자표기가 현대국어의 '狼狽'와는 다르나, 그 뜻은 '失敗'와 같았던 것으로 보인다. 표제
어 '실픽ᄒ다 失敗'에 'faire un 낭픽'라는 풀이가 추가되어 있기 때문이다. 한편, 『獨習日語正則』에 나타나
는 특이한 한자표기 '良貝'(또 다른 어형 '랑픽'는 '良貝'의 발음에서 나온 듯하다)의 유래에 대해서는 알
길이 없으나, 어원적으로는 전통적 한자어 '狼狽'로 소급될 것이다.

6) 다만, 똑같은 문장의 '失敗'가 국어에 그대로 옮겨진 경우도 있다. 商賣ニ 失敗シテ 身代限迄 致シマシタ/
쟝사에 失敗ᄒ고 판셰음ᄉ지 ᄒ엿습니다(180상단). 이 때의 국어에 나타나는 '失敗'는 일본어에서 차용된
것으로 해석된다. 그런데, 『한불ᄌ뎐』에는 '실픽ᄒ다 失敗'가 '낭픽'와 동의어로 풀이되어 있을 뿐만 아니라,
한자표기는 다르나 『한영ᄌ뎐』에도 '실패ᄒ다 失牌'가 나타나기 때문에 '失敗'를 일본어라고 단정할 수는 없
다. 그러나 일본어 '失敗'가 국어에서는 오히려 '達敗, 良貝, 랑픽' 등으로 대역되는 일이 많았다는 사실은

シマシタカラ/장사에 랑픽ᄒᆞ얏스니(178하단). '失敗'는 일본어에서 音讀되기도 하고 訓讀되기도 하는데, 어느 경우건 국어에서는 보통 다른 어형으로 대역된 것이다. 일본어의 '失敗'가 국어에서는 오히려 '失敗'가 아닌 '逢敗, 良貝, 랑픽'로 더 많이 대역되었다는 사실은 중요한 의미를 가진다. 왜냐하면 일본어 '失敗'의 대역어로 쓰인 '逢敗, 良貝, 랑픽'는 일본어의 간섭에 한동안 저항했던 국어의 전통적 단어들이기 때문이다. 요컨대 일본어에서 비롯된 것으로 보이는 '失敗'가 국어에 정착된 것은 그후의 일일 것이다. 한편, 일본어에 나타나는 훈독 한자어 '狼狽[urotahe]'에 대해서는 '慌忙'이라는 국어 대역이 나타난다. 狼狽デ ドウスルコトヲ 知ラナイデス/慌忙ᄒᆞ야 엇지홀줄을 아지못ᄒᆞ오(52상단).

(22) 案內/引導. ドウカ 御案內ヲ 願ヒマス/아모죠록 引導ᄒᆞ시기를 바라옵니다(47하단).

(23) 愛嬌/嬌態. 奇麗ニ 化粧シタカラ 愛嬌ガアリマス/곱게 단장ᄒᆞ얏스니 嬌態가 잇습니다(38상단).

(24) 年末/歲末. 年末ニ ナツタカラ 各商店ノ 勘定ヲ セ子バナリマセン/歲末이 되엿스니 各商店의 셰음을 아니ᄒᆞ면안되겟소(177하단), 年末ニハ 商賣人ガ 金錢ヲ 悉皆取立ルニ 極デ('テ'의 잘못인 듯) 繁忙デス/歲末에ᄂᆞᆫ 쟝사ᄒᆞᄂᆞᆫ 스름이 金錢을 다 收合ᄒᆞᄂᆞᆫᄃᆡ 極히 奔忙ᄒᆞ오(179하단-180상단). 다음에 나타나는 (59)의 '月末'에 대해서도 국어 대역에는 '月終'이 쓰이고 있어 현대 국어와는 다른 모습을 보이고 있다.

(25) 外出/出入. 祖父ハ 今年八十五歲ニナリマスガ 自由ニ 外出モ 出來マセンデス/祖父ᄂᆞᆫ 今年八十五歲가 되ᄂᆞᆫᄃᆡ 任意로 出入도 못ᄒᆞ옵니다(33하단-34상단, 246상단).

(26) 料理/飮食. 앞에서 본대로 일본어 '料理'가 국어에 그대로 쓰인 경우는 한 두 번뿐이고 나머지는 거의 '飮食'이라는 대역으로 나타난다. 料理ヲ 拵ヘル 方法ヲ/飮食 민드ᄂᆞᆫ法을(223상단), 日本料理ハ 淡泊シテ 好イデス/日本飮食은 淡泊ᄒᆞ여 됴ᄉᆞ외다(224하단), コノ料理ヲ/이飮食을(226상단), コノ料理ハ/이飮食은(234상단), 洋食ニハ/洋料理ᄂᆞᆫ(242상단). 결국, 일본어 '料理'의 대역어로 쓰인 '飮食'은 일본어의 간섭에 한동안 저항했던 전통적 국어단어 중의 하나라고 할 수 있다. 요컨대 일본어에서 비롯된 '料理'가 국어에 정착된 것은 그후의 일일 것이다. 단, '飮食店'(227상단)은 두 언어에 공통으로 나타나며, '料理屋/料理業'(177하단)으로 대역된 경우도 있다. 한편, 『한불』에는 '뇨리 科('料'의 잘못)理 Compter et gouverner. ‖Supputer la gain. Revenu; gain; manière de gagner sa vie', 『한영』에도 '료리ᄒᆞ다 料理 Food; fare. See 음식, 료리ᄒᆞ다 料理 To manage; to control; to put in order'가 나타나지만 그 사이에는 의미변화가 있었음을 보여준다. 『한불』에는 '음식을 조리한다'는 뜻이 없었는데, 『한영』에 와서는 '음식'이라는 새로운 뜻이 추가되었

일본어에서 비롯된 '失敗'가 당시의 국어단어로는 자연스러운 존재가 아니었음을 말해준다.

음을 보여주기 때문이다. '料理'의 의미변화에 대해서는 宋敏(2000) 참조.

(27) 運搬/移運. コノ荷物ヲ 荷車デ 運搬スレバ/이짐을 구루마로 移運ㅎ면(175하단).

(28) 運賃/運送ㅎㄴ浮費. 運賃ガ 餘計ニ 掛リマス/運送ㅎㄴ浮費가 더 드옵니다(160상단).

(29) 運轉/運用. 資本ノ 運轉ガ 利キマスカラ/資本의運用을 마음딕로 ㅎ닛가(159상단).

(30) 月末/月終. 御得意ノ 御方ニハ 勘定ヲ 月末ニ 戴キマス/단골兩班의게ㄴ 細音을 月終에밧습니다(164상단), 月末ニハ 必ズ 勘定致シマス/月終에ㄴ 期於히 셰음 ㅎ옵니다(173상단).

(31) 流行スル/時體로 닙다, 時體다. 近頃ハ 日本ノ絹物モ 流行[ryukau]シマス/近來ㄴ 日本絹屬도 時體로 입습니다(161하단), 近頃ハ 縞ガ 流行[ryukau]シマス/近來ㄴ 줄잇ㄴ 것이 時體올시다(166하단). 다만, '流行[haya]ル/셩ㅎ다'와 같은 대응을 보일 때도 있다. 夏ニナルト 田舍ノ方デハ 蚊遣ガ非常ニ 流行マス/녀름('름'의 잘못)이되면 村落에셔ㄴ 모긔볼('불'의 잘못)이 비샹이셩ㅎ옵니다(89상단).

(32) 意匠/心巧. コノ畵ハ 餘程 意匠[isyou]ヲ 凝シテ井マス/이그림은 미오 心巧가 드럿습니다(263하단).[7]

(33) 利子/利息, 邊利. 利子ガ 高ク ナッテ 返濟ガ ナカナカ 難クナリマシタ/利息이 만하져셔 돈갑기가 아죠어렵게 되엿습니다(174상단), 利子ノ高イノニハ 實ニ 閉口デス/邊利가 빗싼것은 춤 긔막혀('히'의 잘못인 듯)오(181상단).

(34) 一切ノ/왼갓. 米ノ外 一切ノ食料品モ/쓸밧게ㄴ 왼갓食料品이(161상단).

(35) 一割/拾一條. 折角 然オッシヤイマスカラ 一割ヲ 引キマセウ/못처럼 그러케 말솜ㅎ시니 拾一條[8]減ㅎ겟습니다(163하단). 二割/十分之二. 今年ハ 豊年デスカラ 例年ノ收穫高ニ 較ベテ 見マスレバ 二割程 增加致シマシタ/今年은 豊年이니 平年收穫額에 比ㅎ여보면 十分之二가 增加ㅎ얏습니다(186상단). 이로써 십분률을 나타내는 일본어 한자형태소 '-割'은 당시까지의 국어에 차용되지 않았음을 보여준다.

(36) 賃銀[9]/雇價. 賃銀ハ一日 幾位デセウカ/雇價ㄴ 一日에 얼마나 되오릿가(184하단).

(37) 自由-/任意-, 임의. 洋服ヲ 着レバ 體ガ 窮屈デ 自由ニ ナリマセン/洋服을 입으면 몸이 거복ㅎ여셔 任意롭지 안소(221상단), 祖父ハ 今年八十五歲ニナリマスガ 自由ニ 外出モ 出來マセンデス/祖父ㄴ 今年八十五歲가 되ㄴ딕 任意로 出

---

7) '意匠'의 본래 의미는 '착상, 깊이 생각함'이었으나 명치시대에 영어 design의 역어가 되어 '장식적 고안, 취향'의 의미로 바뀌었다(惣鄕正明·飛田良文 1986:13).

8) 이 때의 '十一條'는 문자 그대로 '10분의 1'을 나타낸다. 그러나 현대 국어에서는 '십일조'가 기독교에서 '수입의 십분의 일을 교회에 바치는 것'이란 뜻으로만 쓰이고 있다. 따라서 용례에 나타나는 당시의 의미는 현대 국어와 다르다. 다만, 그 한자 표기는 '十一租'가 옳으나 '十一條'로 표기되더라도 같은 뜻으로 통한다.

9) 일본어 '賃銀'은 '賃金'으로도 표기되는데 현대국어에 쓰이고 있는 '임금'은 '賃金' 쪽을 차용한 결과라고 할 수 있다. 한편, 『獨習日語正則』에는 일본어 '賃金'도 나타난다. 이에 대한 국어 대역도 '賃金'이다. 京義線ノ 賃金モ 愈々 安クナルサウデス/京義線의 賃金도 츠츠 싸진다지오(256상단). 다만, 이 때의 '賃金'은 '車費'라는 뜻이다.

入도 못ᄒ옵니다(33하단-34상단), 官署ニ 使ハレルヨリモ 私人團體ノ方へ 使
ハレル方ガ 樂デ 體ガ 自由デス/官廳에서 벼슬ᄒᄂᆫ것보담 私人團體에서 從事
ᄒᄂᆫ것이 편안ᄒ고 임의럽소(97상단). 한편, 言葉ガ 分ラナクツテ 万事不自由デ
ス/말을 몰나셔 萬事가不便ᄒ니(65하단), 日本ノ着物ハ 袖ガ 廣クテ 運動スル
ニハ 不自由デス/日本옷은 소ᄆᆡ가 넓어셔 運動ᄒᄂᆫ듸ᄂᆫ 不便ᄒ오(221하단)처
럼 일본어 '不自由'에 대해서는 '不便'으로 번역되어 있다. 造語用 한자형태소 '不-'
의 대역에 대해서는 宋敏(2002) 참조. 한편, '任意'는 勝手ナ/任意의(59상단), 御
隨意ニ/任意로(75하단)와 같은 대역어로 쓰이기도 하였다.

(38) 帳簿/置簿. 後デ 公ノ 帳簿ト 引合セテ 見マセウ/잇다가 당신의置簿와 맛추아
    보옵시다(173하단), コノ帳簿ヲ 見テ 精筭シテ 下サイ/이치부를 보고 精筭ᄒ야
    주시오(182상단). 한편, '帳面/치부'와 같은 대역도 나타난다. 今ハ持合セガ ナイ
    カラ 帳面ニ 付ケテ置イテ 呉レヌカ/지금은 가진 돈이 업스니 치부에 달어 두게
    (181하단).

(39) 抵當/典當. 確ナル抵當物ガ 無ケレバ 貸シマセン/確實ᄒ 典物이 업스면 放債
    아니ᄒᆸ니다(159하단), 家ヲ 抵當ニ 入レテ 金ヲ 借リタ 處ガ/집을 典當 잡히고
    돈을 썻더니(174상단).10) 한편, 抵當物/典物, 典當物과 같은 대역도 나타난다. 確
    ナル抵當物ガ 無ケレバ/確實ᄒ 典物이 업스면(159하단), 抵當物/典當物. 家券
    地券抔ガ 抵當物ニ成リマス/家券 地券又흔거시 典當物이 되옵니다(159하단
    -160상단).

(40) 株金/股金. 株金ハ 一株ニ 幾何デスカ/股金은 一股에 얼마오닛가(168하단). 또
    한, 數量詞로서의 '-株' 역시 국어에서는 '-股'로 대역되었다. 一株/一股(168하단,
    169상단), 三四十株/三四十股(170하단), 七八千株/七八千股(171단).11)

(41) 注文/맛초-, 긔별ᄒ-. 앞에서 본대로 일본어 '注文'은 국어에 단 한번 그대로 쓰였
    을 뿐 나머지는 모두 다르게 대역되었다. 活字ガ 足ラナケレバ 江川活字製作所
    ニ ゴ注文ナサイ/活字가 不足ᄒ면 江川活字製作所에 맛초시오(176상단), 仕立
    ヲ 上手ニスル 所へ 注文シテ下サイ/바느질 잘ᄒᄂᆫ듸 맛초어 주시오(215하단),
    色々ナ菓子ヲ 注文シテ 來イ/各色菓子를 맛초어오ᄂᆞ라(228하단), 東京ニ 注文
    シタ 品物ガ 未ダ 參リマセンガ ドウイフ譯デセウ/東京에 긔별홀('흔'의 잘못
    인 듯)物品이 아직도 오지안이ᄒ니 엇지된 ᄉᆡ닭인지오(181하단). 결국, 일본어 '注
    文'의 대역어로 쓰인 '맛초-, 긔별ᄒ-'는 일본어의 간섭에 한동안 저항했던 전통적
    국어단어의 또 다른 사례가 된다. 요는 일본어에서 비롯된 '注文'이 국어에 정착된

---

10) 다만, 일본어 '質'도 국어에서는 '典當'으로 대응된다. 質/典當. 時計ヲ 質ニ入レテ 酒ヲ飮ム奴ガ アルカ
   /時計를 典當잡혀서 술을먹ᄂᆫ단말이냐(78상단), 質屋/典當局. 韓國ニ 來タ日本人ハ 質屋ヲ 設ケタ 者
   ガ 多イデス/韓國에 온 日本사람은 典當局을 設立흔者가 만습니다(174상단-하단).
11) 이처럼 수량사로서의 한자형태소 '株'는 국어에 나타나지 않으나 株式/株式(168하단), 株式會社/株式會
   社(177하단), 株券/株式券(159하단-160상단)과 같은 대역에서는 국어에도 '株式'이 나타난다. 수량사로서
   의 '-株'에 대해서는 宋敏(2002), 또는 다음에 나올 接辭用 한자형태소에 대한 저항 '-株' 항목 참조.

것은 그후의 일일 것이다.

(42) 注意/操心, 조심. コノ江ハ 淺イ處ト 深イ處ガアリマスカラ 注意シテ 渡ツテ 御出ナサイ/이江은 엿흔곳과 깁흔곳이 잇스니 操心ᄒ여 건너 가시오(23상단), 此 頃ハ 僞造物ガ 多イデスカラ 御注意ナサイマセ/近日은 僞造物이 만흐니 操心 ᄒ시오(173하단-174상단), 反物ヲ 裁チマス時ニハ 寸法ト 違ハヌ樣ニ 注意シ テ 下サイ/衣服次을('를'의 잘못) 마를쎠에 見樣과 틀니지안케 操心ᄒ여 주시오 (215상단-하단), 斯云フ始末デハ 時時苦情ガ 起ルカラ 以後注意セ子バ イケ ナイヨ/이러ᄒ경우면 미양 난쳐흔일이싱길터이니 以後조심ᄒ지아니ᄒ면 안되겟네 (62상단), 執務ノ時間ニ 喫烟ヲ 禁ズルト云フ 張紙ガ シテアルカラ 注意シナ サイ/執務ᄒᄂᆞᆫ時間에 吸烟을 禁흔다ᄂᆞᆫ 告示가 잇스니 조심ᄒ시오(78하단).12) 일 본어 '注意'는 한번도 국어에 나타나지 않음이 주목된다.

(43) 遲刻シチヤ/늦게가셔는. 遲刻シチヤ 可マセン/늦게가셔는 못쓰겟소(137하단). 이때의 '遲刻'은 '학교에 늦는다'는 뜻이다.

(44) 職工/工匠. 私ノ店ニハ 職工ガ 皆 東京カラ 來テ 居リマス/우리뎐에는 工匠이 다 東京셔 와잇습니다(166하단).

(45) 眞相/實狀. 其眞相ニ 立チ入ツテ 見ルト 丸デ 違ヒマス/其實狀을 키여본즉 아 조다르옵니다(76하단).

(46) 請求書/請願書. コノ請求書ニ 正當ナ理由ヲ 說明シテ 提出スルヤウニ 言ヒ 付ケテ 下サイ/이請願書에 正當흔 理由를 說明ᄒ야 提出ᄒ게 말ᄒ야 주시오 (75상단-하단).

(47) 滯在/逗留. 先日 渡韓シタ 米國有名ナ 博士ハ 二ケ月間京城ニ 滯在スルサウ デス/日前渡韓흔 米國有名흔博士는二個月間 서울셔 逗留흔다ᄒ오(71상단).13)

(48) 推測/斟酌. 支配人ハ 未定デスガ 多分國友タ(ダ의 잘못인 듯)ロウト 推測シマ ス/支配人은 未定ᄒ얏스나 아마 國友인줄노 斟酌합니다(171상단).

(49) 出勤/仕進. 來月カラハ 隔日ニ出勤スルサウダカラ/來月브터는 ᄒ로걸너 仕進 흔다ᄒ니(89상단), 每日午前十時頃出勤致シマス/每日午前열점씀 仕進ᄒ옵니 다(91상단), 每日遲ク 出勤スレバ 事務上ニ 差支ガアルカラ/每日늦게 仕進ᄒ 면 事務上에妨害가되니(101상단).

(50) 親切-/多情-. アノ御方ハ 何時モ 親切ニシテ吳レマス/져량반은 언제든지 多情 시럽게구옵니다(71하단).14)

(51) 品行/行實, 힝실, 行爲. 品行ノ惡イ 者ハ 酷ク誠メテ下サイ/行實이 스나온놈

---

12) 반면, 국어의 '操心'은 일본어 '用心'의 대역어로 쓰인 경우도 있다. 氣候ノ變目デスカラ 御用心ナサイ/換 節되는쎠오니操心ᄒ시오(43상단). 일본어의 경우 '用心'과 '注意'는 동의어에 속한다.

13) 이 '逗留'는 본래 '逗遛'로 표기되었다. 실제로 『龍飛御天歌』에는 "逗遛 謂軍行頓止 稽留不進也"(권四 20뒤, 제24장 註), 『한불』에는 '두류ᄒ다 逗遛', 『한영』에도 '두류ᄒ다 逗遛'로 나타난다.

14) '親切'은 『한불』에 나타나기 때문에 전통적 한자어라고 할 수 있으나, 위의 대역으로 판단할 때 일본어 '親 切'에 대응되는 국어단어로서는 '親切'보다 오히려 '多情'이 의미상 자연스러웠던 것으로 보인다.

은 嚴히경계ᄒ야주시오(52상단), 品行ノ 惡イ 生徒ニハ 退學ヲ 命ジマス/힝실
이 사나온 生徒에게ᄂ 退學을 命ᄒ옵니다(152하단), 品行ガ 惡ケレバ 大イニ 叱
ツテ下サイ/行爲가不正ᄒ면 크게 ᄭ지져 주시오(73상단).

(52) 必要-/必要-, 所用, 要緊-, 요긴-. コンナニ寒イ 處ニハ 溫突モ必要デス/이런치
운ᄭᆺ('곳'의 잘못)에ᄂ 溫突도 必要ᄒ오(44하단-45상단), 人民ガ ナケレバ 政府
ヲ 設ル必要ガ アリマセヌ/人民이업스면 政府를 設立ᄒ을必要가 업습니다(97하
단). 한편, 必要ナラ/所用이되면. 是非 必要ナラ 調ベテ 上ゲマセウ/不可不所
用이되면 調査ᄒ야 드리리다(78상단). 단, 必要/要緊, 요긴. 木ハ 家ヲ 造タリ 色
ナ 道具ヲ 拵エルニハ 一番 必要ナモノデス/나모ᄂ 집을 짓던지 各色 器具를
ᄆᆫ드ᄂᄃᆡᄂ 第一 要緊ᄒᆫ것이오(238상단), 新聞雜紙ハ 人ノ智識ヲ 發達サセル
ニ 必要ナモノデス/新聞雜誌ᄂ 사ᄅᆷ의 智識을 發達케ᄒᄂᄃᆡ 要緊ᄒᆫ것이오
(267상단), 鐵ハ 凡ノ器械ヤ 道具ヲ 拵ヘルノニ 必要ナモノデス/鐵은온갓器
械와 器具를 ᄆᆫ드ᄂᄃᆡ 요긴ᄒᆫ것이오(204상단), 鐵道ハ 通商機關デ 一番 必要ナ
モノデスカラ/鐵道ᄂ 通商機關으로 第一 요긴ᄒᆫ것이오니(252상단), 必要ナ 處
ハ 見易イ 樣ニ 朱デ 標ヲ 付ケテ 置キナサイ/요긴ᄒᆫᄃᆡᄂ 보기쉽게 朱墨으로 標
를 ᄒ여두시오(266하단). 이처럼 일본어 '必要-'가 국어에서는 오히려 '要緊-, 요긴
-'으로 더 자주 나타난다. 그만큼 '必要-'라는 어형이 당시의 국어로는 아무래도 부
자연스러웠던 것이 아닌가 생각된다.

(53) 玄關/마루. 日本ノ婦人ハ 御客樣ガ 見エルト 玄關マデ 出迎マス/日本婦人은
손님이 오시면 마루ᄭᆞ지 나와영접ᄒ옵니다(37상단).

(54) 現金/卽錢, 直錢. 現金デナケレバ 買ヘマセン/卽錢이 아니면 실('살'의 잘못)슈
업소(167하단). 何卒現金ヲ 御願ヒ申シマス/아모죠록 直錢을 ᄂᆡ시오(170상단),
私ノ店デハ 現金ヂヤナケレバ 賣リマセヌ/ᄂᆡ전에서ᄂ 直錢이아니면 팔지안소
(179상단).

(55) 化粧/단장. アノ女ハ 白粉ヲ 付ケテ 奇麗ニ 化粧シタカラ 愛嬌ガアリマス/뎌
계집은 粉을 발나 곱게 단장ᄒ얏스니 嬌態가 잇습니다(38상단).

(56) 患者/病人. 病院デハ 凡ノ患者ヲ 收容シテ 治療サセマス/病院에서ᄂ 왼ᄭᆺ 病
人을 收容ᄒ야 治療식히옵니다(247하단).

(57) 希望/所望. 希望ノ通ニ 世話シテ下サイ/所望ᄃᆡ로 周旋ᄒ야주시오(58상단).

이 중에서도 특히, '拷問/刑訊, 交際/相從 또는 交接, 金融/錢政, 當選/被薦, 道具/器具, 物
品/物貨, 配達夫/分傳人, 費用/浮費, 非常-/ᄃᆡ단히 또는 非常히, 相談/相議 또는 論議, 洗濯/
ᄲᆯᄂᆡ, 小作人/作人 또는 半作人, 失敗/逢敗 또는 良貝 또는 랑픽 또는 失敗, 案內/引導, 營業
/生涯, 外出/出入, 料理/飮食 또는 料理, 流行-/時體로 ᄂᆡ다 또는 時體다 또는 성ᄒ다, 自由-/
任意-, 注文/맛초- 또는 긔별ᄒ- 또는 注文, 注意/操心, 또는 조심, 滯在/逗留, 出願/請願. 品

行/行實 또는 힝실, 必要-/所用 또는 要緊- 또는 必要-, 玄關/마루,[15] 現金/卽錢 또는 直錢, 化粧/단장, 希望/所望과 같은 대역은 주목되는 존재들이다. 여기에는 국어의 전통적 한자어나 고유어 또는 신조어도 포함되어 있기 때문이다. 더구나 일본어 '交際, 非常-, 失敗, 料理, 注文-, 必要-'는 어쩌다 한두 번 아니면 몇 번 정도 국어에 쓰인 일이 있을 뿐, 상대적으로는 훨씬 적게 나타나며, 일본어 '自由-, 流行-, 注意'는 아예 국어에 나타나지도 않는다. 이로써 이들이 국어에 간섭을 일으킨 과정에도 단계가 있었음을 알 수 있다. 현대국어를 기준으로 할 때 위에 예시된 일본어의 대부분은 결국 개화기 이후의 국어에 수용되었으나, 한동안 저항을 보였던 전통적 국어단어들은 그후 입지가 매우 허약해지거나 소멸의 길로 접어들었다고 추정된다.

다음에 보이는 일본어도 현대국어에서는 거의 대부분이 그대로 국어단어처럼 쓰일 수 있는 것들이다. 그러나 『獨習日語正則』(1907)에서는 이들 일본어도 전통적 국어단어로 대역되고 있어 국어의 저항이 광범한 영역에 걸쳐 있었음을 보이고 있다. 그 실상의 일부를 가나다 순으로 들어 보이면 다음과 같다. 예문은 필요하다고 생각될 때에만 내세우기로 한다.

> (ㄱ행) 勘定/細音.[16] 御得意ノ 御方ニハ 勘定ヲ 月末ニ 戴キマス/단골兩班의게는 細音을 月終에밧습니다(164상단). 隔月ニ/흔 둘건너(57하단). 苦悶シテ/이쓰고(62하단-63상단). 故意ニ/부러(63상단). 工夫/計策(62하단). 罫紙/인찰지(265상단).[17] 機敏/敏捷(174하단). 期限マデハ/限定前에는(60하단). 喫烟/吸烟(78하단, 116상단).
>
> (ㄴ행) 落着/結尾(71상단). 內外/안팟. 男女合セテ 百人內外デセウ/男女合ㅎ여셔 百名안팟이지오(58상단-하단).
>
> (ㄷ행) 當分ノ間/흔동안(105하단).[18] 當時/近日(158상단). 當地/여긔(158하단). 當直/當番. 今晩ハ 誰ノ當直デスカ/오늘밤은 뉘當番이오닛가(69상단). 大名/諸侯. 大名ノ家ニハ/諸侯의집에는(37하단).[19] 大捷/勝戰(25하단-26상단).

---

15) 일본어 '玄關'이 국어에서 '마루'로 대역되었다는 사실은 주목된다. 한옥에는 '玄關'에 해당하는 구조가 없기 때문에 여기에 해당하는 말을 구태여 찾는다면 '마루'밖에 없기 때문이다.

16) '셰음'이라는 고유어를 한자어로 잘못 인식한 데서 나온 표기이다. 그러나 실제로는 '셰음(173상단, 177하단, 182상단)'처럼 올바르게 표기된 쪽이 오히려 더 많다.

17) 『한불』에는 '인찰 引箚'이라는 표제어에 'Trait dans une page de livre, encadrement en filet un livre'라는 풀이가 나타난다. 그러나 '인찰지'의 올바른 한자표기는 '印刷紙'일 것이다.

18) 현대 국어에는 '當分間'으로 나타난다.

19) '大名'은 일본의 고유 문화를 나타내는 단어인데 여기서는 '諸侯'로 번역되었다. 그러나, 독자적인 제도나 문물을 소개할 경우, 해당 단어를 번역하지 않고 간접화법식으로 인용하는 수도 있다. 가령, 日本ニハ 昔シ 大名ト云フ者ガアッテ 諸國ニ割據シテ居リマシタ/日本에는넷적에大名이라ㅎ는것이이셔諸國에割據 ㅎ야 이셧습니다(108상단), 馬ヲ御スル人ヲ 馬丁或ハ別當ト云ヒマス/말어거ㅎ는사름을 馬丁이나 別

盜難/盜賊(105하단). 途中デ/길에셔, 路上에셔. 阿部樣ニハ 先刻途中デ 逢ヒ マシタ/阿部公은 앗가 길에셔 맛낫습니다(48상단), 意外ニ 途中デ 出逢マシ タカラ/意外에 路上에셔 맛낫스니(48하단-49상단). 到着/왓스니. 荷物ガ 到着 シマシタカラ/짐이 왓스니(256상단).

(ㅁ행) 盲人/판슈(38상단). 明瞭/分明. 望遠鏡デ 見レバ 幾位遠クテモ 明瞭ニ見エ マス/望遠鏡으로 보면 아모리 멀드리도 分明히 보이웁니다(233상단). 謀叛/叛 逆(103상단). 木綿/白木, 綿花, 무명. 木綿 麻 紬類ノ外何モ アリマセン/白 木 布 綿紬等屬外에는 아모것도 업습니다(161하단), 米國産ノ木綿モ 適當デ アリマス/米國産의綿花도 適當ᄒ오(187상단), 木綿デ 着物ヲ 拵ヘレバ 丈夫 デス/무명으로 옷을 지으면 튼튼ᄒ오(216상단).20)

(ㅂ행) 繁昌/繁盛. 豊年ノ爲ニ 商況ハ 到ル處 繁昌デアリマス/豊年신닭에 商況은 到處에繁盛ᄒ오(182하단). 辨濟期間/勘報期限. 借金ノ 辨濟期間ガ 過ギタノ デ/債錢의 勘報期限이지늣스니(131하단). 報酬金/酬勞金(131상단). 普通/通 常에(249하단). 本給/本俸(126상단). 附近/近處(29상단).

(ㅅ행) 相場/時勢, 시세. 物品ノ 上場ヲ 見テ/物貨時勢를 보아셔(174하단), 大豆ノ上 場ハ ドウデスカ/콩시세는 엇더하오닛다(182상단). 旋風/廻風(21상단). 細工/ 手工(189하단). 燒失/燒盡(28하단). 始終/恒常(47상단), 항상(77상단, 77하 단, 246상단), ᄒ샹(79하단), 항상(154하단, 207하단). 室內ニ 汚穢物ガ アリ マスレバ/집안에 汚穢物이 잇스면(208상단-하단), 室內ヲ 奇麗ニ 掃除シテカ ラ 石炭酸デ 消毒シナサイ/집안을 씻긋ᄒ게 쓸고 石炭酸으로 消毒ᄒ시오(241 상단).

(ㅇ행) 安置/奉安. 日本カラ 佛像ガ 到着シマシテ 京城本願寺ニ 安置シマシタ/日 本셔 佛像이 到着ᄒ야 京城本願寺에 奉安ᄒ얏습니다(84하단-85상단), 御寺ニ ハ 佛像ヲ 安置シマス/절에는 부쳐님을 奉安ᄒ옵니다(93상단). 十時/열점. 每 日午前十時頃出勤致シマス/每日午前열점쯤 仕進ᄒ옵니다(91상단). 用心/操 心(43상단). 위에서 본 '注意/操心, 조심' 참조. 用意/準備. 豫メ 用意シテ 置 カナケレハ(バ의 잘못인 듯)ナリマセヌ/미리 準備ᄒ여 두지안으면 안되오(48 상단-하단).

(ㅈ행) 殘酷デ/끔씩ᄒ야셔(15상단). 切迫/貴ᄒ-, 極難ᄒ-. 金融ガ 餘程 切迫シテ 居 リマス/錢政이 大端히 貴ᄒ옵니다(159하단), 金融ガ 切迫デ 商賣人ハ 非常ニ 困ッテ 居マス/錢政이 極難ᄒ여 商賈들이 非常히 민망ᄒ게 지닌옵니다(172상 단), 金融ガ 切迫テ(デ의 잘못인 듯) 物價ガ 俄ニ 下落シマシタ/錢政이 極難

當이라 ᄒ옵니다(38하단), 韓國軍隊ノ下士ハ 日本軍隊ノ伍長トイフモノニ當ルデセウ/韓國軍隊의下 士는 日本軍隊의伍長이라 ᄒ는것과 相當ᄒ지오(121상단)의 국어대역문에 나타나는 '大名, 馬丁, 別當, 伍長' 등이 그러한 사례에 속한다. 이들은 차용어가 아니고, 타국의 제도나 문물을 소개하는 과정에서 자국 어에 일시적으로 쓰인 경우로서 훗날 차용어가 될 수 있는 잠재적 어형이라고 볼 수 있다.

20) 결국, 일본어 '木綿'에 대해서는 그때그때 '白木, 綿花, 무명'과 같은 국어가 대응되었던 셈이다.

ㅎ야 物價가 갑작이 써러젓습니다(180하단). 定刻ノ通リ/時間딕로. 皆樣ハ 定
刻ノ通リ 御出下サルコトヲ 御願ヒ申シマス/여러분은 時間딕로 오시기를 바
라옵니다(67상단-하단), 定刻ニ/定흔時間에. 宴會ノ招待狀ヲ 受ケマシタカ
ラ 定刻ニ行カ子バナリマセヌ/宴會의 招待狀을 바닷스니 定흔時間에 가야ㅎ
겟습니다(72상단), 持參シテ/가지고와셔(67하단). 盡力/힘쓰-. 出來丈 盡力致
シマス/되도록 힘쓰겟소(41하단).

(ㅊ행) 借金/債錢(131하단, 133하단). 단, '借金/빗'과 같은 대역도 나타난다. 借金ヲ
返サナイ爲ニ 訴狀ヲ 提出シタサウデス/빗을갑지아니흔 식둙에 訴狀을 提出
ㅎ엿다ㅎ오(132하단). 天氣/日氣, 일긔. 天氣ガ 曇ッテ/日氣가 흐려셔(18하
단), 天氣ガ寒イカラ/日氣가 치우니(213하단), 今日ハ結搆ナ御天氣デゴザイ
マス/오늘은 훌늉흔일긔올시다(91상단), 天氣ガ 寒クナルト/일긔가 치워지면
(91하단). 親類/親戚(37상단).

(ㅎ행) 下落/써러지-. 金融ガ 切迫テ(デ의 잘못) 物價ガ 俄ニ 下落シマシタ/錢政이
極難ㅎ야 物價가 갑작이 써러젓습니다(180하단). 旱魃/가물(19하단).

일본어의 대역어로 쓰인 전통적 한자어나 고유어 중에는 주목되는 것들이 많음을 여기서
도 찾을 수 있다. '勘定/細音, 機敏/敏捷, 喫烟/吸烟, 落着/結尾, 當直/當番, 盲人/판슈, 辨濟
期間/勘報期限, 報酬金/酬勞金, 相場/時勢 또는 시세, 旋風/廻風, 細工/手工, 燒失/燒盡, 安
置/奉安, 十時/열점, 定刻ニ/定흔時間에, 持參シテ/가지고와셔, 下落/써러지-, 旱魃/가물'과
같은 사례가 거기에 속한다. 이로써 개화기에는 일본어의 간섭에 대한 국어의 저항이 상당
한 세력으로 지속되었음을 보여준다.

2. 訓讀 漢字語에 대한 抵抗

이번에는 단어의 구성요소인 개별형태소 하나하나가 모두 훈독되거나, 그 일부가 훈독되
는 경우를 살펴보기로 한다. 여기에 나타나는 일본어 또한 현대국어라면 어형상으로나 의미
상으로 국어단어와 다름없이 쓰일 수 있는 것들인데 당시에는 그렇지 않았음을 보여 준다.
곧 일본어와는 다른 전통적 국어어형이 대역어로 한동안 쓰이면서 일본어의 간섭에 저항한
모습을 보이고 있다.

(1) 價値[ne-uti]/값. 敎育ノ價値ハ/敎育의값슨(145상단).

(2) 建物[tate-momo]/家屋. 土地建物證明規則ハ/土地家屋證明規則은(134상단).

(3) 見本[mi-hon]/看色. 見本ヲ 持テ 來マセウ/看色을 가지고 오리다(167상단).

(4) 貸出[kasi-dasi]/放債. 銀行デ 貸出スデセウ/銀行에셔 放債ᄒ겟지오(159하단).

(5) 突然[ikinari]/瞥眼間. 出拔ニ 一人ノ曲者ガ出ルカラ突然捻ジ伏テ 漸ヤク取リ押ヘタガ逐逃シテ 仕舞ツタ/不意에 殊常흔놈 ᄒ나히 나오기로 瞥眼間 휘둘너 걱구러쳐셔 겨오 잡앗다가 終乃 노노('노'가 잘못 중복된 듯)쳣('쳐'의 잘못인 듯)버렷소(68하단).

(6) 買上ゲル[kahi-ageru]/買收ᄒ다. 京釜鐵道モ 日本政府デ 買上ゲマシタカラ/京釜鐵道도 日本政府에셔 買收ᄒ얏스니(122하단).

(7) 密語イテ[sasayaite]/귀속을 ᄒ고. 何事ヵ密語イテ 居リマス/무슨말인지 귀속을ᄒ고 잇소(60하단).

(8) 小賣[ko-uri]/散賣. 小賣ハ 致シマセン/散賣ᄂ 아니ᄒᆸ니다(162하단).

(9) 受取[uke-tori, uke-toru]/領受, 밧다. 明日頃 受取リニ 行マセウ/닉일쯤 領受ᄒ러 가겟소(256상단), 粗未('末'의 잘못)ナ物デスガ 何卒受取ツテ下サイ/변변치아니흔物件이나 밧으시기를 바라옵니다(54하단).

한편, '受取書[uketorisyo], 受取證[ukerorisyau]/領受證'와 같은 대역도 나타난다. コノ受取書ニ 公ノ印ヲ 捺シテ 下サイ/이領受證에 老兄에圖章을 찍어주시오(176하단), 金ヲ 受取ツタ跡ハ 受取證ヲ 交附シナサイ/돈을밧은뒤에은('는' 또는 '는'의 잘못) 領受證을 交附ᄒ시오(177상단).21)

(10) 場所[ba-syou]/處所. 灌漑ノ乏イ處ニハ 豫メ 水ヲ溜メテ置ク場所ヲ 設ケテ 旱魃ノ備ヲ シナケレバ イケマセン/灌漑가 不足흔곳에ᄂ 미리 물을 져축ᄒᄂ 處所를 민들어셔 旱魃의防備를 ᄒ지아니ᄒ면 안되오(187상단), 凡テノ道具ノ配置ハ 皆 場所ヲ 定メテ 置クンダヨ/온갓器具의配置ᄂ 다 處所를 定ᄒ야 둘것이다(244하단).

(11) 地主[ti-nusi]/田主. 地主ト 小作人トノ間ニ 利益分配ハ/田主와 作人間의 利益分排ᄂ(184하단).

(12) 織物[ori-mono]/필육. 朝鮮デ 出來ル 織物ハ 何ナモノガ アリマスカ/朝鮮셔 나ᄂ 필육은 엇던 것이 잇습닛가(161상단).

(13) 請負者[uke-ohi-sya]/都給者. 彼等ハ 皆請負者ノ連中ダカラ/그사룸들은 다 都給者의一派닛가(54하단).

(14) 取扱ヒ[tori-atukahi]/處理. 代書所ヲ 設ケテ 登錄訴狀等ヲ 取扱ヒマス/代書所를 셜시ᄒ고 登錄訴狀等을 處理ᄒ옵니다(133하단), 郵便取扱規則ヲ 辨子バナリマセヌ/郵便處理ᄒᄂ規則을 아지못ᄒ면 안되오(258하단).

(15) 取調ベテ[tori-sirabete]/査實ᄒ야(119상단-하단), 加害者ヲ 引致シテ 取調マシ

---

21) 다만, 이 때의 '領受證'에 대한 현대국어 한자표기는 '領收證'이다.

タ處ガ/加害者를 引致ᄒ야 査實ᄒ즉(129하단), 先日 捉ヘタ强盜ヲ 取調ベマスト/前日 捕縛ᄒᆫ强盜를 査實ᄒ즉(131하단), 人ヲ 恐迫シテ 金ヲ 奪取ッタ者ハ 酷ク取調ベテ 下サイ/사룸을 威脅ᄒ야 돈을奪取ᄒᆫ者ᄂ 嚴히 査實ᄒ야 주시오(132하단).

(16) 取締リマス[tori-simarimasu]/監檢. 憲兵ガ 軍人ヲ 嚴重ニ取締リマス/憲兵이 軍人을 嚴重히監檢ᄒ옵니다(110하단), 此頃宮中雜輩ノ取締ハ 嚴シイモノデス/이사이 宮中雜輩의 監檢은 嚴ᄒ옵니다(120상단).

(17) 打開ケテ[uti-akete]/늬놋코, 펴늬놋코. 何モ 隱サズニ 打開ケテ オ話シナサイ/아모것도 隱諱치마르시고 늬놋코 말ᄉᆞᆷᄒ시오(53하단), ソウ隱サズニ 打開ケテ 云フテ 下サイ/그리隱諱치말고 펴늬놋고 말ᄉᆞᆷᄒ시오(57하단).

(18) 品切[sina-gire]/物件이 동나-. 品切ニ ナッテ 價段ガ 俄ニ 上リマシタ/物件이 동나셔 갑이 갑죽이 올낫습니다(170상단).

(19) 荷物[ni-motu]/짐. 荷物ハ 郵便ト 違ヒマシテ 遲レマス/짐은 郵便과 달나셔 더듸옵니다(164하단-165상단), コノ荷物ヲ 荷車デ 運搬スレバ/이짐을 구루마로 移運ᄒ면(175하단), ソノ荷物ハ 肩ニ 擔イデ 行ケバ/그짐은 억개에 메이고 가면(208하단), 端艇デ 荷物ヲ 波止場ニ 運ビマス/三板으로 짐을 埠頭에 옴기옵니다가('가'는 잘못 덧붙여진 글자임)(252상단), 荷物ハ 停車場ニ 卸シマシタ/짐은 停車場에 부렷습니다(253상단), 今度ノ船便デ 荷物ガ 到着シマシタカラ/이번 船便으로 짐이 왓스니(256상단).

여기서도 일본어의 간섭에 저항한 국어의 전통적 한자어나 고유어를 찾을 수 있다. '見本/看色, 貸出/放債, 小賣/散賣, 場所/處所, 地主/田主, 織物/필육, 請負者/都給者, 取扱/處理, 荷物/짐'와 같은 대역에서 그러한 사실을 확인할 수 있다. 그런데 위에 예시된 일본어의 대부분은 개화기 이후 현대국어에 그대로 수용되었다. 그 결과 국어의 전통적 한자어 중에는 '看色, 放債'처럼 폐어화의 길을 걸은 사례도 적지 않다. 한자로 표기되는 일본어형들은 얼핏 한자어처럼 인식되기 쉬운 데다가 특별한 이질감이나 저항감을 불러일으키지 않았기 때문에 서서히 국어에 수용될 수 있었다고 풀이된다.

3. 接辭用 漢字形態素에 대한 抵抗

　개화기의 일본어에는 接辭用 한자형태소에 의한 파생어가 많이 나타나는데 이들은 대거 국어에 거의 그대로 차용되었으나 일부는 일본어와 다르게 대역된 경우도 있다. 말하자면 接辭用 한자형태소 중에도 일본어의 간섭에 대한 국어의 저항이 부분적으로 있었음을 뜻한다. 다음과 같은 사례를 통하여 그러한 실상의 일부를 파악할 수 있다.

(1) '-高[-daka<-taka]/-額'. 今年ハ 豊年デスカラ 例年ノ收穫高ニ 較ベテ 見マスレバ/今年은 豊年이니 平年秋收額에 比ᄒ여보면(186상단). 일본어 '收穫高'에 쓰인 접미사 '-高'가 국어에서는 '-額'으로 대치되었다.

(2) '-等/-等' 또는 '-等/-等屬, -等地, -들'. 복수접미사 '-等'은 국어에 '-等'으로 대역되기도 하였으나 모두가 그런 것은 아니었다. 우선, '-等/-等'으로 똑같이 나타나는 경우. 汽車汽船等ハ/火車汽船等은(255하단), 巡査等ガ/-等이(100상단), 地理歷史等ガ/-等이(183하단), 硫酸鐵等ガ/-等이(250하단-251상단), 水雷艇等ガ/-等이(251하단-252상단), 違警罪等ノ/-等의(133상단), 主事等ヲ/-等을(107상단-하단, 133하단), 御宮等ニ/-等에(93상단), 城津等デス/-等이오(25하단). 이에 대하여 '-等/-等屬, -등속'으로 대역된 경우. 着物等ハ/衣服等屬은(219하단), 斥堠兵等ガ/-等屬이(114상단), 牛皮等ガ/-等屬이(159상단), 田地等ヲ/-등속을(65상단), 團扇等ヲ/부치등속을(189하단), 郵便電信等デ/-등속인듸(261상단), 牛皮等デアリマス/-等屬이올시다(182하단). 다만, 지명 뒤에서는 '-等/-等地'로 대역된 경우도 있다. 京城 平壤等ニ/京城 平壤等地에(110하단), 橫須賀 佐世保 吳等デアリマス/橫須賀 佐世保 吳等地올시다(255하단). 또한, 직업을 나타내는 명사 뒤에서는 '-等/-들'로 대역되기도 하였다. 政治家等ハ/政治家들은(115상단), 書生等ハ/書生들은(149하단). 그러나 '城鎭等' 또는 '巡査等, 主事等'처럼 일본어에 나타나는 '-等'이 그대로 국어에 옮겨진 사례도 있으므로 지명이나 직업을 나타내는 명사라 해서 동일한 기준으로 해석될 수 있는 것은 아님을 알 수 있다. 요컨대 일본어 접미사 '-等'은 국어대역에서 유동성을 보이는 것이다.

(3) '-類/-類' 또는 '-類/-等屬'. 일본어 '-類'가 국어에서 '-類'로 대역된 경우. 穀類ノ/穀類의(20상단), 金巾類ノ/洋木類의(158상단), 獸ノ類デアリマス/즘싱의類올시나(196하난-197상난). '-等屬'으로 내억된 경우. 野菜類ハ/野菜等屬은(161상단), 紬類ノ外/綿紬等屬外에는(161하단). 그러나 '軒端等ニ/첨하슷 又흔듸(198상단)'처럼 전혀 다른 대역도 있다. 이들을 통해서 일본어 접미사 '-類' 또한 국어대역에서는 유동성을 보임을 알 수 있다.

(4) '滿-/쪽-'. 滿五歲ニ 成リマシタ/쪽다섯살 되엿습니다(147하단). 일본어 '滿五歲'

에 포함된 접두사 '滿-'이 국어에서는 '쪽-'으로 대치되었다.

(5) '無-/의역형식'. 無責任ノコトヲ/당치안은 말을(74하단). '責任'은 『한불』에 이미 나타나는 단어이기 때문에 전통적 한자어라고 할 수 있다. 그런데도 그 파생어인 '無責任'은 국어에 수용되지 못하고 의역으로 처리되었다.

(6) '-匁[-monme<-匁目]/-兩重'. コノ小包ハ 正味 二百三十匁('匁'의 잘못) 有リマス/이小包는 實量 二十三兩重이 되오(261하단).

(7) '不-/不-' 또는 '不-/의역형식'. 不公平ナコトヲ 云フカラ/不公平흔말을흐니(81하단), 不動産デモ 抵當ニ 取リマスカ/不動産이라도 典當을 잡슴닛가(159하단). 여기에 보이는 바와 같이 일본어 '不-'의 파생어 가운데에는 '不公平, 不動産'처럼 국어에 그대로 수용된 사례도 더러 있으나 똑같은 유형의 파생어가 모두 그런 것은 아니었다. 오히려 의역형식으로 국어에 나타나는 경우가 더 많기 때문이다. 不健康デスガ/健康치못흐나(34상단). 不景氣デゴザイマス/時勢가 업습니다(158상단). 不經濟デス/經濟가 못되오(45상단), 不經濟デセウ/히롭소(222상단). 不自由デス/不便흐오(65하단, 221하단). 證據不充分デ/證據가 不明흐야(129하단). 결국, '不-'의 파생어 가운데에는 국어에 쉽게 수용될 수 없는 것들이 많았음을 보여준다.

(8) '-本/-冊'. 小說本ガ 机ノ上ニ 置イテアルカラ/小說冊이 冊床우에 노혀잇스니(264상단).

(9) '-屋/-屋' 또는 '-屋/-房, -所, -業, -匠, -店, -전, -집'. 일본어에는 훈독으로 쓰이는 '-屋'의 파생어가 많은데, 그중에서 국어에 수용된 경우는 '下宿屋(145하단, 146상단)' 뿐이고 나머지는 모두 다른 방식으로 나타난다. 仕立屋/裁縫房(215상단), 印刷屋/印刷所(263상단, 265상단-하단), 料理屋/料理業(177하단), 指物屋/小木匠(241하단), 陶器屋/陶器店(181상단), 散髮屋/理髮店(210상단), 瀨戶物屋/사긔전(242하단), 吳服屋/드틈전(216하단), 材木屋/쟝목전(242하단). 菓子屋/菓子집(228하단), 寫眞屋/寫眞집(188하단), 二階屋/二層집(232하단), 平屋/평집(237상단). 이처럼 일본어 '-屋'의 파생어 또한 그때그때 국어로 '-房, -所, -業, -匠, -店, -전, -집' 등으로 옮겨져 다양한 모습을 보인다.

(10) '-服/-옷'. 私ハ 朝鮮服ガ 好デス/나는 朝鮮옷을 조하흐오(218하단).

(11) '-用/-件'. 防寒用トシテ 一ツ 拵ヘマセウ/防寒件으로 흐나 민듭시다(168상단). 일본어 '防寒用'에 쓰인 접미사 '-用'이 국어에서는 '-件'으로 대치되었다.

(12) '-人/-人' 또는 '-人/-사름'. '-人/-人'의 경우. 西洋人(58상단, 221상단), 日韓人(61상단), 外國人(69하단), 犯罪人(100상단), 支配人(171상단, 179하단). '-人/-사름'의 경우. 外國人/外國사름(148하단), 日本人/日本사름(150하단, 154상단-하단), 支那人/淸國사름(187상단, 217하단-218상단, 264하단), 毛唐人/西洋사름(212상단), 朝鮮人/朝鮮사름(226상단, 226하단).

(13) '-揃[-sorohi]/-벌'. 此ノ 寸法ヲ 持テ 往ッテ 洋服ヲ 一揃 誂ヘテ 來イ/이見樣을 가지고가셔 洋服 흔벌 맛초고 오느라(218하단).

(14) '-組[-kumi]/-組' 또는 '-組/-벌'. 消防組(123상단). 다만, '-組'가 다른 형태로 대역된 것도 있다. フロッコート一組[iqkumi]ヲ宜ク 仕立テ下サイ/후록코ー트 흔 벌 잘 지어 주시오(166상단).

(15) '-造[-dukuri<-tukuri]/-製, -집'. 煉瓦造ノ二階屋ヲ 建テマシタ/煉瓦製의二層집을 지엇습니다(232하단), 煉瓦造ノ瓦葺ノ平屋デス/벽돌집에 기와덥흔 평집이오(237상단). 일본어 '煉瓦造'의 접미사 '-造'가 국어에서는 한번은 '-製'로, 또 한번은 '-집'으로 나타난다. 어느 경우건 일본어 접미사 '-造'의 파생어는 국어에 부자연스러운 존재였음을 알려준다.

(16) '-製/-所産'. コノ時計ハ 銀側デアルケレドモ 瑞西製デアリマス/이時計느 銀싹지오만은 瑞西所産이올시다(238하단). 일본어 '瑞西製'에 포함된 접미사 '-製'가 국어에서는 '-所産'으로 대치되었다. 바로 위에 '煉瓦造/煉瓦製'와 같은 대역이 나타나므로 접미사 '-製'가 국어에 쓰일 수 없었던 것은 아니었겠으나 아무래도 부자연스러운 접미사였던 것으로 보인다. 반면에 일본어 접미사 '-産'은 국어에도 그대로 나타난다. 米國産ノ木綿モ 適當デアリマス/米國産의綿花도 適當ㅎ오(187상단).

(17) '-株[-kabu]/-股'. 일본어 株式(168하단), 株式會社(177하단)는 국어에 그대로 수용될 수 있었으나 일본어의 數量詞로 쓰인 '-株'는 국어에서 '-股'로 대역되었다.22) 一株에 五十圓デスガ/一股에 五十圓이나(169상단), 私モ 三四十株 買ヒマセウ/나도 三四十股 사겟습니다(170하단), 最早 七八千株을 募集シマシタ/발셔 七八千股를 募集ㅎ얏습니다(171상단).

(18) '-割[-wari]/-條, -分之數'. 十分率을 나타내는 일본어 接尾辭 '-割'은 국어에 다음과 같은 의역으로 나타난다. '一割/拾一條'(163하단), '二割程/十分之二'(186상단).

(19) '-夾[-basami<-hasami]/-틀'. 新聞ガ 來タラ 新聞夾ニ 直グ 夾ンデ置ケ/新聞이 오거든 新聞틀에 곳 씨여두어라(244상단).

이처럼 접두사 '不-', 접미사 '-等, -類, -屋, -人, -組' 등에 의한 파생어들은 국어대역에서 유동성을 보이며, 그 중에서도 특히 접두사 '滿-, 無-', 접미사 '-高, -用, -造, -株, -割' 등에 의한 파생어는 국어대역에 아예 나타나지도 않는다. 그들이 유동성을 보이거나 국어에 나타날 수 없었던 이유는 당시의 국어표현으로서 자연스럽지 못했음을 뜻한다. 다시 말해서 현대국어 같으면 '不景氣, 不自由, 不充分, 無責任, 一割, 二割' 또는 '收穫高, 防寒用, 朝鮮人, 煉瓦造, 一株' 등의 경우, 국어단어로서도 그다지 문제가 되지 않는다. 이들이 각기 '時勢가 없다, 不便ㅎ다, 不明ㅎ다, 당치않은, 拾一條, 十分之二'와 같은 의역형식이나 '收穫額, 防寒

---

22) 일본어 '株'[kabu](數量詞일 때에는 '-株'), '株式'[kabu-siki], '株券'[kabu-ken]은 중국이 '股'[gǔ](數量詞일 때에는 '-股'), '股子'[gǔzi], '股份'[gǔfèn], '股票'[gǔpiào] 등에 해당한다. 결국, 국어에 數量詞로 쓰인 '-股'는 곧 중국어에서 나온 것이다.

件, 朝鮮사룸, 煉瓦製, 一股'처럼 일본어와는 다른 접미사로 대역된 것은 국어로서 자연스러웠기 때문이었을 것이다. 이러한 사례들 또한 일본어의 간섭에 대한 국어의 저항이었다고 해석될 수 있을 것이다.

4. 결 어

지금까지의 논의를 통하여 개화기의 국어와 일본어의 접촉으로 인한 간섭 과정에는 당시 인들의 무의식적 문법(어휘목록) 속에서 우러난 자국어의 저항이라는 절차가 일시적이나마 살아있었음을 확인한 셈이다. 우리는 그동안 국어에 대한 일본어의 간섭에 대해서는 지나칠 정도로 예민하게 관심을 곤두세워 왔으나, 그 사이에 잠시 개입되어 나타났던 무의식적 저항이라는 단계의 본질에 대해서는 그다지 주목한 적이 없었다고 생각된다.

그러나 이제부터는 그러한 저항 단계의 존재와 의의를 올바르게 인식함으로써 우리는 적어도 역사소설이나 역사드라마에 그 시대와 맞지 않는 엉뚱한 단어의 어형이나 의미가 어색한 모습으로 쓰이는 일이 없도록 해야 할 것이다. 나아가 다른 한편으로는 국어에 대한 타언어의 간섭에 맞설 수 있도록 자국어의 조어력 활용이나 번역어 창출과 같은 방식을 통하여 개화기에 모처럼 발휘되었던 기층 언어로서의 저항력이 우리의 무의식적 문법에 새롭게 되살아날 수 있기를 고대한다.

참고문헌

宋 敏(1985), 派生語形成 依存形態素 '-的'의 始原, 『于雲朴炳采博士還曆紀念論叢』, 高麗大 國語國文學研究會, 285-301.
_____(1988), 日本修信使의 新文明語彙 接觸, 『語文學論叢』 7, 국민대 어문학연구소.
_____(1989), 開化期 新文明語彙의 成立過程, 『語文學論叢』 8, 국민대 어문학연구소.
_____(1992), 開化期의 語彙改新에 대하여, 『語文學論叢』 11, 국민대 어문학연구소.
_____(1998), 開化期 新生漢字語彙의 系譜, 『語文學論叢』 17, 국민대 어문학연구소.

_____(1999), 開化初期의 新生漢字語 受容, 『語文學論叢』 18, 국민대 어문학연구소.

_____(2000), 開化期 國語에 나타나는 新文明 語彙, 『語文學論叢』 19, 국민대 어문학연구소.

_____(2001), 개화기의 신생한자어 연구(1), 『語文學論叢』 20, 국민대 어문학연구소.

_____(2002), 개화기의 신생한자어 연구(2), 『語文學論叢』 21, 국민대 어문학연구소.

_____(2003), 개화기의 신생한자어 연구(3), 『語文学論叢』 22, 국민대 어문학연구소.

Weinreich, U.(1953), *Languages in Contact*: *Findings and Problems*. New York. Reprint(1963),
    Mouton, The Hague.

馬西尼 著/黃河淸 譯(1997), 『現代漢語詞匯的形成』―十九世紀漢語外來詞研究, 上海: 漢語大詞典出版
    社. [원서명] Masini, F.(1993), *The Formation of Modern Chinese Lexicon and its Evolution
    toward a National Language*: *The Period from* 1840 *to* 1898, *Journal of Chinese Linguistics*,
    Monograph Series No. 6, Berkeley: Univerisity of California.

劉正埈·高名凱·麥永乾·史有爲(1984), 『漢語外來詞詞典』, 上海辭書出版社.

楳垣實(1944), 『增補日本外來語の硏究』, 靑年通信出版部.

_____(1972), 『增補外來語辭典』, 東京堂出版.

齋藤毅(1977), 『明治のことば』, 講談社.

佐藤亨(1983), 『近世語彙の硏究』, 櫻楓社.

_____(1986), 『幕末·明治初期語彙の硏究』, 櫻楓社.

鈴木修次(1981), 『文明のことば』, 廣島:文化評論出版.

惣鄕正明·飛田良文(1986), 『明治のことば辭典』, 東京堂出版.

槌田滿文(1983), 『明治大正新語·流行語』, 角川書店.

廣田榮太郎(1969), 『近代譯語考』, 東京堂出版.

* 片茂鎭 외[공편](2005), 『開化期의 日語學習書 『獨習日語正則』 ―解題·索引·硏究·原文―』(불이문화사):
    517-630에 실려 있는 논문("宋敏, 開化期의 新生語 硏究")의 일부를 발췌, 재정리한 내용임.

* 국어사학회(2022년 9월 17일[토], 2:00-4:00, 서울대 신양학술정보관 302호), 구두발표.

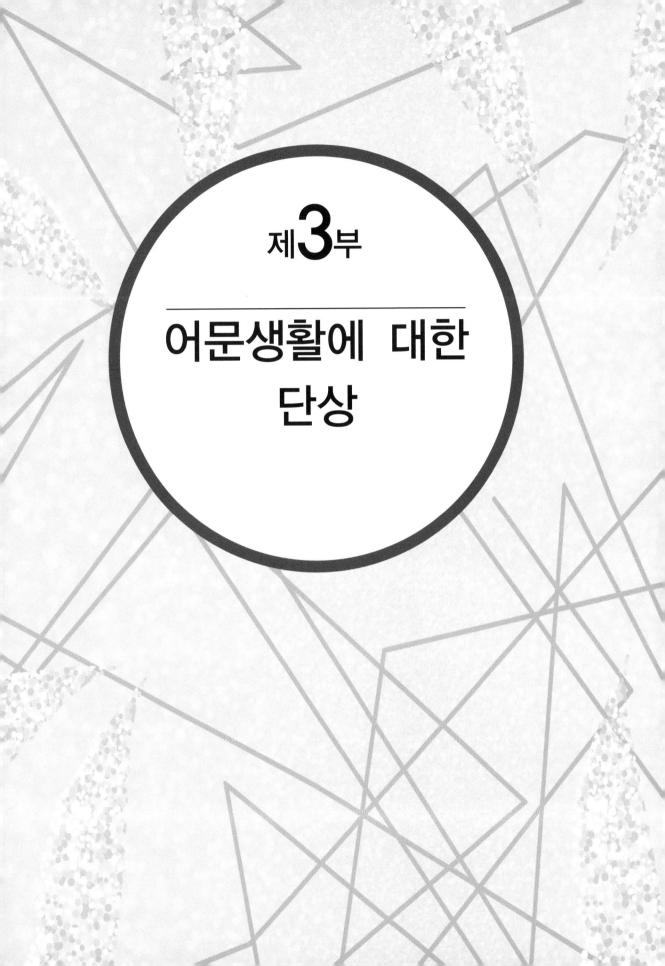

제3부

어문생활에 대한
단상

바른말 고운말을 찾아서

1. '메아리'의 語源은 '山의 몸살'

공과대학 학생들이 펴낸 동아리(서클)회보에 '치차'라는 고정란이 있기에 무슨 말인가 해서 본문을 읽어보았다. 그 첫 머리에 '치차'란 기어(gear)의 순수한 우리말로서…와 같은 설명이 나와 있었다. 학생들이 齒車라는 漢字語를 순수한 우리말로 잘못 알고 있음을 깨달았다.

뿐만 아니라 학생들은 '기어'라는 英語에 대해서는 철자까지 알고 있으면서도 '치차'라는 漢字語에 대해서는 톱니바퀴라는 순수한 우리말이 있음을 모르고 있었다. 우리말에 대한 학생들의 능력을 단적으로 보여주는 사례가 아닐 수 없다.

'국어사랑 나라사랑'이라는 어마어마한 구호 밑에서 국어를 학습한 학생들의 우리말 능력이 이렇게 허술할 때 일반인의 우리말에 대한 능력과 애정은 알아볼 것도 없이 짐작이 간다.

실제로 우리나라 사람들의 국어에 대한 관심과 애정은 부끄러우리만큼 허술하다. 그러한 허술함은 發音, 語彙, 文法등 국어생활의 모든 면에 두루두루 나타난다. 무엇이 국어인지 어떻게 하는 것이 국어를 사랑하는 것인지를 모르고 있기 때문이라고 할 수 있다.

한 민족의 언어에는 오랜 文化傳統과 感情內容이 숨겨져 있다. 특히 어휘 하나하나에는 아련한 선조들의 자상한 感覺이 여기저기에 서려있다. 이러한 뜻에서 우리가 매일 쓰고 있는 우리말이야말로 살아있는 文化財라고 할 수 있다.

거기에 담겨 있는 선조들의 갖가지 情感을 음미하지 않고는 국어가 무엇인지 알 수도 없으며 국어에 대한 애정도 기대하기 어려울 수밖에 없다.

가령 '메아리'라는 예쁜 우리말이 있다. '뫼사리'에서 변화한 말이다. '뫼'는 山이지만 '사리'는 '사리'로 거슬러 올라간다.

'사리'는 '실'에서 파생된 말로 '아픈 상태'를 뜻했던 것으로 보인다. '몸살'이란 말의 '살'에 그 예스러운 뜻이 남아 있다. 결국 '메아리'는 '산의 몸살'을 나타낸 말이라고 할 수 있다.

楊士彦의 유명한 時調 '태산이 높다 하되…'에는 '뫼'라는 우리말이 두 번 나타난다. 楊士彦이 살아있던 16세기에는 '뫼'가 우리말로 당당히 쓰이고 있었음을 알 수 있다. 그후 '뫼'는 山이란 漢字語에 밀려 우리말에서 없어졌다. 漢字語와의 생존경쟁에서 우리말이 지고만 것이다.

그러나 '뫼'는 '뫼사리, 뫼아리'라는 말에 그 명맥이 겨우 유지되어 왔는데 그마저 '메아리'로 바뀌는 바람에 그 명맥까지도 우리말에서 자취를 감추고 말았다. 안타까운 일이긴 하지만 '메아리'라는 우리말이 남아있어 그런대로 선조들의 언어감각을 되새겨 볼 수 있어 즐겁다.

*경향신문 제13577호(1989년 11월 10일 금요일).

2. 漢字 '匠'은 '장이'·'쟁이'로 歸化

우리말에는 헤아리기 어려울 만큼 많은 한자어가 들어와 있다.

그러나 한자어 중에는 이미 우리말에 동화되어 버린 것도 적지 않다. 그 때문에 우리가 일상적으로 무심히 쓰는 말 가운데에도 그 기원을 따져보면 한자어에서 나온 말이 의외로 흔하다. '미장이, 멋쟁이'에 나타나는 '장이, 쟁이'도 그러한 역사성을 숨겨 지니고 있는 말이다.

'장이, 쟁이'는 애초에 '기술자, 기능보유자'를 나타낼 때 쓰이는 한자 '匠'에서 파생된 말이다. 이렇게 나타난 '장이'가 그후 ' ㅣ '음 역행동화라는 과정을 겪으면서 '쟁이'에까지 이르렀다. 뿐만 아니라 그 뜻도 '어떤 습관이나 버릇을 지닌 사람' 또는 '어떤 일을 잘하는 사람'으로 바뀌면서 수많은 파생어를 새로 낳게 되었다. 이제 '장이, 쟁이'는 순수한 우리말처럼 스스럼없이 쓰이고 있으며, 그것이 한자어에서 왔다는 사실을 의식하고 있는 사람은 별로 없는 듯하다.

다만 '장이'와 '쟁이'는 어느 쪽을 표준어로 삼아야 할지 문제가 될 수밖에 없다. 올해 3월부터 시행되고 있는 '표준어규정'(제9항 붙임2)에 의하면 '기술자'에게는 '장이', 그외에는 '쟁이'가 붙는 형태를 표준어로 삼는다고 되어있다. 따라서 기술자라는 뜻이 아직도 살아있는 말에서는 '미장이, 유기장이, 기와장이, 대장장이, 땜장이, 요술장이…'처럼, 그렇지 않은 말에서는 '멋쟁이, 소금쟁이, 빚쟁이, 트집쟁이, 욕심쟁이, 거짓말쟁이, 변덕쟁이, 뚜쟁이…'처럼 쓰도록 되어있다.

이 원칙에 따르자면 같은 말이라도 뜻이 다를 때에는 '장이'와 '쟁이'를 구별해서 써야 할 필요가 생긴다. 갓을 만드는 기술자를 나타낼 때에는 '갓장이', 멋지게 갓을 쓰는 사람을 나타낼 때에는 '갓쟁이'가 되어야 하기 때문이다.

'장이'나 '쟁이'는 이제 자신의 중국원적을 오래 전에 버리고 우리말에 귀화하여 충직스럽게 우리말 노릇을 단단히 하고 있다.

이러한 뜻에서 '장이, 쟁이'야말로 가상스럽고 대견한 우리말이라고 할 수 밖에 없다.

다만 이 '장이, 쟁이'가 다르는 비꼬거나 비하하는 뜻을 나타낼 때도 없지 않다. 이것은 기술자를 대수롭게 여기지 않았던 우리의 그릇된 인식에서 비롯된 것이다. 이제야말로 모든 분야에서 좋은 의미를 나타내는 '장이'가 쏟아져 나와야 할 때가 아닐까 기다려진다.

*경향신문 제13583호(1989년 11월 17일 금요일).

3. '김치'의 뿌리는 '沈菜'

운동선수들이 해외 원정경기에서 맛있는 '김치'를 마음껏 먹고 나서야 힘이 솟아나 우승했다는 신문기사를 가끔 볼 수 있다. 실제로 타국에 나가 머무는 동안 가장 아쉬운 것이 있었다면 그것은 뭐니 뭐니 해도 '김치'가 아니었던가 기억된다.

'김치'는 그만큼 우리네 식단의 필수적 존재가 아닐 수 없다. '김치'가 이처럼 우리의 고유음식이라면 그 이름 또한 당연히 우리말일 법한데 사실은 그렇지가 않다. '김치'라는 말은 천만뜻밖에도 한자어에서 변화한 것이다.

『訓蒙字會』(1527년)에는 이 말이 '딤치'로 나타난다. 또다른 문헌에는 '팀치'로 나타나지만 이쪽은 그 세력이 약했던 것으로 보인다. 어느 쪽으로 보나 그 본래의 뿌리는 沈菜였음을 알 수 있다. 이 말이 '김치'에 이르기까지는 우여곡절이 있었음을 보여준다.

'딤치'는 일단 '짐치'를 거쳐 '짐치'에 이르렀다. 여기까지는 지극히 정상적이며 규칙적인 음운변화를 거친 결과였다. 그런데 이 단계에서 문제가 생겼다.

과북지방이나 삼남지방에는 '질, 지름, 지둥'이라는 말들이 있다. 각기 '길, 기름, 기둥'의 '기'가 구개음화라는 변화를 일으킨 결과 '지'가 된 것이다. 이러한 변화는 늦어도 18세기

바른말 고운말을 찾아서　343

이전에 일어났던 것으로 생각된다. 이에 따라 서울사람들은 '질, 지름, 지둥'이라는 말이 사투리라는 사실을 일찍부터 알게 되었다.

여기서 서울사람들의 언어의식에 반성이 일어났다. 서울에서 쓰이는 '짐치'라는 말까지 사투리에서 온 것으로 인식하게 된 것이다. 실제로 관북지방이나 삼남지방에서는 '짐치'가 쓰이고 있다. 그러나 이 말은 서울말과 똑 같이 '딤치'에서 규칙적으로 변화한 것이었다. 그런데도 서울사람들은 '짐치'를 사투리로 잘못 인식하였다. 그렇다면 '짐치'에 대한 서울말은 '김치'일 듯하다. '질, 지름, 지둥'에 대한 서울말이 각기 '길, 기름, 기둥'이기 때문이다.

결국 '짐치'를 서울말로 되돌린다는 것이 '김치'를 낳게 된 것이다. 이 과정에서 '지'로 시작되는 서울말의 일부도 '기'로 고쳐졌다. 본래부터 '지'였던 '질드리다, 질쌈, 짗(새의깃)'은 '길드리다, 길쌈, 깃'으로, 본래는 '디'였다가 '지'로 바뀐 '지와, 짐장'은 '기와, 김장'으로 바뀐 것이다.

이러한 변화는 음운변화가 아니다. 잘못된 언어인식에서 비롯된 결과이기 때문이다. 이때의 변화를 不正回歸, 또는 過剩修正이라고 한다. 이러한 변화는 어디까지나 우리의 머릿속에서 무의식적으로 일어난다. 이 변화는 또한 일부의 어휘에만 나타나는 것이 보통이다.

*경향신문 제13589호(1989년 11월 24일 금요일).

4. '四'字 기피는 日本 습성

언제부터인지 분명하지 않으나 우리나라 사람에게는 四라는 숫자를 불길하게 여기는 버릇이 있다. 죽을 死자와 발음이 같다는 것이 그 이유라고 한다. 그 때문에 커다란 건물, 특히 병원이나 여관과 같은 곳에는 四라는 숫자가 들어가는 四층 또는 四호실이 아예 없는 경우도 드물지 않다.

그러나 四자를 꺼리는 버릇은 우리의 전통적 언어의식이 아니다. 이야말로 일본인들의 전통적 언어감각에 그 바탕이 있기 때문이다.

인조 14년(1636) 朝鮮通信使 일행이 일본으로 떠나기 위하여 부산에 당도했다. 부산에는 對馬島主 平成春이 미리 와서 대기하고 있었다. 통신사 일행의 일본 왕래길을 인도하기 위함이었다. 그에게 國書와 別幅(선물목록)의 사본이 먼저 전해졌다. 別幅에는 필묵 四十이라는 항목이 들어 있었다. 이 때문에 가벼운 시비가 일어났다. 당시의 通信副使였던 金世濂의 『海

槎錄』에는 그 전말이 기록되어 있다.

別幅을 검토해 본 平成春은 이렇게 따지고 나섰다. 조선측이 마련한 선물 중 필묵 四十은 약소할 뿐 아니라, 四十의 四자는 죽을 死자와 음이 같아서 일본 사람들이 꺼리는 바인데, 이 四자 단위를 택한 것은 일본을 능멸하려는 저의를 나타내는 것이라며 일본 조정에서 시비가 일어나면 어떻게 하겠느냐는 것이었다. 이에 조선측에서는 이 문제를 禮曹에 알릴 수밖에 없었다. 얼마 후 禮曹에서는 필묵 四十에 각각 十을 더하여 五十으로 하라는 지시가 내려왔다. 일본 측 요구대로 四자를 피한 것이다.

일본인들의 四사 기피습성은 효종 6년(1655) 使行 때의 從事官 南龍翼의 『扶桑錄』에도 나타난다. 使行이 赤間關에 머물고 있을 때 對馬島主 平義成이 문안차 찾아왔다. 술상을 차려 그에게 석 잔을 권하고 나서 그만두려 하였다. 그러나 그는 四자는 싫으니 다섯 잔을 마시고 싶다고 하였다. 결국 그에게 두 잔을 더 권하고 나서야 자리를 끝냈다고 한다.

이러한 사실로 미루어 볼 때 四자에 대한 기피습성은 우리의 전통적 언어의식이 아님을 알 수 있다. 그렇다면 四자에 대한 기피습성이 우리말에 확산된 시기는 아무래도 20세기 이후의 식민지시대였다고 볼 수밖에 없다.

어떤 사람의 장기나 지정곡을 '18번'이라고 하는데 이 역시 일본말이다. 일본의 전통연극 가부키의 대본번호에서 나온 말이기 때문이다. 화투놀이에서 1을 '삥'이라고 부른다. 포르투갈어로 point를 뜻하는 pinta가 일찍이 일본말에 들어가면서 pin이 되었는데 우리말도 원음을 잃어버리고 일본식말로 받아들인 것이다.

우리말 속에 깊숙이 스며든 일본어 요소는 아직도 헤아리기 어려울 만큼 많지만, 四자를 꺼리는 언어의식과 그밖의 숫자개념까지도 일본어 요소라는 사실을 알고 나면 아무래도 씁쓰레한 느낌이 든다. 우리말을 곰곰 되새겨야 할 필요가 여기에 있다.

*경향신문 제13595호(1989년 12월 1일 금요일).

5. 엉뚱한 外來語 수용 많다

金光均 시인이 남긴 시집 중에는 『瓦斯燈』(1923)이 있다. 그런데 이때의 '瓦斯'를 어떻게 읽어야 할지 아리송하다. 사람들은 이를 한자음 그대로 '와사'라고 읽는 모양이지만 이는 어

불성설이다. '瓦斯'는 영어 gas에 대한 일본식 음사형일뿐 한자어가 아니기 때문이다.

일본인들은 일찍기 서양문물을 받아들이면서 많은 번역어를 새로 만들었다. 그 대부분은 한자어로 굳어졌다. 그러나 외래어를 남김없이 번역어로 바꾸는 데에는 아무래도 한계가 있을 수밖에 없다. 신통한 번역어를 만들어내기 어려운 경우에는 그들도 어쩔 수 없이 원음에 대한 음사형식으로 외래어를 받아들일 수밖에 없었다.

그러나 이때에도 한자음을 빌려 한자어처럼 보이도록 적는 버릇이 있었다. 앞에 보인 '瓦斯'를 비롯하여 '木乃伊, 腸窒扶斯, 虎列刺, 俱樂部, 浪漫, 簿記' 등이 그 대표적 사례에 속하며, '국가적, 민족적'처럼 쓰이는 파생접미사 '的'도 같은 범주에 드는 실례가 된다.

이들을 우리는 각기 '와사, 목내이, 장질부사, 호열자, 구락부, 낭만, 부기'처럼 한자음으로 받아들였기 때문에 원음과는 거리가 너무 멀어지고 말았다. 문제는 여기에 있다.

'瓦斯'는 영어 gas에 대한 음사형이므로 당연히 '가스'로 읽혀야 한다. 현실적으로 이 말에 대해서도 '가스' 또는 '개스'가 널리 쓰이고 있다.

'木乃伊'는 '미이라'로 읽혀야 한다. 실제로 한글학회의 『큰사전』에는 '미이라'로 나와 있다. 이 말의 뿌리는 아라비아말에 있다고 하나, '木乃伊'는 그리스 말 또는 라틴 말의 myrrha (본래는 일종의 향료) 아니면 영어 myrrh에 대한 음사형으로 보인다.

'腸窒扶斯'의 '窒扶斯'는 영어 typhus에 대한 음사형이므로 '腸窒扶斯'는 '장티푸스'로 읽혀야한다. 다행히 지금은 이를 '장질부사'라고 하는 사람이 별로 없다.

'虎列刺'는 영어 cholera에 대한 음사형이므로 한자음대로라면 '호열랄'이다. 그러나 누군가가 '刺(랄)'을 '刺'(자)로 잘못 알고 '호열자'로 읽어버린 것이다. 그러나 이 말 역시 지금은 '콜레라'로 안정을 찾았다.

'俱樂部'는 영어 club, '浪漫'은 불어 roman에서 온 말이므로 각기 '클럽, 로망'으로 읽혀야 하지만 '구락부, 낭만'으로 이미 굳어져 어쩔 수 없게 되었다.

'簿記'는 영어 book keeping에서 온 말이다. 또한 '的'은 영어의 형용사어미 -tic에 대한 음사형이다. 이들 역시 우리 한자음으로 '부기, 적'처럼 읽히고 있으나 사실은 어느 것이나 본래의 원음과 거리가 엉뚱하게 멀어졌음을 알아둘 필요가 있다.

*경향신문 제13601호(1989년 12월 8일 금요일).

6. '모꼬지'를 아십니까

이름하여 '忘年會'라는 모임이 이곳저곳에서 한참 바쁘게 열리고 있다. 그러나 그 명칭은 지극히 어설픈 것이다.

일본사람들이 만들어낸 명칭이기 때문만은 아니다. 한해를 마무리하는 모임이라면 그 명칭부터가 좀 더 그럴싸한 여운을 풍겨야할 텐데 '망년회'라는 말에는 그 어느 구석에도 우리의 전통적 감정이 서려있지 않기 때문이다.

'망년회'가 우리의 문화적 풍습이 아니다 보니 이를 나타내는 우리말이 따로 마련되어 있을 리 없지만 어떤 모임이나 잔치를 뜻하는 우리말은 오래전부터 있었다. '모꼬지'나 '이바지'라는 말이 바로 그것이다. 이들은 모임이나 잔치에 대한 우리의 오랜 생활감각을 증언해주는 말들이다.

'모꼬지'라는 말은 지금 거의 들을 수 없지만 한글학회의 『큰사전』에는 어엿하게 실려 있는 우리말이다. '놀이, 잔치 그 밖의 다른 일로 여러 사람이 모임'이라고 풀이되어 있다.

시인 李相和만 해도 '나의 寢室로'라는 시에서 이 말을 쓴 적이 있다. 그 첫 머리는 '마돈나 지금은 밤도 모든 목거지에 다니노라/ 피곤하여 돌아가련도다'로 시작되는데, 여기에 보이는 '목거지'는 '모꼬지'와 같은 말인 것이다.

이 말은 '몯다'(모이다)라는 동사에서 파생된 명사로서 좀 더 예전으로 거슬러 올라가면 '몯ᄀᆞ지, 못ᄀᆞ지, 못거지'와 같은 모습으로 쓰인 바 있다. 이렇게 볼 때 어떤 모임을 우리의 전통적 감각으로 나타내고 싶다면 '모꼬지'라는 말이 있음을 알 수 있다.

'국가에 이바지 한다'처럼 쓰이는 '이바지'도 본래는 '잔치를 베풀거나 음식을 대접하는 모임'을 뜻하는 말이었다.

이 말은 '이받다'라는 동사에서 파생된 명사 '이받이'가 구개음화를 거쳐 굳어진 것이다. 동시에 그 뜻 또한 '공헌'으로 바뀌어 오늘에 이르렀다.

'모임'이나 '잔치'를 뜻하는 우리말에도 이처럼 곱살한 것이 있었으나 '이바지'는 어느 결에 그 본래의 뜻을 잃었으므로 어쩔 수 없다손 치더라도 '모꼬지'는 이제부터라도 되살려 볼만한 말이 아닐까 한다.

새로 태어나는 갖가지 모임에 아직도 '회'라는 명칭이 거리낌없이 쓰이고 있는 현실이라면 '국어사랑 나라사랑'도 '바른 말 고운 말'도 백년하정일 수밖에 없다.

그렇다고 이제와서 '망년회'처럼 멋없는 말을 일일이 우리말로 바꾸자는 뜻은 아니다. 어설픈 新造語가 새로 판을 치는 현실을 막기 위해서라도 우리말의 역사에 대한 관심이 요구된다는 뜻이다.

*경향신문 제13607호(1989년 12월 15일 금요일).

7. "말에도 體溫이 있다"

다시 한번 세밑이 가까워지고 있다. 이맘때쯤이면 해마다 들을 수 있는 말에 '불우이웃돕기'가 있다.

이왕이면 '불우이웃'보다는 '어려운 이웃'이 우리말 어감상 더 좋겠지만, 어찌되었건 이 말 속에는 우리네 사회에 전통적으로 이어져오는 포근한 인정이 담겨있다. 그 때문에 이 말은 세밑에 냉랭해지기 쉬운 우리네 마음속을 훈훈하게 녹여주기도 한다.

따뜻한 마음씨를 나타내는 말을 찾아보면 얼마든지 있다. '사랑, 이바지, 화해, 아량, 용서, 정직, 성실, 어질다, 베풀다, 상냥하다, 다정하다, 너그럽다, 자비롭다' 등등. 이러한 말들이 정치·경제·사회·문화 어디에고 일년 열두달 넘쳐흐를 때라야만 우리사회 구석구석에도 부드럽고 따뜻한 분위기가 감돌게 될 것이다.

'덤'이나 '빔'이란 말에도 우리네 조상전래의 정겨운 마음씨가 깊숙이 배어있다. 지금은 없어졌으나 옛말에는 '더으다'(더하다, 보태다), '빗다'(꾸미다)와 같은 동사가 있었다. 여기서 파생된 동명사 '더음, 비슴'이 각기 세월과 더불어 '덤'과 '빔'으로 변한 것이다. '덤'은 아직도 自立語로 쓰이고 있으나 '빔'은 '설빔, 생일빔' 또는 '눈비음'(눈가림, 겉치레)처럼 附屬語로밖에는 쓰이지 않게 되었다.

지금도 재래시장에서 곡식이나 과일을 살 때에는 '덤'을 얹어 받을 수 있다. 파는 사람이나 사는 사람이 '덤'을 주고받는 가운데 인정이 흐르는 것이다. '덤'이란 본래 파는 사람의 아량에서 나와야 한다. 그러한 '덤'만이 따스한 인정을 담고 있기 때문이다.

어린 시절에는 명절을 손꼽아 기다렸다. '빔'으로 새 옷을 한 벌 입어보는 즐거움 때문이었지만, 지금 생각하면 가난했던 살림살이에 先親이나 先妣는 자녀들의 '명절빔' 마련에 얼마나 마음을 쓰셨을지 짐작이 가고도 남는다. 지금 아이들에겐 새 옷 한 벌이 아무것도 아닐지 모른다. 그러나 어려웠던 시절 새옷 '빔' 한 벌은 꿈처럼 즐거운 것이었다. 그 '빔'을 통하여 우리는 부모님의 자애로운 사랑을 배웠다고 해도 과언이 아닐 것이다.

그럼에도 불구하고 우리는 지금 따뜻한 마음씨가 담긴 말들을 들을 수 있는 풍토를 잃어가고 있다. 날이면 날마다 '칼잡이, 떼강도, 낯털이, 뺑소니, 투쟁, 쟁취, 파업, 농성'과 같은 말들이 신문에 오르내린다. 모두가 매정스럽고 차가운 말세를 나타내는 말들뿐이다.

사람의 말에는 마음씀씀이가 담긴다. 마음씀씀이가 거칠어지면 말이 거칠어지고 말이 거칠어지면 사회적 분위기도 험악해질 수밖에 없다. 모두가 마음을 다스려 정겨운 말을 주고받았으면 한다.

*경향신문 제13613호(1989년 12월 22일 금요일).

8. '설'과 '살'(나이)은 한 뿌리

이제 며칠만 지나면 새해 첫날을 맞게 된다. 그런데 달력을 넘겨보니 양력 1월 1일자에는 모두 '新正'이라고 적혀있다. 그래서 음력으로 더듬어가 보니 양력 1월 27일자에 '민속의 날'로 적혀있는 달력이 있는가 하면, 아예 '설날'이라고 표시되어 있는 달력도 있다.

결국 우리의 세시감각으로는 '설날'이 아직도 음력 정월 초하루임을 알 수 있다. 전통의식의 끈질김을 여기서 또 한번 확인 할 수 있다.

그렇다면 우리는 도대체 어느 시점에서 나이를 한 살 더 먹게 되는가. '설'을 맞으면 누구나 나이 한 '살'을 더 먹는다. '설'과 '살'은 의미 분화를 일으킨 결과일 뿐, 그 뿌리는 하나이므로 우리는 '설'을 지낸 수만큼 '살'이 불어난다.

국어의 역사로 볼 때 나이의 단위는 본래 '설'이었다. '설'에서 '살'이 분화된 것은 18세기 이후였던 것으로 보인다.

우리말에는 '어'와 '아'의 대립이 의미 분화에 이용되는 경우가 많다. '머리'와 '마리', '넘다'와 '남다', '거두다'와 '가두다', '철렁철렁'과 '찰랑찰랑' 등이 모두 이 방식에 따라 의미 분화를 겪은 사례들이다.

요컨대 '설날'에 대한 의식이 여전히 음력에 머물러 있다면 우리는 음력 정월 초하룻날에야 한 '살'을 더 먹는 셈이니 갑갑한 일이다.

'섣달'이란 말도 비슷한 사정을 안고 있다. '섣달'은 양력 12월인가, 음력 12월인가. 적어도 우리의 전통적 세시의식으로는 '섣달'이 음력 12월을 뜻한다. 음력으로 치면 29일이 12월 초이틀이니까 어제부터 '섣달'에 들어선 셈이다.

우리말의 달 이름은 깡그리 한자어로 이루어져 있는데 유독 12월만은 순수한 우리말로 되어있다. '섣달'은 '설달'에서 나온 말이다. '바느질+고리, 이틀+날, 술+가락, 설+부르다, 잘+다랗다'가 각기 '반진고리, 이튿날, 숟가락, 섣부르다, 잗다랗다'로 굳어진 것과 같은 현상이다.

결국 '섣달'은 '설'과 떼려야 뗄 수 없는 관계를 맺고 있으며, 그 뜻은 '설을 맞이하는 달, 설을 앞에 둔 달'을 나타낸다. 따라서 '설날'이 명확하게 언제냐가 결정되지 않는 한 '섣달'의 의미도 밝혀질 수 없게 되어있다. 양력 정월 초하루가 '설'이라면 '섣달'은 양력 12월이 될 것이고, 음력 정월 초하루가 '설'이라면 '섣달'은 음력 12월이 되기 때문이다.

그런데 우리 세시의식은 아직도 전통 속에 머물러 있다. 그렇다면 '설'과 '섣달'도 음력을 지칭한다. 이러한 의식이 지속되는 한 우리는 '민속의 날'에야 비로소 한 '살'을 더 먹는다고 할 수 있기 때문에 문제라면 문제가 아닐 수 없다.

*경향신문 제13619호(1989년 12월 29일 금요일).

9. '大統領'은 日本의 新生語

또 한번의 새해가 어김없이 밝아왔다. 그러나 이번 새해맞이처럼 많은 사람들의 마음속에 답답함을 더해준 때도 일찍이 없었을 것이다. 전직 대통령의 국회증언이 어처구니없이 끝나 버렸기 때문이다.

'大統領'. 얼핏 보면 엄청난 말 같지만 따지고 보면 이 말 또한 몇십만을 헤아리는 한자어 가운데 하나일 뿐이다.

그런데도 이 말 한마디는 그동안 특별한 대우를 받아왔다. 유력한 일간신문을 정간으로 몰아넣은 위력이 그 단적인 실례가 될 것이다.

'大統領'을 아차하는 바람에 '犬統領'이나 '大領'으로 잘못 찍어냈다가 그 신문이 통째로 정간이라는 따끔한 맛을 되씹어야 했던 지난 시절의 역사는 유명하거니와 이 말은 그밖에도 이 나라의 정치사에 엄청난 먹칠을 거듭해 왔다. 이번 기회에 이 말의 내력을 잠시 더듬어 보기로 한다.

紳士遊覽團 일행이 일본에 건너간 것은 1881년이었다. 그 일행에 李鑛永이 끼어 있었다. 그는 일본에서 보고 들은 바를 『日槎集略』이라는 책으로 남겼는데, 여기에 '大統領'이라는 말이 처음 나타난다. 우리 문헌에 이 말이 기록되기는 이때가 처음일 것이다. 이헌영은 당시의 일본 신문에서 이 말을 처음 보았기 때문에 아마도 그 개념을 명확하게는 알 수 없었을 것이다.

그 때문에 그는 이 말 아래에 '卽國王之稱'이라는 주석을 달아 놓았다. '大統領'을 '國王'과 같은 뜻으로 이해하고 말았음을 알 수 있다.

'大統領'은 영어 president에 대한 일본식 번역이었다. 이 말에 대한 중국식 번역어는 '總統' 또는 '大總統'이기 때문이다. 결국 지금 우리가 쓰고 있는 '大統領'은 일본에서 만들어진 新文明語였다.

'大統領'이 이헌영의 기록에 일찍이 나타나기는 하였으나, 이 말이 곧바로 우리말에 받아들여진 것은 아니었다. 『增補文獻備考』에 따르면 이 말은 한동안 president의 중국식 음사형인 '伯理璽天德'으로 나타난다. 그러다가 '大統領'으로 기록되기 시작한 시기는 1892년(高宗 29)부터였다.

결국 이 말은 開化期에 우리말에 들어온 어휘 가운데 하나라고 할 수 있다. 이 때에 우리말에 들어온 일본식 번역어 '汽船, 汽車, 新聞, 人力車, 寫眞, 電信, 會社, 鐵道, 地球, 開化, 日曜日, 圖書館…'과 같은 신생어였던 것이다.

이렇게 볼 때 '大統領'이라는 말은 아직 백년도 되지 않은 나이 축에 머물러 있다. 별로 나이를 먹지 못해 가벼워서인지는 몰라도 이 말은 오랫동안 우리를 답답하게 만드는 존재여서 안타깝다.

*경향신문 제13624호(1990년 1월 5일 금요일).

10. 略語도 略語 나름

줄임말(略語)이 남용되고 있다. 그 바람에 우리는 하루하루의 신문을 읽다가도 그 뜻을 딱

부러지게 알기 어려워 고통을 겪는 수도 있다.

신문에는 그동안 '자민투, 민민투, 전대협, 민추협, 민가협, 전민협, 전교조, 전노련… '과 같은 단체이름이 자주 나타났다. 이러한 줄임말을 대할 때마다 이만저만 갑갑한 것이 아니다. 하나하나의 뜻이 선명하게 잡히는 일이 거의 없기 때문이다. 하는 수없이 어벙벙한 짐작으로 그 뜻을 넘겨짚자니 갑갑하디 못해 짜증이 앞서기도 하고 한숨으로 끝나기도 한다.

바쁘고 어지럽게 돌아가는 현대사회에서 많은 정보를 경제적으로 처리하자면 줄임말이 필요한 것도 어쩔 수 없는 일이다. 그러나 거기에도 몇 가지 주의가 따라야 한다.

첫째, 어지러운 시사용어나 특정용어에 대해서는 될수록 줄임말을 피해야 하겠지만 불가피할 경우에는 그 말이 처음 쓰이는 자리에 적어도 한번은 '國調權'(국정조사권), '등동투'(등록금동결투쟁)처럼 그 본래의 모습을 밝혀 주었으면 한다.

다만 자연스럽게 통용되고 있는 말까지 그럴 필요 없다. '都心', 要因, 特定,'은 각기 '都市中心, 主要原因, 特別指定'이라고 밝히지 않더라도 그 뜻에 혼란이 일어나지 않기 때문이다.

둘째, 특정한 외래어에 대해서도 첫 번째 원칙을 따랐으면 한다. '코메콘'(동유럽경제상호원조회의), '레미콘'(버무려진 시멘트)처럼 쓴다면, 자기 나름대로 '코메콘'이 Council for Mutual Economic Aid(COMECON), '레미콘'이 ready mixed concrete(remicon)에서 나온 말임을 짐작이라도 할 수 있기 때문이다.

이 경우에도 이미 우리말에 정착한 외래어는 그대로 쓸 수밖에 없다. '아파트, 파마'는 각기 apartment house, permanent wave에 대한 줄임말이지만 이미 우리말로 널리 굳어져 있어 그 뜻이 어김없이 잘 통하기 때문이다.

셋째, 줄임말은 그 본래의 뜻과 얼토당토 않게 달라지는 일이 없어야 한다. 그 때문에 '民主正義黨'은 '民正黨'으로 쓰여도 무방하지만, '平和民主黨'이 '平民黨'으로 쓰이는 데에는 곤란한 문제가 따른다. '平和民主'와 '平民'은 서로의 뜻에 아무런 공통점도 없기 때문이다. 그런데도 '平和民主黨'이 '平民黨'으로 버젓이 통용되고 있다. 엄밀하게 따지자면 사기가 된다고 할 수 있다.

줄임말에는 이처럼 생각지도 못한 함정이 도사리고 있는 경우도 있다. 이러한 줄임말이 버젓이 활개친다는 사실은 말에 대한 우리 모두의 무책임과 무감각 때문이 아닐 수 없다.

*경향신문 제13627호(1990년 1월 9일 화요일).

11. 표현 어지럽히는 借用語

공군용사의 용감성을 상징하는 말로 '보라매'가 쓰이고 있으며 인기 그룹사운드의 예명으로 '송골매'가 쓰이고 있지만 '보라'나 '송골'의 내력을 알고 보면 그다지 자랑스러운 일이 아니다.

'보라'나 '송골'은 각기 매의 종류를 나타내는 몽골어로서 고려시대의 우리말에 차용되었다.

당시에 함께 차용된 매 이름으로는 그밖에도 '갈지게, 귁진, 나친, 도롱태, 튀곤' 따위가 있었으나, 이들은 조선시대를 거치는 동안 거의 없어지고 '보라'와 '송골'만이 '보라매'와 '송골매'라는 말속에 그 명맥을 이어오고 있다.

이렇게 볼 때 '보라매'나 '송골매'의 구조는 '처가집, 역전앞, 해변가'와 같은 混種語(hybrid)로서 같은 뜻이 겹쳐있는 말이다. 이러한 혼종어가 우리말처럼 자연스럽게 쓰인다면 낯뜨거운 일이 아닐 수 없다.

차용어는 그 연륜이 아무리 쌓일지라도 자신의 본성을 호락호락 버리지 않는다. 한자어를 비롯한 차용어가 우리말 표현을 도처에서 어지럽히는 이유도 거기에 있다. 그렇다고 치더라도 '보라매'나 '처가집'과 같은 混種語는 아직 양반이다.

이들은 단어표현에서만 우리말의 뜻을 어지럽힐 뿐이기 때문이다. 문제거리는 차용어가 단어표현을 넘어 문장표현에서까지 우리말의 뜻을 헤집어 놓는 방향으로 무섭게 확대되고 있다는 점이다.

어려운 이웃을 돕자면서 아나운서가 차분한 목소리로 호소한다. '여러분의 따뜻한 온정을 베풀어 주시기 바랍니다.' '온정'이라는 말 앞에 '따뜻한'이라는 수식어를 얹는다면 같은 뜻이 겹치게 된다. 그런데도 이러한 표현은 날로 늘고 있다. '넓은 광야, 밝은 명월, 떨어지는 낙엽'식 명사구, '소득을 얻다, 시범을 보이다, 과정을 거치다, 피해를 입다, 히트를 치다'식 동사구가 보란듯이 굴러다닌다. 이러한 사례는 한자어를 제대로 쓸 줄 모르는 데에서 특히 많이 생긴다.

'따뜻한 온정'처럼 통사적 표현에 같은 뜻이 겹쳐 나타나는 경우를 문법적으로는 剩餘意味(redundant meaning)라고 한다.

잉여의미를 가진 표현은 언어운용상 여러모로 비경제적이다. '온정'이라는 말 앞에 쓸데없이 '따뜻한'을 얹자니 그만큼 말하는 시간이나 글 쓰는 지면을 허비하게 된다. 대부분의 차용어는 이처럼 틈만 보이면 우리말 표현에 낭비를 부추기려 들기 때문에 조심해야 할 것이다.

*경향신문 제13633호(1990년 1월 16일 화요일).

12. 잘못 쓰이는 '삼가다'

'담배를 삼가해 주십시오'. 택시 안에서 가끔 눈에 띄는 안내문이다. 그러나 이때의 '삼가해 주십시오'는 문법적으로 올바른 표현이 아니다.

우선 '삼가다'는 '삼가 말씀 여쭙겠습니다'에서처럼 손위의 상대방에게 자기 자신의 행위를 조심스럽고 겸손하게 나타낼 때 쓰이는 말이다.

'삼가다'를 한자로 바꾸면 '謹'이 된다. 이 '謹'이 들어가는 한자어는 원칙적으로 자기 자신의 행위를 예의바르게 나타낼 때 쓰인다. '謹識(근지: 삼가적음) 謹書, 謹呈, 謹弔'등에서 그 사용법이 확인된다.

자연히 '삼가다'는 다른 사람의 행위를 규제하는 권고문이나 명령문에 쓰일 수 없는 말이다. 그 때문에 '삼가해 주십시오'라는 표현은 오히려 공손한 권유가 아니라 무례한 명령이 되고 만다.

다만 '삼가다'가 '말을 삼가라, 행동을 삼가라'에서처럼 명령문에 쓰일 때도 있지만 이때의 상대방은 아랫사람이거나 친구여야 한다.

어쩌다 이 말이 '말을 삼가시오'처럼 모르는 사람에게 명령으로 쓰이는 경우도 있다. 그러나 이때의 '삼가시오'라는 명령은 정상적인 대화가 이미 깨져 싸움으로 번진 상태에서 화풀이로 쓰이는 말일 뿐이다. 말하자면 상대방을 아랫사람처럼 마구 대하고 있는 셈이다.

이렇게 볼 때 '삼가해 주십시오'와 같은 권고식 명령문은 아무래도 우리말 표현으로 곱살스럽지 못하다. 이럴 경우에는 '참아 주십시오, 참아주시기 바랍니다'나 '참아 주시면 고맙겠습니다' 쯤으로 좋을 것이다.

'삼가다'를 명령문에 쓸 때에는 이처럼 여러 가지로 조심해야 하지만 일반 서술문이나 의문문 형식으로는 얼마든지 써도 좋다.

'선생님 앞에서는 말을 삼가는 것이 좋겠습니다. 어른 앞에서는 언제나 행동을 삼갈수록 좋겠지요?' 이때의 '삼가다'는 명령을 나타내고 있지 않으므로 손위의 상대방이나 모르는 사람에게도 쓰일 수 있는 것이다.

또 한마디 달아둘 필요가 있다. 요즈음 '삼가다'를 '삼가하다'로 쓰는 사람이 많은데 이것도 문제라면 문제가 될 수 있다.

일반 동사에는 모든 활용형이 나타나지만 '삼가다'에는 '삼가+아 → 삼가'라는 부동사형밖에 나타나지 않기 때문이다.

그러나 '삼가다'는 어엿한 동사에 속한다. 그러므로 이 말은 '삼가면, 삼가야, 삼가서, 삼가지…'처럼 쓰일 수 있다. 이를 '삼가하다'로 쓸 필요가 없는 것이다.

*경향신문 제13639호(1990년 1월 23일 화요일).

13. 사이비 漢字

우리말에는 漢字語가 많아 총어휘의 50%가 넘는다. 그러나 한자로 표기되는 말이라고 해서 모두가 한자어는 아니다.

가령 길거리의 가게 이전 안내문 끝에 '주인 白'이라 적혀 있는 때가 있다. 이 '白'을 가게주인은 어떻게 읽었으며, 행인들은 또 어떻게 읽을지 궁금하지만 대개는 한자음 그대로 '백'이라고 읽는다.

그러나 이때의 '白'은 한자어가 아니라 우리말에 대한 吏讀式 표기로서 그 유서가 매우 깊은 것이다. 현대어로는 '사뢰다'가 거기에 그대로 들어맞는다. 이렇게 볼 때 '주인 白'은 '주인 사룀'이 되어야 한다. 이 '白'을 그저 '백'이라고 읽거나 쓴다면 웃음거리가 될 수도 있다.

미국의 화폐단위인 '달러'를 '弗'로 나타내기도 한다. 이를 당당히 '불'이라고 읽는 사람이 있는데 아무래도 어색하다.

'弗'은 중국인들이 달러표시인 $를 나타내기 위하여 찾아낸 일종의 기호일 뿐이다. $와 '弗'의 모양이 엇비슷하기 때문이다. 따라서 중국인들이야 어떻게 읽든 우리는 이를 '달러'로 읽어야 한다.

紳士遊覽團(1881)의 일원으로 일본에 건너간 李鑢永은 稅關업무를 조사하다가 '噸, 碼, 吋哩, 嗙'이라는 도량형 단위의 뜻을 알 수 없었다.

일본관리는 그것이 각기 ton, metre, dozen, pound를 나타낸다고 알려 주었다. 그러므로 위에 보인 한자표기는 서양의 도량형 단위에 대한 중국식 기호였다고 할 수 있다. 이들을 각기 '돈, 마, 타신, 방'이라고 읽을 수는 없다.

다행스럽게도 이들 한자표기는 오늘날 거의 쓰이는 일이 없지만, 그 일부의 흔적은 아직도 남아 있다. 옷감 '한 마, 두 마', 연필 '한 타, 두 타' 또는 '한 타스, 두 타스'등에 쓰이는 '마'나 '타' 또는 '타스'는 위에 나온 한자표기의 흔적이다.

더러는 '톤'(ton)을 부지런히 '돈'이라고 하는 사람도 있다. 이는 한자표기를 따른 것으로 보인다.

다만 한자표기에 대한 이런 발음흔적은 그다지 걱정되지 않는다. 미터법이 정착됨에 따라 이와 같은 흔적도 멀지 않아 없어질 것이기 때문이다.

그러나 약간 걱정되는 사이비 한자어도 있다. 바로 '國家的, 民族的'처럼 쓰이는 '的'이다. 이 '的'은 영어의 형용사 어미 -tic을 나타낸 것이다. 일본어로는 '的'의 발음이 teki여서 -tic과 비슷하기 때문이었다.

이러한 '的'은 순수 한자어가 아니다. 그런데도 이 '的'은 '마음적으로'처럼 고유어에까지 확산되고 있어 꼴이 사납다.

우리말에 한자어가 너무 많다고 걱정만 할 일이 아니다. 어떻게 하면 한 글자라도 올바로 알고 제대로 쓸 수 있을지에 잠시만이라도 성의를 가질 일이다.

*경향신문 제13644호(1990년 1월 30일 화요일).

14. 무책임한 作名

日本의 東洋文庫에 드나들던 1971년 어느 날 다가와(田川孝三)씨의 소개로 미국인 학자 한 사람을 만났다. 명함을 건넸더니 그 젊은이가 대뜸 한국에서는 중국어를 쓰고 있느냐고 물어왔다. 어이가 없었지만 무리도 아니었다. 명함에는 이름을 비롯하여 직장, 주소까지 한자로 적혀 있었으니 그럴 만하였다.

삼국시대까지만 하더라도 우리의 人名이나 地名과 같은 고유명칭은 모두 순수한 우리말로 만들어졌다. 그러던 것이 고려, 조선시대를 거치면서 모조리 중국식으로 바뀌고 말았다. 그 때문에 우리는 아직도 作名이나 命名에 대한 떳떳한 전통을 내놓지 못하고 있다.

이러한 현실은 우리말에 대한 무관심이나 무감각, 나아가서는 무책임으로 이어진다. 그러한 실례로 있으나마나한 명칭이 있다.

서울의 지하철 노선 명칭이 '제1호선, 제2호선'으로 나가길래, 언젠가는 멋진 이름을 붙이겠거니 했더니, 웬걸 앞으로 생기는 명칭도' 제7호선, 제8호선'이 될 모양이다.

그러가하면 남산 밑에 '제1호 터널, 제2호 터널'이 있고 중부고속도로에도 '제1호 터널, 제2호 터널'이 있다. 이것은 번호일 뿐이지 명칭이 아니다.

집에서 기르는 강아지나 고양이에게도 예쁜 이름을 달아주는 세상이다. 전철 노선이나 터널에 대한 명칭이 저처럼 무표정하고 무의미해 가지고야 문화민족의 체면을 찾을 곳이 없다.

허영이나 과장으로 꾸며진 명칭도 있다. '대학'이 많다 보니 '주부대학, 노인대학, 시민대학'이 생긴다. 바로 며칠 전 한국방송공사는 '대학생을 위한 동계광고대학'을 개최한다는 광고를 일간신문에 내놓았다.

교육기간을 보니 고작 2박 3일이었다. 여기에 '대학'이라는 명칭을 달고 있으니 기가찰 노릇이다. '대학'이라는 말이 이렇게 멋대로 쓰이고 있으니 진짜 '대학'이 遊技場化하고 있는 현실을 탓하기도 어렵게 되었다.

'박사'는 또 왜 그리 흔한지 모르겠다. 오래 전에 '스무고개 박사'가 있었는데, 지금은 '퀴즈박사, 라면박사'까지 생긴 모양이다. 이렇게 박사가 많다 보니 '경영학박사'가 밀수에 앞장서고 '철학박사'가 가짜 약을 팔아먹는 세상이 되어도 할 말이 없을 수밖에 없다.

作名에는 자유가 있다지만 '1호선, 2호선'과 같이 멋없고 무의미한 명칭이나 '노인대학, 라면박사'와 같이 어설프고 무책임한 명칭에 대해서는 한번쯤 반성해 볼 일이다. 이러한 반성 없이는 우리말을 바르고 곱게 북돋울 길이 아무 데도 없기 때문이다.

*경향신문 제13650호(1990년 2월 6일 화요일).

15. 판치는 日本式 관용구

얼핏 보아서는 서로 구별하기 어려울 만큼 어슷비슷한 두 가지 사물을 놓고, 내쪽이 크다거니 네쪽이 작다거니 다툴 때, 흔히들 '도토리 키재기'라는 비유를 쓴다.

이 비유는 어느 결에 마치 우리말 俗談이나 되는 것처럼 버젓이 행세하고 다니지만, 알고 보면 우리의 전통적 속담과는 아무런 인연이 없다. 일본의 오래된 俗談이 바다를 건너 우리말에 끼어든 것이기 때문이다.

그뿐만 아니다. 우리말에는 안타깝게도 일본식 관용구가 아직도 판을 치고 있다. 도처에서 들을 수 있는 '흥분의 도가니, 새빨간 거짓말, 달콤한 말, 재미있는 사람, 꿈같은 일'식 명사구가 그렇고, '엉덩이에 불이 붙다, 손에 땀을 쥐다, 손꼽아 기다리다, 이야기꽃을 피우다, 무릎을 치다, 비밀이 새다, 마각을 드러내다, 폭력을 휘두르다, 눈살을 찌푸리다, 눈시울이 뜨거워지다, 패색이 짙다, 욕심에 눈이 어두워지다'식 동사구는 물론, '순풍에 돛단듯이, 매일처럼'식 부사구가 또한 그렇다.

일본 사람들은 일찍부터 장사를 잘 해서인지 돈으로 사람의 감정을 사기도 하고, 돈에 사람의 가치를 팔기도 한다. 그래서인지 일본말에는 '호감을 사다, 원한을 사다'라는 표현이 있는가 하면, '젊음을 팔다'라는 표현도 있다. 이 표현들도 빠질세라 飜譯借用(loan translation)으로 우리말에 몽땅 들어와 도처에서 천연스럽게 쓰이고 있다.

또한 '희망에 불타다, 실패로 끝나다, 귀를 의심하다, 마음을 주다, 궁지를 벗어나다, 상상하기 어렵지 않다'와 같은 일상적 관용구도 하나같이 번역차용어로 우리말에 들어온 것들이다.

그러나 여기까지는 또 좋다고 할 수 있다. 드물기는 하지만 '전화를 넣다'라고 하는 사람까지 있으니, 해괴하다 못해 말문이 막힐 지경이다. 그러려면 차라리 처음부터 일본어를 쓰는 쪽이 사람의 비위를 건드리지 않을 것이다.

開化期의 물결 속에서 電報나 電話와 같은 文明의 利器를 어쩔 수 없이 일본으로부터 받아들였다 할지라도 '전보를 치다, 전화를 걸다'라는 표현마저 일본말을 그대로 직역해서 써야 했는지는 아무리 생각해도 아쉽기만 하다.

우리말을 이렇게 만들어 놓은 책임은 근원적으로 일본어를 모국어처럼 구사할 수 있는 세대, 특히 지식인들에게 있다. 한 나라의 말을 고이고이 지키고 가다듬는 데 지식인들의 책임이 얼마나 큰 것인지를 알만한 일이다.

*경향신문 제13656호(1990년 2월 13일 화요일).

16. 辭典에도 없는 '산취'나물

지난 정월대보름 앞뒤 날짜의 각 신문에는 歲時風習에 대한 기사가 많이 실렸다. 그 가운데 '보름나물 아홉 가지'라고 있기에 무엇인가 했더니 '애호박오가리, 호박꼬지, 산취, 고사리(고비), 도라지, 가지, 토란줄기, 아주까리잎' 나물이란다.

다 좋은 말인데 '산취'를 잘 모르겠다. 첩첩산골에서 어린 시절을 보냈기 때문인지 풀 한포기, 벌레 한 마리의 이름에 대해서 늘 정감을 지니고 있을 뿐 아니라, 우리말 공부길에 들어서면서부터는 나물이름 하나에 대해서도 남다른 애착을 느끼고 있는데 '산취'라니 그대로 덮어 둘 수가 없었다.

찾아보니 '산취'라는 말은 예상대로 사전에 올라 있지 않았다. 그냥 '취'였다. 우리가 흔히 쌈이나 나물삼아 먹고 있는 '취'에는 '곰취, 단풍취, 참취' 따위가 있다. 어느 것이나 산에서 야생하는 국화과식물이므로 이를 번거롭게 '산취'라고 부를 필요가 없다.

신문기사에 나타난 '고사리(고비)'라는 표현도 그대로라면 '고사리'와 '고비'가 같다는 뜻이 된다. 그러나 '고사리'와 '고비'는 과를 달리하는 식물로서 모양도 맛도 상당히 다르다. 이럴 때에는 '고사리(또는 고비), 고사리(대신 고비)' 아니면 '고사리나 고비'식으로 정확하게 표현해야 한다.

맛으로 친다면야 '고비'가 '고사리'를 따를 수 없지만, 지금 서울에서는 도톰하고 연한 '고사리'를 만날 길이 없다. 울며 겨자 먹기로 지푸라기 소여물처럼 뻣뻣한 '고사리나물'을 씹어 넘기며 쓴웃음을 삭일 수밖에 없다.

대체로 우리는 꽃이름 하나에 대한 인식도 정밀하지 못하다. 30년도 넘었지만 당시의 『고등국어 I 』에는 '들국화'라는 수필이 실려 있었다. 그때는 그저 넘어갔는데 나중에 사전을 들추어보니 그런 이름을 가진 식물은 없었다.

훨씬 후에야 이 말이 '野菊'이라는 일본말을 아무런 검토 없이 무책임하게 우리말로 풀어 놓은 것임을 알았다. 그 글에서는 '들국화'를 들판이나 산속에서 피어나는 보랏빛 꽃이라고 했으니, 아마도 연보라빛 꽃을 피우는 '개쑥부쟁이'나 '구절초'를 두고 그렇게 불렀던 것 같다. 이들이야말로 가녀린 여인처럼 한국의 가을을 살다 스러지는 꽃들이다.

풀이름, 꽃이름에는 우리 선대의 넘치는 상상력과 날카로운 감각이 뻐근하게 서려있다. 꼼꼼히 뜯어보면 여기저기에 우리말의 정겨움과 아름다움이 살아있다.

겨르롭게 노벨문학상을 먼저 들먹이기 전에 나물이름, 벌레이름 하나라도 올바르게 쓰고 나서, 외국사람더러 멋지게 번역해 달라고 기대함이 순서일 것이다.

*경향신문 제13662호(1990년 2월 20일 화요일).

17. 잘못 알려진 名言들

우리가 가끔씩 써먹는 매력적인 名言 가운데에는 일본에서 잘못 번역되거나 본래의 뜻과는 다르게 쓰이다가 우리말로 넘어온 것들이 더러 있다.

그리스의 名醫 히포크라테스가 한 말로 통용되는 名言에 '예술은 길고, 인생은 짧다'라는 것이 있다. 영원한 예술의 위대함을 찬양하는 자리에 단골손님처럼 동원되는 이 표현에는 의문점이 하나 도사리고 있다. 의사가 어떤 연유에서 직업과는 관계도 없는 '예술'에 대하여 그처럼 감동적인 사실을 깨달았을까 하는 궁금증이 그것이다.

이 名言에 나오는 '예술'은 그리스어 ars(영어로는 art)에 그 뿌리를 대고 있다. 이 말은 기술을 뜻한다. 그렇다면 히포크라테스는 의사로서의 '기술'을 익히기가 매우 어려움을 탄식한 것이다. 따라서 이때의 '예술'은 '기술' 아니면 '의술'로 번역되었어야 제격이다. 그래야만 의사다운 깨달음으로 나무랄 데가 없다.

이러한 번역상의 잘못은 일본에서 비롯된 것이다. 그 번역이 처음에는 Art is long, life is short라는 英譯文을 통하여 이루어졌을 것이다. 영어의 art에는 '기술'이라는 뜻도 있는데, 번역자가 무심결에 이를 '예술'로 옮겨 본래의 뜻을 놓치고만 것이다. 이 잘못이 고스란히 우리말로 옮겨져, 예술의 위대성을 찬양할 때마다 되풀이 되고 있으니, 지하의 히포크라테스가 이 사실을 알게 된다면 틀림없이 쓴 웃음을 머금을 것이다.

두루 알려진 루소의 가르침에 '자연으로 돌아가라'는 것이 있다. 그러나 그는 정작 그런 말을 한 적이 없다고 한다. 어느 일본 학자의 말을 빌리면 루소의 작품에는 '자연을 따르라'거나 '자연은 올바르다'는 표현이 여러 번 나올 뿐, '자연으로 돌아가라'는 표현은 보이지 않는다고 한다.

그렇다면 '자연으로 돌아가라'는 잘못 번역된 말이다. 이 말은 '인간사회나 문명을 버리라'는 뜻으로 잘못 받아들여질 소지를 안고 있는데, 그러한 결함이 그대로 우리말에도 들어와 잘못 쓰이고 있어 문제가 된다.

셰익스피어의 '햄릿'에서 유래했다는 '약한 자여, 그대 이름은 여자니라'도 본래는 유혹에 빠지기 쉬운 여성을 비난하는 대사였다.

남편이 죽은 뒤 곧바로 시동생과 결혼한 어머니의 不貞스러움을 공박한 햄릿의 말이었기 때문이다.

이 말이 연약하고 불쌍한 처지에 놓인 여인을 동정하거나 비웃는 뜻으로 확대되어 쓰이게 된 것은 일본어의 용법에서 배워온 것이다. 이렇게 빗나간 용법이라면 차라리 버리는 편이 나을 것이다.

*경향신문 제13668호(1990년 2월 27일 화요일).

18. 엄포용 '뿌리뽑기' 만연

우리 사회의 지배자들에게는 아직도 '뿌리뽑기' 정신이 드세게 남아 있다. 어쩌다 공직자의 부정이 세상에 알려지면서 여론이 좀 시끄러워지면 해당부처의 장관은 영락없이 '지위고하를 막론하고 엄중문책하겠다'고 서슬이 시퍼렇게 엄포를 놓는다.

부동산투기가 극성에 이르러 사회가 어수선해지면 행정이나 사법부서의 책임자들은 한결같이 '모든 수단을 동원하여 강력한 단속을 펴나가겠다'고 수도 없이 들어온 위압적인 선언으로 목청을 돋운다.

이러한 당국자의 태도를 한 마디로 묶으면 '뿌리뽑기' 정신이 된다. 실제로 '뿌리를 뽑겠다'는 상투적 표현은 '사악한 현실을 바로잡겠다'는 뜻으로 자주 쓰이고 있지만, 너무 듣다보니 이 말이 이제는 김빠진 풍선이 되고 말았는데도 공직자들은 아직도 이를 버리지 못하고 있다.

'뿌리를 뽑는다'에 잠재하고 있는 추상적 의미는 농민들이 논밭에서 '풀뿌리를 뽑아낸다'는 구상적 의미에서 발전한 것이다. 잡초를 말끔히 뽑아낸다는 것은 정녕 통쾌하고 시원한 일이다.

그러나 찌는 듯 지글거리는 칠팔월의 하루만이라도 들에 나가 김을 매어본 사람이라면 여름날의 잡초뿌리가 얼마나 질기디 질긴지를 속이 저리도록 실감하고 있을 것이다.

그런데도 우리사회의 지배자들은 '뿌리뽑기'를 누워서 떡 먹듯 입에 올리고 있다. 이 '뽑기'

정신은 지금 도처에 퍼져 있다. 중학교 진학이나 아파트 입주 때에도 '제비뽑기'를 쑥쑥 잘해야 한다.

'커피 뽑아올까' 자동판매기의 커피 한잔까지도 이처럼 '뽑아'내는 것이다.

말은 사람의 마음을 담아 나르는 그릇이다. 그러므로 한 사람의 말에는 개인의 속마음이 담기고, 한 시대의 언어표현에는 사회의 집단심리가 반영된다.

'뿌리뽑기'라는 위압적인 통치심리는 일반민중의 언어표현에 반영되어 '커피뽑기'와 같은 말을 낳는다.

'뽑기'라는 말은 어감상 자극적일 뿐 아니라, 승리감을 더해준다. 그러나 이 '뽑기'라는 표현은 우리 사회의 병리를 나타낼 뿐이다.

'꺾다'나 '따다, 먹다'라는 말도 이 시대의 우울한 병폐를 대변하고 있다. '이기다'나 '얻다, 되다'로 나타낼 수 있는 말을 '상대방을 꺾다, 금메달을 따다, 챔피언을 먹다'로 표현한다. 술잔을 기울이거나 걸치자던 표현도 이제는 '한잔 꺾자'로 발전하였다.

모두가 '뽑기, 꺾기, 따기, 먹기'처럼 한풀이 표현이다. 이 차갑고 처절한 승자 중심 심리를 이제는 미련 없이 버려야 한다.

*경향신문 제13674호(1990년 3월 6일 화요일).

19. 함정 많은 助詞 '의'

어느 학생이 써낸 작문제목을 보니 '나의 친구'라고 되어 있었다. 본문에도 '나의 친구'라는 표현이 여러 번 나타났다.

'나의 친구'라는 표현을 틀렸다고 볼 수는 없지만 아무래도 어색하다. 우리가 일상 쓰는 말로는 '내 친구'이지 '나의 친구'가 아니기 때문이다.

우리말 人稱代名詞 '나, 저, 너'의 屬格形은 각기 '내, 제, 네'이다. 그러므로 '나의 집, 저의 아들, 너의 송아지'보다는 '내 집, 제 아들, 네 송아지'가 훨씬 자연스러운 우리말 표현이 된다.

이원수의 名作 '고향의 봄'은 '나의 살던 고향은 꽃피는 산골'로 시작된다. 그러나 '나의 살던 고향'이라는 표현이 우리말에 쓰이는 일은 없다. '내가 살던 고향'이 훨씬 우리말다운 표현이다.

조국통일이라는 민족적 소망을 담은 노래 가운데 '우리의 소원'이 있다. 이 제목 또한 우리 말 표현으로 어색하다. '우리'라는 代名詞 뒤에는 보통 '의'라는 屬格이 나타나지 않는다. 그 때문에 '우리의 아버지, 우리의 학교'보다는 '우리 아버지, 우리 학교'가 자연스러운 우리말 표현이다. '우리의 소원'도 '우리 소원'으로 충분한 것이다.

'우리'가 動詞 앞에 쓰일 때에는 '우리의 할 일'처럼 '의'를 동반하는 수도 있으나, '나의 살던 고향'이 '내가 살던 고향'인 것처럼 '우리가 할 일'로 써야한다. 그러나 여기까지의 '의'는 그래도 나은 편이다. '의'라는 助詞가 어색하게 쓰이긴 했지만, 그 뜻에 혼란을 일으키지는 않기 때문이다.

'의'라는 助詞를 잘못 쓰면 남들이 그 뜻풀이에 애를 먹는 수도 있다. '벽에 아버지의 그림 이 걸려있다'라는 문장에 나타나는 '의'가 그러한 경우라고 할 수 있다.

'아버지의 그림'이라는 표현은 적어도 세 가지의 다른 뜻으로 해석될 수 있다. 첫째는 '아 버지의 모습을 담은 초상화', 둘째는 '아버지가 손수 그린 그림', 셋째는 '아버지가 소장하고 있는 그림'이다.

이럴 때에는 '의'라는 표현을 피하고 남이 그 뜻을 분명히 알아낼 수 있는 표현을 써야 한다.

지금 우리말에는 '의'라는 助詞가 부질없이 확산되고 있다. 그 이유는 영어의 前置詞 'of'와 日本語의 屬格助詞 'の'(의)의 干涉 현상으로 풀이된다.

文法은 어차피 시간과 더불어 변하게 마련이어서 '의'의 확산이 새삼 문제될 것은 없다. 그러나 앞에서 본 것처럼 '의' 때문에 우리말 표현이 매끄러움과 자연스러움을 잃거나, 뜻에 혼란을 일으킨다면 당연히 경계해야 할 것이다.

*경향신문 제13680호(1990년 3월 13일 화요일).

20. 무분별한 英語 약칭 表記

제4공화국 시절에는 JP라는 略稱이 신문지상에 자주 오르내렸다. 당시의 혁명주체 정치인 金鍾泌씨를 두고 이른 말이다.

愛稱인지 敬稱인지 아니면 卑稱인지 도무지 알쏭달쏭한 이 略稱은 제6공화국과 더불어 신문지상에 되살아났다. 요즈막 신문에는 YS(金永三), DJ(金大中)라는 略稱도 심심치 않게 나타난다. 도대체 기자들은 무엇 때문에 우리네 人名을 가지고 그와 같은 서양말 字母놀이를 일삼고 있는지 모르겠다.

제4공화국 시절에는 또한 'KS마크'라는 말이 세상에 떠돌기도 하였다. 이 말의 본 뜻은 '한국표준규격'이지만, 그것이 어느결에 '경기고교를 거쳐 서울대를 나온 사람'에 대한 代用 略稱으로 발전하여 한동안 세상을 어지럽게 몰아갔다.

제5공화국 후반부터는 'KS마크'를 대신하여 'TK사단'이라는 말이 생겨났다. '대구 경북고교 출신'을 뜻한다던가 하는 이 말은 제6공화국에 접어들면서 더욱 공공연하게 우리의 귓전을 스치고 다닌다. 자기네들끼리의 농담이나 관계자들끼리의 隱語式 呼稱으로 쓰다 말아야 할 이러한 略稱이 어째서 대중매체에 그리도 자주 오르내리는지 아무리 생각해도 씁쓰레한 느낌을 지울 길이 없다.

KS나 TK라는 말에서 풍기는 덧없는 사회상이나 얄팍한 정치풍토를 탓하자는 것이 아니다. 우리는 언제까지 우리말 표현을 서양말 字母놀이로 몰아갈 것인가를 잠시 생각해 보자는 것뿐이다.

우리는 오래전부터 'S씨, K고교, N대학, P의원, C과장'식 호칭을 아무렇지도 않게 받아들이고 있다. 대부분의 活字媒體가 이 방식을 쓰고 있기 때문이다.

그러나 S, K, N 따위는 결코 우리말 字母가 아니다. 그러므로 이러한 서양말 字母를 우리말 字母처럼 대중매체에 쓰는 일은 이제 없어져야 한다. 우리말 字母는 세계 어떤 언어의 字母와 비교하더라도 별로 손색이 없을 만큼 풍부한 편이다. 그 때문에 鄭麟趾는 『訓民正音』 해례본 서문에서 우리말 字母로는 '바람소리(風聲) 학 울음소리(鶴唳) 닭울음소리(雞鳴) 개 짖는 소리(狗吠)'까지도 적을 수 있다고 밝힌 바 있다.

다행히 '경향신문'을 비롯한 한두 신문에서는 지금 'ㄱ씨, ㅈ고교, ㄷ대학'과 같은 표기방식을 채택하고 있다. 어느 모로 보더라도 어색하기는커녕 오히려 친근감을 한결 더해준다. 사소한 일 같지만 우리는 하루라도 빨리 'JP, TK, S씨'와 같은 西洋志向式 의식에서 벗어나야 한다. 名稱 하나라도 우리말 字母로 적는 태도가 그 지름길이다.

*경향신문 제13686호(1990년 3월 20일 화요일).

21. '열려지다' 등 억지말 추방을

　서울의 지하철열차 중앙출입문 바로 위쪽에는 밤톨만한 암갈색 신호등 한 개와 그에 대한 안내쪽지가 붙어있다.

　'전등이 켜있을 때에는 이 문은 열려지지 않습니다. 좌우측 문을 이용하여 주십시오'

　몇 번을 뜯어보아도 틀림없이 '열려지지 않습니다'로 되어있다. '열리지 않습니다'로 써야 할 것이 잘못된 것이다. '열다'의 被動形은 '열리다'이지 '열려지다'가 아니기 때문이다.

　사실 요즈음 우리말에는 어색한 被動形이 어지럽게 나타난다. 가령 '그렇게 보여진다, 나무가 쌓여져 있다. 과거 속에 묻혀진 사람, 활짝 열려진 창문, 저절로 눈이 감겨졌다'에 나타나는 二重被動化가 그러한 사례에 속한다.

　우리말의 被動化는 복잡한 절차를 보이지만, 기본적으로는 '他動詞幹語+이, 히, 리, 기'로 이루어진다.

　'보다 → 보이다, 쌓다 → 쌓이다, 묻다 → 묻히다, 열다 → 열리다, 감다 → 감기다'에 그러한 절차가 나타난다.

　他動詞 중에는 위와 같은 절차를 따르지 않는 것도 있다. 이때는 自動詞語幹이나 形容詞 語幹에 나타나는 被動化 절차를 따른다.

　그것이 '아/어+지다'형 被動形이다. '주다 → 주어지다, 만들다 → 만들어지다, 기울다 → 기울어지다, 좋다 → 좋아지다'가 그러한 절차를 따르고 있다.

　우리말 被動化는 이 두 가지 방법 중 어느 하나만을 따르게 되어있다. 그런데 '열려지다'에는 두 가지 방법이 겹쳐있다. 이러한 二重被動化는 문법상 무리일 뿐만 아니라, 언어운용상 비경제적이며, 의미상으로도 어색한 느낌을 안겨준다.

　우리말 被動化 중에는 '名詞性語根+되다'와 같은 절차도 있다. '생각되다, 걱정되다, 참되다' 등등. 그런데 여기에 다시 '아/어+지다'를 결합시킨 '생각되어지다, 해석되어지다, 거부되어지다'식 被動化가 날로 늘어나고 있다. 이러한 二重被動化는 '열려지다'식 二重被動化보다 한층 더 부자연스러운 억지에 가깝다.

　문제의 심각성은 쓸데없는 被動化가 文章層位에 분별없이 자꾸만 퍼지고 있다는 점일 것이다. '10년 전에 지어진(지은) 이 건물, 교육악법도 반드시 개정되어야(개정해야) 옳다, 무분별한 외국어 사용은 자제되어야(자제해야) 한다'에 쓰인 被動形이 그러한 사례에 속한다. 이때에는 괄호 속에 적어넣은 能動形이 오히려 우리 표현으로 자연스럽다.

被動化는 能動文의 目的語를 主語 자리로 옮기기 위한 문법절차이다. 그러므로 전형적인 被動化는 他動詞에 나타난다. 被動化 표현을 쓸 때에는 이 점을 충분히 감안해야 할 것이다.

*경향신문 제13691호(1990년 3월 26일 월요일).

22. '본인'보다는 '나'·'저'가 정겨워

패전 이듬해인 1946년 1월 1일 일본의 昭和천황은 神格을 부정하고 인간임을 선언하는 詔書를 발표하였다. 그때까지만 하더라도 천황은 스스로를 '朕'이라고 自稱하였다.

그러나 1947년 6월 23일 새 헌법 밑에서 소집된 제1회 국회 개회식에서 천황은 처음으로 '朕'대신 '나'라는 自稱을 썼다.

이 놀랄만한 사실을 당시의 일본신문들은 하나의 특별사건으로 크게 다루었다. 어찌되었건 구시대의 지겨운 상징이었던 천황전용 自稱代名詞 '朕'은 일본어에서 그렇게 사라졌다.

당치도 않게 여기서 현해탄 건너편 나라의 일을 잠시 들추어본 데에는 그럴만한 까닭이 있다. 우리말에는 아직도 구시대의 신물 나는 自稱이 보란 듯이 살아 움직이고 있는 것이다. 그중 하나가 우선 '본인'이라는 自稱일 것이다.

이 멋대가리 없는 自稱을 누구보다도 번번이 애용하는 인물은 朴正熙 전대통령이었다. 실제로 그의 연설문이나 담화문에는 '본인'이라는 自稱이 자주 나타난다.

그래서인지는 몰라도 우리사회에는 아직도 스스로를 '본인'이라고 自稱하는 특정 인사들이 많다.

그러나 '본인'이라는 自稱은 더할나위없이 사무적인 느낌을 불러일으키는 말이다.

그 때문에 이말은 냉랭하고 딱딱하다 못해 가소로운 느낌까지 안겨주는 수도 있다.

사실 일반 서민들은 '본인'이라는 自稱을 쓰는 일이 거의 없다. 그저 평범하게 '나'를 쓰거나 겸손하게 '저'를 쓸 뿐이다. 어디로 보나 '본인'보다는 '나'나 '저'라는 自稱이 훨씬 부드럽고 따뜻한 정감을 더해준다. 그렇다면 우리는 어떠한 자리에서라도 '본인'이라는 自稱보다 '나'나 '저'라는 우리말 自稱을 써야 한다.

다행히 노태우 대통령은 '나'나 '저'라는 自稱을 즐겨 쓰고 있다. 재임시에는 깍듯이 '본인'

이라고 自稱했던 全斗煥 전대통령도 백담사로 떠나기 전에 내놓은 성명서에서는 겸손하게도 '저'와 '나'라는 自稱을 썼다.

그런데 大邱西甲區 국회의원 보궐선거에 입후보했다가 지난 3월 26일 사퇴한 鄭鎬永씨는 사퇴성명서에 '본인'과 '나'라는 自稱을 함께 썼다. '본인'이라는 自稱을 섞어 쓰지만 않았더라면 얼마나 좋았을까 하는 생각이 든다.

이제 국회의원이나 검사도 '본 의원은…, 본 검사는…'이라는 自稱 대신 '나는…'이나 '저는…'을 쓸 차례. 판사 또한 '본 법정은…' 대신 '이 법정은…'을 썼으면 좋겠다.

구시대의 멋없고 지겨운 自稱을 과감히 내버리는 일도 '새로운 精神'을 갖추는 일 못지않게 긴요하다.

*경향신문 제13697호(1990년 4월 2일 월요일).

23. '上京'·'下鄉'은 중앙집권적 思考

오랜 역사에 걸쳐 시행되어 온 중앙집권 정치는 우리의 마음속에 서울 중심의식을 깊숙이 심어놓았다. 이러한 검질긴 의식은 바로 '사람새끼는 서울로 보내고, 말새끼는 제주도로 보내라'는 속담에 여실히 스며있다.

우리말 표현에도 같은 의식이 아직 살아있다. 서울에는 '올라간다'는 것이고, 시골이나 고향에는 '내려간다'는 것이다. 말하자면 서울은 '위'에 있고, 시골이나 고향은 '아래'에 있다는 의식을 나타내는 표현이다. 서울은 '높은 곳', 시골이나 고향은 '낮은 곳'이라는 의식과도 통한다.

이러한 구시대적 의식은 '上京'이나 '下鄉'이라는 한자어에도 나타난다. 그러나 이제는 시대가 달라졌다. 머지않아 지방자치도 실시될 차례다. 그때를 대비해서라도 이제부터는 '서울에 올라간다' 대신 '서울에 간다', '시골에 내려간다' 대신 '시골에 간다'라는 표현을 썼으면 한다.

'上京'이나 '下鄉'이라는 말도 이제 응당 없어져야 하며, 철도청은 '上行線, 下行線'이라는 표현을 딴말로 적절히 바꿀 필요가 있다.

우리말에는 지금 이보다 더 망측스러운 표현이 버젓이 쓰이고 있다. 미국에는 '들어간다'

는 것이고 한국에는 '나온다'는 것이다. 한국을 떠나 미국에 간다면 '出國'이니 '미국에(으로) 나간다'요, 미국을 떠나 한국에 온다면 '入國'이니 '한국에(으로) 들어온다'여야 한다.

'미국에 들어간다, 한국에 나온다'는 표현에는 결국 미국 중심의식이 짙게 깔려 있다. 미국을 중심으로 살다 보니 '미국에서 나온다'가 무심결에 '한국에 나온다'로 바뀌고 마는 것이다.

올바른 표현을 위해서는 언제나 말의 선택에 정성을 쏟아야 한다. 이번에는 잘못된 動詞 선택이 어떻게 우리말 표현을 망치는지 한두 가지 실례를 들어 살피기로 한다.

설날이나 추석 전날 대중매체는 흔히 '오늘 하루 10만 명의 귀성객이 서울을 빠져나갔다'는 소식을 전한다. 그러나 이때의 '빠져나갔다'는 마치 '범인이 수사망을 뚫고 도망쳤다'는 어감을 풍긴다. 따라서 귀성객일 때에는 '서울을 떠났다'로 표현하고, 범인일 때 한해서 '서울을 빠져나갔다'로 표현하는 것이 무난할 것이다.

운동경기장의 상황을 전하는 표현 가운데에는 '환성을 올리다', '메아리치다'라는 것이 있다. 그러나 이 경우에도 동사선택이 잘못된 것이다. 올바른 표현은 '환성을 올리다' 또는 '환성을 지르다', '메아리지다'여야 한다. 흔히 쓰이는 '거짓말시키다'도 마땅히 '거짓말하다'로 바로잡아야 한다.

*경향신문 제13702호(1990년 4월 9일 월요일).

24. '家出' 등 일본식 造語 추방해야

어떤 목적이나 이유가 있어 사람이 집을 떠나는 일에 '出家'라는 말을 쓴다. 그러므로 승려가 되기 위하여 집을 떠나는 일을 '出家'라고 한다.

이에 대하여 어떤 문제를 안고 집을 나가 소식이 끊길 때에는 '家出'이라는 말을 쓴다. 그런데 한자 조어법대로라면 '出家'는 '집을 나간다', '家出'은 '집이 나간다'로 풀이된다.

그런데도 '家出'이 '집을 나간다'는 뜻으로 조어법과 다르게 쓰이는 것은 이 말이 전통적 한자어가 아니고 일본어 출신이기 때문이다.

우리말에는 지금 조어법에 어긋난 한자어가 많다. 이러한 부류의 한자어는 어김없이 일본 어식이라고 보아도 거의 틀림이 없다. 가령 '上, 下, 出, 入, 立' 따위로 끝나는 한자어로서 조어법에 어긋나는 것이 있다면 짐짓 일본어에서 넘어온 말로 보아도 무방하다. '뒤上, 切上,

賣上, 引下, 切下, 取下, 賣出, 貸出, 呼出, 届出, 差出, 買入, 差入, 手入, 埋立, 組立, 積立' 따위의 말이 그러한 사례로 꼽힌다. 이들은 일본어에서 音讀되는 일이 없어 언제나 訓讀으로만 통한다. 따라서 이들은 한자어가 아니라 고유 일본어로 만들어진 合成語일 뿐이다. 나아가 이때의 한자표기는 조어법과 관계가 없다. 그 때문에 이들은 한자조어법에 어긋나 있다.

우리는 일찍부터 이런 고유 일본어까지를 한자어처럼 받아들여 아직도 아무런 거리낌 없이 쓰고 있다.

경찰이나 검찰이 범법자를 다루면서 '身柄을 확보한다'거나 '身柄을 처리한다'와 같은 표현을 많이 쓴다. 이 표현은 이제 법률관계 관용구로 굳어져 버렸지만 이때의 '身柄'이라는 말에 대해서는 반드시 따지고 넘어가야 할 대목이 있다.

'身柄'을 우리말로 풀어보면 '몸자루'가 된다. 이때의 '자루'는 '칼자루'의 '자루'처럼 손으로 붙잡기 위한 부분을 뜻한다. 하기야 경찰의 처지에서 보면 범법자의 '몸'은 '칼자루'처럼 손아귀로 붙잡기 위한 대상일지도 모른다.

이처럼 고약한 발상에서 나온 말이 곧 '身柄'이라는 일본말이다. 이 말 역시 訓讀으로만 통하는 고유 일본어에 지나지 않는다. 이렇게 비인간적인 발상에서 생겨난 일본말을 우리가 왜 아직도 써야 하는지 그 이유를 찾을 길이 없다.

경제 분야에서 자주 쓰이는 '원高'는 또 어떤가. 이 말은 일본말 '엔高'를 충직하게 흉내 낸 것이지만 우리말로서는 아무래도 껄끄럽다. 깊은 통찰이 요구된다.

*경향신문 제13708호(1990년 4월 16일 월요일).

25. '바치다'와 '받치다'의 誤用

대학생에게 시험 삼아 우리말 문법에 자신이 있는지 없는지를 물으면 모두가 입을 모아 자신이 없다고 대답한다. 그러나 그 대답은 잘못된 것이다. 대학생이 우리말 문법을 정말로 모른다면 어떻게 듣고 말하며 글을 읽고 쓰겠는가?

그들이 사전 없이도 우리말을 마음대로 쓸 수 있다는 사실은 문법을 완전히 알고 있다는 증거가 된다. 쉽게 말해서 문법이란 자신의 土着語(native language)를 제대로 말하고 들을 수 있는 무의식적 지식이다. 우리는 이러한 지식을 국민학교에 들어갈 때쯤에는 거의 완벽하게 머릿속에 갖추게 된다.

그렇다면 우리가 문법을 모른다고 생각하는 까닭은 무엇인가? 여기에는 두 가지 이유가 있다. 그 첫째는 문법학자가 아닌 한, 사람의 머릿속에 잠재하고 있는 문법을 아무나 객관적으로 분석할 수 없기 때문이고, 그 둘째는 맞춤법이나 표준어에 자신이 없기 때문이다.

문법을 객관적으로 분석할 줄 모른다 해서 문법을 모른다고는 할 수 없다. 올바르게 말하고 들을 수 있으면 문법을 아는 것이다. 따라서 문제는 맞춤법이나 표준어에 대한 지식이다.

자신의 土着語에 대한 문법은 어린 시절에 무의식적으로 갖추어진다. 그러나 문법의 資材가 되는 어휘능력은 하루아침에 이루어지지 않는다. 어휘의 습득과 활용능력을 갖추자면 누구나 오랜 수련을 거쳐야 한다. 결국 우리가 문법에 자신이 없다고 느끼는 이유는 어휘와 그 활용능력에 있다. 맞춤법이나 표준어, 바른말이나 고운말도 일차적으로는 어휘능력에 관계되는 개념이다.

가령 '갑자기'와 '문득', '갑절'과 '곱절', '껍데기'와 '껍질', '담다'와 '담그다', '띠다'와 '띄다', '메아리'와 '산울림', '아람'과 '알밤', '홀로'와 '혼자' 등은 그 뜻을 정확히 알고 가려 써야 할 말들이다.

맞춤법과 표준어 규정은 더욱 까다로운 어휘능력을 요구한다. 여기서는 어휘가 인위적으로 규정되어 있기 때문에 전문가들도 까딱하다가는 잘못을 저지르기가 쉽다.

그 일례로 맞춤법에서는 '나라에 목숨을 바치다, 우산을 받치다, 쇠뿔에 받히다, 술을 체에 밭친다'로 구별하여 적도록 정해져 있다. 발음으로는 다같이 '바치다'인데도 그 뜻에 따라 다르게 적자는 것이다.

우리말 문법능력은 누구에게나 갖추어져 있다. 그러나 맞춤법대로 쓰기와 같은 어휘능력은 쉽게 익혀지지 않는다. 모두가 어휘능력에 좀 더 마음을 쓸 일이다.

*경향신문 제13714호(1990년 4월 23일 월요일).

26. 잘못 쓰인 '어머니를 돌보다'

'우리의 소원은 통일'을 작곡했다는 캐나다 교포가 잠시 귀국하여 며칠 전 기자를 만났다. "국내에서 작곡활동을 계속하셨더라면 좋았을 텐데요." 기자가 말꼬리를 흐리자 그 교포가 말을 받았다. "글쎄요. 장남인데다가 그곳에 계신 어머니를 돌봐야겠기에…"

오랫동안 외국에서 살다온 교포라서 우리말 표현을 잠시 잊었는지는 모르겠으나, 이때의 '어머니를 돌보다'는 우리말 謙讓法에 어긋난다.

'돌보다'는 '자식들을 돌보다, 가축을 돌보다, 화분을 돌보다'처럼 손아래의 대상에만 쓰일 수 있는 말이다. '어머니를 돌보다'는 당연히 '어머니를 모신다'나 '어머니를 섬긴다'가 되어야 한다.

그러고 보니 우리말에서는 지금 謙讓語가 점차 없어져 가거나 잘못 쓰이는 일이 많다. 예를 들어 교수가 학생들에게 음식을 권하며 '자 많이 들게나' 하면 어떤 학생은 '예 들겠습니다'고 대답하는 일이 있다. 그러나 이때에는 '예 먹겠습니다'가 우리말 謙讓語에 맞는 대답이 된다.

요즈음에는 또한 '선생님 수고하십시오'라는 인사를 들을 때가 많다. 그러나 '수고하다'도 손윗사람이 '수고들 하여라'처럼 손아래 사람에게나 쓸 수 있는 말이다. 도리로 따지더라도 손아래사람이 어른에게 '계속 고통을 받으라'(受苦)라는 뜻으로 인사한다는 것은 합당한 일이 아니다. 이 경우에는 '그만 쉬십시오, 편히 쉬십시오'로 훌륭한 인사가 된다.

제자의 편지를 읽다가 '그동안 무고하셨습니까'라는 인사말에 당황할 때가 있다. '무고하다'는 물론 '별탈이 없다'지만, 손아래사람이 어른들에게는 쓸 수 없는 말이다. '그동안 안녕하셨습니까'로 충분한 표현이 된다.

학생이 연구실에 찾아와서 불쑥, "교수님 한 가지 물어봐도 돼요?"라고 말을 걸어온다. 여기에는 적어도 謙讓法에 어긋나는 표현이 두 가지나 포함되어 있다. 어른에게 말을 걸거나 질문을 할 때에는 '여쭈다, 여쭙다'는 말을 써야 한다. 이 예쁜 우리말이 점점 없어지고 있으니 애석한 일이다.

'돼요'의 '-요'를 어른에게 함부로 쓰는 것도 걱정스럽다. '-요'는 '읍니까/습니까'보다 謙讓度가 훨씬 낮은 표현임을 알아야 한다. 따라서 위에 나온 표현은 전체적으로 '한 가지 여쭈어 봐도 됩니까'처럼 고쳐 쓸 일이다.

우리말에는 敬語法이 아주 발달되어 있다. 이를 잘 살려 쓴다면 스스로의 인격연마에도 큰 보탬이 될 것이다.

*경향신문 제 13726호(1990년 5월 7일 월요일).

27. '총체적 난국'은 '힘겨운 고비'

이우는 철쭉 꽃잎 사이로 삽상한 5월의 숨결이 물씬물씬 스쳐가고 있다. 참으로 좋은 계절이다. 일하기에도, 공부하기에도, 놀기에도 한결 좋은 계절이다.

그런데 우리의 현실은 차갑고 딱딱하기만 하다. 주변을 떠도는 말속에 그러한 분위기가 무겁게 담겨 있다.

매일처럼 '총체적 난국'이라는 말을 들으며 살자니 안타깝고 애달픈 심사를 잠재울 길이 없다. 이 괴상망측한 표현을 누가 만들어 냈는지는 모르겠으나 들을 때마다 섬뜩한 느낌을 안겨주는 말이어서 아무래도 씁쓸하다. 하기야 정치란 말장난일 때가 많다. '어려운 처지'나 '힘든 판국' 또는 '힘겨운 고비' 쯤으로도 통할 텐데, 이를 거창하게 '총체적 난국'이라 하여 선량한 시민들의 마음을 조여 놓으니 한심한 정치현실이 아닐 수 없다.

옛사람들이 입에서 입으로 옮겨온 말에 '깐깐 오월, 미끈 유월'이라는 표현이 있다. 그래서 그런지 우리의 5월은 깐깐하기만 하다. '골리앗농성, 방송제작거부, 경찰재투입, 反民自시위 원천봉쇄, 파출소습격, 화염병에 최루탄…' 어느 것 하나 사랑스러운 말이라고는 없다.

이러다가는 우리말 사전이 험악하고 거친 말창고로 바뀌지 않을까 걱정스럽다.

그렇지 않아도 우리는 지금 국적을 알 수 없는 가소로운 외래어의 홍수에 시달리고 있다. 그러나 그보다 더 근심스러운 일이 우리의 정치, 경제, 사회에 이리 뛰고 저리 나는 자극적이고 황량한 말 표현의 홍수라고 할 수 있다.

가장 좋은 방법은 그러한 표현이 생길 필요가 없을 만큼 정치, 경제, 사회가 안정되는 것이겠지만 어쩔 수 없이 그러한 표현이 필요해지더라도 최선을 다하여 우리말로 부드럽게 표현할 일이다. 신문이 팔을 걷고 이 일에 나서 준다면 그리 어려울 것도 없다.

사실 앞에 보인 한자어 투성이의 멋없는 시사용어들은 신문의 표제에 버릇처럼 나타나는 말들이다. 가장 눈에 거슬리는 점은 지나친 한자어 사용에서 비롯된다. 가령 '공공기관 피습 땐 發砲, 身元 첫공개, 根絕 의지천명, 大入用 교육 근본수술 시도, 직업교육 강화로 需要부응, 발트 3國 脫蘇 공동투쟁, 외국불량완구류에 납중독 우려, 경찰 원천봉쇄 무산, 現重사태 수습局面'과 같은 표제에는 쓸데없는 한자어가 너무 많다.

이 경우 '發砲, 천명, 시도, 부응, 공동투쟁, 완구류, 우려, 무산, 局面'을 각기 '총쏴, 밝혀, 꾀해, 맞춰, 함께 싸워, 장난감, 걱정, 깨져, 맞아'로 표현했더라면 훨씬 더 부드러워졌으리라고 생각된다.

*경향신문 13732호(1990년 5월 14일 월요일).

28. 外來語 남용에 우리 文法 파괴

상가나 유흥가의 간판에는 서양식 외래어가 즐겨 쓰인다. 진열장의 갖가지 물건이름도 국적을 가리기 어려운 외래어로 채워져 있다. 물건이름이 아예 서양문자로 적혀있는 경우도 적지 않다.

많은 사람들이 이러한 현실에 대하여 걱정해 왔다. 당연한 걱정이 아닐 수 없다. 그러나 서양식 외래어의 남용으로 우리말의 形態素 구조가 달라지고 있다는 사실을 알아차리고 있는 사람은 그리 많지 않은 듯하다. 우리말에는 頭音法則이라는 형태소구조 制約이 있다. 여기에는 여러 가지가 있으나, 그중 한가지로 ㄹ이 단어의 첫머리에 나타날 수 없다는 制約이 있다. 이 制約때문에 우리말에는 ㄹ로 시작되는 단어가 없다.

이 制約은 외래어에도 예외 없이 엄격히 적용되어 왔다. 그때문에 ㄹ로 시작되는 한자가 단어의 첫머리에 올 적에는 ㅇ 또는 ㄴ으로 바뀌고 만다. '良心(양심), 歷史(역사), 禮儀(예의), 龍三(용궁), 流行(유행), 理論(이론)' 또는 '樂園(낙원), 來日(내일), 老人(노인), 雷聲(뇌성), 樓閣(누각), 陵墓(능묘)' 등에는 한결같이 頭音法則이 반영되어 있다.

몇십년 전까지만 해도 이 頭音法則은 서양식 외래어까지를 지배하였다. '라디오, 램프, 러시아'가 각기 '나지오, 남포, 노시아'가 된 것은 그때문이었다.

그런데 지금은 ㄹ이 외래어의 첫머리에 자유롭게 나타나고 있다. '나지오, 남포'는 '라디오, 램프'로 되돌아갔고 '라이벌, 레저, 레크리에이션, 로스구이, 로비활동, 로열제리, 리포트'와 같은 외래어가 거침없이 쓰이고 있다.

일본말에서 옮겨온 '라면'은 이제 우리말처럼 굳어졌으며, '梁 呂 廉 龍 柳 李' 씨가 각기 '량 려 렴 룡 류 리'로 적히기도 한다. 우리말 頭音法則이 한쪽에서 깨지고 있는 셈이다.

이러한 현상은 외국어학습과 외래어 남용에서 비롯된 것이다. 우리는 2천년 가까이 중국어와 접촉하면서도 한자음을 받아들일 때에는 頭音法則에 따라 단어의 첫머리에 ㄹ을 허락하지 않았다. 그러나 일본어는 일찍이 이 制的을 버리고 말았다.

지금 북한에서는 '良心, 歷史, 禮儀, 龍宮, 流行, 理論'을 아예 '량심, 력사, 례의, 룡궁, 류행, 리론'으로 쓰고 있다. 그러나 이것은 인위적인 조작으로 우리말의 전통적 形態素 구조 制約을 묵살한 처사라고 볼 수밖에 없다.

외래어의 남용은 單語層位에 차용어를 늘려놓을 뿐 아니라, 위에서 본 것처럼 音韻層位에까지 간섭을 일으킨다. 우리말의 고유성은 이렇게 깨져가고 있다.

*경향신문 제13738호(1990년 5월 21일 월요일).

29. '伊藤'이 먼저 쓴 '痛惜'

참으로 희한한 일이 일어났다. 일본王이 던진 말 한마디의 해석을 놓고 그야말로 온 나라가 떠들썩해지다니 아무리 생각해도 모를 일이다.

신문보도에 의하면 지난 24일 저녁 明仁 日王은 盧泰愚 대통령을 환영하는 만찬 석상에서 "일본에 의해 초래된 이 불행했던 시기에 귀국의 국민들이 겪으셨던 고통을 생각하여 본인은 痛惜의 念을 금할 수가 없습니다."라고 하였다.

문제는 '痛惜'이라는 생소한 한자표현의 해석에서 비롯되었다. 우리정부 쪽은 이를 '뼈저리게 뉘우친다, 마음 아프게 뉘우친다'로 해석하여 '사죄'로 받아들였다.

그러나 기자들은 사전의 풀이를 예시해 가며 '痛惜'을 '사죄'의 뜻으로 보기는 어렵다고 하였다. 확실히 모든 일본어 사전에는 '매우 애석하게 여긴다, 대단히 유감스럽게 생각한다'는 풀이밖에 나타나지 않는다. 따라서 '痛惜'을 순수한 우리말로 풀이하면 '매우 안됐다' 정도의 뜻일 뿐이다.

그런데 공교로운 일이 있다. 이 말은 이전에도 우리정부를 두고 쓰인 일이 있었던 것이다. 『日本國語大辭典』(小學館)에 마침 그 用例가 나타난다. '실로 朝鮮政府에 대해서 痛惜하지 않을 수 없노라(伊藤特派全權大使復命書附屬書類 天津談判筆記·五)'가 바로 그것이다.

이때의 '痛惜'은 자국정부에 대한 復命書에 쓰였으므로 '매우 안됐다'만을 뜻할 뿐 거기에 따로 '사죄'의 뜻이 담겨 있을 리 없다.

出典의 연대나 伊藤이 누구인지 확인하지는 못하였으나 '痛惜'이라는 말이 이처럼 과거에도 朝鮮政府를 두고 쓰인 적이 있다는 사실 또한 되씹어 볼만한 일이다. 明仁 日王의 이번 발언에 나타나는 '痛惜'이 마치 과거의 재탕처럼 느껴지기 때문이다.

하여튼 일본은 이번에 아리송한 말 한마디로 우리를 다시 한 번 당황하게 만들었다. '痛惜'이라는 한자표현의 뜻이 우리를 그렇게 괴롭힐 만큼 무서운 존재란 말인가.

우리 정부의 관료나 정치인들은 걸핏하면 '비리剔抉, 민의收斂, 跛行운영, 생산提高, 脆弱

지구, 劣惡한 조건, 법적瑕疵'와 같은 무시무시한 한자어를 아무렇지 않게 입에 올린다.

신문에도 이 어려운 한자어들은 그대로 되풀이되어 나타난다. 그렇다면 '痛惜'이라는 대수롭지 않은 한자어 한 마디에 우리는 왜 또 그렇게 갈팡질팡해야 하는가.

어찌되었건 이번에 우리는 말 한 마디의 해석이 얼마나 어려운지를 실감하였다. 평소에도 그 실감이 식지 않았으면 한다.

*경향신문 제13744호(1990년 5월 28일 월요일).

30. 재치·익살 멀어진 '隱語의 세계'

대학생들은 '화염병'을 '꽃병'이라고 부른다. 이 隱語가 언제 생겼는지는 알 수 없으나 그다지 오래된 것 같지는 않다. '꽃병' 그 자체야 정감을 듬뿍 안겨주는 말이다. 그러나 이 좋은 말이 '화염병'의 代用語로 쓰이고 있는 현실을 바라보고 있노라면 마음이 무거워진다.

일반적으로 대학생들의 隱語에는 젊은이다운 재치와 풍자가 물씬거리게 마련이다. 몇 가지만 찾아보면 우선 학업에 관계되는 것으로 '알프스(A학점), 박카스 드링크(B학점), 오란씨(C학점), 박탄디(D학점), 쌍권총(F학점 두 개), 향토장학금(시골에서 보내오는 학비), 장학금면제(장학금을 못 탐), 흐르지 않는 강(휴강), 공포조성파(공부 잘하는 학생), 분치기·초치기(벼락공부), 허위자백서(시험답안지), 천자문 읽는다(수업시간에 졸기)' 등이 보인다.

이성에 대한 것으로는 '포니(애인), 히트곡(가장 좋아하는 사람), 일일반창고(하루파트너), 궤도수정(애인을 바꾸다), 교양필수과목(미팅), 바보들의 행진(단체미팅)' 따위가 꼽힌다.

음주관계 隱語도 한쪽에 도사리고 있다. '막걸리'는 '고전' 또는 '숭늉', '소주'는 '감기약' 또는 '몸살약', '맥주'는 '양서'로 통하며, 술의 통칭으로는 '교재'라는 말이 한몫 거든다.

대학생 사회의 隱語 중에는 비속한 표현이나 외래어도 많다. 그러나 위에 보인 실례처럼 밝은 비판력과 기발한 풍자력이 넘실거리는 것도 많다. 그들의 隱語가 학내생활 주변에 국한되어 있다면 조금도 걱정할 일이 아니다. 그러나 '화염병'에 대한 '꽃병'은 사정이 아주 다르다. 겉으로는 그럴듯한 美化語처럼 보이지만 거기에는 우울한 사회적 갈등이 담겨 있기 때무이다.

사실 '꽃병'이라는 隱語에는 현실에 대한 대학생들의 증오심이 차갑게 서려있다. 이야말로 걱정스러운 일이다. 이러한 걱정은 결코 허풍이 아니다. 실제로 대학생들의 隱語는 이미 폭탄화하고 있다. 그들은 아예 '최루탄'을 '지랄탄', 시위자 체포에 나서는 사복경찰관을 '백골단'으로 매도한다. 황량한 언어표현이 아닐 수 없다. 이쯤 되면 대학생들의 명랑한 재치와 익살은 어디서도 찾아볼 길이 없다. 그들의 언어표현은 어느덧 隱語의 차원을 벗어나 저주심의 도구가 되어가고 있다.

우리말이 이처럼 황량하게 폭탄화하거나 도구화하는 일을 반길 사람은 아무도 없다. 대학생 사회의 隱語가 하루빨리 그들 특유의 밝고 날카로운 재치로 채워질 날을 진심으로 고대한다.

*경향신문 제13750호(1990년 6월 4일 월요일).

31. 첫 국어선생님은 어머니

달리는 전철 안에서였다. 네댓 살쯤으로 보이는 어린애가 투정을 부리고 있었다. 그러자 젊은 엄마가 짜증스럽게 한마디 던졌다. "너 왜 이렇게 우거지상이야"

옆에서 듣기가 무척 민망했다. 엄마는 갓 서른을 넘었을까. 어디로 보아도 수준 높아 보이는 멋쟁이 부인이었다. 그 입에서 '우거지상'이라는 비천한 말이 그리도 쉽게 튀어나오다니 아무리 생각해도 실망을 떨쳐버리기가 어려웠다.

어린애들은 엄마에게서 말을 배우기 시작한다. 그 때문에 우리가 일상 쓰는 말을 母語라고 한다. 말하자면 엄마가 쓰는 말은 어린애들에게 금쪽같은 교과서 노릇을 한다.

엄마의 말이 곱고 부드러워야할 이유가 거기에 있다. 그런데 언제부터인지 엄마들의 말이 어쩐지 천박해지고 있다.

그 일례가 젊은 여인네들끼리의 대화에 '정말 미치겠다니까, 괜히 신경질이야, 인상 좀 그만 써라 애'와 같은 낯 뜨거운 말투가 거리낌 없이 섞여 나오는 일이다. 이러한 엄마들의 말버릇을 자녀들이 무심코 따라 배울 것은 뻔한 이치일 수밖에 없다.

옛사람들은 매사에 말조심을 커다란 덕목으로 삼았다. 특히 여인네들에게 말조심을 부지런히 가르쳤다. 실제로 昭惠王后(仁粹大妃)가 엮은 『內訓』(1475)의 첫째 권은 言行章으로 시작된다.

"말은 榮辱의 지도리(樞機)이며 親疎의 큰 마디여서… 큰 것은 나라를 넘어뜨리며 집을 망가뜨리고 작은 것도 오히려 六親을 흩어지게 하나니 이럴쌔 賢女가 입을 조심함은 부끄러움이나 誹謗을 부를까 두려워함이라".

이렇게까지 나가지는 않더라도 인간은 예로부터 말을 삼갈 줄 아는 문화를 가꾸어 왔다. 여기서 禁忌語가 생겨난 것이다.

禁忌語는 본래 두려운 존재나 신성한 존재를 다른 말로 바꾸어 부르는 말의 터부(taboo)에 속한다. '호랑이, 천연두, 도둑'을 각기 '대감님, 손님, 밤손님'으로 부르는 습성이 거기서 나왔다.

禁忌語는 여기서 끝나지 않는다. 사람들은 입에 담기 거북하거나 더러운 것을 美化語로 바꾼다. '변소'를 '화장실', '작은집'으로 바꾼 것도 그러한 습성이다.

사람들은 이처럼 꺼림칙한 말을 입에 담지 않고도 사물을 부드럽게 표현할 수가 있다. 이러한 습성을 잘 가꾼다면 언어정화에도 크게 도움이 된다.

더구나 엄마들의 말투는 자녀들의 말 습득에 모범적 교과서 구실을 하게 된다. 그만큼 엄마들은 먼저 집 안팎에서 부드러운 마음씨와 바르고 고운 말습성을 자녀들에게 보일 일이다.

*경향신문 제13756호(1990년 6월 11일 월요일).

32. 시험은 '치르다'가 바른말

누구라도 시험이라면 넌더리가 날것이다. 그만큼 우리는 어려서부터 시험이라는 마귀에게 시달려 왔다.

그래서인지 '시험을 치르다'여야 할 우리말 표현이 어느 결에 '시험을 치다'로 잘못 쓰이고 있는데도 여기에 마음을 쓰는 사람은 거의 없는 듯하다.

우리말의 '치르다'와 '치다'는 그 뜻이 서로 달라, '시험을 치르다'와 '시험을 치다'처럼 아무렇게나 통용될 수는 없는 말이다. 그 사실을 구체적으로 알아보기 위하여 '치르다'와 '치다'의 뜻을 잠시 되새겨볼 필요가 있다.

우선 '치다'에는 헤아리기 어려울 만큼 많은 뜻이 있으나 기본적으로는 '때리다, 두드리다,

흔들다, 공격하다, 깎거나 베거나 솎아내다, 칼질을 하다'라는 뜻이 담겨 있다. '뺨을 치다, 북을 치다, 날개를 치다, 적을 치다, 나뭇가지를 치다, 무채를 치다'에 쓰이는 '치다'가 대체로 그러한 뜻을 나타낸다.

'치다'는 '나타낸다, 그렇게 여긴다'와 같은 뜻으로도 쓰인다. '도장을 치다, 난초를 치다, 점을 치다, 잘했다고 치다' 쓰이는 '치다'에 그러한 뜻이 담겨 있다.

'넣다, 뿌리다, 골라내다'라는 뜻으로 '치다'가 쓰일 때도 있다. '초를 치다, 양념을 치다, 밀가루를 치다'처럼 쓰이는 '치다'가 그러한 뜻을 안고 있다.

'치다'에는 또한 '두르다, 가리다, 기세를 부리다'라는 뜻도 있다. '병풍을 치다, 담을 치다, 허풍을 치다'에 보이는 '치다'가 그러한 뜻을 나타낸다.

'엮다, 짜다'라는 뜻을 나타낼 때도 있다. '가마니를 치다, 멱서리를 치다'의 '치다'가 그러한 뜻으로 쓰이고 있다.

끝으로 '치다'에는 '기르다, 번식하다, 돌보다'라는 뜻도 있다. '돼지를 치다, 고양이가 새끼를 치다, 하숙생을 치다'처럼 쓰이는 '치다'가 그러한 뜻을 품고 있다.

이처럼 우리말의 '치다'에는 실로 갖가지 뜻이 서려있다. 이에 비하면 '치르다'는 그 뜻이 훨씬 단출하다.

'치르다'에는 우선 '대가를 내다'라는 뜻이 있다. '음식값을 치르다, 죄값을 치르다'처럼 쓰이는 '치르다'가 그러한 뜻을 나타낸다.

'치르다'에는 또한 '어떤 일을 거치거나 겪거나 끝내다'라는 뜻도 있다. '회갑잔치를 치르다'에 쓰이는 '치르다'기 그러한 뜻을 분명히 지니고 있다.

이러한 용법으로 볼 때 '시험'은 '치르는 일'(거치는 일)이지 '치는 일'(때리는 일)이 아님을 알 수 있다. 따라서 '시험을 치다'는 '시험을 치르다'에 대한 잘못된 표현이다. 아무리 싫더라도 '시험'은 '치를 일'이지 '칠 일'이 아닌 것이다.

*경향신문 제13768호(1990년 6월 25일 월요일).

33. '작달비'의 日式표현 '集中豪雨'

장마철에 접어든 요즈음 일기예보에서는 '집중호우'라는 말을 유난히 자주 듣게 된다. 이 말이 중앙기상대의 정식용어인지 아닌지는 알 수 없으나, 그 내력을 알고 보면 그다지 마음 내키는 말은 아니라고 할 수 있다.

실상 『큰사전』에는 '집중호우'라는 말이 올라있지 않다. 그것은 이 말이 해방 후 새로 태어난 특수용어임을 뜻한다. 이럴 경우 그 내력은 야속하게도 거의가 다 일본의 대중매체로 이어진다.

일본어학자 見坊豪紀의 조사에 따르면 '집중호우'라는 새 말이 일본의 대중매체에 나타나기 시작한 것은 1955년경으로 되어있다. 어떤 저널리스트가 직감으로 만들어낸 말인 듯한데, 그래서 그런지 일본의 기상청에서는 될 수 있는 한 이 말을 쓰지 않으려는 듯하다고 한다.

이러고 보면 '집중호우'라는 말도 그 뿌리는 결국 일본말에 대고 있음을 알 수 있다. 그런데도 우리는 이 말을 약방의 감초처럼 아무렇지도 않게 입에 올리며 살고 있다.

그 내력 때문에 이 말이 언짢게 느껴진다는 것만은 아니다. 이 말을 대신할 수 있는 그럴듯한 우리말이 있는데도, 우리는 그러한 우리말을 사전 속에 깊숙이 묻어둔 채 기껏해야 일본에서 만들어진 한자합성어를 당연한 것처럼 애용하고 있는 현실이 역겹게 느껴지는 것이다.

굵직하고 거세게 퍼붓는 비를 우리말로는 '작달비'라고 한다. 한자어로는 '豪雨'가 된다. 일반적으로 '豪雨'는 집중적으로 쏟아진다. 따라서 그 앞에 '集中'이라는 말을 일부러 얹어 쓸 필요가 없다. 다시 말하자면 '호우'나 '집중호우'나 그 뜻으로는 그게 그것이라고 할 수 있다.

그렇다면 '호우'건 '집중호우'건 순수한 우리말로 나타내자면 '작달비'가 된다. 이에 따라 '호우주의보'도 '작달비 주의보'로 훌륭한 표현이 될 수 있다.

안타깝게도 우리말 기상용어 중에는 일본말을 그대로 옮겨온 것이 많다. 앞에 든 '집중호우'를 비롯하여 '장마전선, 기압골, 파랑주의보' 따위가 다 그렇다.

'장마전선'의 '前線'은 먼저 우리에게 전쟁을 연상시켜 주기 때문에 들을 때마다 섬쩍지근하다. 그냥 '장마선'으로 좋지 않을까 한다.

'파랑주의보'의 '波浪' 또한 '파도'나 '물결'이 오히려 우리말 감각에 잘 어울린다.

요컨대 다른 것은 몰라도 '집중호우'보다는 '작달비'가 훨씬 실감나는 말이다. 어쩔 수 없이 '집중호우'를 써야 한다면 그 내력만이라도 알고 있어야 할 것이다.

*경향신문 제13774호(1990년 7월 2일 월요일).

34. 전쟁速報같은 체육기사

제14회 월드컵 축구경기가 모두 끝났다. 이제는 어느 정도 마음이 놓인다. 여기에는 그럴 만한 까닭이 있다.

대중매체들은 이번 경기를 서슴없이 '전쟁'이라고 표현하였다. 가령 지난주 이태리의 토리노에서 벌어졌던 서독과 잉글랜드 경기에 대한 신문보도는 아예 어느 종군기자가 써 보낸 전투상황처럼 느껴질 뿐이었다.

예컨대 서독과 영국 경기의 경우 첫 문장의 주어부터가 '토리노전쟁'이었다. 기사를 따라가다 보니 다음과 같은 표현이 연달아 눈에 들어왔다.

'게르만의 기계화사단 서독, 독일병정들의 영국정복, 방어망을 펴는 독일병단, 워들의 40m 미사일포, 깊숙한 참호를 파고 반격의 기회를 노리는 忍耐의 전략을 폈다. 전황은 후반에 들어 급변하기 시작했다, 개스코인-피어스-리네커 등으로 이어지는 3각 편대, 대공습의 결실' 등등. 어떤 신문은 서독을 '전차군단'이라고 부르기도 하였다.

그렇지 않아도 운동경기에는 삭막한 전투용어가 빠짐없이 애용되고 있다. '공격, 방어, 돌파, 격파, 반격, 적진, 友軍'이 그렇고, '戰力, 戰略, 作戰, 對戰, 接戰, 苦戰, 熱戰, 觀戰, 1回戰, 前半戰' 등이 또한 그렇다.

생각해보면 우리는 평생을 군대식 통치 밑에서 살아왔다. 그러다보니 '차렷! 주목! 집합! 해산!'이나 '명령, 복종, 지시'라는 말을 어떤 말보다 먼저 익혔고 '구보, 취침, 고지, 철수, D데이'와 같은 군사용어에도 그다지 놀라지 않는 버릇을 지니게 되었다.

비극치고는 그저 넘겨버리기 어려운 비극이다. 이러한 전투용어·군사용어 속에서 우리의 정서는 어느 결에 황량해졌으니 이야말로 보통일이 아니다.

군대식표현은 아직도 도처에서 걸핏하면 튕겨 나온다. '비상시국, 경찰병력투입, 특명사정반'에 나타나는 '비상, 병력, 특명'이라는 말은 왜 그리도 쉽게 쓰이고 있는지 모르겠다. 학생들이 자주 여는 '발대식, 출정식'도 결국은 군사용어와 같은 색깔을 나눈 말이다.

군사용어에는 결코 참다운 문화가 담기지 않는다. 문화가 담길 수 없는 말은 결단코 고운 말이 될 수 없다.

이러한 맥락에서 운동경기에 군사용어가 지나치게 애용되는 것도 바람직한 일이 아니다. 아무리 격렬했을지라도 축구는 '경기'일 뿐이다. 여기에 '전쟁'이라는 참담한 말을 쓰는 일은 삼갔으면 한다. 월드컵축구가 끝났으니 '전쟁'이라는 말도 들을 기회가 없어질 것이다. 정말 그랬으면 마음이 놓이겠다.

*경향신문 제13780호(1990년 7월 9일 월요일).

35. '강짜' 대신 '강새암'이 좋은 말

이성 간에 자기가 좋아하는 상대방이 자기 아닌 다른 사람을 좋아할 때, 누구라도 얄미운 마음이 북받치게 마련이다. 요즈음 같으면 이럴 때 흔히 '질투'(嫉妬)라는 말이 쓰이고 있는 모양이다.

전통적으로는 여기에 '투기'(妬忌)라는 말도 쓰였다. 어느 쪽이나 어려운 漢字語로 되어있어 개운한 느낌을 주지 않는다. 실상 여기에는 '강새암'이라는 멋드러지고도 순수한 우리말이 있기 때문이다.

'강새암'은 '강'과 '새암'으로 이루어진 말이다. '강'의 뜻은 명확하지 않으나 순수한 우리말 接頭辭로서 어떤 상태나 행위가 지나치거나 극심함 또는 억지행위를 나타낸다.

'강더위, 강울음, 강주정, 강조밥' 등에 나타나는 '강'이 대체로 그러한 뜻으로 쓰이고 있다. 요즈음 이 '강'이 硬音化하여 '깡소주, 깡술'처럼 쓰이는 수가 있으나 비천한 표현이므로 '강소주, 강술'로 써야 한다. 실제로 '강소주, 강술'이 표준말이다.

'새암'은 '새오다, 새우다'(미워하다, 시기하다)에서 派生된 名詞形이다. '새암'의 內部구조에는 母音이 연속되어있다. 이럴 때에는 일반적으로 모음충돌을 피하기 위하여 融合(coalescence)이 생긴다. 그 결과 '새암'은 '샘'이 되기도 한다.

모음이 融合되면 그 모음은 원칙적으로 長音이 된다. 따라서 '새암'에서 나온 '샘'은 길게 발음된다.

'새우다'와 비슷한 말에 '시새우다'가 있다. 이 말에서 派生된 名詞가 '시새움' 또는 '시샘'이다. 이 말은 두 가지가 다 素月의 名詩 '접동새'에 쓰인 바 있다. "진두강(津頭江) 가람가에 살던 누나는 / 의붓어미 시샘에 죽었습니다. / 누나라고 불러보랴 / 오오 불설워 / 시새움에 몸이 죽은 우리 누나는 / 죽어서 접동새가 되었읍니다."

이처럼 '새우다'나 '시새우다'는 아직도 살아있는 말이며, 그 派生名詞인 '새암, 샘' 또는

'시새움, 시샘'은 정겨운 우리말이다. 이 '새암' 또는 '샘'에 '강'을 얹어 만들어낸 '강새암' 또는 '강샘'이야말로 우리의 '질투' 감정을 토속적으로 풋풋하게 나타낼 수 있는 말이다.

섭섭하게도 '강새암'이라는 말은 점차 없어져 가고 있다. 그 대신 강짜라는 말이 가끔 쓰이는 듯하다. 그러나 '질투'를 대신할 수 있는 말로는 '강짜'보다 '강새암'이 몇배나 낫다.

우리말에는 '짜'라는 接尾辭로 이루어진 말이 꽤 있으나 대개는 경멸성을 나타내고 있다. '가짜, 공짜, 진짜, 퇴짜, 알짜, 별짜, 민짜, 몽짜, 뺑짜' 따위가 모두 그러한 실례에 속한다.

'강짜'는 바로 이 유형에 속하는 말이다. 따라서 '질투'나 '강짜'보다 바람직한 말은 '강새암'뿐이라고 할 수 있다.

*경향신문 제13786호(1990년 7월 16일 월요일).

36. '神經쓰다'는 '마음쓰다'

어느 시대건 사람들의 말은 새로운 표현을 따라 끊임없이 움직인다. 그러나 때로는 그 표현이 천박하고 유치해서 귀에 거슬리는 경우도 적지 않다.

요즈막 같으면 '열 받다, 골 때리다'와 같은 표현이 그 좋은 실례가 된다. 화가 좀 나거나 약간 약이 오를 때 '어휴 열 받아!', 남의 언행이 자기 마음에 들지 않을 때 '아유 골 때려!'라는 自歎式 표현을 서슴없이 입에 올리는 사람들이 있지만 새로운 표현치고는 지나치게 감각적이며 직선적이어서 오히려 듣는 사람의 감정을 뒤집어놓는다. 이러한 표현을 좋은 말이라고 할 수는 없다.

비슷하게 설익은 표현이 또 하나 있다. '神經쓰다'라는 말이 그것이다. 이 말은 지금 '신경쓰지 마, 신경쓸 것 없어, 신경 좀 써봐, 신경 좀 썼지, 거참 신경 쓰이네!' 처럼 확산되고 있다. 대개는 平稱에 쓰이고 있으나 어느 결에 '선생님 신경 쓰실 것 없습니다'처럼 그 쓰임이 尊稱으로까지 번지고 있다.

이때의 '신경'을 알기 쉽게 풀어보면 '마음'이 된다. 따라서 '신경쓰지 마'나 '신경 좀 써봐'라면 각기 '마음쓰지 마, 마음 좀 써봐'로 훌륭한 우리말 표현이 된다. 요컨대 '신경쓰다'는 '마음쓰다'에 대한 새로운 표현이라고 할 수 있다. '神經'이라는 의학용어가 동양에 알려지기는 포르투갈어 nervo나 네델란드어 zenuw를 통해서였다. 이를 중국학자들은 '髓筋, 筋'으로, 일본학자들은 '神經'으로 번역하였다. '神經'은 杉田玄白의 『解體新書』(1774), 宇田川玄隨의 『西說內科撰要』(1792)와 『波留麻和解』(1796)에 차례로 나타난다. 杉田은 '神氣經脈'이라는 뜻으로, 宇田川은 '元神之經', 一說에는 '神液經路'라는 뜻으로 '神經'이라는 번역어를 만들었다고 한다.

'神經'이라는 단어가 우리말에 들어온 것은 開化期 이후겠지만, '신경쓰다'와 같은 표현에 쓰이기 시작한 것은 그보다 훨씬 나중일 것이다.

지금 기억으로 이 표현을 처음 들어본 것은 10여년 전이었던 것 같다.

그렇다면 '신경쓰다'라는 표현이 생기게 된 배경은 무엇이었을까. 모르긴 해도 현대인들은 누구나 '신경'을 칼날처럼 세우고 살아간다. 여기서 '신경과민, 신경쇠약'이 생기고 '신경질'과 같은 병적 상태도 나타난다.

말하자면 현대인들은 '마음'을 여유 있게 쓰기보다는 '신경'을 곤두세우고 살아간다. 여기서 '신경쓰다'와 같은 표현이 쉽게 나올 수밖에 없다.

이렇게 볼 때 '신경쓰다'는 서글프고 우울한 현대인들의 심리상태를 나타낸다. 아무데나 가볍게 쓸 말이 아님을 알아둘 필요가 있다.

*경향신문 제13792호(1990년 7월 23일 월요일).

37. '左傾化'에는 '하다'를 붙여야

'强化'나 '弱化'처럼 '어떤 상태를 만든다'거나 '어떤 상태가 된다'는 뜻을 나타낼 때에는 '化'라는 漢字語가 접미사처럼 편리하게 널리 쓰일 수 있다.

오늘날 이 유형의 漢字語는 나날이 늘어가고 있다. '感化, 開化, 激化, 歸化, 老化, 綠化, 同化, 鈍化, 變化, 分化, 消化, 醇化, 深化, 惡化, 造化, 進化, 退化…' 이들 중 '變化, 造化'는 古典에도 나타나지만, 그밖의 대부분은 開化期 이후에 새로 생긴 말이다.

이 '化'는 다시 3음절 漢字語 생산으로 확대되고 있다. '過激化, 具體化, 規格化, 機械化, 單一化, 大衆化, 明文化, 無力化, 民主化, 普遍化, 成文化, 映畵化, 一元化, 左傾化, 表面化, 合理化 …'.

이처럼 이 유형의 漢字語는 날로 불어나고 있다. 이러한 현실 자체를 무턱대고 탓할 필요는 없다. 漢字語일망정 그것들이 문법적으로 제대로만 쓰인다면 우리말 표현은 한결 풍성해지기 때문이다. 문제는 이들이 시나브로 잘못 쓰이고 있다는 데서 생긴다.

漢字語가 우리말에 쓰일 때에는 원칙적으로 그 문법적 기능이 명사가 된다. 따라서 '化'로 이루어진 모든 漢字語도 명사처럼 쓰일 수도 있다.

그런데 '化'라는 漢字 자체는 동사에서 나온 것이다. 그 때문에 '化'로 끝나는 漢字語는 우리말에서 언제라도 동사처럼 쓰일 수 있으나 이때에는 반드시 '하다'라는 동사와 다시 한 번 결합되어야 한다.

예컨대 '强化, 過激化' 자체에는 동사적 의미가 내포되어 있으나 그 형태로는 동사로 쓰일 수가 없다. 이들을 동사로 쓰려면 '强化하다, 過激化하다'로 바꿔야 하는 것이다.

여기서 꼭 알아 둘 일이 있다. '化'는 그때그때 能動性 의미뿐 아니라 被動性이나 使動性 의미까지도 스스로 나타낼 수 있다는 점이다. 자연히 '化' 뒤에 '되다, 해지다, 시키다'와 같은 被動化 또는 使動化 동사가 연결될 때에는 문법적으로 우리말다운 표현에 흠이 생긴다.

그런데 요즈음에는 '强化되다, 强化시키다' 또는 '左傾化되다, 過激化해지다, 無力化시키다'와 같은 표현이 자꾸만 번지고 있다. 우리말 표현으로는 아무래도 문법적으로 깔끔하지 못하다. 특히 3음절어의 경우에는 '좌경화하다, 무력화하다'로 아무런 손색이 없는 우리말 표현이 된다.

나아가 이 유형의 漢字語를 아예 '강해지다/강하게 하다, 과격해지다, 힘이 없어지다/힘을 빼내다'처럼 쉽게 풀어쓰는 노력도 아끼지 말아야 할 것이다.

*경향신문 제13800호(1990년 8월 1일 수요일).

38. '추운 물 한 그릇' 왜 틀릴까

숨 막히는 '강더위'가 날마다 계속되고 있다. 이쯤 되면 '무더위'라는 말로는 아무래도 그 지겨움을 속 시원히 나타낼 길이 없다. 그래서 '찜통더위'라는 말까지 생겨났다. 누가 만들었는지는 알 수 없으나 기막히게 알맞은 말이다.

이처럼 날씨가 가마솥 속처럼 끓다 못해 닳아 오를 때에는 뭐니 뭐니 해도 '찬 물 한 그릇'이 딱 제격이다.

그런데 여기에 얼핏 알기 어려운 일이 한 가지 있다. 우리말로 '찬 물 한 그릇'이라는 표현은 좋은데 '추운 물 한 그릇'이라는 표현은 왜 안 될까 하는 점이다.

단어가 서로 결합할 때에는 여러 가지 규칙을 따른다. 여기에는 音韻規則, 統辭規則, 意味規則이 있는데 이 모두를 한 마디로 문법이라고 한다.

어떤 표현이 문법에 맞으려면 이 세 가지 규칙에 다같이 어긋남이 없어야 한다. 그러므로 '찬 물'은 모든 규칙에 맞기 때문에 말이 되지만 '추운 물'은 어딘가 규칙에 어긋나기 때문에 말이 되지 않는다고 볼 수 있다.

'차다'와 '춥다'는 다같이 형容詞여서 名詞를 수식하는 자리에 올 수 있다. 다만 우리말 '춥다'는 '물'을 수식할 수 없는 제약을 안고 있다. 따라서 '추운 물'은 의미규칙상 말이 되지 않는다. 다시 말해서 '춥다'와 '물'은 서로 결합될 수 없는 것이다.

이러한 단어결합상의 제약을 選擇制約(selectional restriction)이라고 한다. 이 제약을 어기면 우리말로서는 뜻이 안 통하거나 어색해지고 만다. 그런데 요즈음 우리말에는 이 선택제약에 어긋나는 표현이 자주 나타난다.

'애끓는 슬픔'과 같은 표현도 그중 하나가 된다. '애'는 '창자'를 뜻하는 순수한 우리말이다. 따라서 '애'는 '끊어질' 수는 있어도 '끓을' 수는 없다. 결국 '애'는 '끊다'와 '결합될 수 있는 말'이지 '끓다'와 결합될 수 있는 말은 아니다. 이렇게 볼 때 '애끓는 슬픔'은 선택제약에 어긋나는 표현으로서 제대로 쓰자면 '애끊는 슬픔'이 되어야 한다.

忠武公의 '한산섬 달밝은 밤에…'라는 시조의 종장을 현대어 표기로 바꾸면 '어디서 一聲胡笳는 남의 애를 끊나니'가 된다. '애'가 전통적으로 '끊다'와 결합되는 말임을 잘 나타내고 있다.

'波紋을 던지다'도 意味規則으로 보면 뜻이 통하지 않는 표현이 된다. '波紋이 일어났다'거나 '波紋이 생겼다'면 좋지만 '波文이 던져질' 수는 없기 때문이다.

*경향신문 제13806호(1990년 8월 8일 수요일).

39. '히로뽕'은 覺醒劑의 상품명

흔히 쓰거나 들으면서도 국어사전에서는 찾아볼 수 없는 말이 가끔 있다.

그 중에는 일본어사전을 먼저 뒤져야만 그 뜻을 알 수 있는 것도 있으니 어처구니없는 노릇이다. 그 대표적인 실례가 '히로뽕'과 '포르노'라는 말이다.

며칠 전 어느 석간신문 사회면에 '히로뽕總責 경관이 빼돌려'라는 표제어가 보이기에 참고로 다른 신문을 펼쳐 보았다. 신문마다 '警官 돈 받고 히로뽕두목 풀어줘' '警察이 히로뽕 총책 풀어줬다'처럼 모두가 '히로뽕'이었다.

시험 삼아 『국어대사전』(이희승)을 찾아본다. 예상대로 '히로뽕'이라는 말은 나타나지 않는다. 이번에는 『日本國語大辭典』(小學館)을 꺼내본다. '覺醒劑, 鹽酸메탄페타민에 대한 日本에서의 商品名'이라는 풀이가 보인다.

여기서 그 본래의 綴字가 philopon임을 알아낸 후에야 『국어대사전』으로 되돌아가 본다. '필로폰, 중추신경의 흥분제'라고 나타난다. 그리스어 philoponos(일하기 좋아하다)에서 나온 말이라고 한다.

'히로뽕'은 결국 서양외래어 '필로폰'에 대한 일본어식 발음이다. 光復(1945) 전후에는 그러한 서양어가 지천으로 나돌았다. '고무(gom), 뻥키(pek)'처럼 일찍이 네덜란드에서 나온 말, '곱뿌(cup), 도락꾸(truck), 도람뿌(trump), 도랑꾸(trunk), 부르독꾸(bulldog)'처럼 영어에서 나온 말은 그 일부에 지나지 않는다.

이들 대부분은 이제 '컵, 트럭, 트럼프, 트렁크, 불독'처럼 원래 발음과 가깝게 고쳐졌으며, 네덜란드어에서 일본어를 거쳐 우리말에 들어온 '뻥끼'는 영어 '페인트'(paint)라는 말로 바뀌었다. 光復 이전의 일본식어식 발음에 의한 서양외래어는 그동안 이처럼 크게 淨化한 셈이다

그런데 우리는 '히로뽕'과 같은 일본어식 발음을 또다시 받아들이고 있다. 이러면서도 입으로는 걸핏하면 일본어 殘滓를 청산해야 한다고 외쳐댄다.

더욱 가관이라고 할 수 있는 것이 포르노라는 말이다. 영어 pornography(춘화, 도색문학)에서 나온 말이므로 우리말식 발음으로는 '포노그라피' 쯤이 된다. 그런데도 대중잡지에는 한결같이 '포르노'라고 쓰인다.

語形이 좀 긴 서양어가 일본어에 들어갈 때에는 흔히 앞뒤 쪽 두세 音節만 남는다. 데모(demonstration), 도란스(transformer), 마이크(microphone), 메모(memorandum), 아파트(apartment house), 파마(permanent wave) 식이다.

'포르노'는 이 유형에 속하는 말이다. 戰後의 일본어에 번진 이 말을 통째로 우리가 받아들이고 있으니 낯 뜨거운 일이다.

*경향신문 제13818호(1990년 8월 22일 수요일).

40. '너와집'의 본디말은 '너새집'

오랜만에 다시 찾은 來蘇寺는 기대했던 대로 여전히 조용해서 좋았다. 이렇게 조용한 山寺를 한 바퀴 돌아보면서 없어져가는 우리말에 대하여 되새겨보는 일 또한 남모르는 즐거움이었다.

山寺의 지붕은 우리네 전통적 '기와'로 덮여있다. 거기에는 우선 '암키와'와 '수키와'가 있다. 이쯤은 누구나 다 아는 말이다. 그러나 '기와'에는 그밖에도 여러 가지 종류가 있다. 대개는 없어져가고 있는 말들이다.

처마 끝에 사용하는 '기와'를 '막새'라고 한다. 漢字로는 '莫斯' 또는 '防草'로 나타낸다. 여기에도 암수의 구별이 있다. 이를 각기 '암막새'와 '수막새'로 구별한다. '암막새'는 '내림새', '수막새'는 그저 '막새'로도 불린다.

지붕의 습閣 부분, 곧 용마루나 장마루나 추녀마루(활개장마루)에 겹겹이 쌓아올리는 '암키와'는 따로 '적새'라는 이름을 가지고 있다. 이때의 '적'은 '쌓을 積'자를 나타낸다. '적새'의 맨 위쪽에 마지막으로 얹는 '암키와'를 특별히 '너새'라고 한다. '널'(板)과 '새'의 合成語라고 할 수 있다.

용마루 끝에 올리는 날개 달린 '암막새'를 '망새'라고 한다. 이때의 '망'은 '바랄 望'자를 나타내며 漢字로는 '望瓦'라고 쓰인다.

'막새, 적새, 너새, 망새'에는 모두 '새'라는 말이 붙어 있다. 그리고 보면 '기와'도 15세기에는 '디새'로 나타난다. 이 '새'는 被子 植物門 單子葉植物綱 벼科에 속하는 풀이름에서 나온 말이다.

『杜詩諺解』에는 '草堂'이나 '茅屋'이 자주 '새집'으로 번역되어 있다. 지붕을 풀로 이었다는 뜻이다. 오늘날 植物學名에는 이 '새'가 아직도 많이 남아 있다. '나도바랭이새, 좀물뚝새, 뚝새풀, 실새풀, 나래새, 오리새, 쌀새, 쥐꼬리새, 억새(참억새), 물억새, 기름새, 솔새' 따위가 모두 그렇다.

이 벼科 植物에는 지붕 이엉으로 알맞은 풀, 바꾸어 말하자면 '새'가 많다. 이들 '새'로 지붕을 덮은 집이 다름 아닌 '새집'이었다.

그러나 건축양식이 바뀌면서 지붕도 '질그릇'(陶器)으로 덮이기에 이르렀다. 여기서 '디새'라는 말이 생겼다. '디새'는 '딜'(陶器)과 '새'(풀, 지붕이엉)의 合成語인 셈이다.

얼마 전까지만 해도 산골에는 '너와집'이 많았다. 얇은 돌조각이나 나무조각 따위로 지붕이 덮인 집을 말한다. 그러나 이때의 '너와'는 앞에 나온 '너새'가 그 본래의 말이다. '너새'나 '디새'의 '새'는 그 뜻이 흐려지면서 '기와 瓦'자에 類推되어 각기 '너와'나 '기와'로 변한 것이다. 이에 '너와집'도 '너새집'이 훨씬 제격인 셈이다.

來蘇寺를 떠나면서 모처럼 실물 앞에서 '기와' 이름을 복습했다는 즐거움에 발걸음이 가벼웠다.

*경향신문 제13824호(1990년 8월 29일 수요일).

41. 漢字쓰기도 때로는 有用

신문을 읽다보면 同音異議語(homonym) 때문에 시간을 허비하는 일이 더러 생긴다. 실제로 '通貨 증발壓力 갈수록 심각'이라는 기사제목을 경제면에서 본 일이 있다. 그 본문에도 '증발'은 국문자 표기로만 여러 번 나타났다.

'증발'이라면 보통 상식으로 가장 먼저 떠오르는 뜻이 '蒸發'이다. 그러나 이 뜻으로는 그 기사내용이 도무지 이해되지 않았다. 사전을 뒤적이고 나서야 이때의 '증발'은 '增發'임을 가까스로 알아냈다.

얼마 후 '팔자勢 증발—客場활기'라는 기사제목을 경제면에서 다시 만났다. 요전에도 경제면에서 '증발' 때문에 공연히 애를 먹었던 터라 이번에는 '增發'이 재빠르게 떠올랐다. 그러나 웬걸 또 실패였다. 이번에는 '蒸發'이라는 뜻이었다.

세상에 同音異議語가 없는 言語는 없다. 따라서 누구나 그 뜻풀이 때문에 가끔 고생한 경험이 있을 것이다. 그만큼 말을 할 때나 글을 쓸 때에는 同音異議語에 마음을 써야 한다.

우리말의 경우 同音異議語는 漢字語에 특히 많이 나타난다. '감상(感傷 感想), 공용(公用 共用), 구축(構築 驅逐), 기능(機能 技能), 매진(賣盡 邁進), 부정(不正 不貞), 조작(造作 操作), 현상(現狀 現象)'처럼 헤아리자면 한없이 계속된다.

同音異議語의 뜻은 대부분 文脈으로 밝혀진다. 그러나 文脈으로도 그 뜻이 드러나지 않는 때가 있다. 가령 '그 여사장은 부정을 저지르고 말았다'와 같은 경우 '부정'은 '不正'인지 '不貞' 인지 알 길이 없다.

'군비를 줄여야 한다, 보급에 힘썼다, 사의를 표함이 좋다, 그는 의연히 말이 없었다'와 같은 표현도 마찬가지다. 이때의 '군비, 보급, 사의, 의연'은 각기 '軍備'와 '軍費', '普及'과 '補給', '謝意'와 '辭意', '依然'과 '毅然' 어느 쪽으로도 해석될 수 있다. 여기에 국문자 표기의 한계가 있다. 말이나 글은 남에게 그 뜻이 명확히 전달되도록 쓰여야 한다. 그런데 同音異議語는 가끔 가다가 그 뜻을 흐려 놓는다. 이때에는 漢字表記가 그 뜻을 밝히는 데에 적지 않은 힘이 된다.

오늘날의 일반신문은 지식인의 전유물이 아니다. 그만큼 그 표현은 알기 쉬워야 한다. 독자가 '증발'을 놓고 '蒸發'인지 '增發'인지 왔다갔다 했다면 그 표기에는 문제가 있을 수밖에 없다. 이럴 때에 漢字를 써주었더라면 그 뜻을 그냥 앉아서 이해할 수 있었을 것이다. 漢字語는 가능한 한 피해야겠지만 漢字는 때때로 유용한 표기수단이 된다.

*경향신문 제13836호(1990년 9월 12일 수요일).

42. 잘못 띄어 쓰면 뜻 엉뚱해져

일반적으로 신문기사에서는 띄어쓰기가 제대로 지켜지지 않거나 문장부호가 일일이 쓰이지 않을 때가 많다. 그 때문에 읽기에 따라서는 그 뜻이 달라지거나 아리송해질 때도 가끔 생긴다.

'누구든지 한번 법정에서 보십시오'와 같은 문장이라면 띄어 읽기에 따라 그 뜻이 아주 달라질 염려가 있다. '법정에 서 보십시오'가 될 수도 있고 '법정에서 보십시오'가 될 수도 있기 때문이다.

'이제안을 좀 보자'와 같은 문장도 마찬 가지다. '이 제안을'로 읽느냐 '이제 안을'로 읽느냐에 따라 그 뜻이 엉뚱하게 달라지기 때문이다. 띄어쓰기는 이처럼 의미해석을 좌우할 만큼 중요한 구실을 맡고 있다.

문장부호 하나가 의미해석을 도와줄 때도 많다. '서울강동경찰서는 친구집에서 술을 마시다 잠자는 친구의 사촌누나를 흉기로 위협해 욕보인 柳모 등 10대 3명을 14일 강간치상혐의로 구속…'과 같은 문장이 그러한 실례에 속한다.

얼핏 보면 '친구의 사촌누나가 술을 마셨다'는 뜻으로 해석된다. 그러나 기사를 끝까지 읽어보니 술을 마신 것은 10대들이었지 사촌누나가 아니었다. 이때에는 '마시다'와 '잠자는'이라는 말 사이에 쉼표(,)를 하나 넣어주었더라면 아예 아무런 오해도 생기지 않았을 것이다.

'서울서대문경찰서는 술에 취해 근무중인 경찰관에게 주먹을 휘두른 목사 朴모씨를 7일 공무집행방해혐의로 구속…'과 같은 기사나 '서울종암경찰서는 10일 렌터카를 몰고 다니다 밤늦게 귀가하는 주부를 폭행하고 금품을 빼앗은 車모 씨를 강도 강간혐의로 구속…'과 같은 기사도 비슷한 위험성을 안고 있다.

잘못하다가는 '경찰관이 술에 취했다'거나 '주부가 렌터카를 몰고 다녔다'로 오해할 수도 있다. 이러한 오해의 소지를 막자면 '술에 취해, 근무중인 경찰관에게'나 '렌터카를 몰고 다니다, 밤늦게 귀가하는 주부를'처럼 쉼표를 활용함이 좋다.

쉼표보다는 語順을 바꾸는 것이 더욱 효과적일 때도 있다. '金양의 어린 동생들조차 말을 꺼내지 않아 늘 웃음소리가 끊이지 않던 金씨 집은 삭막하고도 무거운 분위기에 짓눌려 있었다'와 같은 문장이 그러한 경우가 될 것이다.

'말을 꺼내지 않아 웃음소리가 끊이지 않았다'니 현실적으로 얼른 이해가 되지 않는다. 이때에는 '꺼내지 않아' 다음에 쉼표를 써도 좋지만 그보다는 '金양의…꺼내지 않아'까지를 '金씨 집은' 바로 다음으로 옮겨놓는 것이 훨씬 알기 쉽다.

*경향신문 제13842호(1990년 9월 19일 수요일).

43. '훌륭'의 본래 의미는 '완전하다'

'훌륭하다'는 형용사의 뜻을 사전에서 찾아보면 '썩 좋아서 나무랄 곳이 없다, 마음에 흡족하도록 아름답다'(『큰사전』)로 풀이되어 있다.

또다른 사전에는 '칭찬할 만하다, 매우 좋다, 퍽 아름답다, 완전하다'(문세영 『신수표준우리말큰사전』)로 나와 있다.

그러나 이 말은 어느 결에 엉뚱한 뜻으로 인식되고 있다. 가령 어른들이나 선생님들은 어린아이들더러 자주 '훌륭한 사람'이 되라고 가르친다.

이때의 '훌륭한'은 흔히 돈이나 권력, 명예나 지위로 받아들여질 때가 많다. 그러나 이러한 인식은 크게 잘못된 것이다.

'훌륭하다'가 사전에 나타나기 시작한 시기는 19세기 말엽이다. 『韓佛字典』(1880)과 『韓英字典』(1897)에는 다같이 '훌늉ᄒ다'로 나타난다. 그러나 이 말은 그 이전 문헌에 거의 나타나지 않는다.

그런데 『伍倫全備諺解』(1720)에는 이 말이 '囫圇'이라는 漢字語표기로 나타난다. '우리爺孃이 훌륜히 날을 나핫거늘'(우리 부모가 훌륭히 나를 낳았거늘)과 '내 이제 훌륜히 도라가니'(내 이제 훌륭히 돌아가니)처럼 쓰인 것이다. 이때의 '훌륜히'는 '육신이 온전한 상태'를 뜻한다. 원문의 주석에도 '羣碎錄 物完全者爲囫圇'이 보인다. 『羣碎錄』에 이르기를 '사물이 완전함을 훌륜히라고 한다'는 뜻이다.

우리말 '훌륭하다'는 이 '훌륜'에서 나온 말로 생각된다. 그 발음은 '후룬'으로 나타나지만 우리말 '훌륭하다'는 중국식 발음을 직접 수용한 것이 아니라, 한국식 漢字音으로 받아들인 결과일 것이다.

어찌되었건 '훌륭하다'는 본래 漢字語에서 나온 말이며 그 뜻은 단순히 '사물이나 신체가 온전한 상태'임을 나타내는 말이었다.

그러나 19세기 말엽에는 이 말이 벌써 '좋다, 아름답다'로 발전하였다. 『韓佛字典』에는 être bien, être beau로 풀이되어 있고, 『韓英字典』에는 to be fine, to be surpassing, to be great으로 풀이되어 있기 때문이다.

어느 경우나 '돈을 많이 벌었다'거나 '권력, 지위, 명예를 움켜쥐었다'는 뜻을 나타내지는 않는다.

그런데 지금은 오히려 '훌륭하다'가 이러한 세속적 의미를 강하게 풍기고 있어 한심스러운 생각이 든다.

'훌륭한 사람'이라면 '높으신 사람, 부귀한 사람'으로 인식하는 세태는 어딘가 잘못된 것이다. 오히려 평생을 한 가지 일에 매진한 사람이 훨씬 '훌륭'하다.

*경향신문 제13859호(1990년 10월 9일 화요일).

44. 버려야 할 엉터리 외래어 '드라이브 코스', 英語로는 안 통해

올봄에 들어서면서부터였던 것으로 기억된다. 내무부는 모처럼 우리말 다듬기에 썩 좋은 일을 한 가지 해냈다. '안전띠를 맵시다'라는 표어를 길거리 곳곳에 내세운 일이다. 그 덕분에 '안전벨트'라는 말이 자취를 감추면서 '안전띠'가 자리를 잡는 듯했다. 그러나 여기에도 헤살꾼이 있었다.

지난 8월 하순 무렵 한국담배인삼공사는 '안전벨트, 생명의 고리'라는 표어가 적힌 88라이트담배를 내놓았다. 내무부가 가까스로 다듬어 낸 '안전띠'를 다시 '안전벨트'로 되돌려 놓은 셈이다.

그러지 않더라도 우리말에는 외래어가 너무 많다. 많은 사람들이 '예의, 충격, 긍지, 월급쟁이, 사진첩, 기회'와 같은 말을 제쳐놓고 '에티켓, 쇼크, 프라이드, 샐러리맨, 앨범, 찬스'와 같은 외래어를 즐겨 쓴다.

'맵시, 몸짓, 마지막, 열쇠, 입마개'와 같은 우리말보다는 '스타일, 제스처, 라스트, 키, 마스크'라는 서양말이 여기저기서 판을 치고 있는 현실이다.

외래어가 넘치다보니 듣기에 딱한 어설픈 서양말이 많다. '아이스 커피, 프라이 팬'은 영어처럼 보이지만 실상은 영어식 표현이 아니다. 제대로 쓰자면 iced coffee, frying pan이기 때문이다.

'드라이브 코스, 배터 복스'라는 표현도 영어로는 통하지 않는 말이다. 각기 driveway, batter's box여야 하기 때문이다.

축구나 농구경기 때 쓰이는 말로 '골인'이 있다. goal in에 해당되는 말이다. 그러나 정작 영어에는 그러한 표현이 없다.

reach the goal이나 make the goal이라면 뜻이 통하지만 구차스럽게 이런 말을 쓸 수는 없다. 결국 '골인'이라는 어설픈 말보다는 '득점'이 한결 나은 셈이다.

딸아이가 맛있는 빵을 사왔다기에 그 이름을 물었더니 '슈크림빵'이란다. '슈크림'이란 chou cream을 나타내는 말 같은데 이야말로 영어도 아니고 불어도 아니다. 영어라면 cream puff여야 하고 불어라면 chou à la crème이어야 한다.

'인삼에끼스'처럼 쓰이는 '에끼스'는 더욱 가소로운 말이다.

덕천막부시대의 일본에는 한동안 네델란드 문화가 꽃을 피운 적이 있다. 이를 저들은 蘭

學이라고 한다. 이시대의 일본 학자들은 네덜란드어 exract(精髓)를 '에끼스'로 받아들였다. 그 첫음절만 써먹은 것이다. 이 늙어빠진 외래어 토막말이 우리말에 들어와 아직도 굼실거리고 있다.

'한글날'은 지났으나 이달은 때마침 '문화의 달'이다.

백 마디로 우리말에 두남을 두기보다 넘쳐흐르는 외래어, 그중에서도 엉터리 외래어를 다함께 버릴 일이다.

*경향신문 제13865호(1990년 10월 16일 화요일).

45. 말의 낙엽을 좇아서

말에도 낙엽이 있다. 이는 말에도 생명이 있다는 뜻이다. 생명이 있는 만큼 말 하나하나에도 일생이 있다.

말의 일생은 제각기 다르다. 그러기에 모든 낱말은 저마다 역사를 가지고 있다고도 한다.

사전을 들추다 보면 아무래도 생소하기만한 낱말들이 수두룩하다. 그러나 이들도 어느 시절엔가는 엄연히 살아 숨 쉬던 말로서 그 자태를 뽐내던 귀여운 우리말들이다. 이를 두고 말의 낙엽이라고 일러본다.

사전 속에 잠들어 있는 말의 낙엽도 꺼내보면 하나하나가 단풍잎처럼 예쁘지 않은 것이 없다.

바로 요즈음 같으면 '지레김치'를 먹을 때다. 김장김치보다 일찍 담가 먹는다고 해서 '지레김치'가 된 것이다.

언제부턴가 市井에서는 '칼국수'가 인기를 끌고 있지만 그 합성어 자체야 역사도 알팍할 뿐 아니라 語感 또한 대수롭지 못하다. 차라리 '칼싹두기'가 나은 편이다. 칼로 싹둑싹둑 잘랐다는 느낌이 물씬 풍기는 말이기 때문이다.

약간 상한 채 말라서 희끗희끗하게 얼룩진 고추가 '희아리'다. 지금은 배가 불러 '희아리'까지 먹지는 않지만 어렸을 적에는 이 또한 맛있는 찬거리였음을 아련한 추억으로 간직하고 있다.

먹을거리 이야기를 하다 보니 지금은 들어보기 어려운 떡 이름도 생각난다. 메밀의 속나

깨로 만든 '나깨떡'은 일종의 개떡이지만 전에는 그나마 없어서 한이었다. 좁쌀을 엿기름에 삭혀 지진 떡, 곧 '노티'를 생각하면 금세 입안에 군침이 돈다.

찰수수가루로 만들어 팥고물을 묻힌 '거멀접이'는 그다지 지체 높은 떡이 아니지만 '북떡'을 먹을 때에는 어쩐지 마음까지 든든해졌다. 그 시절에는 별의 별 疫疾이 끊임없이 돌고 돌았다. 그때마다 베틀북으로 집안 식구 수효만큼 쌀을 떠서 쪄낸 시루떡이 '북떡'이다.

찹쌀가루 반죽을 얄따랗게 밀어 모지거나 둥글게 만든 후 기름에 띄워 지져낸 것이 '산승'이다. 그 고소한 맛만은 반백이 넘은 오늘까지 입안의 추억으로 남아 있을 뿐이다.

말이 나온 김에 '밤'까지 짚어두자. 한 송이에 한 톨만 동그르르 여문 밤을 '외톨'이라고 하지만, 여기에는 '회오리밤'이란 말도 있다. 넓적하고 크게 생긴 밤이 '덕석밤'이고 껍질째 반쯤 말린 것이 '소득밤'이다. 가을의 문턱에서 낙엽을 모으듯 말의 낙엽을 헤아리다 보니 옛 생각이 울컥 치민다.

*경향신문 제13870호(1990년 10월 22일 월요일).

46. 北韓의 '선생'과 '통일'

세월과 더불어 산천초목이 변화를 거치듯, 말의 내용 또한 변화를 거듭한다. 이를 전문적으로는 의미변화라고 한다.

의미변화는 고유어에서도 일어나고 한자어에서도 일어난다. 고유어로서 의미변화를 거친 사례에는 '구실, 보람, 이바지, 어리다, 어여쁘다' 따위가 있다.

이들은 각기 '세금, 표시, 잔치, 어리석다, 불쌍하다'는 뜻으로 쓰이다가 점차 뜻이 달라져 오늘날과 같아진 것이다.

이러한 의미변화는 한자어에도 널리 나타난다. '圖書'는 '藏書印'을 뜻하였으나 지금은 '책'을 뜻하며, '發表'는 '마마자국이 드러남'을 나타냈으나 지금은 '세상에 밝힘'을 나타낸다.

'發行, 放送, 産業'은 각기 '출발, 석방, 재산'을 뜻하던 말이었으나 이제는 '책을 펴냄, 전파송신, 물자생산작업'을 뜻하는 말로 쓰이고 있다.

'食品, 新人, 中心'과 같은 말도 본래는 각기 '식성(또는 입맛), 신랑·신부, 마음속'을 뜻했으나 지금은 '먹을거리, 연예계의 새얼굴, 사물의 한 가운데'를 뜻할 뿐이다.

이러한 의미변화는 점진적으로 자연스럽게 일어나기 때문에 아무도 그 변화를 막거나 되돌릴 길이 없다.

그런데 요즈음 흔히 들리는 말 가운데 알쏭달쏭한 의미변화를 나타내고 있는 것이 있다. 북한에서 쓰이는 '선생'과 '통일'이라는 말이 그렇다.

남북한 총리회담 때 북한 사람들은 우리 쪽 총리를 '대표선생'이라고 불렀다. 이때의 선생이란 북한 말로 '동무'일 수밖에 없다. '기자선생' 또는 마찬가지다. 그 내면에는 아무래도 '기자동무'라는 뜻이 숨어있다는 느낌이다.

그렇다면 북한의 '선생'이라는 말은 '동무'라는 뜻이 되는데, 의미변화 치고는 해괴한 변화가 아닌가 한다. 자연스러운 의미변화가 아니라 인위적 의미변화이기 때문이다.

북경에서도 평양에서도 북한 사람들은 우리 쪽을 향하여 '통일'을 외쳐댔다고 한다. 실제로 텔레비전에 비치는 '통일' 구호는 길거리에서 '예수를 믿으라'는 고압적인 구호를 들을 때처럼 우리에게 아무런 감동이나 공감을 안겨주지 않았다.

우리는 어려서 '북진통일' 시위에 참가하였다. '멸공통일'이라는 말도 썼다. 그 후에는 '평화통일'로 굳어졌다. 그러나 북한의 '통일'이 어떤 뜻인지는 알 길이 없다. 우리의 기억 속에는 아직도 '적화통일'이 남아있기 때문이다.

같은 말인데도 남북한 간에는 의미차이가 많다. 저쪽 말의 깊은 뜻을 우리의 뜻으로 가볍게 이해하는 일이 없어야겠다.

*경향신문 제13876호(1990년 10월 29일 월요일).

47. '사모님'과 '교수님'과 '~兄'

光武 6년(1902) 學部 편집국에서는 신식예절을 일깨우기 위하여 『서례수지(西禮須知)』라는 순국문 소책자를 펴냈다.

서양예절에 관한 필수지식을 담은 이 책은 친구와 수작하는 법 가운데서 '사람을 부르는 법이 각각 합당한 칭호가 있으니, 만일 그릇 말하면 용속한 것을 면치 못하야 실례가 되느니라'고 가르쳐 준다.

그런데 나라가 선진국 문턱에 들어선 요즈음 우리 주변에는 듣기에 민망할 정도로 뒤죽

박죽이 되어버린 호칭이 버젓이 나돌고 있어 언어예절 또한 후퇴하고 있다. 여대생들은 선배 남학생을 거침없이 '형'이라고 부른다. 앞에다 이름을 달아 '형'이라고도 부른다. 옆에서 듣기에는 아무래도 거북하다. 평범하게 '선배님'이라고 하든지, 좀 더 다정하게 '오빠'라고 했으면 좋겠다.

청년장년층에서는 연인이나 내외간에 상대방을 '자기야'라고 부르는 일이 흔하다. 이 또한 남에게는 혐오감을 안겨준다. 연인끼리라면 그저 이름으로 부르거나 거기에 '씨'를 달아도 좋을 것이고 내외간이라면 각자의 사정에 따라 얼마든지 합당한 호칭이 있을 것이다. '여보, 임자, 아빠' 따위 말이다.

'아빠, 엄마'라는 말이 아무 때나 분별없이 쓰이고 있어 듣기에 민망할 때가 많다.

출가한 자녀가 어렸을 때 버릇으로 줄곧 '아빠, 엄마'라는 호칭을 쓴다든지, 며느리가 시부모 앞에서 남편을 '아빠'라고 지칭하는 것이 모두 문제다.

출가하고 나면 자녀는 당연히 부모를 '아버지, 어머니'로, 며느리는 시부모 앞에서 남편을 '아범'이라고 지칭할 일이다.

벌써 오래전부터 말썽이 되어온 호칭에 '사모님'이 있다. '師母'란 '스승의 부인'을 지칭하는 말이다. 그런데 지금은 '사모님'이 아무데나 너무 쓰이고 있다.

얼마나 '사모님'이란 호칭이 천박했으면 '싸모님'이라는 卑稱으로까지 둔갑하여 쓰이겠는가. 스승의 부인이 아닐 경우에는 '夫人'이나 '슈夫人'이란 훌륭한 호칭이 있다.

대학생들은 자기 선생을 '교수님'이라고 부른다. 그러나 '교수'는 직위에 대한 호칭이다. 따라서 정확히 부르자면 '강사, 전임강사, 조교수, 부교수, 교수'를 구별해야 한다. 결국 '교수님'보다는 '선생님'이 훨씬 합당하고도 정겨운 호칭이다.

自稱語가 對稱語로 잘못 쓰이는 사례도 있다. '未亡人'은 스스로를 겸손하게 표현하는 自稱語에 속한다. 이를 '언제 미망인이 되셨습니까'처럼 對稱語로 쓴다면 이만저만 실례가 아니다. 비록 시대는 달라졌지만 호칭에는 늘 마음을 써야 한다.

*경향신문 제13882호(1990년 11월 5일 월요일).

48. '쫑파티'와 '책씻이'

한 학기 강의가 마무리 될 무렵이면 대학생들은 가끔 자그마한 모임을 갖는다. 이른바 '종강파티'다.

말이 '파티'지 실상은 음료수 한잔에 과자부스러기를 곁들여놓고 선생과 학생들이 둘러앉아 그 동안 못다했던 말을 주고받으며 아쉬움을 달래는 소박한 모임이다.

지난 60년대에는 이 모임을 '종강파티'라고 불렀다. 그러다가 70년대에는 그 이름이 '쫑파티'로 발전하였다. '파티'라는 표현도 마음에 걸리거니와 요즈막에는 이 모임을 뭐라고 하는지 궁금하기도 하여 학생들에게 물었더니 '책걸이 모임'과 '책떨이 모임'이라는 두 가지 대답이 나왔다. 그럴듯한 말 같지만 사실은 둘 다 틀린 말이다.

글방에서 학동이 책 한권을 다 읽어서 떼거나 베끼는 일이 끝나면 스승과 동료들에게 한턱내는 것이 우리네 풍습이었다. '册禮'라는 것이었다. 이를 두고 우리말로는 '책씻이'라고 하였다.

이때의 '씻이'는 당연히 '씻다'(洗)에서 나온 파생명사형이다. 그렇다면 '책씻이'는 '책을 깨끗이 씻어냈음'을 뜻하는데 그 발상이 약간 기이하다. 책을 다 읽고 나서 어인 일로 책을 씻었다고 했는지가 궁금하기 때문이다.

'책씻이'와 비슷한 발상에서 나온 말로 '호미씻이'가 있다. 농가에서 마지막 논매기를 끝낸 후 일꾼들에게 술과 음식을 푸짐하게 대접하는 일이 곧 '호미씻이'다. 한자어로는 '洗鋤宴'이라고도 한다.

'씻이'가 붙는 말에는 '손씻이', '입씻이'도 있다. 남의 수고에 대하여 작은 물건으로 보답하는 일이 '손씻이'고, 자기에게 불리한 말을 못하도록 남몰래 물건이나 돈을 주는 일이 '입씻이'다.

이렇게 볼 때 '씻이'에는 적어도 두 가지의 다른 뜻이 뒤엉켜있음을 알 수 있다. 거기에는 우선 '지난 일에 대한 성과를 일단 매듭짓는다'는 뜻이 담겨있으며 다음으로는 '앞으로의 일에 대한 대책을 새롭게 다진다'는 뜻이 서려있다.

분명히 우리말 '씻이'는 과거의 즐거움보다는 미래의 祈福心理를 더욱 짙게 나타내고 있다. 이러한 呪術性을 잘 보여주는 民俗信仰이 전국에 널려 있는 '씻김굿'이다. 이때의 '씻김'이란 亡人의 죄를 씻어준다는 뜻이다. 그래야만 극락왕생할 수 있다고 믿는 것이다. 우리말

'씻다, 씻기다'는 이처럼 呪術的인 뜻을 머금고 있었다.

결국 '책씻이'는 단순한 명사가 아니다. '종강파티'나 '쫑파티'로는 도저히 그 깊은 뜻을 대신할 수 없는 신성한 말이다.

*경향신문 제13894호(1990년 11월 19일 월요일).

49. '18번'의 유래

살림살이가 한결 부드러워져서인지 갖가지 모꼬지가 사시장철 그칠 날이 없다. 그 이름도 여러 가지여서 동창회, 친목회, 야유회, 단합대회, 망년회 등등 헤아리자면 머리가 어지러워진다.

이 하고 많은 모꼬지에는 노래나 長技 자랑이 빠지지 않고 펼쳐지게 마련인데 이때에 몇 차례씩 싫어도 듣게 되는 말이 이른바 '18번'일 것이다.

모꼬지의 사회자는 적당히 사람을 불러낸다. 그리고 노래를 부르거나 재주를 부리라고 청한다. 미리 준비하고 있었다면 어렵지 않지만 갑자기 지명되었을 때에는 무척 당황하게 된다. 재주나 노래가 얼른 튀어나오지 않으면 누군가가 외쳐댄다. "거 있잖아 18번".

어떤 사람이 정해놓고 부르는 노래나 되풀이하는 재주를 우리는 이처럼 '18번'이라고 일컫는다. 그런데 여기에 이상한 점이 하나 있다. 정해진 노래나 되풀이되는 재주라면 가장 잘하는 품목일 텐데 이를 왜 '1번'이라 하지 않고 하필이면 '18번'이라고 할까 하는 점이다.

실상은 여기에 그럴만한 여유가 서려있다. 다만 그 연유는 불만스럽게도 일본 문화에 잇대어진다.

일본의 전통적 연극에는 여러 가지가 있지만 그중에서도 첫손가락으로 꼽히는 것은 가부키(歌舞伎)라고 할 수 있다. 이 가부키를 대대로 이어오는 집안으로는 市川家가 지금 가장 유명하다. 市川家에는 가부키의 대본도 대대로 전해온다. 그 대본이 교겡(狂言)이다. 市川家에는 특히 뛰어난 교겡 18종이 전해온다. 그 하나하나를 각기 나무상자에 넣어 보관하는데 상자에는 일일이 번호가 적혀 있었다고 한다.

첫 번째 상자가 '1번', 맨 마지막 상자가 '18번'이었다. 따라서 교겡은 그냥 '상자'라고 부르기도 하고 '18번'이라고 부르기도 하였다. 결국 '18번'은 본래 '가부키에 쓰이는 뛰어난 대본'

을 뜻하던 말이었다. 여기서 '가장 잘하는 技藝'나 '잘 부르는 노래'라는 뜻이 생긴 것이다.

이렇게 보면 '18번'은 일본말임을 알 수 있다. 이 말이 엉뚱하게도 지금은 우리말처럼 활개치고 있다. 그런데도 이를 안타깝게 여기는 사람이 별로 없는 듯하다. 그것은 이 말의 유래를 잘 모르기 때문일 것이다.

'18번'은 이제 우리말 속에 깊숙이 뿌리를 내린 듯하다. 그렇다고 여기서 두 손을 들어야 할지는 의문이다. 달리 대안이 없다고 한다면 그 말의 유래라도 똑똑히 알아둘 필요가 있을 것이다.

*경향신문 제13900호(1990년 11월 26일 월요일).

50. 말이 안 되는 표현, '교육시키다'

우리말에는 엄연히 使動化라는 문법이 있다. 언제부터인지 이 문법이 조금씩 흔들리기 시작하더니 이제는 아예 고삐 풀린 말처럼 잘못된 쪽으로 내닫고 있다.

지난 50년대 말 서울에 갓 올라왔을 때 무엇보다도 이상하게 느껴진 말이 '거짓말시키다'였다. 서울 친구들은 걸핏하면 '야 거짓말 시키지 마, 너 그렇게 거짓말 시킬 거야?'라는 말을 썼다.

아무리 생각해도 '거짓말 하지 마, 거짓말 할 거야?'라고 쓸 자리였다. 그런데도 언제나 '거짓말 시키다'였다. 참으로 엉뚱한 使動法도 다 있구나 하는 생각을 지울 길이 없었다.

그러다가 60년대 초에는 군대에 들어가 이번에는 '교육시키다'라는 말을 들었다. 일등병이 어떤 잘못을 저지르기라도 하면 선임하사관은 영락없이 분대장에게 '아무개 일등병 교육 좀 시켜' 하고 돌아서는 것이었다.

이 말의 뜻을 우리말 문법으로 정직하게 풀이하자면 '교육 좀 하게 해' 그러니까 '가르치게 좀 해'가 될 것이다. 그러나 이때의 뜻으로는 '배우게 해' 곧 '가르쳐'였다. 그렇다면 '교육 좀 해'였어야 할 것이 잘못된 것이다.

이렇게 엉뚱한 使動化가 이제는 날로 확산되고 있다. 이러한 경향은 특히 한자어에 두드러지게 나타나고 있다.

어떤 대학교수의 글에 '공작정치 등에 의해 반대세력을 와해시키고 파괴시키는 작전'이라는 표현이 있었다. 그러나 이때의 '와해시키고 파괴시키는'은 '와해하고 파괴하는'이어야 한다.

'이런 권력의 기능은 자기의지를 부단히 확대시키는 힘이고, 반대세력의 의사를 차단시키거나 파괴 또는 질식시키는 힘이다'와 같은 표현도 있었다. 이때의 '확대시키는, 차단시키거나 파괴 또는 질식시키는'도 각기 '확대하는, 차단하거나 파괴하거나 질식시키는'이어야 한다. '질식시키다'를 빼놓고는 모두가 잘못된 使動化 표현인 셈이다.

'시키다'는 '하다'에 대한 使動表現이다. 그러므로 '철수는 공부를 하였다'와 '철수에게 공부를 시켰다'는 문법적으로 그 뜻이 전혀 다르다. '교육시키다'와 '교육하다'도 마찬가지다. '철수가 교육을 하였다'면 '철수가 (남을 직접) 가르쳤다'는 뜻이지만 '철수가 교육시켰다'면 '철수가 (남을 시켜) 가르치게 했다'는 뜻이 된다.

使動化의 이러한 오용은 점차 '낳게 한다, 자아내게 한다'처럼 고유의 우리말에도 확산되고 있다. 사소한 일 같지만 다같이 생각해 보아야 할 일이다.

*경향신문 제13906호(1990년 12월 3일 월요일).

51. 잘못된 명령형 '행복하십시오'

텔레비전을 통하여 들어 본 말이지만, 신혼부부와 대화를 나누던 사회자의 마지막 인사말이 '행복하십시오'였다.

처음에는 形容詞가 動詞로 잘못 활용되고 있구나 생각하며 가볍게 지나쳤다. 그러나 그 잘못된 명령형이 지금 아주 일반적으로 쓰이고 있다는 사실을 요즈음에야 깨달았다.

영등포의 어느 예식장 현관 옆쪽에는 기념석처럼 보이는 화강암이 서있는데 거기에는 '축하합니다, 행복하세요'라는 말이 陰刻되어 있다.

그리고 보니 요즈음 편지 끝에는 '건강하십시오'라는 인사말도 나타난다. '행복하세요'나 '건강하십시오'나 다같이 잘못된 명령형이어서 귀에 거슬린다.

우리말 形容詞는 그 활용법이 動詞와 매우 비슷하나 몇 가지 점에서는 차이를 나타낸다. 그 차이는 우선 명령, 감탄, 請誘와 같은 意圖法 어미에 나타난다.

이를테면 動詞 '먹다'는 명령형이 '먹어라', 감탄형이 '먹는구나', 請誘形이 '먹자'로 나타난다. 그런데 形容詞 '작다'의 명령형은 아예 나타나지도 않는다. '작아라'와 같은 명령형은 우리말에 없기 때문이다.

'작다'의 감탄형은 '작는구나'가 아니라 '작구나'일 뿐이다. 形容詞는 이처럼 감탄형에서도 차이를 보인다. '작다'는 請誘形으로도 쓰이지 않는다. '작자'와 같은 請誘形은 우리말에 나타나지 않기 때문이다.

의문형에서도 動詞와 形容詞는 차이가 난다. 동사 '먹다'의 의문형은 '먹느냐'지만 형용사 '작다'의 의문형은 '작느냐'가 아니라 '작으냐'가 된다. 또한 동사는 '먹고 있다'처럼 현재 持續性을 나타낼 수 있지만, 형용사는 '작고 있다'로 활용되는 일이 없다. 그저 '작다'로 그 기능을 대신한다.

수식형에서도 동사 '먹다'는 '먹는 사람'처럼 쓰이지만 형용사 '작다'는 '작는 사람'이 아닌 '작은 사람'처럼 쓰인다.

이처럼 우리말 動詞와 形容詞는 그 활용법에 차이를 보이고 있다. 이러한 문법 사실로 '행복하다, 건강하다'를 따져보면 그 성격이 형용사임을 알 수 있다.

먼저 감탄형으로 볼 때 '행복하다'는 '행복하는구나'가 될 수 없고 '행복하구나'로만 쓰인다. 請誘形 '행복하자'도 말이 안 되며 의문형도 '행복하느냐'가 아니라 '행복하냐'가 될 뿐이다. 수식형 또한 '행복하는 사람'이 아니라 '행복한 사람'으로 나타난다. 그런데 '건강하다'는 '행복하다'와 똑같은 활용을 보인다. 이로써 '행복하다, 건강하다'는 형용사임을 분명히 알 수 있다. 그렇다면 이 말들은 '행복하십시오, 건강하십시오'처럼 명령형으로 쓰일 수가 없다.

*경향신문 제13912호(1990년 12월 10일 월요일).

52. 국어답안, 생각한 뒤 정확하게

영국인은 걸으면서 생각하고 프랑스인은 생각하고 나서 걷는다. 그런데 스페인 사람은 걷고 나서 생각한다는 비유가 있다. 思考와 行動에 대한 각국민의 성향을 재미있게 비유하고 있어 웃음을 자아낸다.

그렇다면 우리자신은 과연 어떨지 궁금해진다. 그 대답을 당장 여기에 내놓기는 어렵다. 그러나 우리는 일상대화와 글에서 어딘지 스페인 사람다운 성향을 지니지 않았나 하는 생각이 든다.

특히 대학입시의 주관식 답안을 대할 때마다 그러한 생각은 더욱더 짙어진다. 지금의 입시 국어문제에는 반드시 주관식이 포함되어 있다. 그런데 학생들의 답안을 보면 생각하고 나서 쓴 것인지 쓰고 나서 생각한 것인지 의심스러울 때가 의외로 많다.

국어의 주관식은 거의가 수험생의 思考力을 알아보기 위한 것이다. 그 때문에 수험생들은 차분히 생각하고 나서 답안을 만들어야 한다.

우선 문제를 읽을 때부터 생각을 가다듬어 어떠한 답을 요구하고 있는지 똑똑히 알아야 한다. 요즈막에는 흔히 그 답안에 '내용'과 '형식'을 함께 담으라는 요구가 눈에 띈다. 이때에 주의해야 할 것이 '형식'이다.

가령 어떠한 '내용'을 '10자 이내'로 쓰라거나 '한 단어'로 답하라고 했다면 그 '형식'을 반드시 지켜야 한다. '형식'을 무시하고 '10자 이상'으로 쓰거나 '한 단어 이상'으로 답을 쓰면 감점의 대상이 되고 만다. 실제로 '내용'은 다 맞았으면서도 '형식'을 어겨 감점되는 경우가 많음을 수험생들은 잊지 말아야 한다.

어떤 때는 문제지에 표시된 '부호'로 대답해야 할 때도 있다. 이때에도 '문장'이나 '단어'를 답안에 옮겨놓는 수험생들이 있다. 안타까운 일이지만 이러한 답안으로는 점수를 얻기가 힘들다.

자주 볼 수 있는 답안으로 '양다리 걸치기'가 있다. 이를테면 '인현왕후(혜경궁 홍씨)'와 같은 답안이다. 이때의 정답이 '혜경궁 홍씨'라면 그 정답은 정작 괄호 속에 들어 있고 틀린 답이 괄호 밖에 먼저 나와 있는 셈이다. 이러한 답안으로는 점수를 전혀 얻을 수 없다. 이와는 반대로 '혜경궁 홍씨(인현왕후)'와 같은 답안이 나타날 때도 있다. 이 또한 감점의 대상이다.

답안에는 수험생의 注意力과 思考力이 여실히 나타난다. 語尾 하나에도 조심스러운 태도가 필요하며 이왕이면 글자 하나하나를 깨끗이 쓰는 것이 좋다. 이것이 생각하고 나서 답을 쓰는 태도다. 시험 답안지 작성뿐만 아니라 일상대화에서도 생각하고 정확히 표현하는 태도를 익혀야 한다.

*경향신문 제13918호(1990년 12월 17일 월요일).

53. 연하장의 상투적 표현

'지난해 보살펴주신 厚誼에 感謝드리며 새해를 맞이하여 幸運이 함께 하시기를 祈願합니다.' 이맘때쯤 날아드는 몇 장의 연하장에 상투적으로 나타나는 인사말이다. 한결같이 형식적이고 기계적이어서 어느 구석에도 發信人의 개성적 표현이나 정감이 담겨있지 않다.

우선 全文이 활자로 인쇄되어 있다. 심지어 발신인의 이름까지도 친필 서명이 아니라 활자 인쇄일 때가 보통이다. 거기다가 첫머리에도 受信人이 표시되어 있지 않아서 누구에게 보내진 것인지 알 수 없게 되어 있을 때가 예사롭다.

발신연도나 날짜표시도 물론 없어서 후일의 기념물이 되기도 어렵게 되어있다. 그 표현을 하나하나 뜯어보면 더욱 씁쓰레한 느낌을 되씹을 수밖에 없다. 첫머리의 '지난해'라는 말부터가 벌써 어색하다. 연하장은 그 대부분이 12월에 배달되어 온다. 가령 1990년 12월 중에 받아본 연하장에 '지난해'가 나온다면 이것은 1989년을 나타낸다. 그러므로 '지난해'라는 말을 쓸 때에는 앞뒤를 충분히 헤아려 두어야 할 것이다.

'보살펴주신 厚誼'에도 마음이 걸린다. '厚誼'는 '서로 사귀어 친해진 정'을 뜻한다. 이 말에 '보살펴 주신'이라는 수식어는 아무래도 어울리지 않는다. '베풀어 주신 厚意'라야 흠집 없는 우리말 표현이다. '새해를 맞이하여'라는 표현도 따져볼 필요가 있다. 이 말은 '새해를 맞는 한동안만'처럼 들리기 쉽다. 따라서 '새해 내내'라고 표현한다면 그 뜻이 한결 나아져 상대방을 더욱 위하는 정성을 나타낸다.

'幸運이 함께 하시기를'도 문법적으로 짚어보면 야릇한 표현임을 알아야 한다. 우리말의 尊敬語化는 主語가 존경할 만한 대상일 때에만 일어난다. 그 때문에 '아버지가 온다'는 '아버지께서 오신다'가 된다. 그러나 그 대상이 目的語일 때에는 尊敬語化가 일어나지 않는다. '나는 아버지를 본다'가 '나는 아버지를 보신다'는 될 수 없기 때문이다.

'幸運'이란 누구나가 기다리는 대상이다. 그러나 존경의 대상은 아니다. 따라서 이를 '행운이 함께 하시기를'처럼 尊敬語化로 나타낸다면 지나친 표현이 된다. '행운과 함께 하시기를, 행운 속에 지내시기를, 행운을 누리시도록, 행운을 잡으시도록'처럼 온당한 표현은 얼마든지 있다.

마지막의 '祈願합니다' 또한 '빕니다'라는 우리말보다 딱딱한 표현이다. 이처럼 짤막한 연하 인사 한 문장에도 따지자면 문제가 많다. 이제는 行間마다 字間마다 發信者의 따뜻한 숨결이 서린 한 장의 연하장이 아쉽다.

*경향신문 제13924호(1990년 12월 24일 월요일).

54. '羊'에 대한 우리말은 '염'

天干地支로 헤아리자면 올해는 辛未年이라고 한다. 그래서 사람들은 올해를 '羊의 해'라고 부른다. 올 한 해 동안에 태어난 사람은 '羊띠'가 되는 셈이다.

새해 초하루 날짜의 각신문은 '羊'에 대한 예찬과 해설기사를 다투어 싣고 있었다. 어떤 신문은 '羊떼' 사진을 큼직하게 곁들이기도 하였다. 그러나 아쉽게도 '羊'에 대한 우리말이 본래는 무엇이었을까 하는 의문을 풀어주는 고증은 아무데도 없었다.

地支를 나타내는 열두 가지 동물은 원칙적으로 순수한 우리말 이름을 가지고 있다. 현대어로 보더라도 '쥐(子), 소(丑), 범(寅), 토끼(卯), 龍(辰), 뱀(巳), 말(午), 羊(未), 잔나비(古語로는 납, 申), 닭(酉), 개(戌), 돼지(古語로는 돝, 亥)'가 되니 '龍'과 '羊'을 빼놓고는 모두가 순수한 우리말이다.

그런데 과거에는 '龍'에 대한 우리말도 있었다. 崔世珍의 『訓蒙字會』(1527)에는 '龍'과 '辰'의 풀이가 '미르'로 나타나기 때문이다. 『朝鮮館譯語』(15세기 초엽)의 '鳥獸門'에 나타나는 '龍'이나 '干支門'에 나타나는 '辰'도 우리말로는 '米立'('미르' 또는 '미리')라고 적혀있다. 따라서 '미르'는 15세기 초엽 이전으로 거슬러 올라가는 우리의 옛말이다.

그렇다면 '羊'에 대한 우리말은 없었을까 궁금해진다. 그러나 여기에도 사실은 순수한 우리말이 있었다. 우선 초간본 『杜詩諺解』(1481)에는 '염'(羘)이 나타난다. 최세진의 『老朴集覽』(16세기 초엽)이나 『石峰千字文』(1583)에도 '염'(羘)이 보일뿐만 아니라, 『朝鮮館譯語』의 '鳥獸門'에 나타나는 '羊', '干支門'에 나타나는 '未'도 '捨'(염의 표기)으로 적혀있다.

이로써 '염'은 본래 '羊'의 뜻이며, 이 말은 적어도 15세기 초엽 이전으로 거슬러 올라감을 알 수 있다. 다만 '羊'을 언제나 '염'으로만 지칭하지는 않은 듯하다. 『雞林類事』(12세기초두)에는 이미 '羊曰羊'이라는 항목이 나타나는데, 이는 '羊'이라는 漢字語가 일찍부터 우리말에서 쓰였음을 알려준다. 15세기부터는 '양'과 '염쇼'로도 나타난다. 이 사실은 '염'이 '염＋쇼'라는 복합어로 발전했음을 말해준다.

이때의 '염'을 髥으로 생각하기 쉬우나 둘 사이에는 아무런 관련이 없다. 핀란드의 람스테트(Ramstedt)는 일찍이 우리말 '염'을 알타이제어와 비교한 바 있다. 그렇다면 '염'은 더더구나 漢字語일 수가 없다.

오늘날 우리는 '羊'과 '염소'를 구별하고 있지만 이들은 모두가 '소科'에 속한다. 그리고 그 이름은 모두 '염'으로 통합된다. 따라서 '羊띠'보다는 '염띠'가 한결 좋지 않을까 생각해 본다. <미발표 원고>

55. '섣달 그믐'은 '죽음'의 상징어

섣달 그믐날 밤에는 집집마다 방과 마루, 부엌과 외양간, 심지어는 뒷간에까지 불을 밝혀놓고, 사람들은 화로에 둘러앉아 닭이 울 때까지 밤을 꼬박 새우는 풍습이 있었다. 묵은 歲時記에서는 이를 '守歲'라 한다고 적고 있다.

'農家月令歌'는 이 '守歲'의 대목을 다음과 같이 그리고 있다. '새등잔 새발심지/ 장등(長燈)하여 새울적에/ 웃방 봉당 부엌까지/ 곳곳이 명랑하다.' 불을 밝혀 놓았기 때문일까, 그 분위기가 무척 밝았음을 전해준다.

이날 밤 잠을 자면 두 눈썹이 하얗게 된다고 어른들은 곧잘 어린아이들에게 겁을 주었다. 새해 아침을 잠속에 묻어버리지 말고 뜻있게 맞으라는 뜻이었을 것이다.

섣달 그믐날 밤 특별히 불을 밝히는 데에는 여러 가지 뜻이 있다. '그믐'이라는 말을 풀어보면 그 뜻을 찾을 수 있다.

'그믐'은 '그믈다'라는 고어에서 나온 말이다. 그 뜻은 '어두워지다, 꺼져가다, 죽어가다'였다. 보름이 지나면 달빛은 점점 어두워진다. 그 상태를 '그믈다'로 나타낸 듯하다. 이에 대하여 하루해가 져가는 상태는 '져믈다'였다. 오늘날의 '저물다'는 이 말이 음운변화를 거친 결과이다.

달이 완전히 '그믄 날' 곧 '그믐'은 온밤이 암흑천지가 되는 날이다. 더구나 '섣달 그믐'은 한해가 죽어가는 날이다. '암흑'과 '죽음' 이 두 가지야말로 사람들이 가장 꺼리는 대상일 수밖에 없다.

그래서 불을 밝힌다. '광명'으로 '생명'을 이어보자는 祈願이 거기에 담겨있다고 할 수 있다. 따라서 섣달 그믐날밤의 '長燈'은 일차적으로 '빛'을 통하여 '생명'을 보존하려는 우리의 토속적인 신앙을 상징하는 것으로 풀이된다.

그러나 '불'은 '빛' 말고도 '열'을 지니고 있다. 이 '열'은 '정렬' 곧 생명의 힘을 상징한다.

옛사람들은 이 힘을 이용하려고도 하였다.

『分門瘟疫易解方』(1542)이라는 醫書는 金安國이 왕명을 받들어 편찬한 책인데 그 속에는 다음과 같은 처방이 보인다. '섣달 그믐날 밤 뜰에 섶나무를 쌓아놓고 불을 피우면 재액이 없어지고 陽氣를 돕는다.'

이때의 '불'로는 그 '열기'를 이용하자는 뜻이었음을 알 수 있다. 이처럼 우리네 선인들은 '불'을 통하여 그 '빛'과 '열'을 깜냥대로 이용하려고 하였다.

섣달 그믐밤이 비록 어둡고 추울지라도 '불'이 있는 한 밝고 따뜻하게 지낼 수 있다. 이 세상 구석구석에 그러한 '생명의 불'이 꺼지지 않았으면 한다. <미발표 원고>

따뜻하고 정겨운 어문생활

1. 자연스러운 우리말 쓰기

대형 마트의 식품부를 돌아보고 있는데 한 쪽에서 '○○을 저렴한 가격으로 드려요'라는 말이 들린다. 중년으로 보이는 販賣員 아주머니의 입에서 나온 말이다. 이때의 '저렴'이라는 漢字語는 어쩐지 듣기에 거북하다. '저렴'이라면 '低廉'일 것이니 '값이 싸다'는 뜻이다. 그렇다면 '○○을 싼 값으로 드려요'라거나 '○○을 값싸게 드려요'라고 말하면 될 일을 굳이 '低廉'이라는 文語的이고 權威的인 단어를 쓸 필요가 어디에 있는지 궁금하다.

요컨대, 물건을 사고 팔 때처럼 평범하거나 日常的인 상황 아래에서 써야할 표현이라면 이를 말로 나타내거나 글로 옮길 때 딱딱하고 어려운 漢字語보다는 쉽고 부드러운 우리말을 골라 쓰는 것이 좋을 때가 더 많다. 그런데도 어색한 漢字語가 의외로 자주 쓰인다.

이번에는 放送에서다. 故鄕 땅을 돌며 기쁜 소식을 찾아 소개하는 아나운서가 南海岸을 자랑스럽게 가리키면서 '청정한 바다'라는 것이다. '청정'은 '淸淨'이라는 漢字語일 테니까 구태여 풀이하자면 '맑고 깨끗하다'는 뜻이다. 그렇다면 '맑고 깨끗한 바다'라거나, 아니면 그냥 '깨끗한 바다'로 충분하다. 그 자리에 딱히 '淸淨'이란 딱딱한 漢字語를 꼭 써먹어야 할 이유가 따로 있는지 판단이 서질 않는다.

한번은 죽을 먹으러 식당에 들어갔다. 식단에 '흑임자죽'이 보였다. '흑임자'라면 '黑荏子'로서 한의학에서 '검은깨'를 이르는 말이다. 그렇다면 '검은깨죽'으로 훌륭한데 이를 '흑임자죽'이라 했으니 얼른 납득이 되지 않는다. 한의학에서 '영양을 돕고 대변을 부드럽게 한다'고 하니 그 뜻을 강조하기 위하여 '흑임자죽'으로 썼는지는 모르겠으나 意味 傳達이라는 측면에서 보면 낙제나 다름 없다. 과연 몇 사람이나 그 뜻을 곧바로 알아차릴지 생각할수록 딱한 일이다.

위에 보인 사례는 어느 경우나 學術的 論議나 高次元의 理論을 전개하는 자리가 아니다.

그런데도 일상적인 말이나 글에 어색하기만 한 漢字語가 왜 튀어나오는지 이해가 되지 않는다. 이때의 漢字語 표현이 文法的으로 잘못되었다거나 문제가 있는 것은 아니다. 문제는 뜻을 손쉽게 전달하자면 권위적인 漢字語보다 부드러운 우리말이 훨씬 효율적이라는 뜻이다.

그러한 뜻에서 漢字語를 대신할 수 있는 우리말이 있거나 쉽고 정겨운 우리말 표현으로 고쳐 쓸 수 있을 때에는 제발 우리말을 찾아 썼으면 좋겠다. '양질의 서비스'보다는 그냥 '좋은 서비스'라거나 '친절한 서비스', 아니면 '정겨운 서비스'처럼 찾다보면 따뜻하고도 부드럽게 들리는 표현이 얼마든지 있기 때문이다.

*韓國語文會,『語文生活』(월간) 통권 제163호(2011. 6. 1.).

2. 여유있는 對話가 아쉽다

오랜만에 열린 고등학교 同窓會에 나갔는데 한 친구가 握手를 청하면서 人事라고 건네는 말이 불쑥 "너 왜 이렇게 늙었어!"였다. 친하게 지내는 사이라면 농담으로 가볍게 넘겨 버릴 수도 있겠지만 그다지 가깝게 지낸 적도 없는 친구가 모처럼 한다는 말이 "왜 그렇게 늙었냐?"라 心氣가 편할 리 없다. 그 친구와는 더 이상 對話를 나눌 기분이 없어졌다.

늙는다는 것은 歲月의 탓인 지라 내 自身의 잘못이나 죄가 아니다. 그런 만큼 이왕이면 "화색 참 좋은데! 좋은 일이 많은가 봐!"처럼 여유로운 인사말을 써준다면 얼마나 상쾌한 마음으로 對話가 이어졌을까 생각해 본다.

사실 우리네 社會의 日常的인 對話 가운데에는 듣기에 거북한 말투가 뜻밖에도 많음을 느낀다. "웃기고 있네!"나 "말도 안 돼!"와 같은 대꾸는 그래도 약과다. "그래, 너 잘 났다, 혼자서 잘 해봐!"나 미국영화에 자주 나오는 "너 미쳤니?"와 같은 험악한 表現을 거리낌 없이 입에 담는 사람을 볼 때면 어이가 없을 수밖에 없다. 이런 사람들의 막말은 友好的인 對話의 雰圍氣를 여지없이 짓밟아 버리는 장애물임을 깨달아야 한다.

어떤 學生한테 들으니 젊은이들 가운데에는 "넌 무엇을 믿고 그렇게 못 생겼니?"나 "넌 무슨 빽이 있기에 그렇게 民主的으로 생겨먹었니?"처럼 相對方의 容貌를 두고 어처구니없는 表現을 쓰는 친구도 있더란다. 이쯤 되면 그야말로 對話가 아니라 言語의 暴力이 아닐 수 없다. 이러한 폭력 앞에서는 정겨운 대화가 더 이상 이어질 리 없을 것이다.

오래전에 본 映畵 한 장면이 떠오른다. 英國의 上流社會 인사들이 모인 宴會 자리에서 한 靑年이 예쁜 아가씨에게 다가가 함께 춤 한번 추기를 청한다. 그러나 그 청년이 별로 마음에 들지 않았던 아가씨는 청년의 귀에 입을 대고 상냥하게 속삭인다. "저어, 제가 告白 하나 할까요? 사실은 어제 말을 타다가 떨어져서 발목을 삐었거든요". 상대방의 感情을 상하게 하지 않고 부드럽게 拒絶할 줄 아는 餘裕와 配慮가 엿보인다.

영국의 교양인들은 어떠한 경우라도 '노'(아닙니다)라는 말을 쓰지 않으려고 최대한 노력한다고 한다. 상대방의 感情이나 기분을 다치게 하지 않으려는 雅量과 配慮에서다. 이러한 아량과 배려야말로 대화를 도중에서 잘라 먹지 않고 어떻게든지 이어가려는 文化人의 자세요 여유있는 溫情이라 할 것이다.

우리도 이제는 經濟的으로 괜찮은 나라가 되었다는데 日常的인 대화에서는 아직도 궁색했던 시절의 뒤틀린 말버릇의 그림자가 좀처럼 가시지 않고 있다. 이제부터라도 부디 여유 있는 對話, 따뜻한 인사말 한마디가 주변에 넘쳐흐르기를 기대해 본다.

*韓國語文會, 『語文生活』(월간) 통권 제164호(2011. 7. 1.).

3. 상처로 얼룩지는 우리말 表現

貯蓄銀行에 들렀다가 廣告用 소책자를 잠시 펼쳐 보니 '기분존'이라는 이름의 定期預金이 보인다. 이때의 '존'이 무슨 뜻인지 여직원한테 물으니 zone(지대, 지역, 구역 등)이라는 영어단어와 '좋은'이라는 우리말 단어의 뜻을 함께 나타내는 표현이란다.

修辭法에서는 더러 이렇게 뜻이 겹치는 表現을 쓰는 경우도 있다. 그래서인지 '참존'이란 명칭은 化粧品 말고도, 그 이름으로 통하는 쇼핑몰이 不知其數인 모양이다. 또한 '더존'이라는 이름의 商品은 무려 2천 가지가 넘는다고도 한다. 이처럼 억지스러운 표현이 아무렇지 않게 쓰이는 가운데 우리말이 상처로 얼룩지며 조금씩 사라져 가고 있다는 현실은 한심한 일이 아닐 수 없다.

국어로는 '좋은'을 '존'으로 표기할 수 없게 되어있기 때문에 '존'에 '좋은'이라는 뜻을 담았다는 은행측의 解釋은 恣意的인 억지에 지나지 않는다. 요컨대 말이나 글이란 특별한 경우를 제외하고는 항상 그 뜻이 분명해야 하며 자연스러운 표현으로 이루어져야 한다. 더구나

지식이나 정보는 물론 개개인의 感情이나 情緒를 정확하게 전달하는 데에는 어떤 외국어보다 각자의 母國語가 가장 효율적이다. 그렇지 않고 그 자리에 '기분존'과 같은 엉터리 표현이 쓰인다면 그야말로 말장난이나 억지에 지나지 않는다.

한 가지만 더 들자면 지하철의 광고판에서 한 銀行의 예금이름이 '오르樂 내리樂'이라고 되어 있음을 보고 불쾌감을 품었던 적이 있다. 이 예금의 경우, 펀드가격이 올라도 내려도 은행이 알아서 對處하니 항상 즐겁다는 뜻이란다. 이러한 억지 표현은 국어를 冒瀆하는 자세라 할만하다. 이런 식의 思考方式으로 흐르다가는 나도 모르게 우리말을 잃어버리고 말지도 모른다.

실제로 우리는 15세기까지 쓰였던 순수한 우리말을 상당수 잃어버리고 말았다. 예를 들어 現代國語로 通用되고 있는 '江, 山'이나 '百, 千' 또는 '城'이나 '龍, 羊'과 같은 자리에는 본래 'ᄀᆞ름, 뫃, 온, 즈믄, 잣, 미르, 염'과 같은 固有語가 있었으나 지금은 漢字語가 그 자리를 대신 차지하고 있다. 아예 固有語가 없었기 때문에 그 자리에 漢字語가 끼어들었다면 어쩔 수 없는 일이겠지만 본래는 그 자리에 엄연히 있었던 고유어가 없어졌다면 안타까운 일이 아닐 수 없다.

나아가 앞으로는 이런 일이 다시 일어나지 않는다는 放心 또한 금물이다. 요즈음 가만히 보면 '열쇠'가 '키', '다방'이 '커피숍', '포도주'가 '와인'으로 바뀌고 있다. '주방장' 대신 '셰프', '운전기사' 대신 '드라이버'가 유행처럼 퍼지고 있는 것이다. 우리말을 지키는 일이 날로 어려워지는 듯하여 마음이 착잡하다.

*韓國語文會, 『語文生活』(월간) 통권 제165호(2011. 8. 1.).

4. 마침표에도 뜻이 있다.

李明博 서울 전 시장(현 大統領)은 2007년 6월 6일 顯忠日을 맞아 국립서울현충원을 참배하면서 芳名錄에 짤막한 所懷의 글을 남겼다. 인터넷에 올라온 방명록의 사진을 보니 "당신들의 희생을 결코 잊지 않겠읍니다. 번영된 조국, 평화통일을 이루는 데 모든 것을 받치겠읍니다. 2007. 6. 6 이명박"으로 되어 있었다. 그런데 이 글에는 맞춤법에 어긋나는 표기가 적어도 네 곳이나 되었다.

이를 본 국민일보 「쿠키뉴스」의 김 아무개 記者는 6월 7일자 인터넷 뉴스에 "이명박 전 시장님, 공부하세요!"라는 記事를 내보냈다. 맞춤법에 어긋나는 예로서 '않겠읍니다'는 '않겠습니다'로, '받치겠읍니다'는 '바치겠습니다'로 적어야 한다고 알린 것이다. 그러나 김 기자가 지적한 잘못도 세 곳에만 그쳤을 뿐 또 한 곳은 놓치고 말았다. 맨 마지막에 나타나는 年月日 표시인 '2007. 6. 6'의 마지막 숫자 '6' 다음에도 반드시 마침표(.)를 찍어 '2007. 6. 6.'처럼 써야 한다는 점을 김 기자도 깨닫지 못한 듯하다.

「한글 맞춤법」(문교부 고시 제88-1호, 1988. 1. 19.)의 附錄인 '문장 부호' 항목에는 마침표[終止符]를 써야할 자리를 規定하고 있는데, ᄀ 두 번째 항목에 "아라비아 숫자만으로 연월일을 표시할 적에 쓴다. 1919. 3. 1."이라고 정해 놓고 있다. 곧 이 때의 마침표 세 개는 각기 '연, 월, 일'이 省略되었음을 뜻하기 때문에 반드시 찍도록 되어 있는 것이다.

그러나 이와같은 規定이 있다는 사실을 확실하게 알고 있는 사람은 거의 없는 듯하다. 실제로 국립국어연구원(현 국립국어원)에서는 1990년대 중반 政府 각 부처의 公文書에 쓰인 文章의 文段構成, 文法, 맞춤법 등을 조사한 일이 있는데 거기서 가장 많이 드러난 問題點이 바로 연월일의 마지막 숫자 뒤에 마침표를 찍은 공문서가 거의 없다는 점이었다. 곧 公文書에 나타나는 年月日의 십중팔구는 '1995. 10. 1.'이 아닌 '1995. 10. 1'처럼 마침표가 빠진 채 작성되어 있었다.

맞춤법이란 規定 때문에 꼭 그렇게 적자는 뜻은 아니다. 부호 하나라도 분명한 뜻을 지니고 있다면 그 機能을 제대로 살려 쓰자는 뜻이다. 그러한 뜻이나 機能을 認識하고 있는 사람이라면 연월일의 마지막에 찍힌 마침표를 볼 때마다 기분좋은 미소를 짓게 될 것이다.

이러한 점을 밝히면서 필자는 이명박 전 시장의 芳名錄에는 맞춤법상의 잘못이 세 곳 말고도 年月日의 마지막 숫자 뒤에 마침표를 빠뜨린 잘못이 한 가지 더 있다는 사실을 적어 이메일로 김 기자에게 알렸다. 그러나 김 기자한테서는 아무런 반응도 없었다.

*韓國語文會, 『語文生活』(월간) 통권 제166호(2011. 9. 1.).

5. 되살아나는 日本語 문제

언제부터인지 일본식 飮食店의 食單에는 흔히 '세꼬시'(더러는 '세코시')라는 요리가 올라있다. 아무래도 그 근원은 日本語 같은데 필자는 이 말을 알고 있다는 일본 사람을 만난 적이 없다.

시험 삼아 現代日本語의 일반사전 12종(한국에서 간행된 소형사전 2종 포함), 方言사전 1종, 古語사전 4종, 음식관계 語源사전 3종, 이렇게 도합 20종을 검색해 보니 6종의 사전에 *segosi*(일본어 표기로 'せごし', 한자표기로는 '背越し')라는 단어가 올라있다. 大型사전과 古語사전, 方言사전에나 등재된 점으로 볼 때 *segosi*는 古語나 方言에 해당하며, 그 分布지역은 교토(京都)에서 규슈(九州)에 이르는 일본의 西部지역에 국한되어 있다.

'붕어, 은어, 황어와 같은 작은 민물고기의 머리와 내장만 빼고 가시채로 잘게 썰어 만든 초무침 요리'를 뜻한다는 이 말은 方言이기 때문에 일본의 共通語인 東京地域語 話者들이 모르고 지내는 이유도 비로소 이해할 수 있게 되었다.

이 말이 언제, 어떻게 국어에 들어왔는지는 확실하지 않으나 그다지 오래된 일은 아니다. 그런데, 이 단어를 굳이 우리말로 적는다면 '세꼬시'보다 '세고시'가 되어야 한다. 일본어의 語中 有聲音(濁音)을 국어의 된소리로 적을 수는 없기 때문이다. 실제로 朝鮮時代의 倭學 자료라면 '세꼬시'처럼 적었을 것이다.

문제는 요즈음 들어 일본어가 야금야금 되살아나고 있는 현실이다. '우동, 오뎅'이 그렇고 '사시미, 와사비' 또한 그렇다. '이자카야(居酒屋)라는 일본식 대중술집 명칭도 看板으로 버젓이 걸려 있다. '賣場' 곧 [uri-ba]와 같은 고유일본어가 국어에서는 '매장'이라는 한자어처럼 쓰이게 된 점이나, 새롭게 등장한 일본식 한자어 '店長'이나 '眞劍勝負' 등도 필자의 눈에는 거슬린다. 그래서 강조한다. 쓰려거든 정확히 알고나 쓰자고.

이제는 戰後 半世紀 하고도 15년 이상의 세월이 흘러 시대도 많이 달라졌다. 앞으로는 日本語라도 固有文化 관련 단어라면 外來語로 받아들이는 데 지나치게 인색할 필요가 없을지도 모른다. '쓰나미'(津波)와 같은 단어가 국제적인 공식 外來語로 인정되었듯이 말이다. 요컨대, '가라오케'를 '노래방'으로 대신할 수 있게 된 우리의 創意性만 발휘된다면 일본어라고 언제까지나 기피할 이유가 없다는 뜻이다.

그렇다고 치더라도 요즈음 간판으로 쓰이는 '金壽司'나 '김수사'와 같은 일본식 음식점 이름까지는 아직 곤란하다. '壽司'(스시)는 한자어가 아닐 뿐더러 이 말은 오래 전부터 '초밥'으로 안정을 찾았기 때문이다.

*韓國語文會, 『語文生活』(월간) 통권 제167호(2011. 10. 1.).

6. 아쉽게 잊혀진 단어 '掃除'

　해방직후의 初等學校에서 필자는 한동안 '掃除'라는 單語를 일상적으로 쓰며 지냈다. 下學을 앞두고 청소시간이 되면 전교생이 복도에 모여 '淸掃訓'이라는 구호를 함께 외친 후 학급별로 청소에 들어갔는데, 그 구호란 "학교 소제 마음 소제, 소리 없이 말없이, 닦으면서 배우자"였다. 따라서 거의 날마다 '소제'라는 단어를 입에 담았던 것이다.

　이때의 '소제'는 당연히 '掃除'라는 漢字語인데, 언제부터인지 이 단어는 '淸掃'라는 語形으로 대치되고 말아 지금은 우리의 일상적 單語目錄에서 이 말을 찾아보기가 어렵게 되었다. 비슷한 사례로 필자는 초등학교 시절 '遠足'이나 '散步'라는 단어도 아무렇지 않게 쓰며 자랐다. 그러나 이들 또한 점차 '消風'이나 '散策'이라는 말로 바뀌고 말았다.

　이러한 變化는 이들 한자어가 日本語로 인식되면서 日帝의 殘滓로 몰렸기 때문일 것이다. '동무'가 北韓의 이데올로기를 象徵하는 단어로 떠오르자 남한에서는 점차 '친구'라는 말로 그 자리가 대신 채워진 과정과 비슷하다.

　'遠足'은 중국의 古典에 나타나지 않는 語形이므로 日本式 漢字語로 보인다. 그러나 '散步'는 일찍부터 중국문헌에 나타나는 語形이므로 일본어가 아니다. '掃除' 또한 마찬가지로 중국의 고전에 분명히 등장한다. 따라서 '遠足'을 일본어라고 배격한 점은 옳다고 치더라도 '散步'나 '掃除'까지를 일본어로 인식한 점은 잘못이 아닐 수 없다.

　최근의 中國語彙史를 펼쳐보니 '掃除'는 중국문헌에 '埽除'로도 나타나는데, 당초의 뜻은 오늘날과는 달랐다고 한다. '埽'나 '掃'는 '먼지나 쓰레기를 쓸어내다'였고, '除'는 『說文解字』(100) 阜部에 '除 殿階也'로 나타나듯 본래는 '층계'였다. 따라서 '掃除'의 뜻은 '궁전의 계단을 쓸어낸다'였다. '淸掃'보다는 어쩐지 깊은 뜻을 머금고 있는 단어라 할만하다.

　실제로 '掃除'는 『朝鮮王朝實錄』에도 3백 차례나 용례가 나타난다. 이에 대하여 '淸掃'는 한차례밖에 쓰이지 않았다. 그런데 이 '掃除'가 국어에 유입된 직접적인 과정은 開化期 이후의 일본어를 통해서였던 것으로 보인다. 『한불자전』(1880)이나 언더우드의 『한영자전』(1890), 게일의 『한영자전』(1897, 1911)까시는 보이시 않던 '掃除'가 조선총독부의 『朝鮮語辭典』(1920), 게일의 『한영대자전』(1931) 등에 비로소 등장하기 때문이다. 이로써 '掃除'가 일본어로 인식된 이유 또한 이해가 간다.

　문제는 '掃除'라는 단어가 잘못 잊혀졌다는 현실이다. 玉石俱焚이라더니 由緖깊은 단어가 죄없이 일본어로 몰린 점은 아무래도 안타까운 일이다. 놓친 고기가 크다는 말처럼 필자는 '掃除'와 같은 단어가 주변에서 사라진 점을 못내 아쉽게 여기고 있다.

*韓國語文會, 『語文生活』(월간) 통권 제168호(2011. 11. 1.).

7. 잘못 쓰이거나 어색한 單語들

대형 식료품점에 들러 蔬菜類를 살펴보는데 얼른 납득이 가지 않는 商品이름 하나가 눈에 들어온다. 발걸음을 멈추고 다시 확인해 보니 분명히 '고구마줄기'라고 적혀 있다. 필자가 알기로 '고구마줄기'라면 '고구마덩굴'을 뜻하는데 덩굴부분을 먹는 韓國 사람은 없다. 고구마 덩굴은 그 끄트머리에 해당하는 부분이 아닌 한, 대개 너무 질기고 억세기 때문에 씹기가 어려워 먹을 수 없는 것이다.

실제로 '고구마줄기'라는 이름으로 팔리고 있는 商品을 살펴보니 '고구마 잎자루'일 뿐이지 덩굴과는 전혀 다른 부분이다. 물론 '잎자루'도 덩굴에서 갈라져 나왔기 때문에 넓게 보자면 덩굴의 한 部分이라고 볼 수도 있겠으나 좀 더 세밀하게 區分하자면 엄연히 딴 이름이 있다. 植物學에서는 이를 '엽병'이라고 부른다. 漢字로 표기하자면 '葉柄'이니 固有語로는 '잎자루'가 된다.

그런데도 이를 계속 '고구마줄기'라고 써 놓는다면 혹시 外國人이 이를 보고 우리말을 배우면서 그릇된 表現을 익힐 憂慮도 없지 않을 것이다. 필자는 외국에 머무는 동안 식품가게나 생선가게 앞에 서서 쪽지에 적힌 商品이름으로 單語를 익히는 버릇이 있기 때문이다. 당연히 '고구마줄기'와 같은 그릇된 名稱이 함부로 쓰이는 일이 있어서는 안 될 것이다.

이와는 다른 면에서 문제가 되는 名稱도 있다. 요즈음 길가를 지나다 보면 손수레나 자동차에 과일을 갖추어 놓고 파는 露店이 많은데 그 이름이 낯선 경우가 제법 많다. '꿀배, 꿀참외', 심지어는 '꿀단감, 연시감'과 같은 이름이 바로 그렇다. 우선 과일이름 앞에 붙은 '꿀'은 '맛이 달다'는 뜻을 과장하기 위한 수식어일 뿐 과일의 종류를 나타내는 이름이 아니다. 따라서 '꿀배'나 '꿀참외'일 경우, 무책임한 선전문구라 그냥 웃어넘긴다고 치더라도 '꿀단감'은 문제가 된다. '꿀감'이나 '단감'이라면 몰라도 '꿀단감'은 올바른 표현이 아닌 것이다. '연시감' 또한 마찬가지다. '연시'면 그만이지 거기에 '감'이 붙는다면 뜻이 겹치는 통에 어색해지고

414   **제3부** 어문생활에 대한 단상

만다. 단지, 이처럼 잘못 쓰이거나 어색한 용례들은 放送이나 新聞 또는 敎科書처럼 公共의 言語行爲에 속하지 않기 때문에 굳이 是非의 對象으로 삼지 않을 수도 있다.

문제는 근래 인터넷 뉴스에 걸핏하면 登場하는 '꿀벅지'의 경우는 어떨까? 演藝人의 허벅 지를 뜻하는 俗語로 보이는데, 이쯤 되면 참을래야 도저히 참기가 어렵다. 길거리에 붙은 천박한 廣告紙라면 몰라도 萬人이 보는 인터넷 記事에 어찌 이런 말이 공공연하게 떠돌 수 있는가? 國語의 品格을 망가뜨리는 그런 俗語에 대해서는 痛歎과 忿怒를 참을 길이 없다.

*韓國語文會, 『語文生活』(월간) 통권 제169호(2011. 12. 1.).

8. '小人輩'에서 '大人輩'로

작년 11월, 한 國會議員이 개그맨 모씨를 '국회의원에 대한 집단모욕죄'로 告訴한 적이 있다. 그러나 여론이 시끄러워지자 고발자는 얼마 후 고소를 취하하였다. 그날(11월 29일, 화) 「머니투데이」라는 인터넷 뉴스는 "…대인배…미안하다…고소취하"라는 제목으로 記事를 내보냈다. 이때의 '대인배'라는 말은 개그맨을 지칭하는데 필자의 관심은 이 재미있고 깜찍 한 새 단어를 누가 만들어 썼느냐 하는 데에 있었다. 기사를 읽자 그 背景이 드러났다.

고발자인 국회의원이 이르기를 개그맨에게 고소를 취하하겠다고 전하며 미안하다고 하자 "대인의 풍모를 갖춘 ○씨는 '아무렇지 않다'고 했다"는 것이다. 따라서 고발자가 개그맨을 두고 쓴 말은 '대인의 풍모를 갖춘 ○씨'였다. 결국 '대인배'는 기자가 고발자의 표현을 바탕 삼아 새로 만들어 낸 말임을 알 수 있다.

필자는 아직까지 '大人輩'라는 말을 들어본 적이 없다. 『표준국어대사전』에도 보이지 않는 다. 그렇다면 기자는 어떻게 '대인배'라는 말을 만들었을까? 거기에는 '小人輩'라는 말이 있기 때문이다. 기자의 직관적인 機智가 그 짝으로서 '대인배'라는 말을 떠올린 것이다.

'小人'에서 파생된 '小人輩'는 우리말에서 부정적인 의미로만 쓰인다. 그러나 이 말에 대립 되는 짝으로서의 '大人輩'는 일단 긍정적 의미로도 쓰일 수 있겠지만, 부정적 의미로서 비꼬 는 느낌을 함께 풍긴다고도 볼 수 있다. 그러나 '소인배'만큼 듣는 사람의 기분을 무조건 망가뜨리지는 않는다.

필자도 일찍이 비슷한 經驗을 한 적이 있다. 젊은 시절 학생들에게 愛國을 강조하다 보니 누군가가 필자에게 '愛國奴'라는 별명을 달았다고 한다. 물론 '賣國奴'에 대립되는 말로서 젊은이다운 발상의 날카로움이 엿보이는 표현이다. 말하자면 '소인배'에 대한 대립의 짝 '대인배'와 같은 착상이다.

'대인배'나 '애국노'와 같은 新造語가 실제 단어로 발전할 가능성은 낮다. 그러나 신조어 가운데에는 語彙體系의 빈칸에 나타나는 수도 많은데, 그러한 신조어들은 국어 단어로서도 손색이 없기 때문에 단순한 俗語들과는 다르다. 造語法上으로도 자연스럽고 그들 나름의 기지나 諷刺와 같은 미묘한 감정을 전달하는 힘이 있기 때문이다.

이와는 달리 인터넷 뉴스에 흔히 떠도는 '돌싱, 얼짱, 짝퉁, 초딩'이나 '개똥녀, 된장녀' 따위의 俗語들은 어떤가? 듣기에 기분이 좋거나 따뜻하고 부드러운 느낌은 거의 없고, 어쩐지 淺薄할 뿐 아니라 자연스러운 말들도 아니다. 이러한 말들을 품위있는 우리말이라고 보기는 어려울 것이다.

*韓國語文會, 『語文生活』(월간) 통권 제170호(2012. 1. 1.).

9. '韓牛'와 '韓豚'

예나 지금이나 국어에는 '쇠고기'라는 알기 쉽고 정겨운 單語가 있는데 그 본래의 뜻은 '재래종 누렁소의 고기'였다. 그러다가 수입쇠고기가 들어오면서 지금은 우리네 '쇠고기' 쪽이 오히려 '韓牛'라는 이름으로 불리고 있다. 말하자면 '韓牛'는 3,40여년 전쯤 인위적으로 만들어진 漢字語인 셈이다.

그러나 수입쇠고기와 우리네 '쇠고기'를 구별하고 싶었다면 수입쇠고기 쪽에 '洋牛'나 '外産쇠고기'와 같은 이름을 붙였어야지 어째서 우리네 '쇠고기' 쪽에 '韓牛'라는 이름을 붙였는지 이해가 되지 않는다. 이야말로 굴러온 돌에 박힌 돌이 뽑힌 격이며 주인과 나그네가 뒤바뀐 사례에 속하기 때문이다.

'韓牛'라는 단어는 그동안 국어에 정착되어 지금은 辭典에도 올라 있다. 문제는 '재래종 소'나 '쇠고기'가 '韓牛'로 불리게 되면서 국어문법에는 몇 가지 번거로움이 생겼다는 사실이다. 먼저 '韓牛'라는 한자어를 '한우'처럼 國文字로 표기할 경우 그 뜻이 쉽게 드러나지 않는 불편함을 참아야 한다. 나아가 국어의 앞날을 위해서라면 일반단어의 경우 가능한 한 漢字

語를 버리고 固有語를 살려 쓸 필요가 있는데 '韓牛'는 오히려 고유어를 버리고 한자어로 되돌아가는 식이어서 그 방향이 잘못되어 있는 셈이다.

여기에 필자는 최근 인터넷을 검색하다가 '韓豚'이라는 낯선 單語를 발견하였다. 1년 전쯤부터 '우리돼지, 국산돼지, 국산돼지고기'라는 뜻으로 통용되고 있는 단어라고 한다. 이 또한 '韓牛'와 마찬가지로 '수입돼지고기'와 구별하기 위하여 의도적으로 만들어 낸 한자어인데 辭典에는 아직 등록되어 있지 않으므로 새로 생긴 한자어에 속한다. 그러나 이 경우에도 주인 격인 '돼지고기'를 그대로 살리고 나그네 격인 '수입돼지' 쪽에 '洋豚'이건 '外産돼지'와 같은 이름을 붙여 써야 옳을 것이다.

왜냐하면 무심히 잘못 나아가다 보면 앞으로 수입동물과 國産土種을 구별할 필요가 생길 때마다 '말, 양, 개, 닭'과 같은 고유어를 버리고 '韓馬, 韓羊, 韓狗, 韓鷄'와 같은 구차한 한자어를 계속 만들어 써야 하는데 그런 일이 일어나서는 번거롭기 때문이다.

'韓牛'는 이제 '소의 한 품종'이며 '우리나라 재래종'을 뜻하는 단어로 굳어졌기 때문에 그대로 놓아둘 수밖에 없다. 그러나 '韓豚'은 다르다. 아직 그 의미도 애매하고 역사도 짧아 사전에도 등록되지 않았다. 지금이라도 '韓豚'이라는 멋없는 한자어 대신 정겹고도 순수한 우리말 '돼지고기'를 살려 쓰고 그 대신 수입돼지고기 쪽을 '外産돼지고기' 식으로 부른다면 국어의 앞날에 생길지도 모를 번거로움까지 막을 수 있을 것이다.

*韓國語文會, 『語文生活』(월간) 통권 제171호(2012. 2. 1.).

10. 지나친 俗語와 略語

인터넷이 보급되면서 수많은 情報와 새로운 知識이 사이버 공간에 넘쳐흐르고 있다. 그 덕분에 누구나가 자신에게 필요한 정보나 지식을 그때그때 간편하고도 손쉽게 얻을 수 있게 되었다. 그러나 인터넷에 쓰이는 言語表現 가운데에는 허울만 國語일 뿐 그 意味를 제대로 알아보기 어려운 경우가 허다하다. 국적불명의 外國語나 外來語, 갖가지 방식으로 태어난 俗語나 卑語, 거기에 지나친 略語 등이 난무하기 때문이다.

실제로 최근 몇 년 동안 인터넷을 통하여 확산되고 있는 부적절한 俗語나 卑語로는 '대박 (예상을 뛰어넘는 엄청난 결과), 초딩(초등학생), 얼짱(얼굴이 잘 생겨 예쁜 사람), 몸짱(몸이 좋은 사람), 된

장녀(사치를 좋아하고 결혼 때 조건만 따지는 여자), 꿀벅지(예쁜 허벅지)' 따위가 있다. 文法的으로 보더라도 이들은 한결같이 자연스러운 造語法과는 거리가 멀어 올바른 국어단어로 보기에는 부적절한 것들이다.

또 한 가지 골치거리로는 지나친 略語를 들 수 있다. 國語에 略語를 허용할 수 없다는 뜻은 아니다. 가령 한 동안 온 나라를 공포로 몰아넣었던 IMF(International Monetary Fund, 국제통화기금)나 요즈음 정치적 논란거리로 떠오른 FTA(Free Trade Agreement, 자유무역협정)를 비롯하여 '지식경제부'를 '지경부'로, '행정안전부'를 '행안부'로, '교육과학기술부'를 '교과부'로 부르는 사례 등은 어느 것이나 공식적으로도 널리 통용되는 略語들이기 때문이다. 이러한 略語들은 해당분야의 지식만 제대로 갖추고 있다면 그 原形을 복원할 수도 있고 의미를 이해하는 데 약간의 불편이 따를 뿐 심각한 문제가 되지는 않는다.

그러나 비슷한 略語라도 그 정도가 지나친 경우라면 문제가 될 수밖에 없다. 가령 '안습(안구에 습기가 찼다, 슬퍼서 눈물이 나올 때 쓰는 말), 강추(강력추천), 열폭(열등감 폭발), 완소(완전소중), 훈남(쳐다보면 마음이 훈훈해지는 남자, 잘생긴 남자), 지못미(지켜주지 못해 미안해), 엄친아(엄마친구 아들, 뭐든지 잘하고 잘 나가는 사람), 차도남(차가운 도시 남자), 까도녀(까칠한 도시 여자), 듣보잡(듣도 보도 못한 잡 것), 돌싱녀(도로 싱글이 된 여자)' 따위가 그러한 실례에 속한다.

이들을 처음 듣는다면 그 原形을 알아내기도 어려울 뿐만 아니라 意味를 파악하기도 불가능하다. 결국 이러한 표현들은 자의적으로 조작된 말장난에 지나지 않는다. 이처럼 자연스럽지 못한 俗語나 지나친 略語는 건전하고 정상적인 意思傳達을 沮害하는 존재에 지나지 않으므로 萬人의 公器인 國語에 사용되어서는 안 될 것이다.

*韓國語文會, 『語文生活』(월간) 통권 제172호(2012. 3. 1.).

11. '투잡스' 대신 '덧벌이'

얼마 전 버스를 탔더니 라디오에서 어떤 主婦의 생활주변 告白이 흘러나왔다. 무심히 듣다보니 문득 재미있는 單語 하나가 들려온다. "아이들이 크면서 교육비 때문에 맞벌이 삼아 구멍가게를 차렸으나 벌이가 시원찮아 친구에게 무슨 덧벌이가 없을까 하고 알아 보다가…"처럼 이어지는 말 가운데의 '덧벌이'가 그것이었다.

처음 들어본 말인지라 집에 돌아와 辭典을 펼쳐 보았으나 어디에도 올라있지 않다. 혹시나 하는 마음으로 北韓 사전까지 들춰 보았으나 허사였다. 그렇다면 '덧벌이'라는 말은 라디오에 출연했던 한 주부의 머릿속에서 無意識 중에 創案된 단어로 추정된다. 이때의 '덧벌이'는 '맞벌이'라는 말의 짝으로 태어났겠지만 이러한 단어는 한 사람의 머릿속에서 자신도 모르게 生成될 수 있다는 점에서 주목의 대상이 아닐 수 없다.

필자는 '덧벌이'라는 말을 듣는 순간 통쾌한 기분이 들었다. 이야말로 요즈음 흔히 떠도는 '투잡스'(two jobs)를 대신할 수 있는 말로 안성맞춤이기 때문이다. 경우에 따라서는 '덧벌이'가 '副業'이라는 漢字語나 外來性 俗語인 '알바'까지도 떠안을 수 있는 단어로 자연스럽고도 참신하게 느껴진다.

사실 '투잡스'는 따분한 外來語에 속한다. 아니 외래어라기보다 外國語에 가깝다. 일반적으로 외래어에는 原語의 文法要素가 반영되지 않는다. 실제로 英語의 *stockings*나 *frying pan*이 國語로는 각기 '스타킹'이나 '프라이팬'으로 쓰이듯, 依存形態素 '-*s*'나 '-*ing*' 등은 국어에서 보통 사라지고 만다. 그런데도 '투잡스'에는 영어문법식 複數語尾가 붙어있어 國語로 쓰이기에는 어색하고 부자연스럽다.

따지고 보면 '알바'도 야릇한 語形이다. 일찍이 일제 강점기에 일본어를 통하여 국어에 受容되었던 독일어 단어 '아르바이트'(Arbeit)가 이제는 '알바'라는 語形으로 굳어진 만큼 이말에서 好感을 기대하기는 어렵다. '副業'이라는 한자어 또한 정겨운 느낌과는 거리가 멀다. 이들에 비하여 '덧벌이'는 固有語인데다가 '덧벌다, 덧벌기'와 같은 派生形으로도 어색함이 없고, '덧벌어, 덧벌게, 덧벌지, 덧벌고, 덧벌면…'처럼 活用形으로도 자유롭게 쓰일 수 있어 效用性이 매우 크다.

나아가 '덧벌이'의 '덧-'은 '덧신, 덧칠'처럼 名詞와 결합되거나, '덧나다, 덧보태다'처럼 動詞와도 결합될 수 있는 派生語 形成 接頭辭로서 그 活用度도 다양하다. 결국, '덧벌이'는 아직까지 辭典에 올라있지 않으나 어쭙잖은 외래어보다 훨씬 정겨운 느낌을 안겨주는 우리말이 아닐 수 없다. 앞으로는 이 '덧벌이'가 '투잡스'를 대신할 수 있기를 기대한다.

*韓國語文會, 『語文生活』(월간) 통권 제173호(2012. 4. 1.).

12. '明太子'는 우리말이 아니다

한 百貨店의 食品部를 돌다보니 '明太子'라는 商品이 눈에 들어온다. 輸入食品인가 싶어 발걸음을 멈췄다. 그도 그럴 것이 '明太子'는 우리말로 통용되지 않는 표현인데다가 요즈음과 같은 세상에 漢字로 적힌 상품이 있다는 점 또한 색다르게 느껴졌기 때문이다. 그러나 이 식품은 분명 國産으로 그 뜻은 '明卵(젓)'이었다. 결국 '明太子'는 '명란(젓)'에 대한 어느 회사의 특정 商標로 고유명사임을 알게 되었다.

문제는 '명란(젓)'을 나타내는 상표가 왜 하필이면 '明太子'인지 아무래도 납득이 되지 않는다. '明太子'라면 일본어로 넓게는 '대구알(젓)'까지 나타내기도 하지만 일반적으로는 '명란(젓)'에 국한되는 말이기 때문이다. 이때의 '明太'는 당연히 우리말이다. 그런데도 그 파생어인 '明太子'는 우리말에서 쓰이지 않기 때문에 일본어일 수밖에 없다. 사실 일본어에는 '명태'와 '명란'을 나타내는 단어가 따로 있다. 따라서 역사적으로 따지자면 '明太子'는 우리말 '明太'를 語幹으로 삼아 일본에서 만들어진 한 商標였으나 지금은 일반적으로 '명란(젓)'을 뜻하는 단어로 통용되고 있는 것이다.

어찌되었건 국내의 백화점에 나와 있는 '명태자'의 경우, 하나의 商標일 뿐이어서 군이 문제를 삼을 필요가 없을지도 모른다. 그러나 비록 상표일 망정 엄연하게 숨쉬는 우리말을 제쳐두고 하필이면 일본어를 가져다 쓸 명분은 어디에도 없는 것이다.

사실, 光復 이래 오늘날까지도 일본어는 알게 모르게 우리말에 지속적으로 영향을 끼쳐왔다. 예를 들면 '特需, 團地, 春鬪, 殘業, 人災, 宅配, 反體裁, 日照權, 嫌煙權, 防禦率, 自責點, 三冠王, 集中豪雨, 過剩保護, 斜陽産業, 人間文化財, 耐久消費財, 情報化社會'와 같은 新造語나 '冷戰, 聖火, 高速道路, 國民總生産'과 같은 飜譯語도 실상은 일본어에서 나온 漢字語들로 이들이 국어에 쓰이게 된 배경에는 직접적이건 간접적이건 일본어의 영향이 介入되었으리라고 추정되기 때문이다.

물론, 더러는 일본식 단어가 배제된 경우도 있다. 한 동안이나마 쓰이다 만 '路肩'도 그 중 하나에 속한다. 실제로 '路肩'은 일본어지만 *the shoulder of a road*라는 영어의 直譯形이라 국어단어로는 바람직하지 않다고 판단되어 國語審議會에서는 이를 '갓길'로 醇化하기에 이른 것이다.

결국 대안이 없는 경우라면 도리가 없겠지만 분명히 살아있는 우리말을 외면하면서까지 낯선 外國語 표현을 써야할 必然性은 어디에도 없다. '明太子'가 일본어여서 안 된다는 뜻이 아니다. 우리는 '명란(젓)'이라는 傳統的 우리말을 결코 저버릴 수 없기 때문이다.

*韓國語文會,『語文生活』(월간) 통권 제174호(2012. 5. 1.).

우리말에 대한 단상

1. 일본어식 단축 어형

그동안 귀에 못이 박힐 만큼 자주 들어온 단어 중에는 '개헌'이나 '외채'와 같은 말이 있다. 각기 '헌법을 개정한다'와 '외국에 대한 채무'가 줄어든 것이므로 단축어형인 셈이다. 바쁜 세상에 길게 늘어놓을 여유가 없으므로 짧게 표현함으로써 시간과 노력을 절약할 수 있다는 점에서 편리하기는 하다. 그러나 편리함만을 쫓다 보면 또 다른 문제가 생기기 마련이다. 실제로 요즈음 우리의 주위에는 단축어형이 지나치게 넘쳐 흐르고 있어 그 뜻을 일일이 알기 어려운 경우가 허다하다. '학자추, 전학련, 민민투, 자민투, 애투련, 민추협, 민가협'과 같은 단축어형들이 그러한 실례의 일부라고 할 수 있다. 이 말들의 정확한 뜻을 아는 사람이 우리 주위에 과연 몇이나 될 것인가? 정확한 뜻을 모르면서 말을 하고 듣는 데에는 적지 않은 심리적 부담이 따른다.

그러므로 단축어형의 남용은 오히려 내면적 갈등을 일으키게 된다. 이 점이 우선 지나친 단축어형의 심각성이 될 수밖에 없다.

오늘날 국어에 나타나는 단축어형은 의외로 일본어의 생태에서 비롯된 것이 많다. 이 점이 단축어형의 또 다른 심각성이라고 할 수 있다. 일본인들은 일찍이 서양의 문물을 받아들이면서 엄청나게 많은 단어를 직접 차용하거나 한자로 신조해 낸 바 있다. 그 중에는 중국문헌에 나타나는 어귀를 단축시킨 것도 적지 않다. 가령 political economy에 대한 번역어 '경제'는 '經世濟民', category에 대한 번역어 '범주'는 '洪範九疇'를 각각 단축시킨 것이었다. 이러한 말들은 단축어형 그대로 국어에 받아들여졌다.

그밖에도 일본어에는 단축어형이 헤아리기 어려울 만큼 많다. '보건'(건강을 보유한다), '절전'(전기를 절약한다), '해금'(금지되었던 일을 해제한다) 등은 '개헌'과 같은 유형으로 한문어법에 맞도록 동사를 앞세우고 목적어를 뒤딸려 단축시킨 것들이다. '외자'(외국자본), '노조'(노동조합),

'안보'(안전보장), '경찰'(경계사찰), '민방'(민간방송), '전범'(전쟁범죄자) 등은 '외채'와 같은 유형으로 합성명사를 단축시킨 것들이다. 그러므로 '개헌'이나 '외채'와 같은 단축어형은 실상 일본어식 생태를 지니고 있는 말들이라고 할 수 있다.

지금까지 지적된 바 있는 일본어식 단축어형에는 따로 별다른 심각성이 있을 수 없다. 그들은 현재 의젓한 국어단어로서의 역할을 힘껏 수행하고 있기 때문이다. 그러나 일본에서 만들어진 한자어 하나하나에는 주의를 해야 할 경우도 없지 않다.

가령 국어의 '철마'(기관차, 기차)는 표면상 일본어의 '철도마차'(철길 위를 말이 직접 끌고 가는 수레)와 비슷하지만 그 의미는 서로 다르다. '가출'(집을 나간다)이란 한자어는 조어법에 맞지 않으므로 국어로서는 쓸 만한 말이 못된다. '簿記, 俱樂部, 浪漫' 등은 그럴듯한 한자어처럼 보이지만 사실은 각기 book keeping, club, roman의 발음에 한자를 가져다 맞춘 것이다. 따라서 이 한자들을 일본식 발음으로 읽으면 원어에 가깝게 들리지만 국어식 발음 '부기, 구락부, 낭만'으로 읽으면 원어와는 거리가 너무 떨어진다.

이처럼 일본어식 단축어형이나 한자어를 무심히 쓰다 보면 국어에 해로운 요소가 끼어들 염려가 있음을 알아둘 필요가 있다. 일본어식 단축어형의 생태는 서양어의 직접 차용에도 그대로 나타난다. '데모'(demonstration), '아지트'(agitating point), '아파트'(apartment house)와 같은 단축어형이 그러한 실례들이다. 이러한 단축어형을 국어에 받아들인 것은 어쩔 수 없다 하더라도 '올드 미쓰'(노처녀), '컨닝'(부정행위)과 같은 엉터리 외래어를 구태여 쓸 필요가 있는지는 누구나 한번쯤 생각해 보아야 할 일이다.

'개헌'이나 '외채'와 같은 한자어 단축형, '데모'나 '아파트'와 같은 서양어 단축형을 더 이상 일본어에서 들여온다거나, 스스로 발전시킬 때에는 하나하나에 대한 조심스러운 반성과 검토가 뒤따라야 한다고 믿는다.

이러한 의미에서 '민가협'(민주화실천가족운동협의회)과 같은 단축어형은 이미 그 도가 지나친 것이다. 하물며 요즈음 젊은이들 사이에 떠도는 '난쏘공'(난장이가 쏘아올린 작은 공), '개꽃피'(개나리꽃이 피었습니다)와 같은 극단적 말장난이 문헌에 남는다면 우리의 후손들이 그 뜻을 알기 위해서 얼마나 많은 고역을 치루어야 할 것인가?

*성심여대학보 제189호(1987.4.14.).

2. 우리말 속 日本語 잔재 여전하다

光復 45주년을 맞이한 지금, 과연 우리는 19세기 開化期이래 우리말 속에 끼어든 일본말 찌꺼기를 말끔히 씻어 내기에 성공했는가. 부끄럽게도 이 질문에 그렇다고 큰 소리로 대답할 수 있는 사람은 아무도 없다.

그동안 정부, 학술단체, 학자, 국어운동가, 그리고 여러 언론기관의 줄기찬 노력으로 어느 정도 일본말 찌꺼기를 걸러내기는 했으나 아직도 우리말 語彙體系와 文法構造의 구석구석에는 엄청나리만큼 다양한 일본말 어투가 숨어서 꿈틀거리고 있기 때문이다.

여기다가 光復후 지금까지도 새로운 일본말 요소는 쉴새없이 우리말 속에 파고들어 여전히 우리말을 헤집고 있다. 그런데도 우리는 이러한 현실을 그다지 걱정스럽게 여기지 않고 있다.

다행스럽게도 文化部 語文出版局에서는 光復 45주년을 되새기는 뜻으로 國語研究所와 손을 잡고 일본어투 표현 순화자료집 등을 발간, 국어순화운동을 벌인다니 반가운 일이다.

문화부의 국어순화 운동은 國語研究所가 펴낸 『국어순화자료집』(1988)을 대상으로 하여 이루어졌다. 이 국어순화자료집에는 1977년부터 1988년까지 국어순화운동협의회와 국어심의회 국어순화 분과위원회에서 심의 결정된 순화대상 어휘가 약 1만 2천의 표제어로 이루어져 있는데 그중 일본말 요소가 대략 2천 2백 50여 항목을 차지하고 있다. 비율로는 18.75%에 이르는 셈이다.

文化部는 그중에서도 하루 바삐 순화해야 할 필요가 있다고 생각되는 어휘 3백 97항목을 선정하여 우리말 속의 일본말 찌꺼기에 대한 국민의 관심을 다시 한번 일깨우려고 한다.

국어순화를 위해 우선 우리말의 일본말 受容에 대한 역사적 배경을 잠시 더듬어 볼까 한다.

일본말 요소가 우리말 속을 파고들기 시작한 것은 일찍이 朝鮮時代부터였다.

通信使들의 일본행차가 그 계기를 만들었다. '담배'(申維翰의 『海遊錄』, 1719-20에 '淡麻古'로 나타남)와 '고구마'(趙曮의 『海槎日記』·1763-64에 '古貴麻'로 나타남)라는 말은 벌써 이때의 우리말에 들어온 것이나.

일본말이 본격적으로 우리말에 섞여들기 시작한 것은 江華條約(1876)이후였다.

金綺秀의 『日東記遊』(1876)에는 이미 '蒸氣船, 汽車, 新聞紙, 人力車, 電信, 鐵道, 議事堂, 警察官'과 같은 말이 나타나며, 李鑛永의 『日槎集略』(1881)에는 '汽船, 開化, 日曜日, 大統領,

證券, 印紙, 數學, 化學, 郵便局, 盲兒院, 商社, 簿記, 國會, 新聞, 電報, 經濟, 病院, 銀行, 六法, 政黨, 民權'과 같은 말이 나타난다.

이들은 모두가 일본에서 새로 만들어진 新文明語로서 우리말에 지금까지 쓰이고 있다.

甲午更張(1894)을 거치면서 官制가 일본식으로 고쳐졌다. 이때부터 일본의 新文明語彙는 터진 봇물처럼 우리말에 들어왔다. 다만 開化期를 통하여 우리말에 들어온 일본말은 漢字語에 국한되어 있었다. 그러나 우리의 國權을 喪失한 韓日合邦(1910) 이후부터는 그 사정이 달라졌다.

더구나 三一運動(1919) 이후부터는 고유 일본말 요소까지 물밀듯이 우리말에 들어 왔다. 그리하여 당시의 우리말 문학작품에는 '가시키리(貸切), 고이비토(戀人), 구루마(車), 나마이키(건방짐), 나지미(친구), 마지메(진실함), 오시이레(옷장), 조오리(일본짚신), 히니쿠(야유), 히야카시(놀림)'와 같은 일본말이 제멋대로 나타난다.

이런 사태는 날로 부풀어 1940년 전후에는 드디어 우리말에 대한 일본말의 混入이 그 절정에 올라섰다. 이에 따라 일본말은 우리말 語彙體系는 물론, 文法構造에까지 적지 않은 변화를 몰아왔다.

지금도 우리말 가운데에는 여러 가지 유형의 일본말어투가 남아있다.

일본어 찌꺼기 가운데 누구라도 알 수 있는 것들이 첫째 일본말 발음대로 쓰이는 유형이다. '구루마, 사시미, 와사비, 다마네기'는 각기 '(손)수레, 생선회, 고추냉이, 양파'를 나타내는 순수 일본말이다. '빨래다라'처럼 쓰이는 '다라'는 일본말 '다라이'(盥)에서 변화한 말이다.

둘째는 일본식 발음과 우리말식 발음이 한 단어에 함께 나타나는 경우도 있다. 어느 경우건 일본어식 발음으로 쓰일 때에도 '곤조를 부린다, 쇼부를 치다, 신핀같다'처럼 약간 비천한 느낌을 던져준다. 이 때문에 발음대로 쓰이는 일본말에는 누구나 혐오감과 저항감을 가지게 된다.

다만 이들은 文章語에서는 거의 쓰이지 않으며, 口語나 卑語로 활용되고 있을 뿐이다. 한 걸음 나아가 이들은 다시 특수계층사회의 隱語로 파고드는 수도 많다.

이에 대하여 일본말 찌꺼기라는 느낌을 전혀 던져 주지 않는 것들이 漢字語처럼 쓰이는 셋째 유형이다. 이들은 얼핏 보아 漢字語처럼 보이지만 사실은 거의 모두가 순수한 일본말이다. 다만 表記가 漢字로 되어있기 때문에 우리에게는 漢字語처럼 보일 뿐이다.

보기를 들자면 '据置'는 '스에오키', '見習'은 '미나라이', '身柄'은 '미가라', '貸出'은 '가시다시', '買入'은 '가이이레', '手當'은 '데아테', '引上'은 '히키아게', '立場'은 '다치바', '組立'은 '구미타테', '取扱'은 '도리아쓰카이'로 읽히고 있는 것이다. 따라서 이들을 차례로 '거치, 견습, 신병, 대출, 매입, 수당, 인상, 입장, 조립, 취급'처럼 漢字語로 읽어서는 그 뜻이 제대로 나타나지 않을 것이다.

정치가들은 걸핏하면 '입장'을 밝히겠다고 한다. 적어도 이때의 '입장'을 '처지'나 '생각' 또는 '뜻'으로 바꾸어 쓴다면 얼마나 흐뭇한 우리말 표현이 될까 하는 생각이 들 때가 많다. '취급하다'도 '다루다'라면 그만일 텐데 말끝마다 '취급주의'뿐이니 우리말순화를 외치는 사람은 누구이며, 거기에 전혀 아랑곳하지 않는 사람은 또 누구'인지 모르겠다.

한편 일본말 어투라는 느낌을 전혀 들게 하지 않는 또 다른 찌꺼기가 日本慣用句를 직역한 것들이다.

'희망에 불타다, 애교가 넘치다, 낯가죽이 두껍다, 이야기에 꽃을 피우다, 콧대를 꺾다, 비밀이 새다, 폭력을 휘두르다, 눈살을 찌푸리다, 귀에 못이 박일 만큼, 가슴에 손을 얹고, 눈시울이 뜨거워지다, 낙인이 찍히다'처럼 흔히 쓰이는 관용구들도 실상은 한결같이 일본어 어투에서 직역된 것이다. 이러한 관용구들이 일본말이라는 사실을 아는 것만으로도 우리는 우리말 순화의 절실함을 깨닫게 될 것이다.

우리말 속에 끼어든 일본말은 한편으로는 우리말 語彙體系를 확대시켜 주었다는 긍정적 측면도 없지 않으나 다른 한편으로는 우리말 속의 전통적 漢字語를 일본말 식으로 바꾸어 놓았다는 부정적인 측면도 함께 지니고 있다. 이에 따라 지금의 우리말에는 중국말식이 아닌 일본말식 漢字語가 판을 치고 있다.

가령 중국말로는 '銘感, 痛苦, 縮短, 買賣, 介紹, 設施, 命運, 限制, 和平'인 어형이 각기 현대 우리말로는 '感銘, 苦痛, 短縮, 賣買, 紹介, 施設, 運命, 制限, 平和'가 됐다. 이들은 모두 일본말식과 같아진 것이다.

그동안 우리는 '다마네기, 다쿠앙, 벤토, 쓰리꾼, 시보리, 아부라아게, 요지, 가마보코, 간즈메, 후미키리' 따위의 일본말 찌꺼기를 각기 '양파, 단무지, 도시락, 소매치기, 물수건, 유부, 이쑤시개, 생선묵, 통조림, 건널목'으로 바꾸어 쓰는 데 성공하였다.

그런데도 한편으로는 새로운 일본말이 끊임없이 우리말에 들어오고 있다.

光復이후 지금까지 새로 들어온 일본말에는 '別册, 人脈, 日照權, 嫌煙權, 三面記事, 情報化 社會, 財테그, 殘業' 따위의 漢字語 이외에도 '가라오케, 오방떡, 히로뽕(필로폰), 쪼르노(포노그라피)'와 같은 구역질나는 일본말에, '고도리, 나가레'와 같은 도박용어까지 있다.

아주 최근에는 '暴走族, 宅配, 署中(인사장)'이라는 말까지 오르내리고 있다. 요컨대 우리말에 널려 있는 일본말 찌꺼기를 씻어내기 위해서는 지금 다시 한 번 정부, 언론기관, 지식인, 문인들을 비롯한 국민 각자의 우리말에 대한 애정이 더한층 절실히 요구된다.

*경향신문 제13811호(1990년 8월 14일 화요일).

3. 漢字語의 확산, 그 두 번의 물결

국어에는 수많은 漢字語가 쓰이고 있으나, 그 기본구성은 形態論的으로 1음절, 2음절, 3음절의 세 가지 유형으로 구분된다. 그러나, 이들 세 가지 가운데 1음절형만은 2음절형이나 3음절형에 비하여 單語로서의 기능부담이 떨어진다. 개별한자가 더러는 '福, 德, 罪, 罰, 病, 藥…'처럼 單語로 쓰일 수도 있으나, 양적으로는 한정적인 범위에 그치고 있다는 뜻이다.

이에 반하여, 2음절형 單語는 양적으로 방대할 뿐 아니라, 形態論的으로는 두 개의 漢字形態素로 구성되어 있다. '學問, 藝術, 文化, 眞理, 道德, 哲學…'과 같은 2음절 단어가 여기에 속한다. 이들은 의미상으로도 투명하고 안정적이어서 抽象的, 學術的, 文化的 개념표현에 널리 활용되고 있다. 이러한 2음절형 단어에 또 하나의 한자형태소가 결합되면 3음절형으로 나타나는데, 그 대부분은 派生語에 속한다. '空-念佛, 無-條件, 非-公式…'과 같은 접두사형, '經濟-的, 抽象-化, 有望-株…'와 같은 접미사형 派生語가 그러한 사례에 해당한다.

국어에는 4음절, 또는 그 이상의 구성을 보이는 한자어도 많다. 그러나, 그 구성은 대개 '價格-競爭, 家計-保險, 落下-運動, 多角-貿易…'처럼 2음절 단어끼리의 合成語이거나 '非-論理-的, 人道-主義-的…'과 같은 2차적 派生語에 속한다. 여기에 造語法上의 새로운 원리는 보이지 않는다. 결국, 한자어의 基軸은 양적으로나 질적인 측면에서 2음절 내지 3음절로 구성된 단어들이라고 볼 수 있다.

한자어가 국어에 土着化한 과정에는 語彙史的 관점에서 적어도 두 번의 물결이 있었다고 이해된다. 첫 번째 물결은 漢文典籍을 통한 2음절형 한자어의 受容이었다. 그 실상은 12세기 중엽에 이루어진 『三國史記』에도 여실히 반영되어 있다. 여기에는 '供給, 觀察, 敎育, 交通, 國家, 國民, 冒險, 産業, 娛樂, 精神, 學問, 學術…'(民族文化推進會 影印本, 1973)과 같은 2음절형 한자어가 적지 않게 나타나는 것이다. 이들 2음절형 한자어는 그 후의 自生形 국어 한자어와 더불어 새로운 語彙體系를 이루게 되었다. 요컨대 현대국어의 2음절형 한자어 체계는 한문전적에 기반을 둔 단어들과 국어내부에서 자체적으로 태어난 단어들의 집합인 셈이다.

두 번째 물결은 開化期 이후 일본어와 접촉을 통한 新生語의 借用이었다. 이 시기의 특징이라면 한자어의 基軸인 2음절형 新生語와, 거기서 2차적으로 발전한 파생어가 대량으로 출현했다는 점이다. 西洋의 文物을 한발 앞서 받아들인 일본에서는 새로운 개념을 투명하게 표현할 수 있는 엄청난 新生語가 만들어졌는데, 이들 중 다수가 직접, 간접으로 국어에 借用되기도 하였다. 이들 신생어 중에는 전통적 방식과 같은 2음절형 신생어도 많으나, 새로운 造語法으로 창안된 3음절형 파생어도 많다. 한자형태소를 接辭로 활용하는 방식이 그것이다. 대표적인 실례로서는 특히, 否定이나 反意와 같은 대립적 의미를 효율적으로 표현해 주는 접두사 '無-, 未-, 不-(불-/부), 非-'의 결합형인 '無-感覺/無-條件…, 不-名譽/不-動産…, 未-成年/未-完成…, 非-公式/非-武裝…' 등이 있다. 여기에 접미사 '-高, -口, -附, -株'의 결합형인 '賣上-高/物價-高…, 非常-口/出入-口…, 期限-附/條件-附…, 普通-株/有望-株…' 등도 있다.

특히, 이들 파생어에 동원된 접미사 '-高, -口, -附, -株' 등은 일본어에서 訓讀되는 형태소들이다. 거기다가 이들 접미사와 결합된 3음절형 파생어는 국어의 전통적 한자어에 나타나지 않는 유형이었다. 그만큼 이 새로운 유형의 조어법은 다분히 국어문법에까지 영향을 끼쳐 다양한 파생어 생성과 확산의 기반이 되었다고 말할 수 있다.

현대국어에서 널리 활용되는 접미사 '-的, -化' 등은 특히 기능부담량이라는 측면에서 그 위력을 실감할 수 있는 존재다. 실상, 『표준국어대사전』(국립국어연구원, 1999, 두산동아)에는 3음절형 '-的' 파생어가 '感動-的, 樂觀-的, 段階-的, 慢性-的, 司法-的, 壓倒-的, 自動-的, 創造-的, 打算-的, 破格-的…' 등을 비롯하여 930여 항목이나 표제어로 올라있다. '-化' 파생어 또한 북한어나 화학분야에 주로 쓰이는 전문용어를 제외하더라도 '機械-化, 內實-化, 民主-化, 分業-化, 産業-化, 自動-化, 體系-化, 土着-化, 表面-化, 合理-化…' 등을 비롯한 330여 항목이 등록되어 있다. 가히 그 폭발적인 추세를 짐작하고도 남음이 있다. 이러한 파생어들은 開化期 이전까지 국어에 나타나지 않았던 것들이므로 일본어의 영향 하에 그 활용추세가 크게 확산되었다고 해석된다.

요컨대, 한자어는 두 번의 물결을 타고 국어에 확산된 결과로 이해된다. 이는 당연히 한자가 보여주는 편리하고도 간결한 造語力과 한자어가 지니고 있는 표현의 效率性에서 비롯된 결과이기도 하다. 이러한 조어력은 엄청난 신생어의 확산으로 이어졌으며, 그 결과는 정치, 경제, 사회, 학술, 문화 등에 걸친 수준 높은 개념표현에 정밀성과 투명성을 提高할 수 있는 原動力이 되었다.

이처럼, 20세기 전반까지 활발하게 이루어지던 한자어의 확산은 20세기 후반으로 접어들면서 갑작스러운 약세로 돌아섰다. 그 대신 영어를 비롯한 서구 외래어의 영향력이 날로 커지고 있다. 물론 세계도 변하고 문화도 변하고 있다. 그렇다고 한자의 造語力이나 한자어의 效率性이 달라지는 것은 아니다. 한자와 한자어가 무시되어서는 안 되는 이유가 여기에 있다. 근대화 과정에서 일본이 그랬던 것처럼 서구문물의 受容이나 消化에 한자와 한자어만큼 효율적인 수단이 우리에게는 여전히 따로 없기 때문이다.

*韓國語文會,『語文生活』(월간) 통권 제125호:6-7, 2008. 4. 1.).

4. 漢字語 理解의 切實性

우리 國語에는 漢字語가 엄청난 比重으로 쓰이고 있다. 그중에서도 특히 중요한 部分이 2音節 漢字語일 것이다. 國語의 漢字語는 2音節 形態가 核心을 이루고 있기 때문이다. 다만, 똑같은 2音節 漢字語라도 造語法 상의 構成原理는 가지가지로 다양하다. 이러한 漢字語의 意味와 文法的 機能을 제대로 理解하자면 그 內面的 構成原理를 살펴볼 필요가 있다.

한 가지만 예를 들자면, 漢字語 중에는 '動詞+名詞'로 이루어진 경우가 많다. '行人'과 '建國'도 그 중에 包含된다. 이들 두 單語는 表面上 같은 構成原理를 보이지만, 文法的으로는 機能이 서로 다르다. 둘 다 名詞로 쓰인다는 점에서는 共通이지만, '行人'은 名詞로만 쓰일 수 있는 반면, '建國'은 '建國하다'처럼 動詞로도 쓰일 수 있다는 점이 다르기 때문이다.

그 理由는 構成原理의 差異에서 찾을 수 있다. 먼저 '行人'(가는 사람)의 '行'은 自動詞로서 形容詞와 같은 機能으로 뒤 따르는 名詞 '人'을 修飾한다. 이로써 '行人'은 名詞句가 되지만 그 機能은 名詞와 同一하다. 이러한 名詞句는 動詞가 될 수 없다. '觀點, 落葉, 視線' 등이 같은 類型에 속한다. 한편, 이때의 自動詞 자리에는 形容詞가 올 수도 있다. '強國, 廣場, 溫情, 危機와 같은 單語가 그러한 사례에 속한다. 다만 이들은 '行人'과 마찬가지로 名詞로만 쓰일 뿐 形容詞로는 쓰이지 못한다.

이와는 달리 '建國'(나라를 세움)의 '建'은 他動詞에 속한다. 他動詞는 目的語를 要求하기 때문에 뒤 따르는 名詞 '國'은 目的語가 되며, 이 類型에 속하는 漢字語는 名詞와 動詞 양쪽으로 함께 쓰일 수 있다. '伐木, 執權, 解體' 등이 같은 類型에 속한다. 이처럼 같은 名詞라도 自動詞와 結合될 때에는 被修飾語, 他動詞와 結合될 때에는 目的語가 된다. 결국, '行人'과 '建國'의 文法的 機能이 다른 理由는 그 內面的 構成原理가 서로 다르다는 점에 있다.

총체적으로 '動詞+名詞'로 構成된 漢字語의 경우, 名詞로만 쓰이느냐 名詞와 動詞 양쪽으로 함께 쓰이느냐는 앞에 오는 動詞가 自動詞인지 他動詞인지에 따라 決定된다.

漢字語가 國語의 일부라는 점은 否認할 수 없는 現實이다. 나아가 漢字語는 그 나름의 독특한 構造와 意味를 지니고 있으며, 固有語와 다른 性格을 보이기도 한다. 그런데도 漢字語에 대한 研究는 여전히 輕視되는 편이다. 거기다가 오랫동안 지속된 漢字敎育의 度外視는 우리말에 널리 쓰이고 있는 漢字語를 제대로 理解할 수 있는 길을 가로막는 結果로 이어져 왔다. 이에 어떻게든 漢字語의 本質과 性格을 올바르게 理解하려는 努力이야말로 國語를 살릴 수 있는 길임을 다같이 깨달아야 할 것이다.

*韓國語文會, 『語文生活』(월간) 통권 제139호<卷頭言>, 2009. 6. 1.).

5. 國語 사랑의 길 한 가지

'國語 사랑, 나라 사랑'이란 말이 있다. 멋지고도 至當한 말이 아닐 수 없다. 우리의 母語인 國語를 사랑하는 일이야 말로 우리들 어깨 위에 지워진 엄숙한 責務요, 자랑스러운 所任이기 때문이다. 그러나 여기에는 前提가 필요하다. 무엇보다도 먼저 어떻게 하는 것이 國語를 사랑하는 길인가를 깨닫는 일이다.

흔히 國語 사랑이라면 外來語 排斥을 통하여 우리말의 純粹性과 아름다움을 지키자거나, 한글 專用을 통하여 어려운 漢字 表記에서 벗어나자는 主張 등이 떠오른다. 그러나 外來語 排斥이라는 외침은 꿈같은 理想일 뿐, 현실적으로는 氾濫하는 外來語를 막을 方法이 없으며, 漢字 表記를 없앤다고 해서 國語를 사랑하는 마음이 저절로 용솟음 치는 것도 아니다. 거기다가 우리 國語에는 漢字語라는 특수한 外來語가 있어 널리 쓰이고 있는데, 이들을 外來語라고 해서 모조리 내다버릴 수도 없는 일이며, 한글로 表記한다고 해서 漢字語가 하루 아침에

固有語로 바뀌지도 않는다.

사실, 우리 國語에 나타나는 수많은 漢字語는 어느 경우나 그 內面에 그들 나름의 歷史的, 文化的 背景을 지니고 있다. 따라서 漢字語의 그러한 歷史的, 文化的 背景을 파헤치며 그 意味를 찾아보는 것도 國語를 理解하는 한 가지 方法이며, 결과적으로는 國語 사랑의 길이 되리라고 믿는다.

現代 國語에 쓰이고 있는 自立的 漢字語를 보면 '册, 門, 藥, 罪, 罰, 病'과 같은 1音節語도 없지 않으나, 그 대부분은 '境遇, 關係, 問題, 文化, 事實, 社會, 世界, 時間, 時代, 運動, 人間, 自身, 政府, 地域, 親舊, 學校'와 같은 2音節語가 主軸을 이룬다. 그만큼 1音節 漢字語는 2音節 漢字語에 비하여 自立性이 약한 셈이다. 물론, 3音節語, 4音節語, 또는 5音節 이상의 漢字語도 쓰이고 있으나, 그 形態論的 構成은 派生語나 合成語여서 2次的 내지 3次的으로 生成된 漢字語에 지나지 않는다.

이렇게 볼 때, 漢字語의 主軸은 2音節語라고 할 수 있는데, 歷史的으로는 中國의 先秦時代 (紀元前 6世紀末―紀元前 3世紀末, 곧 春秋時代 後期부터 戰國時代에 걸친 期間)에 이미 相當量의 2音節語 (雙音詞)가 나타났다고 한다. 中國語의 경우, 古代로 거슬러 올라갈수록 1音節語(單音詞)가 많이 쓰였으나, 後代로 오면서 個別 漢字의 意味가 점차 單純해지고 文法範疇마저 縮小되면서 2音節語가 增加했다고 한다.

결국, 2音節語는 그 뜻이 서로 가깝거나 비슷한 두 漢字가 結合되어 쓰이다가 意味가 單純해지면서 차츰 한 單語처럼 굳어진 결과인데, 여기에는 '國家, 購買, 謹愼, 飢餓, 饑饉, 道路, 盜賊, 言語, 年歲, 祭祀, 疾病, 親戚, 和睦'과 같은 同義的 竝列語가 있는가 하면, 이와는 대조적으로 그 뜻이 서로 反義的인 두 漢字가 結合되어 쓰이다가 意味가 점차 單純해지면서 한 單語처럼 굳어진 결과인데 여기에는 '車馬, 動靜, 社稷, 生死, 宇宙, 陰陽, 長短, 尊卑, 左右, 進退, 出入, 禍福'과 같은 反義的 竝列語가 있다.

이들 竝列語는 어느 경우나 본래는 個別 漢字의 意味가 빠짐없이 살아 있었으나 점차 그 뜻이 微弱해지면서 오늘날에 이른 것이다. 몇몇 실례를 들어 보자면, 가령, '國家'는 現代 國語에서 '國' 정도의 意味로 쓰이지만, 본래 '國'은 '諸侯가 統治하는 領土', '家'는 '大夫가 統治하는 領土'를 나타냈다. 그러다가 점차 '家'의 뜻이 없어지면서 '國家' 전체가 '國'의 뜻으로만 쓰이게 된 것이다.

'購買'의 '購'는 본래 '큰 賞을 내걸고 物件을 구한다'는 뜻이었는데, 懸賞金으로 구하는 對

象이 때로는 物件이 아니고 사람일 때도 있었다. 이에 대하여 '買'는 단순히 '物件을 산다'는 뜻이었는데 점차 '購'의 뜻이 없어지면서 '購買'가 '買'의 뜻으로만 쓰이게 되었다. '飢餓'의 '飢'는 '배가 부를 정도로 먹지 못하는 배고픔, 곧 심각하지는 않은 배고픔', '餓'는 '극심한 배고픔으로 밥을 먹지 못하여 죽을 지경에 처해 있음'을 나타냈다. 한편, '饑饉'의 '饑'는 '곡식이 제대로 익지 않았음'을, '饉'은 '채소가 완전히 성숙되지 않았음'을 나타냈다. '盜賊'은 '盜'는 '물건을 훔치는 일, 또는 그러한 짓을 하는 사람', '賊'은 '害를 끼치거나 亂臣'을 나타냈으나, 점차 그 意味가 縮小되어 '도둑질, 또는 그러한 짓을 하는 사람'으로 바뀌게 되었다.

'疾病'의 '疾'은 '일반직인 疾患', '病'은 '重病'을 나타냈으나 오늘날은 그러한 區別이 없어신 채 '疾病' 전체가 그저 '病'이라는 뜻으로 쓰이고 있다. 끝으로 '社稷'의 '社'는 본래 '土地神', '稷'은 '穀神'이었다. 諸侯가 나라를 세우면 반드시 먼저 사당('廟)를 세우고 '社'와 '稷' 두 神에게 祭祀를 지냈으므로, '社稷'은 드디어 國家를 象徵하는 單語로 쓰이다가 아예 '國家'를 뜻하게 된 셈이다.

이렇게 볼 때, 國語를 좀더 깊이 알고 싶다면 文法規則에 대한 關心보다 單語 공부에 注目할 필요가 있다. 왜냐하면 韓國人의 경우, 우리말의 文法規則은 누구나 잘 알고 있지만 單語는 따로 공부하지 않으면 모를 때가 많기 때문이다. 이러한 意味에서 國語 사랑은 單語 工夫에서 비롯된다고 할 수도 있으며, 특히 漢字語에 대한 關心은 單語 공부의 出發點이라고 할 수 있다. 漢字語 하나하나에는 興味津津한 歷史와 文化가 숨겨져 있는데다가 저들은 이미 오래 전부터 國語의 일부로서 固有語나 다름없이 活用되어 왔고 앞으로도 계속 活用될 것이기 때문이다.

요컨대, 國語를 안다는 것은 單語를 안다는 뜻이기도 하다. 왜냐하면 우리가 平生을 두고 배워도 모를 것은 單語인데, 그 중에서도 漢字語가 어렵기 때문이다. 이처럼 漢字語에 대한 理解는 國語 사랑에 도움이 될 뿐 아니라, 東洋은 물론 우리나라의 歷史와 文化를 理解하는 지름길이 될 것이다.

*사단법인 전국한자교육추진총연합회, *월간 『한글＋漢字문화』 제125호(2009.12.1.)〈卷頭言〉.

6. 漢字의 生命力

 國語에 대한 表記方式이 점차 한글 전용쪽으로 기울어짐에 따라 漢字가 표면에 드러나는 일이 드물어졌으나 그렇다고 그 生命力이 완전히 소멸된 것은 결코 아니다. 漢字는 여전히 國語의 內面에 살아 움직이고 있을 뿐 아니라 아직도 다양하게 活用되고 있는 것이다.

 얼마 전 행정안전부 관련 뉴스로 '국새', 외교통상부 관련 뉴스로 '음서제'라는 單語가 언론에 오르내린 적이 있다. 漢字表記로는 각기 '國璽, 蔭敍制'인데 이들은 歷史的, 文化的 意味를 전해주는 漢字語들로서 오늘날 일상에서는 쉽게 들어볼 수 없는 單語들이다. 그런데도 이들 漢字語는 옛모습 그대로 뉴스에 쓰일 수 있는 것이다. '화훼단지'나 '예초기'와 같은 單語에서도 흔치 않은 漢字를 찾을 수 있다. '花卉, 刈草'에 포함되어 있는 '卉'나 '刈'와 같은 漢字의 경우 평시에는 거의 접할 수 없는 形態素들인데 이들도 현실적으로는 자연스럽게 활용되고 있는 것이다. 어느쪽이나 漢字의 效率的인 生命力이 꾸준히 지속되고 있음을 보여준다.

 漢字의 生命力은 新生語 創案과 같은 造語法에서도 확인된다. '麵食'(면류로 간단하게 끼니를 때우는 일), '半修'(대학을 휴학하거나 다니면서 재수함), '善童'(착한 아이, '惡童'의 대립어), '生着'(조직이 다른 조직에 붙어서 삶), '年鬪'(일년 내내 이루어지는 투쟁), '嗅盲'(냄새를 잘 맡지 못함)과 같은 2音節 構成의 新語性 漢字語들이 그 사실을 알려준다. 그 生命力은 派生法에 의한 3音節 構成의 漢字語에도 꾸준히 확산되고 있다. 요즈음 자주 들을 수 있는 '親-環境, 有機-農, 溫暖-化' 등이 그러한 新語性 派生語에 속한다. 이때의 '親-'이나 '-農, -化' 등은 派生語 生産에 동원되는 漢字形態素로서 그 造語力이 力動的임을 분명히 증언해 준다.

 영어식 新生語의 홍수 속에서도 3音節 構成의 漢字語式 派生語는 꾸준히 생성되고 있다. '高-失業, 斷-賭博, 生-初步, 逆-難民, 低-敎育, 脫-貧困'에 쓰인 接頭辭 '高-, 斷-, 生-, -逆, -低, -脫' 등이나 '食後-感, 硏究-狂, 乖離-度, 自然-染, 隣接-齒, 成長-痛, 逆戰-砲'에 쓰인 接尾辭 '-感, -狂, -度, -染, -齒, -痛, -砲' 등은 漢字가 여전히 派生語 生成에 활발히 寄與하고 있음을 보여준다.

 요컨대, 漢字의 生命力은 過去에 그랬고 現在도 그렇듯이 未來에도 지속적으로 살아 숨쉴 것이다. 그만큼 漢字의 生命力은 영원할 수밖에 없다. 漢字를 表記手段으로 이용하느냐 마느냐는 그다지 중요하지 않다. 수많은 漢字語가 國語에서 소멸되지 않는 한 漢字가 表記에 이용되지 않을지라도 그들이 言語現實에서 사라지는 일은 결코 없을 것이기 때문이다. 자연히 國語를 좀더 깊이 이해하거나 자신있게 표현하고 싶다면 漢字에 대한 素養을 부지런히 쌓아나갈 필요가 있을 것이다.

*韓國語文會, 『語文生活』(월간) 통권 제155호<卷頭言>, 2010. 10. 1.).

7. 母語와 母國語

오래 전 필자가 국립국어연구원(지금의 국립국어원)에서 일할 때였다. 한 번은 전화로 민원인과 대화를 나누던 중 필자가 무심코 "그것을 맨들어 놓고…"라고 말했더니 상대방이 갑자기 "국어연구원장이라는 사람이 '맨들다'라는 사투리를 쓰면 되겠는가"라며 호통을 쳤다. 난처한 일이었으나 그렇다고 달리 응대할 방법이 없었다.

필자는 '母語'와 '母國語'라는 말을 구별할 필요가 있다고 생각한다. 영어에는 '어머니말'(mother tongue)이라는 표현이 있지만 이 한마디로는 충분하지 않기 때문이다. 실제로 사람이라면 누구나 태어나면서부터 한 동안 어머니를 중심으로 한 가족에 둘러싸여 말을 배우기 시작한다. 그래서 이때에 배우는 말이 母語가 될 수 있다. 그러나 성장하면서부터는 사회적인 관계가 넓어지기 때문에 母語보다는 좀더 모든 사람이 공통적으로 쓰는 말을 익히게 된다. 이를 母國語라고 할만하다. 따라서 모국어라면 좀더 사회적이며 공식적인 자리에 쓰이는 형식이라고 할만하다. 그런데 사람은 누구나 이들 두 가지 형식 언어를 함께 쓰며 살아간다. 개인적이요 비공식적으로는 보통 모어를, 사회적이요 공식적으로는 흔히 모국어를 쓰게 된다. 따라서 신문, 잡지, 교과서, 방송과 같은 자리에는 모국어가 쓰이는 것이다. 우리는 이러한 공통어를 표준어라고 부른다. 일본에서는 공통어, 중국에서는 보통화, 북한에서는 문화어라고도 한다.

그러나 이른바 표준어란 실제로 존재하는 언어가 아니다. 그 나라 국민이면 의사전달을 원활하게 하기 위하여 공통적으로 써야 할 필요성에서 이상적으로 규정해 놓은 가상의 언어이기 때문이다. 자연히 개인적으로는 누구나가 어렸을 때 익혀둔 母語를 가지고 있게 마련이다. 실제로는 누구나 공식적인 문장이나 연설이 아닌 한, 일상적이고 비공식적인 대화에서는 자신도 모르게 모어를 쓰는 것이다. 이런 경우의 개인적인 母語를 비난해서는 안된다.

그야말로 어머니한테 배운 母語라 가장 순수하게 살아있는 언어에 속하기 때문이다. 이러한 母語를 아직도 사투리니 방언이니 하고 배격한다면 난처한 일이다.

국립국어원장도 마찬가지다. 개인적으로 쓰는 말 가운데에는 모어가 있게 마련이다. 대통령을 비롯한 모든 공직자에게도 모어가 있는 것이다. 자연히 비공식 자리에서 모어를 쓰는 일까지 간섭하거나 비난해서는 안 된다. 때로는 문학작품의 대화부분에 방언이 쓰이는 일도 많다. 요컨대, 모국어만 절대적인 것은 아니라는 뜻이다. 때로는 모어가 오히려 생생하고 살아있는 언어라는 점에서 진정한 의미의 언어일지도 모른다.

가령 내 머릿속에 입력되어 있는 농경생활 관련 단어목록, 곧 '시라구(시래기), 무수(무), 씻나락(볍씨), 지심맨다(김매다), 소시랑(농기구), 홀태(벼훑이), 사내끼(새끼), 나래(이엉), 학독(앉은뱅이 돌절구, 보리나 풋고추를 갈 때 쓰임), 맵저(왕겨), 사다(쌀을 팔다)와 팔다(쌀을 사오다), 나숭개(냉이), 깜밥(누룽지), 당승낭(성냥)'과 같은 사례들의 경우, 비어나 속어와는 전혀 다르다는 점을 인식할 필요가 있을 것이다. <미발표 원고>